OS ENSINAMENTOS DE
SRI AUROBINDO

Vicente Merlo

OS ENSINAMENTOS DE SRI AUROBINDO

O Yoga Integral e o Caminho da Vida

Tradução:
GILSON CÉSAR CARDOSO DE SOUSA

Editora
Pensamento
SÃO PAULO

Título do original: *Las Enseñanzas de Sri Aurobindo.*

Copyright © 1997 Vicente Merlo e Editorial Kairós.

Publicado mediante acordo com Editorial Kairós, Numancia, 117-121 – 08029, Barcelona, Spain.

Todos os direitos reservados. Nenhuma parte desta obra pode ser reproduzida ou usada de qualquer forma ou por qualquer meio, eletrônico ou mecânico, inclusive fotocópias, gravações ou sistema de armazenamento em banco de dados, sem permissão por escrito, exceto nos casos de trechos curtos citados em resenhas críticas ou artigos de revistas.

A Editora Pensamento-Cultrix Ltda. não se responsabiliza por eventuais mudanças ocorridas nos endereços convencionais ou eletrônicos citados neste livro.

Coordenação editorial: Denise de C. Rocha Delela e Roseli de S. Ferraz
Preparação de originais: Roseli de S. Ferraz
Consultor técnico: Adilson Ramachandra

Dados Internacionais de Catalogação na Publicação (CIP)
(Câmara Brasileira do Livro, SP, Brasil)

Merlo, Vicente
 Os ensinamentos de Sri Aurobindo : o Yoga integral e o caminho da vida / Vicente Merlo ; tradução Gilson César Cardoso de Sousa. — São Paulo : Pensamento, 2010.

 Título original: Las enseñanzas de Sri Aurobindo.
 Bibliografia
 ISBN 978-85-315-1635-1

 1. Aurobindo, Sri, 1872-1950 2. Aurobindo, Sri, 1872-1950 — Ensinamentos 3. Filosofia oriental 4. Movimento da Nova Era I. Título.

10-02245   CDD-181

Índices para catálogo sistemático:
 1. Aurobindo, Sri : Ensinamentos : Filosofia oriental 181

O primeiro número à esquerda indica a edição, ou reedição, desta obra. A primeira dezena à direita indica o ano em que esta edição, ou reedição, foi publicada.

Edição   Ano
1-2-3-4-5-6-7-8-9-10-11   10-11-12-13-14-15-16

Direitos de tradução para o Brasil
adquiridos com exclusividade pela
EDITORA PENSAMENTO-CULTRIX LTDA.
Rua Dr. Mário Vicente, 368 — 04270-000 — São Paulo, SP
Fone: 2066-9000 — Fax: 2066-9008
E-mail: pensamento@cultrix.com.br
http://www.pensamento-cultrix.com.br
que se reserva a propriedade literária desta tradução.

SUMÁRIO

Agradecimentos 7
Prólogo 9
Introdução 19

1. **Apresentação biográfica** 31
   1.1. Primeira etapa: infância na Índia e formação intelectual na Inglaterra 31
   1.2. Segunda etapa: regresso à Índia. Engajamento social e político. Baroda, Calcutá, Alipore 33
   1.3. Terceira etapa: Pondicherry I. Arya, suas grandes obras e o desenvolvimento do Yoga integral 38
   1.4. Quarta etapa: Pondicherry II. Rumo à transformação supramental 39

2. **Tradição e inovação: uma síntese criativa** 44
   2.1. Nem modernidade sem raízes nem tradicionalismo sem frutos 44
   2.2. Atualização hermenêutica da tradição hindu 45
   2.3. Para que "evolução" se o mundo é Mâyâ? 50
   2.4. Evolução: o aspecto dinâmico da realidade e o futuro possível 54

3. **Natureza e método do yoga integral** 57
   3.1. Como encontrar o caminho do yoga integral? 57
   3.2. Neste yoga não há método 59
   3.3. Concentrar-se no coração 60

3.4. Invocar a presença de *Shakti*, "A Mãe" 62
3.5. Silêncio na mente e paz no coração 64
3.6. A síntese dos yogas e o princípio do yoga integral 65
3.7. Novidades do yoga integral? 73

4. **A natureza humana e a transformação anímica** 76
   4.1. A dimensão física 76
   4.2. A dimensão psicológica 81
   4.3. A dimensão espiritual 86

5. **Os aspectos da mente e a transformação espiritual** 95
   5.1. A mente superior 96
   5.2. A mente iluminada 97
   5.3. A mente intuitiva 98
   5.4. A sobremente 101

6. **A consciência supramental e a transformação decisiva** 104
   6.1. A natureza da supermente 105
   6.2. A estruturação da supermente no ser humano 111
   6.3. O ser gnóstico e as comunidades gnósticas 116

7. **História, sociedade e política** 124
   7.1. As cinco etapas do ciclo humano 125
   7.2. Indivíduos, sociedades, humanidade 134

8. **Sri Aurobindo, poeta** 140
   8.1. Introdução 140
   8.2. Os sonetos: dois exemplos 141
   8.3. O diálogo entre o poeta e o pensador........................... 144
   8.4. *Sâvitri*: uma lenda e um símbolo 154

9. **Epílogo: três aspectos da Mãe** 165
   9.1. Introdução 165
   9.2. Três rostos criativos da "Mãe" 166

Bibliografia 183
Notas 187

AGRADECIMENTOS

Gostaria de agradecer a Prashant, Kevala, Pablo Quintana e María José Portal pelas sugestões dadas após a leitura do manuscrito. A Kevala, em especial, pela tradução dos textos de *Sâvitri*, muitos deles inéditos em espanhol até a publicação do presente livro.

Agradeço também, Sri Aurobindo e "A Mãe", por terem permitido que eu me sentisse tão próximo deles e por ter recebido tanto deles, os responsáveis por abrir as janelas da minha alma.

A ti, Lakshmi, a ti, María José, companheira da alma.
A ti, cuja presença é um hino perpétuo ao Amor.

"Ó tu que chegaste até mim dos silêncios do Tempo!
Tua voz despertou meu coração para um destino desconhecido.
Imortal ou mortal apenas na aparência,
Pois, vindo de tua alma, algo me fala mais que a terra, diz-me:
Que nome tens entre os filhos dos homens?"

(*Sâvitri*, Livro 5º, Canto III, 17-23)

PRÓLOGO

Om, Sri Aurobindo, Mirra,
abri a minha mente, meu coração e minha vida
para vossa luz, vosso amor, vosso poder.

Permiti que eu seja capaz de contemplar,
em todas as coisas, o Divino.

É difícil transmitir, num livro, o sentido profundo de um caminho espiritual. E é difícil porque costumamos ler a partir do nosso estado comum de consciência e julgar de acordo com os nossos preconceitos ou crenças. Nem mesmo o critério da ciência ou das filosofias vigentes nos ajuda a compreender a natureza do caminho espiritual. São necessários a experiência, o despertar, a transformação da nossa consciência para começarmos a perceber o alcance das palavras daqueles que nos falam com base num Despertar maior, a partir de uma compreensão mais plena das realidades em que vivemos.

O caminho espiritual é, antes de tudo, uma história de amor. Meu relacionamento com Sri Aurobindo e "A Mãe", com o yoga integral, com esse modo de entender a espiritualidade e a vida como um todo é, antes de tudo, uma história de amor. Hoje, ao que parece, não faltam mestres espirituais. As pessoas interessadas na busca usam critérios e signos para detectar qual é o melhor mestre. A maioria dos discípulos está convencida de que seu mestre é o melhor — o maior, o mais iluminado, o mais divino. Eis aí, como sempre, a "cegueira" do amor, do amor que pode ser cego, mas também "clarividente". Pouco importa a grandeza do Mestre, pouco importa a comparação entre os vários Mestres. Importa, sim, em que medida o "meu" Mestre, o Mestre de cada um, abre meu coração, ilumina minha mente, me ajuda a crescer, a me libertar (inclusive de sua proteção), a obter minha Realização, minha própria Maestria, a descobrir o Mestre que sou dentro de mim e que espera a oportunidade de revelar-se.

Nas páginas seguintes, vou transmitir algumas ideias, aspirações, experiências e realizações de Sri Aurobindo. Vou expor seu pensamento rico e complexo, às vezes abstrato e difícil. Não se deve esquecer, porém, que a maneira de entrar em contato com Sri Aurobindo e "A Mãe", a maneira de entender o significado do yoga integral (como é, geralmente, a maneira correta de abordar qualquer caminho espiritual autêntico que não se limite à aceitação de uma série de crenças e cerimônias religiosas, mas insista na prática, na disciplina, na experiência e na realização espiritual) é mediante uma afinidade natural, uma empatia espontânea, uma sintonia anímica.

Na verdade, neste caso, trata-se de uma história que engloba todos os aspectos do nosso ser. Pois é, ao mesmo tempo, uma história de compreensão e iluminação. Mais exatamente, o enfoque integral que caracteriza a obra de Sri Aurobindo consiste na aceitação plena de todos os princípios que regem o ser humano, na integração de todos os aspectos da nossa personalidade, na fusão desta com nossa própria alma, nosso ser interior, na incorporação de tudo isso ao Divino, à Realidade, à Consciência, ao Ser mais amplo que nos inclui e no qual "vivemos, nos movemos e existimos".

Sabe-se que Sri Aurobindo escreveu muito, principalmente na primeira etapa do seu despertar yogue. Mas sempre escreveu baseando-se numa experiência espiritual superior. Tentou mesmo chegar à razão discursiva, à mente pensante, em algumas de suas obras mais famosas como *The Life Divine* (*LD*). Por isso, alguns o consideram um "filósofo". Não há dúvida que podemos ver nele um "semblante filosófico", que o torna merecedor de uma análise aprofundada por parte da mente filosófica e analítica mais rigorosa. Mas está longe de ser um pensador meramente especulativo, por maior que seja seu poder de análise. O pensamento de Sri Aurobindo procede de uma experiência espiritual muito ampla, de uma mente iluminada e intuitiva capaz de penetrar as verdades da vida de um modo fora do alcance do pensador metafísico que fala com base na razão, sem que esta se banhe nas águas da atividade do espírito.

Se faz algum sentido falar da figura do "sábio" e da "sabedoria", decerto é com esses termos que devemos nos referir a Sri Aurobindo.

Obviamente, aquilo a que chamo "experiência espiritual" pode ser entendido como "experiência mística", cabendo então falar de Sri Aurobindo como de um grande místico. Mas um místico que não rompeu com o pensador e o sábio. O "semblante místico" de Sri Aurobindo é o "semblante yogue" provido de todos os traços da experiência yogue que inspiram sua apresentação do yoga integral.

O Sri Aurobindo poeta capta e remodela a experiência mística e a capacidade argumentativa. O "semblante poético", no que diz respeito à expressão, é um dos mais trabalhados por ele. Isso faz com que suas experiências místicas yogues e seu pensamento filosófico recebam, por igual, formulações de cunho poético, como ocorre nos *Sonetos* ou neste majestoso e deslumbrante poema místico-filosófico que é *Sâvitri*.

Não falta aí uma profunda e sincera preocupação pelos assuntos políticos, expressa em seu franco compromisso com a independência da Índia, durante uma fase oculta, mas perceptível e importante que cobriu o resto de seus dias, quando o trabalho interior, de ordem espiritual e esotérica, já havia ocupado o centro de sua atenção. Ele viveu, pois, uma fase de ação política e elaborou uma obra teórica do pensamento político.

Assim, Sri Aurobindo encarna em sua própria vida e atividade um aspecto daquilo que significa uma concepção integral da espiritualidade. No entanto, todos esses semblantes — mais manifestos, mais demonstráveis, mais palpáveis em sua obra escrita e obra vivenciada — se subordinam na realidade à dimensão mais profunda do seu ser, ao aspecto representado por "Sri Aurobindo, o Mestre espiritual".

O político, o filósofo, o poeta, o místico são, num primeiro momento, portas de acesso à Maestria espiritual. Num segundo momento, constituem-se em modos de expressá-la. No momento ascendente, são ferramentas para polir a própria personalidade e abrir caminho para a meta. No momento descendente, são veículos de expressão do estado alcançado, das verdades contempladas, da luz integrada ao próprio ser, do Amor e da Compaixão postos em prática. Para além de todos esses modos manifestos de expressão, o Mestre espiritual realiza sua ação mais importante e mais característica por meio de uma influência sutil, de uma irradiação de ordem especificamente espiritual.

O filósofo é o mestre do pensamento, o poeta é o mestre da palavra, o místico é o mestre do conhecimento por experiência — e o Mestre espiritual é o Mestre do Ser e da Consciência. Sua ação mais direta se exerce não tanto por meio do pensamento, da palavra ou da prática exterior, mas, sobretudo, por meio de uma irradiação poderosa e eficaz do seu próprio ser, de sua própria consciência. O filósofo colabora na transformação do nosso modo de pensar; o poeta, na mudança do nosso modo de falar; e o Mestre espiritual, o ser realizado e liberado em vida, estimula de maneira espontânea, por sua mera presença, existência e proximidade (não necessariamente física), a transformação do nosso estado de consciência, do nosso estado de ser, do nosso próprio ser e da nossa consciência.

Em certas ocasiões, a tarefa de um Mestre espiritual, como sem dúvida é o caso de Sri Aurobindo, vai além. Ela pode encarnar um novo princípio, até então desconhecido na marcha evolutiva da humanidade, e abrir uma nova porta para a manifestação de um novo modo de ser, de uma intensidade maior de luz e compreensão, amor e compaixão. Em suma, de um novo aspecto do Divino, se assim podemos nos expressar. Semelhante atitude pressupõe introduzir um novo ritmo, uma nova explicação na ordem evolutiva, no mundo da manifestação, provocando uma mudança de tal alcance que bem poderíamos falar da alteração da consciência. Nesse caso, em termos concretos, se trataria da passagem da consciência que funciona no nível mental, do modo como a conhecemos até o momento, para a consciência modificada, que opera no nível "Supramental".

Explicar o que isso significa e implica foi uma das tarefas em que se empenhou Sri Aurobindo. Entretanto, a certa altura, ele se deu conta de que, embora suas palavras fossem corretamente entendidas, geravam um torvelinho de especulações mentais nem sempre proveitosas para o trabalho interior. A partir daí sua atuação foi mais silenciosa, sua expressão mais poética, sua interferência mais sutil — pois ficava cada vez mais claro que a mente racional, sem passar por uma transformação espiritual suficiente, era incapaz de perceber o que fosse a Consciência, essa Energia que, na falta de um termo melhor, Sri Aurobindo chamou de "Supramental". A Supermente é, pois, a Consciência-Energia cuja manifestação supõe uma novidade na história da evolução humana em nosso planeta. Ela nos conclama a realizar uma transformação tão radical do nosso ser que nos converta em seres capazes de encarnar e expressar a nova realidade, a qual procura se exprimir obedecendo aos desígnios cósmicos superiores, imunes à compreensão mediana dos seres humanos.

Todos os argumentos, todas as palavras empregadas por Sri Aurobindo, independentemente de sua força, sua riqueza e sua beleza, devem ser encarados como uma maneira de despertar nossa consciência para a nova realidade, de despertar nosso coração para esse novo modo de ser que só compreenderemos por meio de sua lenta manifestação. Assim, à medida que o façamos, ou estejamos dispostos a fazê-lo, poderemos nos converter, pela primeira vez desde que existe a humanidade, em agentes conscientes, em coautores da história da evolução espiritual.

Há dez anos cheguei a Pondicherry sem saber que uma Força amorosa iria convencer-me a ficar ali por mais dois anos. Desde então entendi o que significa um "lugar sagrado". Desde então compreendi o que quer dizer viver segundo uma consciência paradisíaca. Desde então minha gratidão para com Sri Aurobindo e "A Mãe", sua companheira espiritual que o ajudou a criar o yoga integral, nunca deixou de aumentar.

Fazia muito tempo que eu praticava a meditação. Eu devia ficar sentado, ter paciência, ignorar a passagem do tempo e alcançar um certo silêncio mental, uma certa harmonia interior. Ou seja, "fazer meditação". Ao me aproximar do *Samadhi* — o lugar onde descansam os corpos de Sri Aurobindo e "A Mãe" —, sob uma imensa árvore cujos ramos acariciam ainda as janelas da casa onde morou o Mestre, percebi que o estado da minha consciência estava passando por uma maravilhosa transformação. Os pensamentos se aquietavam, a mente se convertia num campo de luz vasto e sereno. As emoções se dissolviam num oceano de paz amorosa. Não era preciso "fazer meditação". Tudo vinha naturalmente. Sentia-me envolvido por uma atmosfera que anulava as fronteiras entre o interior e o exterior. Eu sequer tinha necessidade de sentar-me. Apoiado numa coluna, de pé, sem fazer nada, o horizonte da minha consciência se dilatava como nunca antes.

Silêncio, paz e deleite. Três palavras que desde então encerram um potencial outrora apenas intuído. Uma percepção nova das coisas e de mim mesmo. Um novo olhar, capaz de ver o brilho de umas pupilas que encerram e exprimem sua alegria sem palavras. Uma nova capacidade de ouvir, aberta a sons e vibrações sutis, interiores, ao som do silêncio, a uma vibração delicada, recôndita, misteriosa, cativante, como o delicado arroio de águas cristalinas, como a chuva leve de finíssimas gotas de ouro.

Uma verdadeira revolução interior, o prenúncio de uma maneira de existir vinda das profundezas, o apelo oriundo do âmago do próprio ser, a transfiguração de cada instante, a beleza de cada passo, o fim dos velhos clichês, a quebra dos antigos hábitos, a irrupção de uma nova dimensão diante da qual só resta render-se, entregar-se, abandonar-se e agradecer.

Assim pude entender melhor os caminhos sinuosos que me haviam conduzido até aquela morada de luz pacificadora. Assim se revelava o sentido da minha viagem à Índia. O passado e o futuro como que se estreitavam num abraço fora do tempo. Recapitulação de coisas que se foram e prefiguração de coisas que viriam.

Eu fui até lá para estudar o pensamento de Sri Aurobindo. Como poderia ter previsto o fascínio que despertariam em mim não só as culminâncias iluminadas de suas ideias, mas também, e antes de tudo, a atmosfera do lugar espiritual em que me parecia estar acobertado pelo manto áureo do grande Mestre?

O pensamento e a experiência espiritual se entrelaçavam como velhos amantes. O pensamento abria suas portas à dimensão do transpessoal, convertendo-se ele próprio numa experiência espiritual. A mente não era senão uma janela e um corredor por meio dos quais deslizava a luz de esferas mais sutis que ela mesma, impregnando cada recanto da consciência e do inconsciente.

Nunca me considerei um "devoto", muito pelo contrário. O intelectual em mim havia bloqueado essa possibilidade, que via como uma concessão ao coração irresoluto, à mente imatura. Mas ali, no *ashram*, as comportas do ego começaram a se abrir. Não era um desígnio da vontade pessoal, não era um propósito da mente — era a invasão de um deleite sereno, que me inundava a alma de gratidão por Sri Aurobindo e "A Mãe". Minha mente se calou enquanto meu coração anímico se sentia florescer como nunca antes, vertendo lágrimas de prazer, inclinando-se interiormente diante de Sri Aurobindo e "A Mãe", compreendendo pela primeira vez o que significava a graça de sentir-se amparado por um Mestre de luz, de amor, de sabedoria e de compaixão. Em momentos assim, no *samadhi* ou no *meditation hall* (salão de meditação), a pessoa implora humildemente para ser discípula da Luz encarnada em Seres como Sri Aurobindo e "A Mãe".

O primeiro Sri Aurobindo que conheci foi o Sri Aurobindo de *The Life Divine* e *The Synthesis of Yoga (SY)*. Que fonte de compreensão, de clareza, de precisão, de amplitude! A leitura no idioma original, o inglês, permitia chegar aos níveis mântricos de sua escrita. A introdução ao ritmo do seu pensamento e estilo fazia com que elementos à primeira vista abstratos e complexos se tornassem límpidos e eloquentes. E assim, com o passar dos meses, o convívio com ideias tão luminosas, elevadas e inspiradas me fez sentir parte delas.

A intenção de contextualizar o pensamento do mestre me levou a consultar as obras que revelavam seus vínculos com a tradição hindu: *The Secret of the Veda, The Upanishads, Essays on the Gita, The Foundations of Indian Culture* etc.

Nesse meio-tempo, ia descobrindo a figura da Mãe, tanto por meio de suas obras (primeiro as *Conversations*, depois *Agenda*) quanto, principalmente, pelos testemunhos dos discípulos que a haviam conhecido e falavam dela com muito carinho, amor e devoção.

O trabalho intelectual encerrava um duplo sentido: o que tem em si mesmo e por si mesmo, de um lado, e o que surge quando o pensar se torna instrumento a serviço de uma experiência e uma realidade espirituais mais amplas, de outro. Veículo que conduz muito além de si mesmo; instrumento precioso para expressar o significado daquilo que o transcende; escada para cima e escada para baixo; correia de transmissão e adaga perigosa de dois gumes.

O pensar passa a fazer parte, desse modo, da própria *sadhana*, pois é cultivado um novo tipo de pensamento, um pensamento que procura abrir-se ao Silêncio criador de onde, afinal, procede. E quando a *sadhana* (o trabalho interior) se transforma no que verdadeiramente importa, chega o momento em que se fazem imprescindíveis as *Letters on Yoga*, mais de mil páginas nas quais se revela, como em nenhuma outra parte de sua obra, o Sri Aurobindo yogue e mestre espiritual. É nelas que vemos as aplicações concretas do pensamento de Sri Aurobindo, é nelas que nos deparamos com as dificuldades oferecidas aos discípulos do yoga integral, mas com as quais podemos nos identificar. É nelas também que se esclarecem alguns matizes do pensamento de Sri Aurobindo. *Letters on Yoga* se tornou meu livro de cabeceira — algo mais íntimo, mais direto, mais pessoal. As noites de *Golconda*, esse edifício tão belo e original cujas paredes podem, como as da mente, abrir-se quase de par em par — paredes, janelas, cortinas, tudo é a mesma coisa —, deixam entrar a luz da manhã e o frescor da tarde. É um lugar, nas imediações do *samadhi*, outrora local de trabalho da Mãe, em que se cultiva o silêncio de um modo muito particular. Ali se pode trabalhar com prazer, embora durante o dia fosse na biblioteca do *ashram*, convertida à noite em auditório, que ela costumava trabalhar, se é que se pode chamar de trabalho um afazer tão agradável. Trabalho intelectual, de preparo do campo da mente para torná-lo disponível, receptivo e fecundo às sementes de ouro que nele eram cuidadosamente depositadas de modo indelével.

As sementes da Consciência Supramental foram o que Sri Aurobindo procurou lançar incansavelmente nos corações e mentes que se abriram à sua Presença.

Só mais tarde eu me aproximaria tanto do Sri Aurobindo sociopolítico quanto do Sri Aurobindo poeta. O Sri Aurobindo de *The Human Cycle — The Ideal of Human Unity* é aquele onde encontramos mais referências a dados históricos e políticos. Quanto ao poeta que ele sempre foi, a leitura de *Sâvitri* constituía algo de especial, um alimento para saborear lentamente, sem pressa, absorvendo a força mântrica que ali se exprime como em nenhuma outra parte.

Esses dois últimos aspectos são tratados nos capítulos 7 e 8, respectivamente.

O resto poderia ser dividido em dois grandes blocos: um, formado pelos três primeiros capítulos (1 a 3), o outro pelos três seguintes (4 a 6).

O primeiro tem uma linguagem mais direta, de acordo com seu caráter de introdução e apresentação. Depois de um apanhado geral dos momentos mais importantes da vida de Sri Aurobindo (capítulo 1), o tema seguinte procura situar seu pensamento no quadro da tradição hindu, onde se insere naturalmente (capítulo 2). Os aspectos mais práticos do yoga integral, uma proposta de trabalho interior sugerida por Sri Aurobindo e "A Mãe", são a seguir tratados com certa minúcia (capítulo 3).

O segundo bloco versa sobre questões mais filosóficas. Aproximamo-nos da imagem do ser humano projetada pelo pensamento de Sri Aurobindo (capítulo 4) e detemo-nos principalmente nos pontos centrais e originais, ligados à realidade e ao valor do indivíduo em suas dimensões anímica e espiritual. As noções de "ser anímico" e *jîvâtman*, como "alma individual" e "espírito individual", constituem um elemento-chave na concepção do vedanta integral. Nesse ponto, acompanhamos também o desenvolvimento da importante etapa do yoga integral que é a descoberta do ser anímico e a concomitante "transformação anímica" de toda a nossa personalidade.

Não hesitei em dedicar todo um capítulo (capítulo 5) aos diferentes aspectos da "mente espiritualizada", que julgo ser um traço fundamental da capacidade analítica e crítica posta em prática por Sri Aurobindo a partir da sua experiência pessoal e, também, uma excelente contribuição ao problema dos modos de conhecimento suprarracionais. É aqui que o conceito de intuição assume todo o seu sentido técnico e é aqui que assistimos à diferenciação, matizada ao longo da evolução de sua experiência e do seu pensamento, entre a "sobremente" (*overmind*) e a "supermente" (*supermind*).

A noção de supramental constitui, sem dúvida, a chave de abóbada da obra teórica e prática de Sri Aurobindo. Temos aqui uma realidade e um conceito complexos, nem sempre compreendidos com todas as nuanças que ele exprimiu. Por isso, tratei o assunto mais detidamente no capítulo 6.

Em alguns capítulos, sobretudo quando tratam de ideias que deram lugar a mal-entendidos ou se ocupam dos aspectos mais complexos do pensamento de Sri Aurobindo, abri espaço para sua própria voz ser ouvida, com todas as ressonâncias que seu discurso encerra. Desse modo, às vezes integradas ao próprio texto, outras como notas, podem ser lidas inúmeras citações no estilo peculiar do Mestre.

Menção especial merece o epílogo, tanto pelo conteúdo quanto pela forma. Pelo conteúdo uma vez que se concentra na figura de Mirra Alfassa, conhecida por seus discípulos como "A Mãe", a qual desempenhou papel fundamental na elaboração conjunta do yoga integral e supramental; e pela forma porque se trata de uma conferência pronunciada por ocasião da festa do seu aniversário. A atmosfera do local e a sintonia dos presentes convidavam para que a linguagem do coração se expressasse mais livremente, sem receio dos juízos e preconceitos de ordem intelectual. Não se pode falar do yoga integral sem levar em conta a figura da Mãe. Que o epílogo seja a expressão do meu reconhecimento a esse grande Ser para sempre associado a Sri Aurobindo.

Ó Mãe da Felicidade suprema,
Ó Mãe da Consciência suprema,
Ó Mãe da Verdade suprema...

Ilumina nosso coração para que sejamos capazes de compreender a grandeza da tua obra e, sobretudo, imitá-la. Tu nos ensinaste o significado da evolução espiritual! Tu nos convidaste a participar deste salto evolutivo, desta mutação ontológica em que estamos imersos sem sequer suspeitá-lo! Tu padeceste no meio de nós, por nós e para nós, a fim de que o sofrimento, a mentira, a ignorância e a treva comecem a desaparecer da Terra e de nossa consciência, nosso corpo e nosso coração!

INTRODUÇÃO

Como disse anteriormente, Sri Aurobindo, além de filósofo, poeta e político, foi um yogue e um mestre espiritual no sentido mais elevado que a tradição hindu atribui a esses termos.

Sri Aurobindo encarna o ideal do sábio tal qual é concebido nas mais importantes tradições espirituais da humanidade e até transforma essa concepção apresentando uma imagem nova, mais completa, uma síntese que supera as noções anteriores do sábio e da sabedoria.

Sri Aurobindo parte da realização do Brahman silencioso, do *Nirvana*, metas derradeiras das diversas tradições indianas. Isso pressupõe a descoberta da Identidade suprema e o cultivo de uma consciência, de uma realidade que transcende os limites da percepção centrada no ego. O pequeno eu mental, o ego empírico que constitui na atitude natural ou pré-yogue nossa identidade consciente, foi integrado a uma identidade maior, a identidade átmica.

A sabedoria a que nos referimos aqui é o *âtma-vidya*, o conhecimento do *Atman*, a consecução da identidade entre o *Atman* e o *Brahman*. Pressupõe a visão da realidade toda como uma expressão do Ser-Consciência-Felicidade (*sat-cit-ânanda*).

Mas, nesse caso, o que tem de novo a concepção do sábio integral oferecida por Sri Aurobindo não só como ideal pensado, mas também como realidade vivida? Para que o leitor compreenda tudo isso, é necessário ao menos esboçarmos as linhas mestras do pensamento do Mestre — ou, o que dá no mesmo, de sua experiência e visão —, pois elas não coincidem exatamente com o enfoque habitual. Isso implica, já se sabe, não uma crítica radical e, portanto, um afastamento da citada tradição, mas um enfoque mais preciso de uma lente que nos permita ver a própria realidade. A realidade vista e descrita é a mesma, mas surgem detalhes novos graças ao apuramento da visão. O *pûrna-advaita* (não dualismo integral) de Sri Aurobindo pode ser reconhecido na corrente do Vedânta e no âmbito de uma concepção não dualista, muito embora sua interpretação nos traga uma compreensão nova. Eis alguns pontos principais:

1. É certo que existe o *Brahman* silencioso, imutável (*nirguna brahman*) como Realidade última. Não é menos certo, porém, que o próprio Brahman tenha o Poder (*sakti*) de entrar em ação, de criar, de manifestar-se. Se o conceito de *Brahman* aponta para a quietude do Espírito imutável, a noção de *Shakti* se refere ao poder primordial desse Espírito. *Shakti* é uma função da própria natureza de *Brahman*.

2. Nesses termos, a noção de *mâyâ* deixa então de veicular o sentido "ilusionista", como sonho, alucinação, irrealidade ou ilusão, para ser entendida como o poder criador do Absoluto e, portanto, "real" — de tal modo que a verdadeira ignorância (*avidyâ*) consiste em acreditar que os indivíduos ou mesmo a manifestação em seu conjunto são independentes e existem por si. Não ver os entes no Ser; não ver a multiplicidade emanando da Unidade indivisível, pertencente a outra ordem da realidade; não ver o ego como forma passageira da verdadeira Identidade; não ver a subjetividade aberta senão como mônada fechada e indivisível — eis a ignorância daquele que apenas vê *mâyâ* sem perceber que esta nada mais é do que *âtma-sakti*, o poder do Atman.

3. Por certo a visão teísta, personalista, monoteísta de Deus como Outro, como Pessoa radicalmente distinta do mundo e dos homens só revela uma concepção ou experiência precária do Absoluto, alimentando a ideia de um falso Infinito, tão falso que deixa fora de si todo o finito. Daí a ênfase no caráter "impessoal" do Absoluto.

Entretanto, não é menos certo que o Absoluto existe em si mesmo, podendo ser vivenciado e concebido como Pessoa infinita. Isso significa que ele não é totalmente o Outro, o Deus supraterrestre distanciado do mundo, mas sim o EU único de ordem transcendental e imanente-transcendente. Ele não é apenas Substância, mas também Sujeito, Espírito: *Ishvara, Purushottama*.

A Pessoa infinita é o *Paramâtman*, do qual cada *Jîvâtman* é uma manifestação de subjetividade aberta, uma pessoa finita: finitude aberta à Infinitude pessoal, Infinitude que se desdobra sem se perder na multiplicidade enriquecedora.

4. Por certo a dimensão essencial da Realidade é uma dimensão alheia ao Espaço e ao Tempo. A infinitude eterna constitui a verdade de todas as coisas. O mistério da realidade é o ponto de intersecção entre a Eternidade e o tempo, entre a Infinitude e o espaço. A realidade mediadora participa do Tempo e da Eternidade, do Espaço e da Infinitude.

Portanto, isso não quer dizer que a manifestação no espaço-tempo seja "desejada" (pela Vontade e pelo Amor) e (relativamente) real. A Natureza e a História são o campo — o Espaço e o Tempo — onde se materializa a Obra divina. A Sociedade é o modo de concretização da divindade em sua expressão humana. O Corpo é o templo individual onde se realiza a cerimônia de invocação ao Divino.

Natureza, História, Sociedade e Corpo são os modos de expressão do Espírito absoluto. São, pois, reais e perceptíveis.

5. Supõe-se, desse modo, que estejamos imersos num processo evolutivo, empenhado em recriar a Divindade essencial. As etapas principais dessa Evolução e, consequentemente, as categorias básicas de nossa compreensão da realidade evolutiva são, na terminologia de Sri Aurobindo: Matéria, Vida e Mente. Essas três etapas já foram percorridas na evolução terrestre. Pois bem, a novidade trazida por Sri Aurobindo baseia-se na visão, experiência e ideia de que estamos num período histórico no qual o surgimento de um novo princípio é possível. A esse princípio, ele chamou de Princípio Supramental, Supramente ou Supermente (*Supermind*).

6. Até pouco tempo, cultivava-se um certo tipo de Realização espiritual que ocorria, todo ele, nos limites do Princípio mental, pois ainda não havia se manifestado na consciência do planeta outro grau da Consciência divina, o supramental. Com isso, a sabedoria — e o sábio — permaneciam também dentro dos limites do mental.

Não temos aí o mental-racional, uma vez que, para além da racionalidade habitualmente aceita, os místicos e sábios espirituais experimentaram e concretizaram uma ordem mais sutil do plano mental, a "mente espiritual" ou "mente espiritualizada". Nesta, existem quatro níveis: a mente superior, a mente iluminada, a mente intuitiva e a sobremente. Cada uma pressupõe uma ascensão considerável do espírito humano tal como até hoje se desenvolveu, muito acima da mentalidade racional aceita. De fato, a sabedoria e o sábio, tais como existem no momento presente, iniciarão a partir desses níveis sua jornada; ou seja, cabe falar de uma sabedoria e de um sábio no nível da mente superior, uma sabedoria iluminada, um sábio intuitivo e um sábio sobremental, no sentido técnico que Sri Aurobindo atribuiu a esses termos.

7. Para além da mente, inclusive dos seus quatro níveis anteriores, sutis e espiritualizados, surgiriam a partir de agora a Sabedoria supramental e o sábio supramental. Em sua própria terminologia encontramos os termos "ser supramental" ou "ser gnóstico". A sabedoria supramental é a verdadeira Gnose cuja natureza, tanto quanto a do sábio que a encarna, discutiremos mais adiante.

7.1. O sábio supramental transcendeu a identificação com o ego, tomou consciência de sua "alma" (ser anímico) e de seu *Jîvâtman* (ser espiritual individual). A consciência do ego era necessária até se criar um novo centro de consciência mais profundo, como a consciência anímica. Criação significa aqui aquilo que emerge, que se manifesta na consciência, que começa a funcionar nesta complexa realidade pessoal, psicossomática: o ser humano. O ser anímico ou alma, com seu modo de consciência peculiar, é uma emanação do ser espiritual, o *jîvâtman*, que permanece numa dimensão imanente-transcendente enquanto aquele, como representante seu, opera no mundo assimilando todas as experiências pelas quais passa.

7.2. O sábio supramental não apenas transcendeu o ego, des-cobrindo sua identidade anímica e espiritual na qualidade de sujeito aberto, como fez com que essa abertura des-velasse para ele a natureza "cósmica" ou "universal" da sua consciência. O sábio supramental foi provido de uma consciência universal. O campo da sua consciência é agora seletivamente ampliável até a consciência universal (talvez fosse melhor nos referirmos e nos limitarmos à "consciência planetária"). Tudo ali ocorre na esfera da sua consciência. Isso inclui uma dimensão subconsciente da própria consciência universal, a que se tem acesso de um modo ou de outro, mas que não se apresenta necessariamente à consciência de modo permanente.

7.3. O sábio supramental não só descobriu sua consciência e seu ser anímico-espiritual (seu ser central enquanto sujeito aberto), bem como sua consciência e ser planetário ou universal, como captou ou recuperou a dimensão transcendente da Realidade. A Eternidade infinita abre-se diante da sua consciência como o próprio ser em sua profundidade insondável.

Isso quanto à sua identidade. O sábio supramental se conhece, simultaneamente, como sujeito individual, consciência cósmica e Ser transcendente.

7.4. Quanto ao conhecimento, o sábio supramental não conhece apenas por intermédio dos sentidos e da mente racional: percebe toda a realidade graças a um tipo de conhecimento que é o essencial e de que todos os demais derivam, ao qual podemos chamar como Sri Aurobindo de "conhecimento por identidade". Uma vez que o sábio "vê todas as existências no Eu-Atman e o Eu-Atman em todas as existências", o conhecido é parte integral do cognoscente. O mundo, a natureza, a história, os outros eus estão dentro da consciência do Sujeito absoluto com o qual o sábio supramental se identifica em sua dimensão mais íntima. Daí o conhecimento por identidade, que é o conhecimento direto, imediato por excelência. Talvez, nesse nível, fosse melhor não empregar o termo "conhecimento", pois se trata de uma vivência que antecede a categorização, de uma apercepção pura que capta as coisas como elas são em si mesmas, independentemente de sua conceituação.

Assim, toda formulação mental, conceitual, representativa e argumentativa já surgirá mediada pela cultura, pela formação, pela bagagem teórica, pelo aprendizado dessa mente concreta, dessa criatura humana que participa de uma intuição mística peculiar: o conhecimento por identidade.

7.5. Existe, portanto, uma "consciência supramental" — que conhece por identidade porque o conhecido é parte do seu ser — independentemente de toda conceituação e formulação. Não é um pensar representativo, é uma "intuição intelectual" (um dos poucos termos da tradição ocidental que se aproxima da noção em apreço) ou, em outras palavras, uma "intuição supramental".

Pois bem, o sábio supramental não se conformará com a consciência supramental tal qual esta funciona em seu próprio plano, mas se "esforçará" por operar uma transformação do seu ser que possa exprimir a realidade e o conhecimento obtidos. A expressão e a comunicação não são meramente intelectuais, verbais; o sábio supramental (como sempre aconteceu com os sábios de outros níveis que encarnaram um grau qualquer de consciência mental-espiritual) expressa e comunica aquilo que é e aquilo que conhece por "irradiação" desse tipo de consciência-energia incorporado e integrado à sua realidade pessoal.

Porém, é necessário algum esforço para expressar e transmitir, conceitual e verbalmente, a experiência supramental; daí a importância do processo de "transformação supramental da mente". Algo parecido ocorrerá com a transformação supramental dos sentimentos e, por fim, dos sentidos físicos, motivo pelo qual Sri Aurobindo discorre com certa minúcia sobre a supramentalização de cada um dos sentidos.

7.6. O sábio supramental possui a visão dos três tempos (*trikaladristi*) simultaneamente. Passado, presente e futuro formam uma realidade contínua, aberta, mutável, mas estruturada neste Holograma em movimento que seria o Universo. A percepção do holomovimento constituiria um atributo do sábio supramental, apto a contemplar a imensa rede de relações kármicas que regem a história — pois, convém não esquecer, a Gnose supramental apenas interpretaria as Ideias-semente que jazem na Supermente de Ishvara, o Espírito supremo.

7.7. O sábio supramental viveria constantemente "na presença do Sagrado", participando da serenidade, do gozo e da plenitude do eterno *satchitananda*, sem deixar de ser ativo no mundo, entre os homens, cumprindo prazerosamente, sem pôr de lado o "sofrimento da compaixão", a tarefa que lhe toca na Grande Obra, na Sinfonia cósmica. O sábio supramental não ignora que é cocriador do real. A partir de sua imersão na esfera do Incriado, em contato com a

Verdade, o Amor e o Poder criador, ele participa da invenção da Realidade.

8. E assim chegamos à ética como reflexão sobre o sentido da vida. A realidade inteira se nos apresenta "em marcha". Graças à "lógica do infinito", tal qual tratada por Sri Aurobindo, sabemos já que a realidade da temporalidade não exclui a realidade da eternidade nem vice-versa (como pretenderam alguns defensores da postura acosmista); tampouco a realidade de uma estrutura dinâmica, progressiva, evolutiva excluiria a dimensão estável do ser imutável que preside à totalidade do vir a ser. Isso seria reduzir-nos a um naturalismo precário. Portanto a realidade não é só, mas também, dinâmica e evolutiva. E é dela que vamos tratar agora.

Também a realidade está, pois, em marcha. O homem se situa na realidade e marcha com ela.

No entanto, diferentemente dos seres que conhece, o homem sabe que é *responsável* ou pelo menos corresponsável pelo rumo da marcha. Sabe que não foi ele quem pôs tudo em movimento, mas movimenta-se com a totalidade do que existe. E algo lhe diz que seus atos contam muito no curso da história, que suas realizações afetam o estado de coisas do mundo. Vê-se como um ser consciente, um ser livre, um ser responsável. E, desse modo, descobre a *experiência moral*.

8.1. A experiência moral é descoberta a partir da vivência do valor do existente, ou melhor, do valor do ser. Mostrarei que a plenitude da vivência axiológica acontece na experiência yogue ou mística. No misticismo ocidental, é costume distinguir três etapas no processo: catártica, iluminadora e unificadora. Esta última seria a união da alma com Deus. Ora, o termo *"yoga"* significa também "união". Em sânscrito se falaria da união de *âtman* e *brahman*, palavras que numa primeira aproximação bem poderiam ser consideradas "equivalentes homeomórficos" dos conceitos de "alma" e "Deus", respectivamente. Em sentido estrito, o *"samadhi"* (êxtase, estase ou contemplação são as três traduções mais comuns) seria a descoberta da Identidade suprema, da Realidade não dual que se revela como a substância e o sujeito de tudo o que existe. Daí as duas afirmações básicas dos *rishis* (sábios-videntes) upanishads: "Tudo é *Brahman*" e "Eu sou *Brahman*".

Brahman pode ser vivenciado e concebido como *Saccidânanda*, Ser puro = Consciência pura = Gozo puro (*Ânanda*). Essa experiência beatífica, esse estado de bem-aventurança e de felicidade perfeita é que desperta o sentimento de "apreço" pelo real. Aprecia-se, avalia-se de modo absoluto aquilo que se experimenta como *Valor absoluto*. "Aquilo" (*Tat*) é termo usado nos *Upanishads* para referir-se a *Brahman*. *Brahman* pode ser concebido como o Ser de tudo o que existe. Desse modo, o Ser absoluto e o Valor absoluto se identificam.

A experiência yogue é o contato, a presença, a união, a realização do Ser absoluto que é o Valor absoluto. Eis o *Bem supremo*, o *Fim último* de toda atividade.

A experiência yogue, ou mística, revela o Bem em si. O caráter não numinoso, surpreendente e totalizante dessa experiência justifica o entendimento do "Aquilo" como o "*Sagrado*".

8.2. A tradição hindu é unânime em empregar para o bem supremo, que todo homem busca, os termos "*moksha*" ou "*mukti*". Ambos implicam o conceito de *Libertação*. Mas libertação de quê? Em primeiro lugar, da dor, do sofrimento. A perspectiva *budista* enfatizou sobretudo o caráter doloroso da existência. Na verdade, todas as religiões concordam nesse ponto. Igualmente no hinduísmo, a Libertação pressupõe o rompimento com os males inerentes a este mundo. No entanto, se nos aprofundarmos um pouco mais, veremos que o sofrimento se deve às limitações e condicionamentos em que está encerrada nossa consciência, motivo pelo qual libertar-se é transcender todo condicionamento, toda limitação. A Libertação é a Realização da Transcendência. *Brahman* é a Transcendência, o Incondicionado, a Liberdade.

Mas, quando as coisas são ditas dessa maneira, surgem os problemas típicos da apresentação "ilusionista" do hinduísmo. *Brahman* é real. O mundo é *mâyâ*, ilusão. Libertar-se é *Despertar* do erro que nos faz tomar por real aquilo que é meramente ilusório.

Sri Aurobindo criticou a concepção ilusionista (da qual Shankaracharya é o representante máximo). O mundo, como representação de *Brahman*, é relativamente real. Portanto, não basta fugir dele, refugiar-se na transcendência supraterrestre para libertar-se dos sofrimentos do mundo. *Brahman* é uma transcendência imanente. A verdadeira Liberdade não é uma libertação do mundo e sim uma Liberdade-no-mundo. O indivíduo, o sujeito humano, é chamado para realizar o que o próprio *Brahman* realiza: a junção de eternidade e temporalidade, de transcendência e imanência. Desse modo o mundo, a natureza, a sociedade e a história devem ser levados em conta. Portanto, para Sri Aurobindo, a Libertação deste mundo não é a meta única e final do ser humano, mas um dos aspectos parciais do objetivo maior. Este implica não apenas concretizar a realidade eterna, imutável, como também participar do processo de autorrealização histórica que o próprio *Brahman* empreendeu por meio de sua exteriorização, sua manifestação no espaço e no tempo. O desdobramento do Absoluto faz parte do Absoluto. Entendendo-o dessa maneira, o ser humano deve sentir-se parte dele, corresponsável por ele. Porque ele não é um ser imensamente distanciado de *Brahman*, coagido a aceitar-lhe as ordens e imposições mais ou menos caprichosas sem sequer entender seu sentido. Por meio da experiência mística yogue, o ser humano descobre a si mesmo como aspecto do próprio *Brahman*. E há mais. Ele se descobre "aspecto" no que diz respeito à sua individualização particularizada. Todavia, sua "individualidade" peculiar se caracteriza por ser *aberta* à "universalidade" e à "transcendência" de *Brahman*. Trata-se de uma abertura que possibilita ao homem compreender por si mesmo o caráter não dual de *Brahman*. O Absoluto, a Realidade única, é ao mesmo tempo individual, universal e transcendental.

8.3. O sentido da vida assume, pois, o caráter de um empreendimento duplo. Por um lado, descobrir a natureza do Absoluto, o que implica a realização do valor supremo com a felicidade-de-ser que a acompanha. Por outro, em consequência da descoberta anterior, avaliar e apreciar de maneira nova o processo do Absoluto. Se antes percebíamos o valor do Absoluto-do-processo, agora nos submergimos no valor do processo-do-Absoluto. Ser e vir a ser não são polos irreconciliáveis, mas complementares. Temos aí o Ser do vir a ser e o vir a ser do Ser.

É tarefa da ética descobrir a *ordem ético-cósmica* que rege o universo e colaborar com ela. Essa ordem transparece na noção de *Rta* nos textos védicos (vale lembrar aqui o conceito de *Diké* entre os gregos, como justiça cósmica). A fé na ordem ética do mundo é uma ideia capital na tradição hindu. Essa ordem, essa Lei moral é o *Dharma*. Existe um aspecto universal do *Dharma* que aponta o "curso certo" dos acontecimentos, a ordem natural-moral. Mas existe também um *dharma* específico para cada ser humano. Cada parte tem sua "função" própria a desempenhar no concerto universal. O ser humano, valendo-se de sua "liberdade", pode se manter fiel a seu *dharma*, à sua própria lei interior, e colaborar no curso harmônico do mundo — ou romper com essa harmonia, ao menos de maneira relativa e provisória, praticando atos contrários à ordem preestabelecida e criando assim um *karma* responsável por desordem e sofrimento, mas que será corrigido posteriormente. Nisso consiste a chamada lei do *karma* que, junto com a lei da reencarnação, é parte essencial da concepção ética do hinduísmo e também de Sri Aurobindo.

9. Eu gostaria de encerrar essa introdução transcrevendo um fragmento do poema *Sâvitri* para dar à beleza poética a última palavra com este hino dedicado ao amanhecer de uma nova era:

Vi os radiosos pioneiros do Onipotente,
sobre a orla celeste que contempla a vida,
descer em profusão a escada âmbar do nascimento.

Precursores de uma multidão divina,
surgindo das sendas da estrela matutina,
chegaram à esfera minúscula da vida mortal.
Vi-os cruzar o crepúsculo de uma era,
filhos de olhos solares de uma aurora prodigiosa,
grandes criadores com amplas frontes serenas,
poderosos demolidores das barreiras do mundo.

Mensageiros do incomunicável,
arquitetos da imortalidade.
Chegaram à decaída esfera humana,
rostos que conservam ainda a glória do Imortal,
vozes que ainda comungam com os pensamentos de Deus,
corpos embelezados pela luz do Espírito,

portadores da palavra mágica, do fogo místico,
empunhando a taça dionisíaca do gozo,
olhos que se aproximam de um homem mais divino,
lábios que entoam um cântico desconhecido da alma,
pés cujo eco ressoa nos corredores do tempo.
Sumos sacerdotes da sabedoria, da doçura, do poder e da ventura,
descobridores dos iluminados caminhos da beleza.

Um dia seus passos transformarão a terra sofredora
e justificarão a luz no semblante da natureza.

(SÂVITRI, Livro 3º, Canto 4)

1. APRESENTAÇÃO BIOGRÁFICA

Talvez se pense que o melhor modo de apresentar um autor seja por meio de sua biografia. Contudo, estará mais de acordo com o espírito de Sri Aurobindo não dar importância excessiva aos aspectos exteriores de sua vida. Com efeito, em várias ocasiões, foi procurado por escritores que desejavam escrever sua biografia. Sri Aurobindo respondeu a um deles: "Vejo que quer mesmo fazer minha biografia. Você acha que isso realmente é necessário ou útil? O projeto está condenado ao fracasso porque nem você nem ninguém sabe coisa alguma da minha vida. Ela não foi vivida superficialmente, para ser vista pelos homens."[1] Conforme declarou em outra oportunidade, o valor de um homem não depende da cultura, da posição, da fama, nem mesmo da atividade, mas sim daquilo que é e daquilo que vem a ser interiormente.

Me limitarei, portanto, a registrar de passagem alguns episódios significativos da sua vida que talvez nos ajudem a compreender sua obra e seu pensamento. Vamos distinguir quatro etapas principais.

1ª Etapa da formação intelectual: Inglaterra (1872-1893).

2ª Etapa de engajamento social e político: Baroda, Alipore, Calcutá (1893-1910).

3ª Etapa de produção filosófica e desenvolvimento do yoga integral: Pondicherry I (1910-1926).

4ª Etapa de maturidade: o yoga integral e supramental: Pondicherry II (1926-1950).

1.1. Primeira etapa: infância na Índia e formação intelectual na Inglaterra

Aurobindo (Akroyd) Ghose nasceu em Calcutá no dia 15 de agosto de 1872. Passou os cinco primeiros anos de sua vida em Rangpur, com os pais e os irmãos mais velhos, Benoybhushan e Manmohan. Em 1877, os três irmãos foram enviados à Loreto Covent School em Darjeeling.

Se examinarmos sua árvore genealógica, veremos que o bisavô materno, Nanda Kishore Bose, pertencera ao *Brahmo Samaj*, atraído pelos ensinamentos de Rammohan Roy, unanimemente considerado o pai da Índia moderna.[2]

O avô materno, Rajnarain Bose, foi uma das figuras mais eminentes do século XIX em Bengala, durante o renascimento bengali. O pai, dr. Kristo Dhone Ghose (1844-1892), não quis contato algum com o Brahmo Samaj nem com a religiosidade hindu: foi estudar na Inglaterra e voltou em 1871 para tornar-se um médico de prestígio, muito estimado por seus pacientes. Sua mãe, Swarnalotta, só pôde cuidar dos filhos durante os cinco primeiros anos, pois uma enfermidade hereditária a impediu de continuar a fazê-lo quando eles voltaram da Inglaterra.

A primeira cidade onde se estabeleceram foi Manchester (1879). Ali, moraram com o ministro calvinista Drewett, que assumira com o pai dos meninos o compromisso de mantê-los longe de qualquer influência religiosa. Aurobindo leu muito já nessa época, principalmente sobre literatura.

Em 1884 se mudaram para Londres. Manmohan e Aurobindo entraram para a St. Paul's School. O diretor, impressionado com o latim de Aurobindo, que ele aprendera com o sr. Drewett, propôs-lhe ensinar pessoalmente o grego, arranjou-lhe uma bolsa de estudos e permitiu-lhe matricular-se nas séries superiores. Nessa época, Aurobindo leu as obras dos poetas ingleses, sobretudo os românticos (Keats, Shelley, Byron etc.). Em 1888, conseguiu entrar para a classe dos aspirantes a um cargo no Indian Civil Service (ICS), que o pai sempre quisera para ele.

Em 1889, consegue uma bolsa de estudos no King's College de Cambridge. Por essa época, torna-se membro dos *Indian Majlis*, uma associação de estudantes indianos onde se pronunciam discursos patrióticos inflamados.

Em maio de 1892, passa no primeiro exame do ICS; faltava a prova de equitação, à qual não se apresentou, talvez por já haver perdido o interesse no cargo. Entrou então para uma sociedade de jovens da elite indiana em Cambridge, a *Lotus and Dagger*.

Deixando passar a oportunidade de concluir satisfatoriamente o ICS, Aurobindo conheceu em Londres o marajá de Baroda, Sayajiro Gaekwar que, impressionado com seu nível cultural, ofereceu-lhe um posto em Baroda. O prestígio do ICS fica patente na declaração posterior do marajá, ao exclamar que aliciara um homem do ICS e, além de tudo, por uma pechincha. Sri Aurobindo passaria treze anos em Baroda.

Depois de estudar em Manchester, Londres e Cambridge, acumulando prêmios de poesia grega e latina, Sri Aurobindo volta a seu país em 1893 com sólida formação em filologia clássica. A 12 de janeiro de 1893, toma o navio em Londres.[3]

A primeira imagem a configurar-se, sentida por ele mesmo ao longo da vida como a mais íntima, foi a do Sri Aurobindo poeta. Se poética foi sua primeira publicação, *Songs to Myrtilla* (1890-92), pode-se bem dizer que foi sua última obra, a obra-prima em verso *Sâvitri*, na qual trabalhou durante décadas, que nos oferece o traço final da personalidade poética de Sri Aurobindo.

1.2. Segunda etapa: regresso à Índia. Engajamento social e político. Baroda, Calcutá, Alipore.

Desde que desembarcou em Bombaim, no dia 6 de fevereiro de 1893, começou a ter experiências espirituais espontâneas, antes de adotar qualquer disciplina yogue. Entre 1893 e 1907, viveu em Baroda, e seu período revolucionário pode ser enquadrado entre 1902 e 1910. De 1898 a 1901, foi professor e leitor de francês. Depois de um ano como secretário do marajá, volta em 1904 ao College, onde permaneceu como professor de inglês e vice-diretor até 1906.

Em abril de 1901, Aurobindo casou-se com Mrinalini Devi, que tinha então 14 anos — ele, o dobro de sua idade.[4] A jovem logo voltou para a casa dos pais (a vida em Baroda lhe era insuportável porque não conhecia o lugar e não falava a língua) e durante um ano não viu o marido. Intervalos de presença e ausência marcariam a vida desse casal, até que, retirando-se ele para Pondicherry, a relação se limitou a algumas cartas afetuosas. Meses depois, Mrinalini Devi morreu.

Os primeiros escritos que Aurobindo publicou foram alguns artigos criticando o Congresso Nacional Indiano. Seus membros pertenciam à elite indiana educada à moda inglesa, incapaz de ir além dos recursos legais para protestar contra o governo britânico. Aurobindo concluiu que aquilo não promoveria nenhum progresso real na independência do país. O primeiro artigo apareceu em 1893, no *Indu Prakash* de Bombaim. Imediatamente veio a lume uma série de nove outros com o título de *New Lamps for Old*, que constitui a primeira crítica racional em inglês aos métodos e objetivos do Congresso. Bastam, como exemplo, as seguintes palavras:

> Eis, pois, o que digo do Congresso: suas metas são equivocadas, o espírito que as quer atingir não é um espírito de sinceridade e transparência, e os métodos escolhidos não são certos; além disso, os líderes nos quais confia não são o tipo de homens capazes de liderar. Em suma, cabe dizer que no momento somos cegos conduzidos, se não por outros cegos, ao menos por zarolhos.[5]

Mas Sri Aurobindo logo se convence de que o país não está pronto para aceitar suas ideias e resolve trabalhar nos bastidores. Faz contato com líderes como Tilak e, em 1902, entra para uma sociedade secreta onde estuda a possibilidade de uma insurreição no exército indiano.

Em agosto de 1905, o governo britânico anuncia que dividirá Bengala. A reação a essa medida faz com que Aurobindo perceba o verdadeiro sentido do seu engajamento político e ele se converte em líder do partido nacionalista, considerado extremista. Em março de 1906, chega a Calcutá. Há sete meses que o movimento *swadeshi* está em marcha. Milhares de indianos prometeram só comprar artigos fabricados no país (*swadeshi*) e boicotar as manufaturas inglesas. O lema do movimento foi proibido: era o refrão de uma canção de Bankim Chandra Chaterjee, *Bande Mataram* ("Salve, Mãe Índia!"). Funda-se um jornal em inglês com esse nome, dirigido pelo extremista Bipin Chandra Pal. A devoção à Mãe Índia representa ao mesmo tempo um desafio ao governo inglês. Pal solicita a Aurobindo que colabore; ele aceita e logo o jornal se transforma na voz do extremismo nacionalista. Aurobindo insistirá na necessidade de um Partido Novo, propondo que Tilak o lidere.

Em 1906 acontece uma sessão histórica do Congresso em Calcutá. Os extremistas querem que seja presidido por Tilak, os moderados propõem Dadabhai Naoroji. Aurobindo, em sua primeira aparição na cena política, consegue negociar e mediar as duas posturas. Elas empregam a palavra *swaraj* (autogoverno) para ilustrar o objetivo do Congresso, mas logo se verá que o significado e as implicações divergem bastante. Naoroji, falando em *swaraj*, deixa entrever que se trata de um autogoverno no seio do Império Britânico.

O ano de 1907 é muito difícil para a Índia. Pragas, inundações e desordem social geram uma situação problemática. Os dirigentes mais importantes, Lala Lajpat Rai e Ajit Singh, são deportados. Perseguem-se vários editores de jornais, entre eles Aurobindo Ghose, do *Bande Mataram*. Na sessão do Congresso desse ano, os olhares se voltam para Aurobindo, que muitos querem na direção ativa do partido. Mas as discussões serão acirradas e provocarão o cisma entre os moderados e os extremistas, que durará até 1917.

No que diz respeito à prática do yoga, Sri Aurobindo só a inicia em 1904, principalmente com exercícios de *pranayama* de certa intensidade, que não tardarão a dar bons frutos. Mas sua verdadeira "iniciação" ocorrerá em fins de 1907. Atraído pela possibilidade de colocar os poderes yogues a serviço do projeto político, aceitou encontrar-se com um yogue chamado Lelé. Ficaram três dias encerrados numa casa. Iniciado numa técnica sutil capaz de impedir o acesso de quaisquer pensamentos à mente, logo teve uma importante "experiência" e "realização" espiritual yogue por ele denominada, mais tarde, de realização do *Nirvana* ou do Brahman silencioso. Eis como narrou o fato décadas depois:

> Alcançar o *Nirvana* foi o primeiro resultado radical do meu próprio yoga. Vi-me projetado de repente a uma condição acima do pensamento, isenta de todo movimento mental ou vital [...] O que ela trazia era uma Paz inexprimível, um silêncio absoluto, um infinito de liberação e libertação.[6]

Nessa condição nirvânica permaneceu vários dias e noites, ininterruptamente, até começar a integrar-se não apenas ao cotidiano, mas também ao "seio de uma superconsciência maior". Em outra passagem, descreve assim o que se passou naqueles dias: "Sentamo-nos juntos para meditar. Eu tive a 'realização' do *Brahman* silencioso. Comecei a pensar a partir da parte superior da cabeça e desde então sempre pensei dessa maneira."

Foi nesse estado yogue que Aurobindo pronunciou seus muitos discursos políticos no caminho de Bombaim a Calcutá e escreveu seus artigos sobre política nos dois jornais em que publicava naquela época: *Bande Mataram* e *Karma Yogin*.

Assim, Sri Aurobindo se transformou no líder do nacionalismo radical que lutava para libertar a Índia do Império Britânico. Ele mesmo ressaltou três aspectos de suas ideias e atividades políticas: primeiro, a preparação de uma revolta armada, para a qual trabalhou fazendo propaganda revolucionária clandestina; depois, a propagação do ideal da independência e finalmente a organização de um movimento de não cooperação e resistência passiva.[7]

Em maio de 1908, foi detido em Calcutá e encarcerado durante um ano na prisão de Alipore, acusado do que poderíamos chamar de "alta traição". Suspeitavam que estivesse envolvido em atividades terroristas, das quais seu irmão Barin participava abertamente, e quando ocorreu uma tentativa de assassinato com uma bomba acionada em 30 de abril, o governo inglês aproveitou a ocasião para recriminar Aurobindo. No dia 3 de maio, às cinco da manhã, doze policiais de arma em punho prendem Aurobindo em sua casa. Dois dias depois, levam-no para a prisão de Alipore.

Ali ocorreria outra série de importantes experiências espirituais, desta vez decisivas para seu futuro. Se com Lelé conseguira alcançar o *Brahman* impessoal, o aspecto estático do Absoluto, agora veria a face pessoal do Divino: *Nârâyana* seria o símbolo escolhido para aludir ao aspecto pessoal e dinâmico do Absoluto. As grades da cela, a árvore diante de sua janela, o próprio carcereiro nada mais eram que manifestações de *Nârâyana*.

Mas não foi só isso que aconteceu naqueles dias. Vivekananda (1863-1902), o célebre discípulo de Ramakrishna (1836-1886) e um dos principais propagadores do Vedanta no Ocidente, visitou com frequência Sri Aurobindo (obviamente no corpo sutil, após seu falecimento em 1902) e deu-lhe lições decisivas para a compreensão de suas experiências e seu trabalho. De fato, Sri Aurobindo afirmou certa vez que Vivekananda, durante aquelas "visitas", é quem lhe dera as primeiras pistas para ele se aproximar da Supermente. Mais tarde, esclareceria essa afirmação:

> Ele [Vivekananda] não falou da Supermente. "*Supermind*" é um termo que eu próprio cunhei. Apenas me disse "isto é assim, aquilo é assado". Foi dessa maneira que tudo aconteceu — indicações, sugestões. Visitou-me durante quinze dias na prisão de Alipore e até que eu captasse o necessário continuou me ensinando e imprimindo em minha mente as operações da Consciência superior, que conduz à Supermente.[8]

Durante esse tempo, compreendeu que no futuro seu trabalho não se restringiria à atividade política. Dentro dele brotou a resolução de partir para Pondicherry e iniciar ali uma vida inteiramente dedicada ao trabalho interior, yogue, espiritual e esotérico.

Em 6 de maio de 1909, é posto em liberdade e volta ao jornalismo, fundando uma revista semanal de religião, literatura, ciência e filosofia: *Karmayogin*. Em agosto, paralelamente, lança um semanário bengali, *Dharma*. Nos dois casos tenciona ir além do campo estritamente político, pois um de seus objetivos é associar política, filosofia e espiritualidade. Ao mesmo tempo, intensificam-se seus discursos mais propriamente "políticos" em Calcutá e arredores.

Em janeiro de 1910, um grupo de revolucionários indiretamente ligados a Aurobindo assassinam um oficial de polícia no tribunal de Calcutá. Tomam-se violentas represálias. Em meados de fevereiro, informam a Aurobindo que ele será preso por causa dos seus artigos na *Karmayogin*. Então, um sinal interno, um guia interior instiga-o a ir para Pondicherry. Pode-se dizer que fevereiro de 1910 assinala o fim de sua participação política ativa.

Em várias ocasiões, o público fez a pergunta: por que Sri Aurobindo, o líder mais promissor da luta nacionalista contra os ingleses, se retirou da política? Muitos de seus compatriotas não aceitaram bem o que lhes parecia uma deserção, enquanto alguns companheiros revolucionários seguiam-no a Pondicherry e se convertiam em discípulos do yogue e mestre espiritual que começava a desvelar-se. Não obstante, Sri Aurobindo explicou em diversas oportunidades seus motivos mais profundos. As palavras seguintes bastarão:

> A Índia guarda em seu passado, um pouco enferrujada e fora de uso, a chave do progresso da humanidade. É para esse lado que agora dirijo minhas energias, não para uma política medíocre. Eis aí por que me retirei. Acredito na necessidade de *tapasya* (uma vida de meditação e concentração) em silêncio, para a educação, o autoconhecimento e a liberação das energias espirituais. Nossos antepassados se valiam dessas ferramentas, sob formas diversas, porque elas eram a melhor maneira de agir eficazmente nos momentos cruciais da história.[9]

Assim, o "profeta do nacionalismo indiano"[10] encerrou sua fase política para iniciar sua fase yogue e filosófica, da qual falaremos a seguir.

1.3. Terceira etapa: Pondicherry I. *Arya*, suas grandes obras e o desenvolvimento do Yoga integral

A 4 de abril de 1910, Aurobindo chega a Pondicherry, onde permanecerá pelo resto de sua vida. Ali se dedica de corpo e alma a uma minuciosa pesquisa yogue, experimentando interiormente, aperfeiçoando o yoga integral, buscando a compreensão e a captação da consciência-energia que chamará de "Supramental".

Com o passar do tempo e à medida que vão ocorrendo suas próprias transformações, escasseiam os dados sobre sua vida externa. O trabalho interior lhe exige dedicação total.

Assinalemos, ainda assim, alguns acontecimentos decisivos. A 9 de março de 1914, chegam a Pondicherry Paul Richard e sua esposa Mirra Alfassa. Richard vem para lhe propor que colabore numa revista filosófica, projeto que logo irá adiante, conforme veremos a seguir. Naquele dia ocorreu o "encontro espiritual" (de consequências transcendentais para o yoga integral) de Sri Aurobindo e Mirra

Alfassa (1878-1973). Mirra, depois de voltar à França com o marido e passar quase quatro anos no Japão, regressaria a Pondicherry em 24 de abril de 1920 para permanecer definitivamente junto de Sri Aurobindo como sua colaboradora e companheira. Juntos abriram caminhos nunca antes percorridos para a realização espiritual completa e a transformação radical da humanidade, tal como a pressupõe o yoga supramental.

Nessa terceira etapa é que aparecem quase todas as obras teóricas de Sri Aurobindo. A revista proposta por Paul Richard será editada de 1914 a 1921, com o nome de *Arya*. O grosso da vasta produção de Sri Aurobindo é aí publicado em série. Número após número, capítulo após capítulo, o mestre vai divulgando sua sabedoria, oriunda de um ponto muito além da razão discursiva, em obras de uma grandeza assombrosa tanto em quantidade quanto em qualidade. Obras como *The Divine Life, The Synthesis of Yoga, The Human Cycle, The Ideal of Human Unity, The Secret of the Veda, Essays on the Gita, Future Poetry* etc., vão enchendo as páginas da revista e deixando extasiados os leitores que a elas têm acesso.

Desse modo começa a evoluir a "filosofia" de Sri Aurobindo, um *vedânta* não dualista e realista (*pûrna advaita*) no qual se revela "o fundador de uma completa *Weltanschauung** semelhante às grandes concepções de mundo do Oriente e do Ocidente. [...] Uma das contribuições metafísicas mais importantes do nosso tempo e, certamente, de qualquer época passada".[11]

Esse período se encerra com um acontecimento capital, que situamos como o início do seguinte. Sri Aurobindo chamou-o de "descida de Krishna", ocorrida em 1926.

1.4. Quarta etapa: Pondicherry II. Rumo à transformação supramental

"A 24 de novembro de 1926, Krishna desceu ao [plano ou corpo] físico. Krishna não é a luz supramental. A descida de Krishna significa o

---

* *Weltanschauung* é uma palavra de origem alemã que significa literalmente visão do mundo ou cosmovisão.

Sri Aurobindo por volta de 1920.

advento da divindade sobremental que prepara a descida da supermente e de Ananda."[12]

O significado desse acontecimento será mais bem entendido depois de uma certa familiaridade com o pensamento, a terminologia e a obra de Sri Aurobindo. Por enquanto, bastará lembrar que, após essa "descida", o trabalho do mestre se intensifica a tal ponto que ele decide afastar-se praticamente de todo contato público para realizar seu *sadhana*. É então que coloca Mirra Alfassa à frente do *ashram*, encarregando-a não só da organização como do trato direto com os discípulos que, ao longo dos anos, foram se reunindo em Pondicherry, atraídos pelo trabalho de Sri Aurobindo tal qual era exposto nos livros por ele publicados.

A produção teórica foi menor nesse período. Vale destacar as mais de mil páginas reunidas sob o título *Letters on Yoga*, quase todas procedentes da correspondência mantida com os discípulos do *ashram*, e a continuação do grande poema *Sâvitri*. Por outro lado, em 1939-1940, por ocasião da publicação de *The Life Divine* em livro, Sri Aurobindo revisa alguns capítulos e acrescenta pelo menos treze inteiramente novos (mais de quatrocentas páginas das 1.070 da obra definitiva). Esses constituem, talvez, as passagens mais espiritualmente luminosas e intelectualmente densas da obra-prima de seu pensamento filosófico.

De seu trabalho interior, pouco sabemos, pois segundo ele mesmo confessou em carta a um discípulo, datada de 5/10/1935, o que apareceu nos livros acima citados foi apenas a primeira parte do yoga integral, "aquela que praticamente coincide com os yogas antigos e clássicos". Ora, "o detalhe ou método das etapas posteriores do yoga, que penetram regiões pouco conhecidas ou até virgens, não o tornei público então nem pretendo fazê-lo agora".

Provavelmente, como escreveria mais tarde "A Mãe" em *Agenda* (13 volumes), "Sri Aurobindo levou o segredo consigo" — o segredo do yoga supramental, que procura ancorar esse princípio ontológico, até então alheio à consciência terrestre, na aura do planeta. E ancorá-lo por meio de sua integração à própria personalidade dos pioneiros da Nova Era, que pode ter sido iniciada pela descida da consciência-energia supramental às suas mentes e corpos, tanto quanto por sua

Sri Aurobindo na velhice.

manifestação na Terra. Talvez, desde então, tenha se tornado possível o começo de uma transformação radical em escala planetária.

Em 1950, Sri Aurobindo interrompeu seu trabalho no corpo físico, no cenário visível. Conta a Mãe que, dias antes, comentou ser necessário que um dos dois passasse para o outro lado do véu a fim de trabalharem conjuntamente de um modo mais eficaz. Mãe se ofereceu ali mesmo para transpor o umbral que separa a "vida" da "morte", mas Sri Aurobindo ponderou que o corpo dela estava mais bem preparado para levar a termo a última etapa da transformação integral: a supramentalização do corpo físico. Assim, no dia 5 de dezembro de 1950, Sri Aurobindo mergulhou no estado conhecido como *mahasamâdhi* e, depois de ficar vários dias exposto à contemplação dos seus discípulos, rodeado e impregnado — nas palavras da Mãe — de "luz supramental", deixou de ser visível aos olhos carnais de quantos ainda permaneceriam neste mundo. Sua Presença continua perceptível no lugar que habitou e infundiu de luz sagrada.

De 1950 a 1973, numa aventura fascinante, a Mãe assistiu atônita ao processo de transformação do yoga celular que vivenciava em seu próprio corpo. *Agenda* é o testemunho de todos esses anos.[13]

2. TRADIÇÃO E INOVAÇÃO: UMA SÍNTESE CRIATIVA

2.1. Nem modernidade sem raízes nem tradicionalismo sem frutos

No Ocidente, desde o advento da modernidade esclarecida, as raízes da tradição correm o risco de ser cortadas, o que, em boa medida, vem acontecendo nos três últimos séculos. Isso em parte foi positivo, pois seu robustecimento entravava as portas que permitem o trânsito entre as diversas esferas que habitamos. Para a mentalidade moderna, o novo e o original, pelo simples fato de o serem, tornam-se superiores ao antigo e ao tradicional, tidos como por demais carregados de conotações dogmáticas e irracionalidade inaceitável. Assim, as fontes da tradição judeu-cristã são questionadas e têm perdido seu alcance cultural. Também as fontes do mundo grego se apresentam secas ou estagnadas. Platão e Aristóteles, mortos e enterrados, não parecem ter possibilidade de renascer. A pós-modernidade de cunho nietzschiano não tolera nem um mundo suprassensível, nem uma realidade substancial nem uma identidade pessoal e própria. A pós-modernidade é, contudo, mais nova e original que a modernidade. Não passa do derradeiro grito da modernidade.

No Oriente, sobretudo na Índia — quer dizer, na Índia do princípio do século XX, época em que Sri Aurobindo escreveu —, a tradição corre igualmente o risco de ser suplantada pelos costumes britânicos. Todavia, ali o renascimento era possível e de fato ocorreu em certa medida com a revitalização da seiva e da sabedoria dos Vedas e dos Upanishads, do *Bhagavad Gîtâ* e dos *Yoga-sûtra* de Patanjali. Para esse renascimento, colaborou muito o próprio Sri Aurobindo.

Mas de que renascimento se trata? Falamos acaso de uma regressão, de uma mera retomada da tradição antiga? De submissão cega a uma suposta revelação primordial, absolutamente inquestionável e insuperável?

Não faltam, nem no Oriente nem no Ocidente, "tradicionalistas" de observância rígida que combatem com crueldade tudo quanto não tenha sido dito de maneira explícita no passado (quanto mais remoto, melhor). Não é esse, porém, o caso de Sri Aurobindo, como veremos a seguir.

2.2. Atualização hermenêutica da tradição hindu

Sri Aurobindo consegue um equilíbrio harmônico entre o respeito e a aceitação da tradição em suas linhas mestras e sua orientação básica, por um lado, e a descoberta e a adoção de coisas novas, por outro.

Trata-se, na verdade, de uma atualização hermenêutica complexa e fecunda da tradição hindu.[14] Cabe dizer que, no caso de Sri Aurobindo, a experiência espiritual yogue caminha adiante do conhecimento dos textos tradicionais. Com efeito, ele só os estudará depois das principais experiências espirituais da segunda fase.

Vemos o resultado em obras de peso como *The Secret of the Veda*, *The Philosophy of Upanishads* ou *Essays on the Gita*.

Existem três exemplos extraordinários de conhecimento e respeito à tradição, aos textos sagrados que constituem a seiva da árvore do hinduísmo. Eles nos oferecem, não obstante, uma nova leitura, capaz de ver e revelar o que estava quase sempre oculto aos olhares anuviados pelo curso que a tradição tomou, especialmente a partir da vigorosa construção do dualismo radical, cultivado desde Sri Shankaracharya (século VIII).

Assim, por exemplo, Sri Aurobindo procurou mostrar que a realidade por ele chamada de Consciência Supramental, esquecida pelo hinduísmo clássico, já havia sido vislumbrada pelos *rishis* védicos, como se percebe ao analisar sua noção de *Rta-cit*. E que o simbolismo védico encerra um segredo, um saber psicológico e esotérico ignorado nas interpretações naturalistas ou históricas dos Vedas. Em lugar de tais interpretações, ele propõe uma compreensão psicológico-simbólica e místico-esotérica, excelente exemplo de "hermenêutica espiritual e esotérica" que implica uma apropriação original e uma releitura dos textos que fundaram sua tradição. Vejamos alguns aspectos da interpretação que ele oferece:

A concepção vedântica da Verdade se expressa nos Upanishads em fórmulas extraídas dos Vedas, tais como *satyam, rtam, brhat* (o verdadeiro, o correto, o vasto). A verdade mencionada nos Vedas é o caminho que conduz à felicidade, à imortalidade. "Outro nome para essa Consciência Supramental ou Consciência-da-Verdade é *Mahas*, que também significa o grande, o amplo." Essa Consciência tem suas faculdades correspondentes: *drsti, sruti, viveka* — a visão direta da verdade, a escuta direta de sua palavra, a percepção direta do correto. Quem se acha de posse dessa Consciência-da-Verdade ou aberto à ação dessas faculdades é o *Rishi* ou *Kavi*, o sábio ou vidente.[15]

Nos quatro versos do hino introdutório dos Vedas encontramos as primeiras indicações das ideias principais dos *Rishis* védicos: a concepção de uma Consciência-da-Verdade supramental e divina, a invocação dos deuses como poderes da Verdade para desviar o homem dos ludíbrios da mente mortal, a conquista, em e por meio dessa Verdade, de um estado de bem-aventurança e felicidade perfeita, e, ainda, o sacrifício interior ou oferenda daquilo que se tem e daquilo que se é.

Vemos ainda que "o simbolismo dos Vedas depende da imagem da vida do homem como SACRIFÍCIO, VIAGEM e BATALHA". "A vida do homem é representada como um sacrifício aos deuses, depois como uma viagem — ora uma travessia de águas perigosas, ora uma subida de nível em nível da colina do ser — e, em terceiro lugar, como uma batalha contra nações hostis. Mas essas três imagens não permanecem separadas. O sacrifício é também uma viagem, uma viagem para alcançar a meta divina; e viagem e sacrifício lembram continuamente uma batalha contra os poderes das trevas" (SV, 175).

A lenda dos Angirasas combina esses três elementos da simbologia védica. Os Angirasas são peregrinos da luz. E a característica que mais diferencia os Vedas é a Palavra que os Angirasas possuem: "É cantando o *Rik*, o hino da iluminação, que eles contemplam as fulgurações solares na caverna do ser." "É por meio do *satya mantra*, o pensamento verdadeiro expresso no ritmo da verdade, que nascem a luz oculta e o Amanhecer" (SV, 178).

Creio que esse curto esboço basta para dar uma ideia da interpretação que Sri Aurobindo oferece dos Vedas.

Algo parecido ocorre com os Upanishads. Sri Aurobindo traduziu alguns deles[16] e teceu comentários a outros. Ele ressaltou, de modo muito especial, a atenção dada à Isha Upanishad, assunto ao qual retornou em diversas ocasiões. Além do comentário mais conhecido, disponível em espanhol, há outros, entre eles um com cerca de cem páginas que data de 1912-1913[17] e alguns mais curtos, mas igualmente significativos.[18] Temos também um estudo geral sobre o significado dos Upanishads.[19] Este começa com o seguinte texto introdutório:

> A concepção fundamental do Vedânta é que existe em algum lugar, disponível para a experiência ou a autorrevelação, mas negada à pesquisa intelectual, uma verdade única, abrangente e universal, a cuja luz a totalidade da existência seria revelada e explicada tanto em sua natureza quanto em seu fim. Essa existência universal, em que pese à multiplicidade de seus objetos e à diversidade de suas forças, é uma só em substância e origem; e há uma quantidade desconhecida, X ou *Brahman*, a que pode ser reduzida, pois a partir dela começou e nela e por ela persiste. Essa quantidade desconhecida se chama *Brahman* (Up. II).

A ideia central dos Upanishads, que ele desenvolverá, é a existência dessa Unidade transcendental subjacente a toda a variedade fluida da vida fenomênica.

Brahman não pode ser expresso pelo conhecimento finito, mas é possível alcançá-lo e realizá-lo. Identidade e diferença, realidade e aparência referem-se a níveis distintos daquilo que existe.

A predileção de Sri Aurobindo por Isha talvez se relacione ao diálogo constante que mantinha com Shankara. Sri Aurobindo o tem sempre presente em sua tradução e comentário. Assim, por exemplo, se opõe à concepção radicalmente impessoal dos Upanishads:

> É um erro pensar que os Upanishads reconhecem a existência verdadeira apenas de um *Brahman* impessoal e inativo, um Deus

impessoal, sem poder e sem qualidades. Ao contrário, afirmam [a existência de] um Incognoscível que se manifesta a nós sob duplo aspecto: Pessoal e Impessoal (Up. 95).

Essa é a concepção de *Brahman* ou Ser como Senhor (*Lord*) tal qual o expressam os termos *ish, ishvara, para purusa* e *sah*. Embora às vezes, quando querem enfatizar sua impessoalidade, o chamem de *tat*, em muitos casos empregam o termo *Deva*, Deus ou o Divino, ou *Purusha*, "a Alma consciente de quem *Prakriti* ou *Mâyâ* é o Poder executivo, a *Shakti*".

Mas foi o *Bhagavad Gîtâ* que mereceu a atenção especial de Sri Aurobindo. Em muitas ocasiões foi dito que os *Essays on the Gita* são uma de suas obras fundamentais. A recriação que ali se faz do célebre poema e o complexo entrelaçamento que se estabelece entre esse clássico da espiritualidade hindu e o pensamento do próprio Sri Aurobindo levam a crer que o yoga integral do mestre é o mesmo encontrado no *Bhagavad Gîtâ*.

Como se sabe, o *Bhagavad Gîtâ* expõe um resumo das vias do conhecimento, a devoção e a ação que Sri Aurobindo retomará em *The Syntesis of Yoga*. Se analisarmos bem essa obra extensa, na qual nosso autor aplicou mais sistematicamente seu enfoque do yoga, veremos que sua estrutura é bastante significativa, pois, em seguida a uma introdução onde são enumeradas as "condições da síntese", aborda-se em profundidade "o yoga das obras divinas" (*karma-yoga*) na primeira parte; na segunda, ainda mais longa, estuda-se "o yoga do conhecimento integral" (*jñâna-yoga*); e na terceira, mais curta porém igualmente importante, fala-se do "yoga do amor divino". Se o livro terminasse aqui (mais ou menos à altura da página 600), poderíamos ter a impressão superficial de que coincide, pura e simplesmente, com os três caminhos do *Bhagavad Gîtâ*. Mas isso não acontece; basta ler mais algumas páginas para constatar que um novo enfoque aparece e modula todos esses caminhos. E se isso não bastasse, o livro não acaba aí. Uma quarta e última parte traz o título de "O Yoga da Autoperfeição", que ocupa outras trezentas páginas nas quais, com base no material antes selecionado, edifica-se o que seria o templo do yoga integral. Já se vê que a libertação pessoal, apesar de sua grande importância, não é o objetivo último do yoga integral. Para além da libertação, da ascensão aos mundos superiores e da descoberta da nossa dimensão eterna, o yoga integral propõe a descida da luz e do poder superior para a transformação da nossa mente, nosso corpo vital e nosso corpo físico, promovendo assim nosso autoaperfeiçoamento. Os sete últimos capítulos tratam exclusivamente das implicações da descida da consciência-energia supramental, do tipo específico de transformação que ela promove e do aperfeiçoamento possível, entendido na acepção estrita que lhe atribui o yoga supramental. Não parece que isso esteja realmente no *Bhagavad Gîtâ*.

Em várias ocasiões Sri Aurobindo se esforçou para esclarecer essas diferenças. Suficientemente explícito é o texto seguinte, no qual o mestre prefere falar na terceira pessoa:

> Não é verdade que o Gita forneça a base completa da mensagem de Sri Aurobindo, já que parece admitir como meta final, ou ao menos como ponto culminante do yoga, a cessação do nascimento no mundo. Além disso, não apresenta a ideia de evolução espiritual nem a de planos superiores; não fala da Verdade-Consciência supramental nem da descida dessa consciência como meio necessário para a completa transformação da vida terrestre.[20]

Em outra ocasião, afirmaria: "Nosso yoga não é idêntico ao Yoga do Gita, embora contenha tudo o que nele existe de essencial."

No texto anterior, apareceram já algumas das ideias principais do yoga integral, que aprofundaremos mais adiante. Por enquanto, vejamos a atitude de Sri Aurobindo com respeito ao passado e à tradição, pois ele sempre disse que as realizações espirituais de outrora são importantes, mas ressalvando: "Por que o passado deveria ser o limite da experiência espiritual?"[21] Ou, com maior vigor expressivo:

> Na verdade, essa assombrosa reverência pelo passado é algo de desconcertante e temível! No final das contas, o Divino é infinito e a manifestação da Verdade pode ser um processo igualmente infinito ou que, pelo menos, deixe algum espaço para novas descobertas e novas afirmações — até mesmo novas conquistas —, e não uma noz partida, com seu conteúdo esgotado definitivamente pelo primeiro vidente ou sábio. Se assim fosse, os outros

deveriam quebrar escrupulosamente a mesma noz vezes sem conta, cuidando sempre para não desmentir os videntes e sábios do passado.[22]

2.3. Para que "evolução" se o mundo é Mâyâ?

Antes de tratar do aspecto mais "prático" do yoga integral, convém ter em mente o quadro teórico em que o enfoque desse yoga ganha sentido — isto é, as linhas mestras da filosofia de Sri Aurobindo, que ele entendia como um *vedânta* não dualista e realista, ou, mais simplesmente, um "*vedânta* integral" (*pûrna advaita*).

Para entender um autor, é sempre recomendável levar em conta quem são seus "adversários" filosóficos ou, se se prefere, seus interlocutores principais. Isso é tão importante quanto o conhecimento de suas filiações, de suas influências mais diretas e reconhecidas.

2.3.1. O diálogo com o não dualismo clássico

Cabe afirmar que os Vedas, os Upanishads e o *Bhagavad Gîtâ* (ainda que interpretados a partir de sua própria concepção, estratégia absolutamente legítima desde que com fundamentos satisfatórios) são seus pontos de referência mais óbvios, suas afinidades mais claras. Pode-se, então, dizer que o *budismo* (sempre tratado de um modo muito geral, sem entrar nos detalhes históricos) e, sobretudo, o não dualismo ascético-ilusionista de Shankaracharya constituem seus "adversários" principais. E dos dois, este último é sem dúvida o interlocutor de maior destaque.

Um problema delicado e crucial é determinar quais interpretações da filosofia de Shankara são aceitáveis e coerentes. Não entrarei em seu mérito diretamente, embora o diálogo Shankara-Sri Aurobindo continue sendo, na esfera das concepções hindus, uma das questões principais abertas à discussão. Aqui me limitarei a apresentar a ideia que Sri Aurobindo faz do *advaita* de Shankara, como elemento ao qual nosso autor oporá sua cosmovisão.

É fácil concluir que, quando um autor se ocupa de outro sem que este possa defender-se, e sobretudo quando seu olhar é crítico e sua filosofia se baseia na oposição à dele, o veredito será parcial ou deturpado. Sri Aurobindo tinha consciência de que certas tendências apresentavam um Shankara "menos selvagemente ilusionista" (por exemplo, S. Radhakrishnan) e de que alguns não viam grandes diferenças em suas filosofias. Mas saiu a campo para combater essas objeções e defender a validade de sua interpretação de Shankara, esclarecendo a radical diferença que separava suas cosmovisões em alguns pontos.

a) Mâyâ como ilusão e mâyâ como poder criador

Segundo Sri Aurobindo, a teoria de *Mâyâ* tal qual apresentada por Shankara e entendida tradicionalmente é uma teoria "ilusionista" no seguinte sentido: por mais que, não resta dúvida, Shankara distinguisse entre realidade empírico-pragmática e realidade absoluta, em última análise isso era mera concessão à ignorância, pois na verdade, do ponto de vista do Absoluto, o mundo não é senão *mâyâ* num sentido radicalmente negativo, isto é, "ilusório". É claro que, para Shankara, não se trata de uma ilusão subjetiva — como sustentam alguns "idealismos subjetivistas" —, mas isso pouco importa na hora de avaliar a condição ontológica do cosmos e dos indivíduos que nele se movem. Em último caso, se o mundo é *mâyâ*, então é também, se não absolutamente irreal e ilusório — pois Shankara reconhece que não é nem real nem irreal, mas algo "inexplicável" (*anirvacaniya*) —, pelo menos carente de significado, de valor, de interesse. Eis, no meu entender, a chave do problema. A gravidade do assunto não está tanto em sua dimensão ontológica quanto em seu aspecto axiológico; não tanto em seu alcance teórico quanto em suas implicações práticas. Nesse sentido, de fato parece claro, inclusive na interpretação mais comedida, que o mundo e o indivíduo não têm absolutamente nenhum valor ou significado. Se existem temporal e relativamente, estão fadados a desaparecer, não no nada absoluto, mas no *Brahman* supracósmico e atemporal, impessoal e despojado de toda individualidade, no *Brahman nirguna* — mas então, que sentido terá a passagem dos indivíduos pelo mundo se de nada lhes vale o *samsâra*, lugar de sofrimento e ignorância? A que vem essa longa cadeia de nascimentos e mortes, que o próprio Shankara aceita, pelo menos dentro do mundo (de *mâyâ*)? Pura brincadeira do Absoluto? Essa resposta não parece nada convincente.

Portanto, que não haja nada senão o Um, que o mundo nunca existiu, não existe e não existirá (do ponto de vista do Absoluto), que é inútil buscar propósito ou significado na existência, pois toda busca faz parte da ilusão cósmica — eis uma conclusão filosoficamente sem nenhuma coerência, inaceitável para a razão que se leva a sério. Por outro lado, que o caráter ilusório do mundo não significa de modo algum não existência, mas dependência ontológica do relativo frente ao Absoluto, que sua realidade não constitui a verdade última e que toda forma está destinada a ser sorvida pelo Tempo — eis o que está presente em toda visão "religiosa", espiritual ou metafísica da existência. É essa também, sem dúvida, a concepção de Sri Aurobindo.

b) O destino do homem e o sentido da Terra

Assim, pois, o que importa essencialmente é o destino do homem e da Terra, o passado, o presente e o futuro do indivíduo que sabemos que somos e do mundo que nos envolve e do qual nos sentimos parte. Em suma, trata-se de uma busca de sentido. Qual é o sentido da vida? Afirmar que a própria pergunta carece de sentido não é uma invenção ocidental do neopositivismo e da filosofia analítica da linguagem, surgida nas primeiras décadas do nosso século; essa já era a atitude do não dualismo acosmista-ilusionista, que não via em sua formulação nada mais que uma manifestação da ignorância.

Que a mente, em sua etapa atual de evolução, seja incapaz de dar uma resposta totalmente satisfatória e que o "silêncio do Buda" continue sendo a melhor atitude a tomar, é coisa óbvia. Que a Vontade de Deus escape à compreensão da inteligência limitada dos homens, é algo que se conclui sem necessidade de muitas luzes. Entretanto, não parece que essa "douta ignorância" seja a doutrina proclamada pela filosofia de Shankara. Ela não parece propor um não-podemos-saber ou um não-sabemos-ainda e sim um sabemos-que-não-há sentido, que não há propósito, que não existe indivíduo-pessoa permanente nem Personalidade divina, que o Absoluto não pode ser pessoa nem mesmo na mais refinada e rigorosa das concepções de Pessoa infinita e imanente-transcendente.

A pergunta capital é, pois: em que *acreditamos* (antes de alcançar a sabedoria definitiva, se é que haveremos de alcançá-la, e caso sejamos suficientemente otimistas para adotar semelhante hipótese de trabalho)? E o que essa crença nos leva a *fazer* com a vida no mundo, a nossa e a do nosso semelhante quando nos interpela com a dor estampada no rosto e nas mãos crispadas, com o grito do seu coração em meio ao desconcerto da tragédia que o consome?

É claro que não é o caso, agora, de situar a crença e a ação no primeiro plano. Mas não as excluamos, não neguemos sua importância e não escamoteemos os problemas mais urgentes quando nos desafiam não só por serem urgentes, mas também e ao mesmo tempo por serem fundamentais.

Nem é preciso dizer que a experiência e a realização espiritual continuam sendo o primeiro direito e a primeira obrigação de quem busca as coisas do espírito. Não se trata de recair numa fé mais ou menos obscurantista, nem numa credulidade pré-crítica nem num ativismo pouco menos que cego. Não se trata, sequer, de ressuscitar o ideal ilustrado do pensador racionalista, alheio às possíveis dimensões suprarracionais. O que se quer é não isolar a experiência espiritual do pensamento racional, da crença racionalizada e da ação lúcida ou que busca a lucidez.

Não se pretende negar a validade e o alcance da experiência *advaítica* (não dual). Mas convém ter em mente que outras experiências permitem reconfigurar e até corrigir a formulação teórica que a partir dela se foi impondo pela força da tradição ou de certas autoridades espirituais e intelectuais que se tornaram a bem dizer inquestionáveis. Talvez esse questionamento necessitasse de uma síntese de experiência espiritual à altura, capaz de apreciar e reconhecer a grandeza da experiência do Absoluto em sua imobilidade silenciosa e em sua imutabilidade majestosa, mas também de ir além dela. Em suma, uma síntese dessa experiência e realização elaborada com clareza de visão supraintelectual, com mente lúcida e intuitiva não dissociada da força argumentativa, apta a mostrar um vínculo novo entre experiência espiritual e formulação por meio de ideias a respeito do seu significado, alcance e consequências. Sem dúvida fazia falta alguém como Sri Aurobindo, que reunisse todas essas capacidades para poder "superar", integrando a verdade acima, a excelsa, mas limitada visão de um não dualismo que, em vez de exprimir o verdadeiro sentido da vida e do indivíduo, parecia dissolver tudo isso numa noite luminosa, mas incapaz de satisfazer aos anseios mais profundos do ser humano.

A nova luz projetada sobre o sentido da vida com base numa experiência ampliada da não dualidade passa pela reformulação do conceito de *mâyâ* e pela tematização da ideia de um progresso espiritual em que não desaparece o "sentido da Terra". A noção de *mâyâ* se refere, nessa nova visão e sem negar que já era acolhida pelos *rishis* védicos, ao poder do Absoluto, à *sakti* da Pessoa divina infinita e transcendente-em-sua-imanência. O cosmos surge como o campo de expressão do próprio Absoluto. Sua vontade é que o fez manifestar-se, desdobrando-se no espaço e no tempo sem que sua dimensão eterna e imutável fosse afetada; embora a unicidade do Absoluto não se questione em seu próprio nível, não impede que se reproduza numa infinidade de faces diferentes que só fazem multiplicar a grandeza incomensurável da Pessoa infinita, pronta a revelar incontáveis aspectos de si mesma.

Em toda essa manifestação, aquele que vive está sujeito à marcha evolutiva. O mundo tem uma finalidade e isso, uma vez aceito o jogo da manifestação no espaço e no tempo, implica progresso.

2.4. Evolução: o aspecto dinâmico da realidade e o futuro possível

Sri Aurobindo sintetizou o processo da evolução terrestre, da grande cadeia do ser, em quatro categorias principais: Matéria, Vida, Mente e Supermente.

Ele defendeu com ardor a evidência intelectiva, cuja força só pode ser questionada por preconceitos e contaminações culturais: do inferior não pode nascer o superior, do menos perfeito não nascerá o mais perfeito. Da matéria (pouco importa que esta seja tomada como Energia Primordial concebida como não consciente e não inteligente) jamais teria surgido a Vida; e de nenhuma das duas surgiria a Mente se de algum modo, ao menos como potencialidades reais, elas ali não se encontrassem anteriormente. Sri Aurobindo exprime essa ideia falando de uma *involução* que antecede a *evolução*.

Por outro lado — e aqui começa a fascinante aventura espiritual exposta por Sri Aurobindo —, a Mente tal como a conhecemos e tal como, legitimamente, devemos conhecê-la, não basta para explicar todo esse processo evolutivo. Nem a série de mentes individuais, nem sequer uma hipotética Mente cósmica — nos limites do que por isso cabe entender, levando-se em conta o funcionamento conhecido da realidade — explicariam o devir cósmico.

Quando se fala metaforicamente da Mente divina, do Logos, vem à baila outra questão, de natureza distinta, que merece um nome mais adequado. Nem seria preciso dizer que todas as teologias postularam até certo ponto o caráter eminente da Inteligência divina ou Razão absoluta. Fora demasiado ingênuo pretender que, antes, ninguém cogitara com algum rigor da noção de Absoluto.

Mas não se trata de pensar ou não uma tal realidade e sim de experimentá-la diretamente, não apenas por meio de um êxtase inefável (comum a todos os grandes místicos), mas também com a cumplicidade de todas as partes do nosso ser, a fim de, graças à ascensão a esses planos superiores, fazer descer a nova "Realidade", a nova "Consciência-Energia", o novo "Poder" supramental até nosso cotidiano, até nossa mente, emoções e células.

Começa aí uma nova transformação, pois o poder que desce é uma luz espiritual capaz de produzir efeitos e mudanças insuspeitados em nossa atual estrutura energética. A Revelação do Supramental não é uma revelação de ideias contidas em algum livro misterioso. A Revelação do Supramental é a revelação transfiguradora de um Poder do Divino até agora não manifestado na história do planeta.

Por isso, a evolução não terminou. O ser humano atual não é a meta do desenvolvimento evolutivo. Depois do ser humano, graças à transformação possibilitada pela descida do Supramental, surgirá uma nova criatura, uma nova espécie. Sri Aurobindo falou de uma raça de "seres gnósticos", isto é, supramentais. O destino do homem é transcender-se, ir além da condição humana atual, dar à luz uma nova criatura, que será outra sem deixar de ser ela mesma. Todo parto é doloroso, mas ao mesmo tempo prazeroso quando participamos conscientemente dele e entendemos seu sentido. O parto de uma nova humanidade será, talvez, mais doloroso ainda; seu alcance escapa à razão comum.

A fim de participar da gestação anterior ao parto possível, e de nos deixar fecundar pela nova Vida do Espírito, Sri Aurobindo e "A

Mãe" levaram a termo sua tarefa de pioneiros do mundo novo; todavia, não trataram apenas de atrair essas energias à consciência da Terra, mas esboçaram também o modo de percorrer o caminho que aponta no horizonte para levar ao novo mundo. Nisso consiste o yoga integral.

3. NATUREZA E MÉTODO DO YOGA INTEGRAL

3.1. Como encontrar o caminho do yoga integral?

"Sinto-me bem perto do que diz Sri Aurobindo, mas dá muito trabalho lê-lo: é muito difícil, muito complicado, muito abstrato; não o entendo."

"Identifico-me com as propostas e os objetivos do yoga integral, mas não sei o que fazer para seguir esse caminho. Como se pratica o yoga integral, qual é o seu método e suas técnicas?"

Com frequência temos ouvido uma ou outra dessas observações, quando não as duas ao mesmo tempo. E elas têm fundamento. As obras de Sri Aurobindo são mesmo difíceis de ler, às vezes. Mas não porque exijam conhecimentos profundos de filosofia oriental ou ocidental, longe disso: elas não requerem nenhuma familiaridade com a história dessas filosofias, foram escritas para oferecer sua própria visão e reservam um papel bastante secundário a outras ideias que nelas se devem pressupor. Cremos que a dificuldade de entender Sri Aurobindo — afora os problemas de tradução, sempre pérfidos, e ainda mais neste caso devido à quase impossibilidade de transmitir o ritmo mântrico de sua escrita — procede basicamente do nível de abstração em que ele se move. Sua mente é uma mente plutoniana, ágil, que vai ao essencial sem se deter em pormenores secundários. Seus escritos destilam um perfume luminoso, que vem das alturas espirituais; suas palavras não fazem concessões aos detalhes concretos. Estou pensando principalmente em *The Life Divine* e *The Synthesis of Yoga*, suas duas grandes obras traduzidas; não se poderia dizer o mesmo (entre as outras convertidas para o espanhol) de *The Human Cycle* e muito menos *Practical Guide to Integral Yoga*, enquanto *Reencarnation* e *The Mother* estão num nível intermediário.

Por outro lado, a dificuldade procede também da amplitude e alcance de suas frases. A mente não treinada nesse tipo de discurso pode sentir-se perdida ante a imensidão das ondas de ideias luminosas que se avolumam diante dela. Todavia, se a pessoa consegue montar a corrente do seu pensamento e cavalgá-la, logo se sente arrebatada pela força edificante (a *shakti* da escrita) que subjaz aos significados das palavras. Então, a leitura se transforma numa experiência muito mais profunda que a meramente intelectual, numa escada que conduz a alma do leitor às culminâncias espirituais de onde as palavras brotaram, convertendo a leitura em *sadhana* e o leitor, em *sadhaka*. Acontece que o Sri Aurobindo poeta impregna toda a sua obra e o artista que há nele consegue burilar o estilo adequado (verdadeiro, belo e útil) para transmitir aquilo que palpita muito além da forma.

Passemos agora à segunda pergunta: como se pratica o yoga integral?

Pois bem, a leitura das obras de Sri Aurobindo e "A Mãe" constitui indubitavelmente o melhor modo de encontrar o caminho, de sintonizar a vibração espiritual que as caracteriza e se filtra através das letras de um modo bastante enigmático para a mente, mas também real e eficaz como qualquer outra atividade da energia do espírito.

Contudo, uma maneira mais direta e intensa é aquela que nos permite gozar mais intimamente a Presença inefável da consciência-energia que habita as imediações de sua antiga morada na Terra. Refiro-me ao lugar, santificado pela presença do mestre, em torno do qual foi se formando aos poucos o *ashram* que hoje ostenta seu nome.

Digamos que essa referência espacial é importante, embora não estritamente necessária, como também deve ter sido importante usufruir da Presença física de Sri Aurobindo e "A Mãe", transmissores encarnados da Consciência-Energia, da *Chit-Shakti* que, em definitivo, constitui o elemento essencial e o motor da transformação por eles simbolizada e propiciada. Suponhamos, porém, que sua presença física, a atmosfera do *ashram* e mesmo seus livros não estejam ao alcance, não importam os motivos, daquele que, vislumbrando-a (ou talvez ficando deslumbrado por ela), se sentiu atraído pela luz irradiada dos símbolos vivos que foram Sri Aurobindo e "A Mãe". O que fazer nesse caso? Uma vez mais, que método seguir?

3.2. Neste yoga não há método

Passemos a palavra ao próprio Sri Aurobindo:

> Neste yoga não há método, exceto o concentrar-se, de preferência no coração, para invocar a presença e o poder da Mãe a fim de que se aposse do nosso ser e, mediante a ação de sua força, transforme nossa consciência.[23]

Examinemos um pouco o que foi dito acima. Em primeiro lugar, a afirmação de que "neste yoga não há método". Entende-se isso melhor observando de que modo ela se concretiza na vida do *ashram*. O *ashram* tradicional, à semelhança dos conventos ocidentais, costuma ter um programa muito rígido, com horário estabelecido e práticas fixas que marcam o ritmo da *sadhana*. Em determinada hora se deve meditar, em outra fazer *japa*, mais tarde *hatha-yoga*, depois cantar *bhajans* e assim por diante. No *ashram* de Sri Aurobindo e no yoga integral, a disciplina tem de ser antes de tudo interior; o trabalho interior e o exterior devem realizar-se ao mesmo tempo, pois a ação, o conhecimento e a devoção não se excluem, mas se complementam perfeitamente, sendo todos indispensáveis embora em medidas diversas, conforme as características de cada *sadhaka*.

Portanto, dizer que não há método é uma maneira de enfatizar a importância do ritmo interno e da atitude pessoal. O método não é imposto de fora sequer pelo Mestre quando está fisicamente presente, nem é elaborado pela própria pessoa conforme suas tendências e preferências subjetivas; o método flui espontaneamente depois que se estabeleceu contato com a alma, com "A Mãe", com o próprio Mestre interior ou com o Divino.

Enquanto isso, o anelo anímico, a força da chama que nos queima em nosso interior, impelindo-nos à busca definitiva, é a única coisa que temos. Se não a sentimos com todo o ímpeto, então não estamos prontos para iniciar esse *yoga*. Quando a "aspiração anímica" não está presente, quando a sede de transformação não é intensa, caminhamos pelo deserto até que a necessidade se agrave.

Em *The Synthesis of Yoga*,[24] encontramos um maior desenvolvimento dessa ideia. Fala-se ali de três traços característicos da ação do superior sobre o inferior. Em primeiro lugar, ela não atua segundo um sistema fixo e uma sucessão estabelecida, como nos métodos especializados de Yoga, mas de modo livre, levando em conta o temperamento de cada um e os obstáculos que encontra. "Cada ser humano, nessa senda, tem seu próprio método de yoga." Em segundo lugar, parte-se da aceitação de nossa natureza tal qual é no momento, em decorrência da evolução passada. Em terceiro, "o Poder divino em nós utiliza toda a vida como um meio para esse Yoga integral". Cada situação, cada experiência, cada relação são convocadas para aprofundar o trabalho interior. Por isso, "mesmo a queda mais humilhante se converte num passo rumo à perfeição" (*SY*, p. 42).

3.3. Concentrar-se no coração

Seja como for, "algo" poderá ser feito enquanto isso: "concentrar-se de preferência no coração." Sri Aurobindo sempre recomendou duas "zonas" como os lugares mais indicados onde aplicar nossa atenção, onde exercitar nossa concentração: atrás do coração e em cima da cabeça. Atrás do coração quando se tratar de estabelecer contato com o ser anímico, com a alma, com o Divino individualizado em nós. E "atrás" porque não é o caso de brincar com as emoções de sua parte mais externa e sim de descer até o fundo da nossa sensibilidade afetiva, ao ponto onde se encontra o eu anímico que somos essencialmente e que precisamos descobrir. Não estão em causa o ser físico, nem o ser vital, nem o ser mental, nem o "ego psicológico", mas o *caitya purusha*, a alma individual encarnada aqui na Terra, reflexo do *jîvâtman* "celeste".

A meditação em cima da cabeça é recomendada quando a intenção não for estabelecer contato com o eu anímico, mas abrir-se aos planos superiores da consciência supraindividual, aos planos espirituais que se situam entre a mente e a supermente.

As zonas indicadas como espaços onde devemos fixar nossa atenção podem relacionar-se com o sistema de *chakras* ou centros sutis de energia, tais como são mencionados tradicionalmente nos livros de yoga e, sobretudo, nos textos tântricos. A parte atrás do coração se vincula ao *anahata-chakra*; a zona acima da cabeça, ao lótus de mil pétalas, o centro coronariano, *sahasrara-chakra*. A pessoa pode trabalhar à vontade cada centro, fazendo meditações específicas, mas também permanecer alerta no lugar que o solicita espontaneamente, conforme a necessidade do momento ou as prioridades do trabalho. Vimos que o yoga integral procura evitar fórmulas e receitas gerais, considerando sempre a natureza de cada aspirante. Nesse sentido, é fácil para aquele que medita ir percebendo qual é a tendência predominante em sua natureza. Assim, por exemplo, as pessoas que trabalham mais a sensibilidade afetiva tendem a situar-se espontaneamente na zona do coração, enquanto as que estão acostumadas a abrir a consciência mental a estados mais sutis tendem a cultivar a zona acima da cabeça.

O interessado no caminho do yoga integral pode transformar a meditação num campo de pesquisa e cultivar sua lucidez silenciosa, sua capacidade de ouvir a partir do coração, a fim de se familiarizar com os diversos tipos de energia que circulam pela esfera da consciência. Deve fazer isso, primeiro, para "limpar" o campo de sua consciência, livrando-o das emoções e pensamentos mais superficiais e mecânicos, que impedem a consciência de abrir-se a níveis superiores e integrar energias mais apuradas. De fato, boa parte do trabalho interior passa pelo cultivo da atenção, do estado de alerta necessário para erradicar os velhos hábitos e exercitar um estado de abertura que facilite a transformação. Em segundo lugar, a meditação ajuda a pessoa a estabelecer-se no estado de paz e silêncio a partir do qual é possível observar os movimentos do ego e começar a superar a identificação com ele. A antiga noção e sentimento de identidade egoica vão abrindo espaço a uma nova vivência da identidade anímica, a uma nova realidade pessoal dotada de consciência mais ampla, mais aberta, mais harmônica, mais centrada.

Na realidade, a meditação como técnica é uma maneira de aproximar-se da meditação como atitude e, finalmente, de instalar-se na meditação como estado. Esse estado nada mais é do que o encontro do nosso verdadeiro ser central, uma abertura ao Superior que nos liberta dos vínculos com nossa antiga personalidade.

No texto citado acima, recomenda-se a concentração no coração, mas insiste-se menos no esforço pessoal que no apelo, na invocação à Mãe divina, Shakti. E isso exige esclarecimento.

3.4. Invocar a Presença de Shakti, "A Mãe"

Quando Sri Aurobindo fala da Mãe, podemos fazer disso uma leitura dupla. É certo que os discípulos mais próximos identificavam o símbolo Mãe/Shakti com Mirra Alfassa, aceita como co-orientadora do yoga integral, representante e encarnação da Mãe divina, Mahashakti. Isso, porém, não é absolutamente imprescindível para aqueles que se aproximam do yoga integral sem conhecimento do papel desempenhado no *ashram* e em Auroville pela "Mère" ("A Mãe") — como prefeririam chamá-la os discípulos, dada a sua origem francesa.

Com efeito, a "Mãe" é um símbolo de grande força na tradição hindu em geral, especialmente no caminho do Tantra. Concebe-se toda mulher, idealmente, como uma emanação de Shakti, como uma de suas filhas. Algumas delas, porém, foram consideradas Encarnações da própria Mãe divina. Afora tudo isso, a Shakti/Mãe é o símbolo da Consciência-Energia primordial, do Poder divino criador daquilo que existe; é o aspecto dinâmico do Absoluto.

Certa vez, Sri Aurobindo afirmou que o yoga integral adotava um método predominantemente vedântico, porém com um objetivo mais próximo das concepções tântricas.[25] Seja como for, e sem entrar no momento em mais detalhes, a importância atribuída a Shakti/Mãe por Sri Aurobindo é evidente em toda a sua obra.[26]

Assim, pois, quando é recomendado concentrar-se no coração, e invocar a presença e o poder da Mãe, entendamos que a finalidade é estabelecer o contato consciente com o Divino. Abrir-se a essa Presença, a essa influência do Superior, é o que conta no yoga integral: "Neste yoga, tudo depende de a pessoa ser acessível ou não à Influência" (*Letters*, p. 605).

Se nos limitássemos a essa declaração — e convém não perder de vista que se trata da resposta epistolar a um discípulo, sem pretensões de abrangência ou validade geral —, poderíamos supor que não há nada a fazer nesse yoga, exceto talvez atirar-se aos braços da Mãe divina e deixar-se conduzir por ela. A declaração é válida, mas se não for bem entendida poderá dar lugar a deduções falsas. Assim Sri Aurobindo, em mais de uma ocasião, procurou evitar esse risco. Por exemplo: "Com respeito a 'não há nada a fazer', obviamente quem não faz nenhuma *sadhana* não muda nem progride. Trabalho, meditação, *bhakti*, tudo deve ser empreendido como *sadhana*" (*Letters*, p. 538).

Trabalho, meditação, *bhakti*: eis-nos de novo frente ao "tríplice yoga" como fundamento inevitável do yoga integral. Vimos que a própria estrutura de *The Synthesis of Yoga* realçava a importância de todos e cada um desses três *yogas* principais, que o *Bhagavad Gîtâ* já apresentava como estreitamente interligados.

Além das 580 páginas dedicadas em *The Synthesis of Yoga* a essas três vias, nas *Letters on Yoga* temos outras 130 que procuram esclarecer sua importância do ponto de vista do yoga integral.

Contudo, de preferência a esmiuçar as virtudes dos três *yogas* e mostrar a conveniência de uma apresentação integradora e abrangente, apenas mencionaremos os objetivos e requisitos básicos do yoga integral.

Parece-me necessário deixar claro que a questão da novidade ou não do yoga integral com respeito aos yogas tradicionais é secundária, conforme já havia declarado Sri Aurobindo. Veremos mais adiante em que sentido se pode falar de novidade no yoga integral, mas convém ter em mente que boa parte do trabalho terá de ser feita com as mesmas ferramentas. Na verdade, a diferença é mais de concepção global, sobretudo no que diz respeito aos objetivos últimos a alcançar e ao modo de entender o sentido da vida, que de métodos concretos ou práticas estabelecidas. Se, com respeito a estes últimos, houve alguma insistência, não foi com relação a alguma técnica, mas ao caráter integral que propõem. A importância de reconhecer a validade e a complementaridade da via da ação oferecida ao Divino, da via do coração, devoção e amor divinos, e da via do conhecimento é talvez o elemento mais característico. E, como sabemos, não tem pretensões à originalidade, pois está no *Bhagavad Gîtâ*.

Desse ponto em diante, a aspiração, a sinceridade, a entrega, a abertura constante tornam-se absolutamente imprescindíveis. Cada uma dessas palavras-chave mereceria um tratado como "virtude do caminho", mas isso é demasiado óbvio para ser enfatizado.

3.5. Silêncio na mente e paz no coração

Se tivéssemos que insistir em algo, por constituir o fundamento mais inabalável sem o qual dificilmente se executaria o Trabalho da Shakti, seria naquilo que transparece em expressões tão simples como "silêncio mental", "paz no coração" ou "serenidade" em nosso campo psicológico. É aqui que o "esforço pessoal" encontra seu devido lugar geralmente anterior à Graça e sempre necessário, ao menos durante a primeira etapa do caminho.

Ouçamos, a propósito, as palavras de Sri Aurobindo:

> A *sadhana* desse yoga não brota de uma série de ensinamentos mentais e de formas prescritas de meditação, com *mantras* ou coisa que o valha, mas da concentração que a própria pessoa leva a termo para dentro ou para cima, abrindo-se à Influência, ao Poder divino que pende sobre nós, às suas obras, à Presença divina no coração, repelindo ao mesmo tempo tudo quanto seja estranho a tais coisas. Essa abertura só é possível por meio da fé, da aspiração e da entrega (*Letters*, p. 505).

Com respeito ao caráter fundamental do silêncio e da paz, vale dizer que a descoberta tanto do eu anímico quanto dos níveis superiores de consciência só é possível quando se instala em nós uma atmosfera espiritual que nos permita empreender o processo de desidentificação de nossos mecanismos psicológicos e de descondicionamento do ego. Temos de nos livrar do hábito mecânico que costuma reger nossa vida a fim de caminhar para o interior, descobrir nosso verdadeiro eu e dar início ao processo de transformação preceituado pelo yoga integral.

Aqui, a meditação pode ser um bom modo de ir criando essa atmosfera, essa desidentificação que traz a pureza necessária para atrair magneticamente partículas luminosas com frequência mais elevada que as do nosso corpo sutil. Sem haver certa paz, silêncio e harmonia interior, a personalidade centrada no ego continua governando nossa vida e a abertura não é possível; e sem abertura, a *Shakti* não pode trabalhar adequadamente em nós, para nós e por meio de nós.

Toda ação, todo trabalho tem de ser um campo no qual consigamos realizar nossa *sadhana* como entrega e oferenda ao Divino, fazendo cada coisa da melhor maneira possível, sem esperar recompensa ou vantagem pessoal. O discernimento que aguçamos nos momentos de meditação pode ser aplicado ao trabalho, devendo estar presentes, a cada instante, a devoção e o amor tanto ao divino quanto às suas manifestações.

De resto, importantes não são as diretrizes procedentes do exterior e sim os movimentos adequados à situação concreta com que nos deparamos, moldada por nossos compromissos kármicos, recentes ou oriundos de um passado mais ou menos remoto, pouco importa. A tudo isso devemos ficar atentos com consciência lúcida e coração aberto.

A essência do *râja-yoga* de Patanjali, a essência dos três caminhos apontados pelo Gîtâ e, talvez, a essência do não dualismo do shivaísmo da Caxemira, tão próximo do enfoque de Sri Aurobindo em seus ensinamentos, devem ser recolhidas no yoga integral, embora não necessariamente em suas práticas mais concretas.

3.6. A síntese dos yogas e o princípio do yoga integral

Deixemos que o próprio Sri Aurobindo nos explique de modo mais concreto como os diferentes yogas são assimilados pelo yoga integral e como devemos considerar alguns de seus elementos fundamentais. A questão é tratada minuciosamente em *The Synthesis of Yoga*. Vejamos a definição que serve de ponto de partida:

> Na visão correta tanto da vida quanto do yoga, toda existência é consciente ou inconscientemente um Yoga. De fato, com esse termo, referimo-nos a um esforço metódico em prol do autoaperfeiçoamento por meio da expressão das potencialidades latentes no ser e de uma união do indivíduo humano com a Exis-

tência universal, transcendente, que vemos expressa, em parte, no homem e no Cosmos (*SY*, p. 2).

Para o Yoga integral, cumpre levar em conta os três fatores básicos: Deus, Natureza e alma humana, ou, em linguagem mais abstrata, o Transcendental, o Universal e o Individual. Com efeito, "o contato entre a consciência humana individual e o Divino constitui a própria essência do yoga. O yoga é a união daquilo que se separou no jogo do universo com seu verdadeiro Ser, sua origem e sua universalidade" (*SY*, p. 27).

O *hatha-yoga* (que utiliza como instrumentos o corpo e a vitalidade, por meio de posturas e controle da respiração), o *râja-yoga* (que se concentra no controle das emoções e dos pensamentos) e o tríplice caminho da devoção (*bhakti-yoga*), conhecimento (*jñana-yoga*) e ação (*karma-yoga*) são levados em conta no sentido de se integrar o essencial de cada um, sem necessidade de assimilar todos os seus detalhes. Cumpre levar em conta que "uma combinação indiscriminada, em bloco, não seria uma síntese e sim uma confusão". Por isso:

> A síntese que propomos não pode ser obtida pela combinação indiscriminada nem pela prática constante. Devemos consegui-la pondo em segundo plano as formas e traços exteriores das disciplinas yogues e captando apenas o princípio central comum a todas. Ele incluirá e utilizará em seu lugar, na proporção adequada, seus princípios particulares, uma força dinâmica essencial que constitua o segredo comum de seus métodos divergentes, capaz de organizar uma seleção natural e uma combinação de suas variadas energias e suas diferentes utilidades (*SY*, p. 37).

É certo que Sri Aurobindo insistiu mais no "tríplice caminho", por meio do qual toda a nossa energia afetiva, todas as nossas forças mentais, todos os nossos pensamentos e todas as nossas ações são consagrados ao Divino. Na história da tradição hindu, em diversas ocasiões, um ou outro caminho se apresentou como a única via autêntica, ou pelo menos como o caminho mais direto, inclusive com franco desprezo dos demais. No yoga integral eles são considerados três aspectos complementares e necessários:

> Na visão integral das coisas, esses três caminhos são um só. O Amor divino deveria conduzir ao perfeito conhecimento do Amado, graças a uma intimidade perfeita, convertendo-se assim num caminho de Conhecimento e serviço divino, portanto num caminho também de ação. Do mesmo modo, o Conhecimento perfeito conduz ao Amor e ao Gozo perfeitos, a uma plena aceitação das obras d'Aquele que se conhece; obras dedicadas ao amor do Mestre do Sacrifício e ao profundo conhecimento de Seus caminhos, de Seu ser. Por esse tríplice caminho chegamos mais prontamente ao conhecimento absoluto, ao amor e ao serviço do Um em todos os seres, bem como à sua completa manifestação (*SY*, p. 35).

Antes de prosseguir no estudo da síntese característica do yoga integral, devemos esclarecer que existe na Índia um importante sistema yogue de natureza sintética, baseado num princípio central, numa grande força dinâmica da Natureza. Mas é um yoga à parte, não uma síntese de outras escolas.

Referimo-nos ao caminho do Tantra. Como Sri Aurobindo caracteriza o Tantra? Eis o que afirma dele: "Captou a suprema verdade universal de que há dois polos do ser cuja unidade essencial é o segredo da existência: Brahman e Shakti, Espírito e Natureza. A Natureza é o poder do Espírito, ou melhor, o Espírito como Poder. Seu método consiste em elevar a natureza do homem ao nível de poder manifesto, convocando a natureza inteira para a conversão espiritual" (*SY*, p. 585).

O Tantra (em sânscrito, "rede", "tecido", "trama"), outrora uma das correntes mais secretas da tradição hindu, começou a ser divulgado no Ocidente nas primeiras décadas do século XX, graças sobretudo ao trabalho infatigável de Arthur Avalon (sir John Woodroof),[27] que traduziu alguns textos mais representativos. Nas últimas décadas, principalmente a partir dos anos 70, proliferou uma série de apresentações nem sempre de acordo com o espírito do tantrismo tradicional, entre as quais se destaca, pela ampla difusão, a de Bhagwan Shree Rajneesh (Osho).[28]

O sistema tântrico, chamado de arrojado e abrangente por Sri Aurobindo, possui duas características positivas que ele destaca entre os yogas tradicionais: "Em primeiro lugar, põe firmemente a mão sobre muitas das principais fontes da qualidade, desejo e ação humanos, submetendo-os a uma disciplina rígida. Tem o domínio anímico de seus motivos como objetivo primordial e sua elevação ao nível espiritual, mais divino, como meta derradeira."

A fama do tantra em nossos dias deve-se a seu enfoque sobre o comportamento sexual, à sua intenção de unir sexo e espiritualidade, de sacralizar a sexualidade como instrumento para a realização espiritual. Seja como for, convém lembrar ao menos a distinção entre as escolas tântricas, o chamado tantra da mão direita (*dakshina marga*) e o tantra da mão esquerda (*vama marga*). O primeiro entende as referências à união sexual entre Shiva e Shakti como símbolo e alegoria da união espiritual, enquanto o segundo transforma o contato sexual em rito sagrado onde se consuma a união física como trampolim para a união espiritual.

O segundo traço do tantra elogiado por Sri Aurobindo consiste na importância atribuída não somente à "libertação", mas também ao gozo da existência, pois no fim das contas o sentido último desta não é senão a expansão do *ânanda*: "De resto, inclui nos objetivos do yoga tanto a libertação (*mukti*), preocupação única e predominante dos sistemas específicos, quanto a fruição (*bhukti*) cósmica do poder do Espírito, que os demais às vezes levam em conta de passagem, incidentalmente, mas sem convertê-lo em motivo ou finalidade" (*SY*, p. 586).

Reconhecer a importância do Tantra como síntese peculiar não impede concluir que a síntese do Yoga integral tem características próprias:

> O método que devemos seguir consiste em pôr todo o nosso ser consciente em relação e em contato com o Divino. Depois, em invocá-lo para que transforme nosso ser em Seu ser, de tal modo que, em certo sentido, o próprio Deus, a Pessoa real em nós, se converta no *Sadhaka* da *Sadhana* e também no Mestre do *Yoga*,

por quem a personalidade inferior é utilizada como centro da transfiguração divina e instrumento de sua própria perfeição [...] O divino, onisciente e onipotente, desce sobre o limitado e obscuro, ilumina e energiza progressivamente toda a nossa natureza inferior, substituindo todos os elementos da luz humana inferior e da atividade mortal por sua própria ação (SY, p. 40).

Isso implica a entrega total do ego: "Em seu aspecto psicológico, o método se traduz na progressiva entrega/abandono/submissão (*surrender*) do ego, com todo o seu campo e todo o seu aparato, ao mais-além-do-ego, com sua atividade incomensurável, mas sempre inevitável. Isso não é um atalho nem uma *sadhana* fácil. Exige uma fé colossal, uma coragem absoluta e, principalmente, uma paciência inquebrantável."

Num dos primeiros capítulos da *The Synthesis of Yoga*, Sri Aurobindo apresenta quatro instrumentos de grande valia no yoga e expõe como funcionam no yoga integral:

O yoga-*siddhi*, a perfeição que advém da prática do Yoga, pode ser obtido mais facilmente graças ao trabalho conjunto de quatro grandes instrumentos. Há, em primeiro lugar, o conhecimento das verdades, princípios, poderes e processos que governam a realização (*sâstra*). Em seguida, uma ação paciente e persistente no rumo estabelecido pelo conhecimento, o ímpeto do nosso esforço pessoal (*utsâha*). Em terceiro lugar intervém, elevando nosso conhecimento e esforço ao âmbito da experiência espiritual, a sugestão direta, o exemplo e a influência do Mestre (*guru*). Finalmente, vem a instrumentalidade do Tempo (*kâla*); com efeito, no movimento divino de todas as coisas, há um ritmo e um período próprios (SY, p. 47).

Vejamos resumidamente cada um desses instrumentos:

1. **Shastra**. "O *Shastra* supremo do Yoga integral é o Veda eterno, oculto no coração de todo ser pensante e vivente." O lótus do conhecimento eterno e da eterna perfeição é um botão fechado em nosso íntimo, que se abre aos poucos ou velozmente, pétala por pétala, ao

longo de sucessivas realizações, depois que nos voltamos para o divino.

Quem escolhe o Infinito já foi escolhido pelo Infinito. Recebeu o toque divino sem o qual não há despertar nem abertura de espírito.

O agente habitual da revelação é a Palavra, a coisa ouvida (*sruta*). A palavra pode vir de fora ou de dentro. Em qualquer caso, "o *sadhaka* do yoga integral deve lembrar-se de que todo *Shastra* escrito, por maior que seja sua autoridade e amplo o seu espírito, constitui apenas uma expressão parcial do Conhecimento eterno. Ele utilizará as Escrituras, mas nem à maior delas se apegará [...] Pois é o *sadhaka*, não de um livro ou de muitos livros, e sim do Infinito".

Ele não se deixa, pois, limitar por nenhum *Shastra* tradicional; aceita o conhecimento do passado, mas procura reorganizá-lo para o presente e o futuro. "Uma liberdade absoluta de experiência e reformulação do conhecimento em termos novos [...] a isso está condicionada sua autoformação", já que "a liberdade é a lei final e a consumação última" (*SY*, p. 51).

2. **Utsaha**. Aspiração e esforço pessoal. Isso faz com que o desenvolvimento da experiência seja mais rápido, intenso e vigoroso. O processo do yoga integral tem três etapas: "Haverá, primeiro, o esforço com vistas a uma autotranscendência inicial e a um contato com o divino; depois, a aceitação daquilo que transcende, daquilo que ganhamos graças à comunhão, em nós mesmos, para modificar a totalidade do nosso ser consciente; enfim, a utilização de nossa humanidade transformada em um centro divino no mundo".

O esforço pessoal, amparado pela aspiração anímica, é imprescindível em todo trabalho interior, ao menos durante a primeira etapa, que é um tanto longa. O próprio começo do livrinho intitulado *The Mother*, do qual já falamos, mostra a necessidade disso sem descartar a importância da Graça: "Existem apenas dois poderes que, unidos, conseguem alcançar essa meta grandiosa e difícil de nossos esforços — uma firme e imperturbável aspiração, que clama de baixo, e a Graça suprema, que responde de cima". Bem se poderia dizer que o Mestre encarna ou transmite, de algum modo, essa Graça suprema. Mas vejamos agora a noção de Mestre no yoga integral.

3. **Guru.** "Assim como o *Shastra* supremo do *Yoga* integral é o Veda, eterno segredo no coração de todo homem, seu Guia supremo e seu Mestre é o Guia interior, o Mestre Mundial (*jagad-guru*), oculto dentro de nós" (*SY*, p. 55). A maneira de agir do Mestre assim entendido nos recorda a questão do método: "Ele não tem método nenhum, mas emprega todos os métodos [...] Pois neste Yoga não existe nada pequeno demais para ser usado nem excessivamente grande para não ser testado."

"O pleno reconhecimento desse Guia interior, Mestre do Yoga [...] é da maior importância no caminho da perfeição integral." Ele pode ser visto como Sabedoria impessoal ou Pessoa divina, não importa, pois qualquer concepção da mente será sempre limitada. Em qualquer caso, cumpre dizer que possui "todo o amor da mãe e a paciência infinita do mestre".

A tradição hindu apresenta três figuras personificadas para atender à necessidade humana de uma concepção personalista: a) O **Ishta Devata**, a divindade eleita, aquela figura que melhor pode despertar o amor e a devoção do fiel; na realidade, não se trata de um poder inferior, mas de um nome e uma forma da Divindade transcendente e universal. b) O **Avatar**, Encarnação do Divino (Krishna, Cristo ou Buda). c) O **Profeta ou Mestre**. Pois bem:

> O *sadhaka* do yoga integral fará uso de todos esses recursos conforme sua natureza, mas é necessário que elimine suas limitações e afaste de si essa tendência excludente, fruto da mente egoísta, que clama: "Meu Deus, minha Encarnação, meu Profeta, meu *Guru*" — opondo-o, com espírito sectário ou fanático, a qualquer outra realização (*SY*, p. 59).

Entretanto, o Mestre interior não exclui a possibilidade do Mestre exterior, de uma pessoa que tenha conseguido realizar essa Maestria em sua própria vida. Então, o Mestre do yoga integral seguirá, até onde possa, o método do Mestre interior. Conduzirá o discípulo levando em conta sua própria natureza. Procurará mais despertar que instruir. Toda a sua tarefa se resume em avivar a luz divina, pôr em marcha a força superior da qual ele mesmo não passa de instrumento e ajuda, corpo ou canal. O Mestre tem um modo peculiar de influir positivamente no discípulo. A influência vem, não da autoridade externa do Mestre sobre o discípulo, mas do poder do seu contato, da sua presença, da proximidade de sua alma com a alma do outro, infundindo nela, embora em silêncio, aquilo que é e aquilo que possui. Pois o grande Mestre é menos um Mestre que uma Presença a projetar a consciência divina e sua luz inerente, seu poder, pureza e gozo sobre todos os que, à volta, lhe são receptivos.

Também é característico do mestre de yoga integral "não se arrogar a qualidade de 'guru' com espírito humanamente leviano e vaidoso. Sua obra, se alguma faz, é a confiança que desce do alto: ele mesmo não passa de um canal, de um representante. É um homem ajudando seus irmãos, uma criança guiando outras crianças, uma Luz acendendo outras luzes, uma Alma desperta despertando outras almas, no máximo um Poder ou uma Presença do Divino convocando outros poderes do Divino" (*SY*, p. 61).

4. **Kâla**. O tempo. É necessário escutar o ritmo próprio de cada coisa. O tempo, "para o ego, é um tirano ou uma resistência; para o Divino, um instrumento".

> A atitude ideal do *sadhaka* frente ao Tempo é a da infinita paciência, como se dispusesse de toda a eternidade para realizar-se, mas usando toda a energia que operará agora, com maestria cada vez maior [...] a miraculosa instantaneidade da suprema Transformação divina (*SY*, p. 62).

Baste essa apresentação introdutória, na qual citamos e parafraseamos abundantemente Sri Aurobindo, revelando já boa parte das ideias centrais de seu pensamento. No entanto, há um ponto que foi mencionado diversas vezes e merece, por isso, ser tratado diretamente. Referimo-nos à questão de saber até onde e em que sentido se pode falar de novidades no yoga integral. Citamos algumas delas, mas vejamos como as resume o próprio Sri Aurobindo na carta que se segue.

3.7. Novidades do yoga integral?

Comecemos por um texto que procura justamente especificar em que sentido o yoga integral é novo com relação aos yogas tradicionais:

É novo em comparação com os yogas antigos:

1. Porque propõe, em vez de uma fuga do mundo e da vida para algum céu ou *Nirvana*, uma mudança do viver e do existir, não como algo subordinado ou incidental, mas como objetivo intrínseco e principal. Se há uma descida em outros yogas, é apenas de algo incidental, que acontece no caminho ou deriva da subida, mas o que se persegue é a subida. Aqui, ao contrário, a subida constitui o primeiro passo, mas é também um meio de obter a descida. A marca e o selo desta *sadhana* é a descida da nova consciência alcançada por meio da subida. O tantra e o vishnuísmo terminam pela libertação da vida; no nosso caso, o objetivo é o aperfeiçoamento divino da vida.
2. Porque o que se busca não é a conquista individual da realização divina, para bem do próprio indivíduo, mas algo que se obterá em benefício da consciência-da-Terra no mundo, uma conquista não apenas supracósmica, mas também cósmica. O que se pretende é trazer para cá um Poder da Consciência (o poder supramental) que ainda não vemos organizado nem atuante na natureza terrestre, nem mesmo na vida espiritual, mas precisa ser ordenado para que funcione ativamente de um modo direto.
3. Porque propôs um método para alcançar essa finalidade, tão abrangente e completo quanto o objetivo preconizado, a saber, a mudança total da consciência e da natureza [...]. Nosso yoga não se propõe palmilhar caminhos batidos, mas empreender uma aventura espiritual.[29]

Detenhamo-nos nessas palavras a fim de insistir, não exatamente nas possíveis novidades, mas no modo como Sri Aurobindo entende o yoga integral.

a) O objetivo ou meta a alcançar não é a partida para um céu qualquer, como em algumas religiões tradicionais, nem mesmo a entrada no *Nirvana* ou no *Brahman* silencioso depois da libertação (*moksha*), com perda da individualidade. O que se quer é transformar a existência no mundo. Cumpre entender bem: não se nega a concepção clássica hindu da Libertação, que continua sendo um valor necessário, uma condição que possibilita a mudança profunda a ser conseguida mais tarde; ela, simplesmente, deixa de ser concebida como o fim último. A Libertação, que podemos relacionar com a metáfora da "subida", é o primeiro passo — necessário, mas insuficiente. O passo seguinte, típico do yoga integral, é a "descida" da nova consciência-energia experimentada, a integração do novo poder (supramental) à existência terrestre, à nossa personalidade psicológica.

Com frequência se contesta que todo libertado, ou pelo menos muitos deles, a começar pelo Buda e os *bodhisattvas* e continuando com o próprio Shankara e seus seguidores, se sacrificaram para ajudar seus contemporâneos (talvez não só eles) de várias maneiras. Cabe duvidar disso? Mas seu objetivo continuava sendo o de também eles se libertarem e deixarem a Terra, uma vez desligados do *karma* e da necessidade de renascer. Eis a diferença. Sri Aurobindo insiste em que, "no nosso caso, a finalidade é o aperfeiçoamento divino da vida". Trata-se de um aperfeiçoamento ou divinização que começa a ter significado concreto graças ao conceito de "supramentalização", como veremos mais adiante.

b) Frente ao que chamaríamos de "espiritualismo individualista", no sentido de que a prioridade proposta é quase exclusivamente a libertação do indivíduo, em primeiro lugar a própria (no melhor dos casos, a dos semelhantes), vê-se agora que, de novo sem renunciar a esse passo, o objetivo último já não é ele, mas "algo que se tem de obter para a consciência-da-Terra". Ou seja, não se pode ser gnóstico, supramental, sem a prévia universalização ou — se se preferir — planetarização da consciência. Ora, isso supõe a transcendência do ego e da ideia de separação com respeito aos demais indivíduos. O objetivo, portanto, consiste em ancorar na Terra, na aura planetária, esse princípio cósmico, novo na manifestação, que é o princípio supramental.

Um modo de concretizar essa proposta consistiria em desenvolver o processo que Sri Aurobindo às vezes chamava de "tríplice transformação": anímica, espiritual e supramental. Captaríamos assim a noção do supramental, isto é, aquilo que confere sentido à novidade da concepção e do trabalho proposto e iniciado por Sri Aurobindo e "A Mãe". Convém, pois, preparar o caminho para a pergunta mais importante: "Que vem a ser o supramental?"

4. A NATUREZA HUMANA E A TRANSFORMAÇÃO ANÍMICA

Antes de falar sobre o dinamismo próprio da transformação integral, tenhamos em mente a estrutura do ser humano tal como a concebe Sri Aurobindo.

Em que linguagem apresentou ele sua visão? Até que ponto é devedor do hinduísmo e até onde estabelece diálogo com a tradição ocidental?

Embora não faltem referências ao hinduísmo e, uma vez ou outra, se empreguem alguns termos sânscritos para expressar seu pensamento (*manas, buddhi, jîvâtman, vijñâna, purusha, prakriti* etc.), digamos que Sri Aurobindo foi forjando uma linguagem própria, geralmente em inglês, até obter em alguns casos notável independência relativamente aos usos típicos da tradição hinduísta, sem que esta deixe de estar presente em seu desenvolvimento. No que toca ao diálogo com a tradição ocidental, devemos reconhecer que é menos frequente. Só há referências isoladas e gerais. Isso ocorre porque Sri Aurobindo é um autor essencialmente criativo, cujas obras procuram não tanto comentar outros textos e escritores como expor sua própria visão, seu próprio pensamento.

Podemos distinguir três grandes dimensões na natureza humana: a física, a psicológica e a espiritual.

4.1. A dimensão física

Aqui nos referimos ao corpo físico-denso, embora possamos incluir nele sua contraparte etérica. Interessa-nos apenas ressaltar o valor desse corpo para o yoga integral. Nem é preciso dizer que, no *vedân-*

ta realista de Sri Aurobindo, o corpo é uma manifestação do próprio *Brahman*, como tudo o mais que existe – pois, em verdade, "tudo é *Brahman*". Em certas ocasiões Sri Aurobindo declarou aceitar a parte mais superficial da teoria da evolução das espécies, no sentido de que a espécie humana e, portanto, sua forma (o corpo que somos e possuímos), é uma herança do reino animal. A seu ver, no entanto, a chave para a compreensão da evolução não está na forma e sim na consciência que a habita. Interessa-lhe acima de tudo a evolução espiritual, a evolução da consciência. É aí que a diferença com o reino animal se revela decisiva: pois (nisso coincidindo com muitas concepções esotéricas contemporâneas) a antropogênese ocorreria a partir da implantação de uma centelha divina de autoconsciência mental em corpos antropomórficos, mas condicionados a uma lenta evolução natural. A partir daí o ser humano, graças a essa centelha anímica, começa a existir como um *novum* na evolução, manifestando-se já um tênue sentimento de "aspiração espiritual".

Expliquemos melhor. No coração de tudo o que existe mora uma porção não dimensional do Divino. Segundo a visão panenteísta (e não apenas panteísta), e com base na influência emanacionista sobre tais concepções, tudo o que existe, inclusive a matéria mais densa, nada mais é que condensação, adensamento ou cristalização da Substância e Sujeito primordiais, quer se chamem *Brahman* ou, mais exatamente, *Para-Prakriti*, a natureza inefável de *Purushottama*, o Espírito supremo. Em outras palavras, toda a "Criação" (ou melhor, Emanação ou Automanifestação) é um desdobramento de *Shakti* (Energia) e de *Shiva* (a Consciência superior, o Ser supremo). Depois de uma Involução prévia do Absoluto ao estado de Inconsciência (aparente), próprio da Matéria ou Energia primordial revertida, teria início a Evolução, movimento ascendente guiado em segredo pela Inteligência Suprema, que dirigiria de maneira invisível os passos desse gigantesco movimento cósmico.

Dissemos já que Sri Aurobindo sintetizou o processo em quatro grandes categorias: Matéria, Vida, Mente e Supermente. Pois bem, o corpo do ser humano começaria como matéria vitalizada, à semelhança dos animais; todavia, desde o início, a presença do germe da mente, em estreita ligação com o corpo, faz com que passe a desenvolver-se um corpo mentalizado. Não só ocorre o contato dos corpos animais com centelhas de consciência mental (ou, diríamos também, com seres procedentes do plano mental) como o próprio corpo físico vai se transformando aos poucos, de tal modo que a constituição celular em si fica alterada, podendo-se falar então numa "mente celular". A nova consciência mental impregna toda a realidade humana, estimulando as potencialidades das próprias células que constituem o corpo humano. De sorte que o corolário dessa concepção, segundo a qual, conforme lemos nos Upanishads, "*Brahman* é Consciência" (*prajñanam brahma*), é podermos falar até mesmo de uma "consciência do átomo".[30]

Mas repetimos: a compreensão do passado só nos importa na medida em que ofereça luz para um melhor entendimento do presente e do futuro. Nesse caso, trata-se de averiguar a possibilidade de um novo salto evolutivo, talvez mesmo de uma mutação psicológica, mas também biológica e, para além dela e como causa original, uma mutação anímico-espiritual. Teríamos então uma volta mais alta da espiral evolutiva, não a implantação de uma centelha mental (ou de seres mentais) em alguns pré-hominídeos, e sim a descida de uma centelha supramental ou, se se prefere, a emergência de uma consciência-energia supramental. Não se pode descartar – e o próprio Sri Aurobindo a isso se refere vez por outra – a vinda de seres supramentais que colaborariam para a supramentalização dos seres humanos (mentais). Seja como for, essa mutação suporia uma revolução tão radical na humanidade como, na época, deve ter sido o surgimento da raça humana.

Isso significa, e é o que mais nos interessa aqui, que o corpo físico está fadado a uma transformação capaz de lhe possibilitar a permanência como veículo para a manifestação do novo tipo de ser emergente, o ser supramental ou gnóstico, profetizado por Sri Aurobindo e talvez avatariacamente iniciado por ele e Mirra Alfassa.

Mirra, desde a passagem de Sri Aurobindo às dimensões suprassensíveis em 1950 e a sua própria em 1973, insistirá na importância da transformação supramental do corpo. Na já citada *Agenda*, podem notar-se as constantes tentativas de traduzir em linguagem acessível para a mente humana as mudanças que vai percebendo em seu próprio corpo e não apenas em sua consciência. Satprem, que acompanhou de perto os passos, às vezes cambaleantes, da última etapa da vida da Mãe, também insistiu incansavelmente na necessidade e no *kairós* dessa transformação supramental do corpo físico. Trata-se aqui do chamado "yoga celular", o "yoga das células", com ênfase na existência da "consciência celular" ou "mente das células".

Não resta dúvida de que Sri Aurobindo anteviu a iminência da transformação supramental do corpo físico. E, não se deve ocultar, por estranha que ainda soe a alguns ouvidos, tanto ele quanto a Mãe acariciaram a ideia de uma "imortalidade física". Mas isso só se pode entender corretamente no devido contexto. Em primeiro lugar, não é uma tentativa apressada de garantir a permanência absoluta do corpo físico transformado. O objetivo mais imediato consiste em revelar a vitória do espírito e do Amor sobre a Morte (esse é, também, o fio condutor de *Sâvitri*) mediante a capacidade de manter o corpo físico em boas condições, enquanto o espírito que o habita achar oportuno. Esses termos, decerto, são impensáveis para a "ciência" moderna. Todavia, o mais importante aqui é insistir na ordem de prioridades para o trabalho interior. Nesse ponto, Sri Aurobindo foi suficientemente claro e explícito. De um lado, é óbvio que a imortalidade essencial equivale à imortalidade do espírito; a imortalidade original é a consciência dessa dimensão em nós. Ela não só perdura ao longo do "tempo" como seu Lar se situa fora dos limites da temporalidade, pois é uma dimensão Eterna no sentido estrito de "atemporal". Isso caracteriza a natureza tanto do *jîvâtman* quanto do *Parabrahman*, para o qual aquele se abre e com o qual está eternamente unido. Tudo o mais não é senão uma recriação, no Tempo, da realidade primordial. Isso posto, convém insistir em que Sri Aurobindo e o yoga integral atribuem a devida importância à recriação-na-manifestação da possibilidade do Eterno.

Por outro lado, recordemos que a proposta da imortalização do corpo físico não é tão nova nem tão alheia ao pensamento hindu. Vale lembrar a tradição do *Kriya Yoga*, onde se fala de dezoito *siddhas*, entre os quais o famoso *Kriya Babaji Nagaraj* (ou *Mahavatar Babaji*) e o mais recente *Ramalinga Swamigal* (1823-1874). Em toda essa tradição, a mudança final está associada à *soruba samadhi*, caracterizada pela imortalização do corpo físico e sua transformação de um modo tal que comece a brilhar "com o fogo da imortalidade".[31]

Mas mesmo assumindo como objetivo do yoga integral a supramentalização do corpo físico e até sua "imortalização" no sentido aventado, é necessário levar em conta a ordem de prioridades do trabalho interior, da *sadhana* do yoga integral. É aqui que, em minha opinião, algumas apresentações insistem tanto na transformação do corpo que descuram dos passos prévios e até da necessidade destes. E isso por dois motivos: primeiro, a facilidade com que às vezes podemos desdenhar experiências e realizações próprias do momento ascendente do yoga (tal como representadas na maior parte das tradições espirituais da humanidade), falando depreciativamente da prática da meditação, da conquista do *samadhi* e do *Nirvana* como objetivo sublime. Em segundo lugar, porque esquecemos a necessidade de ascender ao plano supramental, de uma maneira consciente, e depois descer munidos das luzes ali obtidas, do poder ali encontrado (uma Luz Supramental, um Poder Supramental), a fim de iniciar a supramentalização da mente, das emoções e dos impulsos vitais antes de almejar a supramentalização do corpo físico.

Nem é preciso dizer que a ação supramental apresenta enorme flexibilidade, embora não se trate de enumerar mentalmente os passos que ela deve dar. Nesse sentido, estamos à mercê de surpresas de todo tipo; entretanto, parece prudente pensar que existe uma certa ordem lógica, posto que da espécie preceituada por Sri Aurobindo: a lógica do infinito. Também é necessária uma boa medida de libertação do ego e um certo investimento da consciência cósmica, do contrário não se iniciará em nós o processo de supramentalização.[32] Isso, por sua vez, requer uma abertura mental suficiente nos níveis espirituais superiores, uma purificação e iluminação mentais prévias para que a luz supramental possa atuar na mente relativamente espiritualizada e iluminada, assim como, mais tarde, no corpo emocional suficientemente sutil e flexível para suportar a carga da energia que desce. Algo semelhante se deve esperar de toda a zona chamada "o vital" (e que, para Sri Aurobindo, abarca todas as emoções pessoais, tanto quanto os impulsos vitais). Essa dimensão vital, diga-se de passagem, não inibe nem reprime, mas transmuda e regenera seu poder implícito para converter-se em instrumento luminoso a serviço da expressão do divino.

Trata-se então de considerar o corpo físico como um templo do Espírito, não em seu precário estado atual, mas em sua condição transfigurada. Essa transfiguração, poderíamos compará-la ao que aqui chamamos de supramentalização, lançando assim nova luz sobre a possível "ressurreição" e "ascensão" do corpo físico-etérico transfigurado. Em tal caso, caberia perfeitamente falar em "imortalidade" do corpo físico-etérico como corpo glorioso, vestimenta de luz, traje de bodas da união alquímica.

Bem se sabe que o ideal da imortalidade física, da transfiguração e da ascensão foi expresso simbolicamente nas mais diversas tradições, desde o cristianismo até certas correntes tântricas da Índia – e não só o mencionado *kriya yoga* –, passando pela concepção taoista ou a alquimia esotérica no próprio Ocidente.

4. 2. A dimensão psicológica

4. 2. 1. A personalidade e os processos áuricos

Essa denominação abrange aquilo que muitas vezes chamamos de "personalidade" ou "ego". Por "personalidade", entendemos a soma dos fatores psicológicos que nos são bem conhecidos, o conjunto de impulsos biológicos, emoções e sentimentos, ideias e pensamentos, sem excluir a dimensão física antes considerada, em estreita relação com os elementos que agora estamos analisando. Aqui, vemo-nos diante da unidade psicofísica ou psicossomática que constitui o homem exterior, mas não a realidade humana total.

Na terminologia mais usada de Sri Aurobindo, além do corpo físico falaríamos do "vital" e da "mente". Para nós não é importante analisar sua constituição, mas reconhecer que eles funcionam como o campo de batalha do nosso trabalho interior.

Todavia, relativamente à sua constituição, convém lembrar que o conceito yogue-vedântico adotado por Sri Aurobindo de maneira alguma pode ser entendido à maneira dos modernos materialismos cientificistas, sejam estes monistas, da teoria da identidade, ou emergentistas, segundo os quais a realidade originária é o corpo material e tanto as emoções quanto os pensamentos dependem inteiramente dele, não indo além do ponto a que pode chegar a transmissão intracorpórea neuronal, bioquímica e elétrica, por um lado, e linguística, por outro. Segundo essas concepções contemporâneas, as emoções e os pensamentos não passam de energias sutis que circulam pelas *auras* não só daqueles que os produzem, mas também de quantos se abrem à sua influência.

Entendemos por *aura* (termo raramente empregado por Sri Aurobindo, mas que talvez seja esclarecedor) o conjunto de corpos sutis – etérico-vital, emocional e mental – que formam a personalidade invisível à maneira de campo eletromagnético. Por ele circulam as mais diversas energias, embora nem sempre tenhamos consciência delas. A faculdade tecnicamente conhecida como "clarividência" é a capacidade de ver essas energias sutis (agora, porém, não entraremos na questão de sua interpretação, com todos os problemas que apresenta).

Pois bem, energias vitais, emocionais e mentais circulam entre as *auras*, portanto entre as consciências (e inconscientes) das personalidades a que nos referimos. A percepção e a compreensão do nível de procedência, bem como da natureza vibratória de cada uma das emoções e pensamentos que passam através de nós como receptores ou emissores, geralmente ambas as coisas, constituem um dos trabalhos necessários para a "purificação" da nossa personalidade (e da nossa *aura*). A noção de purificação poderia ser entendida, assim, no sentido estrito de frequência vibratória de cada uma das entidades energéticas de que vimos tratando. Portanto, no trabalho interno, na *sadhana*, a pessoa começa a distinguir as diferentes *tali*dades/*quali*dades vibratórias de todo fenômeno psíquico/áurico que vê pela frente. Aprende assim a distinguir entre aquilo que se sintoniza com nossa realidade profunda ou nosso projeto espiritual e aquilo que se converte em obstáculo para nosso desenvolvimento – e isso, de maneira mais geral, quando a perspectiva não é tão centrada no eu que atrapalhe a marcha correta da evolução das coisas.

Nunca é demais insistir na importância do trabalho de discernimento sutil levado a termo no laboratório interior onde se produz a consciência áurica. Todavia, é necessário intensificar a consciência para familiarizá-la com os diversos tipos de frequências vibratórias emocionais e mentais, e ainda com os diferentes estados de consciência que os acompanham. Tudo isso deve fazer parte de um processo de desidentificação dos elementos da nossa personalidade com os quais até agora nos identificamos e, também, das experiências, fenômenos e estados de consciência que, independentemente de sua importância ou valor, não constituam nossa identidade profunda. Pois o *yoga* é, antes de tudo, a busca de nossa identidade mais profunda – e ela não está na personalidade.

4. 2. 2. O ego como construto psicológico-natural

Até agora, falamos principalmente em termos de energias e estados de consciência ao examinar os fenômenos que se apresentam à nossa observação consciente, dentro daquilo que podemos chamar o processo de observação yogue. É outra maneira de falar dos diferentes fatores psicológicos que compõem nossa personalidade. Mas o ser humano não é uma massa caótica de energias e estados de consciência. A experiência mais imediata descobre certa unidade que permite articular esses elementos em torno de um centro organizador. Esse centro, provisório e sob todos os aspectos instável, é o que chamaremos, como Sri Aurobindo, o "ego".

Ao mencioná-lo em termos de "construto psicológico", insinuamos que permanecemos dentro da dimensão psicológica, mas não estritamente espiritual, embora tenhamos de explicar melhor essa firmação mais adiante. Insinuamos também que não se trata de uma unidade primordial, essencial, mas de algo construído com base na experiência. Nesse sentido, os progressos da moderna psicologia da personalidade e da psicologia evolutiva são muito úteis para nosso enfoque quando se trata de explicar o processo de construção da personalidade. A psicanálise (freudiano-lacaniana, junguiana e outras), o neocondutivismo e o cognitivismo nos proporcionam várias ferramentas para a compreensão desses processos. A recente psicologia transpessoal talvez se aproxime mais do nosso enfoque por aceitar e tematizar a dimensão espiritual, como logo veremos.

Quando dizemos que se trata de um construto psicológico "natural", enfatizamos seu caráter "prakrítico". Conforme a divisão empregada pela escola *Samkhya* de pensamento, um dos mais importantes sistemas filosóficos (*darsanas*) da Índia, retomado por Sri Aurobindo sem o excessivo dualismo original (entre *purusha* e *prakriti*, espírito e matéria), o ego pertenceria quase inteiramente ao mundo de *Prakriti*.

Convém não perder de vista que Prakriti não significa "Natureza" no sentido restrito que tem para a ciência moderna, de "natureza física", mas inclui a soma das energias emocionais e mentais.

Pois bem: digamos então que o ego, como centro coordenador de nossa personalidade, é um produto de *Prakriti*, ou seja, o resultado de todas as experiências que nossa personalidade vem tendo e assimilando conforme as tendências e disposições do seu código genético, de sorte que o herdado e o adquirido se entrelaçam de forma inextricável. Até o momento, essa é a explicação mais simples e aceitável das psicologias científicas contemporâneas.

Dissemos, anteriormente, ser necessário complementar o raciocínio, uma vez que a análise anterior não passava de uma abstração falsificadora, embora funcional, da complexa realidade que é o ser humano. Efetivamente, na visão de Sri Aurobindo, o ego se cristalizaria em torno de uma centelha da consciência, de uma unidade mental que não pertence à ordem da natureza e sim, mais a rigor, à ordem do espírito, do *Purusha*. Essa é a dimensão espiritual de que logo nos ocuparemos com mais detalhes.

Por enquanto, basta dizer que a personalidade se articula em volta do ego, certamente; e, dado seu caráter prakrítico, pode limitar-se a uma considerável mecanicidade e determinação exterior, que só será equilibrada e transcendida quando o espírito passar adiante do seu instrumento. Então, exercerá sua liberdade e criatividade frente aos automatismos previsíveis de uma personalidade dominada pelo ego, na qual a alma espiritual ainda não assumiu integralmente a vida de sua personalidade. Contudo, em que pese ao desenvolvimento aparentemente aleatório da personalidade centrada no ego, caberia assinalar uma secreta orientação a cargo da incipiente realidade anímico-espiritual que, de maneira imperceptível, conduziria os passos do indivíduo. Seu desenvolvimento é, justamente, o desenvolvimento espiritual que abordaremos em seguida.[33]

Para terminar nosso rápido exame do ego e da personalidade, digamos algumas palavras acerca do seu destino no progresso do espírito tal como o entende o yoga integral.

É ponto pacífico, em certos meios orientalistas, que a realização ou libertação espiritual supõe a morte do ego e a dissolução completa da individualidade. Tanto nas diferentes escolas budistas como no *ve-*

dânta advaita de Shankara e seus sucessores, passando por mestres ilustres contemporâneos como Sri Ramana Maharshi, Krishnamurti, Nisargadatta Maharaj e muitos outros, toda individualidade é ilusória e pertence ao mundo de *Mâyâ*. A Libertação vem acompanhada da perda total da individualidade. A metáfora da gota de água que se dissolve no oceano continua ilustrando essa concepção.

Parece, pois, que para todas essas correntes do pensamento só existe no ser humano a individualidade outorgada (talvez apenas na aparência) pelo ego (*ahamkara*). E o ego nada mais é que um obstáculo à verdadeira compreensão e iluminação. Sri Aurobindo, porém, distingue entre individualidade egoica e individualidade anímico-espiritual. A primeira está decerto fadada a desaparecer; a segunda, não.

Fala-se frequentemente da morte do ego ou da dissolução da mente, pois se entende que não há diferença entre ambos e, no fim das contas, nada existe exceto o devir constante dos pensamentos.[34] Acho mais adequado falar em "transcendência" do ego, no sentido de uma superação capaz de integrar as conquistas positivas e eliminar as limitações já desnecessárias.[35] As conquistas são todas as aquisições de sabedoria, fruto de sua vasta experiência do passado na natureza e na evolução; as limitações se concentram no sentimento de separatividade e na ideia de exclusão do resto do real como parte da própria identidade. O amadurecimento do ego seria assimilado pela alma individual, que a partir de então passaria a constituir-se em centro de orientação da personalidade espiritualizada. As aquisições da personalidade, suas disposições adquiridas, seus talentos aprimorados ao longo de múltiplas existências unidas pelo fio condutor da alma até então bloqueada em seu funcionamento seriam mantidos e utilizados, agora conscientemente, uma vez realizada a integração ou união (*yoga*) da alma e da personalidade, pondo-se esta a serviço daquela.

Adote-se como fórmula definitiva esta breve explicação de Sri Aurobindo:

> O "eu" ou pequeno ego, constituído pela Natureza, é uma formação simultaneamente mental, vital e física, cujo objetivo consiste em ajudar a centralizar e individualizar tanto a consciência

externa quanto a ação. Quando se descobre o ser verdadeiro, a utilidade do ego cessa e essa formação tem que dissolver-se: o verdadeiro ser toma seu lugar.[36]

4.3. A dimensão espiritual

4.3.1. A noção de Purusha

Nas últimas linhas, apontamos por alto o que é de aceitação problemática para a mentalidade atual: a dimensão espiritual do ser humano, que agora examinaremos mais a fundo.

Voltemos à distinção *samkhya* entre *Purusha* e *Prakriti*. Para nossa finalidade, *Prakriti* pode identificar-se com a noção de *Shakti* como energia criadora, Mãe do Universo e conjunto de forças que constituem a totalidade da Natureza. Sem nos determos agora nos diferentes planos da Existência, segundo a concepção setenária que Sri Aurobindo tomou aos *rishis* védicos, podemos dizer que a "natureza humana" congrega em si esses planos; participa, assim, do plano mental e a ele pertence, graças à sua mente individual; e o mesmo acontece com seus corpos emocional, vital e físico.

Pois bem: afora a dimensão prakrítica, energética, o ser humano contaria também com uma dimensão espiritual, sua *purusha* enquanto indivíduo. Seguindo nesse ponto a classificação vedântica tradicional, Sri Aurobindo distingue entre os corpos e os "véus" ou "vestimentas" (*koshas*), por um lado, e o "ser consciente" (espírito) que eles ocultam, por outro. Portanto, o homem possui uma roupagem física, "feita de alimento" (*annamaya-kosha*), uma roupagem vital (*pranamaya-kosha*) e uma roupagem mental (*manomaya-kosha*); outra de "inteligência pura" ou "inteligência supramental" (*vijñana-maya-kosha*[37]) e, finalmente, o véu mais sutil, feito da substância da própria beatitude (*ânandamaya-kosha*).

Esses elementos, todavia, não esgotam a realidade humana, pois o homem *é* antes de tudo um *purusha*, um ser espiritual autoconsciente e livre. Numa concepção minuciosa, Sri Aurobindo afirma que esse *purusha* central cria um representante para cada plano de sua natureza – físico, vital e mental, os três organizados até agora na evolução. O próximo passo seria, como já sabemos, a organização e o funcionamento dinâmico de ser central em sua dimensão supramental.

Portanto, os representantes ou ministros dependem do *purusha* central, que Sri Aurobindo caracteriza do seguinte modo: podemos falar de uma polaridade estrutural de ser central, com um polo superior, transcendente, livre da manifestação (o *jîvâtman*, na terminologia de Sri Aurobindo) e um polo inferior, espécie de emanação do outro, destinado a adquirir experiência criativa na manifestação (o *psychic being*, ser psíquico, ser anímico ou alma individual).[38]

Vejamos isso nas palavras de Sri Aurobindo:

> A expressão "ser central", em nosso yoga, aplica-se geralmente à porção do Divino que reside no homem, que ampara todo o resto e que sobrevive por intermédio da morte e do nascimento. Esse ser central apresenta duas formas: em cima, o *jîvâtman*, nosso verdadeiro ser, do qual nos tornamos conscientes quando sobrevém o autoconhecimento superior; embaixo, o ser anímico, que está por trás da mente, do corpo e da vida. O *jîvâtman* está por cima da manifestação na vida e preside-a; o ser anímico está por trás da manifestação na vida e sustenta-a.[39]

4. 3. 2. O ser anímico, alma individual

Este é um dos pontos de maior relevância e controvérsia na obra de Sri Aurobindo. É nele também que a terminologia flutua, convertendo a questão numa das mais delicadas em termos de compreensão profunda e minuciosa. Assim, o vemos empregar em várias ocasiões, ao discorrer sobre a dimensão anímica, os termos: princípio anímico, essência anímica, ser anímico, personalidade anímica, alma etc. É fácil ficar em dúvida na hora de decidir se são sinônimos perfeitos ou aludem a realidades diferentes. Em *Letters on Yoga*, porém, encontramos explicações suficientes para esclarecer o problema. Desse modo podemos distinguir, por um lado, o princípio e a essência anímica como realidade pré-pessoal, à maneira de centelha do divino em toda a realidade existente; e, por outro, o ser anímico e a personalidade anímica como graus e aspectos da manifestação da alma em sua condição pessoal.

M. P. Pandit soube expressar e esclarecer tais diferenças de modo sintético, como sempre fazia esse ilustre representante do yoga integral:

> O princípio psíquico cresce lentamente, ao longo de diversos nascimentos, até a fagulha se converter em chama. E quando se converte numa entidade, num ser suficientemente forte para encarar uma personalidade (uma personalidade da alma, diríamos), esta sustenta o *Purusha* mental, o *Purusha* vital e o *Purusha* físico-sutil interiores a partir de trás. A personalidade psíquica, voltando-se para a natureza, recolhe o melhor da experiência e vai crescendo. Sua função consiste não apenas em recolher, mas também em projetar a influência do Divino na natureza instrumental.[40]

Não nos deteremos mais nesses aspectos, por mais importantes que sejam do ponto de vista teórico-analítico. Vamos nos concentrar na importância, para o yoga integral, do despertar da alma, da descoberta do ser interior, da orientação que aos poucos vai imprimindo à nossa existência e da transformação anímica que estaríamos chamados a presenciar e produzir em nossa vida.

Efetivamente, da perspectiva evolutivo-espiritual predominante em Sri Aurobindo, a centelha divina em forma de alma incipiente, nas origens do ser humano, está pouco desenvolvida e pouco pode influir na marcha dos acontecimentos; não obstante, está por trás de todo passo evolutivo, assimilando as múltiplas experiências que se produzem e destilando sua tênue vibração espiritual. Com o correr dos séculos, a centelha – fio condutor das diferentes vidas e personalidades que lhe possibilitam o progresso – vai aumentando e se transformando numa chama autoconsciente. A personalidade, os instintos biológicos, as emoções a eles associadas, os pensamentos ainda presos aos interesses materiais e centrados no eu começam a se dar conta de sua influência. A influência anímica passa a permear todas as ações dos seres humanos. Lentamente, a alma cresce e se fortalece graças às suas experiências, sofrimentos e prazeres. Chega então um momento em que a presença da alma se faz sentir com frequência e a personalidade vai sendo transformada, moldada pela visão da alma. Inicia-se uma relação entre personalidade centrada no ego e na alma, uma tensão entre os interesses de ambos, uma dualidade que dificulta a satisfação tanto num extremo quanto no outro. Quando a integração se estabiliza, a alma começa, por assim dizer, a comandar nossa vida.

A aspiração espiritual, de início disfarçada pelos interesses mais díspares, toma consciência de sua origem e objetivo. A alma passa a atrair a personalidade, o ser humano integrado, para tudo quanto é puro, belo, bom, harmônico. A sensibilidade estética, a consciência moral, o anseio de justiça, o amor e a compaixão se manifestam como emanações naturais da presença da alma.

A alma é uma chama sempre pura do Fogo divino; sua presença purifica; a personalidade busca essa presença purificadora. À medida que se desenvolve, sua inteligência, amor e vontade vão se expressando no ser humano que ela governa. Mas agora já não se trata de uma inteligência mental-racional e sim da sabedoria do coração, fruto da inteligência anímica que conhece a realidade e a bondade de modo direto, intuitivo, por afinidade. Não é o amor egocêntrico, preso aos interesses da própria personalidade, do clã, do grupo ou da coletividade, mas um sentimento transpessoal, que exulta com a evolução dos semelhantes e exala uma compaixão ativa que só pode brotar do fundo de uma alma desperta. Essa vontade não está presa a concepções e preconceitos mentais tacanhos, é uma vontade transpessoal, aberta a uma Vontade mais ampla, com a qual se acha em contato espontâneo o ser anímico que somos e com que começamos a nos identificar, para além das máscaras e hábitos de nossa personalidade.

Assim se vai operando a transformação anímica, passo indispensável no yoga integral. O anseio da alma para exprimir todo o seu potencial manifesta-se de maneiras diferentes: como devoção religiosa a Deus, como busca de justiça, como afã de conhecer a verdade das coisas, como anelo de um amor verdadeiro e fraternidade entre os seres humanos, enfim, de mil formas diversas.

Iniciaram-se não apenas o conhecimento de si mesmo como alma, como realidade espiritual, mas também a transformação da vida numa direção propriamente espiritual.

Não aprofundaremos aqui o conceito de reencarnação tal como o encara Sri Aurobindo. É necessário, porém, ressaltar a importância dessa questão, pois segundo o budismo e o *advaita* acosmista, ilusionista, a reencarnação é desdenhada e, em definitivo, vista como parte da Ilusão cósmica. A existência de uma série de vidas, ao longo das quais ocorre o progresso espiritual do indivíduo, é considerada um mecanismo imprescindível, do qual se têm evidências significativas para a evolução de cada alma e para a realização do plano divino sobre a Terra. Desde tempos remotos, ou pelo menos desde os *Upanishads,* já que nos *Vedas* não se fala disso com clareza, a noção de renascimento ou reencarnação se prende à lei do *karma*. O fato apenas reflete a ordem cósmica subjacente à realidade manifestada. Todos os nossos atos, tanto físicos quanto produzidos pela palavra e o pensamento, têm efeito de acordo com sua intenção e resultado. Toda energia posta em movimento em qualquer dos três mundos (físico, vital-emocional e mental) e toda ação iniciada geram inevitavelmente uma reação correspondente. Mas não se trata de uma simples lei de causalidade ou de ação-reação física; o alcance da lei do *karma* se radica em seu caráter moral. Com efeito, por estranho que isso soe aos ouvidos modernos, a lei do *karma* supõe a existência de uma Inteligência moral, capaz de regular a "ordem cósmico-ética". E essa ordem evolutiva ocorre ao longo de uma série de vidas, graças às quais a alma tem a oportunidade tanto de aprender o que a experiência mundana pode ensinar-lhe quanto de expressar, em si, as qualidades próprias à sua origem celeste.

Sri Aurobindo, sem entrarmos aqui em mais detalhes, revelou conhecimento direto dessas leis e procurou atualizar sua apresentação a fim de corrigir o modo rudimentar e equivocado de entender a noção de *karma* e reencarnação. Essa noção pode, com efeito, estimular a fantasia centrada no ego, convertendo-se antes num obstáculo que num auxílio para o progresso espiritual. O importante é reconhecer e elucidar o modo de funcionamento e a virtualidade explicativa próprias a essas duas leis, mostrando que não se assemelham à cega lei de talião – "olho por olho, dente por dente" –, a um mecanismo natural, mas são um instrumento a serviço da Inteligência e do Amor sobre-humanos, responsáveis pela evolução na Terra.

Já indiquei aqui vários caminhos promissores para o estudo desse tema. Resumindo, afora as crenças antigas das várias tradições (povos primitivos, Grécia, Índia etc.), hoje conviria recorrer em profundidade pelo menos às vias seguintes:

1) Investigações esotéricas contemporâneas (R. Steiner, Edgar Cayce, M. Heindel, A. Bailey etc.).

2) Estudo rigoroso dos casos de crianças que recordam espontaneamente vidas anteriores (o nome de I. Stevenson é menção obrigatória, pois sua obra encerra um interesse muito especial).

3) Documentos testemunhais da terapia de vidas anteriores (H. Wambach, Roger Woolger, P. Drouot etc.).

4) Testemunhos de mestres espirituais contemporâneos (Sri Aurobindo, Swami Muktananda, Omraam Mikael etc.).[41]

4. 3. 3. O jîvâtman como síntese cosmoteândrica

A forma superior de nosso ser central – ouvimo-lo da boca de Sri Aurobindo – é o *jîvâtman*. O termo se tornou clássico na literatura do *Vedânta*, mas, segundo a interpretação *advaita* de Shankara, seu caráter individual é uma aparência fadada a desaparecer quando sobrevier o Despertar e o verdadeiro Conhecimento não dual. No caso de Sri Aurobindo, o aspecto ou forma individual do *jîvâtman* não representa nenhum obstáculo à Realização da Verdade última, do Mistério da existência, que consiste justamente em recobrar a consciência das dimensões universal e transcendente, constitutivas do próprio *jîvâtman*. Digamo-lo de outro modo, partindo de cima, pois assim talvez fique mais claro. A Realidade Una (*Parabrahman*) ou Ser Supremo (*Purushottama*), dois modos de simbolizar o Absoluto inefável, tem uma característica de ser que podemos denominar Transcendência, Infinitude e Eternidade. Sua automanifestação no Espaço e no Tempo (ou nos muitos espaços-tempos próprios a cada dimensão neste Cosmos multidimensional em que nos encontramos) nos permite falar da dimensão universal ou cósmica de *Brahman*. Sua multiplicação em centros de consciência individualizados nos oferece justamente a noção de *jîvâtman* como a face individual do Absoluto que, sem nada perder de sua transcendência e universalidade, tem o poder de desdobrar-se numa enorme variedade de "espíritos individuais" – dos quais, como vimos, os seres anímicos eram emanações no reino da manifestação. Aos três aspectos do Absoluto – transcendente, universal e individual – Sri Aurobindo chama às vezes *paramâtman*, *âtman* e *jîvâtman*, respectivamente.⁴²

O *jîvâtman* seria, nesse caso, sinônimo do *purusha* que já vimos, equivalendo à nossa identidade espiritual individual mais profunda. Do mesmo modo, *Paramâtman* equivaleria à noção mais clássica de *Parabrahman* e à de *Purushottama*, tal como lemos no *Bhagavad Gîtâ* e em outros autores e correntes "personalistas", geralmente associadas na Índia às tradições *vishnuítas* centradas no *bhakti-yoga*, o yoga da devoção. Sri Aurobindo, em certas passagens, também emprega essa noção.

A integração do elemento "personalista" à sua concepção ocorre também, com a mesma clareza, em sua abordagem do conceito de *Ishvara*. Se, em Shankara, *Ishvara* é o nome da ideia de Deus tal qual considerada segundo a Ignorância (*avidyâ*) própria a uma visão encoberta pelo véu de *Mâyâ*, em Sri Aurobindo ela se apresenta como a Realidade última, o Ser supremo transpessoal, que inclui em seu seio as demais realidades.

Seja-nos aqui permitido citar um texto um tanto longo, mas útil, onde são apresentadas as conclusões desse importante capítulo de *The Life Divine*, acrescentado na íntegra em 1939 e em cujo título se reflete o jogo das duas tríades significativas nas quais, à maneira de Hegel, o último termo assume o que há de melhor nos anteriores, numa genuína superação integradora. O título desse capítulo, o segundo da primeira parte do Livro II, é pura e simplesmente: "*Brahman (Atman), Purusha, Ishvara. Mâyâ, Prakriti, Shakti*", e o texto reza:

> Isso aflora em sua revelação plena no terceiro aspecto da Realidade, o Ser Divino que é Senhor e Criador do universo. Aqui, a Pessoa suprema, o Ser em sua consciência e força transcendentais e cósmicas se posta à frente – onipotente, onisciente, o controlador de todas as energias, o [Ser] Consciente em tudo o que é consciente ou inconsciente, o Habitante de todas as almas, mentes e corações, o Regente ou Super-Regente de todas as obras, aquele que desfruta de todos os prazeres, o Criador que construiu todas as coisas em seu próprio ser, a Onipessoa de quem todos os seres

são personalidades, o Poder a que todos os poderes pertencem, o EU, o Espírito em todas as coisas, por ser o Pai de tudo quanto existe, em sua Consciência-Força a Mãe Divina, o Amigo de todas as criaturas, o Onibem-aventurado e Onibelo de quem a beleza e a felicidade são revelação, o Oniamado e o Oniamante.

Em certo sentido, e a essa luz, temos aqui o mais abrangente dos aspectos da Realidade, pois nele estão todos unidos numa formulação única; com efeito, *Ishwara* é tanto supracósmico quanto intracósmico; Ele é aquilo que supera, habita e sustenta toda individualidade; Ele é o *Brahman* supremo e universal, o Absoluto, o Eu superior, o *Purusha* superior. Mas, vê-se com clareza, esse não é o Deus pessoal das religiões populares, um ser limitado por suas qualidades, individual e separado de tudo o mais; todos esses deuses pessoais não passam de representações ou nomes limitados e personalidades divinas do *Ishwara* único. Tampouco se trata do *Brahman Saguna*, ativo e possuidor de qualidades, pois este é apenas um aspecto do ser de *Ishwara*; o *Nirguna* imóvel e destituído de qualidades é outro aspecto de Sua existência. *Ishwara* é *Brahman*, a Realidade, o Eu, o Espírito revelado como possuidor, fruidor de sua própria autoexistência, criador do universo e um só com ele, *Pantheos*, mas superior a ele, o Eterno, o Infinito, o Inefável, a Divina Transcendência.[43]

Em definitivo, achamo-nos aqui diante de uma concepção harmonicamente complexa do ser humano, do cosmos e da realidade total, que se pode articular em torno da noção de *jîvâtman* – e o *jîvâtman*, em seu autoconhecimento supremo, está constitutivamente aberto à Consciência universal e à Realidade transcendental. Essa abertura constitutiva qualifica a não dualidade da Realidade última. Assim como *Ishwara* pôde (num ato ontológico criador, alheio à questão da temporalidade e das origens) autolimitar-se como multiplicidade de centros de consciência (aparentemente) finita, assim também cada um dos *jîvâtman* pode des-velar sua totalidade e sua infinitude primordiais. Esse é o mistério supremo da realidade cosmoteândrica, o mistério da realidade transpessoal que é simultaneamente transcendental, universal e individual.

O ser humano constitui, portanto, a síntese microcósmica dessa realidade ampla. O ser central como eixo, estando o *jîvâtman* aberto ao *paramâtman* como polo superior e o ser anímico evoluindo na manifestação como polo inferior, representa nossa realidade mais profunda, onde a alma se faz abertura para a Vacuidade totalizante do Abismo da Divindade inefável. A alma, que evolui ao longo de múltiplas vidas, está unida a outras tantas personalidades que, embora não gozem de uma continuidade própria como entidades independentes, formam uma corrente kármica de disposições e atitudes auto-herdadas que permitem a cada personalidade ligada à alma ser a continuação lógica, ético-espiritual do que foi realizado anteriormente pelas personalidades passadas, associadas a uma mesma alma. Essas personalidades, até o pleno desvelamento da alma, se concentram em torno do ego. Elas são constituídas por uma mentalidade, uma afetividade, uma vitalidade e uma corporificação que vão se harmonizando com o propósito secreto de preparar um instrumento cada vez mais fiel à vontade do Espírito, talvez até o ponto de supramentalizar-se e tornar-se, assim, dignas de ressurreição e ascensão.

5. OS ASPECTOS DA MENTE E A TRANSFORMAÇÃO ESPIRITUAL

Esboçamos a constituição do ser humano tal como a entende Sri Aurobindo e, ao mesmo tempo, expusemos os grandes traços do que seria a "transformação anímica", o primeiro grande passo no yoga integral. Mas, se isso pode ser considerado a primeira Iniciação, a segunda nos coloca diante de uma dimensão diferente, aquela que, na análise de Sri Aurobindo, pertence à "mente espiritualizada". Vejamos isso.

Enquanto a transformação constitui o momento descendente no duplo processo que caracteriza o yoga integral, a abertura e a descoberta das dimensões espirituais superiores representam o momento ascendente. Assim como a descoberta do ser anímico condicionava a possibilidade da transformação anímica, agora a descoberta dos níveis superiores da mente será o requisito indispensável para a transformação espiritual.

Pode-se estranhar que relacionemos a dimensão espiritual à mente; mas veremos em que sentido o faz Sri Aurobindo. Dissemos que cada um dos aspectos ou fatores do ser humano corresponde a um dos planos da manifestação, de tal modo que o corpo físico pertence à Natureza física, o corpo vital ao plano vital, a mente ao plano mental e assim por diante. Mas a mente também pode ser analisada em seus múltiplos níveis e aspectos; cabe, pois, distinguir entre uma "mente física", uma "mente vital" e uma "mente intelectual" (que expressaria o núcleo do propriamente mental), segundo sua relação com cada uma dessas dimensões. A mente vital estaria relacionada com o que em outra terminologia se denomina *kama-manas*, a mente movida pelo desejo pessoal centrado no ego, por interesses particulares, incapaz portanto de descobrir a verdade das coisas. Daí a dificuldade do pensamento objetivo e imparcial, tema versado tanto pela ciência quanto pela filosofia. A mente científica e a mente filosófica representam o esforço histórico e pessoal para banir os condicionamentos alheios à "razão pura". Nesse sentido, sempre é bem-vinda uma maior racionalização em nossa vida cotidiana. É uma das tarefas do projeto iluminista, herdado do racionalismo europeu, em seu combate contra superstições e preconceitos infundados.

De momento, porém, não nos interessa o nível puramente intelectual, ou melhor, racional da mente e sim o nível que, a rigor, podemos chamar de "espiritual". Sri Aurobindo tratou da mente espiritual ou mente espiritualizada. Encontramo-nos diante dos subplanos superiores da Mente, em seu aspecto tanto cósmico quanto individual, pois o funcionamento de cada uma de nossas faculdades cognitivas está relacionado com a natureza dos subplanos correspondentes na realidade que tendemos a conceber como "exterior" ao indivíduo pensante.[44]

Deparamos aqui com o que, a meu ver, é um dos pontos chave da descrição que Sri Aurobindo nos legou acerca dos aspectos da mente e dos poderes cognitivos que lhes correspondem.[45] Para além da mente racional ou intelectual (adoto a terminologia de Sri Aurobindo, empregando como sinônimos esses dois conceitos básicos da tradição filosófica ocidental, sem entrar em detalhes sobre as diferenças, que em outros contextos seria necessário esclarecer) encontra-se a "mente espiritual". Esta se divide em "mente superior", "mente iluminada", "mente intuitiva" e "sobremente".

Examinemos cada um desses aspectos, pois a abertura para eles e seu desenvolvimento em nossa personalidade constituirá a base da transformação espiritual.[46]

5. 1. A mente superior

A ascensão à **Mente Superior** implica adquirir um conhecimento que participa da clareza do Espírito e do seu sentido unitário da realidade. "Seu caráter especial e a atividade de sua consciência são dominados pelo Pensamento; é uma mente pensante luminosa, uma mente de conhecimento conceitual nascido do Espírito" (*LD*, p. 939).

À diferença do conhecimento puramente racional, a mente superior não se entrega ao exame dubitativo, não depende de argumentações para a busca do saber; ao contrário, parte de um Conhecimento que se expressa por intermédio dela de maneira característica, como "uma ideação maciça, um sistema ou totalidade de percepção verdadeira numa visão única". As relações lógicas não serão procuradas pela mente, pois já existem e brotam de maneira espontânea. "Esse pensamento é uma autorrevelação da Sabedoria eterna, não um conhecimento adquirido."

Mas a presença da mente superior traz muito mais que um novo tipo de conhecimento; ela é também uma força nova que impregna toda a nossa personalidade, à maneira de impulsos de uma vontade superior. Assim, nossos conceitos se tornam verdadeiras "ideias-forças" que penetram no coração e na vida inteira de quem a ela tem acesso, produzindo uma transformação luminosa de nosso ser total.

A personalidade resiste a princípio e o pensamento novo entra em conflito com ideias mentais aceitas, preconceitos e atitudes arraigadas, de onde a necessidade do trabalho yogue para acalmar a mente e prepará-la para receber significados e energias de voltagem superior, que os acompanham e iniciam a transformação espiritual.

Ao chegar à mente superior, percebemos todo um mundo novo em termos de modo de pensar e estado de consciência que o acompanha, assim como a qualidade das energias concomitantes. Entretanto, se dermos um passo a mais, ficaremos assombrados diante da natureza da mente iluminada.

5.2. A mente iluminada

A **Mente Iluminada**, o degrau seguinte quando subimos da mente até a Consciência supramental, nos leva, não ao Pensamento superior, mas a um campo de Luz espiritual. Nossa consciência mental fica inundada de um conhecimento luminoso, fagulhas de iluminação percorrem nosso campo mental enquanto sobrevém a paz, a calma de ordem estritamente espiritual. "A Mente Iluminada não funciona, primordialmente, por meio do pensamento, mas da visão; aqui o pensamento é mero movimento subordinado, que apenas expressa a visão" (*LD*, p. 940).

Se no caso anterior caberia falar da figura do "pensador espiritual", distinto do pensador puramente racional, agora estamos na presença da figura do "vidente espiritual" num sentido preciso, que pouco tem a ver com a clarividência de ordem astral-emocional, submetida a forças vitais muito inferiores às que ora nos ocupam.

"Na transformação pela Mente Superior, o sábio, o pensador espiritual encontraria sua realização total e dinâmica; na transformação pela Mente Iluminada, ocorreria uma realização similar do vidente, do místico iluminado, daquele cuja alma vive na visão e na experiência direta" (*LD*, p. 946).

5. 3. A mente intuitiva

Prosseguindo em nossa ascensão, descobrimos que os dois momentos anteriores derivam de um nível superior, propriamente intuitivo. Trata-se da **Mente Intuitiva**, mais próxima ainda do "conhecimento por identidade", o conhecimento verdadeiro que encontra sua plenitude na supermente. A **Intuição** espiritual, no sentido dado aqui, pouco tem a ver com a maioria das chamadas "intuições" da linguagem coloquial; e não porque nestas não possa haver às vezes certo grau de verdade e sim porque elas costumam aparecer misturadas e até desfiguradas, pois a informação intuitivamente recebida passa pela mente e pelo vital pessoal não purificados e serenados o bastante. Por isso Sri Aurobindo insistiu muito na distinção entre a sabedoria intuitiva e as pretensas intuições do "místico infrarracional", que quase sempre não passam de "comunicações" procedentes de planos inferiores, o mais das vezes do vital e do astral.[47]

Sri Aurobindo distingue quatro poderes da Intuição: "Um poder de visão-da-verdade reveladora, um poder de inspiração ou audição da verdade, um poder de contato com a verdade ou captação imediata da significação [...] e um poder de discriminação verdadeira e automática da relação ordenada e exata das verdades entre si" (*LD*, p. 949).

Revelação, inspiração, captação imediata e discriminação aparecem assim como quatro aspectos da Intuição, em sentido técnico, na linguagem de Sri Aurobindo, aspectos que se baseiam numa visão, numa audição, numa percepção tátil e numa discriminação intuitiva, respectivamente.

Em *The Synthesis of Yoga*, a intuição é abordada mais detalhadamente, sendo definida nos seguintes termos: "A mente intuitiva é uma tradução imediata da verdade em termos mentais semitransformados por uma substância supramental irradiante, a tradução de um autoconhecimento infinito que atua por cima da mente, no espírito superconsciente" (*SY*, p. III).

O desenvolvimento dessa faculdade intuitiva é uma das maneiras de transformar o pensamento mental, possibilitando a abertura para o conhecimento supramental. Se, por um lado, sempre é útil e talvez necessário exercitar-se no silêncio mental para que a luz supramental, ao descer, não esbarre com um excesso de movimento mental inferior, por outro lado não convém descartar a possibilidade de intensificar os poderes do intelecto, "método que se adapta melhor ao pensador", a fim de produzir uma abertura e disponibilidade para o supramental. Nesse caso, trata-se de "desenvolver nosso intelecto em vez de eliminá-lo, mas não com vistas a abrigar suas limitações e sim a elevar sua capacidade, luz, intensidade, grau e força de atividade, até se aproximar do transcendente e poder ser, com facilidade, assumido e transformado numa ação consciente superior" (*SY*, p. 776).

Embora, ao enfatizar a mente (intuitiva), possamos dar a impressão de que é um assunto exclusivamente cognitivo, a verdade é bem outra. Trata-se de uma transformação não apenas do modo de funcionamento, mas também da própria substância de todo o nosso ser, pelo que também o mundo dos sentimentos acaba afetado, "intuitivizado", se assim nos é lícito exprimir: "Portanto, os sentimentos são intuitivos, controlando as relações corretas, agindo com uma nova luz, poder e segurança tranquila, retendo apenas as emoções e desejos aceitáveis, espontâneos, enquanto dura o processo; e, quando termina, substituindo-o por um amor luminoso e espontâneo, um *Ananda* que conhece e adota o *rasa* correto de seus objetos" (*SY*, p. 778).

O modo de operar da intuição já é, por si, assombroso se o compararmos com o funcionamento mental não apenas do homem comum, mas também do cientista ou do pensador experiente. Restam, ainda assim, degraus a escalar antes de se atingir o funcionamento propriamente supramental. "A mentalidade intuitiva, porém, é mente e não *gnose*." "A mente intuitiva não é a imensa luz solar da verdade, mas um jogo constante dos resplendores dessa luz, que aclara o estado fundamental de ignorância, semiconhecimento ou conhecimento indireto" (*SY*, p. 778).

Os quatro poderes da intuição, esboçados nas páginas de *The Life Divine*, ganham vida e alcance novos em *The Synthesis of Yoga*. Aqui, dividem-se em dois pares: dois poderes inferiores (a "intuição sugestiva" e a "discriminação intuitiva") e dois poderes superiores (a "inspiração intuitiva" e a "revelação intuitiva"). No primeiro caso, pode-se falar de uma "*gnose* intuitiva inferior"; no segundo, de uma "*gnose* intuitiva superior". Sri Aurobindo explica em detalhe as características de cada uma, mostrando a impossibilidade de transmitir, à inteligência meramente racional, a verdadeira natureza e funcionamento dessas faculdades. Só é possível fornecer algumas indicações, que ganharão pleno sentido após sua experiência direta. Seja como for, é necessário evitar a precipitada identificação dessas capacidades superiores com os funcionamentos correspondentes no nível mental racional. Um texto resumirá o que dissemos: "Tais coisas não se igualam a certos movimentos da inteligência mental comum, que parecem análogos e facilmente se confundem com a verdadeira intuição quando somos inexperientes. A intuição sugestiva não é o *insight* intelectual de uma inteligência rápida; a discriminação intuitiva não é o juízo ágil do intelecto que raciocina; a inspiração intuitiva não é a ação inspirada pela inteligência imaginativa; e a revelação intuitiva não é a luz possante de uma experiência ou capacitação puramente mentais".

No entanto, essa caracterização puramente negativa nos diz muito pouco sobre cada um dos mencionados poderes. Faz-se, pois, necessário complementá-la com uma exposição de seus aspectos positivos. Aqui, os dois primeiros poderes estão unidos sob a denominação genérica de "intuição", de sorte que lemos: "Assim como a intuição é da natureza da memória, uma recordação luminosa da verdade autoexistente, a inspiração é da natureza da escuta da verdade: uma recepção imediata da própria voz da verdade. Ela outorga com abundância a palavra que a encarna perfeitamente e transmite algo mais que a luz de sua ideia, captando uma corrente de sua realidade interna e do vívido movimento da chegada de sua substância. A revelação é da natureza da visão direta, *pratyaksa-drsti*, evidenciando para uma visão presente a coisa em si, da qual a ideia não passa de representação. Traz o verdadeiro espírito, ser e realidade da verdade e converte-os em parte da consciência e da experiência" (*SY*, p. 785).

5. 4. A sobremente

Nesse mapa estrutural e dinâmico da consciência que nos oferece Sri Aurobindo, assistimos a uma ascensão pela escada do Ser. A ela se seguirá a descida correspondente, trazendo já pelo caminho de volta a luz, o poder e o gozo experimentados naqueles planos. Se, por um lado, apresentamos os principais níveis da realidade e da consciência, por outro presenciamos a consequente transformação de nosso próprio ser, na medida em que a consciência-energia dos planos superiores desce e se integra à nossa personalidade.

O estatuto da Sobremente (*Overmind*) é um dos aspectos mais delicados do pensamento de Sri Aurobindo. Aqui, como em poucas outras passagens de sua obra, podemos apreciar a evolução de suas ideias, de acordo com a evolução de sua própria experiência. Como ele mesmo esclareceu mais tarde, na época em que veio a público pela primeira vez a maioria de suas obras (1914-1921, na revista *Arya*), o termo "sobremente" e derivados como "consciência sobremental" não aparecem. Deve-se isso a que, então, a descoberta da Supermente (*Supermind*) começava a ocorrer na mente espiritualizada do Sri Aurobindo pesquisador, de tal modo que o nível sobremental foi considerado um subnível da própria Supermente. Mais tarde, a experiência lhe mostrou que se tratava de níveis bem diversos e que, na realidade, a Sobremente ainda era parte da Mente, em que pese a seu nível superior, o mais próximo da Supermente e parecido a um véu a separar uma da outra.

A importância da distinção não está apenas no anseio de esclarecimento teórico, embora não seja de desdenhar essa tentativa de fidelidade à Realidade e rigor intelectual; tem a ver, principalmente, com o poder transformador distinto que caracteriza cada uma delas. E justamente quando a Transformação chega ao nível vital e sobretudo físico-corporal, bem como ao subconsciente de ambos, é que se revela a impotência final da Consciência-Energia Mental para vencer as resistências e a inércia obstinada que tipificam esses estratos profundos e arcaicos do nosso ser, inclusive quando a Mente opera em suas possibilidades mais elevadas, isto é, em sua dinâmica sobremental. Sri Aurobindo conclui que apenas a Luz e o Poder supramentais são capazes de consumar a Transformação definitiva que o yoga integral tem por meta; só a Consciência supramental, uma vez organizada no tríplice mundo inferior da mente, do vital e do corpo físico, poderá transformar a Inconsciência e a Ignorância que acompanham a consciência humana desde o início do caminho da evolução.

Em *The Synthesis of Yoga* não aparece, portanto, o termo "sobremente". Encontramos, porém, entre a mente intuitiva e a supermente, o que ali recebe o nome de "Razão divina" (*SY*, p. 783), embora não faltem ocasiões em que esse mesmo termo se identifica com a "razão luminosa supramental". Será, pois, nos capítulos acrescentados a *The Life Divine* em 1939, já na maturidade do pensamento de Sri Aurobindo, que o termo passará a desempenhar um papel importante e a mostrar suas diferenças com respeito à Supermente. Já antes, em cartas do início daquela década, encontramos preciosas indicações da evolução de sua experiência e pensamento. Mas é nas *Letters on Yoga* que aparecem não só as diferenças entre ambas como também a complexidade da própria Sobremente, assinalando-se pelo menos quatro subplanos dentro dela, os quais, não sem alguns reparos, recebem os nomes de "sobremente mental", "sobremente intuitiva", "sobremente propriamente dita" e "sobremente supramental" (*Letters*, pp. 261-62).

O que é a Sobremente? A Sobremente é uma espécie de Mente cósmica superconsciente que está em contato direto com a Verdade supramental e faz as vezes de representante desta no hemisfério da Ignorância. É o elo que permite ligar a Mente e a Supermente, o intermediário que aplica o Saber e o Poder supramentais de acordo com as limitações impostas pela lei da Ignorância do mundo tríplice. É a passagem que nos conduz à Supermente, mas, ao mesmo tempo, o véu que oculta a face brilhante da Realidade supramental.

A Inteligência sobremental possui uma visão e um movimento "globais", mas já perdeu a "plena integralidade" da Supermente. Sua existência lança luz sobre a questão de Mâyâ, pois ali se descobre "a

Mâyâ cósmica original, não uma *Mâyâ* de Ignorância, mas de Conhecimento, e apesar disso um Poder que tornou a Ignorância não apenas possível, mas inevitável" (*LD*, p. 284), e, como Poder criador, projeta luz esclarecedora sobre a questão dos "Deuses". Estes seriam "Poderes" distintos, entendidos sem nenhum inconveniente como "Seres" que pertencem ao nosso plano, canalizando e concretizando o Poder criador do Espírito absoluto, da *Shakti* primordial, a Shakti ou Mãe divina supramental que está acima dos Deuses sobrementais.[48]

Cumpre não esquecer que só por meio da transcendência do ego e a abertura para a Consciência cósmica é possível chegar à experiência da Sobremente. O ego pode, durante algum tempo, ficar afastado e mais adiante reaparecer, nas primeiras experiências e até que a transformação se complete; mas, um dia, a superação do ego será definitiva, pois a amplitude de visão e de movimento que caracteriza a Sobremente é incompatível com a estreiteza e a limitação constitutivas do ego, do pequeno eu acanhado que se sente à margem do resto da realidade.[49] De fato, uma das experiências e acontecimentos associados à permanência na consciência sobremental é a descoberta do verdadeiro Eu individual, não mais separado do resto dos Eus ou da totalidade da Consciência cósmica, centro do Infinito que nem por isso perde seu caráter de circunferência.[50]

Recordemos a natureza cosmoteândrica do *jîvâtman* ou, se se quiser, no processo evolutivo em que agora nos achamos imersos, do "ser gnóstico", supramental, que surge na história do nosso planeta. Para compreender de modo mais completo suas características, exponhamos já, na medida do possível, o que vem a ser Consciência supramental.

6. A CONSCIÊNCIA SUPRAMENTAL E A TRANSFORMAÇÃO DECISIVA

Até aqui, a descoberta de dimensões superiores às conhecidas pela inteligência racional mental e a transformação por elas possibilitada se limitaram aos planos da Mente espiritual ou espiritualizada. Segundo a visão de Sri Aurobindo, a "transformação espiritual", tanto quanto a "transformação anímica", foram etapas percorridas em todos os caminhos autênticos propostos pelas diferentes tradições espirituais da humanidade. Não é o caso de desdenhá-las; elas constituem, muito ao contrário, passos imprescindíveis no desenvolvimento espiritual. No trabalho yogue integral, a descida da Paz, da Luz, do Poder, do *Ananda*, que inundam nossa consciência, sutilizam-na e transformam-na lentamente, faz parte das experiências espirituais que cumpre cultivar, que de fato se encontram no caminho da evolução pessoal e devem ser encaradas como elementos importantes da transformação espiritual.

    Todavia, se o yoga integral apresentado e vivido por Sri Aurobindo e Mirra Alfassa possui algum caráter específico, este será o equivalente à consciência-energia supramental e à transformação do ser humano que ela torna possível. Se a obra de Sri Aurobindo e "A Mãe" está fadada a passar à história, isso se deve à realidade que, na falta de um termo melhor, continuaremos chamando de Supermente ou Verdade-Consciência supramental. Vejamos os diferentes aspectos graças aos quais podemos nos aproximar dela, sem esquecer a insistência de Sri Aurobindo em que é de todo impossível, para a mente, compreender essa realidade que a supera radicalmente, supondo um *novum* na evolução. A natureza e o modo de operar da supermente diferem tanto dos que caracterizam a mente tal qual a conhecemos que qualquer tentativa de compreendê-los está fadada ao fracasso. Ou então talvez fosse mais exato dizer que só graças ao esforço da compreensão, provavelmente um dos modos de participar com plena lucidez, colaborando com ela, da abertura da nossa consciência aos níveis supramentais; só depois da transformação ocorrida em nós, obviamente oriunda de altos desígnios não limitados por nossa inteligência e vontade mentais, será possível compreender (pois o novo já estará atuando em nós, como uma realidade dentro de nós) o que agora podemos apenas pressentir ou vislumbrar.[51]

Não obstante, apesar de todas as advertências, a obra de Sri Aurobindo não deixa de ser uma majestosa tentativa de dizer o indizível, de exprimir o inexprimível, tarefa paradoxal de todo poeta, alvo irrecusável de todo místico – duas coisas que Sri Aurobindo foi no mais alto grau.

6. 1. A natureza da supermente

O texto seguinte nos oferece uma primeira aproximação à supermente: "A natureza original da supermente é a autoconsciência e a oniconsciência do Infinito, do Espírito e do Eu universal nas coisas. Ela organiza, com base no conhecimento direto, sua própria sabedoria e onipotência efetiva para o desenvolvimento e a ação regulada do universo e de tudo quanto nele se contém. Diríamos que é a *gnose* do Espírito, senhor de seu próprio cosmos, *âtmâ, jñâtâ, îsvarah*" (*LD*, p. 769).

A Supermente é, portanto, a Gnose do Espírito, a Sabedoria divina, com suas qualidades tradicionalmente expressas na teologia ocidental como onipresença, onisciência e onipotência. É o *Logos* criador do universo, como se fica sabendo pelo próprio título do primeiro capítulo, que em *The Life Divine* é inteiramente dedicado a essa noção: "A Supermente como Criador". Veja-se também o seguinte texto: "Assim, pois, devemos considerar a Supermente onicontenedora, onigeradora e oniconsumadora como a natureza do Ser Divino, não por certo em sua autoexistência absoluta, mas em sua ação como Senhor e Criador de seus próprios mundos. Eis a verdade daquilo que chamamos Deus" *(LD*, p. 132).

Perguntaríamos: há nisso algo que já não se encontre na abundante especulação teológica tanto do Ocidente quanto do Oriente? Acaso não nos vemos outra vez diante da noção de Deus, de *Logos*, de *Ishvara* ou de Absoluto, segundo a tradição ou escola que haja trabalhado a ideia de Infinito ou Fundamento último de todas as coisas? Encontraremos algo que não hajam pensado a fundo Plotino, Santo Agostinho, Eckhart, São Tomás de Aquino, Duns Escoto ou Hegel, para mencionar uns poucos exemplos da tradição ocidental? Ou que não tenha sido considerado por Shankara, Ramanuja, Madhva ou Caitanya, para citar membros da própria tradição de Sri Aurobindo?

Em nossa opinião, sim. As semelhanças óbvias não devem camuflar as diferenças gritantes. Aqui, não podemos entrar em detalhes para expor a minuciosa concepção oferecida por Sri Aurobindo e muito menos tentar estudos comparativos. Terão de bastar algumas indicações e, segundo o conhecimento de cada um, as comparações irão surgindo espontaneamente.

E seja como for, o importante na "obra" de Sri Aurobindo não se acha tanto na apresentação-revelação teórica quando na concretização, na encarnação, na ancoragem planetária da realidade supramental até agora latente na evolução da humanidade em nosso mundo. Talvez, a partir de agora, ela se faça presente e atuante na transformação que estamos vivendo, fazendo, sofrendo e gozando ao mesmo tempo.

Tentaremos, porém, mostrar alguns traços da Supermente ou Verdade-Consciência supramental. Sri Aurobindo não pretende que essa noção seja absolutamente nova na história do pensamento. Em sua própria tradição, é uma Realidade já vislumbrada pelos *rishis* védicos, que lhe davam o nome de *rta-cit*.[52] A diferença consiste em que, nos tempos antigos, tratava-se da contemplação dessa Realidade em seu próprio plano, sem a intenção nem o esforço de trazê-la para a consciência física, ao passo que para Sri Aurobindo devemos subir até ela e, como vimos, descer com ela para transformar nossa realidade pessoal e permitir que o poder supramental se organize e se manifeste por intermédio de nós.

A fim de entender a peculiaridade da Verdade-Consciência supramental, temos de distingui-la tanto do que se acha por baixo dela (a Mente) quanto do que está para além dela (o Absoluto inefável, a unidade pura e indiferenciada, o *Brahman Saccidânanda*). Este último é importante porque às vezes se supõe que "supramental" é tudo o que está além da mente, de uma maneira indiscriminada, atendo-se apenas ao significado superficial do vocábulo. Porém, na concepção de Sri Aurobindo, não é assim. A Supermente representa uma realidade intermediária entre o Um primordial e a Mente.[53]

A Supermente é a *Gnose* divina, a Inteligência infinita, a Faculdade que o *Ishvara* possui de Autoconhecimento e Conhecimento de toda a sua automanifestação. É a "Autoconsciência do Infinito e do Eterno", mas também seu "Poder de autodeterminação" *(LD,* p. 312). Ser autoconsciente e poder nele implícito. *Sat* e *Chit,* mas também *Shakti.* Consciência-Energia.

A noção de *Ishvara* não deve ser entendida no sentido shankariano, como se se tratasse do Deus limitado, fruto da Ignorância típica do mundo de *Mâyâ*; no caso de Sri Aurobindo, ela se refere ao Absoluto integral, síntese da Impessoalidade predominante na noção de *Atman* e da pessoalidade inerente ao conceito de *Purusha. Ishvara* é a síntese superadora de ambos os aspectos, conciliação de Pessoalidade e Impessoalidade, de Unidade e Multiplicidade, de Imutabilidade e Dinamismo. De modo semelhante, *Shakti* significa nessa terminologia a síntese abarcadora de *Mâyâ* e *Prakriti,* de sorte que a polaridade *Ishvara-Shakti* representa, na linguagem mais madura de Sri Aurobindo, a polaridade suprema, o Absoluto integral, que a tudo envolve.[54]

Dito da maneira mais sucinta e clara possível, "a supermente é o conhecimento e a vontade eternos do *Ishvara*" (*SY*, p. 763[55]).

Pois bem: que tipo de conhecimento caracteriza essa Sabedoria? É aqui que salta à vista a diferença com relação à Mente e a todo conhecimento mental. O conhecimento da Supermente é um conhecimento por identidade e unidade. No conhecimento por identidade, descobrimos a essência do conhecer. Todo conhecimento posterior, por meio dos sentidos ou de representação mental, é indireto, derivado, falível, passível de erro e falsidade. O conhecimento por identidade é o conhecimento direto por excelência (do qual a intuição é, recordemo-lo, uma espécie de centelha, anúncio, promessa), aquele que abrange todas as coisas do modo mais íntimo possível, pois elas não só estão na consciência de quem as conhece como são os aspectos do próprio conhecedor. Efetivamente, "o espírito supramental conhece todas as coisas nele mesmo e como se fossem ele mesmo" (*SY*, p. 758).

Portanto, face ao conhecimento mental – sempre necessariamente parcial, fragmentário e apenas representativo –, o conhecimento supramental se apresenta como um conhecimento pleno, integral e independente de representações, pois se trata da presença da própria coisa conhecida na consciência do conhecedor. Trata-se, então, da unidade essencial entre o objeto e o sujeito, entre o conhecimento, o conhecedor e o conhecido (cf. *LD*, p. 137).

Vejamos o que significa o caráter representacional do conhecimento mental. A mente recorta a realidade, observa apenas um fragmento e nos oferece unicamente uma imagem ou conceito abstrato daquilo que procuramos conhecer. A realidade surge então como um mosaico de fragmentos, como uma dispersão de elementos cuja unidade e coerência nos escapam; a razão mental tenta em seguida reconstruir tudo aos poucos, a partir de uma Ignorância radical, até chegar a uma teoria talvez não verdadeira, mas ao menos aceitável de momento. Já o conhecimento da Supermente divina possui uma visão total da realidade, pois "é uma visão cósmica oniabrangente e onipresente" (*LD*, p. 136). Aqui não se trata mais de uma representação mental, de uma construção psicológica que busca refletir, representar ou figurar a realidade: trata-se de uma percepção direta, a partir de dentro, de algum aspecto da própria identidade. Nesse caso, não é o ego mental que conhece e sim o Eu supremo, em cuja Consciência ocorrem todos os fenômenos cósmicos.[56]

Que o conhecimento da Supermente é um conhecimento pleno, pode-se prová-lo mostrando que possui uma tríplice visão: "transcendental", universal e individual. Isso quer dizer que cada realidade individual é conhecida em sua particularidade, mas sempre em relação com a realidade universal da qual faz parte e que se mantém no fundo da consciência como marco para possibilitar uma melhor compreensão das realidades individuais. Por sua vez, o conjunto de realidades concretas interdependentes que formam a totalidade concreta da manifestação é apreendido e valorizado como símbolo ou expressão da Realidade transcendente. A Supermente é a "Sabedoria divina que detém a posse eterna de toda a verdade" (*SY*, p. 759).

Frente à estreita visão temporal que caracteriza a mente, a Supermente possui, em paralelo, a visão dos três tempos (*trikaladrsti*) – passado, presente e futuro. Essa capacidade goza não só de uma visão horizontal ampliada, mas também de um caráter de automanifestação e expressão simbólica da Eternidade essencial. O tempo, em seu desdobramento, mostra-se assim tal qual o definiu Platão no *Timeu*: "a imagem móvel da Eternidade".

Embora, até o momento, tenhamos enfatizado de modo especial o aspecto cognitivo da Supermente, lembremos que ela não é apenas a Verdade-Consciência, mas também a "Verdade-Vontade iluminada, direta e espontânea" (*SY*, p. 761). É isso que está contido no termo sânscrito *tapas*, uma concentração de energia própria à vontade primordial que encerra a força necessária, unida à inteligência, para levar a termo o desdobramento desejado de suas potencialidades. Portanto, a Supermente não só conhece como atua e cria.

Algo parecido se poderia dizer do caráter anândico da Supermente. A Consciência-Energia, a Vontade do Ser é sempre acompanhada, neste nível supramental, pelo Deleite puro, pela Beatitude inerente à realidade suprema.[57]

Gostaria de fazer uma última observação acerca da Verdade-Consciência supramental em seu estado puro, isto é, como *Gnose* divina. Trata-se do que Sri Aurobindo chamou de "tríplice *status* da Supermente". Recordemos que a história da experiência e do pensamento vedânticos acabou por se diferenciar em três posturas distintas, parecendo corresponder a três concepções incompatíveis, cada uma das quais pretendendo ser a experiência e a compreensão últimas da realidade. O não dualismo radical (*advaita*) que negava a realidade final da multiplicidade e concebia *Brahman* como um Absoluto sem atributos; o não dualismo modificado (*vishistadvaita*) que procurava demonstrar a compatibilidade da não dualidade de *Brahman* com a multiplicidade de atributos e indivíduos; e o dualismo (*dvaita*) que advogava a diferença completa entre Deus e as almas e entre Deus e o mundo.

Pois bem, segundo Sri Aurobindo, a experiência supramental pode esclarecer a que se devem essas pretensas incompatibilidades. Cada uma dessas experiências e concepções corresponderia a uma verdade do Absoluto integral, mas isolada em si mesma e absolutizada como verdade única e plena. Portanto, funcionaria como interpretação unilateral e insuficiente do caráter pleno do Absoluto. Na Supermente se achariam ao mesmo tempo esses três estados ou aspectos, cada um dos quais, uma vez captado pela mente, perderia de vista a presença dos outros dois. Assim, a primeira característica da Supermente seria o predomínio da Unidade inalienável captada pelo *advaita*. A segunda mostraria a Unidade modificada que suporta a Manifestação de Muitos-no-Um. Sem perder nunca a consciência da Unidade (elemento essencial da Supermente e de todo *vidya* ou *jñâna*, conhecimento essencial), assistiríamos ao desdobramento da multiplicidade. No nível das individualidades anímicas, tratar-se-ia da própria Essência anímica, mas compatível com uma variedade de formas anímicas (*LD*, p. 146), ou seja, de *Jîvâtmans*. Na terceira característica, sem se perder de vista a Unidade primordial, esta passa a um segundo plano, começando a prevalecer a multiplicidade. Tenha-se presente que em momento algum incidimos na ilusão da existência separada e independente. É isso que distingue radicalmente a vivência da individualidade, no plano supramental, da vivência do ego (com a ilusão da separatividade), no plano mental.

Os três aspectos seriam reais e só "quando nossa mentalidade humana enfatiza exclusivamente um aspecto da existência espiritual, afirmando que ele é a única verdade eterna e formulando-o em termos de nossa lógica mental fragmentadora, é que surge a necessidade de escolas de filosofia mutuamente destrutivas" (*LD*, p. 149).

Não obstante, duas ideias devem ficar bem claras. Em primeiro lugar, o reconhecimento explícito da prioridade ontológica da Unidade sobre a multiplicidade. Esta última depende daquela. E não é tanto um problema de prioridade cronológica (assunto absolutamente secundário em nosso exame) quanto de prioridade ontológica. A multiplicidade depende da Unidade.

Em segundo lugar, deve ficar claro também que, para Sri Aurobindo, a multiplicidade não é mera ilusão da manifestação: "A multiplicidade divina é um fato eterno do Supremo para além do Tempo, do mesmo modo que a Unidade divina" (*LD*, p. 149). Já analisamos essa questão nas páginas dedicadas ao ser anímico e ao *jîvâtman*.

6.2. A estruturação da supermente no ser humano

Até aqui, examinamos a natureza da Supermente como Inteligência infinita, criadora da ordem cósmica, Sabedoria e Vontade de *Ishvara*, *Logos* governante do cosmos. Julgamos necessário reservar algumas páginas à apresentação dessa noção-chave, apesar do caráter necessariamente abstrato da exposição, pois muita coisa se aproveitará com o esclarecimento dessa parte do pensamento de Sri Aurobindo.

Agora nos interessará mais descobrir como o yoga integral pretende aplicar a realidade supramental ao ser humano.

Destacamos, anteriormente, o aspecto "teológico" da Supermente e doravante abordaremos sua dimensão "antropológica". Mas convém nos referirmos, de passagem, também a seu aspecto "cosmológico". O *yoga* e o *vedânta* integral de Sri Aurobindo se movem num "Cosmos multidimensional", num modelo que insiste em se apresentar segundo uma tradicional versão setenária, cujos ecos já se podem ouvir nos Vedas.[58] De novo, percebemos a função "mediadora" da Supermente. Dos sete planos, níveis ou dimensões da existência de que falamos, os três inferiores já se manifestaram na Evolução (material, vital e mental), ao passo que, para além da manifestação, acham-se os três superiores (correspondentes aos princípios de Ananda, Chit e Sat). No meio, encontra-se o plano supramental.

Às vezes, Sri Aurobindo menciona a possibilidade de que a descida do Supramental inclua a descida de seres supramentais, habitantes originais desse plano, para colaborar no estabelecimento do Supramental sobre a Terra, do mesmo modo que imaginaríamos a aparição da raça humana graças à descida de seres do plano mental aos corpos dos pré-hominídeos então existentes (cf. *LD*, p. 968). Isso implicaria, é óbvio, a existência também de um mundo ou dimensão supramental organizada para habitação adequada de seres de nível equivalente.[59]

Todavia, interessa-nos mais saber de que modo e em que medida o ser humano pode abrir-se ao influxo da Consciência-Energia supramental e criar em si mesmo os órgãos necessários para ocorrer uma mutação ou transformação que possibilite ao supramental funcionar por intermédio da mente e do corpo do homem. Isso significa que, embora tenhamos mencionado alguns traços da Supermente em seu funcionamento perfeito como Inteligência divina, quando se trata da emergência da consciência supramental no ser humano, vemo-nos necessariamente diante de um processo evolutivo e, portanto, diante de "uma criação gradual, imperfeita a princípio" (*SY*, p. 769).

A criação gradual é o próprio caminho do yoga integral e supramental. Já vimos alguma coisa com respeito ao modo de se fazer o yoga integral e, depois, falamos da escada pela qual ascendemos da mente até a Supermente. Se quisermos, com uma única expressão sintética, poderemos falar do desenvolvimento da Intuição no sentido já indicado. Ali, vimos que era possível empregar várias linhas de desenvolvimento, das quais mencionamos duas: o exercício para silenciar a mente inferior e a transformação do intelecto pelo ato de transcendê-lo, o que não implica renunciar a seus poderes e sim, muito ao contrário, intensificá-los até fazer deles outra coisa. Mas podemos indicar outras duas linhas de desenvolvimento: o repúdio do intelecto para ouvir o coração anímico e encontrar nele uma sabedoria essencial, relativamente alheia à evolução da racionalidade argumentativa (atitude característica do *bhakti-yoga*), e a atitude que chamaríamos de "abertura para o Alto", para planos cada vez mais elevados, até participar da experiência de uma elevação do pensar, segundo a qual percebemos que já não pensamos com o cérebro e a partir dele, mas de uma zona acima do cérebro, uma zona etérica que nos liberta das limitações da mente física.[60]

Suponhamos, porém, que a mente foi se aprimorando até "intuitivizar-se" e iniciou seu processo de transformação supramental. Assistiremos então ao desdobramento das capacidades propriamente supramentais. Mas, repetimos, em que consistem estas? Dado que aqui se trata de um processo descendente, cuja lógica nos leva a supor que ele começa pela supramentalização dos aspectos superiores, vejamos quais seriam as diferenças principais entre o pensamento mental e o conhecimento supramental, para chegar mais tarde à supramentalização dos sentidos físicos.

Dissemos já que o conhecimento mental é sempre um conhecimento falho, precário e representativo onde reinam o conflito e a divisão; o conhecimento supramental, porém, é pleno, baseado na unidade e na harmonia, um conhecimento por identidade em que o Eu recolhe tudo em si mesmo como parte de si mesmo. Uma primeira exteriorização do puro conhecer primordial (por identidade) consistiria no que podemos chamar de "visão supramental", uma visão espiritual que não necessita de imagens intermediárias, embora possa utilizá-las, como qualquer outro modo de representação, para exprimir aquele saber íntimo e direto.

Assim como de visão, pode-se falar também de audição e tato supramentais: "A visão supramental traz consigo uma experiência complementar que chamaríamos de audição e tato espirituais da verdade — de sua essência e, por meio dela, de sua significação —, ou seja, produz-se uma captação do seu movimento, vibração e ritmo, e uma apreensão de sua presença íntima, contato e substância" (SY, p. 804).

Existe também um "pensamento supramental" que não é senão um desenvolvimento da verdade apresentada à visão supramental, agora sob forma de ideia: "A identidade e a visão captam a verdade em sua essência, seu corpo e suas partes com um só olhar; o pensamento traduz essa consciência direta e esse poder imediato da verdade em conhecimento-de-ideias e em vontade" *(SY*, p. 804). Mas a ideia do pensamento supramental não é uma abstração mental efetuada a partir do conhecimento sensorial; ela configura a substância luminosa do ser num de seus significados particulares e mostra-a em toda a sua concretude.

Poder-se-ia pensar que estamos nos aventurando no domínio obscuro da experiência mística, que se imuniza contra toda crítica declarando seu objeto sublime, inexprimível; mas não é assim. Existe ainda uma "palavra supramental", capaz de revelar em toda a sua força o conhecimento, a visão ou o pensamento supramentais. Sem dúvida nos deparamos aqui com o conceito mais elevado da autêntica inspiração como poder que desce do Alto, configurado e completo, outorgando uma expressão de acordo com sua eminência, expressão na qual a vibração, o som e o ritmo desempenham um papel de destaque. Eis-nos diante de uma palavra mântrica que produz efeitos profundos na alma: "A palavra supramental se manifesta, internamente, sob a forma de luz, poder, ritmo de pensamento e ritmo de som que a convertem no corpo natural e vivo do pensamento e da visão supramental, enriquecendo a língua com um significado (igual embora ao do discurso mental) diferente da limitada acepção intelectual, emocional ou sensorial. É produzida e ouvida na mente intuitiva ou na supermente e, exceto em algumas almas altamente dotadas, a princípio não aflui com facilidade para a palavra falada ou escrita, posto que também isso se possa conseguir quando a consciência física e seus órgãos foram preparados para a função. Essa é, com efeito, uma parte importante da plenitude e do poder necessários para a perfeição integral" (SY, pp. 806-07).

Presenciamos aqui a consumação, na palavra, do processo descendente de supramentalização. E observamos, de novo, o reconhecimento explícito do trabalho com os instrumentos da nossa personalidade para que o superior possa se expressar até os níveis mais exteriores. O poeta do supramental receberá a inspiração e a revelação poéticas, decerto; mas aqui convém igualmente que a inspiração nos encontre trabalhando e trabalhados.

Na realidade, trata-se de supramentalizar todos os instrumentos que temos à disposição a fim de que sejam capazes de manifestar o poder e o brilho da realidade supramental que anseia por exprimir-se. É lícito, pois, falar — como faz Sri Aurobindo — de uma "observação supramental" que se move na consciência da unidade essencial entre sujeito observador e objeto observado, pois vê tudo no Eu ao qual foi transmitida a sensação de autoidentidade, uma vez transcendida a noção acanhada de ego. Como já dissemos em várias ocasiões, a consciência supramental é uma consciência cósmica que capta tudo quanto acontece, pois tudo acontece em seu interior.

Existe também uma "memória supramental" onde, em palavras que evocam reminiscências platônicas, todo conhecer (supramental) é em certo sentido um recordar: "Num determinado nível, todo conhecimento se apresenta como recordação, pois tudo está implícito no Eu da supermente como algo que lhe é próprio" (SY, p. 829).

De modo similar, há uma "imaginação supramental" e um "juízo supramental" que apontam para uma "lógica da razão supramental", a "lógica do Infinito" apresentada em *The Life Divine*.

Entretanto, se quisermos chegar ao ponto final da manifestação e transformação supramentais, será preciso recorrer aos sentidos físicos. Também eles podem ser modificados por esse novo poder, essa nova consciência.

Antes, porém, talvez seja oportuno questionar nossa noção de "sentido". Sri Aurobindo deixa claro que "o sentido é, fundamentalmente, não a atividade de certos órgãos físicos, mas o contato da consciência com seus objetos, *samjñâna*" (*SY*, p. 831). Portanto, a ação pura do sentido seria uma ação espiritual, pois o sentido puro é um poder do espírito. Sri Aurobindo distingue entre o "sentido espiritual" (o *samjñâna* puro infinito), que é o contato da consciência pura com os objetos no seio do Eu, e o "sentido supramental", que é uma organização daquele. Contudo, num patamar inferior, falaríamos da mente (*manas*) como sexto sentido, como sentido comum no qual desembocam e do qual partem os cinco sentidos físicos.

Entretanto, o que mais nos interessa agora é descobrir como, nesse processo de transformação radical, os sentidos físicos podem também ser supramentalizados. E isso ocorre de tal modo que, quando após a supramentalização da mente sobrevém a dos sentidos, abre-se uma visão muito clara não só da vida e seu significado, mas também do mundo material com todas as suas formas e aspectos. Vê-se isso nitidamente no desenvolvimento da visão física supramentalizada, graças à qual temos um panorama transfigurado das coisas: "É como se os olhos do poeta e do artista substituíssem a visão normal vaga, prosaica e míope, mas singularmente espiritualizada e glorificada; como se, em verdade, participássemos da visão do divino e supremo Poeta e Artista, que nos concedesse a apreensão plena da sua verdade e intenção em seu desenho do universo e de cada um dos elementos nele contidos. Há uma intensidade limitada que converte todas as coisas vistas em revelação da glória da qualidade, ideia, forma e cor. Parece então que o olho físico traz consigo um espírito e uma consciência que percebem não só o aspecto físico do objeto, mas também a alma da qualidade que está nele, a vibração da energia, a luz, a força e a substância espiritual de que é feito" (*SY*, p. 837).

Sri Aurobindo fala ainda de um "ouvido supramentalizado", de um "tato supramentalizado" etc., pois com efeito "se produz uma transfiguração similar dos outros sentidos"; todavia, não nos deteremos mais nesse ponto.

O que aí ficou dito basta para termos uma ideia de como ocorre a transformação supramental responsável pelo aparecimento de uma nova espécie, a espécie dos seres supramentais ou gnósticos. Examinaremos portanto, em seguida, alguns aspectos da existência desses seres gnósticos, bem como das comunidades gnósticas que poderiam se formar quando surgir a nova espécie.

6.3. O ser gnóstico e as comunidades gnósticas

Ao falar da Supermente, vimos que o próprio Sri Aurobindo emprega o termo "Gnose" para referir-se a ela. E continua empregando-o para aludir à nova espécie resultante da transformação supramental, constituída precisamente por "seres gnósticos".

Já de início convém explicar que isso não supõe relação alguma com os diferentes sistemas gnósticos ou gnosticistas historicamente conhecidos. Com efeito, o gnosticismo, com seus múltiplos autores e escolas, foi uma das correntes mais ricas dos primeiros séculos de nossa era. Alguns estudiosos afirmam que o gnosticismo é uma filosofia cristã, embora considerada heterodoxa pela forma de cristianismo que se erigiu em "ortodoxia" dominante, e sem dúvida o papel de Jesus, o Cristo, é crucial em todas as doutrinas dessa escola. Não se pode, porém, esquecer a influência da filosofia grega e da tradição judaica (como, de resto, se dá com toda a elaboração do cristianismo). Podemos evocar a distinção estabelecida entre uma *gnose* mágico-vulgar (como a de Simão, o Mago), uma *gnose* mitológica (com seitas como a dos mandeístas, a dos ofitas, a dos barbelognósticos ou a que nos legou o escrito, hoje célebre, intitulado *Pistis Sophia*) e uma *gnose* especulativa (onde se destacam pensadores de importantes sistemas filosófico-teológicos como Valentino, Basilides e Carpócrates, para só lembrar alguns).

Nas últimas décadas, extrapolando esse limitado enfoque acadêmico, a noção de "gnose" vem sendo amplamente empregada. De modo geral, pode-se dizer que ela se refere a uma "sabedoria" situada além das ciências e do pensamento filosófico exclusivamente argumentativo. Bom exemplo disso seria a obra de Henry Corbin, que dedicou grande parte de sua vida ao estudo e transmissão da "gnose do Islã", especialmente a xiita, pois, como ele mesmo diz, "há uma gnose judaica, uma gnose cristã, uma gnose islâmica, uma gnose *búdica* etc."[61]

Citemos ainda o exemplo de Raymond Abellio, que trabalhou a ideia de uma "gnose contemporânea", uma "nova gnose", distinguindo entre mística e gnose, a primeira feminina e noturna, voltada para a devoção, a segunda viril e solar, dirigida pelos valores do conhecimento. A obra de Abellio nos interessa tanto pelo valor intrínseco quanto porque, nela, Sri Aurobindo é considerado um dos representantes da nova *gnose*. Abellio é tributário de Husserl (para quem, sem dúvida alguma, a fenomenologia possibilita uma "comunidade gnóstica"[62]), filósofo que tem para o Ocidente a mesma importância de Sri Aurobindo para o Oriente, preceituando ambos uma experiência *advaita* renovada. Seja-nos aqui permitido citar em toda a sua extensão um texto que sem dúvida o merece:

> De um modo geral e sem cair no sincretismo, é possível admitir que o Ocidente encontra assim (graças a Husserl, especialmente nas *Meditações Cartesianas*), por seus próprios meios — os da racionalidade superior —, o ensinamento fundamental da tradição, em sua essência não dualista, do *advaita*. Entretanto, esse ensinamento é recriado e revivido a partir de dentro, de maneira original e até originária, como cabe a toda experiência espiritual realmente encarnada. Por outro lado, como não notar que na mesma época foi necessário o esforço de Aurobindo [...] para renovar, na própria Índia, a expressão de uma tradição cada vez mais ressequida por obra do literalismo? Essa concordância no tempo assume um relevo singular quando se admite, como o fazemos, que não existe diferença, no que toca ao alcance existencial de seus efeitos, entre o *Nous* transcendental de Husserl, coroando a filosofia do Ocidente, e o Supramental de Aurobindo, renovando a do Oriente, como se tivesse sido preparada uma espécie de unidade planetária das manifestações do espírito.[63]

Abellio é pouco conhecido na Espanha, embora não faltem aqui grupos de estudo de sua obra; a menção que faz de Sri Aurobindo, contudo, tem um interesse muito mais que anedótico. Também ele pensou a sério o problema da transfiguração e da "assunção da carne". O texto seguinte basta como amostra: "Isso significa igualmente que o acesso ao supramental depende, não da dissolução do corpo, mas de seu aperfeiçoamento, de sua intensificação. A ideia corrente segundo a qual os princípios materiais são inferiores e devem ser descartados para permitir a subida/ascensão dos princípios espirituais é, pois, fundamentalmente errônea [...] Quando as ciências ditas humanas deixarem de privilegiar o inferior em detrimento do superior (e isso nada mais é que uma reação negativa contra o ascetismo das religiões antigas), passarão a enfatizar mais os problemas da assunção da carne, que a incorruptibilidade do corpo de certos santos apresenta de maneira gritante, levando a pensar que os efeitos da iluminação não são meramente espirituais" (Abellio, *op. cit.*, p. 106-07).

É, pois, transfiguradora essa *gnose* supramental de que nos fala Sri Aurobindo com base numa experiência igualmente original e originária, a qual não depende de nenhuma noção gnóstica historicamente conhecida, embora possa haver coincidências em alguns aspectos essenciais, tal como convém a uma *Filosofia Perene* que se abeberou nas fontes da Sabedoria.

Trata-se de uma *gnose* em processo de realização por intermédio de indivíduos gnósticos que vivem em comunidades gnósticas, onde as almas não mais se sentem isoladas: "Há, tão somente, uma íntima conexão anímica de todas as almas unidas internamente, não externamente, a saber, por um pacto intencional que entrelaça suas vidas" (Husserl). Esses seres gnósticos, supramentalizados, transcenderam a identificação com o ego psicológico e não apenas são conscientes de sua própria alma, de seu próprio ser espiritual, como vivenciam cada alma como expressão da Superalma, do Espírito absoluto que sabem ser no fundo de sua realidade pessoal. Não foi em vão que o ser gnóstico se viu investido de uma consciência cósmica. Seu conhecimento e suas ações não são mais ditados por uma mente ignorante, em busca de saber, mas pelo conhecimento próprio à consciência supramental. As dúvidas e os conflitos típicos da vida mental desapareceram: "Para o ser supramental, que vive imerso na consciência cósmica, a dificuldade não existe, pois ele não possui ego; sua individualidade cósmica conhece as forças cósmicas, seu movimento e sua significação, como partes de si mesmo; e a Consciência-Verdade que existe nele capta a relação correta a cada passo, descobrindo prontamente a expressão dinâmica adequada a essa relação" (*LD*, p. 974).

O ser gnóstico, "trazendo em seu interior o universo e a multiplicidade dos seres", tem ciência de todos os planos sutis e os domina, já que, a bem dizer, atua a partir de cima.

Por outro lado, o objetivo psicanalítico — e, em geral, de todo trabalho de autoconhecimento —, que consiste em conscientizar o inconsciente e substituir o "ele" pelo "eu", se realizaria plenamente na vida gnóstica. De fato: "No modo gnóstico de ser e viver, a vontade do Espírito deve controlar e determinar diretamente os movimentos e a lei do corpo. Porque a lei do corpo brota do subconsciente ou do consciente, mas no ser gnóstico o subconsciente já se terá convertido em consciente e estará sujeito ao controle supramental, pois foi penetrado por sua luz e sua ação. A base de inconsciência, com sua obscuridade e ambiguidade, sua obstrução e suas respostas lentas, se transformou numa superconsciência inferior ou de suporte, graças à emergência do supramental" (*LD*, p. 985).

No fundo do seu ser, a "pessoa gnóstica" — termo às vezes utilizado por Sri Aurobindo — vive a Paz e o Gozo essenciais do Ser, a harmonia e o equilíbrio de quem se acha firmado no centro de sua realidade profunda, onde frui uma intensa experiência de **liberdade**. Essa liberdade não é entendida como escolha arbitrária, nem como realização dos desejos imediatos nem como pura indeterminação e sim como concretização criativa da Verdade, que procura expressar-se por meio de si mesma e da totalidade do existente. Uma liberdade vivenciada pela não identificação com nenhuma das formas por meio das quais se manifesta sua própria criatividade, que outra coisa não é que a participação consciente na Criatividade da Pessoa infinita (representada no texto seguinte por *Ishwara*): "Toda ação é, nesse caso, a ação do Eu supremo, o supremo *Ishwara* presente na verdade da Supernatureza. É, ao mesmo tempo, a verdade do ser do eu e a verdade da vontade de *Ishwara*, unida àquela verdade — uma verdade biúnica — que se expressa em cada indivíduo gnóstico de acordo com sua supernatureza. A liberdade do indivíduo gnóstico é a liberdade do seu espírito para realizar, dinamicamente, a verdade do seu ser e o poder de suas energias na vida. Mas isso é sinônimo de uma completa obediência de sua natureza à verdade do Eu manifestado em sua existência e à vontade do Divino que reside nele e em todas as coisas. Essa Onivontade é única em cada indivíduo gnóstico, em muitos indivíduos gnósticos e na Totalidade consciente que em si mesma os contém; é consciente de si própria em cada ser gnóstico e, neste, uma só coisa com sua própria vontade. Ao mesmo tempo, ele é consciente da Vontade, do Eu e da Energia ativa de vários modos, em todas as coisas" (*LD*, pp. 998-99).

Esse "movimento sinfônico", essa harmonia supramental refletida na existência dos seres gnósticos que vivem em comum é o extremo oposto da uniformidade mecânica; é, bem ao contrário, uma plasticidade e uma criatividade capazes de originar novos cursos de ação, sempre de acordo com o Propósito-uno compartilhado. Aqui, a liberdade não se opõe à ordem, mas fomenta uma ordem intrínseca e espontânea. Ela nada tem a ver com a obediência aos impulsos do desejo centrado no ego, o ego limitado, ignorante dos grandes movimentos cósmicos e da unidade de tudo quanto existe. As tendências da personalidade por meio da qual cada pessoa gnóstica se expressa não foram controladas repressivamente, mas harmonizadas e postas ao serviço prazeroso do Plano maior, de que cada um se sente parte (e totalidade).

Nas últimas páginas de *The Life Divine*, Sri Aurobindo se concentra nos problemas surgidos nas "comunidades gnósticas" que começam a existir em meio a um mundo ainda não supramentalizado. No seio das coletividades gnósticas, é de supor que as coisas funcionem de acordo com a vida supramental, "pois uma coletividade gnóstica é um poder anímico coletivo da Verdade-Consciência, do mesmo modo que o indivíduo gnóstico é um poder anímico individual dentro dela; ali ocorre a mesma integração de vida e ação em uníssono, a mesma unidade consciente e realizada de ser, a mesma espontaneidade, sentimento íntimo de unidade, visão-verdade e sentido-verdade unos e recíprocos de si mesmos e de cada um dos outros, a mesma ação-verdade na relação de cada qual com os demais e de todos com todos. Essa coletividade é e atua, não de maneira mecânica, mas como uma totalidade espiritual" (*LD*, p. 1010).

Tampouco, nas relações entre comunidades gnósticas distintas, seriam de esperar conflitos eventuais que impedissem o correto desdobramento da Verdade-Consciência, pois esta não é uma realidade estática e sim o próprio Infinito em seu Devir criativo, que se compraz no jogo da multiplicidade e da diversidade. Portanto, cada vida gnóstica coletiva expressaria um aspecto da riqueza inesgotável da realidade. Problemas podem surgir e é de esperar que surjam na coexistência de comunidades gnósticas com grupos de seres mentais ainda longe da supramentalização. Não se deve pensar, segundo a visão profética de Sri Aurobindo, que possa haver uma supramentalização repentina da humanidade em seu conjunto. Parece mais razoável aceitar que a manifestação supramental e a pressão por ela produzida para intensificar e acelerar a necessária transformação induzam alguns indivíduos a dar o salto, talvez por meio de um processo mutacional acelerado. Eles, assim, iniciarão uma existência terrestre que se irá supramentalizando aos poucos; mas não é provável que isso aconteça de forma generalizada.

Sri Aurobindo previu — talvez por ter vivenciado em sua própria pessoa um processo similar, a partir do qual estabeleceu a devida analogia — que a infusão de Luz supramental fará com que as zonas da consciência da família humana mais apegadas à obscuridade, ou simplesmente a luzes do passado, hoje obsoletas, resistam, não compreendam nem aceitem o novo funcionamento característico dos seres gnósticos ou das comunidades gnósticas: "Poderíamos até nos perguntar se o conflito e o choque não seriam a primeira regra do seu relacionamento, já que na vida da Ignorância está presente e ativa a formidável influência das forças da Obscuridade, defensoras do mal e da violência, cujo interesse é contaminar ou destruir toda Luz superior que penetra na existência humana" (*LD*, p. 1063).

Convém lembrar que a luta entre as Forças da Luz e os Poderes da Treva tem sido uma constante no pensamento da humanidade. Curiosamente, isso ocorre de maneira muito clara na filosofia gnóstica (chegando a extremos que a "nova *gnose*" não aceita), mas de forma um pouco diferente na conhecida apresentação de Mani e do maniqueísmo. Basta recordar os mitos mais antigos da humanidade, de qualquer tradição — o combate entre *Devas* e *Asuras*, entre Anjos fiéis e Anjos caídos, rebeldes etc. —, para perceber o alcance cosmológico dessa polarização de forças. Na gigantesca pesquisa esotérica de Rudolf Steiner, descobrimos também uma grandiosa tematização dessa problemática, aqui mencionada por Sri Aurobindo e por ele desenvolvida em outras passagens.[64]

A reação que se deve esperar à descida da nova Luz não é um fenômeno radicalmente novo, estranho e incompreensível; em certa medida, ele já vem ocorrendo, de um modo ou de outro, em todo passo significativo da evolução da humanidade. Eis como o vê Sri Aurobindo: "Oposição e intolerância, ou mesmo perseguição de tudo quanto pareça novo e intente elevar-se acima ou distanciar-se da ordem estabelecida pela Ignorância humana. Se vitorioso, passa a ser visto como uma intrusão de forças inferiores, uma aceitação, para o mundo, ainda mais perigosa que sua rejeição; e, ao final, uma extinção, uma queda no inferior ou uma contaminação do novo princípio de vida. Esse fenômeno foi muito comum no passado. A oposição poderia mesmo ter sido mais violenta, acarretando mais frustração, se uma luz radicalmente nova ou um novo poder reclamasse a Terra como herança. No entanto, é de supor que a luz nova, mais completa, trouxesse também um poder novo, mais completo" (*LD*, p. 1063).

Dissemos que Sri Aurobindo explicou como isso aconteceu, em escala pessoal, quando tentou trazer a luz supramental para o subconsciente. Isso aconteceu nos anos 1930. Décadas depois, Mirra Alfassa, descrevendo os fatos que se seguiram à primeira manifestação geral do Poder Supramental, em fevereiro de 1956, enumera as reações de muitos dos discípulos do *ashram* que viveram de perto esse acontecimento. Em um e outro caso, as forças de inércia e de confusão, os hábitos do passado, as energias hostis e adversas que, por mil motivos diferentes, não aceitam o progresso rumo a uma nova luz, parecem irromper e tentar sabotar o novo, que procura impor-se.

Isso suscitaria inúmeros problemas no encontro do novo mundo em formação com o velho mundo em decadência. É inevitável. Sem dúvida, temos de permanecer atentos, ouvindo nossa voz interior para decidir de que lado ficaremos, consciente ou inconscientemente, nesses momentos de rápida e espantosa transformação individual e coletiva.

Seja como for, independentemente dos problemas que o ser em processo de supramentalização saberá enfrentar com uma nova luz e solucionar com um novo poder, não nos esqueçamos de que o passo evolutivo seguinte representa um desdobramento mais rico do Infinito, "pois uma entrada na consciência gnóstica é uma entrada no Infinito, uma autocriação expressando o Infinito infinitamente, em formas de ser [...]. A evolução no Conhecimento é uma manifestação mais bela e mais gloriosa, com horizontes cada vez mais amplos e intensos, em todos os sentidos, do que qualquer evolução na Ignorância poderia ser. O gozo do Espírito é sempre novo, inumeráveis são as belas formas que ele adota [...] e saborear o deleite, *rasa*, do Infinito é uma experiência eterna e inesgotável. A manifestação gnóstica da vida é mais plena e fecunda, o interesse que desperta é mais vívido que o interesse criativo da Ignorância; é um milagre muito maior e muito mais afortunado" (*LD*, p. 1069).

"Às noites mais escuras é que se seguem as auroras mais brilhantes; e as coisas se passam assim porque na inconsciência mais profunda da vida material é que precisamos proporcionar, não um brilho intermediário, mas o jogo pleno da Luz divina" (*Letters*, p. 35).

7. HISTÓRIA, SOCIEDADE E POLÍTICA

Embora esta obra atente mais para o Sri Aurobindo mestre espiritual, seu pensamento vedântico e sua concepção do yoga integral, não seria justo ignorar completamente o resto de suas preocupações filosóficas. Temos insistido em que se pode falar, além do Sri Aurobindo yogue, místico e Mestre espiritual, de um Sri Aurobindo poeta e crítico literário e de um Sri Aurobindo político. Neste capítulo, vamos nos ocupar de seu pensamento social e político. Vimos já a importância do período de engajamento político ativo, antes do seu retiro para Pondicherry. Tanto seus discursos quanto seus artigos políticos dessa época merecem, por si sós, um exame atento. Mas aqui não nos ocuparemos deles, pois o que nos interessa é seu período em Pondicherry, ou seja, principalmente suas publicações na revista *Arya*.

Duas obras vão nos ocupar agora: *The Human Cycle* (HC), aparecida originalmente na mencionada revista entre os anos 1916 e 1918, e *The Ideal of Human Unity* (IHU), publicada em série de 1915 a 1918.[65] No primeiro caso, encontramos uma teoria da evolução social e uma concepção cíclico-espiral da história com importantes reflexões sobre temas que poderíamos catalogar como ética, estética, filosofia da religião e, em geral, toda uma filosofia da cultura. A temática da segunda obra abrange, de preferência, questões histórico-sociais e políticas.

Salta à vista que ambas as obras foram escritas durante a Primeira Guerra Mundial. A segunda passou por uma revisão "antes do último conflito mundial" e a edição definitiva de 1950 tem um capítulo escrito nesse mesmo ano, com breves reflexões sobre a situação política do momento. Quanto a *The Human Cycle*, o próprio Sri Aurobindo, em nota para a última edição (novembro de 1949), explica: "O leitor deve remontar mentalmente aos acontecimentos daquele período para seguir a linha de pensamento e a atmosfera na qual se desenvolveu. A certa altura, surgiu a necessidade de atualizar esta parte, sobretudo com umas poucas referências a desdobramentos posteriores na Alemanha nazista e à implantação do regime comunista totalitário na Rússia. Depois, entretanto, julgou-se que havia alusões e previsões suficientes com respeito a esses fatos, não sendo essencial uma descrição ou crítica mais elaborada. Já dispúnhamos, sem eles, de uma elaboração e elucidação consistentes da teoria do ciclo social."

Seja como for, breves e ocasionais notas de rodapé lhe permitiram pôr em dia a temática ali tratada e advertir que em uma ou outra passagem as especulações deviam ser atualizadas (por exemplo, no capítulo XV de IHU).

7.1. As cinco etapas do ciclo humano

Sri Aurobindo começa *The Human Cycle* propondo o que hoje chamaríamos uma lógica do progresso social, uma teoria da evolução da sociedade formada por cinco etapas. A terminologia foi tomada de K. Lamprecht, "por suas denominações sugestivas", mas a partir desse esquema assistimos ao desenvolvimento livre do pensamento do próprio Sri Aurobindo e não mais ouvimos o nome de Lamprecht.[66] Por outro lado, ficamos sabendo que, se este se baseava na história europeia e sobretudo da Alemanha, agora sua classificação será aplicada à luz do pensamento e da experiência orientais, abarcando tanto Oriente quanto Ocidente.

Pois bem, o núcleo de sua tese consiste na afirmação de que "uma nação ou civilização" passaria, ao longo do seu desenvolvimento, pelas seguintes etapas psicológicas:[67]

1) Simbólica, 2) "Típica", 3) Convencional, 4) Individualista e 5) Subjetiva.

Duas observações:

a) Fala-se de "etapas psicológicas", mesmo quando a referência fundamental é a períodos sociais, porque se parte do projeto de Lamprecht de uma teoria psicológica da história. Nesta, subjacentes aos motivos e causas econômicas do desenvolvimento social, descobrem-se fatores psicológicos e talvez anímicos que são essenciais para a compreensão do progresso. Já se nota aqui a tendência a uma interpretação "idealista" da história face às materialistas, então no auge. No caso de Sri Aurobindo, poderíamos mesmo falar de uma interpretação espiritual-integral da história.

b) A ambiguidade da expressão entre aspas "uma nação ou civilização" pode ser dissipada antecipando-se que, em fim de contas, no uso dessa periodização por Sri Aurobindo, a humanidade em seu conjunto é que de fato faz as vezes de "totalidade social". Graças aos paralelismos entre nações e civilizações, veremos que os ciclos coincidem com as etapas mais marcantes da história da humanidade como um todo.

As duas últimas etapas são as que mais nos interessam e vamos, por isso, apresentar as três primeiras de maneira sucinta. Numa classificação posterior, essas três primeiras formarão o "período infrarracional", que abrirá caminho para o "período racional" (a etapa individualista-moderna) e finalmente para o "período suprarracional" (etapa "subjetiva", na verdade espiritual ou transracional).[68]

7.1.1. A etapa simbólica

Nas sociedades humanas conhecidas e consideradas primitivas, encontramos uma mentalidade simbólica que governa seu pensamento, seus costumes e suas instituições. Esse simbolismo está estreitamente unido a um sentimento religioso imaginativo ou intuitivo. Como exemplo da etapa simbólico-religiosa, temos a remota idade védica, que não entendemos bem por ter perdido aquela mentalidade "misticamente simbólica". Em *The Secret of the Veda*, Sri Aurobindo tratou pormenorizadamente desse problema.

Os ritos sacrificiais, o simbolismo do matrimônio, a instituição védica das quatro ordens da sociedade (que só mais tarde degeneraria no rígido sistema de castas) são analisados nesse sentido, mas aqui não nos ocuparemos deles.

A passagem para a etapa seguinte se anuncia deste modo: "A partir da atitude simbólica, manifesta-se a tendência a transformar tudo em sacramento, religioso e sacrossanto, mas com liberdade ampla e vigorosa sob quaisquer formas, uma liberdade que não encontramos na rigidez das comunidades 'selvagens' porque estas passaram já da fase simbólica para a convencional, embora seguindo uma curva de degeneração e não de crescimento" (*HC*, p. 16).

7.1.2. A etapa "típica" e convencional

As duas fases seguintes da evolução social podem ser tratadas simultaneamente, pois a primeira é vista de passagem e, dir-se-ia, apenas prepara a seguinte, posto que as diferenças entre ambas sejam perceptíveis.

Se o período simbólico era predominantemente religioso e espiritual, a etapa "típica"[69] é predominantemente psicológica e ética. Agora até o espiritual e o religioso se subordinam à ideia psicológica e ao ideal ético. Assim, a religião passa a outorgar sanção mística à disciplina e aos motivos morais. A utilidade social ascende desse modo ao patamar superior, enquanto a religião se vai transformando aos poucos em algo ultramundano.

O mais importante nessa etapa, aquilo que permanecerá na mentalidade coletiva mesmo depois do seu desaparecimento, são os grandes ideais sociais e, de maneira concreta, o conceito de honra social. Vejamos como se reflete em cada uma das classes sociais: "A honra do *brahmin* reside na pureza, na piedade, na profunda reverência pelas coisas da mente e do espírito, na posse desinteressada, na busca exclusiva do aprendizado e do conhecimento. A honra do *kshatriya* consiste na valentia, no cavalheirismo, na força, num certo orgulho pelo autodomínio, na nobreza de caráter e nas obrigações que essa nobreza implica. A honra do *vaishya* está na retidão dos atos, na honestidade comercial, na produção adequada, na ordem, na liberalidade e na filantropia. A honra do *shudra* cifra-se à obediência, à subordinação, ao serviço fiel e ao apego desinteressado" (*HC*, p. 19).

Pouco a pouco, esse código de honra deixa de ser um impulso psicológico natural, que brota da genuína motivação ética, e se transforma em tradição, em convenção exterior não mais vivenciada em sua autenticidade. Desanda, assim, para a etapa convencional. Os suportes externos, as expressões superficiais do espírito ou do ideal chegam a ser mais importantes que estes próprios: "A tendência da era convencional da sociedade é fixar, regular com firmeza, formalizar, erigir um sistema de hierarquias e graus rígidos, estereotipar a religião, ligar a educação à tradição perene, submeter o pensamento a autoridades infalíveis" (*HC*, p. 20).

A esclerose característica dessa etapa se reflete no sistema de castas. Os rituais religiosos convertem-se em cerimônias vazias, em que o simbolismo místico perdeu todo o seu significado. O simples erudito se faz passar por *brahmin*, o aristocrata e o barão feudal tornam-se uma caricatura do *kshatriya*, o espírito mercantil e o individualismo possessivo, típicos do capitalismo voraz, dominam o *vaishya* e os servos mal-alimentados passam a ser a melancólica representação do *shudra*.

Alguns tradicionalistas nostálgicos quiseram ver nesse quadro, tomando por base os traços mais atraentes do período convencional (ordem precisa, simetria e fina arquitetura social, subordinação das partes a um plano geral e nobre) a Idade do Ouro. Mas Sri Aurobindo escapa a essa tendência e lembra que, em casos semelhantes (nostalgia da Idade Média europeia, tradicionalismo hindu ortodoxo com sua sujeição ao *Shastra*), costuma-se esquecer a ignorância, crueldade, opressão, sofrimento e miséria sem fim que caracterizaram essas épocas. Realmente, não temos aí a verdadeira Idade do Ouro ou *satya yuga*.

7.1.3. A etapa individualista

Ao longo do período convencional, a rigidez das instituições foi afugentando a presença do espírito e a verdade sucumbiu ao poder da forma estereotipada, da letra morta. Por isso é necessário que os indivíduos mais sintonizados com o "Espírito-do-Tempo" (*Time-Spirit*, diz Sri Aurobindo) apareçam com força para repelir símbolos e convenções, derrubando as paredes da prisão e buscando a verdade que a sociedade perdeu ou enterrou em seus sepulcros caiados.

Surge então a era individualista: a Idade da Razão, a Revolta, o Progresso e a Liberdade. Sri Aurobindo sabe bem que o impulso individualista, racionalista, nasce e alcança sua plenitude na Europa, enquanto o Oriente permanece aferrado a estereótipos, convenções e costumes, sem o questionamento crítico dos europeus. Como quer que seja, o Oriente iniciou sua etapa crítica e racional, sua "modernização", não por iniciativa própria, mas por influência e pressão do Ocidente.

É óbvio que Sri Aurobindo descreve aqui o advento da Modernidade, embora este termo mal apareça em seus escritos. Mas a caracterização é suficientemente clara. O período começa pela revolta da razão contra uma religião dogmática que perdeu a verdade espiritual viva, contra uma política de direitos divinos e tiranias santificadas, contra uma ordem social injusta, cheia de privilégios e convenções vãs. Considerando-se esse estado de coisas, "sua missão é destruir, destroçar a hipocrisia e estabelecer um novo fundamento da verdade" (*HC*, p. 21).

A Reforma religiosa e o Renascimento da tradição greco-romana (este mais decisivo para a evolução da Europa que aquela) são apontados como forças propulsoras da mudança de era. O papel desempenhado pela ciência moderna não é esquecido. O processo de secularização que se inicia coloca o homem num vácuo de crenças que, posto ser um momento absolutamente necessário, não deixa de constituir "uma perigosa experiência para nossa raça imperfeita [...] devido à falta de uma fonte de verdade geralmente reconhecível"; assim, "pode conduzir a uma contínua flutuação e desordem de opiniões, não ao progresso da verdade das coisas" (*HC*, p. 22).

Daí se apresentar, como imperativa, a busca dos *desiderata* supremos: um critério geral para a verdade e um princípio de ordem social. O critério de verdade encontrará seu paradigma na ciência física; o princípio de ordem social exigido pela razão, em sua dupla vertente (especulativa e científica), encontrará seu ideal no socialismo.

A ciência decimonônica, juntamente com os avanços da primeira década do século XX, é reconhecida como "o apogeu da civilização europeia... o triunfo da era individualista"; mas, também, como o seu fim, causa indireta que é da morte do individualismo. Isso ocorre porque — comenta Sri Aurobindo — a descoberta científica das leis universais passa das ciências da natureza para as ciências da sociedade, em busca das normas que devem governar as pessoas também em sua vida social. Paradoxalmente, a liberdade de pesquisa científica que possibilitou tantas descobertas pode anular a liberdade da ciência caso venha a se impor um socialismo rígido, no qual um bem-organizado mecanismo de Estado não mais permita que os indivíduos sejam livres. Essa parece ser a meta para a qual, com toda a probabilidade, estamos nos dirigindo, afirma nosso autor em fins de 1916 — e poderia, em nota à edição revista, fazer referência explícita ao fascismo, ao nazismo e ao comunismo soviético como tristes exemplos da estatização totalitária com perda das liberdades individuais.

A essa altura da análise, vem à luz um conceito que reaparecerá em diversas ocasiões como resumo do ideal cultivado por Sri Aurobindo. Aqui, aparece como réplica possível à esclerose do socialismo estatal e burocrático. Uma nova idade individualista de revolta poderia surgir, diz-nos ele, conduzida pelos princípios de um "anarquismo filosófico extremo". Sri Aurobindo distinguirá entre um anarquismo vulgar, um anarquismo filosófico e um anarquismo espiritual. O primeiro é uma revolta destrutiva, irracional e sem grandes objetivos; o segundo é um ideal estimulante, com boas razões para concretizar sua crítica a partir de uma postura claramente utópica. E o último é a maturidade e o paradigma da ordem social que cabe esperar para a sociedade futura, espiritualizada, na qual as pessoas tenham alcançado suficiente evolução pessoal e social. O funcionamento das comunidades gnósticas, tal como se aventou, é talvez o melhor exemplo de anarquismo espiritual, o modelo vislumbrado por Sri Aurobindo como consumação da idade subjetiva que deveria (lógica e historicamente) suceder ao período individualista.

7.1.4. A etapa subjetiva

Os escritos de Sri Aurobindo ora em exame movem-se num espaço histórico que ele interpreta como um tempo crítico, precursor do fim da modernidade individualista, racionalista e cientificista, assinalando a possibilidade do começo de uma época subjetivo-espiritual.

Pois bem, é necessário considerar que a compreensão filosófica da Modernidade inclui precisamente a descoberta do fator subjetivo como elemento essencial do seu despertar. A ciência moderna, na origem, tal como a delineou Galileu, encontrará fundamento filosófico em Descartes; no entanto, é justamente esse "pai da Modernidade filosófica" que transformará o conceito da essência do homem ao concebê-lo como "sujeito" e critério de toda verdade, porquanto sua própria autoconsciência é a certeza com base na qual se fará, representativamente, toda investigação científica. Heidegger soube esclarecer bem essa questão.

Vale dizer que Sri Aurobindo, ao tomar de empréstimo essa terminologia e, sobretudo, ao ignorar em grande medida a tradição filosófica ocidental, não aplicou a noção de subjetividade ao período individualista analisado. Em seu caso, o **objetivismo** é a concepção fundada na razão analítica; ele adota um enfoque externo e mecânico dos problemas. O mundo é visto como uma coisa, um objeto dotado de leis exteriores ao sujeito que o analisa. Segundo essa concepção, a sociedade ou a nação não é mais que um *status* político, terra, bem-estar econômico, leis, instituições etc. Por esse motivo consideram-se como determinantes os motivos econômicos e as razões políticas.

Ao contrário, o **subjetivismo** contempla toda a existência do ponto de vista de uma autoconsciência em marcha. A lei está, antes de tudo, dentro de nós mesmos. Mais que o intelecto racional, levam-se em conta ou o impulso vital (próprio do subjetivismo inferior) ou a intuição (própria do subjetivismo superior ou espiritual, quando bem entendida). O mundo é visto não só como força universal, mas também como Ser universal.

Aplicando a concepção subjetivista à sociedade, Sri Aurobindo realça a ideia de uma "alma de grupo", que vai desembocar na ideia de "alma de uma nação" — conceito que se poderia comparar à noção capital, em Hegel, de *Volkgeist* ou "espírito de um povo". Sri Aurobindo estabelece uma analogia entre indivíduo e nação, distinguindo em ambos o aspecto material, vital e mental e a alma propriamente dita. Na marcha evolutiva, tanto do indivíduo quanto da nação, a alma não se manifestaria desde o início de uma maneira explícita, mas subconsciente. Mais tarde, "quando o poder subconsciente da alma do grupo aflora, as nações entram na posse de seus eus subjetivos" (*HC*, p. 31).[70]

Sri Aurobindo constata o surgimento dessas novas tendências na consciência internacional. No âmago dos nacionalismos triunfantes palpitava a "alma de uma nação", à qual ele vez por outra se refere como "um espírito manifestado, um poder vivo da Verdade eterna".

Lembremos que, no início do século XX, assistimos à "voragem dos nacionalismos militantes" (1906-1914), na expressão de W. J. Mommsen.

Sri Aurobindo fornece três exemplos paradigmáticos: Irlanda, Índia (e, nesta, o caso especial de Bengala) e Alemanha. Aqui vamos nos concentrar no caso da Alemanha, que ele considerava a nação mais autoconsciente e melhor preparada para a fase subjetiva porque possuía certa visão (embora mais intelectual que espiritualmente iluminada) e coragem suficiente para adotá-la (coragem também mais vital e intelectual que espiritual). Mas, diz-nos ele, não nos deixemos enganar pelas aparências: a força da Alemanha não está em Bismarck ou Guilherme II (ao contrário, a rudeza desses dois homens lançou prematuramente sua subjetividade em formação a realizações desastrosas). "A força real dessa grande fortaleza subjetiva, tão desfigurada em sua ação objetiva, não estava nos estadistas e soldados alemães — pela maior parte, tipos humanos muito pobres — e sim em seus grandes filósofos como Kant, Hegel, Fichte, Nietzsche, em seu grande pensador e poeta Goethe, em seus grandes músicos como Beethoven e Wagner, com tudo o que eles representavam na alma e no temperamento da Alemanha. Uma nação cujas realizações maiores se acham quase inteiramente nas esferas da filosofia e da música está sem dúvida predestinada a liderar o giro para o subjetivismo e a produzir um resultado notável, para bem ou para mal, nos primórdios de uma idade subjetiva" (*HC*, pp. 34-5).

Reconhecem-se também seus eruditos, intelectuais, educadores, cientistas e organizadores, além de sua capacidade de trabalho como "povo", sem a qual os dons subjetivos não poderiam materializar-se nem ser construtivos.

A Alemanha dispunha, pois, de todos os poderes. Haviam sido dadas as condições subjetivas e objetivas de sua liderança. O que aconteceu então? Qual foi o erro grave cometido pela Alemanha? Como entender que semelhante "promessa" haja conduzido à catástrofe? A resposta vem resumida no texto seguinte: "[A Alemanha] confundiu seu ego vital consigo mesma. Havia buscado sua alma e encontrou apenas sua força. Havia dito, como o *Asura*: 'Eu sou o meu corpo, a minha vitalidade, a minha mente, o meu temperamento'. E a isso se aferrou com energia titânica. Dissera também: 'Eu sou a minha vitalidade e o meu corpo', e não pode existir pior erro para um homem ou uma nação. A alma de um homem ou de uma nação é algo muito mais divino que tais coisas; é maior que seus instrumentos e não cabe numa fórmula física, vital, mental ou temperamental" (*HC*, p. 36).

A analogia entre indivíduo e nação é esclarecedora. Na busca yogue espiritual, o indivíduo chega a um ponto de sua formação onde se torna capaz de manejar poderes psíquicos consideráveis. Permanece encerrado em seu ego e usa tais poderes com ambição egoísta, confunde sua força vital ou mental com a força de sua alma, entra num caminho perigoso de destruição dos outros e, por fim, de si mesmo. De fato, é preciso ter em conta duas grandes verdades psicológico-espirituais quando se mergulha nas profundezas da subjetividade (individual ou coletiva). Primeira: o ego não é a alma; a alma é parte da Divindade universal. Segunda: nenhum indivíduo (ou nação) existe como um átomo isolado, mas está em estreita interdependência e solidariedade com os outros indivíduos (ou nações).

Assim, a Alemanha tomou seu ego (e, fundamentalmente, seu ego vital com tendências exacerbadas à expansão, à posse, ao domínio) por seu Eu, sacrificando o indivíduo nos altares do ego coletivo, nacional. A conquista do mundo pela Alemanha era a consequência lógica da visão que tinha de si mesma.

Fica assim exemplificado o "falso subjetivismo", que temos de distinguir do "verdadeiro subjetivismo" de natureza espiritual, base incontestável da nova espiritualidade plena concebida por Sri Aurobindo.

O episódio do nazismo é um dos pontos obscuros na história recente da humanidade. Talvez nunca saibamos realmente o que aconteceu, como foi possível semelhante perversão de todo um povo. Pode ser que somente uma compreensão esotérica das forças ocultas, responsáveis pelas ações dos homens, nos permita entrever o significado e o alcance de tudo o que então se passou.

Sri Aurobindo discorreu a respeito e não hesitou em afirmar que, por trás de Hitler e do nazismo, postavam-se as Forças Ocultas decididas a impedir o progresso da humanidade. Por isso condenou publicamente o nazismo, ressaltando a necessidade de combater por todos os meios sua expansão. Recomendou desde o começo o apoio aos aliados, apesar do que isso implicava na Índia, ainda submetida ao jugo do imperialismo britânico contra o qual ele próprio havia lutado tão vigorosamente décadas atrás. Mas não é necessário falar disso aqui.[71]

Depois da análise anterior, Sri Aurobindo se detém para examinar, de maneira original e sugestiva, as noções de "barbárie", "civilização" e "cultura". Depois, ocupa-se de questões relativas à sua concepção de ética, estética e filosofia da religião. Não estudaremos esses pontos, que no entanto mereceriam ser lidos com atenção. Trata-se talvez da obra tematicamente mais rica de Sri Aurobindo e nela podemos encontrar, como já dissemos, uma boa perspectiva de sua "filosofia da cultura".

Uma ideia geral, que se pode tomar como fio condutor do seu pensamento e vemos aplicada vez por outra, mostra como, depois da época do predomínio do individualismo e da racionalidade científica, pode emergir a era subjetivo-espiritual. Acontece que, em campos como os da beleza, do bem ou da experiência religiosa, a razão se mostra insuficiente e nos convida a descobrir novas faculdades de conhecimentos, novos aspectos da realidade.

As concepções e as atitudes puramente racionais frente a essas dimensões da existência e do ser humano foram necessárias, mas já não bastam. Prossegue a marcha rumo a uma percepção e postura suprarracionais, espirituais. Toda a obra de Sri Aurobindo, como vimos, é um convite a percorrer o caminho aberto nessa direção.

A obra termina com três capítulos sobre a necessidade da transformação do espírito e as condições exigidas para o advento da Era Espiritual. Por isso, "as pessoas mais úteis para o futuro da humanidade, na nova era, serão as que reconhecerem a evolução espiritual como o destino e, portanto, a necessidade maior do ser humano" (*HC*, p. 250).

7.2. Indivíduos, sociedades, humanidade

Nossa apresentação de *The Human Cycle* foi breve, e mais ainda o será a de *The Ideal of Human Unit*. Os três termos que vemos acima mostram a caminhada do ser humano em busca da Unidade, no que diz respeito ao progresso histórico-político.

7.2.1. A ideia central dessa grande obra de mais de trezentas páginas baseia-se na constatação do processo natural de desenvolvimento de "agregados sociais" cada vez mais amplos. Assim, os indivíduos vão se associando em famílias, comunas, clãs, tribos, cidades-Estado, nações, impérios... até se dar conta da unidade da humanidade como um todo. Entre o indivíduo e a humanidade-como-totalidade encontram-se, pois, os diferentes tipos de comunidades e associações.

O ponto de partida da análise de Sri Aurobindo é a observação de que "o ideal da unidade humana" está aflorando à nossa consciência com grande força. Além disso, já não aparece apenas como ideal, como ideia entre os pensadores mais destacados da raça; as próprias condições objetivas parecem impor uma crescente tomada da consciência de que o planeta, em sua totalidade, constitui um campo único de ação e habitação. Nem é preciso dizer que as tendências observadas por Sri Aurobindo na segunda década do século XX só se acentuaram. Acontece que a força desse ideal (da unidade humana) se deve a que, no fundo, ele procede de um impulso da Natureza, expressão que na realidade significa, no pensamento de Sri Aurobindo, uma intenção do Espírito.

Dois princípios fundamentais nos permitem compreender a dialética dos agregados sociais: o princípio de ordem, autoridade e uniformidade, e o princípio de liberdade e livre variação. Trata-se de uma outra maneira de falar do conflito entre indivíduo e Estado. A harmonia e o equilíbrio entre ambos é tarefa de todo cidadão responsável. Nada disso será possível se não compreendermos a fundo a importância da liberdade, igualdade e fraternidade.

Sabemos que isso lembra a Revolução Francesa e que a noção de fraternidade foi substituída pela de solidariedade ("fraternidade" desperta associações referentes a um Pai comum, graças ao qual seríamos irmãos; isso começou a parecer demasiado "cristão" em nossa época de pós-cristianismo). Todavia, o que se pretende é captar o sentido profundo dessas noções. Costumamos examiná-las de maneira superficial e mecânica, quando na verdade são realidades anímicas. Longe de modificar a noção de fraternidade, Sri Aurobindo afirma que nela se encontra a chave do tríplice evangelho moderno: "A fraternidade só existe na alma e pela alma; não pode existir a partir de nenhuma outra coisa. Com efeito, a fraternidade não é questão de parentesco físico, de associação vital ou de acordo intelectual. A liberdade que a alma exige é a do seu autodesenvolvimento, o autodesenvolvimento do divino no homem, em todo o seu ser. Quando a alma exige igualdade, o que exige é liberdade igual para todos e reconhecimento da mesma alma, da mesma divindade em todos os seres humanos. Luta pela fraternidade baseando a liberdade igual de autodesenvolvimento num objetivo comum, numa vida comum, numa unidade de mente e sentimento que parte da aceitação da unidade espiritual interna. Essas três coisas constituem, de fato, a natureza da alma; porque liberdade, igualdade e unidade são os atributos eternos do espírito" (*IHU*, p. 547).

Sri Aurobindo não poupa críticas aos possíveis excessos e exigências desmesuradas do Estado forte, do Estado onipotente e onicompetente. Sua função positiva é reconhecida de maneira clara: o papel do Estado consiste em facilitar a ação cooperativa, eliminar obstáculos à vida em comum, evitar atritos e danos entre seus membros, eliminar a injustiça quando possível, conceder igualdade de oportunidades para o autodesenvolvimento. Porém, ele se converte facilmente, não em um organismo equilibrado, mas em uma máquina sem alma, sem tato, sem paladar, sem delicadeza, sem intuição, que tende à uniformização e à centralização sugadora dos recursos da periferia (cf. *IHU*, pp. 280-84).

7.2.2. Os dois "agregados sociais" que a humanidade testou até agora são a nação e o império. E aqui Sri Aurobindo revela seus amplos conhecimentos de história, enumerando as várias tentativas que desde a antiguidade foram empreendidas nesse sentido para mostrar, sobretudo, que a maioria cometeu o erro de querer obter a unidade imperial sem antes consolidar a unidade nacional. Assíria, Pérsia, Grécia, Macedônia, Roma e mais tarde Arábia incidiram no mesmo equívoco.

O Império Romano merece atenção especial porque constitui o melhor exemplo histórico de organização de uma unidade transnacional. Na Índia, o Império Gupta e o Império Maurya ilustram também essa tentativa prematura.

Sri Aurobindo descreve o nascimento do Estado moderno em três grandes etapas, a fim de demonstrar que, "na fase presente do progresso humano, [o Estado] é a unidade coletiva viva da humanidade" (*IHU*, p. 285).

Quanto aos impérios, representam em princípio o passo seguinte que a "Natureza" tende a dar depois de consolidadas as nações. Sri Aurobindo distingue dois tipos: a) um império nacional homogêneo (ilustrado pelos Estados Unidos da América) e b) um império composto heterogêneo (por exemplo, Japão com Formosa e Coreia ou Alemanha com Polônia e Alsácia). O Império Britânico, caso especial do segundo tipo, seria um campo de experimentação, preparado pela Natureza para a criação de uma nova forma: o império federal heterogêneo.

7.2.3. A última parte da análise corresponde às tendências do presente (na época). Lado a lado com os nacionalismos e imperialismos exaltados, de motivação egoísta, que surgiram no início do século XX, algumas tendências se apresentam como forças empenhadas em trabalhar mais harmoniosamente para a unidade humana baseada na liberdade (individual e nacional), no reconhecimento do princípio de autodeterminação dos povos, no esforço em prol do desarmamento e na eliminação da guerra, lutando por uma organização econômica mais justa e fundada em acordos internacionais satisfatórios. De fato, ficam assim apontadas as três condições principais para o estabelecimento de uma união mundial livre, de uma confederação de povos no nível político (autodeterminação), militar (desarmamento e paz) e econômico (nova ordem).

De um modo geral, pode-se falar do "internacionalismo" como movimento aglutinante dessas forças, forma concreta por meio da qual se exprime a ideia da humanidade como raça única, dotada de vida e interesses comuns.

O internacionalismo foi gerado pela Revolução Francesa, embora tão somente como vago sentimento intelectual que ganharia corpo e força vital no século XIX graças ao socialismo e ao anarquismo. A nobreza do ideal internacionalista é notória, mas notória também é sua debilidade. A precipitação com que tentou concretizar-se foi um desacerto, como aconteceu tantas vezes na história das ideias e ideais: ansiando por manifestar-se e influir no mundo dos acontecimentos externos, fazem concessões e aliam-se a movimentos ou poderes que desvirtuam seu propósito inicial, de sorte que acabam nascendo débeis e desfigurados. A Primeira Guerra Mundial pôs à prova o internacionalismo; quanto ao socialismo, mostrou ser antes um nacionalismo que um internacionalismo, o qual não passou da fase de ideia.

Mas, apesar dos repetidos fracassos, a unidade internacional é uma "necessidade histórica" que responde a uma "vontade e um propósito da própria Natureza" (*IHU*, p. 533).

Ora, a unificação internacional pode realizar-se de duas formas: a) um Estado mundial centralizado; b) uma união mundial mais livre, por meio das duas modalidades seguintes: b1) uma federação estrita; b2) uma confederação de povos.

Oito capítulos da segunda parte dessa obra versam sobre a dinâmica necessária à formação de um Estado mundial fortemente centralizado e uniformizador, capaz de produzir a unidade internacional, mas de modo puramente mecânico e formal; não constitui, portanto, uma possibilidade real.

Em lugar do Estado mundial apto a impor a unidade pela força, Sri Aurobindo advoga uma confederação de povos baseada na liberdade, uma união mundial livre, mas ciente de que esse ideal ainda não é realizável, podendo no máximo estar em processo de maturação na mente dos homens.

No capítulo acrescentado em 1950, passa em revista os principais acontecimentos recentes. Depois do fracasso da "Sociedade das Nações", outra tentativa de criar uma instituição para manter a paz internacional e inaugurar uma nova ordem mundial veio à luz com a Organização das Nações Unidas. Em que pese ao esforço para evitar os erros cometidos na primeira tentativa, "a intenção não foi completa nem totalmente bem-sucedida. Um forte elemento sobrevivente de oligarquia ocupou o lugar preponderante consignado às cinco grandes potências no Conselho de Segurança, reforçado pelo artifício do veto. Atendeu-se, com essas concessões, ao realismo e à necessidade de reconhecer as condições atuais, os resultados da Segunda Guerra Mundial; talvez não pudesse ter sido diferente, mas a verdade é que, como nenhuma outra, essa decisão criou problemas, dificultou a ação e reduziu o êxito da nova entidade" (*IHU*, p. 559).

Em definitivo, sem levar em conta as importantes mudanças históricas, Sri Aurobindo acredita que a tese central de seu pensamento histórico-político conserva toda a sua validade, embora necessite, é claro, de atualizações. Assim, "o resultado final deve ser a formação de um Estado mundial e sua melhor forma consistiria numa federação de nacionalidades livres, em que a sujeição, a desigualdade forçada ou a subordinação de umas a outras desaparecessem. Algumas exerceriam maior influência natural, mas todas gozariam do mesmo estatuto. Uma confederação outorgaria maior liberdade às nações-membros do Estado mundial, o que no entanto talvez abrisse demasiado espaço à atuação de tendências centrífugas; a ordem federal seria, pois, a mais desejável" (*IHU*, p. 571).

Bastem essas indicações sumárias para explicar o pensamento social e político de Sri Aurobindo, bem como a relação que mantém com suas outras ideias e atuações.

8. SRI AUROBINDO, POETA

8.1. Introdução

Já tivemos a oportunidade de contemplar algumas das facetas de Sri Aurobindo: político, filósofo, yogue, mestre espiritual. Desde o começo esclarecemos que, em certa ocasião, ele mesmo afirmou sentir-se desde sempre, antes de tudo, "poeta". No presente ensaio concentramo-nos no Sri Aurobindo yogue e mestre espiritual, tal qual aparece em sua obra filosófica. Mas queremos dedicar pelo menos um capítulo a seu talento poético. Com efeito, a integração dos diferentes aspectos de sua personalidade e a coesão dos muitos tons que compõem sua sinfonia particular são um fato digno de nota. Para ele, a poesia não está à margem da filosofia nem do trabalho espiritual, ao contrário, constitui o melhor modo de transmitir as realidades sutis e espirituais que permeiam seus poemas. Sim, "o filósofo e o poeta não estão isolados; quando o yogue pleno cobre e absorve o poeta e o filósofo, a beleza e a verdade se tornam idênticas e surge um corpo feito de algo mais profundo: pura Luz espiritual".[72]

Recordemos que a primeira obra de Sri Aurobindo foi justamente um livro de poemas, escritos pela maioria antes dos 20 anos de idade, *Songs to Myrtilla*. Logo apareceriam obras mais importantes como *The Lover's Complaint*, *Love and Death* e *Urvasie*.

Se nos primeiros poemas, escritos na Inglaterra, a musa grega é que parece conduzir o jovem bardo, ao voltar a seu país natal pode-se perceber certa influência de Kalidasa, ao mesmo tempo que uma inspiração patriótica vai nascendo. É nesse sentido que lemos o *Baji Prabhu* ou a tradução de *Bande Mataram*, de Bankim Chandra Chatterji.

Em *O Amor e a Morte*, temos uma amostra precoce de uma das preocupações centrais de Sri Aurobindo, a vitória do Amor sobre a Morte. *Sâvitri* recriará esse tema de modo magistral, mas o próprio trabalho prático de Sri Aurobindo e "A Mãe" tem muito a ver com a tentativa de superar a Morte. Conseguir uma espécie de imortalização do próprio corpo físico supramentalizado, ou ao menos a capacidade de mantê-lo vivo enquanto seu morador ache oportuno, seria a derradeira vitória do espírito sobre a matéria.

Mas não nos deteremos nisso. Estudaremos os Sonetos, em que algumas das experiências espirituais de Sri Aurobindo ganham forma poética, e *Sâvitri*, sua obra-prima no campo da poesia.

8.2. Os Sonetos: dois exemplos

Nos Sonetos, encontramos o tom mais lírico de Sri Aurobindo. Eles são o veículo poético de algumas de suas experiências espirituais em linguagem "curiosamente simples e apaixonadamente rica" (Sethna). Aqui, nos limitaremos a apresentar dois deles, que ilustram bem a força do dizer poético-espiritual do autor.

O primeiro tem por título "A Luz Dourada". Símbolo por excelência da consciência supramental, vemos aí uma bela expressão metafórica da descida e da transformação supramental:

Tu, Luz dourada, desceste ao meu cérebro
E os sombrios espaços de minha mente, alcançados pelo sol,
são agora uma brilhante resposta ao plano oculto da Sabedoria,
uma serena iluminação e uma chama.
Tua Luz dourada penetrou em minha garganta
e minha fala é agora uma melodia divina
Cuja única nota é um hino de glória a Ti.
Minhas palavras estão ébrias do vinho do Imortal.
Tua Luz dourada baixou a meu coração,
invadindo minha vida com Tua eternidade,
E agora se ergue um templo onde Tu habitas.
Todas as paixões só para Ti apontam.
Tua Luz dourada escorreu até meus pés
e a terra que ora piso é teu campo de ação e tua casa.[73]

Depois da subida aos planos supramentais, a luz dourada ali vista começa sua descida a fim de realizar a transformação de toda a nossa personalidade, banhando primeiro o cérebro e iluminando todos os recantos obscuros de nossa mente. A descida prossegue tocando o centro da garganta, a expressão da experiência vivida ganha nova beleza, a palavra se converte em música, em "melodia divina", e o entusiasmo poético se transforma numa divina embriaguez.

A descida, porém, continua e o coração fica inundado por essa luz amorosa capaz de purificar e transformar todas as paixões arcaicas, sublimando desejos e sentimentos para ofertá-los no altar do templo-coração. As emoções efêmeras dão lugar ao *Ananda* eterno, essência de nossa afetividade.

A descida prossegue passo a passo, *chakra* a *chakra*, ao longo de todos os níveis do nosso psiquismo — até chegar ao subconsciente e ao Inconsciente, representados pelos pés e pela Terra que pisamos, agora transfigurada, convertida em palco das ações do *lila* cósmico e em morada Daquele que habita nosso coração.

Dissemos que os Sonetos expressam geralmente as vivências espirituais de Sri Aurobindo. Além disso, em suas grandes obras em prosa, a linguagem impessoal utilizada disfarça às vezes o caráter vivido da coisa dita, bastando um pouco de atenção para detectar o sabor de experiência e a autenticidade do exposto. Sri Aurobindo não gostava muito de relatar suas experiências espirituais. Por isso, os Sonetos constituem joias de imenso valor num duplo sentido: o propriamente poético e o yogue espiritual. Às vezes é necessário perscrutar cartas, conversas ou diálogos com outras pessoas e referências significativas em suas próprias experiências. É o que acontece nas palavras transmitidas por Sisirkumar Mitra em *The Liberator*.

"A partir de 1910, porém mais definidamente entre 1914 e 1921, uma formidável potência desceu, pressionando-me e entrando em mim; era um fluxo contínuo de consciência universal, força incalculável e luz procedentes dos planos supramentais [...] Naquela época, parecia que meu corpo iria ser esmagado ou consumido. A vida avançava sobre um fio tênue. Uma desatenção mínima, uma ligeira perda de equilíbrio bastariam para fazer meu corpo em pedaços ou desarticular seu mecanismo."

Um segundo exemplo da criação poético-mística de Sri Aurobindo pode ser visto no seguinte poema, onde toma forma uma das posturas e sentimentos capitais do yoga integral. O título é *Surrender*, que traduzimos por "Entrega", sem esquecer que outras versões preferem os termos "abandono" ou "submissão", mas sempre no genuíno sentido espiritual de abandonar-se confiadamente, submeter-se voluntariamente, entregar-se ou render-se ao amplexo da Mãe divina, do Senhor de tudo o que existe, do Divino para além de nomes ou formas.

> Ó Tu de quem sou instrumento!
> Ó Espírito, ó Natureza secreta que em mim habitas!
> Que todo o meu ser mortal se dissolva agora
> em Tua silenciosa glória divina!
> Fiz de minha mente o canal de Tua mente,
> fiz de minha vontade a Tua vontade.
> Não consintas que nenhuma parte de mim fique excluída
> de nossa mística e inefável união.
> Meu coração palpitará com as pulsações universais do Teu amor,
> Meu corpo será Teu instrumento a ser usado na Terra.
> Por meus nervos e veias circularão os fluidos do Teu êxtase.
> Meus pensamentos buscarão a Luz que libera Teu poder.
> Conserva ao menos minha alma para adorar-Te eternamente
> E encontrar-Te em cada forma, em cada uma de Tuas almas.
> (*Sonetos, op. cit.*, p. 153)

Eis aí um exemplo gracioso de fusão mística, de entrega total à Vontade suprema, onde se destaca o anelo do apaixonado que não quer perder-se na indiferenciação do Oceano, pois prefere continuar gozando a presença do Amado/a. A Iluminação não implica necessariamente a perda total da individualidade, apenas da pseudoindividualidade egoica, que se vê substituída pela verdadeira identidade anímico-espiritual. Só a alma é capaz de sentir sua união com o Supremo (sem perder sua essência distintiva) e com as outras almas, que são outros tantos rostos da Unidade desdobrada em multiplicidade infinita. "Conserva ao menos minha alma para adorar-Te eternamente/E encontrar-Te em cada forma, em cada uma de Tuas almas."

8.3. O diálogo entre o poeta e o pensador

Afora as pequenas mostras de sua obra poética, é necessário destacar os trabalhos de "crítica literária" — se assim podemos nos referir a esse aspecto da sua atividade — empreendidos por nosso autor.

Quero lembrar aqui o anseio de Heidegger por dialogar com alguns poetas maiores (G. Trakl, R. M. Rilke, F. Hölderlin etc.), reconhecendo que "o verdadeiro diálogo com o Poema único de um poeta é o diálogo poético entre poetas", embora não menos necessário seja o diálogo entre pensamento e poesia, pois "o diálogo entre pensamento e fala evoca a essência da fala para que os mortais possam aprender de novo a morar na fala".[74]

Heidegger, como pensador, trava diálogo com alguns poetas que para ele encarnam de modo evidente o arquétipo do Poeta, na busca da essência da Poesia.[75] E no diálogo entre ambos ouviremos, dos lábios de Hölderlin, que a poesia é "a mais inocente das tarefas", mas também "o mais perigoso dos dons" (a palavra poética). E, mais importante ainda, graças antes à Poesia que a qualquer outro de seus méritos, o homem fez da Terra sua morada. Heidegger diz, comentando os versos que parafraseamos: "As obras do homem, os empreendimentos do homem são conquistas e méritos de seus esforços." E Hölderlin acrescenta: "Porém, em forte contraste, nada disso atinge a essência de seu viver na Terra; nada disso chega aos alicerces da nossa realidade de verdade (*dasein*). Pois a realidade de verdade do homem é, no fundo, poética." Contudo, por poesia, entendemos aqui o nomear o fundador de Deuses e fundador também da essência das coisas. "*Morar poeticamente*" significa, por outro lado, colocar-se na presença dos deuses e fazer as vezes de para-raios para a iminência essencial das coisas. "*Poética* é, no fundo, nossa realidade de verdade, o que equivale a dizer que estar alicerçada e fundamentada não é um mérito; é um dom" (*op. cit.*, p. 31).

Bem poderíamos dizer que em Sri Aurobindo estão unidos, de modo muito especial, o poeta e o pensador. E que sua poesia, sobretudo *Sâvitri*, é "poesia filosófica" ou "filosofia em forma poética". O próprio Sri Aurobindo afirma isso numa carta de 1946, falando dos últimos retoques no poema: "Em sua nova forma, [*Sâvitri*] será uma espécie de filosofia poética do Espírito e da vida, mais profunda em

Sri Aurobindo.

sua substância e mais ampla em seu alcance do que estava previsto no poema original."[76]

Mas *Sâvitri* não é apenas um grande poema filosófico, síntese de suas experiências e pensamentos, visões e intuições espirituais, que recria a imagem mais pura do *rishi* e *kavi*, o sábio-vidente dos tempos védicos, o qual era simultaneamente o poeta e o cantor de suas visões. Na obra intitulada *Future Poetry*, encontramos reflexões sobre a essência da poesia que são úteis para compreender não apenas a poesia em si, mas também a essência do dizer poético, tal como o entende Sri Aurobindo. Vejamos algumas amostras de sua obra poética e crítico-literária.

8.3.1. A essência da poesia

Em *The Human Cycle*, vimos que Sri Aurobindo tomava como ponto de partida o comentário a um livro de K. Lamprecht para, em seguida, desenvolver uma ampla reflexão sobre os mais variados temas. Algo similar ocorre com *Future Poetry*, também escrito entre 1917 e 1920. Nesse caso, trata-se de uma obra de crítica literária de James Cousins que, após um sincero elogio, converte-se em trampolim para o autor desenvolver suas próprias teses.

Desde o início torna-se óbvia a importância do *mantra* em poesia. "O *mantra* é a palavra que traz a divindade, ou seu poder, em si mesma; pode transportar esse poder à consciência, estabelecê-lo nela e em suas operações, despertar ali a vibração do infinito, a força do absoluto, perpetuar o milagre da expressão suprema".[77]

A importância do *mantra* na tradição hindu é enorme. Desde os primeiros versos do *Rig Veda*, que são hinos mântricos, até seu abundante emprego nas diversas correntes tântricas ou nos movimentos *bhaktas*, o *mantra* tem sido sempre um dos veículos privilegiados no caminho da realização espiritual. De fato, um dos principais yogas de toda a tradição hindu é o *mantra* yoga.[78]

Aqui nos interessa o *mantra* em poesia tal qual o apresenta Sri Aurobindo. Como veremos, trata-se de uma questão que afeta o núcleo da indagação sobre a essência da poesia, sendo "o poder máximo que podemos exigir dela, a música suprema que a mente humana pode extrair desse instrumento autoexpressivo".

No exame da essência da poesia, dois erros são comuns. O primeiro equivale ao que chamaríamos de ponto de vista da mente comum, que julga a poesia sem nela penetrar verdadeiramente, como um passatempo de alto nível, um mero prazer estético da imaginação, do intelecto e do ouvido. O segundo se deve em geral à atitude do crítico intelectualista, que reduz a poesia a pouco mais que uma técnica bem-elaborada, um discurso sempre suscetível de desconstrução, como diríamos hoje.

Em ambos os casos se ignora o essencial, pois nem o ouvido, nem a imaginação nem o intelecto constituem a essência da poesia; são instrumentos necessários, canais de expressão e recepção do dizer poético, mas o verdadeiro criador, o verdadeiro ouvinte é a alma. O sentido mais profundo da poesia consiste em recriar o deleite divino por meio da palavra rítmica procedente da visão espiritual:

> Assim, a poesia só cumpre realmente sua função quando eleva o prazer do instrumento e transforma-o no gozo mais profundo da alma. Um *Ananda* divino, um deleite interpretativo, criativo, revelador, formativo [...] esse prazer espiritual é o que a alma do poeta experimenta e, vencidas as dificuldades humanas de sua tarefa, verte sobre aqueles que estão preparados para recebê-lo. Esse gozo não é mero passatempo divino; é um grande poder que ilumina e modela (*FP*, p. 11).

O dizer poético alcança as culminâncias da poesia mântrica quando seus três elementos formativos se fundem com máxima intensidade. Esses elementos são o ritmo, o estilo e a visão da verdade.

Sem o movimento rítmico, nenhum discurso é aceitável para a musa da poesia. O ritmo poético, de importância primordial, não se reduz à mera cadência métrica nem à técnica perfeita. Brota ao mesmo tempo das profundezas da realidade e dos abismos da alma, produzindo uma harmonia sustentada por um sistema de recorrências sutis. "O resultado chega tão perto da música sem palavras quanto a música com palavras pode chegar e com o mesmo poder de vitalidade anímica, de emoção anímica, de profundo significado supraintelectual. Nessas harmonias e melodias superiores, o ritmo métrico é conduzido pelo ritmo espiritual, enche-se de música e às vezes parece ser transportado por ela, perder-se nela; uma música que possui outro movimento secreto, inapreensível e espiritual" (*FP*, p. 21).

Quanto ao segundo elemento, cumpre levar em conta que, assim como o objetivo primordial do estilo em prosa é definir e fixar uma realidade (objeto, fato, sentimento ou pensamento), apresentando-a à inteligência com toda a clareza e riqueza possíveis, "o primeiro objetivo do estilo poético é converter a coisa apresentada em algo vivo para a visão imaginativa, a emoção interna que responde, o sentido espiritual, o sentimento anímico e a visão da alma".

Há alguma verdade na ideia segundo a qual o poeta não apela tanto para o pensamento quanto para a imaginação; mas é preciso distinguir os vários tipos de imaginação. Existe uma imaginação poética fortemente vital, emocional ou intelectual, mas a imaginação poética essencial, em seus voos mais altos, é a imaginação espiritual superior. Em *Sâvitri* temos a oportunidade de vislumbrar, aqui e ali, exemplos desse estilo poético.

Não obstante, apesar da importância desses dois elementos, o terceiro é que constitui a condição de possibilidade da grande poesia. Efetivamente, a visão é o dom poético essencial. "O poeta arquetípico, num mundo de ideias originais, é uma Alma que vê em si mesma, no íntimo, este mundo e todos os outros, que vê Deus e vê a Natureza, a vida de todos os seres, projetando do seu centro um impulso de ritmo criativo e imagens-palavras capazes de converter-se no corpo expressivo de sua visão. Os grandes poetas repetem, em certa medida, essa criação ideal, *kavyah satyashrutah*, são os videntes da verdade poética e os ouvintes de sua palavra" (*FP*, p. 28).

Eis a figura do *kavi*, o poeta em sentido próprio, que parte de uma visão espiritual e, por meio de uma sutil escuta-da-verdade, acolhe e transmite a palavra inspirada com ritmo mântrico e estilo poético que despertam no leitor — ou, melhor ainda, no ouvinte — essa dimensão profunda de sua realidade em correspondência com os níveis sutis refletidos, as verdades espirituais poetizadas.

Hölderlin chamava o poeta de para-raios dos deuses, exposto às tormentas espirituais — como ele próprio o sabia bem —, apesar do cuidado que Eles tomam para não nos ferir.[79] Poderíamos falar aqui do poder ígneo, elétrico, característico da *shakti* sobremental que desce à consciência aberta-para-o-Alto do poeta e acende o fogo da palavra inspirada, capaz de transportar não apenas o poeta, mas também seus ouvintes atentos, à fonte da visão inspiradora.

Em tempos intelectualizados, como os nossos, nota-se a tendência a buscar na poesia uma filosofia intelectual e até uma mensagem para a humanidade. Sri Aurobindo condena essa redução e incompreensão da especificidade do discurso poético, do dizer poético. Insiste em que, se o dom essencial do filósofo é o pensamento discriminativo, enquanto a observação analítica constitui o gênio natural do cientista, a visão é o poder característico do poeta. Não se deve esperar, pois, da essência da poesia, nem um discurso filosófico nem uma mensagem profética, embora ambas as coisas se encontrem, em grau elevado, nos poemas de Sri Aurobindo. Podem estar ali como ingredientes enriquecedores, mas sem a pretensão de formar o núcleo do fazer poético.

"O poeta-vidente vê de maneira distinta, pensa de outro modo, expressa-se com modulações muito diversas das emitidas pelo filósofo ou o profeta. O profeta anuncia a Verdade como a Palavra, a Lei ou o mandamento do Eterno; é ele que transmite a mensagem. O poeta nos mostra a Verdade em seu poder de beleza, em seu símbolo ou imagem, quando não nas operações da Natureza ou nas obras da vida, e, feito isso, seu trabalho termina; não precisa ser seu porta-voz explícito ou seu mensageiro oficial" (*FP*, p. 29).

Depois dessas considerações iniciais, Sri Aurobindo dedica dezessete capítulos à análise da evolução da poesia inglesa, num estudo repleto de preciosas sugestões em que se revela todo o seu conhecimento dos poetas ingleses, em especial os românticos. Afora os clássicos (Shakespeare, Milton etc.), temos os graus superiores da inspiração poética exemplificados por Keats, Wordsworth, Whitman, Carpenter e outros. Esses dois últimos, juntamente com seu compatriota R. Tagore, são apresentados como pioneiros de uma poesia intuitiva que mostra a elevação da mente intelectual à consciência espiritual supraintelectual.

Não podemos nos deter agora nessas análises de uma crítica literária das mais originais. Vamos nos limitar às suas observações gerais sobre a essência da poesia ou daquilo que, às vezes, chama de "espírito ideal da poesia".

8.3.2. O espírito ideal da poesia

A concepção evolucionista, característica do pensamento de Sri Aurobindo, aplica-se igualmente à história da criação poética. Assim como houve épocas em que o físico, o vital ou o intelectual constituíram o centro de sua expressão, o momento presente possibilita a passagem para a etapa espiritual. Embora, em última instância, se trate de produzir uma poesia sobremental — como Sri Aurobindo tentou fazendo repetidas correções em *Sâvitri* —, pode-se dizer que já é bastante o aparecimento de uma poesia intuitiva como a dos autores indicados na página anterior.

A verdadeira poesia é poesia mântrica, ideia que Sri Aurobindo procura transmitir-nos vez por outra. Insiste assim, repetidamente, na caracterização do *mantra*. Por exemplo: "O *mantra* é uma palavra rítmica direta e elevada, a mais intensa e divina, que encarna uma inspiração intuitiva e reveladora, animizando a mente com a visão e a presença do próprio *Atman*, a realidade íntima das coisas, com sua verdade, suas formas anímicas divinas, as Divindades nascidas da Verdade viva. Ou, diríamos também: é uma linguagem rítmica que se detém na consideração do infinito inteiro, trazendo a cada coisa a luz e a voz de seu próprio infinito" (*FP*, p. 194).

No Livro IV, Canto 3º de *Sâvitri*, exalta-se assim a força do *mantra*:

Como quando o *mantra* se funde no ouvido do Yoga,
sua mensagem entra removendo o cérebro cego
e mantém seu som nas escuras células ignorantes.
O ouvinte compreende uma configuração de palavras
e, meditando no índice de pensamentos que encerra,
se esforça por lê-lo com mente laboriosa,
mas acha apenas brilhantes sugestões, não o corpo da verdade.
Então, fazendo silêncio em seu interior, para saber,
encontra a escuta mais profunda de sua alma.
A Palavra se repete em rítmicos acentos.
Pensamento, visão, sentimento, sentido e o eu do corpo
são captados inefavelmente e ele mergulha
num êxtase e numa mudança imortal.
Sente a Amplitude e se transforma em Poder.

Todo o conhecimento se precipita para ele como um mar.
Transmudado pelo branco raio espiritual,
ele caminha por céus desnudos de felicidade e calma,
vê a face de Deus e ouve a fala transcendente.

(Livro IV, Canto 3º, 220-237)

A poesia mântrica, poesia intuitiva e reveladora, dá voz a uma suprema harmonia de cinco poderes eternos: Verdade, Vida, Espírito, Beleza e Gozo. Esses são os cinco fachos, ou melhor, os cinco sóis da Poesia. A mente da humanidade se volta quase inteiramente para os três primeiros, esquecendo os dois últimos — que, no entanto, constituem os "valores" específicos da poesia e da Arte em geral. Não bastasse isso, o Gozo, Deleite ou *Ananda* nos revela o mistério da Realidade última. "Segundo a velha concepção indiana, é absolutamente certo que o deleite, *Ananda*, é a natureza mais criativa e expressiva do eu livre porque constitui a própria essência do ser original do Espírito. Mas a beleza e o deleite são também a alma e a origem da arte e da poesia. O significado e a função espiritual da arte e da poesia cifram-se em liberar o homem para o gozo puro e trazer beleza para sua vida" (*FP*, p. 199).

Vejamos algumas reflexões acerca de um desses sóis da Poesia.

a) A verdade poética

Alguns estetas radicais preferem até mesmo não falar de "verdade" quando se trata do dizer poético. O poeta seria um amante da beleza e da imaginação, mas a verdade nada teria a ver com isso. Outros, adeptos do vitalismo reinante no início do século XX (pense-se principalmente em Nietzsche), concebem a poesia como um meio de expressar, não tanto a verdade, mas a força e o poder. Também não faltam partidários de uma surrada tradição acadêmica segundo a qual a imaginação e o gosto devem permanecer manietados pela verdade da razão (científica ou filosófica).

Porém, a verdade poética — dirá Sri Aurobindo — escapa a essas limitações. A Verdade é uma deusa infinita, o rosto da própria Infinitude simbolizada por *Aditi*, a Mãe de todos os deuses. Por isso, é importante se dar conta de que a verdade poética não é a verdade científica, nem a verdade filosófica nem a verdade religiosa. Trata-se de outro modo de exprimir a Verdade infinita, capaz de nos mostrar outra face das coisas e nos revelar outro aspecto da experiência. A experiência poética é a experiência do **gozo da palavra**. Pois bem, a poesia que aqui se apresenta como ideal regulador do dizer poético tem muito a ver com a ciência, a filosofia e até a religião — talvez, melhor dizendo, a espiritualidade —, mas "sua função não é ensinar a verdade de um determinado tipo ou seja lá o que for, nem perseguir o conhecimento nem servir a nenhum ideal religioso ou ético, mas encarnar a beleza na palavra e proporcionar o gozo" (*FP*, p. 211).

b) Poesia e alento de Vida

O pensamento e a arte de princípios do século XX, conforme Sri Aurobindo pôde constatar, procuravam por todos os modos "reduzir a tirania da razão". Isso supunha uma reviravolta cultural adequada e necessária, correndo embora o risco de desvirtuar-se e conduzir-nos não a âmbitos superiores à razão, de maior harmonia e liberdade, mas a esferas inferiores, tal como faziam certas correntes vitalistas.

Ao mesmo tempo, notamos uma tendência à ação, vitalidade, pragmatismo, atualidade, em suma, ao império do efêmero. A poesia pode se fazer eco da atualidade, mas desde que a transfigure e nos ofereça uma visão, uma realidade mais profunda das coisas.

A poesia futura poderá falar sobre o passado e o presente, mas sem se fixar neles; ela se baseará numa abertura espiritual para o futuro e até o que vier depois do futuro, abrindo a porta que nos permite experimentar o Sagrado em um instante da eternidade.[80]

Isso, contudo, não implica o desprezo da vida e sim a ascensão a uma vida mais plena, pois a poesia do futuro "será a voz e a expressão rítmica de nossa existência mais ampla, total, infinita; e nos oferecerá o sentido forte e infinito, o gozo espiritual e vital, o poder estimulante de um alento de vida maior" (*FP*, p. 225).

c) O gozo e a beleza poéticos

A luz da verdade e o alento da vida são, apesar de sua grandeza, insuficientes para outorgar à poesia o toque de imortalidade e perfeição que buscamos na obra poética. Sem a presença da alma e a forma tanto do gozo quanto da beleza não há poesia verdadeira, pois "o gozo é a alma da existência, a beleza é a impressão mais profunda, a forma concentrada do gozo; essas duas coisas fundamentais tendem a ser uma só para a mente do artista e do poeta, embora muitas vezes estejam separadas em nossa experiência vital e mental cotidiana" (*FP*, p. 226).

Sri Aurobindo se faz eco da teoria clássica da arte hindu por meio da noção de *rasa*. Essa noção, difícil de traduzir, mas referente à emoção estética, constitui a coluna vertebral da estética hindu desde Bharata, passando pela importante contribuição de Abhinavagupta. Este último consagrou a concepção da essência da arte como *shanta-rasa*. *Shanta* é o estado anímico de serenidade espiritual, de paz transcendente em que cessa todo o movimento das emoções psicológicas cotidianas, quando então a consciência do artista ou do espectador, do ouvinte ou do leitor se instala numa paz deleitosa que supõe, em última instância, a experiência do *ânanda*, o gozo espiritual, na experiência estética associada à beleza que reside para além da forma. Por isso dizia Sri Aurobindo que "o sentimento espiritual mais profundo, o Ânanda, é a fonte do gozo e da beleza poéticos. Ele brota de uma essência suprema da experiência, uma suprema *aesthesis* que em sua própria natureza é espiritual, impessoal, independente das reações e paixões pessoais da mente. Por isso o poeta é capaz de transmudar a dor, o sofrimento e a tragédia, o terror e a feiura em formas de beleza poética, graças a esse gozo impessoal do espírito haurido de toda experiência, seja qual for a sua natureza" (*FP*, p. 230).

Poderia-se falar de uma clara consciência da necessidade de "educação estética" em relação ao despertar de uma nova era na qual o poeta inspirado voltará a ser guia da raça humana por meio de sua visão do futuro, como o foi no passado. O verdadeiro poeta, o poeta inspirado, "se transforma em porta-voz do espírito eterno da beleza e do gozo, compartilhando com todos o arrebatamento criativo e autoexpressivo superior, próximo ao êxtase original que produziu a existência, o *Ananda* divino [...] Esse arrebatamento, a divina possessão, o entusiasmo platônico, não nasce da mente e sim da experiência da alma" (*FP*, p. 232).

d) O Espírito, a palavra e a forma poética

Se a humanidade caminha para uma nova etapa de sua existência, na qual um modo de ser do Espírito procura manifestar-se aos poucos, também a poesia deverá participar dessa nova orientação. Assim, a mudança no espírito da poesia deve acarretar a mudança em suas formas. Sri Aurobindo analisa as três formas poéticas mais significativas (lírica, dramática e épica) e o rumo que possam tomar. Esperaríamos que o alvorecer do novo espírito poético ocorresse na lírica, por ser o modo mais amplo e flexível tanto na forma quanto na motivação. Além disso, "o impulso lírico é o criador original e espontâneo da forma poética, ele canta a primeira descoberta da possibilidade de uma intensidade superior (por ser mais rítmica) da autoexpressão" (*FP*, p. 246).

Todavia, mais que a poesia lírica ou dramática, a épica parece atrair a atenção de nosso autor de um modo especial. Em seu entender, "as epopeias da alma, vistas de uma perspectiva interior, tal como no caso da poesia intuitiva, constituem seu motivo mais abrangente e é esse tipo supremo que esperaremos de uma voz profunda e poderosa do futuro. Dela deve ser a canção de mais alto voo que revelará, do alto e com o campo de visão mais amplo possível, o destino do espírito humano e a presença, os caminhos e o propósito da Divindade que reside no homem e no universo" (*FP*, p. 254).

Sâvitri é justamente a realização adequada desse projeto ideal, dessa esperança esboçada cerca de trinta anos antes dos últimos retoques na obra. Foi precisamente o que ouvimos dos lábios de A. B. Purani: "*Sâvitri* é uma grande epopeia que nos introduz numa nova era de criação poética. É uma obra-prima do maior místico do nosso tempo e, por conseguinte, não se presta facilmente à mera compreensão intelectual. Seu significado, ou antes, sua Realidade é o que tem de ser percebido. Cumpre permitir que sua vibração penetre profundamente no interior do nosso ser, é necessário deixar despertar em nós o poder da visão para contemplarmos o que o mestre nos revela".[81]

Talvez seja este o momento de nos aproximarmos, embora de passagem, do grande poema que é *Sâvitri*.

8.4. Sâvitri: *uma lenda e um símbolo*

Se *The Life Divine* é a obra capital do pensamento filosófico (provavelmente seria mais exato falar de sabedoria gnóstica) de Sri Aurobindo,

Sâvitri é a obra-prima de sua imaginação poética (mais precisamente, de sua visão espiritual e de sua palavra mântrica "sobremental"). Sabemos já que este último termo encerra um significado técnico no pensamento do autor. Recordemos a escada que conduz da mente intelectual à supermente. Pois bem, Sri Aurobindo nos disse, em cartas a seus discípulos, que a redação dessa obra pressupôs um campo de experimentação e um modo de praticar a ascensão por aquela escada do ser e dos estados de consciência. Com efeito, *Sâvitri* começou a ser esboçada em princípios do século e durante cerca de cinquenta anos permaneceu nas mãos e no coração de Sri Aurobindo, que lhe foi fazendo retoque após retoque, só admitindo modificações quando a inspiração provinha de um nível mais elevado que aquele no qual havia sido escrita anteriormente. Era um modo de testar a relação entre a consciência yogue, em seus diversos níveis, e a criatividade própria de cada plano. Por isso, já em 1936, podia dizer: "O poema foi escrito originalmente a partir de um nível inferior (ao sobremental), talvez uma mistura de mente superior, inteligência poética, vital sublimado e influências anímicas; mais tarde interveio a Mente Superior, quase sempre iluminada e intuitiva [...] Tal como se encontra agora, nota-se uma influência sobremental generalizada. Creio que isso se deu, ora descendo dali de um modo pleno, ora matizando a poesia dos outros planos superiores fundidos, ora elevando um desses planos ao ponto máximo ou conduzindo o ser anímico, a inteligência poética ou o vital até eles".

Em *Future Poetry*, vemos a aplicação desse critério da inspiração poética hierarquizada à história dos grandes poetas da língua inglesa. Nas páginas 258-64, Shelley, Shakespeare, Milton e Wordsworth comparecem exemplificando quatro graus da visão poética. Pode-se intuir que isso supõe uma arte da escuta poética para discernir, não intelectualmente, mas a partir de uma capacidade poética peculiar, irredutível a qualquer das outras faculdades do ser humano, a origem, o local de procedência de cada criação poética. Esse discernimento poético é necessário tanto para o próprio criador, possuído pela inspiração divina, quanto para o ouvinte da palavra mântrica que transforma sua consciência e o faz vibrar com a frequência de um entusiasmo poético determinado. Nem é preciso dizer que isso está bem longe dos jogos linguísticos desconstrutivos, frívolos em sua ilusão de esvaziar a construção literária de um sentido transcendente. "Toda criação é um mistério [...] E o poeta é um mago que mal conhece o segredo do seu encanto [...] Ele cria por uma expansão do poder espiritual de que sua mente é o canal e o instrumento; e a apreciação de tudo isso se produz, não mediante um juízo intelectual, mas graças a um sentimento espiritual. Este lhe dirá se a palavra que chega é o verdadeiro corpo de sua visão ou se será preciso esperar ou procurar outra, mais adequada e efetiva, iluminadora, inspirada ou inevitável" (*FP*, p. 256).

Se o pensamento filosófico sempre perde força e rigor ao ser resumido ou apresentado em forma de síntese, no caso da criação poética é absolutamente impossível tentar resumir ou sintetizar um poema.

Com seus mais de 24.000 versos, *Sâvitri* é um dos poemas mais longos em língua inglesa e talvez em qualquer idioma europeu. O tempo de elaboração e a atenção constante que mereceu só se podem comparar à história de obras como a *Eneida* de Virgílio, o *Paraíso Perdido* de Milton, *A Divina Comédia* de Dante ou o *Fausto* de Goethe.[82]

A história narrada em *Sâvitri* remete, em sua trama principal, ao *Mahabharata*, mas nas mãos de Sri Aurobindo adquire um novo simbolismo e um poder mântrico ao mesmo tempo inspirado e inspirador. Eis o resumo dessa lenda clássica tal como apresentado pelo próprio Sri Aurobindo:

> A lenda de Satyavan e Sâvitri aparece no *Mahabharata* como uma história de amor conjugal que vence a morte. Mas essa lenda, em vários pontos da narração, é um dos muitos mitos simbólicos do ciclo védico. Satyavan é a alma que carrega em si a verdade divina do ser, mas caiu nas garras da morte e da ignorância. Sâvitri é a Palavra Divina, filha do Sol, deusa da Verdade suprema, que desce ao mundo e nasceu para salvar. Aswapathy, Senhor do Cavalo, pai humano de Sâvitri, é o Senhor de Tapasya, a energia concentrada do esforço espiritual que nos ajuda a subir do plano mortal para os planos imortais. Dyumatsena, Senhor dos Espíritos Brilhantes, pai de Satyavan, é a Mente divina, ora decaída e cega, que perdeu seu reino celestial da visão e, consequentemente, seu reino de glória. Isso, já se vê, não é mera alegoria, os atores não

são qualidades personificadas, mas emanações e encarnações de Forças vivas e conscientes com as quais podemos entrar em contato. Elas tomam corpos humanos para ajudar o homem e mostrar-lhe o caminho que conduz de seu estado mortal à consciência divina e à vida imortal.

Destaquemos o modo como Sâvitri representa, no poema, a Encarnação da Mãe Divina, a Shakti supramental vinda para salvar e inaugurar um novo ciclo da etapa humana.
Ouçamos alguns versos dedicados à sua caracterização:

Ardente era sua vontade equilibrada e segura.
Sua mente, um mar de branca sinceridade,
apaixonada em seu fluxo, não abrigava nenhuma onda agitada.
Assim como, numa dança mística e dinâmica,
uma sacerdotisa de êxtases imaculados,
inspirada e dirigida pela abóbada reveladora da Verdade,
se move numa cripta profética dos deuses,
um coração de silêncio nas mãos do gozo
morava com ricas e criativas pulsações
num corpo semelhante a uma parábola da aurora,
que parecia um nicho para a divindade velada
ou porta de ouro de um Templo que se abria às coisas do além.
Ritmos imortais ondeavam em Seus passos nascidos-no-tempo,
Seu olhar, Seu sorriso despertavam um sentimento celestial
imerso na substância-da-terra, e sua intensa delícia
derramava uma excelsa beleza sobre as vidas dos homens.
(SÂVITRI, LIVRO 1º, CANTO II, 139-54)

Mas para que um Ser como Sâvitri possa encarnar, faz-se necessário alguém que sintetize em si mesmo a capacidade invocativa da humanidade e, em seu esforço, se torne merecedor de criar um veículo de pureza capaz de acolher a Graça. É o caso de Aswapathy, um homem que era algo mais que um homem:

Sua alma vivia como representante da eternidade,
sua mente era como um incêndio acossando o céu,

sua vontade era um caçador na esteira da luz.
Um impulso oceânico dominava cada alento seu,
Cada ação sua deixava as pegadas de um deus,
cada instante era um bater de asas possantes.

(*Sâvitri*, Livro 1º, Canto III, 33-8)

Sob o véu transparente de seu dizer poético, Sri Aurobindo nos vai revelando, em uma torrente de imagens, o que — com toda a probabilidade — constitui outras tantas experiências por ele desfrutadas. O próprio título do terceiro canto, "O yoga do rei: o yoga da libertação da alma", já nos oferece vislumbres desse *râja-yoga* (yoga real) que é, na verdade, um yoga integral. Assim, graças a uma intensa *tapasya*, disciplina espiritual yogue, Aswapathy vai transformando seu ser:

Uma percepção pura lhe conferia um gozo radiante:
sua visão profunda não precisava esperar o pensamento,
abarcava a Natureza toda com um só olhar,
contemplava o verdadeiro ser das coisas
e, sem mais se iludir com as formas, via a alma.
Percebia nos seres o âmago, sem que eles o soubessem:
captava as ideias da mente, os desejos do coração,
arrancava das escuras dobras do mistério
os motivos que de si mesmos os homens escondem.
Sentia que a vida palpitante em outros homens
o invadia com sua felicidade e sua aflição.
Seu amor, sua ira, suas esperanças caladas
irrompiam em torrentes ou em catadupas torrenciais
no oceano imóvel de sua calma.

(*Sâvitri*, Livro 1º, Canto III, 166-79)

Aswapathy vai galgando os degraus da consciência, sendo-lhe concedidos todos os tipos de visão, audição e experiência espiritual. Assim,

Viu os Perfeitos em suas mansões estreladas,
envoltos na glória de uma forma imortal,

nos braços da paz do Eterno,
confundidos com as palpitações do êxtase-de-Deus.
(Livro 1º, Canto III, 208-12)

Ouviu a voz secreta, a Palavra que sabe,
e contemplou a face oculta que é a nossa própria.
Os planos interiores abriram suas portas de cristal,
estranhos poderes e influxos afetaram sua vida.
(Livro 1º, Canto III, 228-31)

Uma consciência de beleza e êxtase,
um conhecimento que se converte no conhecedor
tomou o lugar da mente e do coração isolados,
envolvendo a Natureza inteira em seu abraço.
(Livro 1º, Canto III, 241-44)

Graças a essas experiências superiores, no começo raras e efêmeras, embora elevadas, Aswapathy se vai instalando naquela consciência suprema que descobre ser sua verdadeira natureza e nela encontra um novo equilíbrio:

Aswapathy reconheceu a fonte da qual procedia seu espírito:
O movimento se uniu à Vastidão imóvel,
mergulhou suas raízes no Infinito,
alicerçou sua vida na eternidade.
Só um pouco, a princípio, esses estados celestiais,
essas vastas exaltações de amplo equilíbrio podem durar.
Bem depressa se rompe a sublime e luminosa tensão [...]
os inquietos membros inferiores se cansam da paz,
a nostalgia das velhas tarefas e gozos triviais,
a necessidade de chamar de volta nossos pequenos eus familiares,
de ir pelo caminho inferior já percorrido...
(Livro 1º, Canto III, cf. 433-50)

Até que:
No fim, conquistou um sólido equilíbrio espiritual,
uma morada constante na esfera do Eterno,

a segurança no Silêncio e no Raio,
a permanência no Imutável.

(Livro 1º, Canto III, 480-501)

Alguns pontos altos são alcançados na descrição do encontro de Sâvitri com Satyavan, quando ocorre o mútuo reconhecimento de sua beleza interior e eles descobrem que foram destinados um para o outro. É no Livro 5º, "O Livro do Amor", que ocorre o encontro.

Assim Satyavan falou primeiro a Sâvitri:
"Ó tu que chegas a mim vinda dos silêncios do Tempo!
Tua voz despertou meu coração para um destino desconhecido,
Imortal ou mortal só na aparência,
pois do fundo de tua alma me falas mais que da terra
e algo mais que a terra me rodeia em teu olhar:
Que nome tens entre os filhos dos homens?"

(Livro 5º, Canto III, 17-23)

Sâvitri diz seu nome e sua condição de princesa de Madras. O diálogo entre ambos é de uma beleza sem par. Sâvitri pede que ele fale mais de si mesmo e sua vida.

E Satyavan, como uma harpa que replica
à chamada insistente de uma flauta,
deu respostas às suas perguntas e abriu-lhe o coração
em palavras multicoloridas:
"Ó áurea princesa, perfeita Sâvitri,
devo dizer mais do que as palavras insuficientes podem exprimir
acerca de tudo quanto significas para mim, desconhecida,
de tudo o que o coruscar do amor revela.
Num instante supremo em que os deuses se desvelam,
uma breve proximidade refez minha vida.
Pois agora sei que tudo o que vivi e fui
se encaminhava para este momento do renascer do meu coração".

(Livro 5º, Canto III, 232-43)

Em "O Livro do Destino" (Livro 6º), depois do encontro com Satyavan, Sâvitri volta para a casa dos pais (o rei Aswapathy e sua esposa) e lhes conta que finalmente havia encontrado o ser amado com quem quer se casar. Os pais concordam, mas Narada, o sábio-vidente, se encontrava no palácio e, ao presenciar a cena, revela sua visão profética: Satyavan morrerá um ano mais tarde. A jovem ficaria viúva no espaço de apenas um ano, com tudo o que isso significava na cultura da Índia. Mas Sâvitri insiste:

"Meu coração já escolheu e não voltará atrás.
A palavra que pronunciei nunca poderá ser apagada,
está escrita no livro dos registros de Deus.
As garras da morte quebrarão nossos corpos, mas não nossas almas.
Se a morte o levar, também eu sei como morrer.
Que o fado faça comigo o que quiser ou puder:
Sou mais forte que a morte e maior que o fado.
Meu amor perdurará ainda que o mundo pereça. O destino se dissipa,
impotente, ante minha imortalidade.
A lei do destino pode mudar, mas não a vontade do meu espírito."
(Livro 6º, Canto I, 609-27)

O entusiasmo amoroso de Sâvitri, fruto da limpidez de visão e da força de seu espírito, leva-a a enfrentar seu destino, pois sabe-se mais forte do que ele. Nem mesmo a morte pode vencer o Amor. E Sâvitri é, justamente, a Encarnação da Graça e do Amor divino. Por isso sua visão anímica e o poder de sua vontade são capazes de derrotar o destino. O que viu nos olhos de Satyavan lhe permite pôr em ação toda a força de seu ser.

"Minha vontade é parte da vontade eterna,
meu destino é o que a força do meu espírito possa fazer,
meu destino é o que a força do meu espírito possa suportar.
Minha força não é a do titã, mas a de Deus.
Somente agora, com a alma em Satyavan,
entesouro a rica oportunidade de meu nascimento:

À luz do sol e num sonho de veredas cor de esmeralda,
caminharemos juntos como deuses no Paraíso.
Se for apenas um ano, esse ano será toda a minha vida
e, ademais, sei que meu destino não se resume
em viver e amar apenas um momento, para depois morrer.
Pois agora percebo por que meu espírito desceu à terra,
quem sou e quem é aquele a quem amo.
Contemplei-o com o meu Eu imortal
e vi que Deus me sorria em Satyavan.
Vi o Eterno numa face humana."
(Livro 6º, Canto I, 716-53)

É necessário ao menos esboçar a relação entre esse símbolo da Mãe divina, a Mahashakti, e a "Mère" ou "Mother" (Mirra Alfassa). Em algumas conversas com Satprem, a Mãe se dizia perplexa pelo fato de passagens de *Sâvitri* que lhe lia Sri Aurobindo coincidirem admiravelmente com experiências sutis vividas por ela na noite anterior. E, como nos recorda Sethna, as últimas linhas ditadas por Sri Aurobindo (quando já falhava sua visão física) "são linhas que surpreendem pela precognição do final num momento em que não havia nenhum sinal físico dele e pela prefiguração simbólica da situação espiritual que, após sua morte, teria de enfrentar sua companheira e assistente no yoga integral, a Mãe".[83]

É impossível, nesse sentido, não recordar os seguintes versos do Livro 6º:

Talvez venha o dia em que ela fique desamparada
à beira do abismo perigoso do destino do mundo e dela mesma,
carregando o futuro do mundo em seu regaço solitário,
carregando a esperança humana em seu coração abandonado
para vencer ou perecer numa última fronteira de desespero.
(Livro 6º, Canto II, 850-54)

No "Livro do Yoga" (Livro 7º), vemos tanto os momentos plenos do gozo da união, o tempo passado juntos no bosque em dias luminosos, quanto os instantes de desfalecimento de Sâvitri quando vê aproximar-se a hora fatal. Mas é justamente nesses momentos que uma voz a interpela e lhe lembra o sentido de sua obra: que dirá tua alma quando despertar e souber que o trabalho a ser realizado não o foi (Livro 7º, Canto II, 56-7)?

Assim como, no Livro 2º, acompanhamos a longa viagem através dos diversos planos sutis da Existência, os reinos vitais tanto quanto as muitas esferas do plano mental, no Livro 7º descortinamos a complexidade da psique humana. Vemos, sob a superfície, as dimensões subliminares e subconscientes ("Tudo é uma cadeia inevitável", "Nada do que já viveu morreu por completo", "Dificilmente escapamos daquilo a que fugimos"), mas também o supraconsciente no ser humano. Ali contemplamos "a imagem do deus que somos".

É um peregrinar por planos e dimensões sutis em busca da própria alma, até que se produza o glorioso encontro, com a unificação da divindade secreta e a parte humana. Em caminho, ouvimos luminosas descrições da ascensão de *Kundalini* e da descida da *Shakti* graças à abertura dos sete lótus ou *chakras* fundamentais (Livro 7º, Canto V, 220 ss.).

Sâvitri penetra no estado de *Nirvâna* e passa por uma profunda transformação, tanto que, mais tarde, "o Mistério original ostentava seu rosto humano", o rosto de Sâvitri. Uma Sâvitri que "já não era apenas ela mesma, mas o mundo em sua totalidade". De fato, pode ver-se aqui o processo de universalização da consciência, passo necessário para a descida do Supramental:

O universo era seu corpo; Deus, sua alma.
Tudo era uma única e imensa realidade,
todas as coisas eram seu inumerável fenômeno.
(Livro 7º, Canto VII, 184-86)

E assim vai prosseguindo a lenda simbólica, enfrentando a morte, fazendo uma longa viagem pela noite (aparentemente) eterna até chegar à consumação suprema e ao retorno glorioso à Terra. Sâvitri salvou Satyavan das garras da morte. E os dois retornam juntos para experimentar o amor e a felicidade espirituais, mas aqui na Terra, trazendo consigo a luz e a força colhidas nos mundos para além daquele que calcam nossos pés. Após a Realização, vem a Transformação.

Agora tudo mudou, embora continue o mesmo.
Contemplamos o rosto de Deus
e nossa vida se abriu à divindade.
Gozamos a identidade com o Supremo
e conhecemos seu significado em nossas vidas mortais.
Nosso amor cresceu graças a esse toque poderoso
e aprendeu seu significado celestial.
Ainda assim, nada se perdeu do deleite do amor mortal.
O toque do Céu consuma, mas não invalida a Terra.
(Livro 12º, 155-64)

Compartilhemos com todos este gozo, pois o gozo é nosso.
Já que nossos espíritos não vieram apenas por nós
Do outro lado do véu do Não manifestado,
da imensidão profunda do Incognoscível
até o peito ignorante da terra ambígua,
até os caminhos dos esforçados homens indagadores,
dois fogos que ardem rumo ao Sol primordial,
dois raios que viajam para a Luz original.
(Livro 12º, 199-206)

9. EPÍLOGO: TRÊS ASPECTOS DA MÃE[84]

9.1. Introdução

Estamos aqui reunidos para comemorar o *mahasamadhi* da Mãe. Não se trata tanto de assistir a uma conferência onde se recite uma série de dados quanto de participar de um ato vivo para trazer à lembrança esse Grande Ser que muito fez por nós, pela humanidade.

Trazer à memória, "co-memorar" é uma maneira de "refletir" sobre o sentido profundo do "pensamento". Um **refletir comemorativo** cuja essência é a **invocação**. Não tenciono falar da Mãe, que todos conhecem, mas chamar a Mãe.

Chamar, invocar: isso supõe uma abertura de nossa consciência e coração, uma abertura para o alto, uma abertura silenciosa e cálida que permita o encontro da chama de nossa sincera aspiração, em seu movimento ascendente, com o Fogo purificador da Luz descendente, da vibração mais pura que somos capazes de atrair e de sintonizar com ela.

Trata-se de invocação porque aqui não celebramos a morte (no sentido de desaparecimento) e sim a passagem de uma vida encarnada num corpo físico para uma existência em outra dimensão, sem corpo físico algum — ao menos como o nosso —, mas com todo o poder, amor e consciência desse Ser que conhecemos como Mãe, dessa mulher nascida em Paris a 21 de fevereiro de 1878 com o nome de Mirra Alfassa Ismalum. Ela estava fadada a converter-se na companheira espiritual de Sri Aurobindo e cocriadora do yoga integral e supramental. Muitos de nós têm um carinho especial para com esse yoga e, de um modo ou de outro, nos sentimos comprometidos com ele.

Essa invocação não emprega exuberância de palavras e até preferiria permanecer em silêncio ou exprimir-se numa repetição mântrica como:

Vem, Mãe Divina, vem.
A nossos corações, vem.
A nossos corpos, Mãe, vem.
Vem, Mãe Divina, vem.

Permitam-me explicar como se formou em mim essa espécie de mantra. Ainda o recordo: foi no avião que me levava de Pondicherry depois de quase dois anos de envolvimento na atmosfera indescritivelmente luminosa do Ashram.

Lembro a brancura das nuvens e uma certa nostalgia pelo Paraíso perdido, paraíso que estamos fadados a criar dentro de nós. Isso se passou há uns sete ou oito anos. O Paraíso continua me chamando: e com as vozes de Sri Aurobindo e Mãe. Às vezes deixo de ouvir. Mãe, faz com que minha escuta seja mais constante e mais fiel!

9.2. Três rostos criativos da "Mãe"

O título que me ocorreu não está isento de certa ambiguidade. "Os três aspectos da Mãe" podem levar a pensar, num primeiro momento, naquilo que Sri Aurobindo descreveu como "os quatro grandes aspectos, poderes ou personalidades da Mãe" (*Mahasakti*). A saber: Maheshwari, Mahakali, Mahalakshmi e Mahasaraswati, símbolos, respectivamente, da Sabedoria, da Força, da Harmonia e da Perfeição. Contudo, eu não tinha a intenção de falar disso num dia como hoje e sim compartilhar com vocês algumas de minhas impressões acerca da figura da Mãe.

Quando fui ao Ashram em 1986, mal conhecia a Mãe. Todo o meu interesse se concentrava em Sri Aurobindo (na época, apenas Aurobindo para mim; depois de minha temporada no Ashram e até hoje, custa-me pronunciar seu nome sem antepor-lhe esta breve, mas formosa palavra de respeito: Sri).

Ao chegar a Pondicherry, comecei logo a perceber que os ashramitas lembravam muito mais a Mãe que Sri Aurobindo. Punham-se a desfiar suas doces recordações, suas experiências pessoais com ela; dava-lhes flores ou simplesmente os contemplava por um instante, sempre se preocupando com sua saúde. Comecei a me dar conta da importância do papel da Mãe. E a ler as *Conversations* (*Entretiens*, no original francês, pois como todos sabem a Mãe pedia que só se falasse nesse idioma e só nele respondia durante as aulas dadas aos alunos da Escola do Ashram). Mais tarde li um pouco das *Prayers and Meditations*, e apenas nos últimos meses de minha estadia no Ashram tive acesso aos primeiros volumes da *Agenda*, que leria quase toda somente algum tempo depois, quando morei durante vários meses em Auroville.

Pois bem, essas três obras são representativas das três etapas da Mãe e dos três "aspectos" sobre os quais gostaria de falar com vocês hoje. Poderíamos nos referir à Mãe Mística, à Mãe Ocultista e à Mãe do Yoga Supramental.

9.2.1. A Mãe mística

Embora caiba falar desses três aspectos distintos, não quer dizer que eles estejam separados nem que apareçam um depois do outro. As experiências místicas e as experiências ocultistas acontecem conjuntamente desde a infância da Mãe e estariam sempre presentes até o fim de seus dias. Melhor seria dizer que cada aspecto encerra os outros dois, mesmo quando enfatizamos só um.

Eu dizia que seu livro *Prayers and Meditations* pode ser usado como uma representação do aspecto místico. Contém textos escritos de 1911 a 1915. A maioria pertence à etapa em que a Mãe ainda não havia encontrado (fisicamente) Sri Aurobindo (isso aconteceu a 29/3/1914).

Mas, antes de 1911 (a Mãe tinha então 33 anos), a riqueza de experiências místicas e esotéricas já era impressionante.

a) Assim, por exemplo, aos 10 ou 12 anos, costumava "sair constantemente do corpo". Nas últimas décadas, a literatura esotérica tem chamado a isso "viagens astrais", que cada vez mais gente testemunha ter empreendido — espontânea e esporadicamente ou como prática intencional e regular. Pois essa espécie de "projeção extracorpórea" era coisa diária para a Mãe: "Todas as noites, quando a casa estava tranquila, eu saía de meu corpo e tinha as mais variadas experiências."[85] Mas isso lhe acontecia também durante o dia, em meio a qualquer atividade. As pessoas, ignorando o que se passava, achavam que ela estava dormindo.

Uma experiência notável com esses sonhos-viagens pelos mundos sutis ocorreu quando a Mãe tinha 13 anos. Durante um ano inteiro, ao sair do corpo, planava por sobre a cidade, vestida com uma túnica dourada que se ia alargando, enquanto multidões se aproximavam para curar-se ou consolar-se, voltando depois, satisfeitas, a seus corpos (Satprem I, 95).

b) Aos 15 anos, começa a ter lembranças de vidas passadas (por exemplo, durante uma viagem pela Itália com sua mãe, Matilde Ismalum, ou quando se reconheceu como uma princesa num quadro de Clouet).

c) Uma espécie de "clarividência" se manifestava quando lia livros de história: "Lia o livro e, de súbito, era como se ele se tornasse transparente, como se as palavras escritas se tornassem transparentes; via ali outras, ou então imagens" (Satprem I, 63).

Leve-se em conta que, como diria a Mãe mais tarde, até os 20 anos ela era "completamente ateia". O pai e a mãe não acreditavam em nada e criaram-na assim.

Voltemos, porém, às *Prayers and Meditations*. Depois que Max Theon lhe abriu as portas da crença no Divino e lhe transmitiu os rudimentos do ocultismo, encontramos ali a expressão mais pura do que chamaríamos a experiência mística da Mãe. Naquelas páginas, observamos repetidamente a constante abertura, a constante entrega da Mãe ao Supremo, ao Divino. São palavras belas, que atestam a profundidade de sua experiência. Assim, por exemplo, a 2/11/1912, escreve: "Percebo, de forma contínua e precisa, a unidade universal que determina a interdependência absoluta de todas as ações." Um enfoque similar do yoga integral, antes de sua elaboração conjunta com Sri Aurobindo, salta aos olhos: "É necessário pôr em estreita comunicação o mundo divino de Tua imutável esfera de amor puro, de unidade indivisível, e o mundo divino das demais esferas, até a mais material, de que és centro e constituição de cada átomo" (escrito em 20/5/1914).

Igualmente interessante, a ideia de uma manifestação especial do Divino começa a repetir-se a partir de 1913. "Chegou a hora de Tua manifestação [...] A gloriosa notícia de Tua vinda próxima [...] Tua nova manifestação" — essas frases se repetem constantemente.

9.2.2. A Mãe ocultista

Vimos que experiências místicas e ocultistas se tornaram comuns para a Mãe desde, pelo menos, seus 10 ou 12 anos. Entendo por experiências místicas aquelas que enfocam a vivência da unidade de todas as coisas, a experiência do Supremo ou Absoluto e do nível último da realidade. Para fins práticos e visando diferenciá-las das místicas, chamo de experiências ocultistas as que revelam faculdades paranormais de conhecimento e estabelecem contato com algum dos diferentes planos ou mundos sutis da realidade: as experiências de clarividência, de abandono consciente do corpo físico, de lembrança de vidas anteriores, tais como as antes citadas.

A distinção é provisória e tem algo de arbitrário, mas parece útil e cômoda para a finalidade que perseguimos.

Podemos situar o começo da fase ocultista da Mãe em seu encontro com Max Theon. Isso aconteceu em 1914, quando ela estava com 26 anos, na mesma ocasião em que teve a primeira visão (sonho-experiência) de Sri Aurobindo. Lembremos que, apesar de sua juventude, a Mãe estava casada desde os 19 anos (em 1897) com o pintor Henri Morisset, o que lhe permitira relacionar-se com as vanguardas artísticas de princípios do século em Paris. Aos 20 anos, nasce seu filho André Morisset. Esse primeiro casamento duraria dez anos. Mais ou menos na metade desse período ela conheceu M. Theon por intermédio de um amigo de seu irmão. O fascínio foi mútuo e ele a convidou para trabalharem juntos, em Tlemcen, no universo do ocultismo. Em 1905 e 1906, ela fez várias viagens para lá. A esposa de Theon, Alma, tem diversos poderes psíquicos que impressionam a Mãe: "Faculdades inauditas, inauditas!", repetirá ela anos depois. Tanto Alma quanto Mirra faziam pesquisas nos planos superiores, enquanto Max Theon tomava notas daquilo que experimentavam, viam e relatavam. Theon, ao que parece, afirmava estar de posse de uma tradição anterior à Cabala e aos Vedas. Isso nos recorda as referências de R. Guénon

Mãe

e outros a uma Tradição primordial de que as outras, historicamente conhecidas, seriam meros reflexos parciais.[86]

A Mãe foi esboçando uma imagem parcial e fragmentária de Theon, envolta num mistério que ele mesmo se encarregava de alimentar: "Nunca disse quem era verdadeiramente, onde havia nascido, qual a sua idade, nada". Na *Agenda*, encontramos uma série de informações sobre essa personagem curiosa, com quem a Mãe treinava para sair do corpo e pesquisar em outros planos: "Conseguia fazê-lo com bastante desenvoltura. Podia me deter num determinado plano, fazer o que tinha de fazer ali, percorrê-lo, observar e em seguida registrar o que tinha visto" (Satprem I, 166).

Em todos os livros posteriores, vemos constantes alusões a experiências desse tipo. Como disse o próprio Sri Aurobindo, o yoga integral não busca diretamente os poderes psíquicos e o trabalho no mundo oculto, nos planos intermediários, mas tampouco os evita ou menospreza. Sabemos que Sri Aurobindo trabalhou incansavelmente desse modo, enquanto as pessoas o imaginavam sentado tranquilo ou passeando pela casa. O trabalho da Mãe nos planos intermediários, onde atendia às necessidades dos discípulos e, em geral, de seres humanos do mundo inteiro, foi uma constante em sua vida. Todavia, não é esse o aspecto que mais nos interessa no momento. Passaremos ao terceiro aspecto, o qual, podemos dizer, integra e assimila o melhor de cada um dos anteriores.

9.2.3. A Mãe do yoga supramental

a) A postura mística estará sempre presente na Mãe (manifestação, talvez, de sua veia pisciana; em Peixes 2°39' tinha seu sol natalício e seu Saturno em 20°17', para quem se interesse pela chave astrológica[87]). Seus últimos anos dão bem uma ideia do que dizemos. Desde sua "enfermidade" de 1958 até o final da vida, entre o gozo e o sofrimento indizíveis, ela se entregava constantemente ao Senhor: "Tudo é Teu, Senhor; tudo é para Ti, só Tu podes fazê-lo, só Tu"; "Senhor, faze-o por mim". A entrega, o *surrender* total para além da própria compreensão, será a lição da Mãe do começo ao fim.

Sua atitude perante o Supremo, típica de um verdadeiro devoto, é a que Sri Aurobindo sempre recomendou. Neste caso, a própria Mãe é o objeto de devoção e entrega. O método do yoga integral cifra-se em acatar a influência da Mãe, repetirá Sri Aurobindo num tom entre *bhakta* e tântrico — ou simplesmente "integral".

Outro tanto se poderia dizer da Mãe ocultista. Alcançada a universalização de sua consciência, passo imprescindível para a posterior transformação supramental, consciência e corpo eram um imenso ponto de encontro dos mais diversos pensamentos, esperanças, expectativas e pedidos de ajuda procedentes dos mais variados lugares do planeta e até de diversos tempos históricos. A Mãe ajudava a todos de longe, transmitia-lhes força e apressava-lhes a cura, ajudando-os a desencarnar quando era necessário. As vibrações de seu ambiente mais próximo, emanadas dos mais de mil ashramitas que se reuniam à sua volta já em 1960, ela as recolhia no corpo e na consciência. Surgem então inúmeros detalhes característicos do mundo do esoterismo ou do ocultismo nas descrições da Mãe, tanto nas *Conversations* quanto na *Agenda*.

b) Agora, porém, interessa-nos o aspecto mais notório da última época da Mãe.

Sabemos que aos 30 anos ela se divorciou de Henri Morisset e, dois anos depois, em 1910, se casou com Paul Richard, filósofo e advogado, que a levaria a Pondicherry, para junto de Sri Aurobindo. Isso aconteceu em 29/3/1914, momento histórico no qual a Mãe reconheceu o Mestre, a quem chamava de Krishna e que tantas vezes lhe aparecera em seus sonhos-experiências.

Depois de um ano em Pondicherry, ela viajou ao Japão com o marido. Foi uma de suas fases mais difíceis. "Uma solidão amarga [...] precipitei-me de cabeça num inferno de escuridão", diz nas *Prières et Méditations*, 3/3/1915. Permaneceu quatro anos no Japão, fisicamente longe de Sri Aurobindo, embora este "continuasse presente durante todo o tempo em que não estive ao seu lado" (Satprem I, 303).

Em 24/4/1920, volta em definitivo para Pondicherry. Passará os 53 anos restantes de sua vida ali, trabalhando com Sri Aurobindo. "No reencontro, sentimos nitidamente que a Realização agora se faria."

Na época, 1920, a Mãe afirmou que Sri Aurobindo tinha trazido a luz supramental ao mundo mental e procurava transformar a mente. Começando a trabalhar juntos, desceram quase imediatamente ao plano Vital e, com muita rapidez, ao Físico. Teve início, então, a verdadeira dificuldade, que se acentuaria até extremos impensáveis na continuação da descida até o Subconsciente... e depois o Inconsciente. "Só quando atingi o Inconsciente encontrei a Presença divina, bem no centro da Escuridão", diz a Mãe (Satprem I, 317).

Acredito que não saberíamos entender a magnitude desse trabalho. Podemos pressenti-lo nas palavras de ambos, mas algo nos diz que sua tarefa hercúlea escapa à nossa compreensão.

Dia 26 de novembro de 1926. Os 24 discípulos que se encontram no *ashram* são convocados de um modo nada habitual. Depois de meditar por cerca de 45 minutos, Sri Aurobindo lhes diz: "Chamei-os para informar que, a partir de hoje, retiro-me para minha *sadhana* e que a Mãe se encarregará de vocês. Devem dirigir-se a ela, que me representará e fará todo o trabalho." Eis como A. Purani relata esse acontecimento crucial que Sri Aurobindo logo chamará de "descida de Krishna", ou seja, a descida da Consciência supramental. Suas palavras supõem a fundação oficial do *ashram*. A partir de então, só se poderá ver Sri Aurobindo três ou quatro vezes por ano, nas datas de *darshan*, desfilando silenciosamente diante dele para receber seu olhar.[88]

c) Nem todos aceitaram a Mãe sem criticar. Afinal, era mulher e ocidental. Reconhecer Sri Aurobindo, homem e indiano, como Mestre não constituía problema. Reconhecer como Mestra a Mãe, mulher, ocidental e com 20 anos... não parecia fácil. Por isso Sri Aurobindo teve de calar alguns comentários, datando desse momento algumas afirmações de peso que enaltecem a figura e o papel da Mãe. As dúvidas se dissiparam, ao menos naqueles que tinham plena confiança em Sri Aurobindo. Vejamos algumas de suas palavras, que nem precisam de esclarecimento. Em 1934, exclamou:

> A Consciência da Mãe e a minha são a mesma Consciência divina, única [e expressa] em duas, pois isso é necessário para a manifestação. Nada se fará sem seu conhecimento e força, sem sua consciência; se alguém sente de fato sua consciência, sabe que ali estou a seu lado; se sente a mim, sente a ela.[89]

Ou, mais resumidamente: "A Mãe e eu somos um em dois corpos." Ou então: "A Mãe e eu representamos o mesmo Poder sob duas formas [...] *Ishwara-Shakti, Purusha-Prakriti* são apenas dois aspectos do Divino, que é único." Isso está numa carta de 1933.

"Há uma só força, a força da Mãe ou, em outras palavras, a Mãe é a Força de Sri Aurobindo." Em consequência, e para encerrar a disputa: "Se alguém está aberto a Sri Aurobindo, mas não à Mãe, não está realmente aberto a Sri Aurobindo" (*op. cit.*, 458).

O reconhecimento não se limitou à época a partir da qual começaram a trabalhar visivelmente juntos. Sri Aurobindo repetia que ambos já praticavam o mesmo yoga antes de conhecer-se: "A Mãe fazia *yoga* antes de se encontrar com Sri Aurobindo; os processos de nossas respectivas *sadhanas* seguiam, de maneira independente, o mesmo curso. Quando se encontraram — continua ele em seu estilo impessoal —, ajudaram-se mutuamente a aperfeiçoar a *sadhana*. Aquilo que se conhece como o Yoga de Sri Aurobindo é criação conjunta de Sri Aurobindo e Mãe. Estão hoje completamente identificados" (*op. cit.*, 459).

Essas palavras parecem desmentir firmemente a insinuação, feita às vezes, de que a Mãe seria apenas uma discípula de Sri Aurobindo. Também não faltam vozes que parecem lamentar o fato de, por causa dela, Sri Aurobindo conceder importância excessiva à noção de alma ou ser anímico, assim como ao corpo físico. Diante disso, as palavras seguintes deixam clara a importância da função da Mãe no yoga integral: "Todas as minhas realizações teriam permanecido pura teoria, por assim dizer, se a Mãe não me mostrasse o caminho de forma prática", relata Nirodbaran nas *Conversations with Sri Aurobindo*.

d) Trabalharam juntos, em união e compreensão mútuas, mal precisando trocar palavras, que a Mãe às vezes recordava com certa nostalgia. Ter Sri Aurobindo por perto lhe dava uma confiança, uma segurança e uma certeza que ela lamentaria perder quando o Mestre se foi em 1950. Para a Mãe isso foi um choque de que só falaria anos mais tarde, e em caráter aparentemente confidencial, a Satprem.

"Um dos dois deve partir [...] Não podemos ficar, ambos, na Terra", disse-lhe Sri Aurobindo em fins de 1949. "Estou preparada, irei eu", exclamou a Mãe. Mas Sri Aurobindo já preparara tudo e replicou: "Não, você não, pois só você pode fazer o trabalho material [...] Não irá, seu corpo é melhor que o meu e, melhor que eu, suportará a transformação [...] Seu corpo é indispensável para o trabalho. Sem ele, o Trabalho não poderá ser feito" (Satprem I, 357-58).

Chegou então, para Sri Aurobindo, o dia de abandonar o corpo. Seus últimos momentos são narrados pela Mãe: "Enquanto eu permanecia em seu quarto, ele não podia desencarnar [...] Fez-me então um sinal para que passasse aos meus aposentos."

Mas isso não foi tudo. A Mãe descreveu uma delicada "transmissão de poderes", se me é permitida a expressão, do seguinte modo:

> Fiquei de pé, ao seu lado [quando a chamaram porque ele já estava "morto"], e de uma forma absolutamente concreta, concreta a ponto de senti-la de maneira tão intensa que cheguei a pensar que se tornaria visível, toda aquela força supramental alojada nele passou do seu corpo para o meu. Sentia a fricção das forças passando pelos poros de minha pele [...] Os homens disseram: "Morreu" [...] Então, ao sair do seu corpo e penetrar no meu, ele me disse: "Você continuará, irá até o fim do Trabalho" (Satprem I, 270).

Eis uma revelação impressionante, atestando que a Mãe de fato recebeu a herança de Sri Aurobindo. Os 23 anos restantes de sua vida foram inteiramente dedicados a completar o Trabalho que Sri Aurobindo e ela haviam iniciado:

> Não há diferença entre o caminho da Mãe e o meu; temos e sempre tivemos um caminho só, aquele que conduz à mudança supramental e à realização divina. Não apenas no final, mas desde o começo, esses caminhos foram o mesmo (*On Himself*, 456). Carta de 1931.

e) Sri Aurobindo nos deixou no dia 5 de dezembro de 1950. Um colapso total. Mas a Mãe segue em frente e, pouco a pouco, parece entrar numa nova fase. Agora, o trabalho de supramentalização se concentrará no corpo. Não há dúvida de que Sri Aurobindo realçou a necessidade de a transformação supramental chegar ao corpo físico, numa derradeira etapa. Ele mesmo já trabalhava nisso. Mas sabemos que Sri Aurobindo não nos contou tudo o que sabia e tudo o que fazia: "Sempre me pergunto por que Sri Aurobindo se foi sem revelar seu segredo", confessava a Mãe às vezes.

Mas temos algumas pistas, como por exemplo numa carta de 14/9/1934, onde ele afirma: "A força supramental está descendo, mas ainda não tomou posse do corpo e da matéria; há muita resistência a isso. O que já tocou [o corpo] foi a Força sobremental supramentalizada, que a qualquer momento pode mudar ou ceder o passo ao supramental em seu próprio poder primitivo." Até onde chegou Sri Aurobindo em seu processo de supramentalização nos dezesseis anos que ainda tinha pela frente, não o sabemos ao certo. Sabemos, porém, que a Mãe retomou a tarefa, embora não sem sérias dúvidas, as quais, um tanto perplexos, podemos notar na *Agenda*: "E uma voz que conheço bem me diz: "Vê como está enganada? Está enganando a si mesma, tendo uma miragem [...] Sim, está enganada e isso não pode ser [...] Se alguém a ouvir, estará perdido [...] Quinze anos e crises todos os dias, todas as noites!"

Entretanto, a Mãe sempre superou essas dúvidas. Venceu as trevas que às vezes lhe toldavam o caminho, fazendo-o parecer antes uma selva de experiências cujo sentido e direção mal compreendia. Em outras ocasiões, tudo parecia aclarar-se e o processo de transformação avançava em linha reta. A confiança e a entrega ao Supremo eram sempre mais fortes que as dúvidas. E, de vez em quando, as experiências e as certezas anulavam todas as hesitações.

Vamos nos limitar, aqui, a algumas experiências significativas dessa longa e árdua jornada em que tentaremos acompanhar a Mãe.

Poderíamos distinguir duas etapas na vida da Mãe depois do *mahasamadhi* de Sri Aurobindo: 1ª) 1950-1958 e 2ª) 1959-1973.

e. 1) Daremos um grande salto de 1950 a 1956. Exatamente a 29 de fevereiro de 1956, ocorreu a "descida geral" ou "manifestação" do Supramental. Estavam todos reunidos para a aula de quarta-feira. A Mãe começou a sentir que o Poder descia sobre eles, mas tão intenso que ela temeu vê-los desabar ante um fato de tamanha magnitude. Diz a Mãe: "Para a consciência terrena, isso se traduziria numa descida, advento ou começo. Mas que começo? A experiência se deu como a de um Fato eterno, de modo algum só acontecido no momento [...] Reconheci essa extraordinária vibração quando o mundo supramental desceu. Ele vem e vibra como se fora uma pulsação das células."[90]

Ressaltemos que, após a descida da Força supramental, aparentemente pela primeira vez de modo generalizado e não só para os corpos e as mentes de Sri Aurobindo ou Mãe, as dificuldades entre os ashramitas se agravaram. Eis-nos diante de um fenômeno que Sri Aurobindo já assinalara quando tentou promover a descida do supramental ao subconsciente. Tudo ocorre como se as forças da Inércia se rebelassem ante a chegada do novo estado, perturbador para elas, e o sabotassem interrompendo-o. O próprio Satprem, ali presente no dia da descida, confessou que gostaria de estar o mais longe possível do local.

O ano de 1958 foi um ano rico em experiências.

e. 2) A 3 de fevereiro de 1959, a Mãe tem a visão de um barco supramental, símbolo do mundo supramental, de onde estão prontos para desembarcar aqueles que estão interiormente preparados para isso. O critério de julgamento da preparação não era arbitrário, psicológico ou moral — era o critério da "qualidade da substância". Viam-se ali pessoas com corpos supramentais, irradiando luz própria: "A luz era uma mescla de dourado e vermelho que criava uma substância uniforme de tom alaranjado" (Satprem II, 62). Também as roupas não eram materiais, mas da mesma substância supramental. Os seres não pareciam ter esqueleto e adotavam formas diferentes conforme a necessidade.

Segundo a Mãe, trata-se de um mundo que existe por si mesmo e não é de modo algum uma construção subjetiva. Ela saiu dessa experiência convicta de que sua presença ali seria permanente. Deveria forjar o elo para unir os dois mundos, o supramental e o físico.

e. 3) A Mãe tem 80 anos. Estamos em 1959. Outra experiência decisiva foi quando ela se sentiu unida a uma entidade supramental bem maior que ela, e que a ultrapassava pelos pés e a cabeça. Sentia-a como um bloco sólido, de uma natureza mais densa que seu corpo físico. Quero destacar dois aspectos dessa experiência. De um lado, a existência de seres supramentais em seu próprio mundo, fato a que Sri Aurobindo já se referira ao enfatizar a possibilidade de, na mutação supramental, ocorrer a união de seres supramentais, descidos de seu próprio plano, com seres humanos no atual estado de evolução (seres mentais). Por outro lado, a ideia do supramental como substância mais densa que o corpo físico e a matéria tal qual a conhecemos. Temos aí o paradoxo de uma substância ao mesmo tempo mais dura e mais flexível.[91]

e. 4) Em junho de 1958, em outra experiência, a Mãe percebe todos os objetos do banheiro animados por um vigoroso entusiasmo, como se a matéria houvesse cobrado consciência. "É a matéria convertida no Divino. A sensação foi a de que isso ocorria pela primeira vez na Terra" (Satprem II, 102).

São muitas as experiências importantes nesse ano. Não continuaremos a tratar delas. É também o ano em que a Mãe se vê obrigada a abandonar todas as suas atividades externas. No dia 7 de dezembro, ela jogaria a derradeira partida de tênis e visitaria pela última vez o *Playground*. A 9 de dezembro de 1958, cessaram todas as suas atividades públicas. Em 1962, retirou-se para seus aposentos, de onde só sairia quando levaram seu corpo para junto do de Sri Aurobindo, em 1973.

"Aos 81 anos", diz Satprem, "a Mãe entrou no *yoga* das células."

f) Sua última etapa, de 1959 a 1973.

Lembremos que 1957 pode ser considerado o ano de nascimento da *Agenda*. Satprem nos relata que a Mãe o convocava duas vezes por semana e lhe falava durante horas. A princípio, não entendia por que ela lhe contava tudo aquilo, sem autorizá-lo a tomar notas. Mais tarde, permitiu que ele levasse um gravador. "Eu sequer fazia ideia de que se tratava do início do novo mundo" (Satprem II, 141).

Poucos dias antes de adoecer, a Mãe se fez a pergunta crucial: "Como se fixa, como se estabelece a Supermente no corpo?"

No dia 24 de julho de 1959 ocorre um fato importante. A Mãe encontra pela primeira vez a morada de Sri Aurobindo no mundo supramental. Essa foi também a primeira vez que ela sentiu a Supermente, de maneira direta, em seu corpo físico:

> Pela primeira vez, a luz supramental penetrou diretamente em meu corpo, sem passar pelos seres interiores. Entrou pelos pés. Tinha uma cor vermelha e dourada muito quente, maravilhosa, intensa. Foi aumentando, como também a febre, pois o corpo não estava acostumado a semelhante intensidade. Quando toda aquela luz chegou à cabeça, supus que ia consumir-me em chamas, devendo por isso sustar a experiência. Mas recebi cla-

ramente a instrução de permitir que a Calma e a Paz descessem, de ampliar a consciência do corpo a todas as células para que pudessem suportar a luz supramental (*op. cit.*, 155).

Como após um instante de desfalecimento, a Mãe se viu num mundo diferente, mas não muito distanciado do nosso. Foi ali que encontrou Sri Aurobindo. Permaneceu com ele uma hora, falando-lhe enquanto ele ouvia sem responder.[92]

É então, pouco depois de sua enfermidade, que a Mãe começa a sentir a necessidade de um **mantra** para acelerar a transformação do seu corpo. Agora lhe parecia evidente que era preciso "universalizar a consciência corpórea", pois de outro modo as células não resistem quando desce o potencial supramental. "Sem universalização, não há transformação supramental."

De onde se originavam as dificuldades, as resistências à transformação do corpo? Aos poucos, a Mãe foi descobrindo a resposta: "O problema está na **mente física.**" Suas experiências vão acontecendo, algumas dolorosas, outras estranhas e incompreensíveis para ela própria. Às vezes, de repente, o corpo se sentia enfermo. A mais leve desarmonia no ambiente, nas pessoas que iam vê-la e até na multidão interior que constantemente procurava entrar em contato com ela podia perturbá-la muito. Certa feita, manifestou-se uma enfermidade mais grave: a filariose. O curioso é que a havia contraído vinte anos antes, por uma picada de mosquito no *Playground*, mas as Forças de Sri Aurobindo e dela mesma, aplicadas conscientemente ao problema, fizeram-no desaparecer. Agora, porém, reaparecia, concentrando em si todas as dores e enfermidades, todas as fadigas.

A Mãe parece distinguir entre a mente física e a **mente das células** ou mente celular. A mente física, a mente que está na matéria, formou-se sob a pressão das dificuldades, lutas e sofrimentos. Isso deixou atrás de si um rastro de pessimismo e derrotismo, que constitui o maior obstáculo. Gera sempre pensamentos negativos, teme o pior e assim atrai ou até cria as pequenas e grandes catástrofes. Por sua vez, a mente das células seria o elo perdido entre a substância puramente material e a forma primária da mente que chamamos mente física. Essa explicação de Satprem, baseada nas instruções da Mãe, prossegue afirmando que a mente celular está coberta, dominada e subjugada pela mente física, à qual obedece cegamente, como que hipnotizada por ela (Satprem II, 181).

Parece que a Mãe não tardou a desvendar o segredo: "A mente das células achará a chave."

Essa era a chave para que o corpo colaborasse na transformação, a chave para que a vibração supramental não encontrasse obstáculos insuperáveis à sua passagem pelo corpo físico. A Mãe conhecia bem a vibração supramental, de que nos deu inúmeras descrições: "É uma vibração especial [...] uma espécie de supereletricidade" — semelhante a uma chuva de poeira dourada com uma vibração muito intensa. Algo denso, compacto. Uma vibração eterna, por assim dizer, sem princípio nem fim. Uma luz dourada absolutamente imóvel... como se vibrasse a grande velocidade e, ao mesmo tempo, não se movesse.[93]

A Mãe estava acostumada a essa vibração. Satprem fala da intensidade dessa experiência, da irradiação supramental procedente da Mãe quando a deixava depois de falar-lhe. Era como se saísse de um banho de raios, que ela costumava chamar de "um banho do Senhor". Vemos pela *Agenda* que, quando alguém ia vê-la, a Mãe adotava a atitude correta para lhe dar "um banho do Senhor", banho cuja intensidade assustava a mais de um, ao sentir uma força que o ultrapassava e com a qual ele não sabia o que fazer.

É nesse momento, após a enfermidade de 1959, que a Mãe começa a sentir a necessidade de um *mantra*: "Meu corpo gostaria de ter um *mantra* para acelerar sua transformação." E ela o encontrou, repetindo-o dia e noite durante quinze anos: "A intenção é divinizar esta substância." E, à força de repeti-lo — primeiro conscientemente, deliberadamente —, o *mantra* foi cobrando ritmo próprio, repetindo-se por si mesmo, de maneira automática. A mente física havia encontrado algo melhor a fazer do que preocupar-se com os pequenos detalhes e hábitos do passado, numa luta contra costumes milenares. No fim, as próprias células pareciam repetir o *mantra*:

> Quando me aquieto ou me concentro, o *mantra* se apresenta e provoca uma resposta nas células. Todas começam a vibrar com uma intensa aspiração, fazendo o corpo inteiro tremer. Parece que tudo se vai consumir em chamas. Grande é seu poder de

transformação. E pressinto que, se continuar, algo irá acontecer, o rompimento do equilíbrio das células (Satprem II, 195).

É um *mantra* de sete sílabas. A Mãe o ofereceu ao mundo.
Alguns de seus discípulos ainda o utilizam. E é um bom modo de terminar, ou estender, esta história que não tem fim, que cada um de nós deve retomar de um modo ou de outro.
O *mantra* reza:

OM NAMO BHAGAVATE,
OM NAMO BHAGAVATE,
OM NAMO BHAGAVATE.[94]

BIBLIOGRAFIA

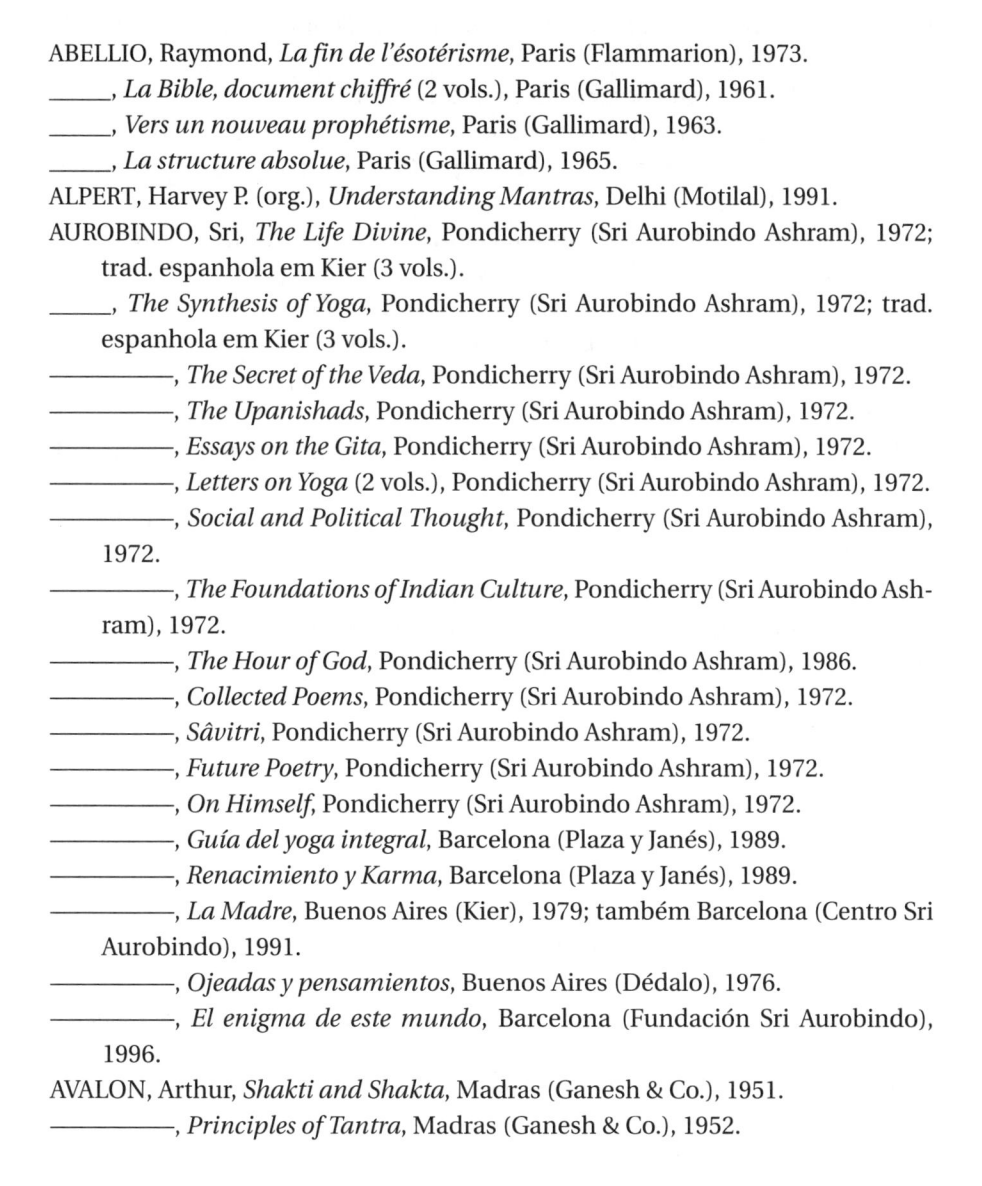

ABELLIO, Raymond, *La fin de l'ésotérisme*, Paris (Flammarion), 1973.
____, *La Bible, document chiffré* (2 vols.), Paris (Gallimard), 1961.
____, *Vers un nouveau prophétisme*, Paris (Gallimard), 1963.
____, *La structure absolue*, Paris (Gallimard), 1965.
ALPERT, Harvey P. (org.), *Understanding Mantras*, Delhi (Motilal), 1991.
AUROBINDO, Sri, *The Life Divine*, Pondicherry (Sri Aurobindo Ashram), 1972; trad. espanhola em Kier (3 vols.).
____, *The Synthesis of Yoga*, Pondicherry (Sri Aurobindo Ashram), 1972; trad. espanhola em Kier (3 vols.).
―――――, *The Secret of the Veda*, Pondicherry (Sri Aurobindo Ashram), 1972.
―――――, *The Upanishads*, Pondicherry (Sri Aurobindo Ashram), 1972.
―――――, *Essays on the Gita*, Pondicherry (Sri Aurobindo Ashram), 1972.
―――――, *Letters on Yoga* (2 vols.), Pondicherry (Sri Aurobindo Ashram), 1972.
―――――, *Social and Political Thought*, Pondicherry (Sri Aurobindo Ashram), 1972.
―――――, *The Foundations of Indian Culture*, Pondicherry (Sri Aurobindo Ashram), 1972.
―――――, *The Hour of God*, Pondicherry (Sri Aurobindo Ashram), 1986.
―――――, *Collected Poems*, Pondicherry (Sri Aurobindo Ashram), 1972.
―――――, *Sâvitri*, Pondicherry (Sri Aurobindo Ashram), 1972.
―――――, *Future Poetry*, Pondicherry (Sri Aurobindo Ashram), 1972.
―――――, *On Himself*, Pondicherry (Sri Aurobindo Ashram), 1972.
―――――, *Guía del yoga integral*, Barcelona (Plaza y Janés), 1989.
―――――, *Renacimiento y Karma*, Barcelona (Plaza y Janés), 1989.
―――――, *La Madre*, Buenos Aires (Kier), 1979; também Barcelona (Centro Sri Aurobindo), 1991.
―――――, *Ojeadas y pensamientos*, Buenos Aires (Dédalo), 1976.
―――――, *El enigma de este mundo*, Barcelona (Fundación Sri Aurobindo), 1996.
AVALON, Arthur, *Shakti and Shakta*, Madras (Ganesh & Co.), 1951.
―――――, *Principles of Tantra*, Madras (Ganesh & Co.), 1952.

———, *The Serpent Power*, Madras (Ganesh & Co.), 1972.
BAILEY, Alice, *La exteriorización de la Jerarquía*, Buenos Aires (Lucis Trust/Kier), 1974.
———, *La consciencia del átomo*, Buenos Aires (Lucis Trust/Kier), 1978.
BASU, Arabinda (org.), *Sri Aurobindo: A Garland of Tributes*, Pondicherry (Sri Aurobindo Research Academy), 1973.
CASSIRER, Ernst, *El problema del conocimiento*, México (Fondo de Cultura Económica), 1974.
CORBIN, Henry, *En Islam Iranien: Aspects spirituels et philosophiques*, Paris (Gallimard), 1971.
CHAUDURI, Haridas, *The Philosophy of Integralism*, Pondicherry (Sri Aurobindo Ashram), 1967.
———, *Yoga Integral*, Buenos Aires (Dédalo), 1975.
DAVID-NEEL, Alexandra, *La India en que viví*, Barcelona (Índigo), 1991.
FEUERSTEIN, George, *Yoga, the Technology of Ecstasy*, Los Angeles (Jeremy P. Tarcher), 1989.
———, *Holy Madness: The Shock Tactics and Radical Teachings of Crazy-Wise Adepts, Holy Fools, and Rascal Gurus*, Nova York (Paragon House), 1993.
———, *Sagrada sexualidad*, Barcelona (Kairós), 1994.
GADAMER, Hans, G., *La actualidad de lo bello*, Barcelona (Paidós), 1993.
GOVINDAN, Marshall, *Babaji and the 18 Siddha Tradition*, Montreal (Kriya Yoga Publications), 1993.
HALBFASS, Wilhelm, *India and Europe: An Essay in Understanding*, Nova York (SUNY), 1988.
HEES, Peter, *Sri Aurobindo. A Brief Biography*, Delhi (Oxford University Press), 1993.
HEIDEGGER, Martin, *De camino al habla*, Barcelona (Serbal), 1990.
———, *Hölderlin y la esencia de la poesía*, Barcelona (Ánthropos), 1994.
HIPPOLITE, Jean, *Introducción a la filosofía de la historia*, Buenos Aires (Caldén), 1970.
HUSSERL, Edmund, *La crisis de las ciencias europeas y la fenomenología trascendental*, Barcelona (Crítica), 1991.
IYENGAR, K. R. Srinivasa, *Sri Aurobindo: A Biography and a History*, Pondicherry (Sri Aurobindo International Centre of Education), 1985.
KIRAN, Amal (K. D. Sethna), *Sri Aurobindo — The Poet*, Pondicherry (Sri Aurobindo International Centre of Education), 1970.
———, *Aspects of Sri Aurobindo*, Waterford (The Integral Life Foundation), 1995.
LIDCHI-GRASSI, Maggi, *The Light that Shone into the Dark Abyss*, Pondicherry (Sri Aurobindo Ashram), 1994.
MADHUSUDAN REDDY, V., *The Vedic Epiphany*, Hyderabad (Institute of Human Studies), 1991.

MADRE, *Agenda*, Irún (Instituto de Investigaciones Evolutivas).
MÈRE, La, *Entretiens 1956*, Pondicherry (Sri Aurobindo Ashram), 1968.
——————, *Entretiens 1957-8*, Pondicherry (Sri Aurobindo Ashram), 1978.
MAITRA, S. K., *The Meeting of the East and West in Sri Aurobindo's Philosophy*, Pondicherry (Sri Aurobindo Ashram), 1968.
MERLO, Vicente, *Experiencia yóguica y antropología filosófica*, Barcelona (Fundación Sri Aurobindo), 1994.
——————, *Siete ensayos sobre el hinduismo*, Barcelona (Fundación Sri Aurobindo), 1996.
——————, *Sabiduría y compasión: frutos de la meditación budista*, Barcelona (Fundación Sri Aurobindo), 1998.
——————, *La Reencarnación en la historia de las religiones y en la cultura actual*, Barcelona (Cims), 1997.
NIRODBARAN, *Talks with Sri Aurobindo* (4 vols.), Madras (Sri Aurobindo Society), 1985 e Pondicherry (Sri Mira Trust), 1989.
——————, *Twelve Years with Sri Aurobindo*, Pondicherry (Sri Aurobindo Ashram), 1988.
PALMER, S. P. e SHARMA, A., *The Rajneesh Papers: Studies on a New Religious Movement*, Delhi (Motilal Banarsidass), 1993.
PANDIT, M. P., *The Yoga of Transformation* (Dipti Publications), 1989.
——————, *Commentaries on the Mother's Ministry* (3 vols.), Pondicherry (Sri Aurobindo Ashram), 1983.
PHILLIPS, Steven H., *Aurobindo's Philosophy of Brahman*, Leiden (Brill), 1986.
PURANI, A. P., *The Life of Sri Aurobindo. A Source Book*, Pondicherry (Sri Aurobindo Ashram), 1964.
——————, *Sri Aurobindo's Sâvitri. An Approach and a Study*, Pondicherry (Sri Aurobindo Ashram), 1970.
——————, *Sri Aurobindo: Some Aspects of His Vision*, Bombay (Bharatiya Vidya Bhavan), 1977.
ROLLAND, Romain, *Prophets of the New India*, Bombay, 1928.
SATPREM, *Sri Aurobindo o la aventura de la consciencia*, Barcelona (Obelisco), 1984.
——————, *Madre, el materialismo divino* (I), Madrid (Edaf), 1993.
——————, *Mother or the New Species* (II) [1976], Nova York (Institute for Evolutionary Research), 1983.
TRÍAS, Eugenio, *Pensar la religión*, Barcelona (Destino), 1997.
SINGH, Karan, *Prophet of Indian Nationalism*, Bombay (Bharatiya Vidya Bhavan), 1991.

WASHBURN, Michael, *The Ego and the Dynamic Ground*, Nova York (SUNY), 1995.

WILBER, Ken, *Los tres ojos del conocimiento*, Barcelona (Kairós), 1991.

―――――, *Up from Eden*, Londres (Routledge and Kegan Paul), 1983 (trad. espanhola em Kairós).

―――――, *A Sociable God*, Boulder e London (Shamballa), 1984 (trad. espanhola em Kairós). [*Um Deus Social*, publicado pela Editora Cultrix, São Paulo, 1987.]

Yoga Vasihtha, Madrid (Etnos-Indica), 1995 (trad. espanhola em E. Ballesteros).

NOTAS

1. Sri Aurobindo, *On Himself*, Pondicherry (Sri Aurobindo Ashram), 1972, p. II.
2. Sobre Rammohan Roy, ver Wilhelm Halbfass, *India and Europe: An Essay in Understanding*, Nova York (SUNY), 1988, especialmente cap. 12.
3. Sobre esses e outros detalhes, consultar: A. B. PURANI, *The Life of Sri Aurobindo*, Pondicherry (Sri Aurobindo Ashram), 1964; K. R. Srinivasa IYENGAR, *Sri Aurobindo: A Biography and a History*, Pondicherry (Sri Aurobindo International Centre of Education), 1985. Uma biografia recente, curta e atualizada é a de Peter HEES, *Sri Aurobindo. A Brief Biography*, Delhi (Oxford University Press), 1993.
4. Como se sabe, as diferenças de idade entre os noivos eram comuns na Índia. Sem precisar ir mais longe, lembre-se o caso de Sri Ramakrishna. Sobre costumes e anedotas da Índia durante a primeira metade do século XX, continua sendo bastante esclarecedor o livro de Alexandra DAVID-NEEL, *La India en que viví*, Barcelona (Índigo), 1991.
5. Citado por HEES, *op. cit.*, p. 29.
6. Sri Aurobindo, *Letters on Yoga*, Pondicherry (Sri Aurobindo Ashram), 1972, p. 48.
7. Cf. Sri Aurobindo, *On Himself*, Pondicherry (Sri Aurobindo Ashram), 1972, p. 21.
8. Citado por IYENGAR, *op. cit.*, p. 372.
9. Citado por Romain ROLLAND, *Prophets of the New India*, Bombay, 1928, p. 503.
10. A respeito de sua influência política, ver Karan SINGH, *Prophet of Indian Nationalism*, Bombay (Bharatiya Vidya Bhavan), 1991.
11. Steven H. PHILLIPS, *Aurobindo's Philosophy of Brahman*, Leiden (Brill), 1986, pp. 2 e 181.

12. PURANI, 220.
13. Publicada em francês e inglês, há traduções para o espanhol dos três primeiros volumes. Cf. MADRE, *La Agenda*, Irún (Instituto de Investigaciones Evolutivas).
14. Talvez seja oportuno lembrar as seguintes palavras de Gadamer: "Tradição não significa mera conservação, mas transmissão. A transmissão, porém, não implica deixar o antigo intacto e limitar-se a conservá-lo, mas aprender a concebê-lo e dizê-lo de novo". H. G. GADAMER, *La actualidad de lo bello*, Barcelona (Paidós), 1993, p. 116.
15. Sri AUROBINDO, *The Secret of the Veda*, Pondicherry (Sri Aurobindo Ashram), 1972, p. 61.
16. *Isha, Kena, Katha, Mundaka, Mandukya, Prashna, Taittiriya, Aitareya, Shwetashwatara, Chandogya, Kaivalya y Nilarudra Upanishads*.
17. Sri AUROBINDO, *The Life Divine. A Commentary on the Isha Upanishad*, Calcutá (Sri Aurobindo Pathamandir), 1981.
18. Sri Aurobindo, "The Ishavasyopanishad. With a Commentary in English", "The Secret of the Isha", "Ishavasyam" em *The Upanishads*, Pondicherry (Sri Aurobindo Ashram), 1972, pp. 447-526.
19. "The Philosophy of the Upanishads", *op. cit.*, pp. 1-50.
20. Sri AUROBINDO, *On Himself*, Pondicherry (Sri Aurobindo Ashram), 1972, p. 126.
21. Sri AUROBINDO, *Letters on Yoga*, Pondicherry (Sri Aurobindo Ashram), 1972, p. 92.
22. *On Himself*, p. 135.
23. *Letters on Yoga*, p. 605.
24. Sri AUROBINDO, *The Synthesis of Yoga*, Pondicherry (Sri Aurobindo Ashram), 1972. Citarei como SY.
25. Em carta a um discípulo, disse: "O Veda e o Vedanta são uma parte da Verdade Una; o Tantra, com sua ênfase na *Shakti*, é outra. Neste *yoga*, adotamos todos os aspectos da Verdade, não nas formas sistemáticas que lhes foram dadas antes, mas em sua essência, para alçá-los a seu significado mais pleno e mais elevado". *Letters*, p. 73.
26. Ver o livrinho intitulado *La Madre*, Buenos Aires (Kier), 1979, ou Barcelona (Centro Sri Aurobindo), 1991. Vejamos, por exemplo, o seguinte texto: "A última etapa desse aperfeiçoamento sobrevém quando nos sentimos completamente identificados com a Mãe divina, não mais como instrumentos, agentes, servidores ou seres separados,

mas como criaturas e partes eternas da consciência e poder da divina Mãe. Ela sempre estará em nós e nós sempre estaremos nela; será uma vivência constante, simples e natural, perceber que todos os nossos atos, pensamentos e sentimentos, respiração e movimentos provêm dela e lhe pertencem. Compreenderemos que somos criaturas e energias formadas por ela a partir dela, desprendidos dela e, não obstante, sempre a salvo em seu regaço, ser de seu ser, consciência de sua consciência, poder de seu poder, Ananda de seu *Ananda*. Quando alcançamos essa condição e as energias supramentais dela podem atuar livremente em nós, conseguimos a perfeição nas obras divinas. O conhecimento, a vontade, a ação se tornam seguros, simples, luminosos, espontâneos, plenos, ou seja, transformam-se numa corrente que emana do Supremo, num divino movimento do Eterno". Kier, p. 22.

27. Arthur AVALON, *Shakti and Shakta*, Madras (Ganesh & Co.), 1951; *Principles of Tantra*, Madras (Ganesh & Co.), 1952; *The Serpent Power*, Madras (Ganesh & Co.), 1972. Há tradução espanhola pela editora Kier.
28. "Quem quiser compreender a prática em profundidade deverá iniciar-se com um *guru* autêntico, possibilidade hoje muito remota para um ocidental. O tantrismo ensinado por gurus "nova era", como Bhagwan (Osho) Rajneesh, parece-se muito pouco com o genuíno", afirma C. FEUERSTEIN, *Sagrada sexualidad*, Barcelona (Kairós), 1994, p. 158. Do mesmo Feuerstein, há observações interessantes sobre o Tantra clássico e contemporâneo em *Yoga, the Technology of Ecstasy*, Los Angeles (Jeremy P. Tarcher), 1989; *Holy Madness: The Shock Tactics and Radical Teachings of Crazy-Wise Adepts, Holy Fools, and Rascal Gurus*, Nova York (Paragon House), 1993.
29. *On Himself*, p. 109.
30. É também, de maneira significativa, o título de uma das obras de A. A. BAILEY, *La consciencia del átomo*, Buenos Aires (Lucis Trust/Kier), 1978.
31. Um dos intérpretes atuais dessa tradição afirma: "Uma das poucas pessoas, nos tempos modernos, que soube apreciar plenamente a grandeza de uma transformação divina da humanidade foi Sri Aurobindo. Enquanto a maioria dos *pandits* e líderes religiosos ortodoxos da Índia sempre consideraram os escritos dos *Siddhas*, com suas pretensões à imortalidade física, um mero produto da imaginação, Sri Aurobindo tentou durante quarenta anos realizar esse estado. Embora jamais proclamasse fazer parte da Tradição dos 18 *Siddhas*, é evidente

que as experiências transformadoras de Thirumoolar, Ramalinga, Aurobindo e a Mãe eram todas da mesma natureza. Suas descrições contemporâneas nos podem ajudar a bem apreciar as afirmações dos *Siddhas*". M. GOVINDAN, *Babaji and the 18 Siddha Tradition*, Montreal (Kriya Yoga Publications), 1991, p. 135.

32. "A evolução espiritual obedece à lógica de um desenvolvimento sucessivo; só se pode dar um passo importante quando o passo anterior foi suficientemente conquistado; e, se certas etapas menores podem ser passadas por alto devido a uma ascensão rápida e brusca, a consciência tem que se virar para trás a fim de constatar se o terreno saltado foi devidamente acrescido à nova condição". *LD*, pp. 931-32.

33. Examinei com mais detalhes as semelhanças das análises do ego em Sri Aurobindo e nas psicanálises freudiana e lacaniana em *Experiencia yóguica y antropología filosófica*, Barcelona (Fundación Sri Aurobindo), 1994.

34. Um exemplo famoso dessa identificação do ego com a mente e sua redução a processos mentais aparece no *Yoga Vasihtha*, Madrid (Etnos-Indica), 1995.

35. Cf., para essa questão, um dos autores representativos do enfoque transpessoal, Michael WASHBURN, *The Ego and the Dynamic Ground*, Nova York (SUNY), 1995. Trad. espanhola em Kairós, 1997.

36. Sri AUROBINDO, *Letters*, p. 278.

37. Vale lembrar que Sri Aurobindo estabeleceu em certas ocasiões uma relação entre sua noção do Supramental e o *Vijñana* da tradição védica, embora mais tarde se identificasse com *buddhi*. Cf. Amal KIRAN, *Aspects of Sri Aurobindo*, Waterford (The Integral Life Foundation), 1995, pp. 175-76.

38. Embora a tradução literal de *psychic* seja "ser psíquico", forma com que aparece na literatura espanhola sobre o tema, prefiro traduzir o vocábulo como "ser anímico" por várias razões: *a)* porque se identifica com uma das acepções da noção de "alma" (*soul*) no próprio Sri Aurobindo; *b)* porque os termos relacionados ao "psíquico" têm acepções geralmente aceitas que diferem entre si e até geram confusão com respeito ao assunto aqui tratado. De modo especial, o psíquico se relaciona ora com o psicológico não espiritual na psicologia contemporânea, ora com o sensível, o astral, o mediúnico etc., no ocultismo, na parapsicologia etc.

39. Sri AUROBINDO, *Letters*, p. 265.
40. M. P. PANDIT, *The Yoga of Transformation* (Dipti Publications), 1989, pp. 9-15; traduzido em *Sâvitri*, Barcelona (Fundación Centro Sri Aurobindo), nº 18, ano 1996, pp. 116-20. A tradução aqui realizada por Cristina Menal é boa.
41. Desenvolvido por Vicente MERLO, *La reencarnación en la historia de las religiones y en la historia de la cultura actual*, Barcelona (Cims), 1997.
42. Seria o caso de determinar até que ponto essa tríade condiz com uma certa interpretação da Trindade do cristianismo, correspondendo a Transcendência ao Silêncio primordial do Pai inefável, cuja face ninguém conhece; a Individualidade, ao Filho como palavra emanada do Silêncio, como Consciência ou Eu crístico que constitui nossa realidade mais íntima; e a Universalidade da consciência cósmica, ao Espírito Santo, Sopro divino, equivalente homeomórfico da *Shakti* original.
43. Sri AUROBINDO, *LD* 351-52; apoiei-me na tradução da Kier, a única publicada em espanhol, mas modifiquei algumas expressões; ver *La Vida Divina* (3 vols.), Buenos Aires (Kier), 1971, vol. II, p. 58.
44. "Em si mesmos, esses são graus da energia-substância do Espírito; não se deve supor que o fato de distingui-los segundo seu caráter predominante e sua força de conhecimento implique serem simplesmente um método de conhecimento, uma faculdade ou poder cognitivo; são esferas do ser, graus da substância e energia do ser espiritual, campos da existência que constituem outros tantos níveis da Consciência-Força universal, a qual se forma e se organiza a si mesma num *status* superior." *LD*, p. 938.
45. É a ideia que Ken Wilber mais empregou em seus estudos comparativos de psicologia transpessoal, embora estabelecendo correlações de validade um tanto duvidosa.
46. "Quando os poderes de qualquer grau descem completamente para nós, são afetados não apenas nosso pensamento e nosso conhecimento, mas também a substância e o próprio núcleo do nosso ser e da nossa consciência. Todos os seus estados e atividades são tocados e penetrados, podendo passar por remodelação e transmutação completa. Cada etapa dessa ascensão constitui, portanto, uma conversão geral — se não total — do ser a uma nova luz e poder de uma existência mais plena." *LD*, p. 938.

47. Pode-se ver aqui uma prefiguração da importante distinção tematizada por Ken Wilber sob a chamada "falácia pré/trans", isto é, a confusão entre o pré-pessoal e o transpessoal. Cf. Ken WILBER, *Los tres ojos del conocimiento*, Barcelona (Kairós), 1991, cap. 6.
48. "Se considerarmos os Poderes da Realidade como outras tantas Divindades, diremos que a Sobremente libera milhões de divindades para a ação, cada um com o poder de criar seu próprio mundo, cada mundo capaz de relação, comunicação e intercâmbio com os outros. Nos Vedas, encontramos diferentes formulações da natureza dos deuses: diz-se que todos são a Existência Una, à qual os sábios dão nomes diversos. Todavia, cada deus é adorado como se fora essa Existência, cada deus são todos os outros deuses ao mesmo tempo ou os contém em seu ser. Mas, ainda assim, cada qual é uma divindade distinta que às vezes atua em uníssono com outras divindades, outras em oposição a divindades da mesma Existência." *LD*, 280.
49. "Quando a Sobremente desce, cessa o predomínio do sentido-do-ego centralizador, que fica inteiramente subordinado, perdido na amplitude do ser e, por fim, é abolido. Uma ampla percepção cósmica, o sentimento de um eu universal ilimitado e um movimento da mesma ordem o substituem. Muitos movimentos que antes eram egocêntricos podem, contudo, continuar, mas como correntes ou ondas na vastidão cósmica." *LD*, 950.
50. "Na transição para a Supermente, essa ação centralizadora se volta para a descoberta de um indivíduo verdadeiro que substitua o ego morto, um ser que seja um em essência com o Ser supremo, um em extensão com o universo e, contudo, funcione também como centro cósmico e circunferência da ação especializada do Infinito." *LD*, 951-52.
51. "É quase impossível dizer o que é a supermente na linguagem da Mente, mesmo da Mente espiritualizada, pois se trata de uma consciência completamente diversa, que age a seu modo. O que se disser talvez vá ser mal compreendido e polemizado. Só quando a alcançamos conseguimos dizer o que ela é, mas isso ocorre apenas depois de um longo processo pelo qual a Mente, elevando-se e iluminando-se, se converte em Intuição pura e se funde com a Sobremente. Então, a sobremente pode alçar-se e confundir-se com a supermente, sofrendo uma transformação." *Letters*, pp. 259-60.

52. "Tiro a expressão do Rig Veda, *rta-cit*, que significa a consciência da verdade essencial do ser (*satyam*), da verdade ordenada do ser ativo (*rtam*) e do vasto autoconhecimento (*brhat*), único no qual essa consciência é possível." *LD*, 117.

53. "Para além do plano supramental da consciência, que é um passo intermediário entre a sobremente e a mente, por um lado, e a completa experiência de *Sachchidananda*, por outro, encontram-se as grandes culminâncias do Espírito manifestado: aqui, a existência não se baseia na determinação do Um na multiplicidade, mas manifesta, única e simplesmente, uma identidade pura na unidade." *LD*, 320.

54. Ver, a esse propósito, um dos capítulos mais densos e filosoficamente importantes de *The Life Divine* (entre os acrescentados em 1939 ou 1940), justamente com o título de *"Brahman, Purusha, Ishwara; Mâyâ, Prakriti, Shakti"*. *LD*, pp. 322-64.

55. De modo mais completo: "A Supermente suprema e universal é a Luz ativa e o *Tapas* do Eu supremo e universal como Senhor e Criador, aquilo que no *Yoga* se chama Sabedoria e Poder divinos, o conhecimento e a vontade eternos do *Ishwara*". *SY*, 763.

56. Caberia refletir aqui tanto sobre a postura hegeliana adotada na etapa da fenomenologia do Espírito, onde "a Razão se reconhece como a realidade total", quanto sobre a crítica heideggeriana ao pensamento representativo e sua busca de um pensar essencial, talvez bem mais próximo desse "conhecimento-por-identidade".

57. Mencionarei, de passagem, as "determinações fundamentais" de cada um dos aspectos do *Brahman Saccidananda*. Se, depois da inefável Indeterminabilidade (ou melhor, Inexaustibilidade) do Absoluto é possível expressar nossa primeira compreensão dele em termos de *Sat-Chit-Ananda*, como determinação inicial tríplice-una, o passo seguinte mostrará as determinações fundamentais de *Sat* (*Atman, Purusha* e *Ishwara*), as de *Chit* (Conhecimento e Vontade) e as de *Ananda* (Amor, Gozo e Beleza). Cf. *LD*, 314 ss.

58. Cf. V. MADHUSUDAN REDDY, *The Vedic Epiphany*, Hyderabad (Institute of Human Studies), 1991.

59. Também a Mãe, na *Agenda*, relata algumas de suas experiências com seres supramentais (cf. o epílogo, "Mãe"). Também não faltam testemunhos ainda mais recentes, dignos de consideração, de pessoas que narram suas visões e relações com seres do plano supramental. Penso

no caso da pessoa conhecida como Mãe Meera, cf. V. Merlo, "Testigos de la Luz Supramental", *Sâvitri*, nº 16, vol. X, Barcelona (Fundación Sri Aurobindo), 1994, pp. 72-9.

60. "O mais alto centro organizado de nosso ser encarnado e de sua ação no corpo é o centro mental supremo, representado pelo símbolo yogue do lótus de mil pétalas, *sahasradala*: por cima dele é que ocorre a comunicação direta com os níveis supramentais. É, pois, possível adotar um método diferente e mais direto [...] e recebê-lo todo mediante uma espécie de descida da qual nos damos conta não apenas espiritualmente, mas também fisicamente. O *Siddhi* ou realização plena desse movimento só se produz quando somos capazes de colocar o centro do pensamento e da ação consciente em cima do cérebro físico, sentindo que ele continua no corpo sutil. Se conseguirmos pensar, não mais com o cérebro, e sim a partir de cima e de fora da cabeça do corpo físico, teremos aí um sinal concreto e seguro da libertação das limitações da mente física. Embora isso não vá acontecer de súbito nem trazer por si mesmo a ação supramental, já que o corpo sutil é mental e não supramental, trata-se não obstante de uma mentalidade sutil e pura, que facilita a comunicação com os centros supramentais." *SY*, 774-75.

61. "A *gnose* é, enquanto tal, conhecimento salvador ou salvífico [...] É, pois, um conhecimento que só pode ser atualizado ao preço de um novo nascimento, um nascimento espiritual. Esse conhecimento comporta um caráter sacramental. Desse ponto de vista, a ideia de *gnose* é inseparável da de conhecimento místico." H. CORBIN, *En Islam Iranien: aspects spirituels et philosophiques* (tomo I), Paris (Gallimard), 1971, p. XV.

62. Recordemos estas belas e profundas palavras do fundador da fenomenologia: "O mundo é este, nenhum outro teria sentido algum para nós; na *epojé*, este mundo se converte em fenômeno e o que resta não é uma multiplicidade de almas separadas, cada qual reduzida à sua pura interioridade, mas o seguinte: assim como existe uma única natureza universal à maneira de conexão unitária fechada em si mesma, assim existe uma única conexão anímica de todas as almas, não unidas externamente, mas internamente, a saber, por meio do entrelaçamento intencional da associação de suas vidas". E. HUSSERL, *La crisis de*

las ciencias europeas y la fenomenología transcendental, Barcelona (Crítica), 1991, p. 266.
63. R. ABELLIO, *La fin de l'ésotérisme*, Paris (Flammarion), 1973, pp. 71-2. Entre as outras obras mais relevantes de Abellio, destacamos: *La Bible, document chiffré* (2 vols.), *Vers un nouveau prophétisme* e *La structure absolue*, todas pela Gallimard, Paris.
64. Ver, por exemplo, o último capítulo de *Letters on Yoga*, pp. 1731-775.
65. As duas obras estão reunidas em Sri AUROBINDO, *Social and Political Thought*, Pondicherry (Sri Aurobindo Ashram), 1972. Há tradução espanhola de *The Human Cycle* pela Plaza y Janés. Observe-se o erro no frontispício, onde figura o título "El ideal de la unidad humana", sem texto correspondente no corpo do livro.
66. Sobre Kurt Lamprecht, consultar E. CASSIRER, *El problema del conocimiento*, México (Fondo de Cultura Económica), 1974, vol. IV, pp. 336-50.
67. Leve-se em conta que o título original dessa obra era *La psicología del desarrollo social*.
68. Também interessante é a comparação com a filosofia da história esboçada por Ken Wilber, sobretudo em *Up from Eden* e, mais recentemente, na *Trilogía sobre el Kosmos*.
69. Preferi traduzir assim o termo inglês empregado, *typal*, na falta de outro melhor, em concordância com a lógica deduzida do termo mais comum "*arche-typal*", traduzido como "arquetípico". Também se poderia, para evitar o termo "típico", criar o neologismo "tipal" — mas, então, a emenda sairia pior que o soneto.
70. Com respeito a Hegel, J. Hippolite reconhece na noção de *Volkgeist* "uma das ideias fundamentais do hegelianismo, a base de sua futura filosofia da história". Mais exatamente: "O espírito de um povo é, por si mesmo, uma realidade espiritual original dotada de caráter único e, por assim dizer, indivisível [...] O espírito de um povo não se opõe aos espíritos individuais; dá-se, ao contrário, uma harmonia necessariamente preestabelecida entre eles: o indivíduo não se realizaria de todo a não ser participando daquilo que o ultrapassa e o expressa na família, na cultura, na nação. Só assim o indivíduo é livre". J. HIPPOLITE, *Introducción a la filosofía de la historia*, Buenos Aires (Caldén), 1970, p. 24.
71. Ver, a esse respeito, Maggi LIDCHI-GRASSI, *The Light that Shone into the Dark Abyss*, Pondicherry (Sri Aurobindo Ashram), 1994. É interessante observar a coincidência, na análise esotérica do nazismo, entre Sri

Aurobindo e vários autores de destaque no campo do esoterismo; ver, por exemplo, o diagnóstico de A. A. BAILEY, *La exteriorización de la Jerarquía*, Buenos Aires (Lucis Trust/Kier), 1974: "Em setembro de 1939, a malignidade suprema se desencadeou sobre a Terra [...] O mal desenfreado tomou posse do planeta, a partir das nações do Eixo [...] Vale lembrar que, se essa guerra se parecesse com outras ocorridas no transcurso dos séculos, sendo simplesmente uma luta entre grupos e nações, a Hierarquia teria permanecido à margem do conflito e deixado ao gênero humano a tarefa de decidir a vitória segundo o mérito dos combatentes. Dessa vez, porém, havia algo mais envolvido e a Hierarquia não o ignorava [...] A Hierarquia sabia que forças extremamente poderosas se aproveitavam da estupidez humana a fim de intrometer-se nos assuntos dos homens e que grupos poderosos de seres malignos se organizavam para explorar a situação mundial vigente. Sabia também que a combinação do mal antigo com o egoísmo dos homens seria inevitavelmente forte demais até para as Nações Unidas, caso estas não recebessem ajuda para enfrentar as Potências do Eixo e os Senhores do Mal que ali surgiram. A Hierarquia se pôs do lado das nações aliadas e fê-lo saber. Isso posto, tomaram-se medidas físicas precisas para auxiliar as forças da Luz; escolheram-se cuidadosamente os homens e os dirigentes, enquanto os discípulos eleitos eram instalados em postos de poder e autoridade" (p. 394). Assim como Sri Aurobindo se afastou do pacifismo de Gandhi, insistindo na necessidade de combater abertamente ao lado dos Aliados e das forças da Luz, Bailey também afirmava: "O trabalho [...] foi muito prejudicado pelo sentimentalismo melífluo dos cristãos irrefletidos e dos pacifistas bem-intencionados, mas às vezes ignorantes. Ambos os grupos teriam sacrificado o porvir da humanidade com seus simples métodos de 'não ofender', 'ser bondosos' ou tomar medidas paliativas. As forças do mal que assoberbam hoje o mundo não entendem tais medidas [...] Além de amparar as forças da Luz e subtrair a humanidade ao mal que descera sobre ela, a Hierarquia se dedicou a atividades que não podem ser reveladas porque se relacionam com a manipulação das forças subjetivas do mal" (p. 396).
72. K. D. SETHNA, *Sri Aurobindo — The Poet*, Pondicherry (Sri Aurobindo International Centre of Education), 1970.
73. Sri Aurobindo, *Collected Poems*, Pondicherry (Sri Aurobindo Ashram), 1972, p. 146.

74. M. HEIDEGGER, *De camino al habla*, Barcelona (Serbal), 1992.
75. M. HEIDEGGER, *Hölderlin y la esencia de la poesía*, Barcelona (Ánthropos), 1994. "A poesia de Hölderlin mantém constante a determinação poética de poetizar a essência da Poesia. Hölderlin é, pois, para nós, num sentido excepcional, o *poeta da Poesia*" (p. 20).
76. "Selected Letters on Sâvitri", Sri Aurobindo, *Sâvitri*, Pondicherry (Sri Aurobindo Ashram), 1972, p. 729.
77. Sri Aurobindo, *Future Poetry*, Pondicherry (Sri Aurobindo Ashram), 1972, Apêndice III, p. 279.
78. Para um estudo recente da questão, consultar Harvey P. Alpert (org.), *Understanding Mantras*, Delhi (Motilal), 1991.
79. "Os Seres Celestiais cuidam tanto de não nos ferir!/ Frágil vaso não poderia contê-los por muito tempo,/ Pois só por pouco o homem suporta os excessos divinos." Cf. o final da citada conferência de Heidegger sobre Hölderlin.
80. "A arte só é arte como afirmação plena (no *hic et nunc* de um instante-eternidade) de um mundo ao mesmo tempo presente e transfigurado. Faz isso, em suas melhores intervenções, de modo fugaz, pois essa afirmação se aplica à suprema fragilidade do instante. Mas a arte, quando é arte, banha o instante na auréola do sagrado." E. TRÍAS, *Pensar la religión*, Barcelona (Destino), 1997, p. 119.
81. A. B. PURANI, *Sri Aurobindo's Sâvitri. An Approach and a Study*, Pondicherry (Sri Aurobindo Ashram), 1970. Citado em Sri AUROBINDO, *Sâvitri: Una leyenda y un símbolo* (Primeira Parte, Livro I), Barcelona (Fundación-Centro Sri Aurobindo), 1997, p. 3. Enfim, podemos ler em espanhol pelo menos os cinco "Cantos" que constituem o Livro I de *Sâvitri*. A tradução é de Kevala.
82. Cf. Sethna, *op. cit.*, cap. 4.
83. Sethna, *op. cit.*, p. 150.
84. Esse epílogo reproduz as palavras pronunciadas, em comemoração do 23º aniversário do *mahasamâdhi* da Mãe, na Fundação-Centro Sri Aurobindo, Barcelona, a 17 de novembro de 1996.
85. Satprem, *Madre, el materialismo divino* (I), Madrid (Edaf), 1993, p. 83.
86. M. P. PANDIT nos lembra as relações de Theon com a Sociedade Teosófica, que estava então no auge; M. P. PANDIT, *Commentaries on the Mother's Ministry* (3 vols.), Pondicherry (Sri Aurobindo Ashram), 1983, vol. III, p. 124.

87. Eis aqui outros dados de seu mapa para os interessados. Nasceu a 21 de fevereiro de 1878 em Paris, às 9h30min. Ascendente no 2º de Touro com Plutão no 24º do mesmo. Também no signo da Terra, mas na casa XII, estão Netuno (5º) e Marte (13º). Lua está no 27º de Libra, em trígono com o Sol e este em oposição a Urano (27º de Leão); Vênus (2º23') bem perto do Sol (2º29'). Júpiter na casa X a um grau do MC. Mercúrio também na casa X, em Aquário, e Júpiter em Capricórnio.
De Sri Aurobindo, direi apenas que era de Leão, ascendente em Leão, com um grande trígono de Fogo e outro de Água.

88. "Depois de cada Darshan, começávamos a contar os dias que faltavam para o próximo, pois cada ocasião significa que o Eterno e sua *Shakti* se aproximam de nós, constituindo assim um marco em nossas vidas. À medida que a data se aproxima, nossos dias ficam mais brilhantes e na véspera do *Darshan* todos os rostos estão radiantes, estampando doces sorrisos [...] Aonde quer que vás, não importa quem encontres, só se fala de uma coisa: o *Darshan* do *Guru* durante um ou dois minutos... um momento eterno." NIRODBARAN, *Twelve Years with Sri Aurobindo*, Pondicherry (Sri Aurobindo Ashram), 1988, p. 1.

89. Sri Aurobindo, *On Himself*, Pondicherry (Sri Aurobindo Ashram), 1972, p. 455.

90. Satprem, *Mother or the New Species* (II), 1976, Nova York (Institute for Evolutionary Research), 1983, p. 46.

91. Ocupei-me desse assunto a propósito de experiências recentes de Satprem e Mãe Meera em "Testigos de la luz supramental", *Sâvitri*, nº 16, vol. X, Barcelona (Fundación Sri Aurobindo), 1994, pp. 72-9.

92. Com mais frequência a Mãe falou da morada de Sri Aurobindo no nível físico-etérico. M. P. Pandit, retomando suas palavras, comenta: "Sri Aurobindo veio com uma missão. Trabalhou para fazer descer e estabelecer na Terra o Poder Supramental, com o fim de possibilitar uma eventual transformação da vida humana em vida divina. Deixou o cenário físico quando as circunstâncias exigiram uma mudança em sua base de operações. Não obstante, continua trabalhando para levar a termo sua obra no mundo físico-sutil. Permanece em contato com todos os movimentos importantes na Terra e participa, direta e indiretamente, do processo de evolução da Terra rumo à próxima e já decretada etapa de divinização. A Mãe afirma que muitos dos que colaboraram com Sri Aurobindo e deixaram o cenário terrestre em uma ou outra fase estão

ali com ele, aguardando a próxima chamada, como por exemplo Purani [...]". PANDIT, *op. cit.*, vol. II, p. 90.
93. Como não evocar aqui os versos da Isha Upanishad, que dizem: "Imóvel, o Uno é mais rápido que a mente [...] Parado, se avantaja aos que correm?" [4]. "Move-se e não se move. Está longe, está perto. Está dentro de tudo isto, mas fora disto tudo" [5]. *Upanishads*, trad. de Daniel de Palma, org. Siruela, 1995.
94. A Mãe explicou o *mantra* da seguinte maneira: "A primeira palavra representa a invocação suprema, a invocação do Supremo. A segunda representa a doação total de si, a submissão perfeita. A terceira representa a aspiração, aquilo que a manifestação há de ser: o Divino."

Edições Loyola

impressão acabamento
rua 1822 nº 341
04216-000 são paulo sp
T 55 11 3385 8500
F 55 11 2063 4275
www.loyola.com.br

HARPAS ETERNAS – 2

Josefa Rosalía Luque Alvarez
(Hilarião de Monte Nebo)

HARPAS ETERNAS – 2

Tradução
HÉLIO MOURA

Cotejada com os originais por
MONICA FERRI
e
HUGO JORGE ONTIVERO

Editora
Pensamento
SÃO PAULO

Título original: *Arpas Eternas*.

Copyright © FRATERNIDAD CRISTIANA UNIVERSAL
Casilla de Correo nº 47
C.P. 1648 – Tigre (Prov. Buenos Aires)
Republica Argentina.
http://www.elcristoes.net\fcu

Copyright da edição brasileira © 1993 Editora Pensamento-Cultrix Ltda.

1ª edição 1993.

17ª reimpressão 2024.

Todos os direitos reservados. Nenhuma parte deste livro pode ser reproduzida ou usada de qualquer forma ou por qualquer meio, eletrônico ou mecânico, inclusive fotocópias, gravações ou sistema de armazenamento em banco de dados, sem permissão por escrito, exceto nos casos de trechos curtos citados em resenhas críticas ou artigos de revistas.

A Editora Pensamento não se responsabiliza por eventuais mudanças ocorridas nos endereços convencionais ou eletrônicos citados neste livro.

Direitos de tradução para a língua portuguesa
adquiridos com exclusividade pela
EDITORA PENSAMENTO-CULTRIX LTDA.
Rua Dr. Mário Vicente, 368 – 04270-000 – São Paulo, SP – Fone: (11) 2066-9000
E-mail: atendimento@editorapensamento.com.br
http://www.editorapensamento.com.br
que se reserva a propriedade literária desta tradução.
Foi feito o depósito legal.

Sumário

O Santuário do Tabor 7
Jhasua e Nebai 18
Nas Margens do Orontes 48
O Arquivo de Ribla 76
O Sacrifício de Chrisna 88
As Escrituras do Patriarca Aldis 106
Nazareth 128
O Papiro 79 138
O Diário 158
Na Samaria 176
Jhasua aos 20 Anos 196
As Escrituras do Rei Salomão 229
Na Cidade de Alexandria 240
No Vale das Pirâmides 252
O Pranto de um Escravo 276
De Volta à Palestina 288
Jhasua em Jerusalém 304
A Caminho do Cume 322
No Santuário do Moab 340

AGRADECIMENTOS

A Hélio Moura, pela grande sensibilidade e pelo extremo cuidado com que se dedicou à tradução desta obra.

A Hugo Jorge Ontivero e a Monica Ferri, pela solicitude e zelo com que, de sua parte, colaboraram para o aparecimento desta edição.

O Santuário do Tabor

Os Anciãos, inteirados, por sua parte, do que ocorria a Jhasua em relação a seus familiares, que não viam com bons olhos sua intromissão nas circunstâncias dolorosas de seus protegidos, aproveitaram a oportunidade para obter mais facilmente o consentimento de Joseph para uma nova permanência de Jhasua no Santuário do Tabor.

Desta vez, sua mãe desprendeu-se dele com menos dor, pois, graças às razões conhecidas, via o filho padecer intimamente por não ser compreendido e interpretado pela própria família.

Sua nova estada no Santuário mais próximo traria tranqüilidade a todos, até que o adolescente pudesse agir com responsabilidade plena de seus atos.

Jhasua sofreu uma dolorosa sacudidela interna no primeiro momento, em virtude do profundo carinho que sentia por todos os seus protegidos, a quem sua partida deixaria no maior abandono.

Entretanto, sua mãe, a avó Ruth e o Hazzan da sinagoga tiraram-no imediatamente dessa dolorosa preocupação com a formal promessa de não se descuidarem de todos aqueles que seu coração amava.

Seis dias depois, Jhasua seguia com os Anciãos ao Tabor, para onde seguiremos também nós, leitor amigo, aí ficando durante todo o tempo de sua permanência.

Podemos dizer que ali se realizou o segundo período de instrução e educação espiritual do futuro Mestre da Humanidade.

O Santuário do Tabor resplandecia então com a claridade fulgurante das Grandes Inteligências reunidas ali pela Fraternidade Essênia para estarem no maior contato possível com o Verbo Divino Encarnado.

Um avantajado ateniense, pertencente à velha escola de Sócrates e de Platão, que chegara de Chipre para o Carmelo há quatorze anos e cujo nome era Harmódio, encontrava-se no Tabor juntamente com alguns Anciãos vindos do Monte Hermon e alguns alunos da antiga e ilustre Escola de Alexandria.

Ingressados na Fraternidade Essênia em épocas distintas, formavam como que um Liceu ou Fórum, dedicado a coligir, nos campos das Verdades Eternas, a parte mais elevada e sublime que mentes humanas houvessem concebido e compreendido.

Estiveram disseminados nos vários Santuários que a Fraternidade Essênia possuía, e fazia somente cinco anos que esses preclaros pesquisadores se haviam reunido no Monte Tabor, e assim, ficando a pouca distância de Nazareth, poderiam, com suma facilidade, estar em contato com o Verbo Encarnado.

Em Alexandria, luminar do mundo civilizado desde a época do primeiro Faraó da dinastia dos Ptolomeus, três séculos antes, achava-se recolhida em seu célebre Museu-Biblioteca toda a sabedoria dos antigos Kobdas.

A célebre cidade de Alexandre Magno, fundada sobre as grandiosas ruínas de Neghadá – a cidade sagrada dos Kobdas – derramava fulgores soberanos há três centúrias.

A ela dirigiam seus olhares todos os homens que tinham escapado à bestial sedução da orgia, do prazer nos domínios de Baco, ou da profusão de sangue e torturas físicas nas arenas do Circo Romano.

Alguns antigos Essênios do Moab e do Hermon haviam estado ali, contratados como escribas ou copistas, e tinham-se abeberado a fundo na elevada Sabedoria dos solitários de túnica azulada, que eram os Kobdas da Pré-História.

Outros haviam estado na Escola dos Montes Suleiman, junto ao Indo, onde Gaspar, príncipe de Srinaghar, compendiara a antiquíssima ciência dos Flâmines, acrescida dos superiores conhecimentos explicados e praticados por Chrisna e pelo Bhuda.

Era, pois, um conjunto de homens dotados de tudo quanto de grandioso, de belo e de verdadeiro podia servir de alimento espiritual para as mais esclarecidas e brilhantes Inteligências.

Foi para esse Fórum ou Liceu, no Santuário do Monte Tabor, que foi levado Jhasua, aos 16 anos de idade, para uma permanência de quarenta luas.

Eram dez os Anciãos que formavam esse Liceu dentro da própria Fraternidade, que os havia impulsionado a isto como um meio de serem mais eficientes no sentido de cooperar com o Verbo Divino para a elevação espiritual e moral da Humanidade.

Em Tiro e Sidon, grandes capitais do reino da Síria, a Fraternidade Essênia, em aliança com os sábios do distante Oriente, havia aberto Escolas de Sabedoria Divina, desde o nascimento do Verbo.

Assim que eles tomaram conhecimento de que Jhasua se achava no Santuário do Monte Tabor, para lá enviaram alguns de seus mais destacados membros.

Os viajantes vindos de Damasco, de Tiro e de Sidon reuniram-se e seguiram juntos a viagem até Tiberias, situada junto ao Lago de Tiberíades ou Mar da Galiléia.

A notícia estendeu-se sigilosamente até o norte, através dos Terapeutas saídos do Monte Hermon, e logo chegou às cidades sírias, nas margens do grande Rio Orontes: Ribla, Cades e Hamath, edificadas nas faldas da Cordilheira do Líbano.

E assim, correndo como uma esteira de luz ou uma rajada suave das brisas galiléias perfumadas de rosas e flores de laranjeira, a notícia chegou também até a populosa cidade de Antioquia.

Embora pagã e idólatra, na grande maioria de seus habitantes, suas condições topográficas a tornavam uma espécie de centro de reunião ou mercado, o mais importante de toda aquela região. Tanto assim que para lá convergiram, mercê de seus negócios, pessoas de toda a Ásia Central, de Tiphsa, sobre o Eufrates, até do distante Oriente.

E, como se a grande Capital, entre o mar e o Orontes, adivinhasse sua futura importância na difusão da doutrina do Cristo, fez jubilosa despedida a um pequeno núcleo de seus filhos, quando anunciaram que partiam da Síria no sentido de assegurar tratados comerciais para o transporte das valiosas madeiras do Líbano, necessárias para as construções que, dia a dia, se levantavam na grande cidade-rainha do Orontes.

Os importantes contratos comerciais não eram outra coisa senão o pretexto para ocultar os verdadeiros motivos que os levavam à Síria, pois, em Sidon, eram esperados pelos membros da Fraternidade Essênia, mãe austera e amorosa que guardava em seu regaço o divino tesouro dos Céus: Jhasua, o Verbo de Deus Encarnado.

Certamente compreenderá o leitor que, para realizar esse movimento, foi necessário todo o primeiro ano em que Jhasua permaneceu no Monte Tabor, porquanto os meios de comunicação e locomoção daquela época eram bastante lentos, por maior que fosse a boa vontade encontrada.

E tanto mais, se levarmos em conta que tudo devia ser feito com a maior cautela e discrição possíveis, em face do grande temor que os Essênios tinham pela intransigência da Judéia. Esta achava-se dominada pelo clero de Jerusalém, erigido em suprema autoridade por certos convênios desde o tempo de Herodes, o Grande, que lhe retribuíra, assim, o direito de poder gozar da usurpação do trono de Israel.

Ainda que tudo isso ficasse fora dos domínios aonde alcançavam as garras daquele odioso pontificado, cuja desastrosa atuação culminou com o suplício e a morte do Cristo, estava, não obstante, sob o legado imperial da Síria, representante do César romano, a quem o ouro dos sacerdotes comprava, quando era necessária, a sua aliança.

Quisemos dar esta ampla informação para que o leitor compreenda o estado de coisas reinante no cenário de ação em que o Cristo desenvolveria sua vida de Missionário-Instrutor da Humanidade.

Alguns cronistas cristãos viram-se acusados de rodear a personalidade do Divino Salvador de fantasias anticientíficas e anti-racionais, desejando fazê-lo aparecer maior perante a Humanidade, incapaz de compreender as obras do Cristo no seu verdadeiro significado.

Nada de tudo isso lhe era necessário para a excelsa grandeza de seu próprio Espírito; grandeza, essa, conquistada através de imensas eras de consagração ao Bem e ao Amor, únicas forças capazes de levantar o Espírito à altura de sua Divina Origem.

Não precisava o Cristo transtornar as leis da natureza, obra perfeita de Deus, que é a Suprema Sabedoria, para fazer-se superior a todas as coisas criadas e dominá-las à sua vontade, dentro do limite marcado para a sua missão de Salvador, Instrutor e Guia da Humanidade terrestre.

Para compreender, pois, o grande Mestre, a partir deste momento a que chegamos nesta narração de sua vida oculta e íntima, temos que reportar-nos, ainda que brevemente, às suas anteriores jornadas messiânicas, visto que, em todas elas, foi acumulando, século após século, os poderes grandiosos, as forças magníficas, que, ao chegar à etapa final, deviam, necessariamente, constituir uma apoteose de generosidade e de amor.

Com seus 16 anos, foi Jhasua o mais jovem aluno do Liceu ignorado e oculto nas grutas do Monte Tabor.

Seus discípulos e seguidores precisaram, anos depois, viver a vida subterrânea das catacumbas para amar e seguir ao grande Mestre, cuja vida, desde seu nascimento até os 30 anos, transcorreria à sombra das grutas essênias, onde, unicamente, se pôde resguardar das ferozes perseguições por parte da Humanidade pela qual viria sacrificar-se.

"O servo não será mais bem tratado do que o seu Senhor, nem o discípulo será mais honrado do que o seu Mestre"... diria ele alguns anos mais adiante, ao anunciar-lhes quanto haveriam de padecer por seguirem seus ensinamentos.

A maioria dos galileus, que o acompanhou até sua morte com delirante entusiasmo, havia-o conhecido e amado na ignorada e humilde Escola do Monte Tabor, que derramou imensa claridade nas Inteligências e predispôs as almas para a imolação e para o sacrifício nos altares do grande ideal que sintetizava toda a Lei: "Amar ao próximo como a si mesmo."

O Monte Tabor possuía as duas maiores grutas da região, uma das quais havia sido ornamentada como Santuário propriamente dito.

Todo o seu adorno consistia em um alto pedestal de pedra negra, sobre o qual estavam apoiadas as Tábuas da Lei, cópia das autênticas existentes no Santuário do Moab, além de doze pedestais menores, em cada um dos quais descansava o livro da vida e os escritos dos doze Profetas, chamados maiores; e, por fim, grandes círios de cera perfumada, colocados sobre pequenos suportes de pedra, e mais as pilastras de água vitalizada para os casos necessários.

A outra gruta maior era arquivo e sala das assembléias espirituais, com armários embutidos na rocha viva, estrados da própria pedra e várias estantes de carvalho para os notários e escreventes. Peles de ovelhas ou de animais selvagens, no inverno, ou esteiras de junco ou de cânhamo, no verão, eram toda a riqueza daqueles recintos destinados à concentração mental e ao estudo.

Essas duas grutas se comunicavam por uma portinha ovalada, tão pequena que dava passagem apenas para um homem.

Num dos lados dessa portinha, as irregularidades da gruta formavam uma espécie de semicírculo bastante pronunciado, sendo seu teto mais baixo que o do resto da gruta. Com algumas cortinas de junco, foi essa reentrância da gruta habilmente separada do restante, de maneira que essa veio a ser a alcova de Jhasua durante todo o tempo que permaneceu no Tabor.

Um pequeno leito de troncos de plátano, tendo a parte superior entrelaçada com cordas de cânhamo, uma pequena poltrona de junco, uma estante com objetos de escrever, um pequeno círio e um cântaro com água, formavam tudo quanto continha a pequena alcova de rocha na qual se refugiava a imensa personalidade do Cristo Salvador dos homens.

– Aqui ficais dono do Santuário e do Arquivo – disse-lhe o Servidor, ao instalá-lo em sua reduzida habitação, pois as grutas restantes, moradas dos demais Anciãos, ficavam algo mais retiradas e como que perdidas nas encruzilhadas e labirintos da montanha.

Os únicos vizinhos mais imediatos da alcova de Jhasua eram Harmódio, o ateniense, o Servidor e um Ancião septuagenário, alexandrino de origem, cujo nome era Tholemi. Harmódio e Tholemi possuíam grandes faculdades espirituais e se haviam aprofundado de tal modo nos campos luminosos da Metapsíquica que as almas humanas eram para eles como livros abertos que podiam ser lidos sem dificuldade alguma.

– Esta vizinhança – disse o Servidor a Jhasua – ser-vos-á muito favorável. Fazei de conta que são para vós como dois irmãos maiores que darão, contentes, a luz de suas lâmpadas para iluminar qualquer sombra que dificultar o vosso caminho.

Quando tudo era quietude e silêncio no Santuário e o canto melancólico e solene do "Miserere" deixara extinguir seus últimos acordes, Jhasua dirigiu-se sozinho para a sua alcova, situada tão perto do Santuário.

Sentado junto à escrivaninha, sobre ela cruzou as mãos e deitou a cabeça no espaldar da cadeira sobre a qual dava a luz amarelenta do círio. De seus olhos claros, que fixavam o teto, deslizaram silenciosamente grossas gotas de pranto, que foram perder-se entre as pregas de sua túnica branca. Enquanto isso, cruzavam em sua mente, em silêncio, ternas e emotivas imagens: sua mãe, com a touca branca e o vestido azul, cantando os salmos da noite, olhando provavelmente com tristeza para o seu pequeno leito vazio; Abigail, a humilde flor silvestre que o fizera voltar à fé em si mesmo, mediante a crueza de sua vida dolorosa de menina órfã; a avó Ruth, para quem ele havia sido um raio de sol na penumbra de sua vida triste pela ausência de seus filhos, já distantes do lar; como, ainda, aquele doloroso grupo de meninos e meninas, anciãos e enfermos desamparados, aos quais seu amor levara uma doce vibração da alegria de viver...

Era esse todo seu mundo desfilando ante ele, entristecido pelo seu abandono.

Por que os havia abandonado? Que buscava ele no Santuário, se ali ninguém necessitava dele? Seria para continuar alimentando a esplendorosa idéia de que era um eleito de Jehová para realizar grandes coisas? Seria para buscar uma grandeza que seu coração rechaçava?

Mergulhado nessas meditações, que lhe inundavam os olhos de pranto e de angústia o coração, não percebeu a branca figura de Tholemi que o contemplava em silêncio da portinha do Arquivo.

– *"Ai de quem está só!..."* diz o livro sagrado, murmurou mansamente o Ancião.

Jhasua voltou a cabeça e sorriu tristemente ao vê-lo.

– Já não o estou desde que chegastes! Entrai – disse o jovem deixando livre a estante. – Sentai-vos aqui, que eu me sentarei sobre o leito.

– Estás pensando – disse o Ancião – *por que estou aqui, se é a hora do silêncio e do sono?* Não é verdade?

– É certo, e não esperava ninguém na minha alcova a esta hora – respondeu.

– O amor vela sempre, meu filho, e, desta vez, ele escolheu, a mim, para demonstrar-te que *os Ungidos do Amor jamais estão sozinhos.*

– Isto quer dizer que me julgais um Ungido do Amor? Por quê?

– Porque amas muito!... imensamente mais do que as outras pessoas!

– Que demonstrações de amor podeis ter de mim? Pois apenas hoje chegastes a conhecer-me.

– Esse pranto que deixou vestígios em tuas faces e círculos violetas ao redor de teus olhos, meu filho, diz mui claramente o quanto padeces por tanto amor.

"A separação de todos os entes amados encheu de amargura o teu coração, e essa amargura transbordou como uma torrente incontível, que já não cabia nas dimensões da tua alma. Não é certo tudo isto, Jhasua?"

– Sim, irmão Tholemi, é exatamente como dizeis; mas não vejo nada de excepcional nisto, pois creio que todos sofrem quando se separam daqueles a quem amam.

– É que, em sua maioria, os homens só amam a si mesmos; mas tu, filhinho, esqueces tuas conveniências, tua paz, teu bem-estar para procurar o conforto e a paz dos demais.

"Há poucos momentos, sentias angústias de morte, pensando em tua mãe que se sentirá só sem ti, em teus protegidos, que se julgarão abandonados sem as tuas ternuras. Sofrias, pois, por eles e não por ti! Não é verdade?

– É realmente assim!

– Em compensação, eles sofrem porque perderam, temporariamente, a tua presença e não sentem a tua ternura, a tua solicitude e a quase infinita suavidade que derramavas sobre eles.

"Quem tem mais amor: Jhasua, aquele que chora pelo bem perdido ou quem chora pela dor dos demais?"

11

— Oh! desde logo se compreende que mais ama quem chora pela dor dos outros.
— Pois assim procedes tu quando choras! Por isso te chamei *Ungido do Amor*.

"Dia chegará em que terás que abandonar-te a esse Amor sem limites nem medida, sem controle nem cautela; e que seja somente ele quem marque os caminhos que deverás seguir. Eu bem sei que esse dia apresentar-se-á diante de ti!...

"Mas, como ele ainda não amanheceu, nós te afastamos temporariamente, porque teu Espírito necessita, em primeiro lugar, conhecer plenamente a si mesmo e tornar-se vigoroso com esse conhecimento.

"Para isso falta apenas recordar e viver, durante algum tempo, o teu passado. Por esta razão é que estás aqui, entre teus velhos amigos das grutas, os únicos que compreenderão teus cambiantes estados de ânimo. Eles te conduzirão a esse elevado plano espiritual onde possas encontrar a ti mesmo e aceitar, com alma serena e inabalável, a enorme carga do teu amor para com os demais.

— "*A enorme carga do meu amor para com os demais*", dissestes — murmurou Jhasua, como se não compreendesse inteiramente o sentido dessas palavras. — De que modo poderá servir-me de carga o meu amor ao próximo, se a Lei diz: "Ama a teu próximo como a ti mesmo?"

— Já o verás, meu filho. Pesada e enorme é a carga do Amor, a mais pesada de todas, ainda que seja também a que mais engrandece o espírito e mais íntima felicidade produz. A Humanidade inteira está pesando sobre ti, meu filho, porque a amas nos deserdados, nos órfãos, nos enfermos e em todos aqueles que padecem.

"Entretanto, como ainda não é hora para que o enorme peso do teu amor destrua a tua vida material, teus velhos irmãos das grutas afastam de vez em quando essa carga e fortalecem teu espírito com um amor que nada pede, que nada quer de ti, a não ser que tenhas paz, alegria e bem-estar espiritual e físico.

— Oh, quão bons sois vós, meus amigos destas grutas! Por que amais de forma diferente da dos outros?

— Porque, tendo andado durante muitos séculos pelos caminhos do amor, devemos ter aprendido a amar através desse mesmo sentimento sem esperar recompensa alguma.

"A Lei Eterna te dá o amor sem egoísmo dos Anciãos de túnicas brancas, para servir de escudo enquanto desenvolves tua personalidade até chegar à plenitude, de tal maneira que, embora o egoísmo humano entorpeça tua vida material e a aniquile, teu EU saia triunfante do egoísmo, da maldade, da vida e da morte.

"Passada a tua apoteose, teus amigos das grutas desaparecerão em penumbra tão densa e tão opaca que muitos perguntarão: Onde estão eles?...

"Estaremos — digo eu — em todos aqueles que saibam amar sem egoísmos. Estaremos presentes como esses perfumes intensos, cujas emanações são percebidas sem que se possa precisar em que lugar caiu a gota que o produz. Compreendes, Jhasua?"

— E por que quereis desaparecer assim? Acaso, não podeis perpetuar a vossa vida e a vossa obra indefinidamente?

— Dentro de poucos anos, terão terminado os períodos messiânicos em suas manifestações materiais no plano físico.

"Seria, pois, erro gravíssimo desejar perpetuar-nos como entidade organizada e materialmente constituída, com a pretensão de conduzir a Humanidade; pois, terminado este período messiânico final, ela não necessitará de novas leis, mas, sim, de cumprir a única Lei que resume todas as outras: 'Amar ao próximo como a si mesmo.'

"Com a conclusão deste período messiânico, chegarão à sua plenitude o livre-arbítrio, a liberdade de consciência e de pensamento; e, depois de ti, teus amigos das grutas estarão certamente em todos aqueles que compreendam e sintam vibrar, em si mesmos, a Lei Divina do Amor Fraterno.

"Se pretendêssemos perpetuar-nos como entidade materialmente organizada, entorpeceríamos a marcha espiritual da Humanidade, pois que, para manter autoridade sobre as almas, teríamos de criar leis repressivas de todas as liberdades humanas, com o que faríamos retroceder a espécie à mais torpe inconsciência, em vez de impulsioná-la a voar para a eterna grandeza de Deus.

"Como se perpetuam as dinastias, os reis, os imperadores? Com a mentira, com o engano, com a falsidade, com a força erigida em direito, e com o crime.

"Teus amigos das grutas, Jhasua, são Ungidos do Amor como tu, e suas vidas serão, daqui por diante, impessoais como a tua, sem trono, sem coroa, sem palácios, sem legiões, sem ordens imperativas sobre as consciências.

"Quando chegar a hora em que a Humanidade saiba que, cumprida a Lei do Amor Fraterno 'Ama a teu próximo como a ti mesmo', cumprida estará toda a Lei, e nem mesmo Deus lhe pedirá nada mais, pois terá atingido a mais alta perfeição a que podem chegar os humanos do Planeta Terra. Compreendes?"

— Não de todo; mas perdoai a minha simplicidade. Por que, distribuída sobre a face de todo o mundo, a Fraternidade Essênia agiria mal, tendo em conta todo o conhecimento de Deus e dos homens que possui?

— Compreendo a tua pergunta, Jhasua, e vou respondê-la. Os Flâmines-Lêmures, que eram como os Essênios, naquelas épocas remotas quando se afundou aquele continente, transladaram-se de ilha em ilha, até chegar ao Continente Asiático, onde, organizados, primeiro como entidade instrutiva e depois sacerdotal, prepararam o cenário em que, séculos mais tarde, atuaria Chrisna, chamado o Príncipe da Paz.

"Eles se empenharam em se organizar materialmente e, depois, em se oficializar, aliando-se, para isto, aos poderes civis. Somente deste modo passaram a ser uma entidade de força, de privilégios e de domínio.

"Os espíritos superiores, conscientes de que haviam tomado o caminho errado, eclipsaram-se na sombra, ficando a entidade em poder dos ambiciosos e egoístas, que viram, assim, um modo fácil de se engrandecer à sombra da já poderosa entidade dos Flâmines.

"Que é que ocorreu então? A espantosa divisão da numerosa população hindu em castas, das quais a primeira, formada dos Brahâmanes (sacerdotes do deus Brahama), tinha o privilégio de viver à custa do esforço de todo o país.

"Ninguém reconheceria, nesses senhores Brahâmanes — donos de vidas e propriedades —, os humildes Flâmines-Lêmures, surgidos em épocas distantes do amor pastoril de Numu, o Deus-Pastor, como o chamavam, e que foram, naquele tempo, o que hoje são os Mestres e os Terapeutas, anjos de piedade e consolo para todos os que sofrem.

"Quando quis perpetuar-se como entidade organizada e oficializar-se também em aliança com os poderes civis, a Fraternidade Kobda, que preparou o campo para o meigo Abel da Pré-História, caiu no mesmo abismo dos Flâmines, e o Pharahome (*homem-farol* dos antigos Kobdas) se transformou, com o tempo, nos despóticos faraós egípcios.

"Com a simples inclinação do dedo indicador para a terra, condenavam, esses últimos, à tortura e à morte um ou muitos seres humanos, sem permitir-lhes defesa alguma, e, quase sempre, para satisfazer caprichos e veleidades de cortesãos ou de cortesãs despeitados, à procura de vingança para curar alguma ofensa.

"Acredita-me, Jhasua, que as Fraternidades de ordem espiritual elevada devem manter-se sempre na penumbra e não buscar jamais perpetuar-se indefinidamente, nem aliar-se com os poderes civis constituídos sobre a força.

"Criadas por um ou por muitos Guias Espirituais com elevadas finalidades, igualmente espirituais, elas não podem descer, sem rebaixar-se, à vulgaridade das forças e dos poderes materiais. Bem se compreende que, para se perpetuarem pela força, é necessário passar por cima da Lei do Amor Fraterno.

"Ali já não pode existir o *'Ama a teu próximo como a ti mesmo'*, porquanto é preciso olhar para a conveniência material da entidade, já organizada sobre bases também materiais, eliminando, destruindo e aniquilando tudo o que se oponha ao seu poderio. Então, uma cadeia espantosa de crimes e de horrores demarca o caminho seguido pela organização, embora nascida do amor e para o amor.

"Compreendes, meu filho, por que os Essênios da época atual sabem que devem eclipsar-se como instituição, para continuar vivendo, através dos séculos, a vida anônima e obscura no plano físico, não obstante ser intensamente ativa no plano espiritual?"

– Oh! sim. Agora o compreendo claramente.

– Dessa maneira quando os humanos virem seres que se deixam matar e resistem a todas as torturas, em vez de renegar sua fé no supremo ideal do amor fraterno, devem pensar que *são os Essênios* que apenas se deixam reconhecer quando é tempo de sustentar o Amor acima da vida e da morte!

– Oh, irmão Tholemi! Como sois sublimes vós, Essênios, no vosso altruísmo e desinteresse! Por isto é que a Humanidade não vos compreende nem, talvez, vos compreenderá jamais.

– Como não compreende a ti, meu filho! Pois, apenas pisando o umbral de teus 16 anos, já saboreaste amarguras intensas por causa da incompreensão humana.

"Já o diziam tuas dores no Templo, aos 12 anos, ao veres convertido o pensamento de Moisés – o transmissor da Lei Divina – em código de matança de animais, o qual, por sua vez, converteu o Templo de oração em mercado público, onde os mercadores lucram com a fé do povo ignorante e enganado. Dizem-no, outrossim, tuas amarguras em Nazareth, onde só pouquíssimas pessoas interpretam acertadamente tua piedade para com os desamparados.

"Mais adiante, Jhasua, necessitarás de todo domínio sobre ti mesmo e de toda a tua força de vontade para não fugires enojado do lodo em que chafurda, contente, grande parte da Humanidade.

"Lodo na adolescência imberbe; lodo na juventude esgotada e já sem ideais que possam reerguê-la para o bem; lodo na idade viril já cansada, aguçando ainda mais a inteligência no sentido de encontrar novos aspectos para sua refinada lascívia; lodo no celibato; lodo no matrimônio, na viuvez, na ancianidade... lodo infernal espalhando-se em todos os seres, Jhasua – anjo branco do delirante sonhar dos Ungidos do Amor, que, enlouquecidos, dirigem a ti seus olhares, dizendo: Homem-Luz, Homem-Amor, salva-nos do lodo que nos afoga!...

"Ainda escutarás espantado que a miséria humana, artificiosamente, coloca nomes ressonantes e até atraentes nas asquerosas perversões luxuriosas com que regozija sua vida! 'São ordens imperiosas da natureza' – dizem –, 'é a alegria de viver', 'são os instintos paternais que se manifestam exuberantes', 'são sonhos amorosos', 'ilusões da felicidade que todo ser anela conquistar', etc., etc.

"Ó meu meigo Jhasua! Ainda é necessário pensar nas vítimas que vão ficando para trás!... as vítimas que jamais deixam de existir ao longo desses caminhos tenebrosos, por onde se lança a Humanidade como um cavalo desenfreado. Então, sim, fica tristemente esquecido o divino pensamento: 'Ama a teu próximo como a ti mesmo.'

"Próximo é a esposa ou o esposo, atraiçoados na sua fé conjugal; próximo é a donzela cuja honra se arrasta pelo muladar; próximos são *os filhos de ninguém*, que brotam como flores doentias no jardim envenenado do vício, e que os ventos da vida levam rodando como folhas secas ao longo dos caminhos!..."

Jhasua, que havia ouvido calado o terrível monólogo do Ancião Tholemi, levantou-se incontinenti e, procurando na gavetinha de sua estante uma das folhas de papiro que ali haviam posto para quando ele quisesse escrever, tomou sua pena de águia e, com caracteres firmes, embora lhe tremesse o coração, escreveu diante do Ancião esta missiva:

"Pai, Mãe, Irmãos:
"Tomei a resolução de não sair jamais deste Santuário do Tabor, onde quero viver e morrer. Podereis vir para me ver quando quiserdes, mas não façais esforços para afastar-me daqui, porque seriam totalmente inúteis. Do mesmo modo que meu primo Johanan vive no Santuário do Monte Quarantana, eu viverei no do Tabor.

"Rogo ao Altíssimo que vos console, se ficardes penalizados com a resolução do vosso humilde servidor – *Jhasua*."

– Lede esta carta – disse, com grande firmeza, ao seu interlocutor – e fazei o favor de despachá-la para Nazareth pela caravana de Tolemaida que passa amanhã ao meio-dia. – E sentou-se novamente em seu leito.

Com os olhos úmidos de emoção, o Ancião estreitou entre seus braços o formoso adolescente, cuja face entristecida o assemelhava a um Adônis de mármore, próximo a chorar por um amor impossível.

– Meu pobre pombinho entristecido por uma rajada sinistra dos furacões da vida!... – disse. – Meu pequeno cervo, assustado por não encontrar água clara para beber nos enganosos jardins da Humanidade!...

"Acredita, meu filho, que, na imensidão de Deus, o justo encontra compensação para todas as suas preocupações, como também o valor e a força para passar por cima do lodo sem manchar sua túnica, tal como a ave do paraíso que, quando os lagos aparecem turvos e agitados, se inclina para beber no cálice branco do nenúfar ou na flor das magnólias: taças de nácar, que guardam a água das chuvas ou o pranto do orvalho.

"Bem compreendo que esta carta é um grito angustioso da tua alma espantada com o que pressente chegar; no entanto, esclareço que ela é prematura e que terás tempo para enviá-la daqui a alguns dias, visto que vais permanecer aqui uma boa temporada.

"Não julgas mais prudente aprofundar-te bastante em todos os conhecimentos que irás receber a partir de amanhã, antes de tomar tal resolução?"

– Crede-me, irmão Tholemi, penso que mais conhecimento do que o recebido durante esta noite não terei jamais! Que me falta por saber a respeito dos homens e da vida?

"Só me fazem falta forças para não odiar a Humanidade e poder amá-la sem que ela mereça o meu amor. Como não tenho essas forças nem esse poder, quero ocultar-me aqui por toda a minha vida."

— Jhasua!... dá tempo ao tempo. Essa força e esse poder chegarás a tê-los em tão alto grau como não os teve jamais homem algum sobre esta Terra!

"Já viste muito na tua visita a Jerusalém, a respeito desse espantoso rodopiar da miséria humana que corre pelos caminhos da vida, destroçando ideais e esperanças, honras e anelos; pisoteando tudo quanto há de santo e de belo entre as obras de Deus!

"Afirmo-te, não obstante, com toda a certeza, que essa triste visão de Jerusalém poderias tê-la em qualquer paragem do mundo para onde dirigisses os teus passos."

— Mas, então dizei-me: que deverei pensar desta Humanidade que é obra de Deus? — perguntou Jhasua algo desorientado em seu pensamento.

— Para pensar acerca desta Humanidade com o pensamento divino, deve o nosso espírito remontar-se a uma grande altura, meu filho, porque, do contrário, não acertaríamos com a Verdade.

"Tens sido acompanhado por uma imensa legião de Espíritos, que, por amor à Verdade e a ti, te vêm seguindo desde longos períodos. São os que impelem esta Humanidade ao seu elevado destino.

"A evolução é muito lenta; por isso, não é de um salto que se transforma em perfeita uma Humanidade atrasada.

"Pensa, meu filho, que, pela tua própria vontade e pelo grau de tua evolução espiritual, tomaste o encargo de chefe e guia da imensa caravana humana terrestre, no meio da qual existem seres de variadíssimo grau de evolução! Os preguiçosos, os retardados, os vadios e os viciosos pesam enormemente sobre os mais adiantados. E não somente pesam, como também se revoltam contra todos aqueles que se esforçam por fazê-los avançar pelo verdadeiro caminho.

"Quando, nos desígnios divinos, soou a hora em que esta Humanidade estava apta para começar a compreender idéias e pensamentos, acima dos instintos puramente animais, fez-se uma espécie de verificação ou chamada nos mundos mais adiantados do que a Terra, a fim de que as Inteligências que, para eles já eram retardadas, fossem acrescentadas à Legião dos Instrutores desta Humanidade.

"Foi o Planeta Vênus que ofereceu o mais numeroso contingente de almas adiantadas para servirem de impulsos aos primitivos espíritos da Humanidade terrestre.

"Não viemos enganados, senão mais bem compenetrados dos grandes sacrifícios e dos dolorosos holocaustos que nos esperavam no mundo inferior (*o Inferno* do vulgo). Aqui vínhamos com o duplo papel de instrutores desta Humanidade primitiva e também como desterrados a uma penitência purificadora, de vez que, no mundo de onde saímos, havíamos ficado atrasados em conseqüência da nossa débil vontade para as conquistas espirituais a que a Lei Suprema da evolução nos obriga a todos.

"A Sabedoria Divina, meu filho, utiliza todos os recursos possíveis para impulsionar suas criaturas ao eterno progresso até a perfeição. Deus é a máxima perfeição, a suprema beleza e o eterno amor, e quer todas as suas criaturas semelhantes a Ele, formando com Ele uma só Essência, uma só Luz, um só Pensamento e um só Amor.

"Enquanto esse fim sublime não chega, quantos milhares de séculos hão de passar! Quantos martírios, quantos sofrimentos, quantas vidas de sacrifício causadas pelos mesmos a quem viemos estender a mão para ajudá-los a andar!

"Por isso, nem tu nem eu nem ninguém que houver chegado à compreensão dos caminhos de Deus pode espantar-se do atraso desta Humanidade."

Jhasua ouvia calado sem perder uma única palavra do Mestre Ancião.

— Acabo de imaginar — disse depois de um momento — que a Humanidade é uma infeliz leprosa cega, que deve ser curada primeiro, para então poder vestir a túnica branca das nubentes.

— Perfeita imagem, meu filho, mas com a agravante de que ela não se deixa curar voluntariamente e que, nessa cura, vão sendo sacrificados, aos milhares, seres de boa vontade que lutam para curá-la.

— Estou começando a compreender, irmão Tholemi, o papel que desempenha a Fraternidade Essênia no meio desta Humanidade.

— E tu à frente dela, Jhasua, se bem que não tenhas adquirido ainda a plena consciência disso.

Levantando-se, o Ancião acrescentou:

— A hora já está avançada, e é necessário que descanses para que possamos começar amanhã a grande tarefa.

— Qual é? Se é que posso saber — perguntou Jhasua.

— Hás de poder viver o teu passado, a fim de que compreendas claramente o "*porquê*" do teu presente.

— Seja como quereis.

— Como o quer Deus, meu filho, cujo mandato supremo vieste cumprir. "Que a paz seja contigo."

— E também convosco, irmão Tholemi.

O adolescente, que havia acompanhado o Ancião até a portinha que formava a ligação do Arquivo com o Santuário, continuou iluminando com seu círio as sombrias cavidades da imensa gruta, até que sua branca silhueta se perdeu nas trevas.

Jhasua, de pé na portinha irregular de comunicação das duas grutas e com o círio na mão, assemelhava-se a uma estátua da deusa Minerva iluminando as trevas da ignorância humana. A brilhante suavidade do seu semblante, os longos e ondulados cabelos castanhos e os dulcíssimos olhos, davam-lhe um aspecto delicado, de incomparável ternura.

No grande Santuário ardia tão-somente a lamparina de azeite ante as Tábuas da Lei, segundo o velho costume essênio, como símbolo de que a Divina Lei vivia sempre nas almas e nas obras de todos os filiados da já numerosa família dos filhos de Moisés.

Ia dirigir-se para lá quando se lembrou da longa conversação com o Mestre Tholemi e pensou:

"— Se eu quero cooperar na cura da *leprosa cega*, devo começar por não ser, como ela, rebelde aos conselhos daqueles que sabem. Jhasua!... teu passado continua sendo uma espessa nebulosa, que ainda é necessário decifrar, e teu futuro te é ainda mais desconhecido e incerto. Dize, pois, como o Profeta Samuel: 'Ordena, Senhor, que o teu servo escuta'."

E, voltando por sobre seus passos, recolheu-se ao leito, não sem antes dedicar um último pensamento a sua mãe ausente, a todos os seus familiares consanguíneos, a sua família espiritual e aos seus pequenos protegidos, começando por Abigail e terminando com o pequeno e fraco Santiaguinho, que saía a esperá-lo na metade do caminho para obter um donativo maior.

— Pobrezinho!... — murmurou Jhasua, quando o sono já quase lhe cerrava as pálpebras. — Quantos pasteizinhos de mel eu te daria, se estivesse ao teu lado!... mas, estou certo de que a avó Ruth e Abi cuidarão bastante de ti, conforme é meu desejo.

"Que Tua divina piedade, Senhor, se estenda, como um manto suave, sobre todos aqueles que o meu coração ama!"

O Homem-Luz, o Homem-Amor, jovem ainda, vencido pelo sono, esqueceu o plano físico para permitir que seu radiante espírito se saciasse no Infinito, na Beleza e na Bondade que ele buscava em vão na Terra.

Peçamos à Eterna Energia, leitor amigo, que dê asas poderosas à nossa vontade e à nossa aspiração, para acompanhar, talvez de longe, Seu Divino Ungido, levado, durante o sono físico, para além da Esfera Astral da Terra.

Seus Guias o esperavam na imensidão infinita para reconfortá-lo e animá-lo, nesses primeiros desfalecimentos de homem aprisionado na matéria.

– Por piedade, meus irmãos, não me deixeis voltar ao meu cativeiro terrestre!... – foram os primeiros pensamentos que as Grandes Inteligências, Guias de Jhasua, descobriram no seu Eu íntimo.

Também eles, em outras épocas, haviam saboreado o cálice amargo das encarnações em planos físicos de pouca evolução, razão pela qual compreendiam muito bem o estado de desalento de seu companheiro.

Sabiam, outrossim, tratar-se de um estado transitório e fugaz, que não duraria mais do que o tempo que aquele Espírito heróico demorasse em desprender-se da vestimenta fluídica, com a qual havia atravessado a esfera astral da Terra.

No desprendimento espiritual, durante o sono físico, percebeu a doçura infinita do Amor entre seus irmãos do esplendoroso Céu dos Amadores.

Os Messias que, junto com ele, encarnaram em seus planetas correspondentes, fizeram-lhe também suas íntimas confidências reveladoras de sofrimentos, porventura mais dolorosas do que as dele.

O holocausto sublime havia sido decretado e aceito voluntariamente. Ainda era possível voltar atrás. Ainda havia tempo. Várias Inteligências Superiores ofereciam-se para a substituição, compreendendo perfeitamente que ninguém está obrigado ao supremo sacrifício.

Diante desse dilema, Jhasua procurou o olhar sincero e leal de sua alma gêmea, encarnada em Vênus, e leu, em seu pensamento, estas palavras:

"– Se voltares atrás, não entrarás comigo no sétimo portal do nosso Céu dos Amadores."

Jhasua percebeu uma ligeira vibração de dor nessas palavras e, valentemente, fez vibrar este pensamento na infinita imensidão:

"– *Não voltarei um só passo para trás. Continuarei até o fim, como tu.*"

Ressonâncias de harmonias inefáveis pareceram dilatar-se, como um eco sonoro do pensamento do Cristo, e Jhasua despertou com uma emoção indescritível.

Jhasua e Nebai

A manhã já ia avançada, e Jhasua sentiu que eram desenrolados papiros no Arquivo, os quais, ao se chocarem uns com os outros, produziam um ruído como de folhas secas.

Olhou por entre a cortina de junco que separava sua pequena alcova daquele recinto e viu o Essênio arquivista procurando algo nos armários embutidos na pedra e entre o imenso montão de rolos amarelentos. Era Melkisedec, homem ainda jovem, pois contava 49 anos, sete dos quais vivera no Monte Tabor.

Era originário de Hamath, sobre o grande Rio Orontes, a artéria fluvial mais importante que corria de norte a sul, entre a Fenícia e a Síria. Havia sido formado espiritualmente na Escola Essênia do Santuário do Monte Hermon, e fora escolhido para ser um dos dez mestres que deviam ajudar o Messias, jovem ainda, a despertar as poderosas faculdades espirituais que nele estavam semi-adormecidas por esse lapso de tempo que, na vida física, chamamos *infância*.

Alma de cristal e de seda era a de Melkisedec, cuja clarividência era tal que percebia, ainda que a distância, os diferentes estados de ânimo de um espírito ao qual ele estivesse ligado por amor, por afinidade e também por dever. Os Anciãos julgaram com prudência ao colocá-lo junto de Jhasua, cuja alma de delicada sensibilidade necessitava de outra alma também sensível e delicada, na qual todas as suas íntimas impressões encontrassem eco.

O jovem havia trocado poucas palavras com ele, mas o suficiente para sentir a suave ternura daquele Essênio de olhos castanhos e cabelos bronzeados como também o era sua barba, longa e sedosa. Sua beleza física tornava-o, ademais, atraente. Jhasua recolhia todas essas impressões através da cortina de junco e pensava em silêncio:

"– Parece que vou simpatizar muito com esse Essênio, que é meigo e bom como o pão e o mel."

O Essênio olhou para a cortina de junco e sorriu. Foi aproximando-se pouco a pouco, como se houvesse percebido que o tinham chamado.

– Jhasua saiu dizendo a frase habitual: "A Paz seja convosco."

– E também contigo, meu querido – respondeu o Essênio. – Ia já chamar-te, e vens ao meu encontro. Parece que coincidimos, não é? Vejo que padeceste fortes impressões durante a noite!

– Como o percebeis?

– Pelo círculo violeta de teus olhos e pela vibração de sofrimento e cansaço que irradia de toda a tua pessoa.

– É verdade, mas isto já há de passar.

– Agora, vai tomar o alimento, enquanto eu esperarei aqui; em seguida, iremos juntos à pradaria, em busca do teu repouso. Depois disso, estudaremos os problemas que te dizem respeito.

– Então voltarei em seguida. – E o adolescente foi até a gruta que servia de cozinha, onde o Essênio encarregado do alimento de todos o serviu imediatamente e permaneceu sentado junto a ele.

– E vós não comeis? – perguntou-lhe o jovem.

– Os Essênios não comem senão duas vezes por dia. A primeira já passou, e a segunda virá ao cair da tarde. Mas isto não se refere a ti, pois és uma plantinha em crescimento e necessitas comer quatro vezes por dia. De modo que já sabes: cada vez que tiveres necessidade, vem aqui, que encontrarás as cestas cheias de tudo quanto podemos oferecer-te. Estou sempre aqui; é verdade que, às vezes, vou até a horta para buscar hortaliças ou frutas, mas tu podes tomar aqui o que quiseres.

O bom cozinheiro foi abrindo, uns após outros, os enormes armários embutidos na própria rocha, onde Jhasua viu uma grande provisão de queijos, frutas secas, manteiga, mel e uma ampla cesta de pãezinhos doces, bastante semelhantes àqueles que sua mãe fazia.

– E se eu for um hóspede glutão e comer tudo isso, que direis? – perguntou graciosamente o adolescente.

— Aqui há provisão para meio ano, tarambola (*), e como poderás comer tudo, se comes menos do que um rouxinol? És dono disto. Está bem?
— Graças, irmão, graças. Vejo que ides cuidar tanto da minha pessoa quanto minha mãe, que não pensava senão naquilo que eu haveria de comer.
— Repara, jovem — disse o Essênio batendo nas costas de Jhasua —, encarregar-me-ei tanto da tua pessoa que me encontrarás seguindo-te constantemente.
— Está bem! Agora vou ao Arquivo, pois meu Mestre me espera lá.

Mas o cozinheiro, que ia fazer o papel de zelador da alimentação do jovem, reteve-o ainda durante algum tempo, até que ele terminou tudo o que lhe havia sido servido.
— Agora podes voar, passarinho, que já não desfalecerás no vôo.
"Bênção de Deus!"... — murmurou o Essênio vendo que ele se afastava a toda velocidade. — Por que mereci eu a glória de cuidar desse corpo, Templo do Verbo Divino, que há de salvar a Humanidade? Pobrezinho! É fraquinho ainda; entretanto, eu o deixarei forte e vigoroso e será um belo mancebo de bronze!

Acompanhado de seu Mestre Melkisedec, saiu Jhasua para o vale vizinho, onde se achavam plantadas romãzeiras e laranjeiras. Também se viam, ali, diversos caminhos, semelhantes a faixas alvacentas, que, certamente, se dirigiam para aldeias ou cabanas vizinhas, freqüentadas pelos solitários.
— Podeis dizer-me para onde conduzem estes caminhos que partem do Santuário e se perdem atrás das colinas? — perguntou Jhasua.
— No final de cada um deles, há um ninho branco e tépido, ocupado por pequenas aves, salvas das tormentas da vida e que hoje gozam de paz e ventura.
— Oh! Deveras? Meu coração se dilata e salta de felicidade como um cabritinho, quando vejo seres arrancados à dor e colocados no caminho da paz.
— Gostarias de visitá-los? — perguntou o Essênio.
— Se o julgardes oportuno, irei com muito gosto — respondeu Jhasua.
— Vamos por este caminho entre alcantis e nascentes de água. É o mais pitoresco de todos eles e, no final, encontraremos uma casinha de pedra entre pedras, toda coberta de trepadeiras, que não deixam entrever onde ela começa nem onde termina. Além disto, é bom saberes que a família que lá habita está ligada a ti desde o teu nascimento.
— Como é isto? Eu não o sabia!
— Pois agora vais sabê-lo, Jhasua, e verás quão interessantes são os habitantes dessa casinha de pedra. Eu costumo vir com freqüência, porque, para dizer a verdade, encontro aqui um campo amplo para os meus estudos e observações de ordem metapsíquica.
— São muitos?
— Não; somente os pais, dois filhos, já homens, e uma mocinha que tem dois anos menos do que tu, e que é uma preciosa caturrita que enche de risos e de alegrias todo rincão por onde passa. A história dessa família é algo que daria para escrever um livro. Sua tragédia durou quase três anos, e nossos Terapeutas remediaram tudo, justamente quando iam levar ao Moab o aviso do teu nascimento. Por isto, eles dizem que tua chegada à Terra lhes trouxe a salvação.
— Contai-me, pois, essa história, se é que ainda demoraremos a chegar.

Enquanto o Essênio relata para Jhasua o caso da casinha de pedra, lembro ao leitor aquela tragédia de uma mulher, tida como louca, encerrada com seus dois filhos

---

(*) Ave pernalta de tamanho médio, cuja caça é muito apreciada (N.T.).

na torre da Fortaleza de Massada, ao sul da província da Judéia, enquanto seu companheiro, como um leão enfurecido, vagueava pelas cavernas e matagais vizinhos, à espera de um momento oportuno para se vingar e libertar seus familiares presos.

Depois de haver escutado o relato da tragédia dessa família, Jhasua perguntou:

— Como é que não me disseram nada de tudo isso durante a minha estada anterior no Tabor?

— É que, naquele tempo, os Terapeutas ainda temiam que o causador da desgraça procurasse novamente suas vítimas, e mantiveram profundo segredo a respeito do lugar do refúgio deles. Agora já é diferente, porque o Procurador romano que os submergiu na desgraça foi afastado do país, há três anos, e enviado para terras distantes. Aquele que atualmente governa a região nada sabe do assunto e, com isso, a família goza, finalmente, de paz e felicidade.

"O esposo e pai da família é de origem grega, embora tenha nascido em Rhodas (*), sendo que, em virtude de seu casamento com Sabad, que é de Jericó, ambos se estabeleceram na dita cidade, onde residiam os pais dela, que gozavam de excelente posição.

"Como escultor e gravador, ele viajava sempre, pois realizava grandes contratos nas cidades que estavam sendo construídas pelo rei Herodes. Contudo, enquanto ele trabalhava em ornamentar palácios na Cesaréia e em Sebaste, na província de Samaria, o Procurador romano passava como um furacão de fogo, destruindo seu lar, sua honra, a vida de seus velhos pais e tudo quanto forma a felicidade de uma família."

— E tudo isso por quê? — perguntou inocentemente Jhasua.

— Porque Sabad, a esposa, é mulher de extraordinária beleza, como se encontram poucas nesta terra, que, aliás, possui, de um modo geral, mui belas mulheres.

"Ao ver-se ludibriado em sua funesta paixão, o Procurador mandou encerrá-la na torre da Fortaleza de Massada, com seus dois filhos, de 11 e 13 anos, mas separados de tal forma que a mãe não sabia deles nem eles dela."

— E como pôde ela ludibriar o amor dele? — perguntou Jhasua.

— Tinha Sabad uma velha criada árabe. Esta deu-lhe a beber um preparado que produz inchação e manchas escuras na pele, tal como se estivesse leprosa; mas esses efeitos desapareciam dentro de pouco tempo.

"Foi o homem ter com ela e encontrou-a nessas condições. Havendo, porém, averiguado o ocorrido, matou a infeliz criada, confiscou a casa e os bens, deixou os pais de Sabad na miséria e no abandono e a enviou para a Fortaleza de Massada, onde a teria em segurança para o caso de que o mal viesse a desaparecer. No entanto, ela passou a sofrer de histerismo agudo, semelhante a uma loucura furiosa, tanto que, quando, certa feita, o Procurador tentou visitá-la, ela o atirou escadas abaixo, arremessando-lhe ainda um estojo de carvalho que tinha ao seu alcance.

"Foi nessa situação que os nossos Terapeutas a encontraram quando intervieram no caso.

"Mas já estamos entrando no horto da casa — acrescentou o Essênio, afastando para um lado algumas varas de plátano, que, colocadas entre dois rústicos pilares de pedra, fechavam a entrada."

— Vindes despedir-vos dos viajantes? — foram as primeiras palavras que, depois da saudação habitual, os dois visitantes ouviram.

— Viajantes?... quem viaja?

(*) Hoje Rodes (N.T.).

— Meus dois filhos e eu — respondeu Harvoth; tal era o nome do escultor. — Ontem, de manhã, o comuniquei ao Servidor do Santuário para pedir a vossa proteção para o meu lar, pois aqui ficam apenas Sabad e a menina, com a velha criada e seu marido.

— Vossa ausência será por muito tempo? — voltou a perguntar o Essênio, enquanto Jhasua observava um pequeno espaço de terreno, limpo e sossegado, rodeado de grandes pedras, onde se espojavam ao sol numerosas pombas brancas.

— Consegui um trabalho grande em Ribla, sobre o Rio Orontes.

— Oh, minhas terras distantes, minhas montanhas queridas!... meu grande rio rumorejante!... — exclamou o Essênio com entusiasmo.

— Sois dali? — interrogou o dono da casa.

— Sou de Hamath, que fica um pouco mais ao norte. Oh, meu amigo, ides a uma terra de encantos, como não existe comparação! Ribla, em pleno Líbano!... um éden!... A coisa mais bela que podeis imaginar nas margens do Orontes... felicito-vos, pois.

— Sabeis quem é esse adolescente que me acompanha? — perguntou.

— Ainda não tive o prazer de conhecê-lo!...

— Descobri o segredo vós mesmo. Quantos anos faz que os nossos Terapeutas vos encontraram naquela caverna, próxima à Fortaleza de Massada?

— Isto já fez quinze no inverno passado.

— E lembrais qual o assunto que os levava ao Monte Moab?

— Soube que levavam o aviso da chegada de um grande personagem que iria revolucionar todo o país, como realmente ocorreu, pois, logo em seguida, houve a perseguição aos meninos bethlehemitas.

— Pois esse personagem é o adolescente em questão. Havia nascido quatro dias antes que os Terapeutas vos encontraram.

— Como?... e o trazeis à minha casa?

— E por que não? Muito embora não conheceis ainda a fundo a missão com que o Altíssimo o enviou à Terra, bem podeis crer que é portador de todos os bens e vencedor de todos os males.

— Para mim foi um verdadeiro mensageiro de felicidade e de paz, pois, com seu nascimento, recuperei minha esposa e meus filhos, e hoje ele vem a minha casa, quando eu me incorporo novamente à sociedade dos homens. Bem-vindo seja este futuro homem justo, que traz o Bem à Terra e aniquila o Mal.

— Jhasua! — disse em voz alta o Essênio. — Deixa um momento as pombas do pátio e vem aqui, para que eu te apresente ao dono da casa.

— Vossas pombas, símbolo de ternura e de paz, me receberam — disse o jovem, ao encontrar-se com Harvoth — e, portanto, podemos julgar que iniciamos uma amizade leal e durável.

— É o que deseja este vosso servidor! É uma grande pena que chegueis justo quando eu devo partir!

— Isto não é nada, desde que a partida seja para vosso bem-estar — respondeu Jhasua.

E levou-os para dentro da casa, que demonstrava mui claramente que seus moradores eram artífices da pedra e da madeira.

O horto e o jardim apresentavam-se adornados de blocos de pedra polidos, seja em forma de colunas partidas, seja em forma de cabeças de animais surgindo detrás de uma árvore ou de um penhasco.

Já no interior da casa viam-se esculturas em madeira, flores, animais, crianças a brincar, bem como capitéis de diversas formas e estilos.

A arte do pai passara para os filhos, mas estes haviam escolhido, para suas obras, os duros troncos das árvores, que, com tanta generosidade, lhes brindavam os bosques da fértil província galiléia.

— Acontece que um sacerdote cretense, descendente de Radamanto — acrescentou o chefe da casa —, quer construir um pequeno templo para Homero e me contratou para a dita obra. Partirei, pois, com os meus dois filhos varões daqui a três dias.

— Dissestes que ele está em Ribla?

— Está. E trata-se de um desterro voluntário. Por desgraças de família, foi ele obrigado a abandonar Creta, seu país natal. Meu trabalho deve ser uma cópia do templo da deusa Cibeles, existente no Monte Ida, naquele país, do qual me deu planos e croquis.

— Monte Ida em Creta? Na ilha de Creta? — perguntou Jhasua interessando-se imediatamente pelo assunto.

— Justamente. É o que consta do projeto.

— Quão formosas histórias têm os Anciãos do Monte Carmelo referentes à ilha de Creta e às cavernas do Monte Ida!

— Sim, sim, efetivamente — disse Melkisedec —, pois é ali que se refugiaram os últimos Dackthylos, quando se viram perseguidos na Ática pré-histórica. Os Anciãos do Carmelo são os continuadores de todos os solitários do Monte Ida, em Creta.

— Pois tudo isso eu sei de memória — acrescentou Jhasua — e me interessaria por tudo referente a esse bom cretense que vos contratou para construir um templo a Homero.

— Eu vos trarei quantas informações puder recolher — respondeu Harvoth.

Neste instante, saiu de dentro da casa, como um redemoinho de ouro, uma mocinha ruiva, vestida de cor laranja. Corria feito uma gazela domesticada que logo se coloca fora de alcance.

— Que fazes, Nebai? Vem cá, que temos visitantes — disse-lhe o pai.

A menina deteve-se imediatamente e olhou muito surpresa para Jhasua, a quem via pela primeira vez. O Essênio já lhe era familiar.

Ajeitou, com disfarce, os cabelos desgrenhados pela corrida e, inclinando-se graciosamente, disse a meia-voz:

— Às vossas ordens!

— É um príncipe de outros mundos, Nebai, que vem visitar-nos — acrescentou o pai.

— Grandeza! — disse a adolescente, inclinando-se outra vez.

— Não acredites nisso, jovem — explicou Jhasua ruborizado —; teu bom pai está brincando. Sou filho de um artífice da madeira como teus irmãos.

— Oh!... é melhor assim, porque os príncipes me assustam. Sempre são maus, e vós me pareceis muito bom.

— Vai e avisa tua mãe que estamos neste caramanchão.

Nebai foi, e voltou trazendo pela mão uma formosa mulher, ruiva como ela, que, não obstante seus 45 anos, conservava uma delicada aparência de juventude.

— Sabad, este adolescente foi a origem e a causa da nossa salvação — disse Harvoth.

A dama inclinou-se. Podia-se notar claramente em seus olhos esta pergunta: "Por quê?"

— Aqueles Terapeutas que me encontraram nas cavernas vizinhas à Fortaleza de Massada iam, exatamente, ao Santuário do Moab para anunciar o nascimento dele.

— Ó Deus! Que pesadelo!... — exclamou a mulher, ainda horrorizada. — Bendito seja Jehová que nos permite conhecer-vos!

— É justo que celebremos este acontecimento. Traze, pois, o que de melhor tiveres na adega, que, sob esta roseira branca, hão de abrir-se as almas para a amizade e o amor.
— Vou!... vou em seguida — disse Sabad olhando para os olhos de Jhasua, que, para ela, tinham suaves fulgores de estrelas.
"Então, é este o Messias que Israel esperava!," murmurou com terna devoção.
— Nós, as donzelas de Jericó, não sabíamos pedir outra coisa senão a vinda do Salvador de Israel!
Seus olhos cor de opala inundaram-se de pranto, que ela dissimulou, retornando para dentro de casa a fim de trazer o que o esposo pedia.
Aquele caramanchão, coberto por uma roseira branca resplandecente de botões próximos a se abrirem, iria ouvir as mais ternas e tristes confidências. Jhasua parecia meditar como se estivesse longe de tudo quanto o rodeava.
Quando Sabad já não podia ouvi-lo, disse:
— Quanta semelhança encontro entre vossa esposa e minha mãe! Algo assim como se fossem da mesma família; apenas minha mãe tem o cabelo e os olhos castanhos.
— E ambas são de Jericó — insinuou o Essênio. — Podia muito bem dar-se o caso de serem parentas.
Momentos depois, Sabad, ajudada pela filha e pela velha criada, dispunha sobre a mesa do caramanchão frutas, doces, licores e alguns pasteizinhos de amêndoas, do tipo que Jhasua já havia provado quando chegou ao Tabor.
— Agora já sabemos, Melkisedec — disse Jhasua — de onde provêm estes pasteizinhos. — És tu que os fazes, Nebai? — perguntou à mocinha, que ainda permanecia de pé junto a ele.
A maneira tão familiar com que Jhasua falou, tirou a timidez da adolescente, que, sentando-se ao seu lado, respondeu:
— Não, eu não! É minha mãe quem os faz com freqüência para os Anciãos.
Estabeleceu-se desde logo entre os dois adolescentes uma corrente de simpatia que parecia transportá-los aos mundos encantados da luz e da harmonia.
Para seus poucos anos, tinham ambos muitos conhecimentos superiores. Os solitários haviam encontrado naquela jovem uma inteligência já desperta e uma tão acentuada inclinação para o Belo e para o Bom, que não se descuidaram do cultivo daquele espírito, que circunstâncias acidentais tinham posto em seu caminho. Com relação a Jhasua, já estamos bem a par da forma pela qual os Anciãos o haviam instruído nos maiores conhecimentos do seu tempo.
Por fim, tendo ambos se aprofundado bastante no conhecimento e compreensão recíprocos, insinuou Jhasua uma proposta que, já fazia alguns instantes, estava para irromper do seu coração:
— Nebai — disse —, vejo que és muito feliz. Eu também sou. No entanto, me parece que seremos muito egoístas se não pensarmos em fazer felizes também os outros.
— E a quem, Jhasua? Não são felizes todos os que vivem por estes campos e pradarias cheios de frutos e flores?
— Há muitos que sofrem e choram, Nebai, e a quem tu e eu poderemos levar um pouquinho de alegria, desde que o queiramos efetivamente.
— Pois tratemos de querer que todos cantem e riam como nós. Dize, pois, onde estão os que sofrem; e faremos tudo para aliviá-los.
— Os Anciãos de todos os Santuários Essênios sabem bem onde se oculta a dor, Nebai; eles nos guiarão. — E, alçando a voz, disse Jhasua ao Essênio Melkisedec:

— Fiz um acordo com Nebai, e gostaríamos que ajudásseis a cumpri-lo.

— Não vos dizia eu que esta roseira branca tinha magia e, assim como abre suas flores ao sol e ao orvalho, ela enche também os corações de encantos e de luzes? — interveio Harvoth, que parecia transbordante de felicidade e de entusiasmo.

Expôs Jhasua, então, a proposta que havia insinuado a Nebai. Sabad e o Essênio encarregaram-se de orientar os jovens quanto aos lugares onde poderiam satisfazer suas aspirações de levar alegria e esperança aos aflitos e sofredores.

Encontrava-se naquelas montanhas um pequeno e formoso vale onde antigos escombros denotavam haver existido ali uma aldeia localizada justamente no limite dos territórios que, no longínquo tempo da ocupação da Palestina pelo povo de Israel, haviam sido designados às tribos de Zabulon, Neptali e Isachar. Os referidos escombros chamavam-se *Ruínas de Dobrath*, lembrando, assim, o nome da povoação.

Ficava esse vale a menos de uma hora, caminhando-se a pé do ponto onde estava o Santuário do Tabor.

Os bons Essênios, que não deixavam nada utilizável sem que o empregassem para o bem do próximo, tiveram a idéia de adaptar essas ruínas para refúgio de velhos desamparados e de enfermos que careciam de um teto acolhedor.

Bastou isso para que o pequeno vale se tornasse mal visto para a maioria das pessoas, a quem todo lugar habitado pela dor e pela enfermidade inspira pavor.

Afastada das estradas e dos caminhos freqüentados, só os Terapeutas visitavam aquela paragem. Foi esse o campo de ação em que Jhasua e Nebai, adolescentes, fizeram derramar de suas almas o amor e a ternura de que estavam repletos. Alianças sublimes que nascem nas almas elevadas em dados momentos e, às vezes, por motivos insignificantes e pueris, se assim se quiser dizer, mas que chegam a grandes realidades no futuro!

Ficou de tal forma impresso na alma de Nebai aquele eterno "Ama ao teu próximo como a ti mesmo", fundamento e coroação da doutrina do Cristo, que já não lhe foi possível apagar a intensa labareda que, no porvir, a impulsionaria a sublimes obras de amor fraternal.

A natureza havia esvaziado naquelas paragens todas as suas exuberantes belezas, e o amor do Cristo, adolescente primeiro, e homem depois, inundou-as desse aroma de terna piedade e mística adoração, com o qual ele saturava tudo quanto lhe era familiar.

Foi assim que ele consagrou e embelezou, mais tarde, a aprazível Bethânia, o Monte das Oliveiras, o Horto de Gethsêmani, a Fonte de Siloé, o Poço de Sichen, o Lago de Tiberíades; e até o pavoroso e árido Monte Gólgota adquiriu contornos maravilhosos que os séculos não puderam apagar.

Falam os Evangelhos, com moderada parcimônia, de um fato ocorrido no Monte Tabor: "*A Transfiguração de Jesus*", ou seja, a exteriorização radiante de seu puríssimo Espírito, que só foi presenciada por alguns de seus discípulos. Seria de perguntar: por que ocorreu tal fenômeno psíquico nesse lugar e não em outro? Tais exteriorizações radiantes ocorreram em quase todas as regiões e lugares, onde a alma do Cristo, dominando totalmente o plano físico, pôde inundar sua própria matéria com as luminosas vibrações que lhe chegavam de vez em quando do Céu dos Amadores, de onde ele havia descido.

Mas, sobretudo, o Tabor e seus arredores — formosa região da província da Galiléia — haviam bebido até a saciedade o amor da alma divina do Cristo durante grande parte de sua vida, desde a adolescência até a morte. Poder-se-ia dizer perfeitamente que cada arbusto, cada árvore, cada colina e até as florzinhas silvestres, junto aos caminhos daqueles lugares, eram misteriosos cofres que guardavam as íntimas vibrações daquele grande Ser, que, durante 33 anos, inundou a Terra com as sutis radiações de seu Amor Misericordioso.

Nebai, a veemente jovem que secundou as obras do amor de Jhasua adolescente, intensificou naquela hora sua preparação que, através de muitas etapas, foi subindo de tom até culminar, durante a Idade Média, na gloriosa epopéia da Donzela de Orleans, Joana D'Arc, sacrificada pela liberdade e pelos direitos do povo francês.

Quando Jhasua voltou ao Santuário, depois da excursão, haviam desaparecido todo o desalento, o pessimismo e a dúvida que o tinham atormentado dias atrás. Notava claramente que se ampliava o seu campo de ação e que, no mundo, existia muito mais dor e miséria do que vira até então.

Já não era somente Abigail, sua flor silvestre, pisoteada nos caminhos, e os meninos indigentes de Nazareth, os únicos que necessitavam dele. Florzinhas de Deus destroçadas pela inconsciência humana havia em todos os lugares para onde dirigisse o olhar. Olhos que choravam, sem mais ninguém do que o vento para secar-lhes o pranto; corações que soluçavam de angústia; mãos que tremiam de frio e de fome, vagando pelas ruas enlameadas ou ao longo dos caminhos, eram quadros como que pintados a fogo ante a alma do Cristo adolescente, que despertou numa explosão de energia, vitalidade e generoso entusiasmo.

– Quero aniquilar a dor neste Mundo! – exclamou, um dia, como possuído de um ardor sobre-humano. Quero tornar felizes a todos os que sofrem! ... dizei-me como hei de fazê-lo, vós que sabeis tudo! – Tais palavras foram dirigidas aos Anciãos do Tabor, dois dias depois da excursão à oculta casinha de pedra habitada por Harvoth e sua família.

– Pouco a pouco, Jhasua – mencionou o Servidor –, chegarás a tudo com o favor de Deus. – E começaram a desenvolver metodicamente as grandes faculdades e os poderes ocultos naquele Espírito soberano, capaz de convulsionar o Mundo.

– Disseste a grande frase, Jhasua: – observou um dia um de seus Mestres – *"Quero aniquilar a dor neste Mundo."* Pois bem; mãos à obra!

"Concentra diariamente o pensamento nessas palavras que, pela força da tua vontade, poderão converter-se em poder irresistível.

Dez dias se passaram, durante os quais Jhasua esteve dizendo do fundo de sua alma, colocada em elevada tensão:

"– Quero aniquilar a dor neste Mundo, Deus-Amor! Quero o poder de tornar felizes a todos os que sofrem."

Passados esses dez dias de profunda concentração, seus mestres o convidaram a sair para a pradaria circundada de colinas e de frondosos arvoredos.

– Agora, Jhasua – disseram-lhe –, experimenta, no que julgares conveniente, o poder e a força que acumulaste durante a concentração mental, começando primeiro pelos seres dos reinos inferiores ao humano, ou seja, pelo vegetal e animal. São também criaturas de Deus, sujeitas à dor, à enfermidade e à morte.

À margem de um caminho, nas montanhas vizinhas ao horto, encontraram uma cerejeira raquítica, nascida na cavidade de uma rocha, onde a escassez de alimento a havia impedido de crescer. Ainda não podia abrir suas florzinhas cor do arrebol, quando suas similares já haviam perdido as flores, convertidas em frutos. Jhasua olhou para a pequena árvore enferma, acariciou-a com as mãos, que tremiam por força do abundante acúmulo de fluido magnético.

— Falta-te água, terra e Amor — disse com crescente energia. — O Amor eu te dou neste instante; a terra e a água dar-te-ei em seguida. — Olhando-a com imenso amor, como se fosse um ser com vida orgânica, voltou alguns passos para trás, entrou no horto ali perto, encheu um recipiente de água e um saco de terra adubada e, com extraordinária rapidez, voltou para a pequena cerejeira enferma.

Observou, com assombro, que os diminutos rebentos estavam inchados e grossos, como se houvessem recebido uma injeção de vitalidade e energia.

— O Amor te fez reviver — disse como se estivesse falando com a cerejeira enferma. — Esta terra será o teu alimento e esta água será o teu elixir.

Dizendo assim, esvaziou o saco de terra até encher a cavidade na qual a pequena árvore tinha nascido. Depois de ter mergulhado na água do recipiente suas mãos, que ardiam como cheias de fogo, derramou-a rapidamente pelo seu tronco.

— Não te deixarei até ver tuas flores abertas — disse, e esperou alguns momentos mais. As florzinhas começaram a abrir lentamente, obedientes à ordem mental do adolescente, que encerrava em si o Poder Criador da Divindade.

Assim começou Jhasua a exteriorização dos poderes ocultos, que, pelo seu alto grau de elevação espiritual, trazia latentes e como que adormecidos em sua personalidade humano-divina.

Apresentaram-se muitos casos como o da cerejeira enferma ante o Homem-Deus adolescente, até que o fenômeno da transfusão de vitalidade foi sendo tão facilmente realizado que os Mestres compreenderam que Jhasua já exercia completo domínio sobre o reino vegetal.

Com idênticos exercícios metódicos e controlados, ele passou a dominar também o reino animal, depois o reino humano e, finalmente, os elementos da Natureza.

O leitor verá que, em breves linhas, foi tudo dito apenas em síntese; no entanto, é justo que participemos minuciosamente dos grandes progressos e êxitos que o jovem Messias ia recolhendo durante sua frutuosa temporada no Monte Tabor.

Numa daquelas inúmeras picadas que se bifurcavam pelas colinas imediatas ao Santuário, levantava-se uma modesta cabana, onde vivia um casal idoso, cujos dois filhos haviam nascido com as extremidades inferiores inutilizadas pela paralisia.

Não contavam com outros recursos afora um rebanho de cabras e de ovelhas, três ou quatro enormes castanheiras, um exuberante parreiral, algumas figueiras de longos anos e uma oliveira centenária. O chefe da família, já septuagenário, levou ao Tabor a notícia de que suas cabras estavam doentes. Haviam sido atacadas de sarna, motivo por que estavam febris, e o leite havia diminuído em mais da metade.

Seus dois filhos estavam desesperados, pois as únicas coisas que podiam fazer sem a ajuda de seus velhos pais era ordenhá-las e fabricar queijo, sentados em seus banquinhos de rodas.

Os Essênios do Santuário levaram Jhasua à pobre cabana do velho Tobias, para que realizasse experiências com seu poder espiritual e força magnética sobre o rebanho enfermo.

Jhasua conheceu primeiramente os dois anciãos: se Tobias era a mansidão personificada, a anciã Beila era a doçura da madressilva, acariciando tudo quanto seus olhos viam e suas mãos tocavam. Ela estava fiando e chorando, e com as rocadas de branca lã enxugava o pranto silencioso. O ancião capinava as hortaliças, e os dois moços debulhavam legumes num recipiente.

O silêncio tenaz e doloroso tornava o ambiente pesado, asfixiando os sensitivos. Durante algum tempo, os Essênios e Jhasua observaram esse quadro através das espessas trepadeiras que cercavam o pátio.

Entrou Jhasua por primeiro, como se um impulso alheio à sua vontade o houvesse levado precipitadamente.

– Por que tendes tanta amargura dentro de vós? – perguntou espontaneamente, sem esperar que os Anciãos chegassem e o apresentassem. Todos o olharam ao mesmo tempo, pois aquela voz de delicioso timbre lhes atingia a alma como sinos em dia de festa.

– Oh, que visão de Deus! ... – exclamou a meiga anciã, largando o fuso e a roca, para ir até o jovem que surgia, efetivamente, como um pedaço de nácar sobre o verde-escuro da ramagem.

Chegaram os Anciãos Essênios e fizeram as apresentações oportunas:

– Este adolescente é aquele que foi anunciado pelos Profetas, como sabeis, e a quem Israel espera.

Ouviu-se uma exclamação conjunta, e suave devoção refletiu-se em todos os semblantes.

– Sabeis perfeitamente – acrescentou o Servidor – que ele desceu à Terra para aniquilar o Mal e trazer o Bem a todos os que nele crêem. A dor vos aflige neste momento. Pedi ao Senhor que vos mostre Seu poder por intermédio de Seu Eleito.

A anciã voltou a chorar silenciosamente, e os três homens disseram: "Que Jehová tenha misericórdia de nós!"

Jhasua parecia estar petrificado, devorando com o olhar fixo as lágrimas da anciã, até que também seus olhos se encheram de pranto. Então deu dois passos até Beila e, tomando-lhe as mãos enfraquecidas e rugosas, beijou-a no rosto enquanto dizia a todos:

– Não choreis mais, que o Pai Celestial é dono de todos os tesouros do mundo e, se fordes bons filhos Seus, Ele não se esquecerá nunca de Se mostrar melhor Pai do que todos os outros.

O pranto da anciã converteu-se num soluço que partia a alma, e sua cabecinha de cabelos brancos apoiou-se sobre um dos ombros de Jhasua, como encontrando o descanso há muito tempo procurado.

A mão direita do jovem acariciava, com suavidade de flor, a cabeça da velhinha.

Aquele quadro de extrema ternura comoveu a todos tão profundamente que os Essênios chegaram a compreender que uma poderosa corrente de amor envolvia Jhasua, tornando oportuna sua intervenção espiritual e magnética sobre os animais enfermos.

– Trazei o rebanho ao redil – disse o Servidor ao ouvido do Ancião Tobias.

– Já está lá – respondeu este.

– Vamos todos – disse então o Servidor a meia-voz. E aproximando-se de Jhasua, tomou-lhe a mão direita, dizendo: "Já é hora. Vamos, Beila, cumprir a Vontade do Senhor."

Cruzaram em silêncio o pátio e chegaram ao estábulo.

Uma corrente ao mesmo tempo poderosa e amena manteve todos semi-inconscientes. Os dois moços adormeceram em seus carrinhos de rodas, com o sono próprio do transe produzido por aquela mesma corrente.

Suavemente, dois Essênios os empurraram também para o estábulo.

Os Anciãos Essênios que haviam levado Jhasua formaram com ele uma cadeia magnética de tanta força que, em poucos instantes, seu rosto foi afogueando-se de um rosado tão vivo como se o sangue, em grandes ondas, quisesse brotar de sua testa, de suas faces e de suas mãos estendidas para diante.

Um quarto de hora durou essa intensa vibração espiritual e magnética. Os olhos de Jhasua cerraram-se como que fatigados e os braços caíram lânguidos ao longo do corpo, que, por sua vez, se deixou cair lentamente sobre um montão de palha seca.

O rebanho, quieto até então, começou a se mover em busca dos bebedouros e dos pesebres.

– A cura começou – disseram os Anciãos Essênios a Tobias e Beila, que ainda não tinham saído do seu assombro, pois jamais haviam presenciado algo semelhante.

Poucos momentos depois, despertaram os dois moços dizendo ao mesmo tempo que haviam tido um sonho muito formoso, que cada qual contava a seu modo, mas que, no fundo, era um só: algo assim como a aparição de um ser luminoso, que devia ser um Anjo, segundo eles, que Jehová deixara aproximar-se de sua pobre cabana para aniquilar o Mal e derramar sobre ela a paz e a abundância.

Transbordante alegria resplandecia em todos os rostos. Apenas Jhasua permanecia quieto e sério sobre o montão de palha onde se havia sentado. Parecia absorto em pensamentos mui distantes ao que ocorria ali.

Imediatamente, os Essênios compreenderam que as Inteligências-Guias o mantinham em concentração mental profunda, a fim de devolver-lhe toda a força vital que havia gasto em sua primeira experiência de domínio sobre o reino animal.

Quando o viram sair desse estado psíquico, fizeram-no beber uma grande taça de suco de uva com mel, e seu estado normal se restabeleceu prontamente.

Experiências como essa foram tornando-se cada vez mais freqüentes, até que, passadas dez luas e estando Jhasua na metade de seus 17 anos, essa grande parte da Natureza que chamamos Reino Animal já era submissa e obediente às suas ordens mentais, como também à poderosa corrente magnética que sua vontade punha em ação.

Com o fim de esclarecer e de evitar alguma interpretação equivocada em assunto tão delicado, devo alertar ao leitor para que não interprete, por isso, que a posse de poderes semelhantes esteja ao alcance de qualquer um.

Eles são inerentes, sim, à alma humana; contudo, o êxito completo dependerá, necessariamente e em todos os momentos, da elevação espiritual e moral do ser que quiser exercê-los.

Assim sendo, devemos saber e jamais olvidar que um ser inferior, que ainda não haja eliminado de si mesmo as paixões baixas e grosseiras, próprias de sua escassa evolução, não pode nem deve dar-se a experiências como essas, que lhe dariam, como fruto, ser transformado em instrumento por entidades e forças malignas, que o levariam forçosamente a um desastroso fim para si mesmo e para todos aqueles que caíssem sob a sua influência.

Este foi o significado oculto daquelas palavras do Cristo a seus discípulos: "Buscai primeiro o Reino de Deus e Sua Justiça; e tudo o mais vos será dado como acréscimo."

Um exame sereno e eqüânime de suas próprias capacidades e aptidões dará a conhecer, a cada um, se pode ou não fazer ensaios para adquirir esses poderes em grau máximo. Em havendo sinceridade na alma daquele que buscar poderes internos, facilmente conhecerá qual a finalidade que o leva a isso.

Busca ele o seu próprio engrandecimento, com o desejo de adquirir celebridade?

Sente ânsia de acumular tesouros e riquezas para satisfazer ambições ou desejos materiais?

Se vossa condição moral e espiritual estiver compreendida nessas perguntas, não será conveniente dar um único passo em busca de poderes supranormais, em virtude das razões ditas anteriormente.

Se, pelo contrário, puderdes dizer, com toda sinceridade, as palavras de Jhasua adolescente:

"Quero o poder de tornar felizes todos os que sofrem! Quero o poder de anular a dor nesta Terra!", então já é assunto diferente! Estais a caminho de começar o desenvolvimento dos poderes internos da alma humana. Vosso êxito será de acordo com o desinteresse e o altruísmo de que estejais animados.

Quando, em sua evolução, a alma chega a essas alturas, a Lei Eterna se torna ainda mais inexorável e o divino mandato: "Ama a teu próximo com a ti mesmo" sai ao seu encontro neste difícil caminho e parece perguntar-lhe:

— Impulsiona-te o amor ao próximo ou o amor a ti mesmo?

Se é o primeiro, podeis seguir! Esse é o caminho dos redentores!

Se é o segundo, volta atrás, porque é o caminho dos réprobos: daqueles que utilizam as coisas santas e divinas em proveito próprio; daqueles que tiram vantagem do engano, da mentira, e arrastam as multidões para a ignorância e o embrutecimento — e espantosa ladeira, em que mui poucos se detêm, indo a maioria parar nos terríveis mundos de expiação. Destes teve pleno conhecimento o grande filósofo atlante Antúlio, consoante demos a conhecer em ligeiro esboço referindo minuciosamente as explorações espirituais profundas a que ele se dedicou, naquela distante etapa messiânica, com o fim de iluminar a Humanidade de então, que estava em condições de compreender as verdades eternas tais como são.

Em todas as suas jornadas messiânicas, o Cristo e seus fiéis seguidores iluminaram a Humanidade com a Eterna Verdade, mas a maldade e o refinado egoísmo daqueles que comerciam com as coisas divinas arrojaram montanhas de cinza e de areia sobre a Verdade até obscurecer ou desfigurar suas claridades, para que a extrema ignorância das massas lhes permitisse exercer sobre elas o mais completo domínio.

Infelizmente, tal tem sido o processo seguido desde os tempos mais remotos.

As idades e os séculos levantam-se do pó revolvido novamente, nesta hora solene da eterna peregrinação humana, para dizer às gerações que chegam:

"O chamado *Juízo Final* está à vista! Chegou a hora da Justiça e da Verdade! Nenhum erro será tolerado. Nenhum engano ficará oculto!

"Mercadores das coisas divinas! Em nenhum mundo com vida encontrareis lugar para ficar! Vampiros de sangue humano, verdugos de consciências, assassinos dos direitos do homem e das liberdades da alma humana! ... a Vida vos nega suas belezas e bondades! Para vós é que foi escrita a frase lapidar e formidável dos videntes e dos inspirados da Verdade Divina: 'Pó, eras tu, e em pó te converterás.'

"Mundos em decrepitude, a formarem nos espaços siderais imensos cemitérios de globos mortos, serão os únicos que vos receberão, até que, de partículas de pó ou de minúsculos grãos de geladas cinzas, comeceis novamente a longa série de vidas embrionárias e inconscientes!"

Essa dolorosa meditação de um momento passou, sem dúvida, pela tua mente, leitor amigo, talvez como a luz de relâmpago, contudo bastante clara para compreenderes a tremenda responsabilidade do Espírito que faz comércio com as faculdades e poderes internos, inerentes à alma humana, bem como a responsabilidade daqueles que exploram as coisas divinas em proveito de suas ambições pessoais e de seus mesquinhos egoísmos.

Continuemos, pois, a nossa narração.

Desde o primeiro momento em que conheceu a humilde família de Tobias, Jhasua se interessara pelos seus dois filhos: Aarão e Seth, gêmeos, que nasceram com as extremidades inferiores inertes em razão da extrema debilidade dos ossos.

Seu pai Tobias era irmão daquele Ancião Simão, porteiro do Santuário do Tabor e pai daquele que veio a ser, mais tarde, o apóstolo Pedro. O leitor já fez amizade com essa família, há tempos; por esse motivo, não faremos dela nenhuma outra menção nesta segunda estada de Jhasua no Tabor.

Foi através de Simão que Tobias se aproximou dos Essênios do Santuário, e, dessarte, silenciosamente e sem violência alguma, ia estendendo-se a esfera de ação dos Anciãos, preparando os caminhos para quando o Verbo de Deus pudesse sair para a vida pública.

A Luz Eterna, essa divina maga dos Céus Infinitos, que vê e sabe todas as coisas, ainda as mais secretas e ocultas, nos contará, com Sua fidelidade costumeira, o que Jhasua, de 17 anos, realizou com Aarão e Seth, ambos com 19 anos completos.

O Grande e esclarecido Espírito de Luz, que tinha sobre si o peso enorme da Humanidade, passava algumas tardes, ao pôr-do-sol, sentado numa pequena poltrona de plátano e junco, diante dos carrinhos rodantes dos dois moços aleijados.

Que comparação poderia ser feita entre esta amizade e a de Nebai, a esplêndida flor de ouro por ele encontrada presa nos platanais que rodeavam a casinha de pedra de Harvoth, o escultor?

Jhasua, psicólogo profundo, que começava a ler nas almas como nos papiros amarelentos, encontrou a mais terna e emotiva comparação:

— Nebai — disse ele — é a flor da felicidade e do amor; e não se pode estar perto dela sem perceber, de forma poderosa e forte, estas duas vibrações, reflexos puros da Suprema Beleza: a Felicidade e o Amor. Ela surgiu para a vida física do amor e da felicidade de seus pais, que se reuniram novamente depois de sua dolorosa e cruel separação. Cada qual julgava mortos os demais, e o desespero mais espantoso se apoderou deles. De súbito, abrem-se as nuvens, os céus clareiam, e a tormenta é arrastada para longe pelo fresco vento de um novo amanhecer.

"Como Nebai não haveria de ser o que era: flor da felicidade e do amor, feita como de propósito para servir de agente do amor redentor e benéfico, do qual me sinto inundado e transbordante?

Assim pensava Jhasua, uma tarde, sentado diante dos carrinhos de rodas de seus dois silenciosos amigos Seth e Aarão, que teciam, com admirável ligeireza, cestas de bambu e de junco, vendidas em seguida por seu pai, aos lavradores de Naim, de Caná e de Mágdalo, quando se aproximava a colheita das frutas e dos legumes.

E seu pensamento continuava como que tecendo uma divina rede de ouro e de seda, na qual iam ficando presas multidões de almas, que a Eterna Lei punha em seu caminho de Missionário.

— Nebai, Nebai! Fresco favo de mel que o Pai pôs em meu caminho para que eu suavize as águas salobras que a Humanidade vive a beber, tens que vir aqui, onde a tristeza fixou raízes com a cizânia que asfixia as sementes do lavrador.

"Nas Ruínas de Dobrath fizemos amanhecer um novo dia. A alegria e o amor com que inundamos aquele vale sombrio predispõe os corpos e as almas para a saúde e a paz. Nebai! ... tens que vir aqui, e estes dois seres começarão a correr pelos campos semeados como pequenos cervos em busca da mãe que os chama com seus úberes transbordantes do elixir da vida!"

A concentração de Jhasua sobre este pensamento foi se tornando cada vez mais profunda. Sua alma sentia-se compelida a dissipar a tristeza daqueles dois jovens que moviam agilmente as mãos tecendo o junco, enquanto as pernas permaneciam quietas, imobilizadas por um mal que viera com o nascimento.

Os últimos resplendores do sol poente envolviam, em tênues véus de ametista e opala, a paisagem das colinas verdejantes e floridas.

De repente, abriram-se as trepadeiras que cercavam o pátio da cabana, e apareceu, ligeira e graciosa, assustada e nervosa, uma linda gazela, em cujo pescoço luzia um laço vermelho.

Jhasua achava-se de costas para aquele lado; contudo, foi vista pelos dois irmãos que gritaram ao mesmo tempo:

— Já estás aqui, ladra de castanhas!

Jhasua voltou-se e viu a gazela, que reconheceu imediatamente. Era a gazela de Nebai.

— Silêncio — disse —, não a espanteis. Sua dona não deve estar longe, porque eu a chamei.

Os dois moços olharam-se mutuamente sem entender uma palavra sequer.

Jhasua exerceu pressão com o pensamento sobre o formoso animalzinho, que não fugiu quando ele se aproximou com suavidade, dizendo:

— Escapaste da tutela de tua guardiã e vens para cá? Aqui te chamam ladra de castanhas; no entanto, aprenderás também a não furtar, conforme manda a Lei. — E Jhasua aproximou-se tanto que pôde rodear-lhe o pescoço com os braços.

— Onde está Nebai? Sabes?

— Estou aqui — disse a formosa adolescente, abrindo as trepadeiras florescidas com campânulas azuis que formavam uma linda moldura em torno daquela cabecinha de ouro, a sorrir como sempre.

— Minha "Chispa" fez-me correr tanto que, para alcançá-la, fiquei toda fatigada — disse Nebai, deixando-se cair sobre a relva.

— Esta é a filha de Harvoth, o escultor — disse Jhasua aos moços.

— Sim, nós já a conhecemos. Algumas vezes ela vem buscar queijo e leite — respondeu um deles.

— Há alguns instantes, chamei-te com meus pensamentos, Nebai.

— E eu, de minha parte — disse a mocinha —, sem saber por quê, pensava em ti; mas não imaginava que estivesses aqui. Julgava-te no Santuário, entregue aos teus grandes estudos.

— Estás vendo, Nebai, como nossos pensamentos formaram uma corrente, que podemos tornar cada vez mais forte, para usá-la em benefício dos que padecem?

— Sempre a pensar naqueles que padecem! — exclamou a formosa jovem, olhando para Jhasua como se olha para a estrela vespertina, que costuma anunciar-nos a imediata chegada da noite. — Poderemos saber quando será a hora em que pensarás em ti mesmo e te sentirás feliz e alegre como eu?

— Essa hora não soará jamais para mim aqui na Terra, Nebai! Nunca! Ouviste?

Ao falar assim, os formosos olhos de Jhasua semicerraram-se, como para evitar que sua interlocutora conseguisse ler o que se passava no fundo do seu pensamento.

A formosa gazela havia-se deitado também sobre a relva, junto de sua dona, e Jhasua, apoiado ao tronco de uma árvore, parecia ir mergulhando em suavíssimo sono que o afastava do mundo exterior.

— Jhasua! — disse Nebai. — Compreendo que és totalmente diferente das demais pessoas que vivem na Terra. E, mais de uma vez, perguntei a mim mesma, por que olhas para todas as coisas como se já fosses homem maduro, carregado de experiência e reflexão. Não sei atinar com a resposta. Poderás prestar-me este esclarecimento?

— Nebai! Estudas a Lei de Moisés e os livros dos Profetas, não é verdade?

— Oh, sim! Já de pequenina, minha mãe nos ensinava e explicava, porque ela esteve três anos com as viúvas do Templo antes de se casar com meu pai. Por que me perguntas isso?

— Somente porque, se estudaste a Lei e os Profetas, deves saber o que constitui o alicerce e a cúpula desse Templo da Sabedoria Divina que ajuda os homens a andar na vida pelos caminhos de Deus!

— Está parecendo a ti que eu não ando pelos caminhos de Deus?

— Não estou dizendo isso, Nebai. Queria apenas dar uma resposta à tua pergunta. A Lei diz: "Amarás ao Senhor, teu Deus, com toda tua alma e com todas tuas forças, e ao próximo como a ti mesmo." Se eu quero ser fiel cumpridor da Lei, Nebai, não posso ser indiferente para com a dor do próximo. Sua dor deve ser a minha. Seu pranto deve queimar minhas entranhas. Suas angústias e seus desesperos devem tocar o meu coração de tal modo que não encontre um momento de repouso até que veja aliviadas todas essas dores.

"Olhe, Nebai, esse quadro a poucos passos de nós."

E Jhasua transferiu o olhar para os dois irmãos que continuavam tecendo o junco, sempre imóveis em seus carrinhos de rodas e com os rostos pálidos e tristes de enfermos incuráveis.

— Sim, é verdade! — disse a jovem. — Deve ser terrível estar alguém assim paralisado sem poder valer-se dos pés para nada.

— Pois bem, Nebai! Como posso ser feliz e alegre, enquanto eles bebem o cálice amargo de sua impossibilidade? Estarei amando o meu próximo como a mim mesmo, deixando-os entregues à sua dor, enquanto eu ficar gozando de todos os bens e alegrias da vida?

"Tens aí a resposta para a tua pergunta, Nebai!

"Já sabes agora por que a hora da felicidade e da alegria não soará jamais para mim nesta Terra?!

"Não posso rir e alegrar-me quando outros choram e sofrem. Compreendes, Nebai? Não posso!"

Jhasua levantou o olhar para a imensidão azul, como se perguntasse ao Infinito, por que somente ele sentia tão profundamente a quase infinita tristeza pela dor de seus semelhantes.

Uma corrente de profunda emoção passou nesse instante da alma de Jhasua para a de Nebai, que, entristecida, quiçá pela primeira vez em sua vida, inclinou a cabecinha ruiva e deixou correr lágrimas silenciosas a caírem sobre o pescoço da gazela "Chispa", cuja cabeça se achava recostada sobre os joelhos de sua dona.

Subitamente olhou para Jhasua, sempre apoiado sobre o tronco da árvore, e viu-o como envolto em suave claridade, não podendo definir se esta era da luz do sol, que se punha. Viu seus olhos cheios de pranto, que não corria, porque estavam fixos num ponto das nuvens purpurinas e douradas do entardecer.

— Agora te compreendo, Jhasua — disse Nebai a meia-voz, já de pé e aproximando-se dele. — Agora sofro contigo pelos que sofrem e choro também pelos que choram! És um Anjo de Jehová, vindo à Terra para aliviar as dores humanas! ... agora compreendo que não és um homem como os demais! ... não sei o que és, Jhasua! Talvez o mistério de Jehová cobrindo a Terra! O Amor de Deus embelezando a vida! ...

Jhasua tomou a mão direita de Nebai e levou-a até onde estavam os dois jovens paralíticos.

Um silêncio solene e grave espargia-se no ambiente saturando-o todo de recolhimento e quase de pavor.

Parecia que um formidável sopro de mistério, de divindade, de majestade suprema, se derramara sobre todos os seres e coisas.

– Para onde me levas? – perguntou a adolescente em voz baixa, deixando-se conduzir.

– Ao Altar de Deus, Nebai ... minha irmã, onde tu e eu seremos os sacerdotes do Senhor, usando de Seu poder e de Sua bondade para aliviar a dor dos que sofrem!

Os dois jovens Aarão e Seth observavam sua lenta aproximação, enquanto se mantinham como que absortos em pensamentos que não chegavam a compreender.

– Nebai! ... sejamos capazes de amá-los como a nós mesmos, e eles serão felizes – disse Jhasua, colocando as mãos sobre as cabeças dos dois enfermos.

Os olhos de Nebai fecharam-se como ao impulso de um suave torpor e colocou suas mãos sobre as de Jhasua.

– Aarão e Seth! – disse Jhasua em voz alta e com tal emoção que a tornava trêmula. – Sede felizes, com saúde e energia, com vitalidade e força, porque vos amamos como a nós mesmos e porque Deus nos ama a todos como a Si Mesmo!

A voz de Nebai, suave como o arpejo de uma lira, foi repetindo as palavras de Jhasua, como se fossem o eco delas mesmas que voltasse a ressoar de maneira mais doce, mais íntima, mais sugestiva.

Algo assim como uma sacudidela elétrica estremeceu os dois inválidos, que, possuídos de profunda emoção, se lançaram nos braços um do outro, como se somente então tivessem compreendido a desgraça que os conservava amarrados a seus carrinhos de rodas.

Não podemos precisar o tempo que esse intenso estado durou nos diversos seres que nele atuaram; todavia, quando tudo voltou ao estado normal, Aarão e Seth, segurados pelas mãos de Jhasua, levantaram-se lentamente e se puseram de pé, ante os olhos atônitos de Nebai que não podia acreditar no que via.

Jhasua deixou-os alguns momentos sem segurá-los. Como eletrizados, ambos se olhavam sem pestanejar.

– Agora quero que andeis até mim – disse, recuando três passos.

Tomando-se pelas mãos, os dois se apoiaram um no outro e, ainda um tanto vacilantes, obedeceram à ordem de Jhasua, que foi afastando-se lentamente, obrigando-os a continuar caminhando até ele.

Quando chegaram, colocou-se entre eles, dizendo:

– Apoiai-vos sobre meus braços, e vamos juntos ao lar, onde vossa mãe nos dará a ceia.

Continuaram todos andando, muito embora ainda sumidos nesse pavoroso recolhimento, mudo e silencioso, dos grandes acontecimentos inesperados e inexplicáveis para aqueles que desconhecem a força ultrapoderosa de uma Vontade posta em sintonia com o mais intenso e desinteressado Amor.

Nebai reagiu primeiro e correu para a cozinha gritando com todas as suas forças:

– Mãe Beila! ... vossos filhos deixaram os carrinhos e caminham sozinhos! Vinde vê-los!

A anciã saiu sem entender os gritos da mocinha.

Ao ver o quadro inesperado de seus dois pobres filhos, débeis e pálidos, andando apoiados nos braços de Jhasua, esbelto e aprumado como um jovem carvalho de firme tronco, a boa mulher começou a chorar e a rir como sob a ação de uma crise histérica.

– Milagre de Jehová! ... Deus desceu até a nossa cabana! ... não posso crer no que vejo! ... Tobias! ... Tobias! ... Tobias! ...

E a pobre mulher caiu sem sentidos sobre os montões de lã que ela mesma pusera a secar naquela manhã.

Tobias, que estava a capinar as hortaliças, regando e transplantando mudas, ao ouvir os gritos da mulher chamando-o, correu para ver que nova desgraça teria caído sobre o seu lar.

Nesse instante, Nebai estava socorrendo a pobre mulher, que não havia resistido com serenidade ao estupendo espetáculo de ver seus filhos andando, paralíticos que eram desde o nascimento.

Ao chegar, Tobias olhou por sua vez para os filhos e para a mulher, sustentada por Nebai. Compreendeu tudo e, caindo de joelhos no meio do pátio, cobriu o rosto com ambas as mãos e começou a chorar em grandes soluços.

Imutável, sereno e impávido, como se nada visse de tudo quanto se passava, Jhasua continuou caminhando com os enfermos até chegar com eles onde Beila havia caído.

– Mãe, mãe! – exclamaram os moços inclinando-se para ela. – Olhai, que em verdade estamos curados!

– Não pode ser! ... Não pode ser! ... – dizia a mãe entre soluços.

– Sim, é verdade, Beila! ... Porventura, Deus perdeu o poder de fazer seus filhos felizes? – perguntou Jhasua, tomando-a por uma das mãos. – Levanta-te e põe a toalha branca na mesa, porque somos trabalhadores do Pai Celestial e já ganhamos o dia.

Jhasua, de pé junto a Nebai, assistiu comovido ao íntimo abraço daqueles pais, felizes como os dois filhos, já curados de seu mal.

– Meu amor e o teu, Nebai – disse Jhasua a meia-voz –, foi o poderoso ímã que trouxe sobre esta boa família todo o Bem que emana de Deus. Agora fomos capazes de amá-los como a nós mesmos, e o Senhor compensou nossa fidelidade à Sua Lei.

Aarão e Seth foram os primeiros seres da espécie humana que o Verbo Encarnado curou na última etapa do seu messianismo na Terra.

Passaram-se duas luas, durante as quais Jhasua continuou realizando os mesmos exercícios espirituais e suas obras de amor em prol de seus semelhantes.

Não houve mais nenhum incidente, senão a chegada de sua mãe, que veio visitá-lo, acompanhada de Jhosuelin e Abigail. Esta já era uma linda mulherzinha de 14 anos.

Myriam explicou que a avó Ruth havia morrido quase repentinamente e que, com isso, a jovem perdera sua ama e mãe, e que, portanto, não podia permanecer mais ali, tendo já o Hazzan tomado um criado para seu serviço.

A alegria da jovem, ao ver novamente a Jhasua, foi uma verdadeira explosão de júbilo que, por suas espontâneas manifestações, fazia rir os Anciãos.

Era interminável nas notícias que dava de todos os seus pequenos protegidos, cuja excessiva glutonaria, segundo ela, mantinha fatigada a avó Ruth, a mãe Myriam, que as ajudava, e a ela mesma, pois, "até altas horas da noite, se ocupava das exigências de todos aqueles pequenos glutõezinhos que, por pouco, não a comiam da cabeça até os pés". Jhasua ria bastante satisfeito ouvindo-a em suas ardorosas expressões de protesto.

– Significa tudo isso, Abi, que já estás cansada de ser a alegria e a esperança dos desamparados? – perguntou Jhasua, sondando até onde chegava o amor fraterno da adolescente.

– Não, não, isto não! Não é verdade, mãe Myriam, que sempre cumpri com o meu dever?

E Myriam – a incomparável Myriam, alma de pomba, incapaz de derramar uma gota de fel em outra alma – disse ao filho, olhando-o com terníssima devoção:

— Se encontrasses tantos colaboradores como Abi para realizar teus sonhos de felicidade humana, poderias estar muito contente, meu filho.

Depois de conversar longamente com Jhasua sobre todas as coisas relativas à família e aos amigos de Nazareth, deliberaram ambos sobre o que fariam com a órfã Abigail, que preferia aceitar qualquer situação a voltar para a áspera e rabugenta tia Michal de seus primeiros anos.

O Monte Tabor distava de Nazareth apenas meio dia de viagem a pé. No entanto, o caminho tornava-se um tanto dificultoso em face das alterações do terreno completamente montanhoso e, em parte, coberto de bosques quase impenetráveis. O Santuário achava-se precisamente no ponto que ficava mais escondido daqueles que deviam ignorá-lo.

A pobre cabana de Simão, o porteiro, estava no fim do último pequeno vale, aonde se podia chegar com relativa facilidade.

Ali começava o emaranhado impenetrável de selva e rochas, que num espaço de duas léguas ao redor pareciam ter-se unido num abraço de ferro para defender a vida dos solitários. Logo a seguir, continuava a paisagem dos vales interpostos com as verdes colinas frondosas e os arroios de incomparável frescura.

Myriam permaneceu um terço de lua ao lado de seu filho, hospedada na casa de Simão, o porteiro, até onde Jhasua descia diariamente por um secreto caminho nas rochas.

A irmã de Pedro, Noemi, que o leitor já conhece, estava casada e vivia em Séphoris.

Abigail podia muito bem ocupar seu lugar ao lado de Juana, esposa de Simão, já de idade avançada. Mas quem substituiria a Abi junto aos desamparados de Nazareth?

Eis aqui os problemas do Homem-Luz, com apenas 17 anos e com a clara consciência de seu dever para com aquela aflita porção da Humanidade.

Sua mãe veio tirá-lo dessa dolorosa preocupação.

— Não julgues, meu filho — disse —, que a avó Ruth e eu nos descuidamos de teus protegidos. Além disto, os Terapeutas colocaram vários deles em lugares onde ganham honradamente seu próprio pão.

"Na oficina de teu pai, Jhosuelin tem como aprendizes quatro daqueles meninos, que já ajudam com seu pequeno ordenado às necessidades de suas famílias. Lembras-te do Santiaguinho, que saía para esperar-nos no caminho? ..."

— Oh, sim! Como poderia esquecê-lo em apenas um ano e meio que estou aqui?

— Pois, juntamente com seu pai — aquele que fora despedido do moinho, como provavelmente te lembrarás — entrou para o serviço do Hazzan, com o que sua família não mais padece necessidade. Os Terapeutas trataram da mãe dele, a qual, depois de uma longa convalescença, se encontra agora bem de saúde.

Assim foram seguindo as boas notícias desta índole naquelas ternas confidências de mãe e filho. Numa explosão de agradecimento, Jhasua abraçou tão efusivamente sua mãe que esta disse:

— Já vejo quanto amas os deserdados da vida só pelo fato de o serem. Quando amarás também assim aos teus que necessitam, por sua vez, de amor e de solicitude?

E Myriam ficou olhando para o mais profundo dos olhos de seu filho.

Ele sentiu a suave reprovação e, apertando contra os lábios uma das mãos da mãe, respondeu-lhe:

— Vós não necessitais tanto de mim como todos esses desamparados, que surgem de todas as partes ... Não só tendes a vossa vida assegurada, como também gozais de uma posição que vos deixa garantidos contra todas as contingências e alternativas da existência.

— Sim, é verdade o que dizes, mas teu pai e eu não conseguimos encher com nada o vazio deixado por ti em nossa casa. Quando regressarás, meu filho?
— Quando quiserdes — respondeu Jhasua. — Por que meu pai não veio contigo, como prometeu através dos últimos Terapeutas que chegaram de lá?
— Teu pai, Jhasua, começa a sentir um mal no coração que nos tem deixado todos penalizados. Ele não quis que o soubesses antes, a fim de que permanecesses aqui tranqüilamente ... eis a razão por que eu te disse que também nós necessitamos de teus cuidados e do teu carinho.
— Decerto, a viagem por estas montanhas produziria nele grande agitação, não é verdade? — perguntou Jhasua bastante alarmado com a notícia.
"Sendo assim, quando regressares, eu irei ter com ele. Viajaremos juntos, mãe, e eu não voltarei ao Santuário até que ele esteja completamente curado.
"Abigail — disse ele à menina que se aproximava naquele instante —, vem com minha mãe; vamos ao Santuário para resolver com os Anciãos se devo voltar convosco para Nazareth."
— Oh, Jhasua! Nazareth está tão entristecida sem ti e sem a avó Ruth que não tenho nenhum desejo de voltar para lá ...
— Deixemos que Deus nos revele a Sua Vontade, pois a nossa paz e felicidade estão em cumpri-la.
Guiados pelo Ancião Simão, pai de Pedro e de Andrés, futuros apóstolos do Cristo, enveredaram pelo caminho secreto das rochas que tinha saída apenas numa das grutas do Santuário.
Para Abi, aquilo era um verdadeiro assombro, pelo que disse assustada:
— Viver assim entre as rochas como as raposas e os lagartos! ...
— Abi — disse Jhasua seriamente —, já és uma mulherzinha, e deves aprender a ver, ouvir e calar.
"Quando voltares a Nazareth, não deves mencionar absolutamente nada acerca dos solitários que vivem aqui, porque seria um atentado à sua tranqüilidade e às suas vidas. Foi por acreditar que posso confiar em ti que eu te trouxe. Entendeste?"
— Serei discreta, Jhasua; nada temas de mim. Não recebi de ti outra coisa que o bem, como também dos Terapeutas. Como poderia ser capaz de atraiçoar a todos? Não, não ... Antes deixaria que me cortassem a língua.
Enquanto Jhasua ria, de vez em quando, das preocupações e dos sustos de Abigail, chegaram todos por fim à gruta onde o caminho tinha saída, a qual era algo assim como uma sala de espera, que não tinha nenhum aspecto de comunicação, pois se apresentava como isolada, servindo para descanso dos viajantes, como faziam supor alguns bancos rústicos, um cântaro com água e um saco de figos secos.
— Sentai-vos aqui — disse Simão, o Guia —, que eu farei a chamada.
O bom velho afundou o braço num buraco da gruta cheio de musgo, e ouviu-se o som distante de um sino.
Poucos instantes depois, foi destapada uma abertura num dos lados do teto, onde a gruta era mais baixa que a altura de um homem, e o rosto do Essênio cozinheiro, que tão zelosamente cuidava de Jhasua, assomou plácido e sereno.
— És tu, filhinho? ...
— Sim, sou eu; contudo, não venho só, e, sim, com minha mãe e uma irmãzinha menor do que eu.
"Desejamos conversar com os Anciãos porque existem novidades em minha família de Nazareth. Perguntai se eles virão aqui ou se podemos passar."

— Voltarei em seguida — respondeu o Essênio, fechando novamente a passagem que abrira ao chegar.

— Oh, que pena! ... — exclamou Abigail. — Por que devem eles esconder-se tanto, se são bons como tu?

— Reflete que, sem seres má, foste obrigada a fugir de tua tia Michal — respondeu Jhasua. — Abi, grande parte da Humanidade é assim como essa tua tia, e ainda muito pior do que ela. Os justos não estão defendidos pelas leis arbitrárias deste país; por isso, poderão ver-se perseguidos e até levados à tortura e à morte.

— Recordas — disse Myriam a Abi — a história que te contei algumas vezes da perseguição aos meninos menores de dois anos, nascidos em Bethlehem, quando também nasceu Jhasua?

— Oh, sim! ... Lembro-me bem.

"Que mal poderiam ter feito meninos menores de dois anos?"

— A maldade dos homens, Abi, pode chegar até a ferocidade, quando são dominados pelas mais baixas paixões. Isso é tudo.

Simão, o porteiro, havia voltado quando os visitantes foram atendidos.

Poucos instantes depois, desceram pela abertura do teto o Servidor e mais dois Essênios: Tholemi e Melkisedec — os três Mestres de Jhasua que o leitor já conhece. Eram três seres da Aliança do Cristo desde épocas distantes, que, pela Lei Divina, se encontravam novamente ao seu lado para colaborar com o Redentor em sua última jornada messiânica.

Só o Servidor conhecia Myriam pessoalmente, pois ele estava no Santuário desde a infância de Jhasua. Os outros dois haviam chegado fazia pouco tempo, ou seja, quando aí se formou o Liceu de Instrutores, escolhidos para colaborar nos desenvolvimentos mentais e espirituais do Cristo adolescente.

— Nem sequer precisas apresentar-nos à tua mãe, Jhasua, porque a semelhança de um e outro é tão marcante que, à simples vista, já está tudo evidenciado — mencionou o suave e delicado Melkisedec, saudando Myriam, que permanecia silenciosa e retraída.

— Em compensação, a irmãzinha não lhes tem nenhuma semelhança física — acrescentou Tholemi.

— É irmã apenas por afinidade — respondeu o adolescente.

— Para meu filho, são irmãos todos os desamparados e órfãos, e esta mocinha faz parte desse grupo — explicou Myriam a seus interlocutores.

— Chama-se Abigail — disse Jhasua — e desde que eu vim para o Tabor, ela está cumprindo a tarefa que deixei começada, ou seja, cuidar das pobres crianças sem pão e sem teto, que andam como cãezinhos sem dono pelas praças e ruas.

— Oh! ... É uma grande mulher! ... — disse o Servidor. — Ou uma pequena mãe que cuida dos outros, menores do que ela.

— Ah, Jhasua — disse, de súbito, a jovem. — Havia me esquecido de dizer-te que o tio Jacobo não poderá daqui por diante deixar que nossos amiguinhos sem casa durmam na cavalariça. — E seus olhinhos desolados olhavam tristemente para o adolescente, como a perguntar-lhe: "Que faremos agora?"

Diante de uma situação tão desastrosa, Jhasua perdeu o aprumo e a serenidade.

— Como?! ... É assim que o tio Jacobo falta ao prometido? Tenho que ir imediatamente — determinou ele com penosa intranquilidade.

— Acalma-te, filho — disse sua mãe —, que isto não acontecerá até a próxima lua. Esta ocorrência deve-se ao fato de haver o bom Jacobo sido obrigado a entregar, em pagamento de dívidas, metade de seu horto, onde está exatamente a cavalariça vazia que ele emprestava às crianças. Não te zangues, pois, com ele, que já tem tão grande pesar em ter que desprender-se da metade de suas posses.

— E Thadeu, seu filho maior, que é que faz? — perguntou Jhasua, nervoso.

— Está desesperado, pois foi ele que caiu na armadilha de um falso mercador de lã que passou por Nazareth arruinando as pessoas de boa fé — respondeu a mãe.

Enquanto se desenrolava esta conversação, os Essênios ouviam em silêncio e amarravam fios nessa simples rede, tecida com as dificuldades e angústias de seus semelhantes, cujas vibrações dolorosas afetavam de perto e com bastante intensidade a Jhasua, que convivia com a dor do seu próximo.

O *Bom Jacobo* mencionado era Essênio do terceiro grau, homem justo, a quem o Servidor já conhecia há bastante tempo. Seu filho Thadeu foi, anos depois, um dos doze apóstolos do Cristo.

— Ouve-me, Jhasua — interveio o Servidor. — Pela conversação que acabas de ter com tua mãe, vejo que tu e nós não podemos permanecer em nosso tranqüilo paraíso enquanto nossos irmãos se debatem mar adentro, numa luta desesperada. Vamos, pois, até eles e remediemos seus sofrimentos com o favor de Deus.

"Começando por teu pai enfermo, trataremos de aliviá-lo de todas as suas pesadas cargas. Que vos parece isto?," perguntou a seus dois companheiros, que permaneciam em silêncio.

— Quereis que acompanhemos a nosso Jhasua? — perguntou Tholemi, o mais idoso dos três.

— Sim, vós dois e mais eu — disse o Servidor. — Como conheço palmo a palmo o país, pois fui Terapeuta mais da metade de minha vida, creio que o Senhor me permitirá usar de minha influência pessoal junto a alguns que possam remediar tantos males.

— E que faremos com Abi? — perguntou Jhasua. — Sua ama, que era a esposa do Hazzan, morreu. Poderíamos, talvez, deixá-la aqui com a esposa de Simão.

— Pobrezinha! — disse o Servidor. — Que outra coisa quereis que ela faça do que enfraquecer de aborrecimento nesta solidão e entre dois anciãos que vegetam em sua tranqüila quietude? Dois anos mais, e esta jovem poderá contrair matrimônio e formar um novo lar. Dando-lhe somente pão e teto, não ajustaremos a sua existência.

— Isto é verdade — disse Myriam — e creio mesmo que um jovem honesto e trabalhador já vem pensando nela.

Jhasua olhou apreensivo para Abigail, que ficou vermelha como cereja.

— Então era assim que cuidavas do meu rebanho de cordeirinhos abandonados? — disse ele entre severo e burlesco.

— Eu não sei nada, Jhasua! Não sei nada! — disse aflita a adolescente; e, abraçando-se a Myriam, começou a chorar.

— Não sejas tola, filhinha — disse Myriam —, que Jhasua graceja contigo.

"É verdade o que ela disse, Jhasua, pois Abi sabe apenas que Benjamin, o filho mais velho de teu irmão Matias, a ajuda a repartir as roupas e os doces a teus protegidos e contribui quanto pode para essa obra.

"Fui eu quem ouviu a confidência do moço, que teve a franqueza de contar-me o que pensa."

— Ver florescer o amor na juventude é formoso, minha filha — disse o Servidor —, e não tens que envergonhar-te disto. Estou vendo que existem muitos fios para serem atados por lá, onde a gente boa luta por este rude viver.

"Ajudar a tudo o que é bom, belo e grande, evitando todo mal possível, é o compêndio sublime da Lei do Amor Fraterno.

"Que achais da idéia de prepararmos a viagem para dentro de dez dias?"

— Como julgardes melhor, Servidor — disseram várias vozes ao mesmo tempo.

Ia o campo de ação do Homem-Luz ampliando-se mais e mais, a cada dia.

Assim, dois dias depois da cena que acabamos de narrar, encontramo-lo com sua mãe na casinha de pedra de Harvoth, o escultor.

Myriam e Sabad haviam-se reconhecido como parentas próximas, pois esta última era filha de uma irmã de Ana, mãe de Myriam, e de Simão Ed-Rogel, administrador do príncipe Ithamar de Jerusalém.

Desde a desgraça que atingira a família de Harvoth, e que repercutiu fortemente entre as famílias poderosas de Jericó, nada mais tornara a saber de sua infeliz prima. Sua prisão na Fortaleza de Massada foi mantida em segredo impenetrável, da mesma sorte como sua libertação e refúgio nas montanhas do Tabor.

Sabad era dez anos mais idosa do que Myriam, e não se viam desde a meninice, em virtude de Myriam ter estado internada, durante vários anos, entre as virgens do Templo de Jerusalém.

Bem pode, pois, o leitor imaginar as intermináveis confidências que ambas trocaram nos dias em que Myriam passou na casinha de pedra.

Tanto uma como outra perceberam a afinidade que havia sido despertada entre Jhasua e Nebai, muito embora não conseguissem defini-la sob o seu verdadeiro aspecto. Seria amizade? Seria amor ou simples companheirismo pelo ideal piedoso e terno que florescia em ambos como um resplendor do Amor Divino sobre todos os seres?

As duas mães se entregavam a conjeturas ou formavam castelos de ouro e de nácar, sonhos de fadas com véus de ilusão. E nós, leitor amigo, saberemos a fundo o que está a germinar e crescer nas almas veementes e sensitivas de Jhasua e Nebai, se os seguirmos de perto em suas caminhadas pelas ruínas do vizinho vale de Dobrath, onde faziam freqüentes visitas ao entardecer.

E, enquanto as mães conversavam no jardim das esculturas, Jhasua dizia a Nebai, sentada junto à fonte das pombas:

— Daqui a três dias irei até Nazareth com minha mãe, e ficarás sozinha para cuidar de nossos protegidos de Dobrath. Saberás cuidar deles, Nebai, com a mesma solicitude com que tens cuidado até agora?

A jovem guardou um breve silêncio, e, sem dissimular sua pena, perguntou, por sua vez:

— Queres exigir constância de mim para uma tarefa que abandonas, Jhasua? Foste o iniciador dela, e agora te afastas? Para dizer a verdade, não tens o direito de esperar que eu continue com igual entusiasmo.

As observações da adolescente levavam dentro de si uma suave reprovação, unida a uma amargura profunda.

— Tens razão, Nebai; no entanto, se eu vou, é só por pouco tempo e por motivos que não posso recusar. Meu pai está enfermo, e os Anciãos pensam que devo visitá-lo. Contudo, assim que ele estiver curado, voltarei! Seria para mim muito triste partir sem a certeza de que continuarás aquilo que, juntos, começamos!

— Pedes-me uma promessa formal? — perguntou a adolescente.

— Não, Nebai, porque não tenho direito algum de exigir isto; mas, se o fizesses espontaneamente, dar-me-ias grande satisfação.

— Devo fazer-te uma confissão, Jhasua, e não a tomes a mal. Até agora, tenho lutado comigo mesma para vencer a repulsa natural que me produzem alguns de nossos enfermos e velhos. São tão sujos e de tão mau aspecto que quase não posso querê-los!

"O que fiz por eles, eu o fiz tão-só para dar-te prazer; para ver-te feliz; para merecer tua amizade e teu carinho, e porque te sinto unido a mim, como essas pombas brancas o estão com a fonte. Vês, Jhasua, como elas se espelham na água, bebem dela, refletem-se nela e têm toda a sua alegria nessas pedras que o sol queima e que elas salpicam de água, quando sacodem as asas molhadas? Vês tudo isto, Jhasua?"

— Sim, Nebai ... vejo toda essa beleza de Deus até nas mínimas coisas, e estimo que também tu a vejas desta forma.

— Pois bem, eu havia pensado que tu e eu seríamos sempre como as pombas e a fonte, inseparáveis ...

"Que será da fonte se as pombas voarem para longe?

"Que será das pombas se a fonte se esgotar? Sabes responder a isto, Jhasua?"

E a formosa donzela, com ligeira sombra de tristeza, mergulhava as mãos na água e salpicava as mansas pombas adormecidas entre as pedras e a relva florida.

— Se as pombas amam de verdade a fonte, não voarão muito longe e logo voltarão, Nebai; e, se a fonte ama as pombas, não se esgotará jamais! Entendes, Nebai? Estamos fazendo uma comparação entre as pombas e nós mesmos.

"Se houver em nós um amor grande e verdadeiro, refletir-nos-emos um no outro como as pombas na fonte.

"Meu pensamento seguir-te-á por toda parte e, até a distância, sentirei a alegria de nossos enfermos e dos anciãos quando fores para consolá-los em meu nome.

"Acredita, Nebai, que meu pensamento estará contido como uma pomba branca refletindo-se na fonte; e eu estarei na cabeça branca da anciã que penteias, no pequeno enfermo que vestes, na criança que conduzes pela mão, na chaga que curas, nas lágrimas que secas e até nos olhos sem luz que cerras, quando a morte os haja apagado ...

"Ó Nebai! ... minha querida Nebai! ... — exclamou Jhasua, tomando-a pela mão — promete que me verás em todas as obras de misericórdia que realizares durante a minha ausência, porque, em todas elas, eu estarei contigo."

— Prometido, Jhasua, agora e para sempre ... — E, ao dizer tais palavras, inclinou o rosto sobre a fonte para esconder a emoção que enchera seus olhos de pranto.

— Também tu te refletes na fonte, Nebai, como as pombas — disse Jhasua, olhando na água quieta a formosa imagem da donzela. — E a fonte conta que tens lágrimas nos olhos e tristeza no coração.

— Aprendi contigo, Jhasua. Não me disseste, um dia, que a hora de ser feliz nesta Terra tu jamais a ouvirias soar?

Jhasua guardou silêncio e mergulhou em seu mundo interno durante alguns momentos.

— Certo, Nebai, certo. Eu te trouxe tristeza ... eu, que quisera inundar de luz e de alegria todos os seres ... minha pobre Nebai! ... Tens sido a fonte em que eu mesmo me tenho refletido. Tanto me compreendeste, criatura de Deus, que chegaste a beber a dor da Humanidade que eu estou bebendo desde que fui capaz de compreender e de pensar ...

— Nossas mães vêm para cá — disse a jovem, olhando em direção à casa. — Que elas ignorem sempre o mistério das pombas e da fonte!

— Oh, as mães, Nebai! ... elas sabem de tudo, porque o amor lhes decifra todos os mistérios.

– Sim, sim, sabemos de tudo, jovens, e aquilo que guardais em vossos corações não pode ficar oculto para nós – disse Sabad sorridente, pois era mais expansiva e espontânea do que Myriam. Esta limitou-se a envolver os dois adolescentes num desses olhares indescritíveis que são todo um poema de ternura, de felicidade interior e de misterioso anelo para aqueles a quem é dirigido.

Um véu sutil, qual purpúreo arrebol, resplandeceu como uma aurora no formoso rosto de Nebai, que se manteve silenciosa, enquanto Jhasua, como que divinizado por uma idéia radiante, observou:

– O amor, mãe Sabad, transformaria todos os humanos em Arcanjos de Deus, se fossem capazes de compreender de que excelsa natureza é o Amor verdadeiro.

Quando os visitantes foram embora, Nebai permaneceu sozinha na borda da fonte. A primeira estrela se levantava como uma lâmpada de ametista num fundo de turquesa, atraindo naturalmente os olhares da adolescente, que parecia mergulhar cada vez mais em profunda meditação.

Logo murmurou, a meia-voz, algumas das últimas palavras de Jhasua:

"Acredita, Nebai, que o meu pensamento estará contigo como uma pomba branca refletindo-se na fonte."

– E o será! ... Sim, será! ... porque ele o quer, e eu também quero – disse a jovem com tal decisão e energia que toda ela reviveu numa radiante explosão, como uma flor que, repentinamente, recebe uma torrente de água fresca.

A partir desse instante, Nebai foi o instrumento da Divina Lei para que a força telepática ou transmissão de pensamento se desenvolvesse em Jhasua até um ponto jamais alcançado por algum ser humano mergulhado no plano físico terrestre.

"Aguardarei teu pensamento em todas as horas do dia – dissera Nebai a Jhasua ao despedir-se dele na borda da fonte –, no entanto, esperá-lo-ei mais ao pôr-do-sol, e quando surgir no céu a primeira estrela. Dir-me-ás tudo quanto quiseres. Eu o anotarei na minha caderneta e hei de cumprir tuas ordens."

Foi a mente de Nebai, flor da montanha, a clara fonte em que se refletiu o pensamento do Homem-Luz como primeira centelha da lei da telepatia, que ele iria pôr em ação, alguns anos depois, não mais em uma só pessoa, mas sobre numerosas multidões.

O regresso de Jhasua a Nazareth foi recebido por Joseph, seu pai, com terna emoção.

Via-o já como um formoso jovem de 17 anos, alto, delicado e gracioso como um bambu das margens do lago.

– És Myriam ... todo Myriam, à medida que cresces – disse ele olhando-o da cabeça aos pés, enquanto Jhasua se mantinha em pé junto a sua poltrona de enfermo.

Entretanto Jhasua já não ouvia ruído nem rumor algum da Terra. Estava profundamente concentrado, enquanto abandonava suas mãos entre as do pai; e seu pensamento havia-se cravado, como um dardo de ouro, naquele coração enfermo, que batia irregularmente.

Joseph deitou para trás a cabeça branca, que se apoiou no encosto da poltrona. Suave torpor o invadiu, produzindo-lhe um sono tão profundo e sereno que, quando Myriam entrou, trazendo vasilhas com xarope de cereja, ficou surpresa, pois lhe pareceu que ele já não respirava.

Um momento depois, compreendeu tudo. Através de sua clarividência, Myriam percebeu, ainda que mui tênue, um raio de luz dourada que ia da cabeça do filho ao peito do esposo enfermo. Manteve-se quieta, imóvel, quase sem respirar, porque uma secreta intuição lhe dizia que, dessa forma, ajudava o filho na cura que realizava em seu pai. Finalmente, Joseph despertou, e seus olhos revelavam uma alegria imensa.

— Que longo sono e que formoso despertar! — exclamou, ao ver ainda Jhasua, cujas mãos permaneciam retidas entre as suas, e também Myriam, a dois passos com o xarope de cereja, que parecia um rubi líquido.

— Que sonhaste, pai — perguntou Jhasua sentando-se a seu lado, enquanto Myriam oferecia a ambos o precioso xarope preparado por ela.

— Que numerosos Anjos do Senhor tiravam do meu peito o coração enfermo e me punham o teu, meu filho, teu coração jovem e são como um cacho de cerejas maduras. É tão grande o bem que sinto que realmente acredito que foi assim. Toda dor desapareceu, e o coração já não me golpeia o peito como os martelinhos sobre o banco. Oh, Jhasua! ... meu velho coração queria ver-te próximo, muito perto, e golpeava com fúria, chamando-te. Vês? ... oh, coração patife de velho que começa a ter manhas procurando ganhar mimos. — E Joseph riu, alegre, como poucas vezes o haviam visto.

— Foi nosso filho que te curou — disse Myriam. — Não foi, portanto, infrutuosa a sua estada no Monte Tabor. Os Anciãos fizeram-me relatos de grandes coisas que realizou ali. O Altíssimo tomou-o como instrumento para aliviar todas as dores humanas.

— Estão chegando as notícias, Myriam! ... estão chegando! ...

"Muitas coisas grandes e formosas quero ver em ti, meu filho ... contudo, não quero ver o teu sofrimento nem a tua morte. Isto não! ... isto não! — E Joseph agitou-se na cadeira."

— Acalma-te, pai! Acalma-te, que não verás nada disso — disse Jhasua suavemente. — Por que vens com esses pensamentos nesta hora de tanta alegria?

— É verdade, Joseph! Não deves amargurar-nos nestes momentos tão felizes — acrescentou Myriam com sua voz de calhandra.

— Tens razão ... Em verdade, estou ficando velho, e vivo a cair em desvarios tolos, sem nenhuma justificativa.

Aqueles felizes pais celebraram no dia seguinte a chegada do excelso filho com uma refeição íntima. Todos os filhos de Joseph, com suas respectivas famílias, além do Hazzan e dos três Essênios, companheiros de viagem, formavam um bom número de comensais.

— Não digas nada de tua cura, pai — disse Jhasua —, e, assim, todos julgarão que foi a alegria de me veres novamente ao teu lado que produziu esse alívio.

Devemos ter em conta que, de todos os filhos de Joseph, só o menor, Jhosuelin, era filiado à Fraternidade Essênia. Os demais eram simpatizantes dos Terapeutas pelo bem que recebiam deles, mas nunca se preocuparam com outra coisa mais do que cumprir, sem maiores esforços, com a Lei de Moisés e sem se entusiasmarem muito por ela. Pertenciam a essa multidão de seres comodistas e intimamente bons, vivendo apenas para o trabalho e para os deveres da família.

Pacíficos por natureza, jamais se envolveram nas alterações políticas de seu tempo, deixando para os "grandes", como eles diziam, o cuidado de velar pelos interesses do povo. Este particular explica claramente por que não viam com bons olhos o interesse de Jhasua em encontrar solução para os problemas dos indigentes e dos desvalidos.

Habituados a bastarem a si mesmos e a encerrar toda a sua atividade entre o horto doméstico e suas oficinas de artesãos, não compreendiam que houvesse almas capazes de sentir outras aspirações e inquietudes. Estavam sempre prontos a censurar a todos aqueles que procuravam complicações para a própria vida, saindo da órbita fechada do lar e da oficina.

Os parentes de Myriam já eram diferentes, pois os irmãos de Joachim e de Ana, seus pais, entre os quais houve vários sacerdotes e levitas, deixaram filhos e filhas, com que Myriam manteve sempre amizade; e foi também entre eles que, no futuro, Jhasua encontrou ambiente mais de acordo com seus grandes ideais de melhoramento humano.

Alguns mais, outros menos, todos esperavam que o "filho de Myriam", como lhe chamavam mais comumente para distingui-lo de seus outros meio-irmãos, estava destinado a ser aquele que daria brilho à família, pois não ignoravam que o seu nascimento fora acompanhado de acontecimentos extraordinários.

Sabiam também que os Santuários Essênios, ocultos entre as montanhas, eram as Escolas dos Profetas e dos grandes Terapeutas, e que elas guardavam todos os sigilos convenientes. Desse modo, seu amor próprio e um pouco de vaidade faziam com que vissem com mais agrado que Jhasua se instruísse nos Santuários, do que continuasse em seu afã de zelar pelos mendigos e garotos esfarrapados da rua.

Foi em torno deste modo de pensar que se desenvolveram todas as conversações durante a refeição. Os Essênios davam olhares inteligentes a Jhasua para que mantivesse silêncio, em favor da paz e da harmonia no seio da família reunida em sua homenagem. O Servidor, em discreto e duplo sentido, e com o fito de deixar todos tranqüilos, disse:

– Não devereis ter dúvida alguma, pois o nosso Jhasua será sempre um fiel cumpridor da Vontade Divina.

Jhasua permaneceu quarenta dias junto aos seus, em Nazareth, onde recebeu visitas de todos os parentes de seus pais e de pessoas amigas, que eram muitas, por ser Joseph conceituado como homem justo em toda a extensão da palavra. Quase não havia um vizinho, em toda a região, que não houvesse necessitado alguma vez de um conselho prudente, discreto, como também de ajuda material.

Por sua vez, pôde Jhasua recolher o fruto de seus desvelos de adolescente por seus irmãos desamparados e comprovar, simultaneamente, como os esforços bem encaminhados da parte do Hazzan, da avó Ruth, de sua própria mãe e com o apoio dos Terapeutas, haviam eliminado inteiramente a indigência ambulante nas ruas e nos subúrbios de Nazareth.

A boa vontade de todos, posta em ação com idêntico fim, produzira o resultado de que o trabalho distribuído com altruísmo e justiça havia aniquilado, nessa pequena cidade, o horrível monstro da fome e da miséria que assolava quase todas as demais cidades da Palestina.

O Lago de Tiberíades, que, em anos futuros, seria um dos mais pitorescos centros de ação do Divino Mestre, estava povoado, em todas suas margens, de barquinhos de pescadores. Provinha isso da doação, feita pelo solitário castelão de Mágdalo, aos Terapeutas, da terça parte das madeiras de seus grandes bosques para que os carpinteiros sem trabalho construíssem pequenas barcas de pesca, que, em seguida, eram alugadas, por um preço ínfimo, pago com o produto da pesca a todos aqueles que, não tendo recursos, quisessem tirar do pequeno mar galileu o sustento para suas famílias.

Mais de uma vez, os olhos do jovem Messias umedeceram-se de feliz emoção quando, nessa estada de quarenta dias em sua terra natal, percorreu as margens do lago de águas douradas em uma ou outra das barquinhas de pesca daqueles que, dois anos antes, havia ele recolhido dos subúrbios lamacentos da cidade, sem nenhuma outra perspectiva do que encontrar abundantes restos de pão duro ou resíduos de comidas jogadas ao monturo.

Ante esses fatos, calava fundo em seu coração este profundo sentimento:

"Se na Humanidade houvesse menos egoísmo, nenhum ser humano sofreria a miséria e a fome. Haveria paz, felicidade e amor para dar a cada um aquilo que, por direito divino, lhe pertencesse, posto que, a lei da vida é dada por Deus para todas as Suas criaturas por igual."

Não esqueceu de visitar o pequeno João, filho de Zebedeu e de Salomé, nascido havia cinco anos, como sabemos, nas ruínas do Santuário de Silos, caminho de Jerusalém.

— Se te apressares em crescer e fazer-te homem — disse-lhe ele —, levar-te-ei comigo a todas as partes a que eu for. Com efeito, poucos anos depois, Jhasua percorria a região desde a Iduméia até a Fenícia e do Mediterrâneo até a ardente Arábia, levando, em verdade, João ao seu lado e chamando-o de *Estrela de meu Repouso*, nos momentos de íntimas confidências em que ele, o Grande Apóstolo, descansava das fadigas e dos desgostos de sua alma.

Quando terminaram os quarenta dias de permanência em Nazareth, o Homem-Luz encontrou seu próprio coração regozijante da felicidade de haver proporcionado a todos quantos se aproximaram dele algumas migalhas de festim divino do Amor, que é consolo, paz e esperança.

— Mãe! — disse ele enternecido a Myriam. — Nunca fui tão feliz como agora, pois não deixei de taça vazia a nenhum de todos aqueles que se puseram diante de mim.

"Oh! Se os homens soubessem desfrutar a alegria infinita de se darem a todos sem esperar recompensa, este mundo seria um paraíso!"

Com a alma transbordante de amor e de alegria, Jhasua empreendeu o regresso ao Santuário, deixando todos os seus amiguinhos contentes por saber que podiam esperá-lo, pois ele cumpriria a sua promessa.

— Voltarei logo — havia dito — e quero encontrar a todos como vos encontrei agora: com o pão sobre a mesa e o fogo aceso, o que significa que trabalhais sob o olhar de Deus, que abençoa vossos esforços e fadigas.

No intuito de ser a última a abraçá-lo, Abigail escondeu-se entre a multidão de adolescentes e jovenzinhos que, no horto de sua casa, se despediam de Jhasua.

— Jhasua — disse ela —, eu fico com tua mãe para cuidar dela e amá-la até a tua volta.

— Está bem, Abi, e, quando eu regressar, celebraremos os teus esponsais com Benjamim, meu sobrinho. Cuidado, que não quero brigas! Está bem? Nosso Deus-Amor fará ambos felizes, porque o amor aos inválidos te conquistou a felicidade.

Já ao cair da tarde, Jhasua se encontrava novamente nas pitorescas grutas do Monte Tabor, onde o aguardavam com agradáveis notícias.

A última caravana do norte havia trazido uma interessante carta de Ribla. Era da parte de Harvoth, o escultor, que cumpria a promessa dada antes de partir.

O sacerdote cretense que o contratara para construir pequeno templo a Homero era um ser estranho para todos; mas também reconheciam nele um homem justo, no qual transparecia um ardente entusiasmo por tudo quanto é belo, grande e bom. Era viúvo e vivia sozinho com dois filhos: Nicanor e Lastênio, de 20 e 18 anos, respectivamente.

A estas notícias vinham acrescentadas outras que, para os Essênios, eram de grande importância, a saber:

O sacerdote cretense, cujo nome era Menandro, possuía um valioso arquivo de épocas bastante remotas, como se fossem visões fantásticas de velhas civilizações que já não viviam nem sequer na recordação dos homens. Menandro afirmava que aquele arquivo era a única herança deixada por Homero, seu ilustre antepassado, e que, para conservá-lo, se havia desterrado voluntariamente para a silenciosa Ribla, escondida no coração da Cordilheira do Líbano. Ali não o encontrariam os interessados em questionar seus direitos sobre esse valioso tesouro.

O Ancião estava disposto a mostrá-lo, para fins de estudo, a quem quisesse examiná-lo. Unicamente pedia discrição e silêncio.

Na impressionante História das Idades, que os Essênios vinham formando desde que Essen, discípulo de Moisés, fundou a Fraternidade Essênia, havia muitas lacunas, períodos vazios, como se a marcha incessante da Humanidade houvesse ficado detida a intervalos. Os esforços dos solitários propendiam no sentido de preencher esses vazios, para que a Humanidade pudesse saber a ordem completa em que a Divina Sabedoria passou, como uma estrela radiante, pelo céu desse planeta, semeando civilizações como o lavrador semeia seus campos.

Essa notícia era de tão inestimável valor para os Essênios que não tardaram em preparar uma viagem até Ribla. Iriam quatro dos dez que formavam o alto corpo de mestres, levando Jhasua consigo.

Esses quatro Essênios conheciam profundamente as principais línguas ou dialetos, por intermédio dos quais, desde épocas distantes, os homens haviam expressado seus pensamentos.

Enquanto os Anciãos contratavam os animais com os caravaneiros em Tiberias e ultimavam as diligências da viagem, Jhasua dialogava com Nebai, sua flor da montanha, sobre como havia cumprido suas promessas e as mensagens mentais que lhe havia enviado de Nazareth.

Com o fim de instruir o leitor, darei uma cópia das cadernetas de Nebai e de Jhasua que, sentados nas pedras da fonte, enquanto as pombas arrulavam e a boa Sabad os brindava, ao cair da tarde, com as melodias de seu alaúde, comparavam dia por dia os resultados de sua constância admirável: de Jhasua, para emitir o pensamento, e de Nebai, em recebê-lo.

Desde logo se percebe que, às vezes, houve falhas por diversos motivos, pois, dadas as condições do plano físico em que ambos atuavam, nem sempre é possível e fácil a perfeição completa, principalmente num período longo, pois foram quarenta dias de prova.

Primeiro dia: "Mais ou menos na hora em que Jhasua devia ter chegado a Nazareth, pareceu-me sentir que ele me dizia: Ajuda-me, Nebai, para aliviar meu pai, que está enfermo do coração. Fechei os olhos e pensei com força: Quero que Jhasua cure o coração enfermo do seu pai."

– Exato! – disse Jhasua examinando as anotações de sua caderneta. – E que mais eu te disse nesse dia, Nebai?

– Não senti nada mais!

– Então não percebeste o final, pois acrescentei: "*Se teu amor é grande como o meu, Joseph, meu pai, será curado.*"

– E foi curado?

– Claro que foi!

– Então, Jhasua, será que meu amor é tão grande como o teu? – perguntou corajosamente a jovem, fortalecida pelo êxito.

Mãe Sabad deixou de tocar o alaúde e sorriu ante esse diálogo, no qual se via o jogo maravilhoso desses sentimentos, como se fossem as faces polidas de cristais límpidos que deixassem transparecer as luzes de um arrebol sem sombras.

– Não há nada mais formoso e sublime do que o amor nas almas puras, que flutuam em planos sutis e diáfanos, aonde os seres vulgares e mesquinhos não podem chegar – pensou a ditosa mãe, testemunha desse divino dialogar entre almas que a Lei fez encontrar-se para realizarem grandes obras de amor e de redenção humana.

Nebai olhou de novo para sua caderneta e continuou lendo:

Segundo dia: "Nebai: fico agradecido pela tua cooperação. Meu pai foi aliviado de seu mal. Não esqueças o vale de Dobrath; contudo, não deves ir só, mas acompanhada de tua mãe ou da criada."

— Está bem, Nebai! Muito bem! — exclamou Jhasua comparando essas anotações com as que constavam de sua caderneta. — Há pequenas diferenças de expressão, mas, no fundo, o significado é o mesmo. Ouve: "Nebai, agradecido pela ajuda mental que me deste. Meu pai já não sofre do mal. Lembra-te do vale de Dobrath, e, quando fores, que sejas acompanhada de tua mãe ou da criada." Vês, Nebai? Está quase igual.

— Percebeste, Jhasua, como eu recebi todas as tuas mensagens? — disse a menina cheia de satisfação e de alegria.

— Se os pensamentos podem ser assim percebidos através das distâncias, é porque tu e eu estamos submergidos na mesma irradiação infinita do nosso Deus-Amor! Compreendes, Nebai?

— Oh, sim, Jhasua, compreendo! Afigura-se-me Deus como sendo um imenso mar luminoso, no qual flutuamos, tu e eu, como dois peixinhos prateados, que vão muito juntinhos para um mesmo lugar. Não será assim esse Deus-Amor, Jhasua?

— Sim, Nebai, é assim. Do mesmo modo como agora nós escutamos e compreendemos, porque estamos num mesmo plano de vibração e a atmosfera e o éter são um e o mesmo, o pensamento passa igualmente para as almas no espaço infinito quando o amor recíproco, desinteressado e puro, as coloca na mesma onda de vibrações. Assim me foi ensinado pelos meus sábios Mestres.

— Se tu e eu não nos amássemos e fôssemos indiferentes um para com o outro, ou sentíssemos mútua antipatia, poderíamos perceber assim os pensamentos? — perguntou a adolescente.

— Oh, não, Nebai! Nunca! Nosso amor, desinteressado e puro, foi que nos mergulhou nesse mar luminoso que é Deus, conforme imaginas; e, assim como os dois peixinhos prateados falam e se compreendem no seio infinito do Deus-Amor, assim também nós nos compreendemos e falamos.

— E não podia ser também a mesma coisa se eu te enviasse minhas mensagens através do pensamento? — perguntou Nebai. — Haverias de percebê-las?

— Claro está que sim. Podemos provar isto a partir de amanhã, na hora que fixarmos — respondeu Jhasua.

— A quietude vem a mim a partir da tarde, Jhasua, e quando surge a primeira estrela. A essa hora já não brinco, não corro nem dou mais risadas, feito uma louquinha. Sentada aqui, junto à fonte, olho para o céu, procurando ver aparecer a primeira estrela; e então me invade uma suavidade e quietude muito semelhante à de uma oração. A essa hora poderei enviar minha mensagem ao Santuário. Que fazes tu a essa hora, Jhasua?

— Estudo os Profetas ou medito sozinho no Santuário ou à sombra das árvores.

— Está combinado, hein, Jhasua? — insinuou suavemente a donzela com a mesma ternura e intensidade com que as crianças pedem um brinquedo ou uma guloseima.

— Combinado, Nebai, e com todo o entusiasmo do meu coração.

Continuaram percorrendo as cadernetinhas até chegar a uma anotação que dizia: "Desde o amanhecer me senti perseguida pela idéia de que Jhasua não quer mais deixar Nazareth e voltar ao Tabor. Entristecida por essa idéia, vim à fonte ao cair da tarde conforme o costume, e percebi que uma das pedras que formam o bordo havia saído do seu lugar, e que, ao cair sobre a relva, esmagara uma pombinha nova, que, fazia pouco tempo, tinha abandonado o ninho. Isto me causou grande tristeza e, quando me acalmei para aguardar o pensamento de Jhasua, julguei sentir estas palavras:

'Nebai, estou vacilante entre ficar com meus familiares em Nazareth e voltar ao Tabor; isto me faz padecer enormemente. Ajuda-me a encontrar o caminho da Lei.' "

– Exato, exato ... Nebai! – exclamou Jhasua. – Que formosa sensibilidade é a tua, que, desta forma, faz com que percebas o meu pensamento dirigido a ti!

– Sim, sim, mas eu chorei muito, naquela tarde, por causa da tua mensagem, e associei a tristeza à dor que me foi causada pela pombinha morta sob a enorme pedra.

"Vê se adivinhas, Jhasua, o que foi que pensei naquele momento?"

– Deixa ver! ... espera, espera. Pensa fortemente, Nebai, e eu to direi.

A jovem fechou os olhos e pensou ...

Jhasua cerrou também os seus e se concentrou em seu mundo interior.

– Pensaste, Nebai – disse, depois de alguns momentos de silêncio –, que, se eu não voltasse ao Tabor, serias como a pombinha esmagada pela pedra! Acertei?

– Oh, sim, Jhasua! ... És um mago! – exclamou a adolescente, olhando-o com seus grandes olhos arregalados.

– Não, nada de magia, irmãzinha. Somos dois peixinhos prateados, mergulhados na mesma corrente ... a irradiação divina do nosso Deus-Amor. E há mais: as ondas dessa corrente trazem e levam os pensamentos de um para o outro! Isto é tudo!

– Oh, como é maravilhosa a tua sabedoria, Jhasua! Por que os Anciãos não ensinam a todos os homens essas mesmas coisas que ensinam a ti?

– Porque os homens não têm interesse em aprender estas coisas, Nebai. Eles estão sumamente ocupados em acumular tesouros materiais; em tornar-se grandes e poderosos e em lutar por dominar e avassalar uns aos outros, para satisfazer os gritos de soberba que os impulsiona a esmagar os demais num furor incontrolável.

"Agora é Roma. Logo será Cartago, Macedônia, Ibéria, Germânia e Bretanha. Oh, os homens desta Terra, do tamanho de uma avelã, julgam-se senhores da Criação, quando mantêm sob sua garra os povos débeis e indefesos! Oh, Nebai, como os homens são maus! Quanto mais mesquinhos e miseráveis, piores são eles! ..."

Jhasua, sentado sobre a borda da fonte, descansou a cabeça por entre as mãos e manteve-se longo tempo em silêncio.

– Magoei-te, Jhasua, com as minhas perguntas? – ouviu-se a voz baixa e suave da jovem que interrogava.

– Não, Nebai. Jamais podes magoar-me. É a visão da maldade humana que despedaça minha alma como flechas envenenadas ...

Chegou nesse momento Melkisedec, o mestre de Jhasua, dizendo que iniciariam viagem para Ribla daí a três dias, pois tudo estava organizado.

E nós, leitor amigo, segui-los-emos de perto, já que a Eterna Lei nos permite ser como a sombra de Jhasua, que o segue a todas as partes, para conhecer a fundo sua vida de Verbo de Deus, encarnado na Terra pela última vez.

Nas Margens do Orontes

As últimas estrelas salpicavam ainda os véus da noite que se iam diluindo nos primeiros reflexos do amanhecer, quando os Essênios e Jhasua empreenderam a viagem até Tiberias, onde se incorporariam à caravana que, ao meio-dia, passaria pela faustosa cidade edificada por Herodes em homenagem a Tibério César.

Estava-se na metade do verão, e o calor era sufocante, motivo por que se detiveram na margem do Lago de Tiberíades, de onde podiam ver as cúpulas e colunas da brilhante cidade, edificada dez anos antes na zona mais pitoresca da região e sobre um patamar do qual se abrangia, com a vista, uma longa extensão em todas as direções.

A caravana chegou pouco depois, e nossos viajantes uniram-se a ela tomando o rumo norte.

Ao passarem costeando o lago, seguindo o único caminho existente entre ele e o penhasco, onde estava construído o castelo de Mágdalo, como uma sentinela da aldeia desse nome, encontraram na margem uma formosa embarcação branca, coberta com tapeçarias azuis. Ali brincava uma menina ruiva de uns dez anos de idade, acompanhada de uma mulher que teria 40 anos e que vestia as roupas usadas pelas mulheres gregas, com o largo peplo de vistosas cores, que o vento agitava como asas gigantescas de exóticos pássaros da Índia.

Os viajantes deviam passar a três passos da barca, em cujo centro se via uma mesinha com uma pequena cesta cheia de linhas com que a grega bordava, e outra cesta com uvas e cerejas, de onde a menina tirava as frutas e comia com muita graça e delicadeza.

Sendo que os jumentos andavam com lentidão pelo estreito caminho, Jhasua olhou com insistência para a formosa criatura que chupava uvas e cerejas, e também em virtude de seus cabelos dourados lhe recordarem Nebai.

A pequena correu até o bordo do barco para ver a passagem da caravana e gritou:

– Elhida ... repara esse lindo adolescente que monta o jumento escuro. É ruivo como eu.

– Cala-te, menina, e não te metas com os viajantes – disse a mulher.

Jhasua sorriu ao ver o gesto de pouco-caso que a garota fez para a ama que a repreendia.

– Parece que minhas uvas e cerejas são do teu agrado – observou a pequena. – Queres algumas?

Jhasua moveu negativamente a cabeça, mas o Servidor que sabia ser aquela menina filha do senhor do castelo que tinha doado as madeiras de seus bosques para as barcas de pesca, interveio imediatamente:

– Não desprezes o presente, Jhasua, porque o pai dela socorreu as necessidades de teus protegidos de Nazareth. Além disso, aqui se leva a mal uma recusa dessas.

Jhasua desmontou e aproximou-se da barca com certa preocupação por causa da grega que não o perdia de vista nem à menina. Esta, com grande desembaraço e franca alegria, estendeu a cesta para Jhasua, dizendo:

– Fica com todas, pois tenho muitas no horto.

Jhasua tomou a cesta e repartiu os cachos de uvas e de cerejas com seus companheiros de viagem mais próximos.

– Por enquanto, só posso dar-te meus agradecimentos – disse ao devolver-lhe a cesta –, mas, ao regressar, hei de trazer-te, como presente, uma ninhada de rouxinóis do Líbano.

– Oh, muito obrigada! Regressa breve, e não esqueças a promessa.

De pé, na popa de sua barca, ela continuou agitando a mãozinha para dar adeus ao mancebo que se ia. Quem poderia adivinhar, amigo leitor, que, daí a mais alguns anos, num dia trágico e pavoroso, aquela menina ruiva, já mulher, cruzaria enlouquecida por entre uma multidão raivosa e feroz, para arrojar-se ante um patíbulo e abraçar-se aos pés do homem que ali morria crucificado?

O generoso gesto da pequena interessou a Jhasua; e ela, por sua vez, disse a sua ama grega, Elhida:

– Mais que pelo interesse dos rouxinóis, quero que ele volte para que eu possa olhar outra vez para os olhos que ele tem ... *É um Adônis!*, como diz meu pai quando lhe apresentam algum jovem formoso.

– Nélia, é muito feio ser intrometida com as pessoas que passam ... – disse a ama repreendendo-a.

– Somente Nélia, não! Nélia Maria, como minha mãe. Já te disse mais de uma vez que quero que me chames assim, Elhida.

"Esse Nélia, abreviatura de *Cornélia*, soa muito mal para mim. Maria, Maria ... sim que é musical e harmonioso; e as formosas sírias o pronunciam como um gorjeio: Myriam! ..."

Esta conversação despreocupada da menina ruiva e da mulher grega ainda chegou aos ouvidos de Jhasua, pois a serenidade daquele entardecer do verão, junto ao lago, levava as ondas sonoras pela costa, através do suave vento sul, que soprava sempre ao anoitecer.

Esse encontro, puramente casual, logo foi esquecido por ambos os protagonistas da brevíssima cena. Tantos viajantes iam e voltavam por aquele mesmo caminho! Para Jhasua, aquela garota feliz, cheia de tudo quanto pode causar satisfação ao gosto mais exigente, não causou impressão alguma em seu íntimo. Outra coisa houvera sido se a tivesse encontrado mergulhada na desgraça.

Essa noite repousaram em Minyhe, até a saída da lua. Era outra pequena aldeia como Mágdalo, adormecida nas margens do lago com sua pequena povoação de pescadores, lavradores e lenhadores. Ao meio-dia seguinte, encontraram-se em Corazin, cidade mais importante, onde algumas famílias essênias os hospedaram durante as horas em que a caravana esteve descansando. Aí residia a viúva, mãe de Felipe, aquele que, mais adiante, fez parte dos doze apóstolos.

Felipe encheu Jhasua de presentes quando, sob grande segredo, o Servidor lhe esclareceu quem era esse jovem, cuja beleza física chamava tanto a sua atenção.

A mãe de Felipe padecia de uma úlcera cancerosa no joelho esquerdo, fato este que mantinha todos entristecidos naquela casa.

A refeição foi feita sob o parreiral, à margem do lago. Durante ela, Felipe mencionou, com tristeza, as dores que sua mãe sofria, por mais que ele e sua esposa se preocupassem em aliviá-la.

Levantou-se Jhasua da mesa e, segurando a taça em que havia bebido vinho, inclinou-se sobre as águas do lago e encheu-a até a borda.

– Se me ajudardes – disse – e se todos formos capazes de amar a avó Débora como amamos a nós mesmos, ela será curada.

A nora retirou-lhe as ataduras da perna, e Jhasua, fortemente concentrado, foi derramando, gota a gota, a água que havia vitalizado com seu hálito e com o olhar. A pobre anciã exalou um gemido doloroso, como se, violentamente, lhe houvessem arrancado um pedaço da pele. A chaga fez-se vermelha, em carne viva, e começou a destilar gotas de sangue, que a respiração de Jhasua foi secando lentamente. A água da taça terminou, e a ferida foi novamente vendada.

– O sol do amanhecer encontrar-te-á curada, avó – disse amorosamente Jhasua, beijando-a na face.

— Bendito sejas, anjo de Deus! – exclamou a boa mulher, chorando de alegria. – Quando regressares, dar-te-ei uma túnica, tecida por mim, azul como o céu e do fio mais fino que minhas mãos possam fiar.

Desde aquela época, essa mulher, junto com todos os seus familiares e amigos formaram um círculo afeiçoado ao Divino Mestre durante seus anos de apostolado, no decurso dos quais fez da cidade de Corazin um dos cenários mais movimentados de sua obra missioneira. Em verdade, a casa de Débora, mãe do apóstolo Felipe, foi a morada do Mestre nessa cidade como a de Marta e Lázaro o foi na Bethânia e a da viúva Lia em Jerusalém.

Peregrino errante em busca do Amor sobre a Terra, encontrava ninho e abrigo ali onde havia almas capazes de compreendê-lo e de amá-lo, e, mais do que tudo isto, capazes de assimilar sua doutrina sublime, baseada unicamente no amor de uns para com os outros, mas elevado ao máximo: *"Amar ao próximo como a si mesmo."*

Eis aí o lago sereno de águas de prata, no qual deve refletir-se a consciência de todo seguidor do Cristo! Eis aí o espelho da lua fiel, que há de reproduzir o desfile ininterrupto de todos atos de nossa vida física, se queremos ter o direito de nos chamarmos, com verdade e justiça, *seguidores do Cristo*.

De Corazin em diante, a viagem já não desfrutava uma perspectiva de formosos encantos, pois até chegar a Cesaréia de Filipos, grande capital limítrofe entre a Galiléia e a Síria, o terreno era, em geral, escabroso. Suas montanhas com grandes precipícios e a floresta emaranhada eram bom refúgio para feras e bandoleiros.

Ao atravessarem o Jordão, junto ao Lago Merou e a pouca distância de Corazin, os viajantes se encontraram com uma família da Ituréia (*), que esperava a caravana para dirigir-se a Damasco.

Cinco filhos varões e quatro mulheres, além do pai e da mãe, constituía a família. Montavam asnos e arrastavam consigo uma formosa manada de antílopes africanos e ovelhas do Irã, que constituíam sua fortuna.

Ausentavam-se de sua terra natal porque se viram desalojados das poucas paragens onde havia pastos e água potável.

— Mas é uma loucura! – advertiu o chefe da caravana. – Ides perder toda essa manada nesta viagem tão longa. Nesse vosso rebanho, quase a metade é constituída de crias da última lua, e bem vedes que não podemos todos ir transportando um cordeirinho ou um antílope pequenino nos braços. Não pode ser! Não pode ser!

As mulheres começaram a chorar desconsoladamente.

— Íamos até os lagos próximos de Damasco, onde um parente nosso possui terras que nos dá em arrendamento por pouco preço – disse o pai.

Enquanto isto, Jhasua escutava e meditava. Logo depois, aproximando-se da mãe e das filhas que choravam em silêncio, disse-lhes:

— Não choreis mais, porque vosso pranto me causa sofrimento. Sou o último da caravana; no entanto, creio que poderei resolver este assunto.

A mulher olhou assombrada para Jhasua e exclamou:

— Tu, jovem? ... E que vais fazer, se ainda nem sequer te aparece a barba?

— Não necessito barba, mas um pouco de amor e piedade para com a vossa dor – respondeu. – E esta é a única coisa que possuo. Esperai um pouco.

Correu para o Servidor, que já o aguardava, pois sabia que era impossível a Jhasua ver alguma dor sem apiedar-se dela.

(*) País da antiga Ásia, ao nordeste da Palestina (N.T.).

— Servidor! — disse, todo emocionado e com os olhos úmidos de pranto — Pelo amor que me tendes, peço que ajudeis a salvar essa pobre gente.

— Que queres fazer com eles? — interrogou o Ancião.

— Protegê-los na nossa terra galiléia, tão fértil, e onde há abundância de vales repletos de pastos, sem que ninguém os utilize. Vós, Servidor, podeis enviá-los, com uma carta, a qualquer paragem vizinha do Jordão, já que conheceis tanta gente e também sois amado por muitos!

— Está bem, Jhasua, está bem. Não fiques desconsolado por isso. Entre Corazin e o Lago Merou, que acabamos de passar, mora um irmão de Débora, mãe de Felipe, o qual vive só com sua esposa, sendo ambos já velhos e cheios de achaques.

"Eles possuem uma boa porção de terra que, pela fertilidade e abundância, é uma bênção de Deus. Não têm filhos, e sua vida é uma triste solidão. Enviaremos para ali essa pobre família até que regressemos de Ribla, e então, com tempo e calma, veremos o que se possa fazer."

O leitor bem pode adivinhar a felicidade de Jhasua, que não sabia se devia rir ou chorar. E correu, como um pequeno cervo sedento em busca de água, para enxugar o pranto da infeliz família ituréia, que se achava sem pátria, e que, agora, iria tê-la entre amigos dos Essênios do Tabor.

Uma carta do Servidor, entregue ao chefe da família, com as recomendações e as indicações do sítio em que se encontrava a velha cabana de Labão, tio de Felipe, na margem do Jordão e junto ao Lago Merou, foi o bastante para fazer a felicidade daquela pobre família desterrada, que, algumas horas depois, encontrar-se-ia em um refúgio seguro para eles e para os seus animais.

Jhasua ainda os acompanhou até deixá-los no caminho que corria quase paralelo àquele vindo pela caravana, e do qual, por entre desfiladeiros e bosques, se bifurcava a vereda que conduzia diretamente para a cabana de Labão.

Seguindo o trilhado caminho, conhecido e percorrido havia muito tempo, a caravana atravessava parte da Golonítide e da Ituréia, a qual, como já dissemos, apresentava aspecto áspero, em virtude dos morros, que davam a impressão de terem sido cortados a pique, e, também, por causa de sua emaranhada selva, que ocultava precipícios traiçoeiros e encruzilhadas perigosas.

Inumeráveis lendas arrepiantes alteravam a tranqüilidade dos viajantes ao chegarem a esse lugar, que se julgava cenário propício para seres malignos, ora denominados *demônios, bruxos*, ou simplesmente *almas penadas*.

Por esses motivos, procurava a caravana, habitualmente, não se deter, na medida do possível, para pernoitar ali; contudo, apertando um pouco a marcha, esforçava-se por atravessar a região desde a primeira luz do dia até a chegada da noite, que já a encontraria na sorridente planície, vizinha da cidade de Cesaréia de Filipos.

Entretanto, nesta viagem, ocorreu algo inesperado. O calor excessivo e por demais sufocante fez adoecer grande parte dos animais, quando ainda não haviam terminado de atravessar a região montanhosa e sombria. Em conseqüência, a caravana viu-se obrigada a deter-se na parte mais desolada do caminho, onde um pequeno arroio saindo de uma vertente escondida por entre as rochas, proporcionava água potável para homens e animais.

Nascido nas vertentes do Monte Hermon, aquele arroio cruzava os arrabaldes de Cesaréia e ia desembocar no Rio Jordão, junto ao Lago Merou, que os viajantes tinham cruzado dois dias antes.

Na pequena esplanada que escolheram para esse descanso forçado, quando a noite os surpreendeu, unia-se também o caminho das caravanas que iam e vinham de

Tiro – o formoso e alvoroçado porto fenício, que punha toda aquela região em contato com o mar.

Nem bem haviam resplandecido as fogueiras que os viajantes acenderam para sua iluminação e o preparo de seus alimentos, quando se ouviram gritos pedindo socorro.

As vozes partiam de uma escura garganta dos montes, a cinqüenta passos da esplanada. Armados de tochas, lanças e fortes varas, o Kabir (*) da caravana e seus homens, acompanhados dos Essênios, foram até aquele lugar, que, nas sombras da noite, parecia mais pavoroso ainda.

Encontraram ali uma família amarrada aos troncos das árvores.

Era o pai, de idade madura, a mãe, um pouco mais jovem, um moço de 19 anos e uma jovem de 14. A mãe jazia desmaiada ao solo e a filha era quem havia dado aqueles gritos aflitivos, enquanto os dois homens, atados e amordaçados, tentavam, em vão, arrebentar os fortes cordéis, que estavam a ponto de lhes fazer sangrar os braços e os pés.

O Servidor e Jhasua ficaram com os viajantes na esplanada, onde tinham sido levantadas as tendas.

As vítimas eram viajantes vindos de Chipre, originários do Golfo de Chitin. Assaltantes de caminhos haviam-lhes tirado os animais e equipamentos, deixando-os no lastimoso estado em que foram encontrados.

O pai chamava-se Alípio, o filho Hallevi, a mãe Ecli, e a mocinha Dorcas. Acabavam de chegar de Chipre e procuravam unir-se à caravana que voltava de Damasco em direção ao sul, com destino a Joppe, sobre o mar.

Os pais de Ecli, muito idosos, tinham chamado ansiosamente esses seus filhos por verem aproximar-se os seus últimos dias sem ter a seu lado um único dos filhos que lhes pudessem cerrar os olhos e receber a valiosa herança de um terreno com o mais rico olival e vinhedo daquela região.

Ofereceu-se o Kabir da caravana para levá-los até Cesaréia de Filipos, já quase à vista. No entanto, que fariam eles naquela grande capital, sem amigos e sem meios de vida? Haviam sido despojados de tudo, e a situação não podia ser mais desesperadora.

Os Essênios, pano de lágrimas de todas as dores humanas que lhes surgisse no caminho, viram de pronto o dedo da Lei que lhes apontava: "Ama a teu próximo como a ti mesmo."

Assim, a Divina Lei, mãe fecunda de todo bem, lhes deu a solução para aquele doloroso problema. O mais urgente era conduzir a mulher desmaiada para uma tenda e dar alimento aos demais, que desfaleciam de sede e fome.

Ao vê-los chegar, carregando aquela maca improvisada com lanças e varas, julgaram todos que conduzissem um cadáver. Era a mãe Ecli.

– Pouco menos que um cadáver – disse o Kabir –, mas que faremos com ela? Se não sobreviver, enterrá-la-emos, como Deus manda.

A pobre Dorcas chorava desconsoladamente crendo que sua mãe viesse a morrer.

Os quatro Essênios se ajoelharam em torno da caminha improvisada e aplicaram compressas de água fria na cabeça da mulher e um pano grosso embebido de vinho sobre seu plexo solar. Fizeram-na beber água de flor de laranjeira e lhe friccionaram as extremidades. O coração batia debilmente e não reagia de modo algum.

Jhasua, sentado a quatro passos do aflito grupo, assemelhava-se à estátua imóvel

---

(*) Chefe de caravana (N.T.).

e silenciosa da meditação. O desesperado e doloroso pranto da jovem Dorcas pareceu tirá-lo desse estado, e, aproximando-se dela, disse:

– Não chores; espera, que o Pai Celestial permitirá que tua mãe viva. Eu quero que não chores! Vem comigo. – Tomando-a pela mão, levou-a para junto da maca. Os Anciãos, que conheciam tão bem a ação poderosa das forças superiores quando se apoderavam de Jhasua, compreenderam, ao vê-lo, que havia uma enorme condensação das ditas forças e que a cura da enferma iria produzir-se de imediato.

Ele e a menina foram ajoelhar-se, um de cada lado da maca. Estendendo as mãos por cima do corpo imóvel, tomou Jhasua as mãos da adolescente, que havia cessado de chorar e olhava-o como hipnotizada por algo que ela via nele, mas que era invisível aos demais. Aquelas quatro mãos unidas tremiam como cordas postas em elevada tensão e agitadas pelo vento.

Os olhos de Jhasua estavam fixos sobre os olhos cerrados da enferma, que os abriu imediatamente, cheios de espanto, no princípio, e depois, cheios de pranto.

Seguiu-se então uma descarga de soluços, como uma tempestade contida por longo tempo e, finalmente, um estado de suave lassidão que denotava paz e descanso.

– Vês? – disse Jhasua a Dorcas. – Vês como o Pai Celestial ouve o gemido de seus filhos?

Grande assombro espalhou-se, como um véu agitado que envolvesse a todos, e uma só pergunta surgiu de todos os lábios:

– Quem é esse jovem que assim domina as enfermidades e a morte?

Compreendendo os Essênios que alguma explicação devia ser dada aos profanos que os rodeavam, o Servidor esclareceu:

– Este jovem é filho do homem mais honrado e justo de Nazareth, e parece que já se delineia nele um profeta de Jehová, talvez maior do que aqueles que, durante seis gerações, iluminaram o horizonte de Israel. No entanto, sendo estas as primeiras revelações do poder divino que nele reside, não convém dar publicidade a esta ocorrência até que o Senhor manifeste Sua Vontade.

– O caso – disse um deles – é que eu tenho o meu filho doente, com uma febre que o está consumindo lentamente.

– E eu minha mãe – disse outro.

– E eu minha mulher – acrescentou um terceiro.

– E eu um irmão louco furioso, que traz transtornos a todos nós – alegou um quarto.

E assim sucedeu que quase não havia um único viajante que não tivesse algum enfermo em sua família.

O Servidor olhou para Jhasua e compreendeu que ele ainda estava possuído das forças superiores que o tornavam capaz de vencer o Mal.

– Credes todos que o poder de Deus, Senhor e Criador de tudo quanto existe, pode curar os padecimentos de vossos familiares?

– Cremos! Cremos! – repetiram todos. – Posto que restituístes a vida a essa mulher que estava como morta.

– Peço-vos apenas uma coisa ... Que, em gratidão ao Senhor pelo bem recebido, sejais misericordiosos, de hoje em diante, para com todos os desamparados que sofrem fome e miséria – disse Jhasua com a entonação de voz de um inspirado que exerce autoridade suprema.

– Nós vo-lo prometemos! – disseram todos ao mesmo tempo.

Jhasua semicerrou os olhos e estendeu os braços lentamente na direção dos quatro pontos cardeais. Expeliu, também, com força sua respiração nas quatro direções e guardou silêncio.

— O poder de Deus — disse ele pouco depois — visitará vossos queridos enfermos, se é verdade que acreditais nesse Poder Divino.

Durante esta cena, a enferma se havia sentado na maca e acariciava as mãos da filha que, recostada na relva, não se fartava de olhar para sua mãe viva, quando já a julgara morta.

Como já estavam quase à vista de Cesaréia de Filipos, resolveram levar para ali aquela família encontrada em tão tristes condições, a fim de provê-la dos meios necessários à sua chegada a Joppe, na Judéia, para onde havia empreendido sua viagem.

Como as mulas e os asnos não eram suficientes, tornou-se necessário que alguns compartissem sua montaria com outros dentre os recém-incorporados à caravana; e foi assim que o jovem Hallevi montou na garupa do animal de Jhasua.

— Pesais ambos tanto como um de nós — havia dito o Kabir — e creio que o asno vos suportará bem durante os últimos sete estádios que faltam.

Contudo, Jhasua, cuja alma era toda compaixão, não pôde deixar de sentir o que julgava ser um inaudito esforço para o animal. Desmontou e começou a caminhar a pé ao lado de Hallevi que continuava montado no asno. Esta ocorrência, aparentemente de tão pouca importância, valeu-lhe uma grande conquista para o futuro de sua grandiosa obra missionária.

Descobriu em Hallevi uma clara inteligência e uma alma digna de ser cultivada com esmero. Fizeram-se grandes amigos. Mesmo assim, o jovem ficou convencido de que Jhasua era um Profeta. Como nas escolas filosóficas de Chipre se falava muito na lei da reencarnação, Hallevi, observando a nobreza e a doçura de Jhasua que caminhava a seu lado, pensou em silêncio:

"— Será este um dos *grandes* que voltou para arrastar as multidões e revolucionar o mundo!? ..."

Chegou claro a Jhasua esse pensamento de seu amigo, e, olhando-o de modo afável, disse:

— E tu, Hallevi, darás vida real aos meus sonhos de confraternização humana, numa grande capital sobre o mar.

— Como sabes disto? — perguntou o adolescente.

— Não estavas pensando que sou um Profeta? Reflete também que essa inspiração veio até mim!

Hallevi calou-se.

Para ilustração do leitor, dizemos aqui que Hallevi, depois da morte de Jhasua, se apresentou aos Apóstolos, ainda reunidos em Jerusalém, e lhes relatou minuciosamente esse fato, cuja viva recordação conservava em sua mente.

— *Baar-naba!* — exclamaram vários ao mesmo tempo. Tu és aquele que o Senhor anunciou, dizendo que chegarias com a alma cheia de fogo e as mãos cheias de ouro, para a fundação de uma escola de missionários. Chamar-te-emos Baar-naba! ..., porque és *filho de uma profecia* que durou alguns anos para se cumprir.

Realmente, o nome dado a Hallevi significa, em siro-caldaico, "filho de uma profecia", o qual, com o tempo, sofreu modificações até se transformar em *Barnabé*. Foi ele o fundador e a alma da grande igreja cristã de Antioquia, onde se começou a dar o nome de *cristãos* aos adeptos. Nessa comunidade foram recebidos homens e mulheres de todas as raças da Terra, em contraposição à igreja de Jerusalém, que abria suas portas somente aos judeus de nascimento. Barnabé foi também o introdutor de Saulo, convertido ao seio dos discípulos do Cristo.

Dupla foi a conquista de Jhasua nessa oportunidade, pois Dorcas, a jovem irmã de Hallevi, que permaneceu sempre em Joppe, na antiga granja de seus avós maternos, abraçou, com entusiasmo, a doutrina do Profeta Nazareno, a quem devia a vida de sua mãe. Esta viveu ainda até depois dos 80 anos. Dorcas, nome grego, traduzido ao siro-caldaico por Thabitta, ao ser ela mencionada entre os primeiros discípulos do Cristo. Foi Thabitta a célebre mulher tantas vezes mencionada nas crônicas daquele tempo, como sendo uma generosa benfeitora do Divino Mestre e de seus discípulos.

Como seu irmão, Barnabé, na Antioquia, foi Thabitta a alma de toda obra cristã na Judéia. Seu abundante patrimônio a colocava em condições de subvencionar as necessidades da comunidade cristã do primeiro século, precisamente na desventurada Judéia, a região mais intransigente e dura de toda a Palestina, a qual, talvez por isto mesmo, foi regada com o sangue do Divino Mártir.

Foi ela também a fundadora da primeira obra feminina de socorros mútuos, visto que, em sua própria casa, abriu uma oficina de fiação e tecelagem, para onde se dirigiam as mulheres do povo a fim de confeccionar roupas para todos os cristãos necessitados.

O Apóstolo Pedro que, após a morte do Mestre, foi como um conselheiro íntimo de Thabitta, teve para com ela uma ternura de pai.

Quão fecunda e feliz foi, pois, a dupla conquista de Jhasua aos 17 anos, no áspero e sombrio caminho até Cesaréia de Filipos, onde encontraram aquelas pessoas manietadas pelos assaltantes da Ituréia!

Na metade da manhã, nossos viajantes entravam nos subúrbios da grande capital, onde deviam deter-se o tempo suficiente para renovar as provisões, entregar as mercadorias e encomendas trazidas do sul e destinadas aos comerciantes ou particulares radicados na cidade.

Jhasua e o Essênio Melkisedec, seu mestre, junto com Hallevi, foram percorrendo a cidade, cujo movimento comercial era intenso. Aí se reuniam as três mais importantes estradas de todo aquele país; e dali partia também o caminho das caravanas para Tiro, a grande capital marítima da Fenícia, sobre o Mediterrâneo.

De outra parte, chegava a Cesaréia a longa estrada do Eud, vinda da Iduméia e de Madian, como também a que descia do norte para a distante Tiphsa, sobre o Eufrates, passando por Hamath, Ribla e Damasco. Embora fosse Cesaréia uma cidade reedificada no estilo romano, a parte antiga continuava sendo a velha cidade síria, com seus mercados e bazares, onde os turbantes e as mulheres veladas faziam sentir perfeitamente o ambiente oriental, mescla indefinível de quietude e atividade, de mistério e timidez.

A mistura de raças havia produzido, desde logo, verdadeira confusão de línguas e dialetos, dos mais variados. A necessidade de vender e de comprar estabelecia verdadeira luta entre os interessados para se fazerem compreender, motivo pelo qual ali abundavam os que se ligavam ao comércio desempenhando o papel de intérpretes e escribas.

Um desses intérpretes atraiu a atenção de Jhasua, observador por natureza. Ou, por outra, seria, talvez, sua fina sensibilidade que lhe fazia perceber as grandes dores ocultas e secretas, não obstante permanecessem escondidas no mais impenetrável fundo da alma.

– Que vos parece esse homem? – perguntou, a meia-voz, a seu Mestre Melkisedec, que, até esse momento, não tinha reparado nele.

– É um formoso tipo árabe e parece ser pessoa de qualidade. Seus modos o denunciam, muito embora seu vestuário, rico em outros tempos, demonstre longo uso. Por que perguntas a esse respeito?

— Porque, desde que o vi, estou sabendo que leva a morte no coração — respondeu Jhasua.
— E já não suportas o desejo intenso de curar esse coração, não é verdade?
— Oh, sim, Mestre Melkisedec. E perdoai-me! A dor desse coração está envenenando o meu.
— Pois bem! ... Agora mesmo vamos tirar todo esse veneno, a fim de que possas ficar tranqüilo — respondeu o Essênio e, aproximando-se do desconhecido personagem, falou-lhe em correto árabe, como era falado então.
— Somos estrangeiros nesta cidade e necessitamos de um guia para visitá-la durante o tempo que permaneça aqui a caravana que nos trouxe do sul. Poderíeis prestar-nos vossos serviços?
— Com todo o prazer — respondeu ele. — Mas, como é que falais tão corretamente o árabe?
— Porque sou um aficionado desse estudo e sempre me interessou tudo de vosso país.
Entrementes haviam começado a caminhar pelas tortuosas ruelas da cidade velha ...
— Esta é a mesquita mais importante que temos aqui — disse o cicerone, detendo-se ante um edifício vetusto, conquanto bem conservado em sua venerável antiguidade. Seus minaretes esbeltos e galhardos eram visíveis de longa distância.
"Aqui são conservadas algumas escrituras do Profeta do Fogo — disse aludindo a Elias — e de seu discípulo Eliseu, aos quais se tem fervoroso respeito. Também se conserva aqui um pedaço do manto de Elias e uma mecha dos cabelos de Eliseu, como talismãs contra todos os males."
— Oh, que maravilha! — exclamou o Essênio. — Há tantos males na Terra que todos os talismãs são poucos para remediá-los.
— Os habitantes do meu país, de um modo geral — acrescentou o intérprete —, têm fé cega nos talismãs do Profeta. Eu sou o único que não acredita neles.
— Vós? Como se explica isto?
— Porque jamais me deram resultado. Para não renegar a fé de meus antepassados, resolvi o problema pensando que tais objetos não eram do Profeta, ainda que se diga que muitos foram curados só ao colocar a mão sobre o cofre de cristal e de ouro em que estão guardados.
— E foi tão-somente para vós que o Talismã foi mesquinho com seus dons? — perguntou o Essênio, enquanto Jhasua e Hallevi os seguiam muito de perto, escutando a conversação, mas sem compreendê-la totalmente.
— Assim é em verdade — respondeu secamente o árabe.
— Nessa caravana — acrescentou o Essênio — vêm vários médicos de escola muito antiga que se chama *A Sabedoria Divina*. A ela pertencem os Terapeutas que conseguem curar quase sempre os mais estranhos males.
— Oh, sim! Já tenho ouvido falar desses Terapeutas, mas nunca me defrontei com nenhum deles — respondeu o intérprete.
— Pois aqui tendes um, que está à vossa disposição, e, no bivaque da caravana, há mais três. Tendes algum enfermo em vossa família?
— Não sei qual é o mal; só sei que uma imensa desgraça caiu sobre mim, devido aos sortilégios malignos de uma bruxa, a quem amaldiçôo do fundo de meu coração.
— Não amaldiçoeis a ninguém, amigo, pois não é esse o caminho para conseguir o bem que aspirais.
"Contai-me o que ocorre convosco, sem reparar nestes jovens que não compreendem o vosso idioma, e vos direi se vosso mal pode ser devidamente remediado."

O relato foi este: era ele o terceiro filho de um príncipe da família Hareth, possuidora de grandes domínios na Arábia.

Havia casado secretamente com uma sua prima, que estava destinada a desposar-se com o herdeiro do rei da Etiópia, o mais poderoso dos soberanos da África.

Ao saber disso, o pai dela amaldiçoou a ambos e, sob ameaça de morte, obrigou a mais funesta maga que tinha seu reino a que, por intermédio de sortilégios horríveis, tornasse louca furiosa sua filha desleal e desobediente por se haver rebelado contra a autoridade paterna. Estava, efetivamente, louca, fazia já quatro anos, ou seja, desde que se haviam unido, e a tal ponto que não reconhecia nem mesmo a ele.

– Chamo-me Ben-A-Bar – disse – e prometo ser vosso escravo por toda a vida, se curardes minha doce Zafira, que é, para mim, mais do que minha própria vida. Tomai em pagamento este anel, que é um presente que vos dou.

– Não, não! Nada disto, meu amigo. Guardai vosso adorno, que nós, Terapeutas, nada queremos pelo bem que nosso Deus nos permite fazer.

"Jhasua – disse ele voltando-se –, avisa nossos irmãos que temos aqui um trabalhinho por executar."

Jhasua, que intuitivamente já estava a par de todo aquele drama íntimo, correu para onde tinham ficado os Anciãos, e os encontrou assomando na esquina de uma das ruas.

– Recebemos aviso de que necessitais de nós! Que é que se passa, Jhasua?

– Um enfermo que reclama por ajuda – foi a resposta que deu.

Reunidos já todos, o árabe conduziu-os a sua casa, situada naquela parte a que chamavam *Torre Velha*, e que era um subúrbio muito antigo, no centro do qual existia uma vetusta torre aumentada e respaldada por um penhasco, ao qual se achava ligada como se fosse parte dele.

– Aqui está todo o meu mundo – disse Ben-A-Bar. – Esta torre, que foi fortaleza e presídio em outros tempos, é a única coisa que possuo, pois me coube por herança materna.

"Entrai e podereis ver a minha pobre esposa louca, sem nenhum alívio."

Hallevi tremia de medo sem saber por quê.

Os Essênios, embora sendo conhecedores das terríveis forças extraterrestres que atuam nesses casos, sentiam, não obstante, essa vibração de pavor e de espanto com que os gênios do Mal rodeiam todas as suas obras, com o fito de produzir forte sugestão, como primeiro degrau na descida ao abismo das trevas em que precipitam suas vítimas.

– Hallevi! – disse Jhasua com voz sonora. – Se o medo te acomete assim, não entres, mas fica junto à porta.

– É melhor, pois talvez seu pensamento sem cultivo viesse a prejudicar o nosso trabalho – mencionou um dos Anciãos. O jovem médium, extenuado pela poderosa vibração fluídica, foi sentar-se na soleira da porta.

Jhasua sentiu compaixão dele e, aproximando-se, disse:

– Olha, Hallevi: vai por esta rua, que a caravana está no final, onde tua família te aguarda. Dentro de alguns momentos, iremos reunir-nos a ti.

– Contudo, que farás tu aqui? – perguntou o jovem.

– Não acreditas que eu seja Profeta? Existe muito mal encerrado aqui nesta antiga torre, e os Profetas são enviados por Jehová para aniquilar o Mal na Terra! Compreendes agora?

– Oh, sim, Jhasua, compreendo! Com toda a certeza, vais dar vida a outro morto como deste à minha mãe.

Jhasua ficou a observá-lo.

— Pobre Hallevi! — disse ele a meia-voz. — Ainda és um filhote implume; no entanto, breve, chegará tua hora, e serás gigante entre os gigantes!

Entrando novamente na torre, encontrou os Essênios, que, por meio de vários criados negros, faziam encher de água uma piscina de mármore que ficava num vestíbulo contíguo ao aposento da enferma, adornado com esculturas e grandes vasos com plantas de invernadouro.

O vetusto aspecto da torre desaparecia ao penetrar-se nela, onde se encontravam todas as belezas com que os nobres árabes adornam suas vivendas.

Grandes cortinados de seda e gaze flutuavam como brumas celestes, cor de ouro, à mais tênue aragem, e um forte perfume de incenso da Arábia se fazia sentir por toda parte.

Enquanto os criados enchiam a piscina, os Essênios deliberavam sobre a maneira de ativar o organismo da mulher, o qual permanecia num período de completa lassidão, depois de cada furioso acesso, que a deixava sempre extenuada.

— Podeis permitir que vejamos vossos guarda-roupas? — perguntou logo Tholemi, cuja clarividência percebera, sem dúvida, o que lhes convinha fazer depois de haverem escutado, em minúcias, a explicação do árabe sobre o modo como tinha começado a loucura.

"A mais horrível impressão sofrida pela enferma — disse o Essênio — foi a maldição de seu pai, que negava o consentimento a seu amor. Então é disto que devemos extrair sua cura, tratando de produzir-lhe uma impressão agradável que destrua aquela."

Ainda que Ben-A-Bar se visse em má situação financeira, havia preferido trabalhar como intérprete nos mercados e bazares a vender uma única das riquezas que ele e a esposa possuíam em trajes e jóias. Vender o que foi grandeza e glória de seus antepassados é crime para os filhos da ardente Arábia.

Foi assim que os Essênios se encontraram diante do guarda-roupa de um príncipe em todo o seu esplendor.

— Vós que conheceis bem os costumes de vossa terra, escolhei as melhores roupagens que devem ser vestidas numa boda, porque vamos simular que ides casar-vos com toda a solenidade costumeira, com relação às pessoas de vossa classe — disse o Servidor a Ben-A-Bar, que os olhava perplexo.

"Tende em mente que fazemos tudo para curar vossa esposa. Podeis proporcionar-nos músicos?"

— Sim, tenho escravas que tocam maravilhosamente a gusla e o alaúde.

— Escolhamos a sala para a cerimônia — disse Tholemi.

— Vede este salão — disse o árabe abrindo uma enorme porta que dava para o grande pátio de entrada.

Todo encortinado de damasco carmesim e com grandes candelabros de prata, era, com efeito, um recinto majestoso.

— Muito bem, muito bem — disseram os Anciãos. — Aqui é necessário haver flores, música, perfumes e personagens vestidos com toda a riqueza de vosso País. Serão eles os representantes do pai de vossa esposa, vindos para presenciar a cerimônia nupcial. Compreendeis que, com esta comédia, desejamos apagar em vossa esposa a impressão que lhe causou a loucura?

— Sim, sim, compreendo tudo! — disse Ben-A-Bar, cheio de animação e entusiasmo. Até sobre ele começava a agir a sugestão benéfica que os Essênios tratavam de produzir.

— Agora deixemos estas túnicas escuras, e que apareçam as nossas vestimentas brancas — disse o Servidor. — Cubramo-nos todos com capas e turbantes brancos.

E subiram ao alto piso onde dormia a enferma.

Antes de chamar sua atenção, fizeram uma forte cadeia fluídica na antecâmara. Durante essa concentração, Jhasua caiu em transe e, ali mesmo, foi recostado num divã.

Ben-A-Bar ficou no salão, já vestido com seu rico traje de bodas. Duas escravas de idade madura achavam-se junto ao leito.

– Ide vestir-vos convenientemente, porque vai ser celebrada a boda de vossa ama – disse o Servidor às duas escravas.

Habituadas à obediência cega, as mulheres não manifestaram dúvida alguma, por maior que fosse o assombro que a ordem lhes causou.

Os Anciãos, já sozinhos com a enferma, chamaram-na mentalmente, e com tal força que ela abriu os olhos. Uma imensa dor refletia-se-lhe no olhar, notando-se um pouco de febre no vermelho rubi de seus lábios, que tremiam ligeiramente. Além disso, rodeava-lhe os grandes olhos negros um círculo violeta.

– Alteza! ... – disse o Servidor. – Vosso pai envia-nos aqui para presenciar, em seu nome, vossa boda. Ben-A-Bar, com seu séquito, vos espera no salão. Já estais curada da enfermidade que retardou este acontecimento, o qual não deverá ser adiado por mais tempo.

A jovem, que não tinha mais do que 18 anos, sentou-se e passou a mão várias vezes pelos olhos e pela testa, apalpando os cabelos e o próprio corpo.

– Devo estar dormindo ... ou sonhando! ... aproximai-vos para que vos possa tocar.

Os Essênios estenderam a mão.

– Pobre princesinha. A febre vos fez tanto mal que ainda julgais estar delirando – disse Melkisedec, cuja doce voz pareceu animar a enferma.

"Vamos; aqui vêm vossas escravas para vestir-vos com o traje de bodas."

Com efeito, as mulheres, em número de oito, entravam com grandes caixas abertas, onde se viam sedas, gazes e pérolas em tal abundância que espantava.

– Bendito seja Alá! ... que pesadelo horrível eu tive! – exclamou a jovem, começando a explicar a si mesma o que lhe havia ocorrido.

A sugestão benéfica começava seu trabalho. Os clarividentes viram o Espírito radiante de Jhasua, que se aproximava do leito da enferma e lhe punha as mãos sobre a cabeça.

– Retirai-vos, por gentileza – disse a enferma aos Anciãos –, que minhas escravas me vestirão em seguida.

– Muito bem. Quando estiverdes pronta, conduzir-vos-emos ao salão – respondeu o Servidor.

A pobrezinha abraçou todas as suas criadas, dizendo-lhes contente e feliz:

– Meu pai consentiu por fim! Já não estou maldita! Oh, bendito seja Alá!

Submergiram-na, então, na piscina, cuja água havia sido magnetizada. Em seguida, vestiram-na com o mais formoso de todos os seus trajes, branco e ouro, conforme o costume, e envolveram-na em espesso véu, que a ocultava de todos os olhares.

O Servidor tomou-a pela mão, e, precedidos dos outros Essênios e seguidos pelas oito escravas, desceram a escadaria, ao pé da qual a esperava Ben-A-Bar com uns quantos cavaleiros de capas brancas e turbantes coalhados de pedras preciosas.

Penetraram no salão onde o Servidor abençoou a união, após o que Ben-A-Bar levantou o véu para ver o rosto da desposada, segundo o ritual árabe para os casamentos.

– Já não estamos malditos, Ben-A-Bar! – foi a primeira frase da pobre enferma. – Quão feliz sou com teu amor e com a bênção de meu pai!

Jhasua despertou ao som suavíssimo da música árabe, e quando Zafira ia descendo a escadaria, ele desceu também, indo na retaguarda do cortejo.

Em seu coração de Homem-Amor ressoou igualmente um concerto nupcial, porque via a felicidade e o amor resplandecendo nos dois corações que, até poucas horas antes, eram dois sepulcros onde se aninhava a morte. Abraçou a Ben-A-Bar com toda a efusão de sua alma e beijou a mão de Zafira.

– Que formoso jovem! – exclamou ela olhando para Jhasua.

– É um Profeta de Alá que começa sua vida de Luz sobre a Terra – disse o Servidor.

– Em nome de nosso Deus-Amor vos digo: Sede felizes com o amor que vos une neste instante – disse Jhasua profundamente comovido.

Queriam os jovens desposados obsequiá-los com formosos ornamentos, mas eles recusaram toda compensação material.

– Que Jhasua diga – propôs o Servidor – qual é a recompensa que desejamos. – Todos olharam para onde o jovem estava.

– Vosso amor deve ser tão fecundo como o Amor de Deus, do qual ele nasce – disse Jhasua depois de breve silêncio. – E nós seremos tão felizes quanto vós, neste instante, se formos daqui com a certeza de que ambos sereis como pais para os desamparados que sofrem fome e miséria.

Quando Ben-A-Bar traduziu estas palavras para Zafira, a jovem correu para Jhasua e lhe disse em árabe:

– Juro-vos pela memória de minha mãe morta que serei meiga como a chuva para todos aqueles que tiverem sofrimentos em seus corações.

O feliz casal entregou, pouco depois, a velha torre aos Terapeutas para que a usassem como refúgio de velhos, enfermos e órfãos. Eles mesmos se mudaram para Tiro, com o fim de afastarem-se da proximidade perigosa da Arábia, onde persistia o ódio dos familiares de Zafira, que se viam frustrados em suas grandes ambições.

Na capital fenícia, estabeleceram-se com uma oficina de tecelagem e venda de fazendas da Pérsia, além de se dedicarem à fabricação de perfumes da Arábia. Jhasua visitou-os diversas vezes, e também se hospedou em sua casa, quando já iniciava sua vida de missionário.

Alguns anos mais tarde, quando já estava convertido no apóstolo Barnabé, Hallevi os incorporou à Igreja de Antioquia, onde viveram até o fim de seus dias. Seus filhos nasceram já no seio do Cristianismo, que começava então a difundir-se por toda a Ásia Central.

Uma hora depois, a caravana prosseguia viagem, passando pela formosa planície tapetada de verde relva e atravessada, em todas as direções, pelos arroios, afluentes do rio Narh-el-Avagg, que desemboca na parte sudeste da cidade de Damasco, para onde se dirigiam.

De um e outro lado do pitoresco caminho, encontravam-se granjas, cabanas e hortos de maravilhosa fertilidade. Ao longe, em direção ao oeste, via-se, como recortado no azul sereno dos céus, o magnífico Monte Hermon, com seus cedros gigantescos e platanais intermináveis.

Alguns desses Essênios haviam-se formado naquele oculto Santuário, que foi, na verdade, um ninho de rouxinóis do Amor e da Sabedoria Divinos. O próprio Jhasua recordava, com amor, os tempos de sua primeira infância, transcorridos ali até os sete anos de idade, quando voltou com seus pais para Nazareth.

– Ali está a tumba do meu primeiro Mestre Essênio, Hilarião de Monte Nebo, que, com freqüência, me envia mensagens por escrito, anunciando sempre que virá escutar-me de perto quando *eu sair do ninho* – disse Jhasua a Melkisedec, que caminhava ao seu lado.

– De modo que o teu antigo preceptor te promete um encontro no plano físico?
– Assim parece. A propósito, que entendeis vós por esse *sair do ninho*? – perguntou Jhasua a seu companheiro.
– Simplesmente, que será quando começares teu ensinamento à Humanidade.
– Assim também o creio; mas dizei-me, como nos encontraremos e como farei para reconhecê-lo?
– Oh! Quanto a isto, não te preocupes, pois a Lei tem caminhos ocultos e insuspeitados.
– Numa de suas mensagens, ele informa que, a partir desta etapa da vida, mudará a forma de sua evolução, porque a Lei determina provas e missões bem diferentes daquelas que ele tem tido durante tempos longínquos. Declarou, inclusive, que deverá voltar ao que foi há oito mil anos.
– Suponho – disse o Essênio – que conheces alguma coisa da atuação das Escolas de Sabedoria Divina nas Origens da Civilização Adâmica, há oito mil anos.
– Posso dizer que, o que sei é proveniente de referências e informações isoladas – respondeu Jhasua – porque me fizeram estudar a fundo a filosofia Antuliana e a História dessa época. Falta ainda aprofundar-me na filosofia Kobda dos começos da Civilização Adâmica.
– Pois, naquela época, teu primeiro Mestre Essênio fazia sua evolução no sexo feminino e foi a mãe daquela Évana que havia aceito trazer para a vida o Homem-Luz, Abel, na sua quinta jornada messiânica.
– Sim, sim, sei alguma coisa de tudo isso – observou Jhasua.
– Breve saberás a fundo tudo o que se refere a essa época, cujos acontecimentos a Humanidade atual só conhece pela metade – disse o Essênio, que já sabia que Jhasua devia iniciar seus estudos superiores logo após seu regresso de Ribla.
"Tenho esperanças de bons descobrimentos no Arquivo que vamos examinar," acrescentou o Essênio. "Por isso me têm parecido demasiado longos os dias que estamos demorando para chegar a Ribla."
– Mas, que é que nos falta por saber? – perguntou Jhasua, crendo sinceramente que seus Mestres Essênios sabiam tudo.
– Oh, Jhasua! É tanto o que ignoramos! Existem lacunas de séculos entre uns e outros acontecimentos, que estão relacionados com a obra da elevação espiritual da Humanidade!
"Através dos fatos que desenterramos da poeira amontoada pelos séculos, queremos descobrir os vestígios do grande Instrutor da Humanidade e das Escolas Filosóficas que cooperaram com Ele na grandiosa obra da evolução humana. Perderam-se muitos rastros, Jhasua, e, se os nossos irmãos desencarnados nos têm indicado onde podemos achar alguns vestígios, temos que encontrá-los a todo o custo. E espero encontrar esses vestígios em Ribla.
"Perdeu-se o rastro dos Kobdas que secundaram a Abel. Sabemos unicamente que Adamu foi o último Pharahome de Negadá sobre o Nilo, antes da decadência e destruição do grande Santuário.
"Sabemos que seu filho Abel foi o *Thidalá* da Grande Aliança das Nações, mas ignoramos por quanto tempo e qual foi o fim desse glorioso período.
"Um pavoroso silêncio de séculos vem depois, até que um novo resplendor de luz, Chrisna, nos aparece no horizonte cheio de nebulosas e de impenetrável mistério. Jhasua, nós Essênios não nos resignamos com o nosso desaparecimento do cenário do Planeta sem deixar bem encadeada toda a corrente de ouro e diamantes da obra redentora do Homem-Luz.

"Cada planeta é uma morada, um educandário, e o Diretor desta Escola, com seus numerosos auxiliares, organizou atas, estatísticas, anais de sua atuação e do desenvolvimento geral das obras civilizadoras e educativas, com que favoreceu o progresso da Humanidade que lhe fora confiada.

"Tudo isto significa o rastro luminoso que restou. Mas esse vestígio está perdido em muitos séculos, e os Essênios não podem descansar até que consigam unir os anéis da imensa cadeia que se acha interrompida.

"Compreendes, Jhasua?

"Na sua época, os Antulianos fariam o mesmo e os Kobdas procederiam do mesmo modo; no entanto, nestes momentos solenes em que se realiza a jornada final, justo é que deixemos limpo o grande Livro-História da evolução humana através dos séculos.

"A Eterna Lei pedirá contas disto à Fraternidade Essênia, que é a continuadora das grandes Escolas Espiritualistas do passado."

Neste precioso instante, Tholemi apressou o passo de sua cavalgadura até colocar-se ao lado de Melkisedec.

— Acabo de receber uma mensagem de viva voz, e a intuição me diz que é a resposta a algo que vínheis falando.

— Vamos ver, vamos ver! – disseram juntos Melkisedec e Jhasua.

— Ouvi: "Tudo chega a seu tempo. No Arquivo de Ribla encontrareis algo do que procurais. Algo mais encontrareis no fundo das velhas ruínas no Monte Cássio, nos subúrbios de Antioquia, e, se examinardes o Arquivo de Alexandria, por intermédio de nosso irmão Fílon, achareis tudo quanto necessitais saber para preencher as lacunas que existem na vossa longa história."

— Colossal! irmão Tholemi – exclamou Jhasua batendo ruidosas palmas.

— Com efeito – acrescentou Melkisedec –, pois vinha falando disto com Jhasua para encurtar o tempo de nossa viagem.

— Aqui chegamos ao primeiro arroio dos três que devemos vadear – gritou o Kabir da caravana –, e é bom que os animais bebam, comam e descansem.

Todos desmontaram, e os encarregados dos animais foram cuidar deles, enquanto os viajantes se estendiam na relva sob a sombra dos plátanos, que marcavam o curso dos arroios com suas verdes e esbeltas silhuetas.

— Acabamos de fazer a primeira jornada das três que teremos até Damasco – disse o Servidor, que já havia feito esse caminho muitas vezes.

"Aqui," acrescentou, "tenho uns velhos amigos a quem visito toda vez que viajo por estes lugares. Agora já faz mais de quatro anos que não os vejo.

"Quereis acompanhar-me?," perguntou aos seus companheiros.

— Mas, onde estão esses seus amigos daqui, se não se vê casa alguma? – interrogou Jhasua, olhando em todas as direções.

— Como não? Já os verás. – E o Servidor começou a andar até uma lombada verde, coberta de arbustos e de trepadeiras, onde algumas oliveiras centenárias e umas enormes figueiras ladeavam o verde montículo como que protegendo-o dos ventos ardentes da Arábia que, vez por outra, sopravam como furacões de fogo.

Contornando-se a lombada pelo lado do oriente, via-se que era como se ela tivesse sido cortada verticalmente, e esse corte aparecia todo coberto de fortes troncos de plátano. Entre um tronco e outro havia uma porta, e, sentados junto a ela, estavam dois homens, um velho e outro jovem. Faziam uns estranhos cordéis com tiras muito finas de couro de animais. Cada um tinha ao seu lado um grosso rolo do cordel que estavam tecendo.

Assim que avistaram o Servidor, deixaram tudo e correram para abraçá-lo. Ao ouvir as exclamações de regozijo, apareceu na porta uma mulher já de idade, com um menino de poucos anos, que se agarrava ao seu vestido, impedindo-a de andar.

– Toda uma família! – exclamou Jhasua. – Toda uma família sob esta lombada de terra. Isto é maravilhoso!

Chegaram até a porta da mísera cabana, em meio a grandes gritos do menino, que fugia das pessoas como um corço assustado.

– Pelo que vejo, a família aumentou – disse o Servidor, tratando de consolar com carícias o pequenino que chorava cada vez mais, ocultando-se entre as dobras do vestido da mulher.

– Sim, sim – disse o ancião –, aos pobres sempre são dados estes presentes, que equivalem a uma pedrada no olho.

– Não obstante, hás de confessar, Yuref, que tais pedradas são aprazíveis – continuou dizendo o Servidor. – Traze aqui uns bancos, e conversaremos durante todo o tempo em que a caravana descansar.

O velho juntamente com o jovem que, seja dito de passagem, tinha uma de suas pernas de pau, motivo pelo qual andava com certa dificuldade, trouxeram diversos bancos. A criança foi demonstrando alguma amizade ao Servidor, depois que este a levantara nos braços.

Neste meio tempo, observava Jhasua, com bastante interesse, a estranha vivenda, onde os troncos, por dentro e por fora, serviam de pilares, sustentando a caverna habilmente aberta na lombada de terra pedregosa, onde os musgos sedosos decoravam o ambiente de um modo bem natural.

A mulher, já de uns 60 anos e de aspecto triste, como quem sofreu muito, ofereceu-lhes uma vasilha com figos e pão fresco, cozido nas brasas, e que ainda estava quente. Era tudo o que tinha.

– Conta-nos, Yuref, algo da tua vida e, sobretudo, como veio este menino – pediu o Servidor ao seu velho amigo.

– A passagem das caravanas por aqui sempre traz alguma ajuda, porque o Kabir já nos conhece e, ao prosseguir viagem, deixa-nos todas as sobras dos viajantes. Há três anos e alguns meses, uma tormenta de vento, chuva e relâmpagos deteve essa caravana em Cesaréia, e somente se arriscou um dos viajantes que tinha muita pressa em chegar a Damasco. Passou a toda velocidade do seu cavalo como um negro fantasma da noite, apenas alumiado pela luz dos relâmpagos.

"Nem bem havia passado, ouvimos os gritos de uma criança, os quais, apesar da chuva e dos trovões, chegavam até nós, tão aflitos que, arriscando-nos a sermos atirados por terra pelo vendaval, saímos, meu filho e eu, até o caminho.

"Encontramos, então, este menino, que devia ter, quando muito, uns seis meses; e era tão formoso como o é agora.

"Quem é? De onde vem? Por que seus pais o jogaram fora?

"Tudo isto é um segredo que não pudemos decifrar. A caravana chegou aqui depois de passada a tormenta, e eu me dirigi ao Kabir para averiguar se ele sabia algo deste mistério. Nada sabia; apenas pôde esclarecer que o viajante que se adiantara para Damasco havia-se unido à caravana em Cesaréia de Filipos, levando, como única equipagem, um pequeno fardo – roupas, segundo parecia – colocado num alforje. Era este; reparai – disse o Ancião, despendurando, de um suporte existente num dos troncos, um alforje tecido com fios de esparto, e que tinha dois compartimentos.

"Aqui estava o menino," apontou o velho, "e aqui encontramos um rolo de roupas e uma sacolinha com algumas poucas moedas de prata que ainda conservamos. Esta é toda a história."

Entrementes, sentado sobre um banquinho feito de um pedaço de tronco de plátano, Jhasua havia conquistado a amizade do menino, que já se aproximava dele sem medo algum.

– Ele tem nome? – perguntou um dos Essênios.

– Dentro da sacola de moedas estava uma tabuinha com esta palavra: Boanerges. Demos este nome ao menino, embora sem saber o que o termo significava.

– Tal palavra é árabe antigo e quer dizer: *Filho da tempestade* – disse Melkisedec, que conhecia a fundo as remotas origens da língua nascida no antigo *Penhasco de Sindi*, o qual, mais recentemente, era conhecido por Monte Sinai.

– Pois o nome está muito bem aplicado – disse o velho –, visto como ele veio para a nossa cabana numa noite de tempestade.

– Muito bem, Yuref – observou o Servidor –, não lamentes a obra de misericórdia que fizeste, porque, provavelmente, por causa dela Jehová dar-te-á paz e abundância.

– Realmente, assim é, Servidor – esclareceu a mulher, cujo nome era Fati –, pois, desde a vinda do menino tornou-se abundante a caça de animais selvagens e também tem havido mais pedidos dos cordéis que os viajantes nos compram e levam para outros países. Meu marido e meu filho trabalham até altas horas da noite para poder atender às encomendas.

– Mostra-nos a tabuinha e as moedas, se não existir nenhum inconveniente – disse novamente Melkisedec.

– Oh, nenhum – respondeu o velho e foi buscar esses objetos, guardados numa botija de barro, debaixo de sua cama de troncos e de peles.

– Estas moedas – observou o Essênio – não são do Governo Romano, mas provêm do Irã. São persas.

– Que mistério! O nome árabe e as moedas persas.

– Que vos parece, Servidor: se tomarmos as moedas e dermos igual valor em prata romana? Serviriam para o nosso estudo e como um meio para descobrir a origem deste menino. Conviria igualmente levarmos a tabuinha.

– Consentes, Yuref? – perguntou o Servidor.

– Nem é necessário perguntar – respondeu o velho. – Que é que este pobrezinho iria fazer com estas moedas e com a tabuinha?

– Muito bem. Agora Jehová há de dar-te um grande prêmio pela tua obra de misericórdia. Preparai todas as vossas coisas e, quando do nosso regresso, vireis conosco para a Galiléia, onde, com o vosso ofício de cordoeiros, podereis muito bem melhorar de situação.

– Mas, que será da caça de animais selvagens? – perguntou o jovem da perna de pau, falando pela primeira vez.

– Os escabrosos montes da Samaria são mais ricos em caça do que esta planície; e, aproveitando somente a temporada, tereis material de sobra para tecer cordéis durante cinco anos – respondeu o Servidor. – Aqui levais vida muito dura; e eis que tu e a esposa já não sois jovens.

A mulher deixou correr algumas lágrimas que, provavelmente, estavam sepultadas em seu coração havia muito tempo.

– Não é verdade, Fati, que desejas voltar para a Galiléia? – perguntou o Servidor.

– Oh, sim! É tão horrível viver como selvagens nesta solidão!

– Não se fala mais. E nesta cabana colocaremos uma tabuleta com os dizeres: "*Refúgio para caminhantes.*"

"Deixareis vossa pobre mobília de troncos e de ervas secas, vossos cântaros e as peles. Lá no Tabor, tereis tudo quanto necessitardes."

Jhasua estava encantado com o menino, que, numa linguagem pouco inteligível, mas cativante, mostrava uns pobres passarinhos meio estropiados que guardava num cestinho, e que lutavam por ensaiar o vôo.

– Vamos dar-lhes liberdade – disse ao menino levando-o pela mão para fora. Soltou as avezinhas, que deram apenas um curto vôo e caíram por terra. O menino ia chorar, mas Jhasua presenteou seu novo amiguinho com algumas bugigangas e guloseimas adquiridas nos bazares de Cesaréia, que ele havia destinado a seus protegidos de Nazareth. O pequeno encantou-se com uma pequena flauta, espécie de ocarina, da qual começou a arrancar uns sons que o faziam rir de tal maneira que todos acabaram por aplaudir-lhe o dom musical.

Começou dessa maneira a vida de Boanerges, o pastorzinho músico, que com seus cantos enchia as pradarias galiléias e ajudou, com suas sutis e emocionantes inspirações poéticas, a Maria de Mágdalo a encontrar seu caminho junto ao Homem-Luz. Era ele, Bohindra, célebre entre os Kobdas da Pré-História, que voltava à vida como um *filho de ninguém*, para sê-lo tão-somente do Amor Eterno, ao qual se havia consagrado voluntariamente (*).

A partir daquele momento, Jhasua e Boanerges mantiveram-se juntos até os dias da vida pública do Cristo nas pradarias da Galiléia.

O caminho das caravanas seguia, daí em diante, pela mais formosa e risonha planície de toda aquela região até Damasco. Povoada de hortos de maravilhosa fertilidade, bem como de pequenos bosques de nogueiras, oliveiras, ameixeiras e damasqueiros – cujo acesso não era impedido por nenhuma cerca –, aquela verde e exuberante campina permitia que, até certo ponto, os viajantes se tornassem donos da abundância com que a Mãe-Natureza a havia dotado.

Discretas gravações em tábuas presas nas árvores, de espaço em espaço, diziam: "Viajantes, usai sem abuso dos dons da Natureza, e tereis alimento em todas as vossas viagens."

Alguns pastores de antílopes e de ovelhas vigiavam gratuitamente o cumprimento dessas indicações, sem contudo usar de violência.

Jhasua, observador como sempre, advertiu imediatamente a seus mestres Essênios:

– Não sei por quê, mas parece-me encontrar aqui vestígios de nossos Terapeutas.

– Não estás equivocado – respondeu o Servidor. – Os Terapeutas saídos do Santuário do Hermon têm toda esta região como campo de ação.

"Em minha juventude, percorri estes caminhos várias vezes a cada ano."

– E eu igualmente – acrescentou Tholemi, que também havia passado a sua juventude no Hermon. – Agora mesmo terás a prova – disse ele e aproximou-se de um dos pastores, que tocava flauta sentado à sombra de uma nogueira:

– És o dono deste horto? – perguntou.

– É como se o fosse, pois, em troca do pasto que os meus antílopes consomem, cuido para que as árvores não sejam estragadas.

(*) Bohindra veio a ser Hussin, da Etrúria, que Jhasua conheceu no Santuário do Quarantana e que caiu morto à beira do lago, quando tomou, pela visão de Zared, o Essênio que vinha dar a notícia de que os 70 Anciãos do Moab atravessariam o lago ao anoitecer do dia seguinte. Jhasua tinha, então, 12 anos (N.T.).

— Darias um punhado de ameixas a este companheirinho que tem fome e sede? — perguntou novamente.

— Apanhai quantas quiserdes, contanto que os ramos não sejam quebrados.

— Conheces os Terapeutas?

— Sou sobrinho de um deles — respondeu. — Faz apenas um mês que ele passou por aqui.

— Somos Terapeutas do Tabor e vamos a Damasco — disse Tholemi, abrindo sua túnica escura e mostrando, sobre o peito, a estrela de cinco pontas, distintivo usado pelos Terapeutas do sétimo grau.

— Oh, sede bem-vindo! ... Jehová seja convosco, Mestre! — exclamou o pastor. Jhasua escutava em silêncio.

— Vais com freqüência a Damasco? — voltou a perguntar.

— Quase todos os sábados vou à Sinagoga de Ananias, irmão de minha mãe.

— Onde fica?

— Na rua grande, Tharik-el-Adva, à esquerda, entrando pela porta oriental, onde começa a colunata. Logo após terdes passado a porta, encontrareis a primeira fonte. Ali está sempre um velho vendedor de frutas. Perguntai por Ananias, e ele vos informará, pois cuida do estábulo dele durante a noite.

— Está bem, irmão, muito agradecido! Como te chamas, para mencioná-lo aos teus parentes? ... — perguntou novamente o Essênio.

— Todos me chamam Judas, filho da viúva Sultane. Minha mãe e eu vivemos no Horto de Ananias, onde me criei.

— De maneira que — acrescentou o Essênio — tua casa e a de Ananias são uma só.

— Quase, quase — respondeu o mocinho —, com a diferença de que ele é o dono e, desde que meu pai morreu, nós somos os hóspedes. Meu tio, o Terapeuta, é irmão de Tadeu, meu pai.

— Então já podemos contar que temos casa em Damasco, onde hospedar-nos — acrescentou o Servidor. — Nosso antigo costume é hospedar-nos em casa de um familiar ou de um Essênio, e aqui encontramos ambas as coisas ao mesmo tempo.

— Estarei convosco assim que, ao anoitecer, guardar o gado — disse o jovem pastor, não sem, antes, dirigir um eloqüente olhar para Jhasua, que parecia atraí-lo como um ímã.

Percebendo a onda de amor reverente que nascia na alma de Judas para com Jhasua, o Essênio esclareceu:

— Este jovem é um estudante do Tabor e vem de Nazareth. Esta noite, ficaremos juntos na tua casa, Judas.

— Tenho ouvido tantas coisas de um menino de Nazareth, que agora deve ter a idade deste! — exclamou pensativo o pastor. — Não sei por que esta recordação veio à minha mente! Meu tio, o Terapeuta, levou, uma vez, para ele, um cofre vindo do Golfo Pérsico, da parte de uns solitários do Indo.

— E desde então — interveio Jhasua — amas o menino de Nazareth sem conhecê-lo?

— Realmente; tenho até sonhado com ele, e creio que sois vós mesmo! — voltou a dizer o pastor.

— Sim, Judas, sou eu e agradeço o teu amor, do mesmo modo que agradeci o cofre com ouro que foi levado por teu tio, o Terapeuta, quando eu completava os 12 anos.

— Então sois vós aquele! ... — exclamou com os olhos cheios de assombro e úmidos pela emoção. — Minha mãe e meu tio Ananias esperam vossa presença em Damasco, há mais de cinco anos.

— E por que esperam?

— Porque uma voz do Céu lhes disse, ao mesmo tempo, em sonhos "que *O Esperado* estava em Nazareth e que, um dia, viria a Damasco".

"Eles tiveram a constância de aguardar cinco anos pelo cumprimento daquilo que lhes foi anunciado."

— Acreditas de verdade nessas vozes internas? — perguntou Jhasua.

— Oh, sim! Acredito! ... A vida de justos que levam minha mãe e meu tio permite-me pensar que realmente merecem ouvir essas vozes do Céu. A casa deles é o lar de todos os desamparados.

— São eles discípulos dos Terapeutas? — interrogou Jhasua.

— Não sei o que são; unicamente sei que são bons cumpridores da Lei de Jehová.

— Damasco à vista! — gritaram logo muitas vozes, enquanto Judas, o pastor, ia caminhando ao lado das cavalgaduras de Jhasua e dos Essênios, como se não pudesse deter seu passo junto a eles.

— Fica em paz, Judas, meu amigo, que esta noite pernoitaremos em tua casa — disse Jhasua docemente.

O pastor deteve-se como um poste imóvel plantado no caminho, apoiado no seu cajado de vara de amendoeira, e seus olhos bondosos seguiram a Jhasua por muito tempo.

— "As estrelas e as almas se assemelham" — disse Melkisedec, como respondendo ao pensamento do jovem Mestre, que cavalgava silencioso a seu lado.

— Por que dizeis isto? — perguntou Jhasua.

— Porque vi a órbita que segue a alma desse pastor desde tempos longínquos, como uma estrela que corre ao redor de um sol no infinito.

— Não vos compreendo! ...

— Ou não vos atreveis a aprofundar o sentido de meu pensamento!? Quando Abel foi o Homem-Luz dos Kobdas, esse pastor era filho de um caudilho importante, e foi tomado pelas forças do Mal como instrumento para aniquilar a Abel, a cujo lado foi colocado com esse sinistro fim, como ocorreu várias vezes.

— E que resultou? — indagou pensativo Jhasua.

— Que o presumível assassino de Abel foi tocado pelo amor do Homem-Luz e que, de inimigo se transformou em seguidor entusiasta.

"A estrelinha tem seguido sua órbita marcada desde a eternidade, e hoje encontra a trajetória do seu sol, ao qual seguirá iniludivelmente."

Antecipamos, para o leitor, que esse jovem pastor de antílopes veio a ser, futuramente, o apóstolo Judas de Gamala, chamado o Justo, para distingui-lo do Judas de Iscariote, que entregou o Divino Mestre uma noite, no Horto de Getsêmani. É conhecido também por *Judas, filho de Tadeu*.

Pouco depois, os viajantes entraram em Damasco pela porta oriental Bab-Scharquis, onde um vendedor de frutas junto à fonte indicou aos Essênios qual era a casa de Ananias, o Hazzan da mais freqüentada Sinagoga da grande cidade cosmopolita, cujo aspecto exterior era mais árabe do que romano, não obstante a grandiosa colunata de estilo romano, que a atravessava em fila dupla, do oriente ao ocidente.

A grande cidade, foco do comércio daquela época, na vasta planície ao pé da Cordilheira do Líbano, ia ter presente por algumas horas o Desejado de Israel, anunciado por seis gerações de Profetas; e, em Damasco, seria ele intensamente amado por hebreus e pagãos, como o foi em todas as partes onde pôs os pés.

Tão-somente Jerusalém, como seu Templo de ouro e sua corte sacerdotal sibarita e envilecida, devia ser o ninho de víboras que cortaria as asas ao divino rouxinol do

Amor Eterno, cujo cantar imortal "*Ama ao próximo como a ti mesmo*" soava mal aos ouvidos dos hipócritas, que, sob a sagrada investidura, viviam de seu povo.

Deteve-se a caravana em Damasco um dia e uma noite, e Jhasua teve tempo para percorrer a grande colunata, acompanhado por seu mestre Melkisedec e guiados, ambos, por seu novo amigo Judas, que explicava amplamente o que de mais interessante se oferecia à vista dos viajantes.

Ao redor da longa série de colunas e sob o seu esbelto e bem decorado teto, parecia esvaziar-se toda a vida de Damasco, nos múltiplos aspectos que oferecia.

Para ali convergiam as escravas das damas opulentas em busca de quanta fantasia pudesse imaginar seu voluptuoso capricho.

Compradores e vendedores, mercadores em geral, de toda classe de mercadorias e até de honras e vidas, tinham sob aquelas colunas o cenário obrigatório de dramas ou tragicomédias que a inconsciência e o egoísmo humanos criavam a cada instante.

Jhasua logo ficou a par disso. Bastou-lhe apenas observar que muitos dos transeuntes contavam as colunas que, qual mudas sentinelas, formavam fila dupla de cada lado do brilhante pavimento.

Uma vez contadas as colunas, colocavam-se, como que distraídos, apoiando-se, eventualmente, nas de número 6, 8 ou 15 daquela interminável série.

Era aquele, sem dúvida, um lugar de encontros, poucas vezes utilizado para amores fugazes, contudo, principalmente, para assuntos lucrativos e até sinistros.

Na excursão que Jhasua fizera, ao cair da noite em que a caravana permaneceu em Damasco, sua fiel estrela de Ungido do Amor apresentou-lhe algumas belas e emotivas oportunidades, que sua fina intuição soube utilizar maravilhosamente.

Viu uma escrava etíope, alta e robusta, envolta totalmente num manto escuro, que levava à força, e pouco menos que de rastos, uma jovem de corpo miúdo e pezinhos brancos, metidos em chinelas adornadas com contas de cristal, que brilhavam à luz das tochas. Um manto amarelado cobria-lhe a cabeça e grande parte de seu pequeno corpo. A Jhasua pareceu que aquela mocinha chorava.

Notou que a escrava contava as colunas a partir da fonte do vendedor de frutas e que se detém ao chegar à de número 20, que ficava defronte à saída de uma escura ruela, junto a um enorme plátano.

Fez essa observação ao seu Mestre Melkisedec e a Judas, e este, como velho conhecedor do que ali ocorria, opinou:

— Deve ser uma bela venda ou uma forma de tirar do caminho alguém que estorva. Isto é muito comum aqui e, não havendo derramamento de sangue, não há por que preocupar-se.

— Como não — interrogou vivamente Jhasua. — Judas, gostarias que cometessem tal infâmia com uma irmã ou filha tua?

— Certamente que não; mas, por sorte, não tenho irmãs nem filhas — respondeu o aludido.

— Toda criatura humana é um próximo, e a Lei diz : "Ama a teu próximo como a ti mesmo."

"Não é esta a Lei?," perguntou, voltando-se para seu Mestre.

— Sim, meu filho; contudo, é bom sermos prudentes, em vez de precipitar-nos. Sentemo-nos neste banco à maneira de passeantes que descansam, e fiquemos observando.

Achavam-se a poucos passos de um velho vendedor de bugigangas, do qual ninguém se aproximava. Jhasua comprou dele flautas e chocalhos, pensando em seus amiguinhos das Ruínas de Dobrath e nos de Nazareth.

Percebeu Melkisedec que a escrava dizia para a menina:

– Fica neste lugar, pois por esta ruela logo aparecerá aquele que há de ser o teu amo. Mantém-te calada e obediente, está bem? ... porque, do contrário, já sabes o que te espera! Deves estar contente porque meu marido e eu te livramos de seres lançada ao fundo do lago com uma pedra amarrada ao pescoço.

Então perceberam abafados e profundos soluços por parte da mocinha.

Jhasua queria falar com essa mulher para lançar-lhe o crime em seu rosto, mas seu Mestre o deteve.

– Deixa isto por minha conta – disse em voz baixa.

Ao retirar-se, a mulher teve que passar perto deles, e o Essênio dirigiu-se a ela.

– Boa mulher – disse no idioma em que a ouvira expressar-se –, vejo que acabas de praticar uma ação que não fica bem para uma filha de Alá.

"Sou um viajante que observa, por ordem superior, tudo quanto se faz nas grandes capitais, e não quero causar-te dano algum. Eu te dou, portanto, o preço pago por essa menina, que deve ser restituída à sua mãe."

Assustada, a mulher murmurou palavras de escusa, enquanto olhava cautelosamente para a ruela escura.

– A mãe dessa jovem é uma escrava grega – disse, por fim –, e como ela desagrada à ama porque o herdeiro a quer para si, decretaram a sua morte.

"Quis fazer-lhe um bem salvando-lhe a vida em troca de uma sacolinha de moedas de prata, que recebi daquele que será o seu novo amo. Há nisto algum mal?"

– Claro que há, e grande! Não sabes que só Alá é dono da vida e dos destinos dos seres humanos?

– Sim, amo, sim; assim diz a Lei de Alá, mas, para nós escravos, não existe outra lei senão a do chicote.

"Também minha filha foi vendida, e nunca mais a tenho visto."

– Está bem, vejo que és mais infeliz do que má. Eu posso conseguir tua liberdade, bem como a dessa mocinha e a de sua mãe; e, talvez, possa também devolver-te a tua filha.

"Alá é bom e poderoso quando seus filhos cumprem a Lei."

– Oh, meu amo! ... Sois um Arcanjo de Alá! ... Desejo fazer tudo quanto dizeis, mas temo cair em desgraça e ser torturada horrivelmente.

– Não temas nada. Entrega-me a jovem e em seguida vai buscar a mãe dela. Eu te espero junto ao parapeito da fonte, na entrada da cidade. A mulher encobriu-se mais ainda com o manto e desapareceu na escuridão, deixando a pequena apoiada na coluna, a chorar silenciosamente.

Jhasua correu primeiro até ela e, tomando-a pela mão, procurou atraí-la; mas, não o compreendendo, ela resistia.

Melkisedec esclareceu em poucas palavras:

– Nós vamos salvar a ti e a tua mãe. Vem, pois, sem nenhum medo.

Desta sorte a pobrezinha, que contava, no máximo, 15 anos de idade, deixou-se levar até a fonte. Judas ficou observando para averiguar a chegada do homem que havia comprado a adolescente.

Ele chegou, efetivamente, alguns momentos depois e, tendo olhado para todos os lados, contou e recontou as colunas até o número vinte.

Passeou nervoso ao longo das vinte colunas e, aproximando-se, por fim, do velho vendedor de flautas e chocalhos, interrogou-o se havia visto uma escrava com uma jovem.

— Meu amo — respondeu o velho —, passam tantos e tantos a cada instante, e me perguntais se vi uma escrava com uma adolescente?!

Temeroso de que o homem ficasse por mais tempo e surpreendesse a volta da escrava, Judas aproximou-se e lhe disse:

— Vi aqui, nesta coluna, as pessoas que buscais, mas, como a mocinha gritava e forcejava tenazmente, interveio o guardião da ordem e levou-as consigo.

Tão logo ouviu isto, o homem voltou apressadamente para a escura ruela e desapareceu como se tivesse sido tragado pelas trevas.

Pela fuga tão rápida, Judas compreendeu que aquele malvado tinha medo de justiça e, rindo satisfeito, dirigiu-se à fonte onde o Essênio e Jhasua o esperavam.

Percebeu que tinham despojado a infeliz de seu manto amarelo vivo, que poderia servir como um sinal de reconhecimento, e que lhe haviam comprado um manto celeste com debruns purpurinos, muito usado pelas donzelas de boa família. Juntamente com Jhasua, chupava dourados cachos de uva, parecendo velhos amigos.

Alguns mercadores começavam a encaixotar suas mercadorias, sinal, segundo explicou Judas, de que logo soaria o sino na vizinha Torre da Guarda, hora essa em que devia cessar toda atividade comercial na colunata. Isto ocorria na segunda hora da noite, que equivale às 22 horas para nós.

Já estavam quase para retirar-se, e só os retinha a ansiedade da adolescente, que aguardava a mãe, quando viram aparecer a escrava etíope com o marido e uma jovem e enfraquecida mulher, com a qual a mocinha se abraçou fortemente. Ambas choraram de tal modo que comovia profundamente.

Com os olhos úmidos de lágrimas e o coração comovido, Jhasua contemplava, em silêncio, essa dolorosa cena.

O Essênio falou em voz baixa com a escrava etíope e com seu marido, para os quais compraram algumas peças de roupa que lhes permitiam mudar-lhes o aspecto exterior, e, fazendo vários rodeios por outras ruas, voltaram para a casa de Judas.

Ali haveria oportunidade para os esclarecimentos conducentes a resolver o problema de vida ou morte daqueles infelizes, cativos do feroz egoísmo humano.

Jhasua regressava exuberante de felicidade. Poucas vezes se sentira tão feliz como nessa noite passada em Damasco. Jamais haveria de esquecer aquela grande colunata.

— Isto é amar ao próximo como a si mesmo! — exclamou. — É assim que o Pai Celestial quer que nos amenos uns aos outros. Que bela noite em Damasco! ... na qual se abraçaram três raças, que o egoísmo humano tem dividido com ódios profundos: a grega, a etíope e a hebréia.

"Tal é o amor de Deus e do próximo prescrito pela Lei de Moisés."

Realizou-se uma reunião dos Essênios com Ananias, o Hazzan da Sinagoga, tendo por base as informações dadas pelos quatro seres salvos da desgraça.

Daí resultou que a mulher grega e a filha haviam saído de sua terra natal dois anos antes, acompanhadas do chefe da família, pai da mocinha. Desembarcaram em Tiro, para, dali, empreender viagem à província da Galiléia, onde um tio seu, que gozava de boa posição, os chamava para trabalhar a seu lado. O tio chamava-se Hermes de Falérea e era possuidor de formosos campos e bosques num lugar chamado Mágdalo, junto ao Mar da Galiléia.

— Oh, sim, sim! — gritou entusiasmado Jhasua. — É a menina da cesta de frutas, naquela formosa barca branca e azul.

— O lugar é esse — disse o Servidor —, mas não sabemos se o pai daquela menina será o parente que mandou buscá-los.

— Eu sei — afirmou Jhasua —, pois na proa da barca eu li o nome: "Hermes".

— Bem, Jhasua — disse outro dos Essênios —, já temos resolvida a metade do problema.

— E eu que ofereci trazer para aquela menina rouxinóis do Líbano! Olhai que espécie de avezinhas lhe trago!

O chefe da família grega havia morrido durante a travessia e, como conseqüência, um viajante ambicioso por ouro se apropriou da mãe e da filha e, mediante falsidades, vendeu-as ao eunuco de um príncipe damasceno, que as comprou para o harém de seu amo, pois ambas eram formosas.

Quanto ao casal etíope, resultou que somente a mulher era escrava, pois o marido nunca pôde efetuar o resgate dela, em face dos mesquinhos ordenados que costumavam pagar aos homens de cor, por mais duros e penosos que fossem seus trabalhos. A filha da escrava, com apenas 14 anos, fora vendida três anos antes, e seu pai havia averiguado que ela estava em Sidon, a segunda cidade e porto fenício sobre o Mediterrâneo.

Essa jovem formava parte do serralho de um príncipe etíope desterrado de seu país, por ter pretendido destronar o soberano reinante. Decidira manter perto de si um grupo de belezas de sua terra natal; e os encarregados de satisfazer esse capricho de seu senhor haviam recolhido na Síria as mais lindas donzelas de cor que puderam encontrar. A infeliz mãe assegurava que, para resgatá-la, iria empregar o ouro que lhe prometiam pela menina grega, que tão oportunamente acabava de ser salva.

Um dos quatro Essênios, companheiros de viagem de Jhasua, era sidônio de origem e prometeu fazer com que seus familiares, ali residentes, interviessem no sentido de resgatar a jovem escrava negra.

Quando Ananias e sua irmã, mãe de Judas, viram os estranhos hóspedes que lhe traziam, surpreenderam-se grandemente; então, com muita graça, o Servidor disse:

— A isto se expõe aquele que hospeda na sua casa um Profeta de Deus.

"Onde o nosso Jhasua põe o pé, seguramente aparecem logo os seus protegidos, os quais, sem exceção, trazem consigo uma enorme carga de dor.

"Que ele vos explique, pois, o que significam essas quatro pessoas que recolhemos na grande colunata."

A boa Sultana, mãe de Judas, acariciando a mocinha grega, disse:

— Minha filha Sarai teria a mesma idade que tu, se estivesse viva.

Os novos hóspedes foram recebidos alegremente entre os bons servidores de Deus, que prometeram retê-los até o regresso de Jhasua e dos Essênios, que, no dia seguinte, empreenderiam viagem até Ribla.

A partir desse momento, o caminho prosseguiu costeando colinas e montes cobertos de exuberante vegetação. Nada podia comparar-se aos pequenos vales prósperos que, continuamente, alternavam com os primeiros cumes majestosos da Cordilheira do Líbano.

— Nossa Galiléia é formosa — disse Jhasua entusiasmado —; no entanto, é pobre comparado com isto. Parece impossível que a dor consiga abrigar-se no meio de tanta beleza e abundância como nos oferece a Mãe-Natureza. Será verdade, Servidor, que, nestas formosas paragens, nenhum ser humano padece?

— Não fales muito alto, mocinho, porque pode ser que ainda te defrontes com alguma surpresa — respondeu afavelmente o Ancião Essênio Tholemi, que conhecia profundamente a região.

Era já quase o final da manhã, e ouviam ressoar os golpes dos machados dos cortadores de madeira, que, em grandes grupos, derrubavam cedros gigantescos para as magníficas construções das capitais vizinhas.

Enormes manadas de jumentos e mulas arrastavam os pedaços dos troncos até a margem dos rios, em cuja corrente os experientes do lugar os amarravam em forma de balsas, que, assim, eram conduzidas até os serradores, cujas oficinas de trabalho ficavam nas imediações.

Por entre aqueles imensos bosques e serranias, era difícil distinguir as vivendas humanas, que só podiam ser percebidas pelas colunas de fumo que, de vez em quando, se destacavam sobre o límpido azul daquele claro céu de cristal.

Nisto, saiu de uma daquelas cabanas, escondidas entre a selva, um grupo de homens levando macas em direção ao caminho onde a caravana deveria passar.

— Por piedade — disseram ao Kabir —, levai para Ribla estes dois moços que se acidentaram no trabalho. Eles têm suas famílias naquela cidade e nós não podemos curá-los.

— Mas, como quereis que os leve do jeito que estão, impossibilitados ao extremo? — argüiu o Kabir.

— Eu não te dizia, mocinho? — repetiu o Essênio Tholemi, desmontando juntamente com Jhasua e vários outros viajantes.

Os feridos queixavam-se de muitas dores.

— Esperai, por favor, alguns momentos — disse o Servidor ao chefe da caravana — e veremos que espécie de ferimentos eles têm.

— Um deles parece ter quebrado a coluna vertebral e o outro tem uma perna e um braço partidos.

— Deixai as macas sobre a relva, que faremos alguma coisa para aliviar-lhes as dores — acrescentou outro dos Essênios.

— São acidentes do trabalho que ocorrem aqui com muita freqüência — disse um dos que conduziam as macas. — Esses perigosos cedros são traiçoeiros e, por vezes, quando se bate em algum nó muito duro, o machado resvala e salta a grande distância, juntamente com o cortador. Outras vezes, um nó quebradiço divide o tronco antes do tempo e tanto a árvore como o cortador são atirados por terra em condições perigosas.

Os Essênios examinaram os dois enfermos. Tratava-se de um deslocamento da coluna vertebral num deles e fratura da tíbia e do braço em outro, pouco abaixo do ombro.

— Aqui seremos testemunhas de outro milagre como aquele da mulher dos montes da Ituréia — disseram vários dos viajantes. E, com grande curiosidade, ficaram observando atentamente.

— Estes Terapeutas são magos — disse outro —; fazem cada coisa que realmente mete medo.

— O melhor é que fazem tudo sem cobrar dinheiro algum; coisa essa nada comum entre os demais do seu ofício — acrescentou outro.

— Ajudai todos com silêncio — recomendou em voz alta o Servidor. — E pensai que qualquer um dentre vós poderia ver-se em igual circunstância e que gostaria de ser socorrido.

— Sim, mestre; sim, mestre! — soaram várias vozes entre todos os viajantes.

Juntaram as duas macas, e Jhasua ajoelhou-se à cabeceira dos feridos.

Os Essênios ficaram em pé e concentraram-se em seu mundo interior, a fim de emitir para Jhasua toda a sua força espiritual e magnética.

Teriam decorrido uns vinte minutos, quando o ferido na coluna vertebral soltou um gemido e se sentou na maca como se uma forte mola o houvesse levantado. O outro se queixava também, movendo o braço e a perna como se fora um molinete.

Procuravam os viajantes ver o rosto de Jhasua, mas os Essênios haviam formado ao seu redor um estreito círculo, ocultando-o aos olhares profanos, visto como estes teriam podido prejudicar a delicada operação cirúrgica que, nesse instante, era realizada pelas forças postas em ação por meio do pensamento e da vontade.

Os Essênios clarividentes perceberam nitidamente que as mãos fluídicas de Jhasua saíam do seu envoltório material e tomavam substâncias do éter para enxertar nos ossos quebrados e nos tecidos machucados. Cerca de um hora durou aquela extrema tensão de vibrações magnéticas que formaram como que uma atmosfera fresca em torno dos dois enfermos.

As dores sofridas desde a tarde anterior haviam-nos deixado em estado febril, que os fazia tremer com fortes sacudidelas.

Notou-se que, pouco a pouco, foram aquietando-se até caírem em sono profundo.

Jhasua estava bastante extenuado; pelo que os Essênios fizeram-no recostar-se sobre umas mantas de viagem.

– Pobrezinho! – exclamaram alguns viajantes. – Cura os outros e, em troca, adoece.

– Não vos preocupeis com ele – disse o Servidor quando ouviu isso. – É um Profeta de Deus que cumpre a sua mensagem de amor à Humanidade, e o Senhor há de dar-lhe de novo aquilo que ele proporcionou a seus irmãos.

Em seguida, deram-lhe de beber xarope de uvas dissolvido em água de flor de laranjeira, e imediatamente viu-se que ele se reanimava e que seu rosto ficava novamente tingido de um suave carmim.

Ligeiramente inquieto com o que os viajantes houvessem podido pensar, pois seus rostos denotavam assombro, disse-lhes em voz baixa:

– Não me tomeis por um gênio que faz maravilhas. Sou um homem como vós, a quem o Poder Divino tomou como instrumento para derramar o bem sobre a Terra.

– Sois um homem de Deus! – disseram alguns. – Lembrai-vos de nós e tende piedade de tudo quanto nos sucede de mal.

– Cuidai vós mesmos em agir sempre de acordo com a Lei, e vossos males serão muito mais suportáveis.

Logo após este pequeno diálogo, os Essênios recomendaram aos que tinham trazido as macas que deixassem os doentes dormir quanto quisessem, sendo que, quando despertassem, já poderiam locomover-se com seus próprios pés.

– Chegaremos a Ribla sem outro incidente? – perguntaram os Essênios, sorrindo, ao chefe da caravana.

– Não sei, mestres, não sei. As pessoas adivinham, sem dúvida, que vindes na caravana e acodem apressadas com todas as suas doenças.

– Não vos aborrece o fato de alguns viajantes estarem acarretando tantos transtornos? – perguntou novamente o Servidor.

– De modo algum, porque, se eu me visse em igualdade de condições, também gostaria de ser socorrido.

– Pensais muito acertadamente. Então vamos agora rumar para Ribla! E que Jehová nos permita chegar o quanto antes!

– Chegaremos amanhã, ao meio-dia; a não ser que queirais viajar durante toda a noite, caso em que chegaremos ao amanhecer – respondeu o Kabir.

"Por toda esta tarde, atravessaremos a parte mais difícil da viagem, que é a '*Entrada de Joamath*', em cujo labirinto de montes e grutas nasce o Rio Orontes. Ao cair da tarde, já ouviremos a rumorosa queda de suas águas, de uma altura que verdadeiramente assusta."

— Não existe nada mais formoso do que vadear o rio numa noite de lua — acrescentou um dos viajantes.

Todos estiveram de acordo em apressar a marcha, já que haviam tido um longo descanso por causa dos feridos e, assim, chegariam a Ribla ao amanhecer, caminhando durante toda a noite.

— Com que ânimo te encontras, Jhasua, para esta viagem? — perguntou Melkisedec, vendo-o silencioso e sem fazer manifestação alguma de seu entusiasmo pelas belezas da paisagem que percorriam.

— Recordas, Mestre — respondeu —, que eu fazia ensaios de telepatia com Nebai, a filha de Harvoth?

— Lembro-me muito bem; mas isso não se relaciona em nada com minha pergunta.

— Sim, é verdade; mas o caso é que, desde que acabamos de curar os feridos, estou sentindo o pensamento de Nebai que me diz, a chorar:

"— Desmoronou-se um muro nas Ruínas de Dobrath, ficando sepultadas onze crianças com a anciã que cuidava delas."

— Oh, que desgraça, se isso for verdade! Logo o saberemos melhor.

O Essênio falou em voz baixa com Tholemi e com Azarias, pois ambos tinham a faculdade de desdobrar-se espiritualmente e averiguar o que ocorresse a grandes distâncias.

Deixaram passar todos os viajantes e se mantiveram na retaguarda. O Servidor disse ao Kabir:

— Logo em seguida vos alcançaremos.

Os cinco desmontaram e sentaram-se sobre os penhascos, ao lado do caminho.

— Seria de grande consolo para nós se pudéssemos ver o que ocorre em Dobrath — disse Melkisedec, o único que estava a par do pensamento recebido por Jhasua.

Tholemi e Azarias concentraram-se profundamente. Passados alguns momentos, ambos abriram os olhos e, em silêncio, escreveram, em suas cadernetas de bolso, estas palavras:

"Eu, Azarias de Sidon, declaro haver visto um desmoronamento parcial nas Ruínas de Dobrath, havendo desgraças pessoais entre os refugiados dali."

O outro leu em sua caderneta:

"Eu, Tholemi de Rhodas, declaro haver percebido que, nas Ruínas de Dobrath, desmoronou uma muralha e esmagou várias pessoas."

Destarte, com palavras diferentes, ambos os clarividentes confirmavam o pensamento percebido por Jhasua.

Logo alcançaram a caravana, cuja marcha era bastante lenta, em vista dos carregamentos que conduziam.

A noite caía lentamente sobre aquela soberba paisagem de montanhas gigantescas, cobertas de vegetação, e os rumores iam-se tornando cada vez mais melodiosos, à proporção que os viajantes se aproximavam das nascentes do Rio Orontes.

Uma escura greta, como se fosse a enorme boca de uma cabeça monstruosa, aparecia na encosta, pela qual passava o caminho. Dessa fenda corria sem cessar e em grande abundância um manancial que se parecia com leite, em virtude da forte pressão com que saía, quem sabe, de que profundidade da rocha.

Logo viram outra e, pouco depois, mais outra, daquelas bocas escancaradas pela montanha, para deixar escapar o precioso líquido de seu seio exuberante.

— São três Orontes! — exclamou Jhasua quando, no percurso, percebeu as três grandes infiltrações de água naquela serrania maravilhosamente fértil e fecunda.

– É apenas uma nascente – disse o Kabir – porque os três braços de água se precipitam num mesmo ponto da planície e correm juntos para desembocar no mar a muitos dias de viagem daqui.

Os raios do sol poente davam, de vez em quando, reflexos de púrpura e ouro àquelas límpidas águas, que, em ondas encrespadas, corriam por entre as pedras atapetadas de musgos, samambaias e begônias.

Os rouxinóis do Líbano, com os quais Jhasua havia sonhado, iniciaram seu concerto noturno, como um numeroso conjunto de sopranos que cantassem, tendo, como contrabaixo, o estrondo sonoro das águas do Orontes a se precipitarem na planície.

– Oh, se pudéssemos transladar para o sul este pedaço de terra! – exclamaram alguns viajantes, procedentes dos arredores de Madian e da Judéia.

– Que sucederia então? – perguntou Jhasua.

– Nossas pedras calcinadas cobrir-se-iam de vinhedos e nossos areais seriam transformados em campos de feno e trigais.

– A fé admirável de Moisés fez brotar água das ardentes rochas do Sinai – disse o Servidor. – Se os príncipes e os caudilhos do sul, em vez de gastarem tempo e ouro em lutas e em vícios que consomem suas vidas, se houvessem unido para desviar o curso do rio Jordão, como sonhava um de nossos Terapeutas, não se estaria perdendo essa grande corrente no lamaçal do Lago Morto, e todas aquelas regiões teriam sido transmutadas em terras ricas e produtivas.

"Não foi assim desviado o curso do rio Eufrates, na remota Antiguidade, pelo rei que reconstruiu a cidade de Babilônia? E o Eufrates tem um caudal de água dez vezes maior do que o Jordão.

"Se Herodes, o Grande, pôde construir, como por arte mágica, cidades maravilhosas quase no mesmo tempo em que se ergue uma tenda no deserto, transportando, para isso, à força de mulas, pedaços de muralhas, colunas de mármore, monumentos e templos gregos abandonados, só para satisfazer ao César e a si mesmo, não poderia ele ter apartado um estádio de terra para que o Jordão não mais lançasse suas águas nas do Mar Morto, tão venenosas? Com isso teria ele dado vida a várias regiões açoitadas pela seca e pela fome."

– Em geral, os dirigentes de povos amam desmedidamente a si mesmos e apreciam mais a satisfação de seu orgulho do que as necessidades de seus povos – disse outro dos Essênios. – Os fantásticos palácios que eles constroem destinam-se a seus prazeres e vaidades; ao passo que as águas do Jordão somente fariam nascer trigais para proporcionar pão aos famintos.

O Arquivo de Ribla

Na caravana começou a estender-se um surdo rumor de conversações e protestos contra a injustiça dos poderosos que então reinavam.

– Já virá o Messias que Israel espera – disse, por fim, um velho rabino que vinha da Judéia – e ele porá tudo em ordem como Deus manda.

– Oh, que venha logo! – exclamaram várias vozes ao mesmo tempo. – Porque, se demorar, iremos todos morrer de fome.

– Vós o esperais para já? – perguntou um dos Essênios.

— É que já deve estar aqui — voltou a dizer o velho rabino. — E não entendo qual o mistério existente que o impeça de apresentar-se ante seu povo.

"Jovem, tu que pareces um esboço de Profeta de Deus — disse dirigindo-se a Jhasua —, não poderias dizer-nos se veio e onde está o Messias que Israel espera?" Todos os Essênios prestaram atenção à resposta que iam ouvir.

— Israel espera um Messias que o torne poderoso para dominar o mundo — respondeu Jhasua. — Creio que o Altíssimo não enviará seu Filho para que os homens se matem em guerras de conquista, mas para que se amem uns aos outros, como cada qual ama a si mesmo.

— Moisés salvou Israel do jugo dos Faraós do Egito, e também foi ele o homem enviado por Jehová em benefício de seu povo — argüiu o rabino. — Por que, então, não podemos esperar que o Messias venha libertar Israel do jugo romano?

— O jugo romano é uma palhinha, se comparado com o jugo dos Faraós — disse outro dos viajantes —, e eu não vejo com maus olhos esse domínio romano.

— Sois filho de Israel? — perguntou escandalizado o rabino.

— Justamente porque o sou examino as coisas do ponto de vista da conveniência. Que seria do pobre povo hebreu submetido tão-somente à autocracia da casta sacerdotal que o suga, dominando tudo nestes últimos tempos?

"A autoridade romana cortou-lhes um tanto as garras e, ainda que sejam abutres que devoram tudo, pelo menos não são donos das vidas e das propriedades. A autoridade romana defende-nos da cobiça sacerdotal. Eu o entendo assim."

— Estais desviando a conversação — disse o rabino. — Eu queria que este adolescente ruivo se achasse inspirado por Jehová e nos dissesse se realmente o Messias nasceu, como indicaram os astros, ou se as estrelas mentiram, como mentem os homens.

— Os astros não mentiram, bom Ancião — respondeu Jhasua, olhando-o fixamente nos olhos. — O Messias está no meio dos homens, mas está escrito que os homens do seu povo o desconhecerão, porque só podem reconhecê-lo e senti-lo aqueles que querem, em verdade, ser purificados.

"Israel quer um Messias rei de nações, e está escrito que 'Ele não quebrará a cana que está descascada nem apagará a lamparina que ainda fumega; que repartirá seu pão com os famintos, e que será chamado varão de dores. Quem tem ouvidos que ouça. Quem tem inteligência, que compreenda'. Não foi assim que os Profetas anunciaram? ..."

Uma bruma de ouro resplandeceu no alto do monte atrás do qual se escondia o sol, e a cabeça ruiva de Jhasua parecia irradiar sutil e finíssima poeira dourada. Os Essênios clarividentes perceberam uma imensa auréola de ouro e azul que o envolvia até quase fazê-lo desaparecer.

O Ancião rabino foi imediatamente iluminado pela Luz Divina, porque era um homem justo e de boa-fé e, desmontando de um salto, aproximou-se de Jhasua começando a beijar seus pés, enquanto chorava em grandes soluços.

— Tu és o esperado Messias de Israel, Jovem de Deus! ... — exclamou como enlouquecido, deixando estupefatos os viajantes, visto que a maioria deles pouca atenção dava aos assuntos religiosos. — Eu vi a Luz de Deus sobre ti, e o coração não me engana.

Os Essênios intervieram.

— Montai, bom homem, que aqui não é lugar próprio para tratar desses assuntos. Quando chegarmos a Ribla, falaremos detalhadamente — disseram.

— Esse velho tem o cérebro amolecido — observaram alguns —, e quer apresentar-nos um drama sacro na metade do caminho.

A maioria dos viajantes, disseminados uns atrás dos outros ao longo do caminho, não se inteiraram desta conversação, pois somente podiam ouvi-la aqueles que cavalgavam junto ao grupo formado por Jhasua e pelos quatro Essênios.

O rumor do Orontes dominava tudo e apenas deixava ouvir a voz sonora do guia gritando:

– Alto! ... Chegamos à Ponte das Caravanas e devemos fazer um breve descanso ...

Desmontaram todos para estender-se sobre a relva. A jornada havia sido longa, e o cansaço apoderava-se de todos.

As primeiras sombras da noite envolviam tudo com essa suave penumbra das noites do Oriente que deixam perceber todos os objetos, como se o diáfano azul do céu e das primeiras estrelas tornasse mais tênue o manto das trevas. Jhasua, estendido ao comprido sobre o verde brilhante da relva, parecia uma estátua jacente de um Adônis adormecido.

O velho rabino sentou-se a seus pés para contemplar, a seu modo, aquele belo rosto de adolescente, emoldurado pelos cabelos bronzeados que caíam abundantemente sobre seus braços cruzados por debaixo da cabeça.

– Eis aqui o modelo perfeito para que um artista do mármore forge um Abel morto – disse o ancião ao ouvido do Servidor sentado ao seu lado.

– Ou de um Abel adormecido nas margens do Eufrates – intercedeu o Essênio tirando alguns alimentos de sua maleta de viagem.

Os outros Essênios se uniram ao grupo.

– Por piedade, deixai-me entre vós – suplicou o velho rabino – que prometo ser discreto. Bem vedes que quase estou terminando meus dias e não quero que se apague mais a luz que vislumbrei.

– Está bem. Vós mesmo dissestes assim: A luz que o Senhor acende, ninguém pode apagá-la. Ficai, pois, e compartilhai da nossa ceia.

O ancião viajava com um criado, o qual abriu, ante seu amo, um grande alforje repleto de comestíveis.

Fizeram mesa redonda com o rabino e seu criado, e, quando tudo estava disposto, o Servidor chamou Jhasua suavemente.

– Dormes, Jhasua? – perguntou.

– Sonhava ... – disse ele sentando-se lentamente. – Sonhava que atravessava um deserto abrasado pelo sol e que, extenuado pela sede, estendi-me num caminho para morrer. Vi que um velho lavrador me encontrou e deu-me de beber. Esse ancião tinha o mesmo rosto e a expressão que tendes – disse ao rabino.

Olhou este para os Essênios como perguntando se o jovem ainda falava sonolento.

– Os inspirados de Jehová – disse o Servidor – recebem a Luz Divina de muitas formas. Provavelmente o sonho de Jhasua foi uma cena passada ou será uma cena futura.

"Agora vamos alimentar os corpos, pois logo o Kabir nos chamará para a cavalgada."

– E, desta vez, será para deixar-nos às portas de Ribla – acrescentou outro Essênio, repartindo a cada um a parte que lhe correspondia de frutas, pão e queijo.

Durante a refeição, os Essênios e Jhasua procuraram manter uma conversação ainda mais íntima com o rabino e, dessa intimidade, resultaram algumas confidências inesperadas. Souberam que o ancião rabino, cujo nome era Miquéias, tinha vários filhos, um dos quais era Gamaliel, o jovem doutor da Lei que tanto havia admirado a clara luz de Jhasua na difícil e complicada ciência de Deus e das almas, quando, aos 12 anos, fora levado por José de Arimathéia para que escutasse os Doutores e Mestres de Israel.

Seu genro era Alfeu, que vira Jhasua no berço, naquela noite de seu nascimento. Sua cunhada era Lia, a viúva de Jerusalém que já conhecemos. Havia, pois, vinculação direta entre ele e os amigos e familiares do Cristo que o conheceram desde sua primeira infância.

– Pobre de mim! – disse condoído o velho. – Todos haviam visto a Luz, e somente eu estava na escuridão.

– Como se vê, o segredo andava entre os Essênios, que assim o mantiveram oculto durante tanto tempo!

– Por que meu genro Alfeu disto nada me contou? Como pôde silenciar desta maneira minha cunhada Lia, quando, em várias ocasiões, estive em sua casa com Susana, minha esposa?

– Nos desígnios divinos – respondeu o Servidor – todas as coisas têm sua hora e, enquanto essa hora não chega, densos véus encobrem aquilo que o Eterno quer que permaneça oculto. Provavelmente, por especiais circunstâncias muito comuns na vida humana, não deveríeis estar em condições de saber estas notícias.

– Assim é por desgraça – respondeu o ancião pensativo. – Eu tinha uma ligação muito forte até cerca de dois anos. Meu irmão mais velho, que morreu nesse tempo, era o intérprete e tradutor hebreu mais apreciado por Herodes, o Grande, cuja amizade com o alto sacerdócio de Jerusalém era motivada por essas relações com meu irmão. Como, por questões de interesse, eu dependia dele, sempre me encontrei manietado a suas opiniões e modos de ver em toda ordem de coisas. Sua morte libertou-me dessa escravidão, e somente agora me considero um homem livre.

– Bem podes ver que havia uma razão muito forte para que o Altíssimo mantivesse velados para vós Seus grandes segredos – acrescentou novamente o Servidor.

– Agora sim, que não vos deixo escapar mais – disse o ancião rabino entre enternecido e risonho, olhando para Jhasua que estava bastante ocupado a quebrar amêndoas e avelãs, para que os comensais as encontrassem já limpas.

– Reparai – disse o jovial Essênio Melkisedec –, chegastes ao banquete divino um tanto atrasado, porém ainda tendes a satisfação de ocupar um lugar na mesa do Profeta de Deus e comer amêndoas e avelãs descascadas por suas próprias mãos. – Ele disse isto ao mesmo tempo que Jhasua, com sua graça e doçura habituais, oferecia ao ancião, nas palmas de suas mãos, uma porção dessas frutas já limpas.

O rabino tomou ambas as mãos de Jhasua e as estreitou sobre o seu peito, enquanto seus olhos se inundavam de pranto.

– Agora não estragueis a festa, pois eu estou muito contente – disse Jhasua vendo a emoção do ancião.

Pouco depois desta cena, a caravana se pôs em marcha, seguindo o curso do Rio Orontes, cujo harmonioso rumor se assemelhava a um salmo de gratidão ao Supremo Arquiteto, de acordo com a vibração de íntima felicidade espiritual que se havia estendido sobre os viajantes.

A lua cheia, pálida como uma fada misteriosa, acendia seu fanal de prata sobre os montes e bosques carregados de perfumes e rumores, bem como sobre as ondas serenas do rio que continuavam desprendendo suas salmodias de cristal.

Na última parada antes de chegar a Ribla, o Kabir contratou um jovem e forte aldeão para que, com seu bom cavalo, se adiantasse para levar à cidade a notícia de que chegariam ao amanhecer, pois alguns viajantes de Palmira o aguardavam com urgência.

– Dizei a quantos encontrardes na Porta das Caravanas que nos adiantamos em muitas horas e que, antes da saída do sol, estaremos entrando na cidade.

Esta ordem, dada pelo Kabir a seu mensageiro, foi a razão pela qual Harvoth, o escultor, e seus dois filhos pudessem encontrar-se aguardando, na porta da entrada, a chegada dos Essênios que traziam Jhasua.

– Finalmente! – disse ele com muita graça. – Finalmente nos encontraremos com esse famoso Arquivo, o qual já vejo até quando parto o pão.

– Mas cuidado, amigo Harvoth. Se esse Arquivo não é aquilo que os meus Mestres e eu temos sonhado, pode ser que venhamos a vos dar algum castigo!

– Ou pode ser que eu vos castigue por terdes demorado tanto em trazer notícias do meu lar abandonado – respondeu o escultor rindo da jocosa ameaça de Jhasua.

– Abandonado, não, senhor escultor – acrescentou novamente Jhasua –, porque, do Santuário, vai todos os dias o irmão cozinheiro com seu ajudante para levar tudo quanto necessite vossa esposa e também vossa filha Nebai. Não cuidaríeis melhor delas.

Os Essênios riram do calor que Jhasua punha em suas afirmações, as quais Harvoth agradeceu, muito embora dominado por uma profunda emoção.

Enquanto a caravana se dirigia para as grandes quadras onde os animais descansariam até o regresso, os viajantes se disseminaram pela cidade, indo cada qual para o lugar onde era esperado.

Os Essênios e Jhasua seguiram a Harvoth, que os conduziu para a larga rua chamada ''Dos Bazares'', em virtude da grande quantidade deles que havia em todo o trajeto, muito embora, a essa hora matutina, ainda não estivessem abertos.

Encontraram unicamente os lenhadores com suas juntas de jumentos ou de bois entrando carregados com fardos de lenha e também os lavradores dos campos vizinhos, com grandes alforjes de esparto repletos de frutas e hortaliças.

Perceberam que Ribla tinha grande semelhança com as cidades galiléias, nas quais, em vista das alterações do terreno, alguns edifícios estavam sobre um pequeno monte, outros em depressões onde as exuberantes plantações davam o aspecto de terraços ao ar livre, pois seus tetos estavam bem mais abaixo do nível das copas das árvores que os rodeavam.

Encaixada entre enormes baluartes naturais de pedra, no meio dos quais brotavam árvores, como a palha nas planícies, era a cidade um conjunto de ninhos de águia perfeitamente defendidos pela natureza.

Ribla estava defendida por três lados pelos grandes platanais das margens do Orontes, pois ficava justamente onde o rio formava um ângulo agudo com um de seus afluentes, que corria tumultuosamente nos alicerces da muralha que dava para o oriente. Ao pé daquela muralha estava o velho casarão habitado por Menandro, o sacerdote de Homero, possuidor do Arquivo.

O Ancião deixava o leito na metade da manhã, e Harvoth teve tempo para mostrar aos viajantes aquele vetusto edifício, cujo aspecto exterior denotava vários séculos de existência. Algum grande chefe guerreiro devia ter sido o dono primitivo, a julgar pelas formidáveis defesas que possuía para o exterior. Seus janelões eram aberturas feitas nos próprios blocos de pedra, e suas pequenas torres, guarnecidas de ameias, conservavam sinais de ataques em épocas distantes.

Dos terraços, admiravelmente guarnecidos, contemplava-se o maravilhoso panorama oferecido pelo grande rio, serpenteando como um caminho rolante de cristal ondulado por entre montanhas, bosques e pradarias.

– Que me dizeis do cofre que guarda o Arquivo? – perguntou Harvoth aos Essênios, assombrados diante daquela ciclópica construção.

— Que é digno de guardar toda a história da Humanidade! ... – respondeu o Servidor.

Nicandro, ou Nicanor, como o chamavam, era o filho mais velho do dono da casa e foi quem, primeiramente, os recebeu dizendo que seu pai os esperava na biblioteca, porque se achava atacado de reumatismo.

Com efeito, o formoso ancião, descendente de Homero, recebeu-os sem se mover de sua poltrona.

A primeira coisa que lhe causou estranheza foi ver um adolescente, como Jhasua, entre os estudiosos que vinham de tão longa distância em busca de um arquivo, cujos empoeirados pergaminhos relatavam ocorrências que contavam séculos.

— Vós, os descendentes do grande poeta, dizeis que as Musas o mimaram desde sua meninice – disse Tholemi, grande conhecedor das tradições gregas.

— E muito provavelmente foi assim – interrompeu o ancião.

— Nós dizemos – continuou o Essênio – que este jovem é um mimado da Luz Eterna e da Divina Sabedoria.

Jhasua viu-se na necessidade de se aproximar do ancião que lhe estendia ambas as mãos trêmulas.

— Ruivo como Apolo, e teus olhos, como os dele, têm dardos que queimam o coração – disse estreitando-lhe as mãos. – Por que vieste? Dize tu a verdade; por que vieste?

— Pelo Arquivo e pelo seu guardião – respondeu Jhasua com tal doçura que sua voz ressoou para o velho sensitivo como um canto de calhandra.

— Oh, muito agradecido, precioso Apolo da Síria! Que outra coisa esperavas encontrar no velho guardião do Arquivo, além do reumatismo? – voltou a interrogar o ancião Menandro, como se aquelas frases de Jhasua lhe tivessem causado uma felicidade indizível.

— Não pensei na enfermidade, mas na compreensão e firme vontade que demonstrais ao desterrar-vos voluntariamente de vosso país para conservar um Arquivo. Dificilmente encontrar-se-iam hoje, no mundo, dez homens que fizessem o mesmo.

— Tens a sabedoria à flor dos lábios como tinha Homero em seus cantos imortais. Senta-te neste tamborete onde costumava sentar-se minha jovem esposa quando queria arrancar-me um *sim*, e eu queria dizer *não*.

Jhasua sorriu sentindo a suave carícia da ternura daquele ancião, e sentou-se no lugar indicado. Enquanto isso acontecia, os Essênios haviam formado uma cadeia de fluidos magnéticos com os pensamentos postos em ação para aliviar de suas dores o bom sacerdote de Homero, que ia prestar-lhes tão grande e importante obséquio.

— Vamos ver – continuou o ancião –, que queres do Arquivo e de seu guardião?

— Do Arquivo quero os segredos; e de vós quero a saúde e a alegria – respondeu Jhasua, que havia deixado de sorrir e olhava nos olhos do ancião com tal energia e fixidez que o velho estremeceu involuntariamente.

— Os segredos do Arquivo, tê-los-ás; no entanto, minha saúde e minha alegria estão já mui distantes ... – murmurou com tristeza.

— Também eu estava longe, e hoje me tendes ao vosso alcance. A saúde e a alegria são pombas mensageiras do Altíssimo que vão e vêm como as rajadas do vento e os rumores do Orontes – disse Jhasua acariciando suavemente, com suas mãos a vibrarem, os braços e os joelhos do ancião sobre os quais se havia apoiado.

Ele compreendera que os Essênios emitiam força magnética sobre ele para que aliviasse Menandro, e o fez com tão bom êxito que imediatamente o viram pôr-se de pé, e, agitando os braços, exclamar cheio de satisfação e alegria:

– Pois não é como digo? És Apolo e puseste fogo e vida no meu corpo e alegria no meu velho coração. – E começou a dar fortes abraços nos recém-chegados para fazê-los ver que a energia e a saúde haviam voltado, não obstante as julgasse tão distantes.

Se o Ancião havia demonstrado anteriormente boa vontade para com os Essênios, dedicou-se completamente a eles depois desta cena que acabo de relatar.

Ele mesmo os guiou até onde estava o Arquivo e o colocou à sua disposição, dando ainda todas as indicações que pudessem servir de guia para encontrar o que desejavam.

Um pequeno livreto, espécie de índice, lhes fez ver em conjunto o que de mais importante aquele Arquivo guardava: Crônicas do Continente Lemur (desaparecido), Crônicas do Continente Atlante (desaparecido), Crônicas da Ática, da Escítia (Cítia), do Indostão, da Irânia, do Nilo, da Mauritânia e da Ibéria.

– Desejamos primeiramente as Crônicas da Península Indostânica – disse Melkisedec.

O Ancião, sacerdote de Homero, apresentou-lhes um grosso rolo de papiro, em cuja envoltura exterior se lia:

"Crônicas escritas por Arjuna, discípulo de sua Grandeza Chrisna, o príncipe-filósofo do amor e da paz."

– Era isto o que buscávamos! – disseram ao mesmo tempo os quatro Essênios, enquanto Jhasua aguardava em silêncio.

– Bem, meus amigos: este Arquivo é o vosso lar. Tendes inteira liberdade nele – disse o ancião e, apoiado em seu filho, saiu para o parque da casa em seu passeio matutino, do qual, há vários meses, se achava privado.

– Também eu vos deixo – acrescentou Harvoth. – Meus filhos e eu temos outra classe de trabalho, que mostrarei quando vos agradar. Os mármores estão raivosos por tomar formas definidas, e também tenho bastante pressa de voltar para o lar. Então, até logo.

Quando ele estava saindo, chegou um criado trazendo xaropes e pasteizinhos, com os quais o dono da casa obsequiava os visitantes.

Sigamos na sua tarefa nossos quatro Essênios com Jhasua, e assim saberemos tudo quanto eles vão descobrindo naquele arquivo milenar.

O papiro encerrado num tubo de pele de foca e levemente encoberto por um fino tecido de linho foi cuidadosamente aberto e colocado nas estantes especiais para estudar essa classe de trabalhos. Era duplo, ou seja, escrito em duas colunas unidas, no meio do papiro, por pequenas obréias engomadas. Numa das tiras, estava escrito na língua dos antigos Samoyedos que, em sua lenta emigração dos gelos do norte, fundaram *Hisarlik*, a grande capital da Ática pré-histórica. Na outra banda, continha uma tradução daquela língua morta ao grego da época Alexandrina, a qual foi bastante divulgada pela Ásia e pela África, graças às incursões de conquista de Alexandre Magno.

Era, pois, para os Essênios, uma tarefa bem fácil a leitura do papiro na escrita grega antiga.

Melkisedec foi designado leitor, e Azarias e Tholemi, notários. O Servidor e Jhasua ouviam.

O papiro começava assim:

"Na imensidão, onde giram estrelas e sóis, ressoou a voz eterna, repetida pelos ecos, que marcou a hora imortal. A Legião protetora da sexta Jornada Messiânica, em globos gêmeos do Planeta Terra, entrou em atividade, e elevadas Inteligências penetraram na atmosfera astral dos planos físicos para anunciar o grande acontecimento aos encarnados que haviam, de antemão, aceito o encargo de serem instrumentos do desígnio divino no plano que ocupavam.

"Elevada Inteligência, um Arcanjo, foi o arauto escolhido para buscar esses instrumentos perdidos nas selvas terrestres, e apareceu em sonhos a uma mulher de vida pura, cujo nome era Sakmy, desposada recentemente com o mancebo Baya-Dana, ambos pertencentes ao numeroso grupo de parentes do jovem rei de Madura (*), país este na parte Sul do Indostão (**), sobre o mar. Vedo-Van-Ugrasena era um rei justo e piedoso para com seu povo, que o amava e reverenciava mercê de sua grande misericórdia.

"A formosa visão anunciou à jovem esposa Sakmy que era chegada a hora para que um Raio da Luz Eterna descesse à Terra, e que ela seria mãe da escolhida pelos Gênios Tutelares da Terra, como vaso puríssimo que encerraria o *Divino Elixir da Vida* para a Humanidade, enferma de morte em conseqüência de suas próprias misérias.

"Quando o tempo chegou, ela deu à luz uma formosa menina a quem chamaram Devanaguy, em cuja criação e educação seus pais puseram um esmero muito superior ao habitual, já que conheciam os elevados desígnios divinos sobre aquela criatura.

"Chegada à puberdade, foi ela tomada como esposa por Vasuveda, gentil e nobre mancebo, segundo filho do bom rei Ugrasena, o qual, pouco depois, foi desapossado de seu reino por seu filho primogênito Kansas, erigido como caudilho pelos poderosos descontentes da misericórdia de Ugrasena para com seu povo.

"O bondoso rei havia sido encerrado numa Torre, e seus fiéis servidores e amigos, reduzidos à escravidão, tinham perdido toda esperança de salvá-lo.

"Chorava o triste rei sua desventurada sorte de ter caído em prisões, quando apenas haviam sido extintos os ecos dos hinos nupciais do casamento de seu filho Vasuveda com a virgem escolhida pelos deuses para que '*Vishnu*' (***) encarnasse nela e, feito homem, salvasse a Humanidade da morte que a ameaçava.

"Devanaguy, sua jovem nora, inspirada pelos Gênios do Bem e do Amor, disfarçada de garoto vendedor de frutas açucaradas, conseguiu introduzir-se com sua mercadoria na Torre, presídio de seu sogro e, quando através das travessas da sua porta pôde falar-lhe, deu-se a conhecer e lhe disse que os Devas (****) queriam que vivesse para ver a glória de Vishnu que se aproxima. A jovem esposa estava já grávida na quinta lua e, enquanto aparentava oferecer suas guloseimas ao cativo, disse: 'Alegra-te, Ugrasena, meu pai, porque Vishnu, encarnado em meu seio, será o teu salvador.'

"Simultaneamente, Vasuveda, seu esposo, e segundo filho do prisioneiro, fazia correr secretamente a grande notícia entre os que permaneciam unidos a seu pai, cuja maioria se achava na dura condição de servos, despojados de todos os bens.

"A partir desse momento, formou-se uma numerosa aliança entre os despojados e escravizados, com o fim de se prepararem para a chegada do Libertador. Com a mesquinha concepção da vida e do bem que a Humanidade sempre teve, a maioria desses despojados e escravizados esperava um Vishnu salvador de sua penosa situação e não o Raio de Luz Divina que vinha para toda a Humanidade.

"Mas a Eterna Sabedoria que, até das ignorâncias humanas extrai o Bem para

---

(*) Hoje chama-se Madrasta (N.T.).
(**) Hoje é a Índia propriamente dita (Península Indostânica) (N.T.).
(***) Segunda pessoa da Trindade Indiana: "Filho" (N.T.).
(****) Divindades resplandecentes (Inteligências Superiores) (N.T.).

suas criaturas, desse grande entusiasmo popular extraiu a divulgação do sentimento de justiça e proteção divinas para aqueles que a merecem através da prática do Bem.

"Os sucessores daqueles Flâmines originários da Lemúria viviam como anacoretas nos bosques e grutas que, com o tempo, chamaram de sagrados, por causa das maravilhosas manifestações do poder divino que se ofereciam à vista naqueles lugares, graças, segundo era voz corrente, à vida penitente e à oração contínua que os solitários faziam.

"De quem, pois, haveriam de aproximar-se os despojados e escravizados, a não ser desses pobres voluntários que se contentavam com os frutos que a terra lhes dava para sustentar suas vidas?

"Através destas observações e conclusões, o povo, empobrecido e tiranizado por Kansas e seus partidários, formou uma união com os anacoretas hindus, conservadores das doutrinas dos Flâmines, não obstante se acharem já transformadas e desfiguradas pela ação devastadora dos séculos e da incompreensão humana.

"Os solitários, cuja vida de alta contemplação e estudo das Leis Divinas os punha em condições de seguir a luminosa estrela da Divina Vontade com relação ao Planeta Terra, sabiam que o tempo da chegada da Luz Divina já havia soado nos arcanos eternos e esperavam o grande acontecimento de um dia para o outro.

"Suas antigas profecias diziam de forma bem clara: 'Quando hajam passado quarenta centúrias desde que o Sol adormeceu nas margens do Eufrates, o Novo Sol levantar-se-á ao Sul do Indostão, junto ao mar. Sua chegada será anunciada por um fato insólito de um filho em rebelião contra seu pai-rei, a quem ele aprisionará num calabouço.'

"Para os contemplativos anacoretas hindus, o Sol adormecido às margens do Eufrates era Abel. As quarenta centúrias já haviam passado e, ao Sul do Indostão, junto ao mar, na grande capital de então, Madura, um filho, *Kansas*, se havia rebelado contra seu pai Ugrasena, e o encerrara num calabouço. Era, pois, ali e nessa época que devia aparecer o novo *Sol de Justiça*.

"Outra mensagem profética que contava vários séculos de existência, e que um bardo sagrado havia cantado nas selvas indostânicas, dizia: 'Quando os grandes rios do Oriente baixarem as águas até entregar aos homens as areias de seus leitos para amuralhar cidades, e subirem logo até que os monstros do mar cruzem por cima de seus tetos, alegrai-vos, corações palpitantes, porque, após sete luas, aparecerá um luzeiro novo no horizonte, para cujo influxo irresistível e suave, todo pássaro cantará em seu ninho.'

"Este fato, relacionado incontinenti com movimentos e evoluções astrais, já havia ocorrido e estava terminando a sétima lua da profecia.

"Os contemplativos solitários das grandes montanhas e selvas da Índia animavam a imensa multidão dos despojados e escravizados com a divina esperança de um Ungido do Amor que se apiedaria deles.

"Das imensas cavernas do Himalaya e dos Montes Suleiman, desceram, de dois em dois, e em interminável caravana, para o Sul do Indostão. As grutas da Cordilheira Windyha, junto ao caudaloso Narbhudha que desemboca no Golfo de Cambayha, deram asilo àqueles infatigáveis visionários que extraíam dos abismos estelares e do fundo das águas, os indícios anunciadores de que um Raio da Luz Incriada iria iluminar a Terra.

"A Eterna Energia, força impulsora que é vendaval que arrasta e relâmpago que ilumina as trevas, fez com que se encontrassem, sem se buscar e também sem pensar, com os últimos vestígios de uma já desaparecida civilização que, no ostracismo das cavernas, vivia igualmente esperando. Foi dessa forma que os solitários indostânicos, cinzas vivas dos mortos Flâmines-Lêmures, se encontraram na legendária Bombay com as últimas minúsculas luzes que deixara, após sua passagem, *o Sol adormecido nas margens do Eufrates e dos vales do Nilo*, segundo a antiga profecia. Encontraram-se, reconheceram-se e, como todos buscavam a luz de um novo amanhecer, refundiram-se num abraço que permaneceu atado durante longas idades. Como conseqüência dessas maravilhosas combinações que somente a Lei Divina tece e destece, encontraram-se unidos a sudoeste da Península Indostânica, os Dacthylos de Antúlio, com sua clara sabedoria extraída dos abismos estelares, com os Kobdas azulados de Abel, com sua ciência arrancada do estudo do coração humano ávido de amor e paz, e também com os Flâmines-Lêmures de Numu, cuja *chama viva* sabia o segredo de transformar as bestas humanas, fartas de carne e de sangue, em buscadores de uma estrela nova que devia aparecer no horizonte terrestre.

"E apareceu o menino Chrisna, filho de Vasuveda, segundo filho do rei de Madura, Ugrasena, e de Devanaguy, filha primogênita de Baya-Dana e Sakmy, a sensitiva, que recebeu a primeira visão precursora da aproximação divina.

"Todavia, como as sagradas profecias eram também conhecidas pelas inteligências tenebrosas que perseguem as da Luz, um mago negro fez chegar a Kansas, o filho usurpador e rebelde, a notícia de que um raio da Justiça Eterna nasceria em Devanaguy, mulher de seu irmão Vasuveda. Kansas mandou seus escravos raptarem-na do lar e determinou que a encerrassem em uma dependência na mesma Torre onde mantinha seqüestrado seu pai.

"Não obstante os filhos das trevas procurarem apagar todas as luzes, os filhos da claridade as acendem até nas pedras dos caminhos. Foi assim que, aqueles que conheciam o grande segredo, se valeram de engenhosos ardis para manter sob vigilância aquela Torre e ocupar nela postos ínfimos de limpadores de aquedutos e de fossos, de lenhadores e de pedreiros, com o fim de evitar que o menino nascituro fosse assassinado, tal como Kansas, o usurpador, havia determinado.

"As trevas de suas próprias maldades cegaram àqueles que procuravam apagar a Luz Divina que vinha à Terra e, mediante um túnel aberto secretamente da Torre-presídio até a costa do mar, Devanaguy foi retirada antes de ser mãe e substituída por uma jovem que havia morrido ao dar à luz seu filho.

"O guardião Donduri, discípulo dos solitários, leal e dedicado ao rei encarcerado, sabia do segredo da substituição e limitou-se a dar parte a Kansas, o traidor, de que a prisioneira havia perecido ao dar à luz sem socorro algum.

"O perverso usurpador fez grandes festas, celebrando seu triunfo e o de seus magos sobre os filhos da Luz. No decorrer do mesmo ano, foi libertado o rei justo pelos mesmos meios, ficando em seu lugar um dos solitários que se lhe assemelhava e que se sujeitou a esse sacrifício a fim de que Ugrasena permanecesse em liberdade para organizar, com Vasuveda e seu povo fiel, a libertação de Madura.

"*Chrisna*, que significa, '*segredo guardado nas sombras*', foi confiado a um pastor chamado Nanda, que vivia nas margens do Narbhudha, ao pé dos Montes Windhyha, onde os Solitários tinham o mais antigo e numeroso Refúgio-Santuário, habilmente escondido nas cavernas e entre os bosques mais impenetráveis."

Os Essênios haviam chegado até aqui na leitura do papiro, quando Harvoth chegou ao Arquivo para anunciar que o ancião, sacerdote de Homero, Menandro, com seus filhos, os aguardava para a refeição do meio-dia.

Novamente ocorreu o fato, tão comumente repetido, de que, ao partir o pão e verter o suco da videira nas ânforas de prata, formam-se grandes alianças e florescem as amizades e os encontros das almas que estiveram juntas em tempos distantes, e que o Eterno Amor reúne num dado momento.

Os filhos de Menandro, o sacerdote de Homero, haviam-se tornado grandes amigos dos filhos de Harvoth, o escultor, se bem que estes últimos fossem mais moços que aqueles.

Durante a refeição, o ancião mencionou as viagens e escavações que fizera em certas paragens da antiga Grécia, principalmente nas grutas do Monte Himeto, o qual, na Pré-História, era conhecido como *Monte das Abelhas* (*), de cujas cavidades profundas e rumorosas, se dizia, saíam gênios benéficos, enviados pelas Musas ao bardo imortal Homero, principalmente a luminosa Urânia, que escutava o dançar das estrelas, cujas grandiosas epopéias eram referidas por ele em divinos poemas representados por deuses.

Mencionou também que em algumas grutas havia encontrado múmias petrificadas e escrituras em lâminas de mármore.

– Homero, meu glorioso antecessor – disse orgulhosamente o ancião –, tinha colóquios íntimos com as Musas e com os gênios enviados por elas para contar-lhe as tragédias dos homens e dos deuses nos abismos da luz e da sombra, nos quais as estrelas vivem sua eternidade.

Era encantador para os Essênios ouvir aquele ancião que parecia ter música nos lábios e fogo no coração, quando falava dos poemas imortais de Homero. Parecia tê-los vivido ele mesmo e que sua palavra, cheia de santo entusiasmo, estivesse novamente esboçando-os naquele ambiente de serena simpatia que o rodeava.

– Quão feliz houvera sido Homero, meu pai, se tivesse tido este divino Apolo sírio ao seu lado ... assim tão próximo como eu o tenho! ... exclamou incontinenti o ancião embevecido na contemplação de Jhasua, que, por sua vez, o observava com vivíssima simpatia. – Então, neste caso, as Musas teriam baixado para contar-lhe lendas do Infinito que revelariam, ante os homens, belezas jamais imaginadas por eles.

– Falais de vosso pai Homero com um entusiasmo que atinge as raias do delírio! – disse Jhasua, em voz baixa, olhando para o ancião que estava ao seu lado. – E não pensastes que a lei das reencarnações fez de vós uma repetição do Homero dos cantos imortais!

– Que dissestes, meu Apolo? – perguntou o ancião como querendo arrancar o segredo que, eventualmente, os olhos profundos de Jhasua haviam lido no insondável Infinito. – Que dissestes?

– Aquilo que ouvistes – respondeu firmemente o jovem Mestre, com aquela voz eloqüente de inspirado que, às vezes, tinha vibrações metálicas como se fosse um sino de bronze soando na imensidão.

Um silêncio imenso e solene se estabeleceu no espaçoso cenáculo, onde tais palavras haviam ressoado como se o misterioso enigma da Verdade Eterna houvesse sobressaltado as almas com um sentimento profundo de religiosa adoração.

– É verdade! – exclamaram logo os Essênios. – E jamais havíamos pensado nisto.

– Porventura – prosseguiu Jhasua – quando exploráveis as grutas do Monte

---

(*) O Monte das Abelhas foi na Ática pré-histórica (hoje Grécia, Turquia e arredores, inclusive a Ilha de Creta) o refúgio dos Dackthylos de Antúlio (N.T.).

Himeto e retiráveis essas múmias convertidas em pedra, não vos ocorreu que uma delas vos tinha pertencido em idades distantes?

– Jovem, jovem! ... Estais me amedrontando com essa vossa luz que penetra através dos séculos! ... – exclamou o ancião, colocando sua trêmula mão direita sobre a viçosa mão de Jhasua, apoiada brandamente em cima da toalha. – Credes, porventura, que vivi tanto sobre esta Terra a ponto de, um corpo que foi meu, se ter convertido em pedra?

– E por que não? Que são os séculos ante a eternidade da alma humana? – perguntou novamente Jhasua.

"Nos papiros que os Essênios guardam – continuou dizendo – conheci vidas de alguns solitários que habitaram as grutas do Monte Himeto, que então se chamava *Monte das Abelhas*, onde se conta que conservavam embalsamados os corpos que serviram para realizar suas vidas físicas e que eram mantidos escondidos em vãos abertos na rocha viva. Como, em razão do lento acúmulo de átomos e moléculas, a múmia vai crescendo, pode-se conceber, muito bem, que os corpos ficam, no fim de muitos séculos, como incrustados na montanha, da qual resultam fazendo parte."

Como o ancião buscasse com o olhar o rosto dos Essênios para saber até que ponto podia abismar-se nessas verdades, o Servidor interveio.

– Nossos irmãos do Monte Carmelo – disse – se consideram sucessores diretos dos Solitários do Monte Himeto e conservam múmias e relatos sobre eles. Foram chamados Dackthylos, porque seu fundador levava esse nome, com o qual se apresentou ante o mundo que o acolheu ao chegar emigrado da Atlântida submergida sob as águas do oceano, depois que havia tido em seu meio, por duas vezes, e sem o haver reconhecido, o Homem-Luz.

"Os Dackthylos foram os depositários da sabedoria de Antúlio, o grande profeta atlante.

"Hilcar II, príncipe de Talpaken, foi quem trouxe para a Ática pré-histórica toda a grandeza de Antúlio, cuja agremiação tomou o nome de Dackthylos para ocultar sua procedência. Ele reuniu meninos desamparados e proscritos da sociedade e fundou uma escola de Divina Sabedoria, idêntica àquela que Antúlio, seu Mestre, havia tido. Quem pode negar com fundamento que Homero, vosso glorioso antepassado, tenha estado naquela escola que viveu na obscuridade durante tantos séculos?

"A lei da reencarnação das almas abre horizontes tão amplos como a própria eternidade. Toda lei divina é cumprida em todos os seres com igualdade e justiça inexorável. Comprovada a eternidade do espírito humano e seu progresso indefinido mediante a Lei das reencarnações sucessivas, a boa lógica nos leva, de imediato, à clara conclusão de que, aqueles que hoje vivem na carne, viveram essa mesma vida inumeráveis vezes, em cada uma das quais deixaram andrajos do atraso primitivo e foram adquirindo lentamente as pequenas claridades que iluminam hoje nosso caminho.

"Isto que acabo de dizer não é a única coisa que está de acordo com a eternidade de Deus, que quis tornar sua criatura participante de sua própria e imensa eternidade?"

O Ancião sorriu afavelmente para dizer:

– Vossa sabedoria é irmã gêmea da de Homero, meu glorioso pai, como o comprovareis quando estudardes seu livro secreto, escrito por ele mesmo em lâminas de couro curtido ao branco e cujo título é: "Sonhos de Imortalidade."

O Sacrifício de Chrisna (*)

– Este livro é o meu grande segredo, o qual foi transmitido de pai para filho como um depósito sagrado, e que olhos profanos não viram jamais. Nem eu mesmo o havia compreendido até este inolvidável momento, em que este radiante Apolo da Síria descerrou o Véu de Minerva para deixar-me em sua pura e divina desnudez.

"Muito embora sabendo que meu espírito é imortal, não o é este velho corpo que me acompanha, e que não tardará muito em recolher-se à sepultura para descansar.

"Meus filhos seguirão ou não o caminho do seu pai, e não posso obrigá-los a que carreguem também o enorme peso que eu tive força para suportar durante toda a minha vida: *o peso dos segredos de Homero*, mantido por nove gerações, no meio das quais houve sempre um fiel guardião que soube guardá-lo, a despeito de todas as maldades, ambições e egoísmos.

"Por estas razões, declaro aqui minha inquebrantável resolução de entregar este sagrado depósito a este irmão sírio Apolo e à escola de Sabedoria da qual ele faz parte. Eu irei morrer entre vós com o sagrado depósito que me foi confiado para que fique cumprido meu juramento de guardá-lo até a morte.

"Ali, onde repousar meu cadáver, estarão também os '*Sonhos da Imortalidade*' de Homero. Comigo termina a nona geração que rendeu o culto perene que as Musas imortais desejaram para ele. 'Passadas nove gerações – disse ele mesmo – serei tido por mito, por um ser que não foi humano, por um fantasma irreal de um passado brumoso, como procedeu sempre a Humanidade com todo aquele que lhe fez vislumbrar o Infinito que não compreende.'

"Estamos todos de acordo?" – perguntou o ancião consultando, com o olhar, todos os que o rodeavam.

– Da nossa parte, estamos de acordo – responderam os Essênios. – Vossos filhos dirão o seu parecer.

– Nosso pai age com acerto – disse o mais velho, Nicandro ou Nicanor –, porque nós, estrangeiros em Ribla, não sabemos qual será nosso destino amanhã.

– Penso do mesmo modo que meu irmão – disse Thimão, o caçula.

– E o Templo para Homero, que me mandastes construir? – perguntou Harvoth, estupefato em seu modo de pensar ante uma resolução tão insólita.

– Terminai-o quanto antes, e eu o entregarei ao Delegado Imperial da Síria, para que nele seja honrada sempre a memória de Homero, o bardo imortal da minha Grécia Eterna.

– Mas então cairia em mãos profanas que não saberiam dar-lhe o devido valor nem o significado que ele tem no vosso sentir e pensar – disse o Servidor.

– Então, que hei de fazer?

– Se algum direito me assiste como seu construtor – disse Harvoth –, proponho que seja entregue aos Terapeutas-Peregrinos que percorrem estas paragens consolando as dores humanas.

"Eles manterão este pequeno templo como um lugar de oração e refúgio, em vez de um ambiente de orgia e de prazer, como costumam ser os templos dos deuses pagãos."

(*) Khrisna, Krishna, Crishna ou Chrisna, várias das muitas formas de escrever este nome (N.T.).

— As Musas falaram pela tua boca, Harvoth — disse o Ancião. — Os Terapeutas são eternos viajantes em busca da dor humana. Não podem acorrentar-se unicamente para cuidar deste belo amontoamento de mármore branco.

— Harvoth, disseste-me que tens esposa e uma filha jovem ainda. Esta será a sacerdotisa do Templo de Homero, para que sua lâmpada não se apague e ressoe sempre a cítara com seus cânticos imortais. Somente assim meu coração descansará tranqüilo na tumba.

Fez-se um grande silêncio, porque Harvoth meditava sobre a transferência de sua família para aquela longínqua capital.

— Harvoth, tendes medo do templo de Homero ou da Ribla silenciosa e solitária? — perguntou Jhasua.

— Não, Jhasua, nada disso. Apenas penso se esta situação agradará a minha esposa e a minha filha.

— Pois eu vos afianço que se Nebai estivesse aqui, haveria de pular de alegria. Dissestes tantas vezes que os Terapeutas são vossos pais! Aqui estareis com eles como estais lá com os do Tabor. Que diferença faz?

— Quando falas, Jhasua, a luz se acende em seguida. Está bem. Aceito.

Todos celebraram, jubilosos, o formoso horizonte que se abria até longa distância, porque naquele velho e sólido casarão acender-se-ia o fogo sagrado do amor ao próximo, pois seria transformado, com o tempo, em refúgio para os sofredores da alma e para os enfermos do corpo.

Os Essênios reiniciaram a leitura interrompida dos velhos papiros do Arquivo. Continuava assim:

"O pastor Nanda, já de idade madura, vivia só em sua cabana onde foi escondida Devanaguy com seu pequeno Chrisna, ao redor do qual se perceberam grandes manifestações do Poder Divino que residia nele.

"No interior das impenetráveis selvas do Indostão, existiam, em distintas paragens, algumas ramificações da formidável Escola de Magia Negra, chamada *Serpente Vermelha*, cujas origens se perdiam na noite dos tempos, pois havia vindo da desaparecida Lemúria, e continuava semeando destruição e morte nos lugares aonde conseguia pôr seus fatais *anéis*.

"Cada anel da terrível serpente era um núcleo de quatro magos, que sempre encontravam o meio de aliar-se aos piratas, mercadores de escravos, usuários, e também às prostitutas. De todo esse baixo e ruim elemento humano, pestilência daninha no meio da sociedade, a Serpente Vermelha arrebanhava seus agentes e espiões para introduzir-se nas casas mais poderosas, nas residências dos *Maharajás*, e dominar o Continente Asiático, como havia dominado a Lemúria até produzir a sua derrocada e, conseqüentemente, sua ruína total.

"Por causa de suas criminosas práticas e formas de agir, Kansas, o mau filho, havia-se rebelado contra o pai até o ponto de mantê-lo acorrentado num calabouço. Logicamente, compreender-se-á que a Serpente Vermelha era quem governava em todo o Sul do Indostão, ao redor de Madura, sua Capital. Não demorou muito em inteirar-se de que o poderoso Ser vindo à Terra para destruir definitivamente a sua força havia sido posto a salvo. Desataram, como alcatéias de lobos famintos, seus mais perversos agentes para encontrar o futuro vencedor da Serpente Vermelha. Mais do que no plano físico, foi tremenda a luta na esfera astral do Planeta, onde a numerosa Legião de Espíritos de Justiça se pôs em ação, cortando as comunicações entre os gênios tenebrosos desencarnados e os encarnados da maligna instituição.

"Por isso, os componentes da Serpente Vermelha viram-se desorientados, correndo como enlouquecidos por entre selvas e montanhas sem poder dar com o paradeiro do menino Chrisna nem de seus pais nem tampouco de seu avô, o rei Ugrasena.

"Os Solitários dos Montes Suleiman mantinham-nos escondidos na sua cidade de cavernas e de grutas inacessíveis para os profanos. Havendo entre eles muitos clarividentes e auditivos, conheciam a fundo os caminhos obscuros e tortuosos por onde se arrastava a Serpente Vermelha, em busca de inocentes presas para devorar.

"As grandes cavernas dos Montes Suleiman tornaram-se estreitas demais para dar refúgio aos perseguidos pelos agentes de Kansas, o usurpador. A montanha foi sendo perfurada cada vez mais, durante as noites, sendo abertos túneis, passadiços e caminhos, para que aquela enorme população oculta sob as rochas pudesse sair, de vez em quando, em busca do necessário para não perecer de fome. Os próprios solitários acharam-se, algumas vezes, entristecidos e desanimados, quase às raias do desespero, quando vários deles viram, em clarividência, o menino Chrisna que, mantendo o Globo terrestre em sua pequena mão, tocou com o dedo uma montanha árida e ressequida, e toda ela se converteu num grande monte de trigo dourado.

"Através destas visões espirituais, os solitários Flâmines compreenderam a oculta mensagem que lhes davam do plano espiritual, de que, achando-se o Espírito-Luz no meio deles, não deviam temer o horrendo fantasma da fome para o numeroso povo que haviam albergado em suas cavernas.

"Quando se tornaram mais fortes as perseguições dos agentes de Kansas, que também o eram da Serpente Vermelha, alguns solitários tiveram outra visão simbólica que aquietou suas almas conturbadas: viram o menino Chrisna, com uma espada na mão, cortando as cabeças de uma enorme alcatéia de panteras negras, que avançavam com as fauces abertas para devorá-los.

"A montanha de trigo dourado chegou do Golfo Pérsico em enormes barcaças saídas do Eufrates, enviadas por Nadir, rei de Urcaldia, cujos domínios abrangiam os férteis vales do Eufrates e do Tigre. Este bom rei estava casado com uma irmã de Ugrasena, e quis socorrer o povo que se mantinha fiel a seu rei. Os Flâmines que tinham um Santuário nas cavernas dos Montes Kirthar, sobre o Mar da Arábia, lhe haviam dado conhecimento das angústias que sofriam os refugiados nas cavernas.

"Os Flâmines, disseminados por vales, montanhas e selvas, foram levando discretamente a dupla notícia do advento do Salvador e dos sofrimentos daqueles que, crendo, o esperavam. Secretamente foi-se formando uma imensa coalizão de escravos, de perseguidos e de açoitados pela injustiça dos prepotentes que haviam chegado ao latrocínio mais voraz e criminoso, furtando até meninos e meninas de pouca idade para serem vendidos como vítimas de deuses irascíveis e coléricos que exigiam uma fé selada com o sangue de seres puros e inocentes.

"O criminoso sacerdócio que se oficiava nos altares de tais deuses, pagava ouro em barras pelas inocentes vítimas que aplacariam a cólera infernal de seus deuses, e as mães fugiam enlouquecidas, como ovelhas perseguidas por lobos, para esconder, nas tocas disputadas pelas feras, seus filhinhos, a fim de salvá-los da rapina feroz e monstruosa dos mercadores de sangue humano.

"A família, base de toda sociedade bem constituída, estava aniquilada e desfeita, pois a avareza se apossara de muitos pais que buscavam e procuravam ter abundante prole para vendê-la a quem lhes pagava tão generosamente.

"Na ilha de Bombay, chamada *a ilha misteriosa*, formou-se então uma forte aliança espiritual, entre os sucessores dos antiquíssimos Kobdas de Abel, civilizadores de três continentes, com os Flâmines, cuja origem remontava à desaparecida Lemúria.

Numa peregrinação de muitos milênios, tinham lentamente passado das grandes ilhas do Mar Índico para o montanhoso Birmanh e, em seguida, para o Indostão.

"Simultaneamente, os últimos Kobdas haviam descido do Eufrates, através do Golfo Pérsico, até o caudaloso rio Indo, ao pé dos Montes Suleiman.

"Ambas as correntes de bem, de justiça e de amor se uniram na misteriosa Bombay, onde deixaram, como expoente milenário daquela eterna aliança, quarenta e nove torres, número simbólico de sete vezes sete, e cada torre era um templo de estudo, concentração e cultivo dos poderes mentais e das forças superiores do espírito.

"Rodeada de jardins e bosques de corpulentas árvores, a ilha de Bombay era inacessível, pois distava mais de uma milha dentro do mar e só em barquinhas era possível chegar a esse lugar de silêncio e de mistério onde, na maneira de dizer do vulgo, habitavam as almas dos mortos. Desta crença foi que surgiu o nome de *Torres de Silêncio*, ao redor das quais se teceram inúmeras lendas terroríficas, que os Solitários deixaram circular como um meio de proporcionar-lhes maior segurança.

"As quarenta e nove torres estavam unidas umas às outras por passadiços internos, só conhecidos pelos Solitários Anciãos, que tomaram o nome composto de Kobda-Flamas, significando 'Coroa de Chamas', como sutil lembrança do nome 'kobda', que significa coroa, e 'flama', chama, alusivo aos antigos Flâmines. Quando a perseguição de Kansas e dos agentes da Serpente Vermelha foi mais persistente e terrível, Chrisna, com seus familiares e adeptos, foi ocultado nas silenciosas Torres da ilha de Bombay, onde não havia temor de que se aproximasse homem algum, por motivo do terror pânico que aquele lugar inspirava a todos.

"Nessas quarenta e nove torres, para os sucessores dos Kobdas, estava representado, como um sonho milenário, o grande Santuário de Neghadá, junto ao Nilo e sobre o Mar Grande (Mediterrâneo), pois as Torres de Bombay ficavam sobre o Mar da Arábia e a curta distância dos corpulentos braços do delta do grande rio Narbhudha, que fertiliza toda a região.

"Para os sucessores dos Flâmines, as quarenta Torres de Bombay eram cópia fiel de suas ciclópicas torres de Lina-Pah-Kanh, lavradas nas montanhas inacessíveis da costa Lemur, sobre o Pacífico Norte. Os Kobda-Flamas faziam reviver ali suas perdidas recordações através dos desenhos em pedra ou em cobre deixados por seus antepassados naquelas construções, que pareciam haver sido concebidas por super-homens e construídas por gigantes.

"Sob aquelas formidáveis Torres, naquela ilha circundada pelo mar, desenvolveu-se a infância e adolescência do futuro Príncipe da Paz e da Justiça, salvador de uma raça, de uma dinastia em desgraça, e do vulgo inconsciente dos valores espirituais que vêm do. Eterno, ligados por leis que desconhecem a seres Superiores que tomaram sobre si a tremenda missão de salvar a espécie humana num período de decadência espiritual, moral e física que a leva a uma inevitável ruína.

"Em virtude do grande desenvolvimento físico adquirido, Chrisna aparentava aos 15 anos ser um mancebo de 20, e sua clara inteligência podia comparar-se à luz interna de seus velhos mestres.

"Sob as abóbadas vetustas daquelas Torres silenciosas, enegrecidas pela ação dos séculos, forjou-se a libertação da espécie humana, representada, então, pelo vasto *Dekan* (Indostão), onde a aglomeração de pessoas de todas as raças, dominadoras da Humanidade, fazia, daquela parte do globo terrestre, um mercado de tudo quanto podia ser utilizado para o bem e para a felicidade dos homens. Outra vez se repetiu o fato maior de todos os tempos: a aparição da Luz Divina, como um branco lótus, no meio do lodo em que perecia a Humanidade. Os Kobda-Flamas deixaram, por um momento nos séculos, suas túnicas cinzentas para vestir-se de couro de búfalo e de cobre, com a aljava, o arco e as flechas nas costas, a fim de organizarem as fileiras libertadoras em torno de Chrisna, o Príncipe da Justiça.

"Kansas, o filho traidor, quando teve conhecimento de que, das cavernas e dos bosques brotavam arqueiros que se estendiam como uma onda por todo o Dekan e avançavam sobre Madura, fugiu espavorido para a costa do mar, buscando sua salvação num barco veleiro ancorado ali pelos piratas que observavam as possibilidades de venda de carne humana viva. Como o viram carregado de ouro e pedras preciosas que procurava salvar como um meio de assegurar sua vida, o chefe pirata atravessou-lhe o peito com seu punhal e o arrojou meio-morto ao mar, onde foi devorado pelos tubarões.

"O rei Ugrasena, entre o delírio de seus povos, foi colocado novamente no trono de seus antepassados e, como a Justiça e a Paz se restabeleceram prontamente, os solitários Kobda-Flamas retornaram para suas silenciosas torres, de onde haviam cooperado com o Enviado para eliminar o Mal com que os magos negros da Serpente Vermelha haviam envenenado as correntes humanas, até o ponto de pais procriarem filhos para vendê-los como carne no mercado a quem lhes desse mais ouro.

"Vasuveda, pai de Chrisna, tinha morrido durante a meninice de seu filho, motivo pelo qual o Homem-Luz permaneceu ao lado de seu avô e de sua mãe, a fim de que o rei ancião fosse respeitado, em vista do sucessor legítimo que deixava, com o qual se impedia que se levantasse novamente o afã de outra usurpação.

"A notícia da nova legislação de justiça estendeu-se rapidamente por todo o Dekan e países circunvizinhos, que se apressaram em enviar embaixadas em busca de alianças e proteções mútuas com aquele príncipe sábio e justo, que dava a cada qual o que era seu, não reservando para si sequer as horas de sono necessárias a todo ser humano, pois que, durante a noite, e acompanhado somente por algum amigo ou criado fiel, percorria, sem ser notado, os diversos bairros da Capital para assegurar-se de que suas ordens estavam sendo cumpridas.

"Durante noventa luas consecutivas, viajou do Indo ao Ganges e dos Himalayas até o Cabo Camorim, que se submerge no Mar Índico, solidificando alianças e expurgando das trevas e do crime aquele vasto país, no qual havia nascido e que fora tomado como covil infernal da Serpente Vermelha, com toda sua corte de malfeitores da pior espécie.

"A adesão dos oprimidos e dos famintos correspondeu sobejamente a tudo quanto Chrisna houvera podido imaginar; entretanto, as classes poderosas olhavam com desconfiança para o jovem inovador, que pedia liberdade para os escravos e igualdade para todos os seres humanos. Com isto, foram desencadeadas duas poderosas correntes em formidável luta: os oprimidos e os opressores."

Nessa parte do papiro que os Essênios estavam traduzindo aparecia uma gravura explicativa: "Viam-se duas torrentes que se precipitavam uma contra a outra, com irresistível força; e, no lugar onde devia dar-se o choque, via-se um mancebo forte com a cabeleira solta ao vento e os braços abertos para ambas as correntes que se amansavam a seus pés e continuavam correndo como regatos em terrenos planos." A gravura representava Chrisna, encarnação de Vishnu, pacificando a Humanidade.

E continuaram a leitura, que seguia assim:

"Os anéis da Serpente Vermelha haviam perturbado a fé simples dos povos, ignorantes em sua maioria, e haviam propalado princípios errôneos para inocular nas consciências o vírus do terror à Divindade, como forma de sujeitar as massas ao carro triunfal de sua avareza e feroz egoísmo.

"*Indra*, ou seja, o ar, tinha à sua disposição o raio e o vendaval, que tudo destrói, e queria vítimas arrojadas dos mais altos montes ou penduradas nas árvores em cestas de flores, até que a fome as consumisse ou os abutres as devorassem; enquanto *Agni*, ou seja, o Sol, que era dono do fogo, pedia contínuas vítimas consumidas em suas chamas para aplacar sua cólera.

"Chrisna, em suas longas e continuadas viagens, não pedia a seus aliados e amigos outra contribuição que a de destruir essa ignominiosa e criminosa doutrina de Indra e de Agni, que punha nas Inteligências tão escura venda a respeito da Divindade. Quando o prudente príncipe começou a atuar no cenário tenebroso e sinistro que acabamos de esboçar, os *Indranitas* e os *Agnianos* lutavam até a morte, uns contra os outros, atribuindo-se cada um deles o direito de ser o depositário da Verdade de Vishnu.

"Chrisna apareceu entre as trevas como um gênio benéfico, com sua tocha acesa, destruindo as sombras quase impenetráveis de tanta ignorância e fanatismo.

"– Que fazeis? – perguntou o Apóstolo da Verdade. – Nem Indra, que é o ar, nem Agni, que é o fogo, são mais do que simples manifestações do Poder Supremo, que sopra no ar e aquece no fogo. Por que, pois, lutais loucamente por aquilo que todos, sem exceção, necessitam do Supremo Criador de tudo quanto é vida, força e bem-estar para o homem? Inclinai vossas frontes e prosternai vossos corações ante o Grande Atman, autor de todo Bem, que vos ama a todos por igual, visto que todos sois seus filhos.

"Deixai vossas flechas e vossas achas para os animais ferozes, que se alimentam de vosso gado enquanto perdeis o tempo em matar-vos uns aos outros. O Grande Atman está no seu Eterno Amor, em todas as coisas e principalmente dentro de vós mesmos; e, se Ele fosse capaz de cólera, deixar-se-ia dominar por ela ao ver que vos matais uns aos outros, sem nenhum respeito à vida que Ele deu para amar a todos vossos semelhantes e a todos os seres e coisas. Encolerizar-se-ia também quando vendeis vossos próprios filhos para serem assassinados sobre um altar onde entronizastes o crime; ou quando comprais e vendeis vossos semelhantes a quem chamais de escravos e servos, porque carecem do ouro que acumulastes com o sangue, o suor e a vida de quantos infelizes caíram em vossas garras de abutres sem alma.

"Os povos levantavam-se em torno de Chrisna, num despertar de júbilo e de glória. Ninguém podia conter as massas excitadas de esperança e de entusiasmo, enlouquecidas de felicidade entre a palavra daquele príncipe de Madura, que lhes falava de amor e de liberdade.

"Do Golfo Pérsico até o Mar da China, e do Thibet até o Ceilão, tomou corpo, como um incêndio incontível, um levantamento geral dos povos clamando por sua liberdade e por seus direitos de homens.

"O velho rei Ugrasena estava espantado do tamanho da formidável onda que seu neto havia libertado como uma torrente que invadia tudo. Os Kobda-Flamas repetiam as palavras do Grande Apóstolo, reprimindo toda vingança, toda violência e toda luta armada. A arma era a palavra, o verbo de fogo de Chrisna que falava aos homens de liberdade, de amor, de justiça e de igualdade, pois todos eram filhos do Grande Atman, que acendia o sol para todos e enviava as chuvas também para todos.

"Que faria o Príncipe com aquela enorme onda humana que esperava tudo dele?

"Seus adversários, que eram em geral os opulentos e os que enriqueciam com a escravidão e com a morte de seus semelhantes, diziam alegremente:

"Não existe inquietação da nossa parte; pois, quando este temerário mancebo buscador de glória e de fama se vir encurralado como um cervo por toda essa alcatéia de lobos famintos que vão devorá-lo, dar-se-á por vencido e compreenderá que é insensata loucura pretender erguer, à categoria de homens, essas massas imbecis, pois valem pouco mais do que animais, que apenas servem para a carga. O Príncipe tinha só 18 anos e aparentava ter 30, porque sentia profundamente a carga da Humanidade a pesar sobre ele.

"Sob todos os bosques, à beira dos rios caudalosos, nos vales mais pitorescos, ordenou àquela massa humana que derrubasse as árvores das selvas e construísse cabanas de troncos, de ramos, de palhas e de barro, em toda a extensão dos domínios de Ugrasena, seu avô.

"Essa foi a humilde origem de quase todas as cidades do Sul do Indostão que, poucos anos depois, se converteram em florescentes povoações a resplandecer de paz, de justiça, de liberdade e de trabalho.

"A imagem de Chrisna crescia dia a dia até que as pessoas começaram a duvidar se era um homem de carne, sangue e ossos ou um deus mitológico que realizava, por arte de magia, tão estupendas obras.

"Temiam, por momentos, vê-lo desaparecer numa nuvem que passasse, num sopro de vento agitando a selva, no incêndio purpúreo do amanhecer ou entre os resplendores do fogo do ocaso.

"– Não te afastes de nós, senhor! ... Não te vás, porque seríamos acorrentados novamente, e nossos filhos seriam assassinados nos altares dos deuses – clamavam as vozes.

"As arcas reais de Madura iam-se esgotando rapidamente no resgate de escravos e em alimentar aquela imensa onda humana semidesnuda e faminta. A dor do valoroso Príncipe foi crescendo também até tornar-se desesperadora e angustiosa, quando um poderoso príncipe que reinava nas regiões do Ganges e do Birmanh, enviou emissários anunciando que desejava amizade porque queria, para seus povos, a lei que Chrisna dava aos dele.

"Esse príncipe chamava-se Daimaragia, e sua aliança foi tão firme que jamais retirou sua mão daquela outra que havia estreitado.

"– Meu pão é o teu pão – disse, quando ambos os príncipes se encontraram em Calcutá. – Salvemos, juntos, o Dekan da iniqüidade e do crime e, se esvasiaste teus tesouros, eu conservo os meus que sobram para fazer feliz a terra onde descansam nossos antepassados.

"Em seguida ao rei Daimaragia, chegaram outros de mais modesta ascendência: o de Penchad, do Belhestão e do Nepal, que se colocaram sob as ordens do Príncipe de Madura para devolver a justiça, a paz e a prosperidade ao Dekan, que caminhava para a mais espantosa ruína e para a desnatalidade, pois as mulheres se negavam a ter filhos, que seriam arrebatados para serem vendidos como vítimas propiciatórias de um culto de crimes, morte e extermínio.

"Ao redor de Chrisna, amontoaram-se, como pombas perseguidas pelos abutres, 26 centúrias de mulheres em estado de gravidez, pedindo proteção para o ser que palpitava em suas entranhas. A maior fortaleza de Madura, em Thinneveld, sobre o mar, hospedou aquelas infelizes vítimas do egoísmo humano, das quais muitas na segunda idade, outras na adolescência e as demais na primeira juventude.

"Desta ocorrência, os adversários do Príncipe levantaram espantosas calúnias, dizendo que ele havia roubado de seus maridos as mais belas mulheres do Dekan, para formar o maior serralho que príncipe algum houvesse tido.

"Chrisna havia posto o machado na raiz da árvore daninha que destruía o país: a mortandade de crianças nos altares de deuses sanguinários, criações horrendas da avareza humana. As infelizes mães defendidas por ele, sentiram-se fortes para defender, por sua vez, os filhos que ainda não haviam nascido e, dos torreões da Fortaleza, organizaram, elas mesmas, uma defesa contra a qual nada puderam as flechas de seus perseguidores, que rodearam a Fortaleza para tirá-las à força de lá. Aquelas mulheres ficaram enfurecidas contra aqueles que pisoteavam seus sentimentos de mães e jogaram em seus inimigos archotes ardentes de cânhamo betuminado, chuvas de pedra, recipientes de azeite fervendo e tudo quanto pudesse servir-lhes para exterminar aqueles que lucravam com a vida de seus filhos.

"Outro acontecimento inesperado se cruzou no caminho do Grande Apóstolo do Dekan, criando-lhe novas dificuldades e maiores sacrifícios. Um poderoso Maharajá do país de Golkonda, sobre o grande Golfo de Bengala, tinha, entre seus muitos tesouros, uma filha chamada Malwa, cuja formosura e sabedoria atraía quantos príncipes chegassem a conhecê-la. Bicknuca, seu pai, reservava-a zelosamente, a fim de fazer com ela uma aliança vantajosa para seus interesses. Mas o coração da formosa donzela desbaratou seus projetos e esperanças, enamorando-se, mui secretamente, de um mancebo estrangeiro, trazido ao país junto com um grupo de reféns pelos guerreiros de Bicknuca, que faziam grandes excursões pelo norte fantástico, possuidor de incalculáveis riquezas."

Oflkan, o formoso mancebo, de olhos azuis e cabelos dourados como as pedras e arroios de sua terra natal, era natural da antiga e legendária Samarcanda.

"De tal maneira, Malwa, a filha do Maharajá, se enamorou dele que não tardaram em encontrar o meio de burlar a vigilância encarregada da guarda dos reféns, os quais tiraram partido desse amor oculto para escapar de seus guardiães e fugir para seu país.

"Malwa viu-se grandemente comprometida ante o seu pai e os guerreiros, alguns dos quais suspeitaram que, por amor a um dos reféns, a jovem princesa os houvesse ajudado a escapar. Sua conduta ia ser julgada se os reféns não fossem encontrados, e ela receberia a pena que era dada às donzelas nobres que atraiçoavam sua raça e seu país: eram encerradas numa torre-templo, onde, durante toda sua vida, ficavam consagradas ao culto de seu deus, sem tornar a ver mais nenhum ser vivente sobre a Terra. Havia várias dessas infelizes encarceradas, e, entre elas, uma que tinha a fama de grande sabedoria, motivo pelo qual era consultada por detrás de grades e véus, por aqueles que se achavam em situações difíceis.

"Malwa foi consultá-la, e essa mulher, reclusa havia tantos anos, respondeu:

"– Só existe um homem que pode salvar-te de cair no fundo desta Torre: é o Príncipe de Madura. Faze com que tua queixa chegue a ele, dizendo que em tuas entranhas alentas um novo ser, e somente ele terá compaixão de ti.

"A infeliz princesa que a ninguém havia contado o segredo de seu estado, encheu-se de assombro quando a reclusa lhe disse isso, e começou a chorar amargamente.

"– Tua maternidade não é um crime – prosseguiu a reclusa. – Crime cometem os homens que colocam preço no coração de suas filhas; e crime cometeu o homem que tornando-te mãe deixa-te abandonada à tua própria sorte.

"O pequeno postigo de ferro fechou-se ante a chorosa princesa, que voltou para a sua morada, disposta a cumprir a ordem da reclusa.

"Um mensageiro foi em busca de Chrisna com a mensagem de Malwa, escrita num pedaço de linho branco, e encerrada num tubo de prata.

"Durante toda uma noite, o príncipe meditou sobre a estranha encruzilhada que saía a seu encontro e, na manhã seguinte, pediu permissão a seu avô para tomar como esposa a filha do Maharajá de Golkonda.

"Em seguida, saiu uma escolta acompanhando um suntuoso cortejo para solicitar a Bicknuca a mão de sua filha para o Príncipe herdeiro de Madura.

"Os cavalos da escolta corriam como o vento e chegaram quando só faltavam algumas poucas horas para que Malwa fosse submetida a julgamento e condenada à reclusão.

"O Maharajá, comprazendo-se pela vantajosa união, esqueceu seu agravo, e sua cólera converteu-se em júbilo, porque o reino de Madura era um dos mais antigos e poderosos do Dekan.

"Agindo de acordo com o costume – de que ninguém poderia ver seu rosto – entregou a filha ao cortejo, que a fez entrar numa pequena carruagem de ouro e seda, na qual foi transportada para Madura, onde o velho rei e o príncipe a esperavam.

"Quando terminaram as grandes festas populares pelo matrimônio do príncipe, sua mãe Devanaguy levou a esposa para a câmara nupcial e, pela primeira vez em sua vida, encontrou-se Chrisna a sós com uma mulher.

"A infeliz arrojou-se a seus pés para beijá-los, porque ele havia salvo algo mais do que sua vida e sua honra; contudo, Chrisna, levantando-a, fê-la sentar-se a seu lado e falou-lhe assim:

"– Mulher, não vos acuso nem vos recrimino. Não tenho nada que perdoar-vos, porque apenas sois uma vítima do egoísmo humano. Procedi tal como quisestes, unicamente para vos salvar. Adoto vosso filho como se fora meu, para que seja o herdeiro de Madura, mas não peçais um amor que já entreguei à Humanidade que me rodeia.

"Estarei contente se souberdes ser tão discreta a ponto de que todos vejam em vós a fiel e honrada esposa, consagrada somente ao amor de seu filho, ao cuidado de minha mãe e de meu avô.

"– Para vós, ó príncipe generoso e bom! Nada quereis de mim, que me submeto inteiramente a vós como uma escrava? – perguntou timidamente a jovem.

"– Nada! Continuai amando o homem que vos fez mãe e que, provavelmente, geme no maior desconsolo por não haver podido aguardar a chegada de seu filho. Se algo quereis dar-me, que venha vossa mão de aliada para trabalhar a meu lado pela igualdade humana nesta terra de escravidão e injustiças.

"A princesa tomou com as suas a mão estendida de Chrisna e disse, com a voz trêmula por um soluço contido:

"– Aliada até a morte, príncipe ..., e para sempre! Têm realmente razão aqueles que julgam não serdes um homem, mas *Vishnu*, encarnado para salvar a Humanidade.

"E Malwa rompeu a chorar de uma forma tão angustiosa que Chrisna se comoveu profundamente.

"– Se continuardes chorando assim de modo tão desesperador – disse ele –, lamentarei haver-nos unido a mim pelo laço do matrimônio, o qual vos impede de ir ao encontro daquele que amais.

"– Choro de agradecimento por vosso sacrifício em meu favor, posto que, tampouco, podereis tomar uma esposa que vos dê filhos para o trono de Madura – respondeu Malwa, cujo coração havia quase esquecido o pai de seu filho, que a havia tomado como um meio para salvar a si mesmo e a seus companheiros.

" 'Se ele me houvesse amado como eu o amava, não me teria abandonado, mas haveria fugido comigo – disse ela a seu salvador, quando a calma renasceu novamente em seu agitado espírito.

"Nem sequer Devanaguy, mãe de Chrisna, conheceu jamais o segredo que morreu com eles mesmos. Quando o menino nasceu, o velho rei de Madura apresentou-o ao povo que, desta forma, podia estar certo de que a dinastia de Ugrasena permaneceria por muito tempo à frente de seu país.

"Malwa cumpriu sua palavra de aliada e converteu-se em protetora das mães perseguidas por aqueles que queriam arrancar seus filhos para destiná-los aos sacrifícios. A tal ponto se identificou com o pensamento e o anelo de Chrisna que seus adversários disseram cheios de ira:

"– Este príncipe, audaz e temerário, uniu-se à princesa de Golkonda porque ela era o reverso de sua própria imagem.

"O velho rei morreu quando seu glorioso neto estava próximo à terceira idade, ou seja, aos 25 anos completos. O menino de Malwa, que ainda estava em sua primeira idade, foi proclamado herdeiro de Chrisna, no mesmo dia em que ele foi coroado Rei. Bicknuca, Maharajá de Golkonda, proclamou seu pequeno neto também herdeiro de seu trono. Com isto, ficaram unidos, numa forte e solene aliança, os dois maiores reinos do Dekan.

"Se, como herdeiro, Chrisna fez tão grande obra civilizadora naqueles países, quando ocupou o trono de seu avô, sua ação estendeu-se enormemente, pois teve aliados poderosos até além dos Himalayas, pelo norte, até os Urais, pelo noroeste, e até o Iran, pelo ocidente.

"Como sabia que nos arcanos do Atman sua vida seria breve, associou todos os atos de seu governo a Malwa, admirável mulher que era sua aliada, a fim de que ela viesse a ser a orientadora de seu filho quando este fosse elevado ao trono.

"Uma imensa paz se estendeu, como onda suave e fresca, tornando felizes os povos aonde chegava a influência daquele rei Ungido de Atman, para proporcionar felicidade e abundância aos povos.

"Então Chrisna começou seu trabalho de ordem interna e espiritual, para o que abriu casas de estudo e de meditação nos lugares onde julgou oportuno, colocando-as sob a direção dos Kobda-Flamas das Torres do Silêncio.

"Retirando-se, ele mesmo, em dias e horas determinadas, escreveu o admirável *Bhagavad-Gita* e os *Uphanisad*. Estes últimos formam uma coleta de máximas de uma moral sublime, assim como aquele é um tratado magno da mais elevada e sutil espiritualidade."

O Essênio leitor enrolou o papiro, porque o sol já se escondia atrás dos montes que encerravam Ribla num círculo de verdor.

Essa leitura havia absorvido de tal forma suas almas que se fez um longo silêncio.

– Assim era o Chrisna que eu havia imaginado! – exclamou incontinenti o Servidor.

– Que falsa figura era esse Chrisna guerreiro e matador de homens como foi apresentado grotescamente por seus biógrafos! – acrescentou Tholemi.

– Que dizes, Jhasua? – perguntou o Servidor.

– Digo que ele procedeu como eu haveria procedido em igualdade de condições.

– Em tudo? – inquiriu Melkisedec.

– Em tudo não – respondeu firmemente Jhasua. – Porque eu não me teria deixado coroar rei; no entanto, pacificados os povos, haveria deixado Malwa com seu filho na direção e haver-me-ia retirado para as Torres do Silêncio, para dar às coisas da alma a outra metade da vida que ainda me restasse.

"Pobre príncipe Chrisna! Toda a sua vida foi como um delírio de atividade para com os demais, enquanto sua alma devia chorar sem que ninguém a ouvisse!"

— Foi feliz ao encontrar Malwa em seu caminho, que tão admiravelmente o secundou em suas obras de apóstolo – disse um dos Essênios.

— Como Jhasua encontrou Nebai em sua adolescência – acrescentou Tholemi, cuja sutil clarividência havia entreaberto os véus dourados do Enigma Divino, e havia visto que Malwa e Nebai eram o mesmo espírito.

Jhasua compreendeu tudo. Os véus sutis que encobriam o passado dissiparam-se na púrpura daquele entardecer, e sua mente submergiu-se num abismo de Luz, no qual a Divina Sabedoria sussurrou no mais íntimo de sua alma:

"És uma flor da Luz Eterna, que te acendes e te apagas, que morres e renasces, que vais e vens em diversas formas e meios, até finalizar a jornada determinada por tua Lei."

Os Essênios, que iam lendo em seu pensamento claro como através de um límpido cristal, disseram todos ao mesmo tempo:

— Já chegaste ao final! Mais além, a Luz Incriada, o Enigma Eterno, o Amor Infinito!

— Já era chegada a hora! – murmurou quieto o jovem Mestre, cuja emoção era profunda.

No dia seguinte continuaram a leitura dos velhos papiros que permitiria conhecer a verdadeira vida de Chrisna, príncipe de Madura.

O Essênio leitor começou assim:

"Os mercadores de carne humana viva eram os únicos descontentes e prejudicados em seu insaciável afã de acumular tesouros à custa de vidas humanas, e quase todos se haviam retirado para os países bárbaros para estender ali a garra e começar novamente seus latrocínios e crimes.

"Quando Chrisna ia completar a terceira idade, ou seja, os 30 anos, Madura viu-se rodeada por uma numerosa turba de malfeitores armados de archotes ardentes e flechas envenenadas, que gritavam como energúmenos:

"— Entregai vosso rei que nos levou à miséria e à fome, porque, do contrário, morrereis todos abrasados pelas chamas ou envenenados por nossas flechas.

"Homens e mulheres correram a todas as portas e muralhas para formar uma infranqueável defesa de seu amado rei; mas, como haviam sido tomados de surpresa, viram-se em situação desvantajosa para enfrentar aquela numerosa turba de malfeitores e tribos selvagens, que mais pareciam demônios escapados do abismo, onde se aninham, como víboras venenosas, todos os males da terra.

"Chrisna, depois de três dias de meditação, reuniu seu Conselho de Governo que estava formado pelos representantes de cada um dos príncipes, aliados seus, por Malwa, que representava Golkonda, e também por seus três discípulos e confidentes: Adgigata, que era o *Asura* (quer dizer inspirado para as sagradas escrituras); Paricien, parente próximo de seu amigo o rei Daimaragia e que era, simultaneamente, o mais sábio filósofo e médico de seu tempo; e Arjuna, chamado o vidente, graças à sua clara visão dos planos astrais e espirituais em casos determinados.

"O jovem rei queria entregar-se àquela multidão de feras famintas do seu sangue, com o fim de que não atormentassem seu fiel povo; no entanto o Conselho se opôs, pensando que, uma vez desaparecido Chrisna, a desordem e o povo desorientado acabariam arruinando tudo.

"Os dias passavam, e cada um deles marcava um bom número de vítimas entre o povo de Madura. Cada vítima arrancava um soluço do coração de Chrisna que dizia:

'— Morrem por mim!'

"Malwa e seu pequeno filho, que já tinha dez anos, não se afastaram do rei um só momento, por temor de que ele se entregasse a seus inimigos. A inteligente e discreta princesa havia despachado, desde o começo da luta, emissários secretos a seu pai, e esperava a qualquer momento a chegada dos bravos guerreiros de Golkonda, que salvariam a situação.

"Por sua vez, em separado e também sigilosa e discretamente, Paricien havia pedido socorro a seu parente, o rei Daimaragia de Calcutá; Adgigata e Arjuna também o haviam pedido a outros dois príncipes aliados, o de Bombay e o de Rhampur, e todos eles aguardavam o socorro, sem ter contado a quem quer que fosse seu segredo. O único que não havia pedido auxílio a ninguém era Chrisna, que julgava chegada a hora de sacrificar-se por seu povo, para dar exemplo de amor fraterno e de amor à paz, que havia procurado impor na Terra como um ideal sublime.

"Madura estava sitiada há já cinqüenta e dois dias e, como ainda não faltavam os alimentos necessários, o povo sentia-se forte em resistir à entrega de seu rei. Seus ferozes inimigos uivavam como lobos ao redor das fortes muralhas naturais que eram formadas pelas rochas cortadas a pino dos Montes Cardamor, no qual estava edificada a Fortaleza.

"Chrisna, em contínuo contato com seu povo, exortava-o à calma e fazia compreender que, para ele, nada significava a morte, se, com ela, haveria de proporcionar-lhes a paz.

"— Sem vós, senhor, seremos novamente escravizados — disseram aos gritos. — Vivei, vivei, que somente assim seremos felizes.

"De repente, começaram a aparecer, de todas as direções do horizonte, numerosas hostes guerreiras que, qual avalanche, caíram sobre os sitiadores de Madura.

"Sobre os montes que circundavam a vetusta cidade, em direção ao oriente, ondeava o pavilhão de Golkonda, como uma asa gigantesca de sangue e ouro, e apenas isto os encheu de terror, pois seus guerreiros eram tidos como os mais bravos daquela época. Pouco depois começaram a chegar os guerreiros dos demais países.

"Os torreões da velha fortaleza encheram-se de bandeiras brancas, como se um grande bando de pombas voejasse sobre ela. Logo, através de um megafone, ouviu-se a voz da princesa Malwa dizendo aos sitiantes:

"— Fui eu quem chamou os guerreiros de meu pai para defender meu esposo do injusto e traiçoeiro ataque que fizestes. Em nome dele eu vos prometo o perdão, se vos retirardes tranqüilamente para vossos lares. Do contrário, os guerreiros de Golkonda vos aniquilarão completamente.

"Espantados alaridos ouviram-se por todos os lados, dizendo:

"— Que nos devolvam nossos escravos e nossas mulheres. Morra a estrangeira! Morra aquele que ultrajou nossos direitos e nos reduziu à miséria. — Ante esses grosseiros insultos, o povo perdeu toda a serenidade, e vendo que os guerreiros de Golkonda desciam dos montes como uma onda humana a toda a velocidade de seus corcéis de guerra, os sitiados subiram nos torreões e almeias, nas copas das árvores e em todos os pontos mais elevados. Uma chuva de pedras, flechas e archotes acesos cruzaram em todas as direções. A voz do príncipe acalmou novamente o povo enfurecido e disse aos sitiantes:

"— Não sei quem sois. Bem vedes que estais vencidos pelas numerosas hostes guerreiras de nossos aliados. Dou-vos dez dias de prazo para que mandeis emissários com o fim de resolver pacificamente comigo o problema de vossas reclamações.

"Os sitiantes retiraram-se desordenadamente, e Madura ficou rodeada por um bosque de lanças que brilhava ao reflexo dos últimos resplendores do sol poente.

"Todos ficaram felizes na velha cidade de Ugrasena. O povo e os guerreiros entregaram-se jubilosamente a festejar o triunfo. Somente Chrisna sofria profunda tristeza em seu coração. Havia dado de si quanto pode dar um homem animado de boa vontade e contando com os meios para fazer felizes seus semelhantes, postos pelo Grande Atman no meio de seu caminho. Ainda assim, via com tristeza e dor que, se havia proporcionado a felicidade a alguns, havia despertado ódio profundo e rancorosa aversão nos outros. Submergido no silêncio de sua alcova em penumbras, meditou hora após hora:

"– Onde encontrar a felicidade dos homens?

"Seus gênios tutelares, os grandes Devas, amigos seus, que aguardavam de seus altos planos luminosos o sacrifício de seu companheiro, teceram para ele, com os fios mágicos da Luz Divina, uma formosa visão que encheu de claridade e de paz sua alma dolorida.

"Ele viu uma longa escada de transparente cristal que, do plano terrestre, ia subindo até perder-se de vista no infinito do espaço e da Eterna Luz. Todos os matizes do arco-íris resplandeciam através de sua nítida transparência. Estava dividida em nove lances, e cada um deles irradiava, a distância, uma luz diferente. Chrisna viu a si mesmo subindo o sexto lance daquela radiante escada de cristal.

"Uma voz íntima, que vibrava sem sons no mais íntimo do seu ser, disse:

"– Estás acabando de percorrer a sexta jornada, na qual criaste para a Humanidade uma justiça e uma paz na medida da Vontade Eterna. Fizeste tudo quanto devias fazer. Na subida ao próximo lance dessa escada, ser-te-á desvendado onde encontrarás a felicidade para os homens, e tê-la-ão todos aqueles que seguirem tua rota.

"Quando o príncipe, já sereno e tranqüilo, descerrava as cortinas de sua janela para que a luz do sol entrasse por ela, viu o pequeno *Shanyan*, seu filho adotivo, trepado no alto de uma corpulenta magnólia, cujos ramos tocavam em sua janela, esperando tranqüilamente com sua flauta de bambu na mão. Seus olhares se encontraram, e Chrisna sorriu afavelmente.

"– Que fazes aí? – perguntou.

"O menino não respondeu; no entanto, começou a tocar uma formosa melodia que o pai lhe havia ensinado desde pequenino e dissera: 'Esta melodia se chama *Busco o teu amor*. Tocá-la-ás para todo aquele que tenha tristeza na alma.'

"O príncipe bom e justo compreendeu que o pequeno havia percebido sua tristeza e procurava curá-lo com a terna e doce cadência de sua flauta.

"A alma pura e sensível de Chrisna sentiu algo como se suave onda de ternura a inundasse. Viu, no amor inocente e franco daquela criatura, o amor de todos os homens que chegaram a compreendê-lo, e estendendo seus robustos braços para a magnólia, agarrou seus ramos e os trouxe para si até alcançar a mão de Shanyan que, qual ágil passarinho das selvas, saltou de ramo em ramo até encontrar-se entre os braços de seu pai, que, em verdade, sentia a felicidade daquele inocente amor.

"– Viste como ficaste curado, pai, com a minha flauta de bambu?

"– Sim, meu filho, curaste a minha tristeza dizendo que *buscas o meu amor*. O mesmo deves fazer com todos aqueles que levam sombra cinzenta em seus olhos. Vem agora comigo ao pavilhão dos feridos e veremos se existe alguma forma de aliviá-los.

"– Já fui com minha mãe e levamos rações de pão e mel para todos. Não havia nenhum triste, por isto não toquei minha flauta. Somente tu estavas triste, pai, e todos sabem que levas a tristeza na alma.

"— É que me fizeram rei, meu filho, e nenhum monarca pode estar contente nesta Terra, se tem consciência da carga que leva sobre seus próprios ombros. Que farias tu se estivesses em meu lugar?

"— Eu? Encheria todas as despensas de pescado seco, farinha e mel para que ninguém viesse a ter fome. Daria a todos flautas de bambu para cantar tua canção favorita e espantar a tristeza. Não é desta maneira que fazemos todos felizes?

"— Sim, meu filho. Mas, se os homens quebrarem e pisotearem tua flauta e desprezarem o pescado, a farinha e o mel, que farias?

"Os olhos castanho-claros do menino pareceram sombrear-se de imperceptível bruma de tristeza, e ele respondeu:

"— Se quebram as flautas e recusam as dádivas é porque são maus e gostam de apoderar-se daquilo que não é seu. Então eu tomaria um chicote e dar-lhes-ia açoites como fazem os guardiães nos fossos desta Fortaleza com as feras, quando estas se enfurecem contra seus tratadores.

"— Serias um rei justiceiro – disse Chrisna.

"— Sim. Pão e mel ao que é bom e quer a flauta de bambu; a tristeza e o chicote para os maus que não deixam os demais viver tranqüilos.

"— Pobrezinho! – disse o bom rei acariciando-o. – Que o Atman encha teu coração de nobreza e bondade, para que chegues a amar até aqueles que desprezam tua flauta de bambu.

"Os dez dias que o príncipe dera de prazo aos descontentes passaram, e ele esperou em vão vê-los chegar para exporem suas reclamações. Chegou o dia da grande festa popular quando Chrisna completava sua terceira idade, ou seja, os 30 anos, e nenhum acontecimento adverso veio perturbar o júbilo daquele povo que se sentia feliz sob a proteção de seu soberano.

"Quando seu sogro Bicknuca, Maharajá de Golkonda, sentiu que estava à morte, chamou seu herdeiro para deixá-lo coroado soberano. Chrisna quis que a princesa Malwa levasse seu filho para que ela também pudesse assistir à execução da última vontade de seu pai. E, assim, partiu o cortejo da princesa, escoltado por cem arqueiros. Chrisna acompanhou-o na primeira jornada, e retornou a Madura em companhia de Arjuna, Paricien e quatro arqueiros, formando um pequeno grupo de sete cavaleiros sobre ligeiros corcéis. Mas, ao chegarem a uma encruzilhada da montanha sombria de árvores e à escassa luz final do ocaso, cortou-lhes o passo uma turba de oitenta ginetes, armados de achas, punhais e flechas, que uivavam como lobos raivosos. Arjuna, que era o mais idoso e menos apto para as armas, correu para Madura com o fito de trazer uma legião de defesa. O príncipe não queria defender-se; mas Paricien e os quatro arqueiros aprestaram rapidamente suas lanças e formaram um círculo ao redor de Chrisna.

"— Vamos ver o que quereis para uivar como as feras da selva. Não vos dei um prazo para solucionar vossos problemas?

"— Não queremos outra solução a não ser a entrega imediata das 2.600 mulheres que guardais na Fortaleza e dos 40.000 escravos que nos tirastes para que passeiem triunfantes pelas cidades e pelos campos.

"— Segui-me até Madura e ali falaremos. Tende em conta que esses escravos foram resgatados com o ouro das arcas reais. Recebestes o pagamento e agora reclamais por eles? Agis com manifesta injustiça e com tanta má-fé que vos assemelhais a malfeitores que, nos caminhos, assaltam as pessoas honradas.

"— Não queremos mais filosofias que nos prejudiquem. Firmai aqui mesmo uma ordem de que nos sejam devolvidos os escravos e as mulheres e então deixaremos que continueis livremente vosso caminho.

"– Um momento! – gritou Paricien com desespero, temendo mais pela vida do próprio Chrisna, que nada permitiria ser feito para salvar-se, do que pela turba de bandoleiros. Trazendo-o para trás dos arqueiros, disse em voz baixa:

"'Prometei satisfazê-los, para dar tempo a que volte Arjuna com o auxílio pedido.

"– Que pedis, meu amigo? Isto seria mentir por debilidade, por temor à morte. Como posso prometer atendê-los, se estou sabendo que não devo fazê-lo e que não o farei jamais?

"– Lembrai que não seria para salvar-vos da morte, mas pela salvação dessas mulheres, dessas crianças e de todos esses infelizes escravos.

"– É chegada a minha hora, Paricien, é a minha hora! Feliz de mim, se comprar com minha vida as grandes graças do Atman para a Humanidade. Necessito de ti, Paricien, para que me ajudes a morrer, como me ajudaste a viver na Vontade do Atman. Dá-me um abraço, pois será o último.

"Soluçando profundamente, Paricien estreitou o príncipe, que logo se afastou de seus braços.

"– Ide com ele – disse aos arqueiros – pois sou suficiente para tratar com essa gente. – E avançando para a turba que o esperava com o arco já disposto, cruzou seus braços sobre o peito, dizendo:

"– Atirai!

"– Negas-te, pois, a gravar teu nome ao pé desta ordem? – gritou um dos bandidos.

"– Sim, nego-me – respondeu.

"– Olha que morrerás aqui mesmo e, do mesmo modo, assaltaremos a Fortaleza das mulheres e caçaremos todos nossos escravos como se fossem gamos.

"– Ouvistes! – disse Chrisna aos seus. – Ide tomar as medidas necessárias para evitar isso.

"Um arqueiro saiu a toda velocidade de seu cavalo.

"– Contaremos até cem – propôs um dos bandidos. – Se, nesse espaço de tempo, não gravares teu nome, dispararemos nossas flechas.

"– Perdeis o vosso tempo – respondeu impassível o príncipe.

"'Ide, já disse! – voltou Chrisna a insistir, dirigindo-se a Paricien e a seus arqueiros, que obedeceram incontinenti, mas apenas para introduzir-se numa caverna na volta do monte ante o qual se achavam, e manter-se ali em observação.

"– Preparai vossas flechas e disparai contra seus quatro atiradores, antes que eles o façam contra Chrisna – disse Paricien a seus três arqueiros. Quando aquele que contava entre os bandidos ia chegar a cem, Paricien e seus arqueiros dispararam flechas contra os artiradores que deviam matar Chrisna. Três deles caíram mortos, mas a flecha disparada pelo quarto foi atingir em cheio o alvo, e Chrisna caiu ferido de morte, pronunciando estas sublimes palavras:

"– Grande Atman ..., cumpri Tua Vontade! Dá-me, Senhor, a Paz e o Amor entre os homens!

"Ao verem três de seus homens mortos, os bandidos julgaram que chegavam os exércitos de Madura e fugiram em direção à Fortaleza das mulheres para assaltá-la antes que pudesse ser defendida.

"Paricien e os seus correram até o príncipe, que ainda estava consciente.

"– Meu amigo – disse. – Não amargures minha agonia com teu desespero. Já era chegada a hora de minha liberdade e de minha paz. Pensa em Malwa e em meu filho. Com Arjuna e Adgigata, ajuda-a a ocupar meu lugar.

"– Meu rei! – gritou Paricien com suprema angústia. – Que o Atman te receba em Sua Luz e em Sua Glória e sejas o gênio tutelar do Dekan para que não mais retorne às trevas.

"Chrisna estreitou debilmente a mão de seu amigo, enquanto seus arqueiros beijavam-lhe os pés, chorando amargamente. Com o incêndio purpurino do ocaso que dourava a paisagem, cerraram-se seus olhos para a vida material para se abrirem os do seu espírito na sua gloriosa imortalidade.

"Paricien manteve ao seu lado apenas um dos arqueiros; os outros dois foram enviados para avisar aos príncipes aliados que deviam preparar-se para a defesa, pois a Serpente Vermelha estava disposta a erguer novamente sua esmagada cabeça.

"Carregando sobre seu próprio cavalo o corpo do rei, seguiu caminhando até Golkonda, onde se encontrava a princesa com o filho.

"O rei Bicknuca ainda vivia e lhe foi ocultado o triste acontecimento, até que, terminado o trabalho de embalsamamento do cadáver, se organizaram os solenes funerais das fogueiras acesas, em círculo, ao redor do féretro, durante sete dias consecutivos, passados os quais, o ataúde foi levado a passeio numa balsa coberta de flores e tochas sobre o Ganges, o rio sagrado, de cujas ondas, segundo a tradição do país, os Devas recolhiam a alma pura do justo que houvesse morrido pelo Bem.

"– Não quero que meu cadáver seja tomado pelos homens para adoração – havia deixado escrito em suas cadernetas o santo príncipe; e os Kobda-Flamas, de acordo com Malwa e os três amigos íntimos, ocultaram-no mui secretamente num grande penhasco branco da cidade de Bombay, ao qual estava aderida a Torre que tinha o número 49, e que era destinada a panteão funerário das múmias dos grandes mestres da velhíssima Instituição.

"A princesa Malwa cobriu aquele sagrado túmulo, que guardava a múmia de Chrisna, com o manto de ouro e diamantes que seu pai havia mandado tecer com todos os diamantes de Golkonda, para quando sua filha fosse coroada rainha.

"– Se, algum dia – disse ela a seus conselheiros – os países que Chrisna tornou felizes padecerem carestia e fome, sabei que seu Rei guarda na tumba mais do que o suficiente para alimentar por dez anos todo o Dekan. Já o sabeis.

"O culto por aquele Grande Ser, que foi para ela mais que seu pai e sua mãe, porque era o próprio Vishnu encarnado, tornou-a suficientemente forte para governar, até a maioridade de seu filho, os dois mais poderosos reinos daquela época: Madura e Golkonda.

"As dinastias de Ugrasena e de Bicknuca, unidas, mantiveram a justiça e a paz de Chrisna, durante três centúrias e mais meia.

"Mais tarde, o egoísmo dos homens começou novamente a semear a iniqüidade, que foi asfixiando lentamente a boa semente. No entanto, as lâmpadas vivas das Torres do Silêncio não se apagaram completamente, e essas pequeninas luzes, símbolo perpétuo de uma fé imortal e de um amor eterno, iluminarão novamente os campos da Humanidade."

No final deste relato apareciam quatro nomes gravados com punção ardente: Adgigata, Patriarca das Torres do Silêncio; Arjuna, Asura do Reino de Madura; Paricien, Primeiro Conselheiro; Malwa, Rainha-Mãe de Madura e de Golkonda.

Dois dias depois de haver terminado o papiro da vida de Chrisna, foi inaugurado o Templo de Homero com grandes festas, para as quais o Ancião Menandro convidara toda a população de Ribla, à qual fez compreender o significado daquele personagem, poeta máximo da Grécia, da luz e da beleza eternas, e aguardou que Harvoth transladasse para ali sua família, a fim de consagrar, ele mesmo, em sua qualidade de sacerdote de Homero, a nova sacerdotisa Nebai, a quem entregaria o alaúde de ouro e a coroa láurea de ouro e rubis, que a Grécia Eterna havia oferendado a seu genial antepassado, quando já estava paralítico e cego em seu leito de morte.

O Ancião Menandro fez a Jhasua, o Apolo Sírio, como ele o chamava, a oferenda de seu arquivo, composto de 270 rolos maiores e 420 menores, para cujo transporte lhe deu uma caravana de dez mulas com os equipamentos necessários.

Ele os seguiria assim que houvesse realizado a consagração de Nebai como sacerdotisa de Homero.

Poucos dias depois, Jhasua e os Essênios empreenderam a viagem de regresso, acompanhados de Harvoth e dos condutores da pequena tropa de mulas que conduziam ao Monte Tabor grande parte da história da Humanidade sobre o Planeta Terra.

Dez dias depois, encontramo-los já no Santuário do Monte Tabor, cuja vegetação, apesar de ser exuberante e belíssima, lhes parecia pobre, comparada com as maravilhas do Líbano, por cujos montes e vales haviam deixado correr a fantasia, que ali sonhava com Édens que não eram da Terra.

Através dos Terapeutas-Peregrinos, todos os Santuários Essênios ficaram sabendo que o Homem-Luz havia retornado ao Monte Hermon, trazendo o tesouro inestimável de um arquivo que vinha preencher as lacunas existentes na história da evolução humana.

A Fraternidade Essênia considerou, a partir desse momento, o Sacerdote de Homero, Menandro, como um benfeitor que a ajudava a cumprir seu sagrado pacto, de manter acesa a Luz da Verdade, confiada, nessa época, à velha Instituição.

– Quanto mudaste, Jhasua, nesta viagem que fizeste! – disse Nebai quando, novamente, junto à fonte das pombas, se encontraram pela primeira vez.

– É certo, Nebai, é certo! Eu mesmo observo esta mudança. Não sei se para o Bem ou para o Mal. Subi a um altiplano, do qual vejo tudo muito diferente daquilo que observava antes.

"Algo, muito íntimo, dentro do meu ser, vai crescendo e ampliando-se quase até ao infinito, sem que eu possa impedi-lo."

– Deves estar doente, Jhasua! – continuou Nebai com grande inquietação. – Teus olhos não parecem fixar-se em nada e até a tua memória está debilitada. Nem sequer perguntas por teus amigos das Ruínas de Dobrath, onde houve um desmoronamento.

– Certo, Nebai! Perdoa-me. Chegou-me o teu pensamento quando isso ocorreu. Agora não acontece o mesmo.

– Como? ... Onze crianças feridas e uma guardiã velhinha ... morta!

– Ó Nebai! ... minha querida Nebai. Essa é uma pequena dor comparada com todas as dores da Humanidade.

"Ribla, Ribla! Teus jardins silenciosos e teus grandes bosques solitários, enfermaram minha alma para sempre, e nunca mais poderei ter alegria."

– Por quê, Jhasua, por quê? A vida tem belezas. Fazer o Bem é uma beleza. Consolar aquele que chora é uma beleza. Amar é uma beleza! O amor de tua mãe é uma beleza, Jhasua! ... o amor de todos os que te amam é uma beleza! ... Jhasua, Jhasua! Foste com o coração cheio de vida e voltaste com o coração agonizante! ...

Cobrindo o rosto com ambas as mãos, a jovem começou a chorar desconsoladamente.

Jhasua reagiu ante a inesperada dor de Nebai e, aproximando-se com ternura, tomou-a pela mão e levou-a para junto da fonte que estava com seus bordos quase inteiramente cobertos de flores.

— Senta-te aqui, Nebai, e escuta-me. Assim me compreenderás. Viste essa caravana de mulas carregadas de fardos?
— Sim, eu a vi. É por isso que estás aflito?
— Nesses fardos, Nebai, conheci todas as dores da Humanidade. Eu as conheci demasiado cedo. Ainda não completei meus 18 anos, e já me sinto como se tivesse 30.
"Depois de saber muitas coisas que ignorava, pergunto: Onde poderemos encontrar a felicidade para o coração humano?"
— Repara, Jhasua. Eu nada sei em comparação com o que tu sabes; no entanto, penso tranqüilamente que a Justiça Divina dá a cada qual segundo ele merece. Se a Justiça dá a ti e a mim quanto necessitamos: o calor de um lar, de uma família, e nos acrescenta ainda a satisfação de fazer o Bem que podemos a quem o merece, por que deveremos padecer pelas dores que talvez sejam um merecido castigo por maldades que ignoramos?
"Perguntas onde encontrar a felicidade para o coração humano? Eu creio que é em dar a cada um o que é seu. Por exemplo, tens pais, como eu. A felicidade deles estará, seguramente, em ver-nos felizes com nosso bom proceder. Jhasua, eu sei o que ocorre em teu coração!
"Parece-me que galgaste um cume muito alto e viste com um só olhar a dor que existe em toda a Humanidade.
"Mas, como não temos o poder de remediar a todos, devemos evitar a dor daqueles que nos rodeiam, começando pela família, pelos amigos e pelos que cruzarem nosso caminho. Se desejamos que nos demais sejam despertados estes mesmos sentimentos de comiseração, devemos alargar cada vez mais o círculo daqueles que podem ser aliviados e consolados.
"Em troca, se deixarmos esmagar nosso coração por todas as dores humanas, acabaremos sendo nós mesmos uma dor para aqueles que nos amam.
"Tua mãe, Jhasua, tua doce mãe, que sentiria em seu coração, se te visse tal como eu te vi ao chegar aqui, esta tarde? ..."
— Ó Nebai ... Que anjos de bondade estão soprando em teus ouvidos essas suaves palavras? Fala, Nebai! Fala que estás curando todas as feridas do meu coração.
— Mas dize, como é que teus Mestres permitem que padeças desse jeito, sem alívio algum? Eles, que são um bálsamo para todos, não o têm sido em teu benefício?
— Não os culpes, Nebai. Eles não o puderam evitar. Eu vi mais do que eles queriam que eu visse.
"É verdade que cada coisa tem seu tempo. Ainda não era chegada a hora de que eu subisse a esse cume e olhasse para baixo. Ainda sou um jovem e julguei poder suportar aquilo que suportaria um homem viril.
"Graças, Nebai! Na tua inocência de mocinha deste-me uma grande lição. Ainda não é chegada a hora de que eu sinta todas as dores da Humanidade. Um anjo de Deus te inspirou, Nebai! Eis aqui um jovem que deseja remediar as dores humanas e começa causando a ti, pobre donzela, a maior dor que, porventura, tiveste em tua vida! Pobre mãe, a minha, se eu houvesse chegado até ela como cheguei junto de ti!
"Ó Nebai! ... Foste o raio da Luz Divina que iluminou meu coração em sombras!
"És pouco mais que uma menina e disseste a verdade. Mais uma vez se cumpre a escritura que diz: 'Deus fala, às vezes, pela boca das crianças.' "
Do alto cimo do futuro Redentor de uma Humanidade, Jhasua, com essa dócil e sutil complacência, própria das grandes almas, desceu à planície da verde relva e das flores diminutas para colocar-se em sintonia com as almas singelas e puras que o

rodeavam. Foi novamente o Jhasua adolescente, ingênuo, afável e terníssimo que, até então, havíamos conhecido. Entregou-se completamente a pensar, não em dores imensas que não podia evitar, mas nas puras e formosas alegrias que podia proporcionar aos demais.

— Nebai, sabes que eu trouxe três ninhos de rouxinóis do Líbano?
— Verdade? Dizem que aqui não há nenhum como aqueles!
— Desejo ofertar-te um; o outro é para minha mãe, e o terceiro, para uma menina que apenas conheço, mas que nos obsequiou com uma cesta de frutas quando tínhamos muita sede.
— Bem vês, Jhasua, quantas alegrias trazes contigo e só pensavas na dor! — exclamou Nebai, contente e feliz de encontrar em seu amigo da infância o mesmo que havia visto antes da grande viagem.

As Escrituras do Patriarca Aldis

Dois dias depois, Jhasua deixava-se envolver pela suave ternura do lar paterno, que se sentiu regozijante de felicidade ao recebê-lo novamente sob o seu velho teto.

O leitor adivinhará facilmente os grandes relatos que, como formosa filigrana de prata, se desenredavam ao redor daquele lar cheio de paz e honradez, de simples fé e inesgotável piedade.

Jhasua era para todos o filho que estudava a Divina Sabedoria para ser capaz de fazer o bem a seus semelhantes. Julgavam que ele devia saber tudo e as perguntas o molestavam sem cessar.

Somente Myriam, sua doce mãe, o observava em silêncio, sentada junto a ele, e parecia querer descobrir com seus insistentes olhares se a vida o havia devolvido tal qual o vira sair de seu lado. Sua admirável intuição de mãe percebeu na formosa fisionomia de seu filho algo assim como o leve vestígio de uma dor secreta e profunda, mas nada disse naquela ocasião, esperando, sem dúvida, estar a sós com ele, para então indagar.

O jovem Mestre que, na verdade, havia conseguido desenvolver bastante suas faculdades superiores e seus poderes internos, também percebeu mudanças em seus familiares mais íntimos.

Joseph, seu pai, parecia mais decaído e seu coração funcionava irregularmente. Qualquer pequeno incidente lhe produzia visível agitação.

Jhosuelin havia emagrecido muito e tinha acentuada aparência de enfermo do peito.

Ana estava resplandecente, com sua ideal beleza de efígie de cera.

Seu tio Jaime, que tão intensamente o amava, havia vindo de Caná para estar ali, à sua chegada.

Seus irmãos maiores, já casados, acorreram com alguns de seus filhos, meninos ainda, para que Jhasua lhes dissesse algo sobre o seu porvir. A eterna ansiedade dos pais em saber, antecipadamente, se seus rebentos teriam vida próspera e feliz!

— Tu, que és um profeta precoce, deves saber essas coisas — disseram, em parte zombando e em parte sérios.

Acariciando seus sobrinhos, dizia Jhasua jovialmente, tratando de satisfazer a todos, sem dizer aquilo que podia evitar:

— Tende a certeza de que todos eles serão o que o Pai Celestial quer que sejam; e Ele apenas quer a paz, a felicidade e o bem de todos os seus filhos.

Quando, terminada a ceia, foram todos retirando-se para suas respectivas moradas, ficaram, finalmente, sós junto da mesa, Myriam, o tio Jaime e Jhosuelin, para os quais Jhasua sempre teve confidências mais íntimas. A grande boa alma do futuro redentor de humanidades foi abrindo suas asas lentamente, como alva garça que pressentisse perto as carícias do sol e os suaves eflúvios de brisas perfumadas de jasmins e madressilvas.

— Jhasua ... — disse timidamente sua mãe — nestes dezenove meses que durou tua ausência, cresceste bastante em estatura, e creio que também teu coração se engrandeceu demasiado! ... Parece-me que padeceste fortes sacudidelas internas, muito embora não consiga eu descobrir a causa disso.

"Bem sabes que nós três compreendemos sempre os teus mais íntimos sentimentos.

"Se a tua alma necessita repousar em outras, muito íntimas, bem sabes, Jhasua: somos sempre teus!"

— Bem o sei, minha mãe, bem o sei, e aguardava ansiosamente este momento. Em minhas várias cartas familiares nada pude mencionar de minhas intimidades, pois sabia que elas seriam lidas por todos meus irmãos, e sabeis que eles dificilmente me compreendem, com exceção de Jhosuelin, Jaime e Ana.

— Um dos Terapeutas-Peregrinos — acrescentou o tio Jaime — nos trouxe a notícia de grandes curas feitas por ti, e que todo o caminho, desde o Tabor até Ribla, foi semeado de obras extraordinárias que o Senhor realizou por teu intermédio: paralíticos curados, dementes que voltaram à razão, e creio que até uma mulher morta voltou à vida.

— Mas o Terapeuta também vos deverá ter acrescentado — disse Jhasua — que nada de tudo isso podia ser mencionado a pessoa alguma, além de vós mesmos.

— Não te preocupes, irmão — disse Jhosuelin —, que de nós, nada disso saiu para a luz. Mandaram-nos silenciar, e silenciamos.

— Bem. Vejo que em vós posso confiar. Não deveis ficar preocupados pelo fato de muitos familiares me julgarem duramente, pensando que perco o tempo.

— Não, isso não pensam, por enquanto, Jhasua — interveio Myriam —, pois todos esperam que sejas aquele que dará brilho e esplendor à família, como muitos dos Profetas do passado. Alguns até supõem que contribuirás para que a Fraternidade Essênia saia da obscuridade, a fim de libertar a nação hebréia da opressão em que se encontra.

— Outros esperam — acrescentou Jaime — que sejas tu mesmo o salvador de Israel, e me consta que fizeram grandes averiguações junto a teu pai.

— E ele, que respondeu?

— Simplesmente que estudas para ser um bom Terapeuta, dedicado ao bem de teus semelhantes, e tirou-lhes toda ilusão de grandezas extraordinárias.

— Efetivamente — respondeu Jhasua — ainda não sei o que o Senhor fará de mim. Deixo-me guiar pelos que, por enquanto, são os meus Mestres e que eles indiquem qual deva ser o meu caminho. Confesso que, por mim mesmo, só descobri uma coisa: por muito que todos os espíritos de boa vontade façam pela felicidade dos homens, ainda faltam alguns milênios para que este sonho possa aproximar-se da realidade. Tal estado sucederá quando o Bem haja eliminado o Mal, e, hoje em dia, o mal sobre a Terra é um gigante maior e mais forte que Goliath.

— No entanto, uma pedrinha de David o prostrou por terra — disse Jhosuelin como para animar Jhasua em seu glorioso caminho.

— Sim, é verdade! E Deus fará surgir, dentre os rebanhos de ovelhas ou das areias do deserto, o David do momento presente — acrescentou Jaime.

— Assim dizem os papiros com suas lendas de séculos passados — respondeu Jhasua. — A Humanidade terrestre foi, desde sua origem, escrava de sua própria ignorância e do feroz egoísmo de alguns poucos. Em todas as épocas, desde as mais remotas idades, Deus acendeu lâmpadas vivas no meio das trevas. Assim como houve profetas em Israel, houve-os também em todos os continentes, em todos os climas e sob todos os céus.

"A alma se entristece profundamente quando vê o desfile heróico de mártires da Verdade e do Bem que deram até suas próprias vidas pela felicidade dos homens, e, ainda agora, a dor faz presa entre eles.

"Grandes fraternidades, como agora a Essênia, tem havido desde épocas remotas: os Flâmines da Lemúria, os Profetas Brancos da Atlântida, os Dacthylos da Ática, os Samoyedos do Báltico, os Kobdas do Nilo, os Ermitãos das Torres do Silêncio de Bombay, os Mendicantes de Benarés. Todas elas, que somam milhares, fizeram a felicidade dos homens à custa de tremendos martírios e perda de muitas vidas.

"Contudo, essa felicidade foi sempre efêmera e fugaz, porque a semente do Mal germina nesta Terra tão fácil e rapidamente quanto, com lentidão e esforço, germina a boa semente."

— Que falta, pois, para ocorrer o contrário? — interrogou Jaime.

— Falta ... falta, tio Jaime, mais sangue de mártires para adubar a terra e mais chuva de amor para fecundar a semente ... — respondeu Jhasua, com a voz solene de um convicto.

"Acreditai que entrar no Templo da Sabedoria Divina é abraçar-se com a dor, com a angústia suprema de querer, mas não poder chegar à satisfação do íntimo anelo de encontrar a felicidade e a paz para os homens.

"Os emissários de Deus de todas as épocas demarcaram o caminho, mas a Humanidade em sua grande maioria não quis segui-lo, e até hoje ainda não o quer. Por isso vemos um mundo de escravos submetidos a alguns poucos ambiciosos e audazes que, passando sobre cadáveres, escalaram os cimos do poder e do ouro e, de lá, ditam leis opostas à Lei Divina, mas favoráveis a seus interesses e conveniências.

"Não é apenas Israel que suporta o humilhante domínio de déspotas estrangeiros. Toda a Humanidade é escrava, até quando aquele que governa os países seja da mesma raça dos que formam a atual sociedade humana.

"Durante mais de um milênio, os Kobdas do Nilo, na Pré-História, fizeram sentir brisas de liberdade e paz em três continentes; contudo, a Humanidade, um belo dia, ficou enfurecida de ver-se feliz e aniquilou aqueles que tiveram o valor de sacrificar-se por sua felicidade, e ela submergiu-se novamente em seus abismos de pranto, de crimes e de horror!

"Adivinhavas, mãe, que realmente sofri na minha ausência. É verdade, e continuarei padecendo pela inconsciência humana, que ata as mãos daqueles que querem destruir para sempre suas algemas."

— Observa, meu filho, que a juventude está levando-te a aceitar as coisas com ardor e veemência excessivas.

"Acaso és culpado da dureza da Humanidade em escutar os enviados divinos?"

— Mãe, se tivesses alguns filhos que, sem quererem escutar-te, resolvessem precipitar-se em abismos sem saída, não padecerias pela dureza de seus corações?

— Certamente, mas seriam filhos meus, parte de minha própria vida. Entretanto, padeces pela cegueira de seres que, em sua maioria, não conheces nem vistes jamais.

— Mãe! ... que disseste?

"E a Lei? ... Não manda a Lei *amar ao próximo como a mim mesmo*, e não somos todos irmãos, filhos do Pai Celestial?"

— Sim, meu filho, mas raciocina um momento e verás que o Pai Celestial permite esses padecimentos, deixando seus filhos em sofrimento, não obstante os ame, provavelmente, muito mais do que consegues amar a todos teus semelhantes. Está certo semear o Bem, mas padecer tanto pelo irremediável! ... pobre filho meu! ... é padecer inutilmente com prejuízo de tua saúde, de tua vida, da paz e da felicidade dos teus, aos quais vieste ligado pela Vontade Divina. Porventura, não estou certa?

— Sois como Nebai, a meiga flor da montanha, que, amando-me quase tanto como tu, só pensa em ver-me feliz e alegre. Santos e puros amores, que me obrigam a dobrar as asas e voltar ao ninho suave e tranqüilo, onde não chegam as tormentas dos caminhos que correm para o ideal supremo da libertação humana!

"Está bem, mãe! ... está bem. O amor vence o amor até que chegue a hora de outro Amor mais forte do que a dor e a morte!"

— Que queres dizer com essas palavras? — perguntou, inquieta, a bondosa mãe.

— Que teu amor e o de Nebai suavizam de tal modo minha vida que eu não quisera passar desta idade para continuar vivendo dessa doce fantasia que ambas teceis para mim, como um dossel de seda e de flores.

Jhosuelin e o tio Jaime haviam compreendido perfeitamente todo o alcance das palavras de Jhasua; no entanto, silenciaram para não causar inquietações na alma pura e simples de Myriam. Alguns momentos depois, ela se retirou para sua alcova, feliz em ter novamente o filho sob seu teto; enquanto ele, com Jaime e seu irmão, com o qual tinha aposento conjunto, continuavam falando sobre o estado precário e desgraçado em que o povo se debatia, sem rumo fixo e dividido em agrupações ideológicas, que a luta contínua ia levando lentamente para o caos, cujo final ninguém poderia prever.

A notícia do regresso de Jhasua à risonha e aprazível Galiléia chegou rapidamente a seus amigos de Jerusalém, e, apenas haviam transcorrido 25 dias, quando chegaram a Nazareth quatro deles: José de Arimathéia, Nicodemos, Nicolás de Damasco e Gamaliel.

Joseph, o ditoso pai, que sentia verdadeira ternura por José de Arimathéia, recebeu-os afavelmente, sentindo sua casa grandemente honrada com tão ilustres visitantes.

— Já sei, já sei — disse —, vindes curiosos para saber se vosso discípulo aprendeu bastante. Apenas sei que seu regresso me faz feliz, mas, se na sabedoria fez progressos ou não, isto vós devereis saber. Passai a este cenáculo, que já o chamarei.

Deixou-os para ir em busca de Jhasua que percorria o horto ajudando sua mãe a recolher frutas e hortaliças.

— Eis aqui — disse Gamaliel aludindo a Joseph — o protótipo do galileu honrado e justo, que goza da satisfação de não desejar nada mais além do que possui.

— Em verdade — acrescentou Nicolás — a Eterna Lei não poderia escolher local mais apropriado para a formação e desenvolvimento espiritual e físico de Seu Escolhido. Aqui tudo é são, puro e nobre! Dificilmente encontrar-se-ia um coração perverso na Galiléia.

— Em compensação, nossa Jerusalém é como um ninho de víboras — acrescentou Nicodemos, observador e analítico por natureza.

— Já pensastes a que se deverá esse fenômeno? — interrogou José de Arimathéia.

— Tenho observado — respondeu Nicodemos — que os sentimentos religiosos muito exaltados fazem de qualquer cidade um campo de lutas ideológicas, que degenera logo em ódios profundos, produzindo a divisão e o caos. Creio ser isto o que ocorre em Jerusalém.

— Justamente — afirmou Gamaliel. — A exaltação do sentimento religioso obscurece a razão e torna o espírito intolerante e duro, aferrado demais a seu modo de ver e sem respeito algum para com o ponto de vista dos demais.

— Além disso — disse Nicolás — os hierosolimitanos se julgam a flor e a nata da nação hebréia e olham com certa lástima para os galileus e com desprezo para os samaritanos, que nem sequer se dão por ofendidos com tais sentimentos para com eles.

— Aqui chega nosso Jhasua — disse José de Arimathéia, adiantando-se para ele e abraçando-o antes que os demais. — Já estás feito um homem! — disse, olhando-o por todos os lados.

— Queríeis que eu continuasse sendo aquele garoto travesso que vos fazia rir com suas diabruras? — perguntou Jhasua sorrindo, enquanto recebia as demonstrações de afeto daqueles antigos amigos, todos eles de idade madura.

Assim que terminaram as saudações costumeiras, eles iniciaram a conversação que desejavam.

Quem tinha maior intimidade entre eles era José de Arimathéia, e foi assim que ele começou:

— Bem sabes, Jhasua — disse —, que nosso grau de conhecimento das coisas divinas nos coloca na obrigação de ajudar-te em tudo e por tudo, para desenvolveres tua vida atual com as maiores facilidades possíveis neste atrasado plano físico. Cumprindo este sagrado dever, estamos aqui para escutar-te, a fim de que possamos formar nosso juízo.

— Continuais, pelo que vejo, pensando sempre que sou aquele que esperáveis ... — disse Jhasua com certa timidez, olhando, com delicado afeto, para seus quatro interlocutores.

— Nossa convicção não mudou absolutamente em nada — disse Nicodemos.

— Todos pensamos da mesma forma — acrescentou Nicolás.

— Quando a evidência se assenhora da alma humana, não é possível a vacilação nem a dúvida — afirmou Gamaliel de sua parte.

— Não chegaste ainda a esta convicção, Jhasua? — interrogou José.

— Não — disse secamente o interpelado. — Ainda não vi claro no meu *Eu íntimo*. Sinto às vezes em mim uma força sobre-humana ajudando-me a realizar obras que ultrapassam o nível comum das capacidades humanas. Sinto que um Amor Incomensurável se desencadeia no íntimo de meu ser como um vendaval que me inunda de suavidade divina; e, em tais momentos, julgo-me capaz de me oferecer inteiramente em sacrifício nos altares da felicidade humana. No entanto, tudo isso passa como um relâmpago e se desvanece no raciocínio que faço, de que todo aquele que amar a seu próximo como a si mesmo, em cumprimento da Lei, sentirá, sem dúvida, o mesmo.

"As sagradas escrituras falam-nos de homens justos que, possuídos do amor de Deus e do próximo, realizaram obras que causaram grande admiração em seus contemporâneos. Isto vós sabeis melhor que eu."

— E vossos Mestres Essênios, como é que não vos têm levado a tal convicção? — perguntou Gamaliel.

— Porque essa convicção — segundo eles — não deve vir a mim do exterior, ou seja, através do convencimento dos demais, mas há de surgir da parte mais profunda de meu *Eu íntimo*. Eles aguardam tranqüilamente que esse momento chegue, mais cedo ou mais tarde, todavia chegará. Eu participo da tranqüilidade deles e não me preocupo, absolutamente, com o que *serei*, mas com o que *devo ser* neste momento de minha vida: um jovem que estuda a Divina Sabedoria e trata de desenvolver seus poderes internos o mais possível, a fim de ser útil e benéfico para seus irmãos que tanto sofrem!

— Magnífico, Jhasua! — exclamaram todos ao mesmo tempo.

— Falaste como devias falar, jovem escolhido por Deus para o mais alto destino nesta oportunidade — acrescentou comovido José de Arimathéia.

— Quais foram tuas impressões nesta viagem de estudos? — interrogou Nicodemos.

— Algumas boas! ... a propósito: eu trouxe algo que julgo ser muito do vosso agrado.

— Vejamos, Jhasua. Fala.

— Tirei, para vós, cópias de fragmentos da Pré-História que julgo não conhecerdes.

— Verdade? Onde encontraste esses tesouros?

Jhasua mencionou que um velho sacerdote de Homero, encontrado em Ribla, o havia obsequiado com um valioso Arquivo, que, segundo os Essênios, viria preencher grandes vazios nas antigas crônicas conservadas por eles.

— E essas cópias, de que tratam? — perguntou Nicolás.

— Esclarecem muitos relatos que as Escrituras Sagradas de Israel têm tratado mui ligeiramente, talvez por falta de dados, ou porque, nos contínuos êxodos de nosso povo tantas vezes cativo em países estrangeiros, se perderam os originais.

"Por exemplo, nossos Livros Sagrados dedicam só uns poucos versículos a Adão, Eva e Abel, e não mencionam, nem de passagem, os povos e personagens que guiaram a Humanidade naqueles tempos distantes.

"Bem vedes que salta à vista o muito que falta registrar em nossos livros. Adão, Eva, Abel e Caim não estavam sozinhos nas regiões do Eufrates, visto como ruínas antiqüíssimas demonstram que toda aquela região estava cheia de povos e de cidades muito importantes.

"Quem governava esses povos? Quem foi Adão? Quem foi Eva? Quem foi Caim? Se a Escritura atribuída a Moisés denomina a Abel *o justo amado de Deus*, seria naturalmente por grandes obras de bem que ele realizou. Que obras foram essas, e quem foram os favorecidos por elas?

"Nossos livros mencionam apenas que ele foi um pastor de ovelhas; mas não podemos pensar que, unicamente por ter cuidado de ovelhas, haveria Moisés de chamá-lo *o justo amado de Deus*.

"Minhas cópias do Arquivo, tiradas para vós, explicam tudo o que falta nos nossos Livros Sagrados, que aparecem truncados, sem continuidade nem ligação lógica em muitos de seus relatos. Seria um agravo a Moisés, pensar que fora tão deficiente e tão atabalhoada a história escrita por ele sobre as origens da Civilização Adâmica. Julgo que sobre este ponto estareis de acordo comigo."

Os quatro interlocutores de Jhasua se entreolharam com assombro ante a perspicácia e boa lógica com que o jovem Mestre defendia seus argumentos.

— Raciocinas bem, Jhasua — disse José de Arimathéia —, e, de minha parte estou de acordo contigo, tanto mais que, há anos, andava eu à procura dos dados necessários para preencher os vazios imensos de nossos Livros Sagrados, que, em muitas de suas partes, não resistem à mais ligeira análise.

— Perfeitamente — acrescentou Gamaliel. — Estou encantado com o vosso modo de raciocinar; no entanto, creio que estareis de acordo comigo em que nesse terreno só se deve entrar com pés de chumbo.

"Não esqueçais que nosso grande e pranteado Hillel perdeu a vida no suplício por haver tentado remover esses escombros, deixando a descoberto o que havia debaixo deles."

– E, depois de Hillel, morreram muitos outros que percorreram idêntico caminho – disse Nicolás. – Também eu buscava o mesmo que José, mas silenciosamente, à espera de melhores tempos.

– Creio – observou Nicodemos – que estudos dessa natureza devem realizar-se com grande cautela até se conseguir esclarecer completamente tudo quanto se ignora.

"E, assim que se haja conseguido isso, os Pontífices e os Doutores serão muito teimosos se se negarem a aceitar a verdade."

– É pouco o que pude copiar; no entanto, isto vos dará uma idéia da grandiosidade do Arquivo encontrado em Ribla – disse Jhasua. – Muito melhores informações podereis obter, se, algum dia, visitardes o Arquivo no Santuário do Tabor, para onde foi levado.

– Desde Ribla, mais além de Damasco?

– Desde Ribla, em pleno Líbano.

– "Oh, minha esposa desce do Líbano e vem para ser coroada com jacintos e rebentos de palmas! ..." – recitou solenemente Nicodemos, parodiando uma passagem dos "Cantares". – A Sabedoria tinha que baixar do Líbano, porque Ela busca os cumes onde não chegam os libertinos e ignorantes. Começo a entusiasmar-me com esse Arquivo, Jhasua, e, desde já, proponho irmos visitá-lo o quanto antes.

– Como vos agradar.

– Quando regressarás ao Tabor? – interrogou José.

– Ainda não o sei, pois dependerá de especiais circunstâncias de minha família. E, como apenas cheguei! ...

– Sim, sim, compreendemos. Ponhamo-nos de acordo; e, quando decidires voltar para lá, manda-nos um aviso, e alguns dentre nós irão contigo. Que te parece?

– Muito bem, José.

– Escolhamos, portanto, dentre nós aqueles que devem ir.

– Eu estou disposto e tenho tempo suficiente – disse Nicolás de Damasco.

– Eu também – acrescentou Nicodemos. – Todavia, haverá necessidade de levarmos um intérprete, pois não sei se as línguas que aparecem nos papiros serão de nosso domínio.

– Por essa parte, não há dificuldades – observou Jhasua. – No Tabor há atualmente dez Anciãos escolhidos em todos os Santuários para me servirem de Instrutores. Entre eles há tradutores de todos os idiomas mais antigos. Atualmente, eles só estão fazendo as traduções necessárias.

– Perfeitamente. Combinamos então que irão Nicolás e Nicodemos ao Arquivo?

– Combinado – responderam ambos.

– Agora, Jhasua, traze tuas cópias e explica-nos, pequeno Mestre, como compreendes o assunto – pediu José afavelmente. – Enquanto isto, falarei com teus pais para ver se é possível hospedar-nos pelos três ou quatro dias que pensamos permanecer aqui.

– Tenho uns parentes aqui perto – disse Nicolás – e pernoitarei ali.

– E eu sou esperado pelo Hazzan da Sinagoga, que é irmão de minha mulher – acrescentou Gamaliel.

– Então Nicodemos e eu seremos teus hóspedes, Jhasua – disse José, saindo do cenáculo juntamente com ele para entrevistar-se com Myriam e Joseph.

José de Arimathéia e Nicodemos eram familiares entre si, pois o leitor recordará que eram casados com duas filhas de Lia, a honorável viúva de Jerusalém, que já conhecemos.

Pouco depois da refeição do meio-dia, no modesto cenáculo de Joseph, honrado artesão de Nazareth, formou-se algo como uma minúscula aula, onde os quatro ilustres viajantes vindos de Jerusalém, o tio Jaime e Jhosuelin, ouviam Jhasua que lia sua cópia de fragmentos extraídos do Arquivo, fazendo os mais formosos e acertados comentários.

– Tomei uma cópia – disse Jhasua – da parte final da atuação de Adão e Eva, e de Abel, seu filho, sacrificado pela maldade dos homens. Foi o que despertou em mim maior interesse, porque sobre isto nada dizem nossos Livros, e eu o ignorava por completo. Adão e Eva não foram os rústicos personagens que imaginamos, mas figuras eminentes nessa civilização neolítica; e nessas Escrituras eles chamam seu filho Abel de Homem-Luz.

"Talvez tenha sido ele o Messias-Salvador do Mundo que nós ainda esperamos, por ignorar a história desses tempos remotos!"

– Cada época tem sua Luz – disse Gamaliel. – Nos campos siderais, como nos terrestres, aparecem de tempo em tempo estrelas novas e lâmpadas vivas que iluminam as trevas da Humanidade.

– Sim, é verdade – afirmou Nicodemos. – Bem pode ter sido Abel o Messias daquela época, como pode ser Jhasua o Messias do momento presente.

Este, guardando silêncio, inclinou-se sobre sua cópia como se somente isto absorvesse seu pensamento, e, logo depois de alguns instantes, disse:

– Um dos dez Instrutores que tenho no Tabor permaneceu quatorze anos na grande Biblioteca de Alexandria por ordem da Fraternidade Essênia, e ali, em união com Fílon, nosso grande irmão de ideais, extraiu quanto ali encontraram para os fins que buscavam, que, como todos vós sabeis, é esclarecer as origens do atual ciclo de evolução humana, porque, nas Escrituras Sagradas hebréias, como também nas persas ou indostânicas, não se encontra uma verdadeira história que resista a uma boa análise.

– É verdade – disse Gamaliel. – Tudo aparece brumoso, carregado de simbolismo e fantasias formosas, se assim se quiser, mas isso não está de acordo com a razão nem com a lógica.

– É necessário – acrescentou Nicolás – que, ao iniciar o ciclo vindouro, a Humanidade nova que há de vir encontre a verdadeira história de seu passado, a fim de que a obscuridade não a leve a renegar alguns ideais que não lhe mereçam fé, pois estão construídos sobre castelos de ilusões, próprias somente para crianças que não chegaram ainda a usar a razão.

– Creio que chegaremos a um resultado bastante lisonjeiro, se não completo – observou Jhasua.

"Este relato, por exemplo, é parte dos oitenta rolos de papiro conhecidos sob o nome de '*Escrituras do Patriarca Aldis*', que um escultor alexandrino encontrou escavando nos subsolos das velhas ruínas de granito e mármore, sobre as quais Ptolomeu I fez levantar Alexandria, a grande cidade egípcia que imortalizou o nome de Alexandre. O escultor procurava blocos de mármore para seus trabalhos, e, ao quebrar um pedaço da muralha desmoronada, defrontou-se com uma lápide funerária que servia para guardar as cinzas do *Patriarca Aldis*, falecido na idade de 103 anos.

"Ao levantar a lousa, encontrou ele um corpo mumificado, que fora submetido ao embalsamamento costumeiro entre os egípcios desde a mais remota antiguidade.

"Na urna funerária, encontrou-se, junto à cabeça, um volumoso rolo de papiros sob dupla coberta de linho encerado e de pele de foca. Eram estas *Escrituras do Patriarca Aldis*', que parecem ser o relato mais extenso conhecido até hoje sobre o assunto que ocupa todos aqueles que desejam conhecer a Verdade.''

– E esse *Patriarca Aldis*, que atuação teve naquela distante época? – interrogou Nicodemos.

– Foi o pai de *Adamu*. Estudando o relato, vê-se que esse nome corresponde ao de *Adão*, dos livros hebreus. O Patriarca Aldis era originário de um país da Atlântida, que se chamava Otlana, e que foi um dos últimos países a submergir quando ocorreu a grande catástrofe desse Continente. Refere com muitos detalhes a saída da grande frota marítima do rei de Otlana, fugindo da invasão das águas para o continente Europeu. Entre o numeroso acompanhamento de tropas, servidores e familiares, Aldis era o Centurião dos lanceiros do rei, casado com uma donzela do serviço particular da princesa Sophia, filha única do soberano, a qual amava o capitão da escolta real. Como o rei se opôs a tais amores, teve início, ali, uma luta, pois, ao chegar à Ática, a princesa deveria casar-se com o herdeiro daquele antigo reino, num enlace de pura conveniência para a aliança de força que o Soberano Atlante queria realizar com o poderoso monarca da Ática pré-histórica.

"Foi então que resolveram fugir: Aldis com sua esposa Milcha, e a princesa Sophia com Johevan, Capitão da Guarda do Rei. Numa pequena embarcação, dentre as numerosas que formavam a frota, chegaram a uma pequena ilha do Mar Egeu. Os dois casais fugitivos se afastaram logo em direção ao oriente, primeiramente de ilha em ilha e, depois, pela costa norte do Mar Grande. De Milcha nasceu Adamu, e de Sophia nasceu Évana.

"Aldis e Johevan foram logo capturados pelos piratas, que comerciavam com escravos, e levados a uma grande cidade do Nilo, por nome *Neghadá*, onde uma antiga instituição de beneficência e estudo pagava muito bons resgates. A embarcação com as duas mulheres e as crianças, ainda pequeninas, foi arrastada pela correnteza, numa noite de vento, até à costa da Fenícia (*), onde encalhou.

"Aquelas quatro débeis criaturas humanas acharam refúgio numa caverna das montanhas da costa. A caverna havia sido, durante muitos anos, habitação de um solitário, falecido já de velhice, o qual deixara ali, com suas semeaduras e cultivos, uma pequena manada de renas domesticadas, que serviram aos desterrados para viver. Os pequenos foram criados com o leite de uma das renas. As mães, acostumadas a outro gênero de vida, esgotaram-se rapidamente, sobretudo a princesa Sophia, que morreu primeiro. Pouco depois, morreu Milcha; e as duas crianças, de bem poucos anos, ficaram sozinhas com a manada de renas, vivendo dos peixes que as ondas do mar arrojavam à costa, das frutas e dos legumes secos armazenados pelo solitário. O grande rio Eufrates chegava então até à costa do mar, pois foi somente alguns séculos depois que um grande rei da Babilônia desviou seu curso, para fazê-lo passar pelo meio da cidade e construir, assim, os jardins suspensos, que foram por muito tempo a maior maravilha do mundo. Adamu e Évana passaram o primeiro período de suas vidas entre as pradarias deliciosas do Eufrates e a costa acidentada do mar. Foi ali que encontraram Caim com sua mãe morta numa barquinha abandonada, ocorrência muito comum e freqüente entre as escravas que fugiam por causa dos maus-tratos, ou esposas secundárias que não suportavam o despotismo da primeira.

(*) Atualmente, a região deste antigo país da Ásia fica compreendida numa estreita faixa de terra na costa ocidental da Síria, pelo sul até o Carmelo na Palestina, e entre o Líbano e o mar (N.T.).

"O jovem casal, que tinha apenas 13 anos, adotou o pequeno órfão, ao qual, tempo depois, se uniu Abel, nascido de Évana. Essa ocorrência parece haver dado motivo a que se julgasse serem ambos filhos de Adamu e Évana.

"Eu estou contando isto assim por alto; no entanto, nas *Escrituras do Patriarca Aldis* consta que, mais tarde, ele encontrou os dois jovens, já como pais de Abel; e elas relatam, com minuciosos detalhes, todos os acontecimentos de tal forma que a Verdade, de uma lógica irresistível e razoável, flui daquele relato como a água clara de um manancial.

– O Patriarca Aldis – observou Nicodemos – foi, pois, uma testemunha ocular dos acontecimentos, fato este que constitui motivo bem fundamentado para que possamos dizer que estamos de posse da verdadeira história.

– É, pois, testemunha ocular desde os 24 anos de sua idade, até os 103 que durou sua vida física – acrescentou Jhasua. – Há apenas uma lacuna – disse o jovem Mestre – e é desde que Aldis e Johevan foram capturados por piratas, até que nosso Patriarca Aldis encontrou novamente os adolescentes, já com 14 anos, na mesma caverna entre o Eufrates e o mar, onde suas mães os haviam deixado. Mas essa lacuna se preenche logicamente com o que os próprios jovens, já adolescentes, teriam referido ao Patriarca no que diz respeito aos detalhes de sua vida, desde onde eles conseguiam recordar.

"Além disto, o próprio Patriarca Aldis fez referência, no primeiro papiro, a um terno e comovente relato escrito pela princesa Sophia em língua atlante, a qual refere detalhadamente a vida que ela e Milcha tiveram na caverna desde que seus esposos foram capturados.

"A princesa escrevera isso para que as crianças soubessem sua origem, e o confiou a Milcha, mãe de Adamu, que lhe sobreviveu ainda vários anos.

– É notória a evidência – disse José de Arimathéia – e, principalmente, há uma lógica tão natural, tão sem artifício, que não deixa a menor sombra de dúvida a respeito dos acontecimentos.

– E ainda há mais – afirmou Jhasua –; é a concordância de certos fatos do relato em relação a datas colhidas, quem sabe, através de outras antigas escrituras de outros autores e outros países. Por exemplo: o relato das invasões dos mares sobre os Continentes, de tal modo que toda a Europa e a Ásia Central ficaram sob as águas, coincide com a data em que o Patriarca Aldis relata que o rei Atlante *Nohepastro* abandonou o país, e, em seu grande navio-palácio, acompanhado de toda sua frota, navegou vários meses sobre as águas, até que estas baixaram e as barcas encalharam nos cumes das montanhas de Manh, a Armênia de hoje, os quais surgiram à flor da água, em virtude de sua elevação.

– Ó meu querido Jhasua! Tudo isso é maravilhoso, e podemos dizer com toda a satisfação que a Fraternidade Essênia, nossa mãe, é dona da verdade no que diz respeito às origens desta civilização, que até hoje – é triste confessá-lo – estava baseada sobre um fábula infantil: Deus formando com suas mãos um boneco de barro sobre o qual sopra e lhe dá vida; arranca-lhe logo uma costela e sai a mulher, companheira do homem – disse Nicolás de Damasco, como se acabasse de retirar um enorme peso de cima de seus ombros.

– E ainda há mais – observou Nicodemos. – É que, de nenhuma forma, a lógica podia aceitar o que ocorreu mais tarde. Nos princípios do Livro da Gênese, logo depois de relatar o assassinato que Caim teria cometido na pessoa de Abel, acrescenta que *o assassino fugiu em direção ao oriente para o país de Nood, onde se casou, teve filhos e fundou uma cidade*. De onde teria Caim tirado uma mulher para se casar, se a única do mundo era Eva, procedente de uma costela de Adão? Isto por si só prova que havia outros seres humanos naquelas regiões, e que, portanto, a origem da espécie humana remonta há muitíssimos séculos anteriores ao relato da nossa Gênese que, nessa parte tão em desacordo com a razão e a lógica, não pode de forma alguma ser atribuída a Moisés sem assacar um estupendo agravo a esse grande gênio que deu aos homens o grandioso Decálogo, o qual servirá à Humanidade como norma de vida justa, enquanto habitar este Planeta.

– Sobre este ponto – respondeu Jhasua – presenciei longos comentários e debates entre meus sábios mestres Essênios, e todos chegamos à seguinte conclusão:

"A verdadeira história deve-se ter perdido na noite dos tempos ao finalizar a Civilização Sumeriana, na Ásia Central e Mesopotâmia Norte, pela invasão dos gelos polares que, durante uma longa época, devastaram essas regiões a ponto de ficarem quase desertas.

"Isto, sem dúvida, deu motivo a que Adão e Eva, ainda crianças e sozinhos com suas mães no país de Ethea, que hoje é a Fenícia, se julgassem, por longo tempo, os únicos habitantes da região.

"Mais tarde, ou seja, três séculos depois de Adão e Eva, a grande Aliança dos povos, fundada pelos Kobdas do Nilo, foi destruída pelas lutas fratricidas e pelas invasões de raças bárbaras, que assolaram toda a região do Eufrates, chegando até a África do Norte, onde aniquilaram, a sangue e fogo, tudo quanto a gloriosa Fraternidade Kobda havia feito de grande e bom.

"Neghadá, que naquela época era o Arquivo do mundo civilizado, foi destruída e seus moradores degolados.

"Deus quis que esse imenso Santuário guardasse nos subsolos, e entre as urnas funerárias lavradas em granito, muitas e valiosas Escrituras, em virtude do costume dos antigos Kobdas de guardar, junto à múmia de um irmão falecido, algo daquilo que na vida humana ele houvera feito. Deste modo, o que havia escrito algo, tinha junto a seus restos alguns papiros; o que fora artífice, tinha também junto à sua múmia alguns de seus trabalhos; o que havia sido geômetra, químico, astrônomo ou cultivador de qualquer ramo do saber humano, guardava em sua urna funerária alguma coisa relacionada com a sua especialidade. Nosso irmão Fílon conserva em seu museu particular uma múmia encontrada em escavações das ruínas de Neghadá com uma lira de ouro colocada sobre o peito.

"Entretanto, voltando ao ponto iniciado por Nicolás de Damasco, ao qual eu quis responder com tudo o que foi dito, devo acrescentar o seguinte que ouvi de meus Mestres do Tabor: Não sabendo a verdadeira história da origem da Civilização Adâmica, os primitivos cronistas julgaram necessário, sem dúvida, engrandecer os acontecimentos, envolvendo-os nessa bruma maravilhosa. É bem sabida e bem conhecida a tendência das humanidades primitivas para o maravilhoso, para aquilo que ultrapassa o limite aonde chega a razão em todos os casos em que não soube dar a explicação lógica de um fato qualquer.

"Sabe-se que, durante a Civilização Sumeriana, houve uma espécie de sociedade secreta cuja origem vinha do longínquo Oriente. Formavam magos negros da pior e da mais funesta espécie conhecida entre os humanos, e, para esconder sua existência, era ela chama de 'A Serpente', e os que formavam essa agremiação eram denominados 'Os Anéis'. Todos os males, todas as enfermidades, epidemias, tempestades, inundações, tudo era atribuído a 'A Serpente', e nossos comentaristas Essênios julgam, acertadamente, que dali surgiu a fábula da serpente que enganou Eva. Enfim, se algum dia estudardes a fundo as 'Escrituras do Patriarca Aldis', e outras mais que existem, creio que compreendereis como eu, e como todos aqueles que aspiram *a Verdade*, que uma lenda não pode satisfazer jamais àqueles que buscam argumentação clara e lógica no que se refere à história da nossa civilização."

— Passada esta explicação inicial, Jhasua — disse José de Arimathéia —, creio que bem poderíamos iniciar a leitura da cópia que nos trouxeste.

Como todos demonstrassem assentimento, o jovem Mestre começou assim:

"Escrituras do Patriarca Aldis — Papiro 70 — Refere a morte do Thidalá da Grande Aliança, de Bohindra, e sua substituição pelo jovem Abel, chamado o Homem-Luz.

"Uma onda imensa de paz e de justiça se estendia, desde os países do Nilo, pelas costas do Mar Grande para o oriente, às terras banhadas pelo grande rio Eufrates e seus afluentes; e para o norte, até o Ponto Euxino e o Mar de Gelo (o Báltico), e até as faldas da Cordilheira do Cáucaso.

"A três Continentes havia chegado a influência dos homens de toga azul, entre os quais baixara, como uma estrela de um céu distante, o Ungido do Altíssimo, para elevar o nível moral e espiritual da Humanidade.

"Dois centenares de povos se haviam unido ao influxo de um homem, mago do amor, o incomparável Bohindra, gênio organizador de sociedades humanas, entre as quais, Abel, o Homem-Luz, filho de Adamu e Évana, desenvolveu sua missão.

"Uma longa vida havia permitido a Bohindra recolher o fruto de sua imensa semeadura, e a Fraternidade humana era uma formosa realidade nos países aonde havia chegado a Lei da Grande Aliança, essa magna obra do gênio e do amor, postos ao serviço da grande causa da unificação de povos, raças e nações.

"Bohindra, já ancião e carregado mais de merecimentos que de anos, via terminado o seu trabalho: observava o descendente de Évana, filha do seu filho Johevan, que crescia como um jovem carvalho cheio de seiva, força e gênio e sorria pleno de nobre satisfação a seu bisneto Abel. Ele via sua neta Évana, já chegada aos 30 anos, apoiada em Adamu, seu companheiro de infância, os quais haviam correspondido plenamente à educação recebida das Matriarcas Kobdas, e eram Regentes dos 'Pavilhões dos Reis', escolas-templos, onde se formava a juventude dos países aliados.

"Que mais poderia desejar? Que lhe faltava por fazer?

"O Altíssimo havia fecundado todos os seus esforços, dando vida real a todos seus anelos de paz e de fraternidade humana, e ninguém padecia fome e miséria em toda a extensão da Grande Aliança.

"Por fim, como um halo de luz orlando sua cabeça, via sua fiel companheira Ada, que circunstâncias especiais puseram a seu lado como uma aurora de placidez que afugentava todas as sombras, como uma fresca roseira plantada inesperadamente em seu caminho, como uma dádiva de Deus a seu coração solitário. Sua alma, transbordante de felicidade e de paz, com os olhos úmidos de emoção, disse a frase habitual do Kobda agradecido à Divindade: 'Basta, Senhor, basta! ..., que neste pobre vaso de argila não cabe nem uma gota mais! ...'

"Fazendo uma derradeira saudação com ambas as mãos a todos quantos o amavam, e para a multidão que o aclamava da grande praça do Santuário, retirou-se da janela, porque a emoção já o embargava e sentou ante sua mesa de trabalho onde, durante tantas noites e tantos dias, havia dado vida a sábias e prudentes leis, a uniões ideológicas grandiosas, a seus sonhos de paz e de fraternidade entre os homens.

"Sua alma já transbordada, esvaziou-se sobre um papiro de sua caderneta ... o último papiro que devia gravar:

"– Senhor! ... que mais posso dar-te
Se tudo quanto tive, o dei? ...
Que pode fazer esta fagulha
Que seja digna de Ti? ...

"– Os homens, neste mundo,
Viram-Te e a Ti vão! ...
Se não perdem o caminho,
Logo a Ti chegarão.

"– Sabem que és Pai e Te amam,
Buscam Tua Luz e calor;
Sabem que és grande e excelso
E te dão sua adoração ...

"– Tuas dádivas os tornam bons;
Soube Teu Amor perdoar
Dolorosos extravios
Desta pobre Humanidade.

"– Se, nesta herança que é Tua,
Uma gota nada mais
Possui a seiva de minha alma,
E a ajudou a fecundar,

"– Que essa gota se converta
Em grandioso oceano
De águas doces e serenas,
Que sua sede possa acalmar!

"– Se um só grão de areia
Minha débil mão acrescentar
Para o castelo encantado
Dos que buscam Teu Amor,

"– Que se torne em fortaleza
Oposta ao negro turbilhão ...
Senhor! ... Se tudo dei,
Que mais posso dar-te eu? ...

"– Se sou apenas, em Teus jardins,
Mariposinha fugaz,
E, nos mares da vida,
Onda que vem e vai ...

"– Se sou pássaro que aninha
   Nos ramos de um pinheiro,
   E seu ninho o destróem
   As violências do furacão;

"– Se sou uma centelha errante,
   Gota de água, nada mais,
   Flor de efêmera existência,
   Mariposinha fugaz,

"– Deixa-me, Senhor, diluir-me
   Em Tua Eterna imensidão! ...
   Não é já a hora de que a gota
   Retorne a seu manancial? ...

"– Não é já a hora de que a faísca
   Se refunda no vulcão? ...
   Não pode a mariposa
   Suas tênues asas dobrar? ...
   ....

"– Sou viajante fatigado,
   Tremem cansados meus pés ...
   Dize-me, Senhor, que repouse
   No umbral de Teu Reino! ...

"– Que este coração adormeça,
   Que cesse já de bater! ...
   Amou tanto nesta vida,
   Não é já a hora de dormir? ...

"– Que tua voz me chame baixinho,
   Que teu amor ouça minha súplica! ...
   Senhor! Espero que chames!
   Senhor! ... Senhor! ... Até logo! ...

"O Ancião, por cujo nobre e formoso semblante corriam lágrimas de emoção, tomou sua lira para cantar a meia-voz as estrofes que havia escrito; mas a voz divina que havia evocado tão intensamente o chamou nesse instante, e a nobre cabeça coroada de cabelos brancos inclinou-se pesadamente sobre aquela lira de ouro, oferenda de seus amigos, na qual tanto havia cantado a tudo o que de grande e belo encontrara em sua vida.

"Assim morreu Bohindra, o mago do amor, da fé e da esperança sempre renovada e florescente. Assim morreu esse genial organizador de nações, de raças e de povos que, sem deitar por terra limites nem barreiras, soube encontrar o segredo da paz e da felicidade humanas no respeito mútuo dos direitos do homem, desde o mais poderoso até o menor, desde o mais forte até o mais débil.

"Bem se pode dizer que foi Bohindra quem estabeleceu os alicerces do augusto templo da fraternidade humana, delineada, desde épocas distantes, pelo Espírito-Luz, Instrutor e Guia desta Humanidade.

"Poucos momentos depois, corria, como uma onda de angústia pelos vastos pavilhões, pórticos e jardins do grande Santuário de 'A Paz', a infausta notícia. Como avezinhas feridas, agruparam-se todos em torno da rainha Ada, que, apoiada em Abel, em Adamu e em Évana, devia fazer frente à penosa situação criada pelo desaparecimento do grande homem que havia levado, até então, o timão da civilização humana naquela época.

"Um numeroso grupo de Kobdas jovens, formados na escola de Bohindra, apoiaria os familiares do extinto no caso de que as circunstâncias os pusessem novamente à frente da Grande Aliança das Nações Unidas.

"O clamor imenso dos povos, órfãos de seu grande condutor, designou, como em uma ovação delirante, o jovem Abel, filho de Adamu e Évana, para suceder ao incomparável Bohindra, que encontrara no amor fraterno o segredo da felicidade humana.

"O grande Thidalá desaparecido deixava sua esposa viúva, jovem ainda, Ada, mulher admirável que havia feito sentir sua influência sobre as mulheres de todas as condições, e sobre a infância, esperança futura das nações e dos povos. Foi ela a Conselheira Maior do jovem Abel, que reuniu a seu redor, como cooperadores, as mais claras Inteligências daquela época.

"Um agrupamento de mulheres valorosas e decididas havia sido o alento de Bohindra em seus imensos trabalhos. Eram chamadas *Matriarcas*, e várias delas eram dirigentes de povos que, por diversas causas, tinham ficado sem seus chefes.

"Dentre essas Matriarcas, o jovem Apóstolo da Verdade escolheu duas, que, em união com a rainha Ada, foram, daí em diante, seu apoio e seu sustento entre os povos que o haviam proclamado Chefe Supremo da Grande Aliança.

"Essas mulheres foram *Walkíria de Kifauser*, soberana dos países do Norte, entre o Ponto Euxino e o Cáucaso, e *Solânia de Van*, Matriarca de Corta-Água e de todo o Norte Africano, desde os países do Nilo até a Mauritânia."

— E esse Corta-Água, que paragem ou cidade era? — interrogou Nicodemos, interrompendo a leitura.

— Era o Santuário, do qual a Matriarca Solânia semeava o amor fraterno civilizador de povos, que estava edificado sobre o imenso penhasco onde hoje aparece *Cartago (*)*, vocábulo abreviado e derivado de "Corta-Água", que alude, sem dúvida, à atrevida audácia com que o penhasco penetra no mar, como um verdadeiro rompeonda — respondeu Jhasua, que estava bastante familiarizado com denominações de povos e lugares pré-históricos que apareciam naqueles velhos relatos de um passado remoto.

— Dessas *"Escrituras do Patriarca Aldis"* foram tiradas cópias, ou estamos em poder do original? — interrogou Nicodemos.

— Isso não podemos saber — respondeu Jhasua —, mas é lógico supor que tirariam cópias, pelo menos para cada um dos Santuários Maiores, que eram três: o de Neghadá, sobre o Nilo, que foi onde encontraram a múmia com esses rolos, o de "A Paz", sobre o Eufrates, e o do Mar Cáspio. Se o que temos no Arquivo do Tabor é só uma dessas cópias, não o podemos saber por enquanto. Mas, tampouco, isto

---

(*) Estava localizada numa península perto de onde fica Túnis. Seu nome na antiguidade era "Kart-Hadatsch" (N.T.).

interessa muito, visto que original ou cópia nos relata a verdadeira história das origens da atual civilização.

— Esses papiros — observou Nicolás — devem ter sua história, e seria interessante conhecê-la para se ter um argumento mais a favor de sua veracidade.

— Certamente — respondeu Jhasua —, e meus Mestres Essênios, que, em questão de investigações, não têm falta de ânimo, já fizeram aquilo que julgaram oportuno ao doador desse tesouro, o sacerdote de Homero, Menandro, que, embora grego de origem, passou quase toda sua vida na ilha de Creta, onde constituiu um lar. Sua afeição em colecionar escrituras e gravações antigas tornou-o um personagem muito conhecido que levava uns e outros a procurá-lo, quer para oferecer-lhe antiguidades para seu Arquivo-Museu, quer para obter dados de ocorrências determinadas. Como é apaixonado de Homero, seu ilustre antecessor, foi na busca de dados para reconstruir a vida do grande poeta grego que Menandro se entregou, com toda sua alma, à aquisição de quanta escritura ou gravação antiga lhe fosse oferecida. Possuía agentes para este fim em diversas cidades, e ele conta que, um belo dia, se lhe apresentou uma jovem cheia de angústia porque atravessava terrível situação.

"Acabava de morrer o pai dela, deixando-a sozinha no mundo sem nenhuma companhia ou fortuna, a não ser uma grande caixa de carvalho cheia de documentos e gravações em papiros, em cadernetas de tela encerada, e até em placas de madeira. Alguém mencionou que essas coisas podiam representar grande valor para os colecionadores de antiguidades, e aconselharam-na a procurar nosso Menandro em busca de ajuda.

"Interessou-se este tanto pela caixa de carvalho que não só a comprou, como tomou essa jovem por esposa, e ela veio a ser a mãe dos dois únicos filhos que tem. A jovem recordava haver visto essa caixa em poder de seu pai desde que fora capaz de ter conhecimento, e esclareceu que o ouviu mencionar muitas vezes que um sacerdote Kopto a deixara em custódia até o regresso de uma viagem que ia fazer, deixando-lhe ainda algumas moedas de ouro cunhadas em Alexandria com a efígie de Ptolomeu II, em pagamento dos transtornos que aquela caixa lhe ocasionaria.

"Tal é a história dos rolos de papiro, com as 'Escrituras do Patriarca Aldis', e muitos outros documentos referentes ao antigo Egito, como atas da construção de templos, palácios e aquedutos. Muito embora estes últimos não interessem ao nosso fim, servem de reforço à veracidade da origem dessas Escrituras. Há, por exemplo, fragmentos de planos e croquis do famoso Labirinto (*), templo e panteão funerário mandado construir pelo Faraó Amenemhat III, nas margens do Lago Meris. Nesses planos estão indicados os lugares precisos onde se acham guardadas as urnas com as múmias dos Faraós, e os cofres com escrituras de uma antiguidade remotíssima. Meu Mestre Essênio, que esteve quatorze anos fazendo investigações em Alexandria com nosso irmão Fílon, assegura que isso é verdade, e não só tem croquis iguais tirados por eles, como também existem no Tabor Escrituras referentes à fundação de um antigo reino por Menes, com um grande Santuário, ao qual deu o nome de Neghadá. Isto nos faz pensar que o tal Menes, muito anterior aos Faraós, deve ser um elo perdido dos antigos Kobdas de Neghadá, nos vales do Nilo.

"O próprio nome do Lago Meris aparece nessa velha Escritura de Menes, e ele o denomina *filho da Matriarca Merik*, que governava essa região."

(*) Imenso palácio quadrangular (200 x 150 m.) que se erguia no lugar hoje ocupado pela aldeia de Hawara, a este do lago Meris, no Egito (N.T.).

— Em verdade, Jhasua — observou José de Arimathéia —, o que nos estás dizendo é de importância capital para todos aqueles que almejam reconstruir sobre bases sólidas o templo augusto da verdade histórica de nossa civilização.

— Tenho mais ainda — disse Jhasua entusiasmado de ver-se compreendido e apoiado por seus antigos amigos de Jerusalém. — É o seguinte: na caixa de carvalho e junto com os papiros do Patriarca Aldis, foram encontrados outros rolos escritos por *Diza-Abad*, os quais tinham sido localizados no Monte Sinai pelos guerreiros do Faraó Pepi I, que conquistaram essa importante península da Arábia Pétrea, há cerca de 3.500 a 4.000 anos. O achado foi feito numa gruta sepulcral perdida entre as ruínas de uma cidadela ou fortaleza, cuja antiguidade não é possível precisar com exatidão.

"O que parece claro é que Diza-Abad esteve ligado aos sábios de Neghadá, e que o Monte Sinai, que Moisés tornou célebre depois, naquela época remota se chamava *Penhasco de Sindi*, e era um terrível presídio para criminosos incorrigíveis.

"Ao narrar parte de sua vida naquele presídio, Diza-Abad faz referências de passagem ao *Pangrave Aldis*, que estivera naquela paragem, acompanhando seu neto Abel. Menciona ainda os nomes de Bohindra, Adamu, Évana e outros personagens, aos quais ficou devendo a reconstrução de sua própria vida.

"Essa Escritura, ainda que, para nós, não tenha tão grande importância como a outra, reforça-a e a confirma admiravelmente, dando-lhe vida real, lógica e continuidade."

— Verdadeiramente, Jhasua, trazes um descobrimento formidável — disse Nicolás — e estou tão entusiasmado que até me está ocorrendo que deveríamos abrir uma aula para explicar a história de nossa civilização.

— Mas não em Jerusalém, por favor! — objetou Gamaliel entre sério e risonho. — Jerusalém tem pânico desta classe de assuntos. Jerusalém só é boa para assassinar Profetas e sábios, e para degolar touros no templo, aos milhares, e negociar imediatamente suas carnes.

— Em Jerusalém, não; no entanto, poderia ser em Damasco, minha terra natal — observou Nicolás. — Damasco não está sob o jugo do clero de Jerusalém, mas sob o Legado Imperial da Síria, que não se mistura, de modo algum, com assuntos ideológicos, contanto que se aceite submissamente a autoridade do César.

— Ou, também, em Tarso — disse novamente Gamaliel —, onde existem grandes Escolas de Sabedoria e uma febre de conhecimentos, como não há, no momento, em nenhuma outra parte. Há quem assegure que Alexandria não leva muita vantagem sobre Tarso no que se refere a estudos superiores.

— Com o Mediterrâneo pelo meio, as duas cidades se olham frente a frente como boas amigas que se falam de balcão a balcão — disse Nicodemos, comprazendo-se em extremo com o ponto a que havia chegado a conversação. — E pensar, Jhasua — acrescentou —, que tu, um jovenzinho com apenas 18 anos, havias de ser o condutor deste fio de ouro, que nos coloca em contato com uma verdade pela qual muitos homens morreram, buscando-a sem poder encontrá-la entre os escombros formados pela ignorância e o fanatismo das massas embrutecidas. Preferem comer e dormir tranquilos, em vez de molestar-se removendo ruínas para encontrar a Verdade.

— Bendigamos ao Altíssimo que nos permitiu este supremo gozo espiritual — disse o jovem Mestre, comovido, por sua vez, ante a lembrança de tantos mártires da Verdade que realmente haviam sido sacrificados nos últimos tempos, por haverem começado a remover os escombros encobridores de uma verdade que deixava em crítica situação os velhos textos hebreus, venerados como livros sagrados de origem divina.

A conversação havia chegado aqui, quando Joseph se apresentou no cenáculo anunciando que era a hora da ceia. Ana, ajudada por Jhosuelin e Jhasua, começaram os preparativos sobre a grande mesa central, onde, até há alguns momentos, estiveram disseminadas as cópias com que Jhasua obsequiava seus amigos.

– Alimentar primeiramente o espírito e, em segundo lugar, a matéria é a sublimação da vida humana – disse José de Arimathéia, ocupando o lugar que lhe fora designado.

Durante a refeição não se falou nada, absolutamente, daquilo que ocupava o pensamento dos quatro viajantes; no entanto, quando ela terminou e os familiares de Jhasua se retiraram, o modesto cenáculo nazareno voltou a ser a aula onde um punhado de homens maduros, em torno de um jovem de 18 anos, buscava afanosamente uma verdade que, qual pérola de grande valor, se achava perdida há muitos séculos. Lutavam eles para desenterrá-la dos escombros amontoados pelas hecatombes que haviam açoitado a Humanidade, e também por sua própria inconsciência, que a tornava incapaz, em sua grande maioria, de levantar bem alto a tocha de sua inteligência para encontrar novamente o caminho esquecido.

Então Jhasua, em meio ao silêncio solene que precede a aparição de uma verdade há longo tempo desejada, reiniciou assim a interrompida leitura das "*Escrituras do Patriarca Aldis*":

"Os países dos três Continentes que formavam a Grande Aliança das Nações Unidas viram-se intimados, através de seus representantes, a comparecer ante a Sede Central do Conselho Supremo. Essa Aliança tinha sido estabelecida há 25 anos no Grande Santuário de 'A Paz', na formosa e fértil planície entre o Eufrates e o Hildekel (*), pouco antes de se reunirem esses dois rios no vigoroso delta que desemboca no Golfo Pérsico. Pedia-se-lhes o concurso para que fosse estabelecido o novo Conselho Supremo para continuar a obra civilizadora de paz e concórdia iniciada por Bohindra, a qual havia anulado as prepotências, os despotismos e as escravidões; numa palavra: a injustiça exercida pelos poderosos em detrimento das massas embrutecidas pela ignorância e a miséria. Dos países do Ponto Euxino e do Mar Cáspio, bem como desde o Iran até as terras do Danúbio, pelo norte, como também desde o Nilo até a Mauritânia sobre as Colunas de Hércules, pelo sul, viram reunir-se no Mediterrâneo frotas de barcos que ancoravam em Dhapes, importante porto do País de Ethea (**), onde terminava o percurso das caravanas mensais que cruzavam toda a imensa pradaria do Eufrates, as quais conduziam os viajantes até os pórticos de 'A Paz'.

"Repetia-se, grandemente aumentada, a cena de 25 anos atrás, quando os caudilhos, príncipes ou chefes de tribos se reuniram ao redor do branco Santuário, abrindo suas tendas sob os platanares que o rodeavam, para depositar sua confiança e sua fé num homem que havia encontrado o segredo da paz e da abundância para os povos. Aquele homem era Bohindra. Ele já não estava mais sobre a Terra; entretanto, ficava um descendente seu, um bisneto: Abel, que, embora contasse apenas 28 anos, era conhecido por todos os povos da Aliança, aonde fora enviado desde que completara 20 primaveras, na qualidade de mensageiro e visitante de povos, como portador dos afetos e solicitudes do Kobda-Rei para todos os países da Aliança.

"Em quem, pois, haveriam de pensar, senão em Abel, no qual viam refletida a nobre grandeza de Bohindra e seu heróico desinteresse para solucionar as mais

---

(*) Atual Rio Tigre (N.T.).
(**) Fenícia na época de Jhasua. Hoje é a faixa de terra abrangendo parte da costa da Síria e parte do Líbano (N.T.).

difíceis situações e evitar lutas fratricidas entre povos irmãos? Novamente, sob os platanares que rodeavam qual imenso bosque o Santuário de 'A Paz', ouviram-se os mesmos clamores de vinte e cinco anos atrás:

"– Paz e concórdia para nossos povos! ... Paz e abundância para nossos filhos!

" 'Abel, filho de Adamu e Évana, bisneto do grande Bohindra, que levas seu sangue e uma alma igual à sua! ... Abel! Abel! Serás aquele que encherá o vazio deixado em nosso meio pelo grande homem que nos deu a felicidade! – Um clamor ensurdecedor formou algo como orquestra formidável quando terminaram aquelas palavras.

"A Rainha Ada, envolta em seu manto branco de Matriarca Kobda, apareceu na grande janela do Santuário com Abel a seu lado.

"Seguiam-na Adamu e Évana que completavam a família carnal do grande Thidalá desaparecido. As aclamações eram delirantes, e os príncipes e caudilhos entraram pelos Pórticos do Santuário, invadindo os grandes aposentos até encontrar-se com Abel a quem estavam procurando.

"A Rainha Ada apresentou-lhes, sobre o grande livro da Lei da Aliança, a coroa de lótus feita de nácar e esmeraldas, e também a estrela de turquesa que, vinte e cinco anos antes, haviam entregue a seu esposo como símbolo da suprema autoridade que lhe outorgavam.

"Os Príncipes, de pleno acordo, disseram:

"– És Rainha e Matriarca Kobda, a fiel companheira do homem que nos deu a paz e a felicidade. Que tu mesma faças entrega a nosso escolhido desses símbolos da Suprema Autoridade que lhe concedemos.

"Abel, mudo, sem poder articular palavra alguma em virtude da emoção que o embargava, dobrou um joelho em terra para que a Rainha Ada lhe colocasse o diadema de lótus sobre a fronte e lhe prendesse sobre o peito a Estrela de cinco pontas, a qual, segundo a tradição, o assemelhava a Deus que tudo vê e tudo sabe.

"– A paz foi novamente assegurada! A felicidade de nossos povos foi reconquistada! – exclamaram, em todos os tons, os príncipes da Aliança.

"Assim, ao supremo poder chegou Abel, filho de Adamu e Évana, nascido numa caverna do País de Ethea, entre uma manada de renas e distante do resto da Humanidade, que por muito tempo ignorou-lhe o nascimento.

"Era ele o Homem-Luz enviado pela Eterna Lei para guiar os homens pelos caminhos do bem, do amor e da justiça.

"Seu primeiro pensamento, como Chefe Supremo da Grande Aliança, foi este: 'Antes de tudo, sou um Kobda possuidor dos segredos da Divina Sabedoria.' Este pensamento envolveu todo o seu ser com uma auréola de luz e amor, que o conduziu até o Pavilhão da Rainha Ada, a qual encontrou de pé junto ao sarcófago do seu falecido Rei, ternamente ocupada em pentear sua branca cabeleira que, como uma madeixa de neve, coroava-lhe a nobre cabeça. Haviam passado os setenta dias do costumeiro embalsamamento.

"– Meu Rei – dizia ela a meia-voz, enquanto suas lágrimas caíam suavemente como gotas de orvalho sobre um ramalhete de rosas brancas. – Meu Rei! ... Não pensaste, sem dúvida, em mim, que ficava sozinha no meio de povos e multidões, que me amavam pelo teu intermédio.

" 'Acolheste-me sob o teu amparo, nos meus 14 anos e, em vez de escrava que pensava ser, me colocaste num altar como uma imagem de ternura, à qual deste o culto reverente de um amor como não há outro igual na Terra! ... E agora, meu Rei ... e agora? ...'

"– Agora estou eu aqui, minha Rainha, a teu lado, como filho de teu Rei, que te conservará para toda sua vida no mesmo altar em que ele te deixou – disse Abel da porta da câmara mortuária. – Permites que eu entre?

"– Entra Abel, meu filho, entra, porque contigo não rezam etiquetas – respondeu Ada sem voltar a cabeça, para ocultar seu pranto.

"O jovem Kobda entrou e, ajoelhando-se a seus pés, falou assim:

"– Tenho duas mães nesta minha vida: tu e Évana. Assim como o meu primeiro pensamento foi dedicado a ti, que o teu seja para mim e que teu primeiro ato de rainha-viúva seja para me adotar neste momento, ante o cadáver de nosso Rei, como um verdadeiro filho a quem protegerás com o teu amor durante toda a tua vida.

"O pranto contido de Ada desatou-se numa explosão de soluços sobre a cabeça de Abel, que recebeu esse batismo de lágrimas com o profundo sentimento de amor reverente e piedoso com que recebera, anos atrás, em suas 12 primaveras, a túnica azulada, a qual o iniciava nos caminhos de Deus.

"– Abel, meu filho – disse a Rainha –, serias tu quem por primeiro haveria de receber toda a dor que asfixiava meu coração.

"Estendendo ambas as mãos sobre aquela ruiva cabeça inclinada diante de si, lhe disse:

"– A partir deste momento, ficas em meu coração como filho de Bohindra, meu Rei, e nunca mais me afastarei de teu lado.

"Combinaram os dois, em seguida, que na grande Mansão da Sombra (*) do Santuário deveriam reunir-se todos os Kobdas, homens e mulheres, para fazer uma concentração conjunta com o fim de ajudar o espírito do Kobda-Rei a encontrar em plena lucidez seu novo caminho no mundo espiritual.

"Quando ressoou o toque de chamada, todos estavam aguardando, já vestidos com as túnicas brancas dos grandes acontecimentos, e a grande sala de oração viu-se invadida de imediato por aquela afluência branca a entrar em filas de dez em dez, de acordo com o hábito.

"No final entrou a Rainha Ada envolta em seu branco manto de Matriarca Kobda, e, atrás dela, Évana, Adamu e Abel.

"Aquele que isto escreve, ocupava na época um lugar no Alto Conselho do Governo que havia sido formado ao redor de Bohindra e, por ser ele o mais idoso, correspondia-lhe de direito ocupar o lugar do Patriarca desaparecido. No entanto, um íntimo sentimento de respeito para com a dor da Matriarca Ada o impediu de ocupá-lo, e o lugar de Bohindra ficou vazio ao seu lado. Sobre um dos braços da poltrona estava apoiada a sua lira, que ele sempre usava para as melodias da invocação.

"Qual não foi o assombro e a emoção de todos quando, pouco depois de se fazer a penumbra, sentiu-se a suavidade inimitável da lira de Bohindra, preludiando sua melodia favorita: '*Vem, Senhor, que te espero.*'

"No maior silêncio, apenas movendo-nos imperceptivelmente uns após os outros, comprovamos a sutil materialização do espírito do Kobda-Rei, que ocupava o lugar ao lado de sua fiel companheira e executava sua mais sublime invocação à Divindade.

"Poucos momentos de emoção como esse presenciei em minha vida. Juntos havíamos suportado lutas espantosas. Juntos havíamos sido felizes. Bohindra fora, pois, para mim, um irmão em todo o alcance desta palavra.

(*) Era o Santuário propriamente dito: o ambiente destinado à meditação e oração (N.T.).

"A Rainha Ada e todos os sensitivos haviam caído em transe e ajudavam, sem dúvida, essa materialização tão perfeita como não recordamos haver visto outra há muito tempo.

"O pranto silencioso de todos tornava mais intensa as ondas sutis daquele ambiente de Céu na Terra, produzido pelo amor de todos para com o Kobda-Rei, que possuíra, em grau máximo, o poder e a força de se fazer amar por todos os que o conheceram.

"Abel se aproximou, finalmente, da formosa aparição, a qual, por sua extrema brancura, parecia formar luz na penumbra violeta do Santuário. Quando terminou a melodia, a lira ficou sobre o assento da poltrona, e a visão, já quase convertida apenas num halo de claridade, envolveu a rainha Ada e Abel, ajoelhado a seus pés, e logo se evaporou na penumbra da grande sala de oração, onde todos pensamos a mesma coisa:

" 'Quão grande foi o amor de Bohindra que o tornou senhor dos poderes de Deus!'

"Tamanha foi a saturação de amor daquela inolvidável aparição espiritual, que todos dela saíram sentindo-se capazes de se tornarem redentores de homens pelo sacrifício e pelo amor.

"A partir desse momento, começaram as grandes atividades de Abel, que, com o apoio e o concurso de todos, veio a cumprir os programas de Bohindra em benefício dos povos da Aliança.

"A Fraternidade Kobda, reforçada pela união com os últimos Dackthylos da Ática, tornou-se maior ainda graças ao elemento feminino, trazido ao Santuário de 'A Paz' pela Matriarca Walkíria, cuja grandeza atraiu muitas mulheres dos países do gelo a vestirem a túnica azulada das obras do pensamento.

"O Alto Conselho do Santuário, totalmente reunido, ouviu a palavra de Abel a dizer:

"– Os Chefes e Príncipes dos povos designaram-me sucessor do Kobda-Rei pelo fato de levar em minhas veias o seu sangue, que representa para eles como um direito de minha parte e uma garantia de que serei justo como ele o foi. As multidões que não têm a nossa educação espiritual não podem mudar radicalmente seu modo de pensar referente a este ponto, mas nós, que estamos convencidos de que o Bem como o Mal têm sua origem na alma, princípio inteligente do homem, devemos agir de acordo com a nossa convicção.

" 'Isto quer dizer que eu necessito que sejais vós, meus irmãos de ideais e de convicções, quem deve dizer e resolver se me cumpre ou não ocupar o lugar do Kobda-Rei nesta hora solene da atual civilização.'

"Hilcar de Talpaken, o sábio Dackthylo, que, desde sua chegada da Ática, ocupava o posto de Consultor do Alto Conselho, aconselhou a conveniência de não ser contrariada a vontade dos Príncipes da Aliança quanto à designação de Abel. Para aquietar os temores do jovem Kobda, propôs ele que se procedesse tal como há vinte e cinco anos atrás, ou seja, que o Alto Conselho de Anciãos fosse quem apoiaria o jovem em tudo quanto se relacionasse com o mundo exterior. Dessa maneira, seriam eliminadas as inquietações de Abel, que descarregaria parte do grande peso do governo sobre os dez Anciãos cheios de sabedoria e prudência, os quais seriam assessores seus, em quem poderia confiar plenamente.

"Esta solução proposta por Hilcar foi aceita por todos, muito embora fosse indispensável que, ante a Grande Aliança, Abel só aparecesse como laço de união entre os povos dos três Continentes que o haviam proclamado Chefe Supremo em substituição a Bohindra."

Aqui terminava um dos papiros do Patriarca Aldis, e Jhasua o enrolou, deixando seus amigos profundamente pensativos ante a verdadeira história que, até então, haviam desconhecido completamente.

Aqueles quatro doutores de Israel, habituados a esmiuçar suas sagradas escrituras ponto por ponto, procurando deslindar o verdadeiro do fictício, viram-se de repente ante um monumento histórico que abria horizontes imensos às suas aspirações por muito tempo silenciadas pela incógnita da Esfinge que nada respondia às suas perguntas.

Diante do jovem Mestre silencioso, os quatro amigos traziam ao espelho iluminado de suas recordações certos dados verbais que a tradição oral havia conservado vagamente, bem como fragmentos de escrituras armênias e de gravações em argila, encontradas entre as ruínas da antiga Kalac, de Nínive, das antiqüíssimas Sirtella e Urcaldia na Assíria e na Caldéia, bem como de Mênfis e Rafia no Baixo Egito. Templos, como fortalezas, cujas ruínas tinham uma eloqüência muda; pedras que falavam muito alto com seus hieróglifos apenas decifráveis, mas o bastante para que espíritos analíticos e raciocinadores compreendessem que a espécie humana sobre a Terra datava não apenas de cinco mil anos, como apregoavam os livros hebreus, mas de imensas épocas que não podiam ser precisadas.

Os sepulcros das cavernas, com suas múmias acompanhadas de instrumentos musicais, de ferramentas e jóias, falavam também de antigas civilizações desaparecidas, cujos vestígios haviam ficado sepultados parcialmente nas areias movediças dos desertos, entre as grutas das montanhas e até no fundo dos grandes lagos mediterrâneos que, ao secarem, deixaram a descoberto vestígios inconfundíveis de obras humanas por cima das quais haviam passado milhares de séculos.

A imaginação do leitor vê certamente neste instante erguer-se majestosa, ante os quatro doutores de Israel, a figura augusta da História, assinalando com seu dedo de diamante a velha rota da Humanidade sobre o Planeta Terra. Do mesmo modo como o leitor o vê, assim o viram eles, e seu entusiasmo foi crescendo de intensidade até o ponto de fazerem ali mesmo um pacto solene de buscar o encadeamento lógico e razoável de quantos dados ou indícios encontrassem, para reconstruir sobre bases sólidas a verdadeira História da Humanidade na Terra.

— Nosso irmão Fílon trabalha ativamente neste sentido — observou Jhasua. — Ele dispõe de uma vintena de companheiros que percorrem o Norte da África, em busca desses vestígios que vós também desejais encontrar. Meu Mestre Nasan, aquele que esteve 14 anos em Alexandria, tem que ir novamente daqui a três anos, em cumprimento de um convênio com Fílon, idêntico a este que fazeis neste instante.

— E em que consiste esse convênio? — interrogou Nicodemos.

Sem deixá-lo terminar, respondeu Jhasua:

— Em que Fílon no Egito, repleto de recordações e de vestígios, como Nasan na Palestina e na Mesopotâmia, buscariam os vestígios verdadeiros desse remoto passado, que aguçam a curiosidade de todos os buscadores da Verdade.

— Em três anos teremos o tempo suficiente para estudar o Arquivo procedente de Ribla, e que deverá dar-nos a Luz a ser levada com bagagem à grande reunião de Alexandria — observou Nicolás de Damasco.

— Combinado. Teremos uma reunião na cidade de Alexandre Magno para dentro de três anos — disse José de Arimathéia bastante entusiasmado.

— Quando, então, eu terei 21 anos de idade — acrescentou Jhasua —, motivo por que julgo que valerei algo mais do que agora, pois saberei muito mais.

— E eu — disse o tio Jaime que, até então, se havia limitado a ser somente um ouvinte —, não poderia pertencer à comitiva?

— Sim, se lhe interessar esse trabalho. De nossa parte, não recusamos ninguém — respondeu José.

— Se não me interessasse, eu não estaria aqui. Meu propósito é facilitar o caminho de Jhasua, que, acompanhado por mim, não encontraria certamente dificuldades da parte de seus familiares.

— Tu também virás, Jhosuelin — disse Jhasua a seu irmão ali presente como uma figura silenciosa, que não perdia uma só palavra de tudo quanto se falava.

— Três anos representam muito tempo para saber ao certo se irei ou não — respondeu Jhosuelin sorridente, cujos grandes olhos escuros, cheios de luz, o assemelhavam a um sonhador que está sempre olhando muito ao longe. — Se puder, irei — acrescentou em seguida.

Sete meses depois, o jovem caiu vencido pela enfermidade do peito, ocasionada por aquele golpe de uma pedra lançada contra Jhasua e que Jhosuelin recebera em pleno tórax.

— Bem — disse José —, não percamos, pois, de vista este acordo. Aqueles que, dentre nós, estiverem em condições físicas seguirão à cidade de Alexandria para a reunião que faremos realizar daqui a três anos, ou seja, daqui a trinta e seis luas.

Como a hora já estava avançada, poucos momentos mais tarde todos descansavam na tranqüila casinha de Joseph, o artesão de Nazareth.

Três dias depois, os quatro viajantes regressavam a Jerusalém, satisfeitos pela grande descoberta e levando as cópias que Jhasua lhes havia presenteado.

Levavam, ainda, a promessa de Myriam e de Joseph, de que passados três meses, deixariam o jovem Mestre regressar ao Tabor, aonde Nicolás de Damasco e Nicodemos haviam combinado acompanhá-lo com o fim de estudar o Arquivo, se os Anciãos do Santuário o permitissem.

Nazareth

Os três meses de permanência em sua cidade natal foram para Jhasua de um ativo apostolado de misericórdia. Dir-se-ia que, inconscientemente, preparava ele mesmo as multidões que o ouviriam doze anos depois.

Acompanhado dos Terapeutas-Peregrinos, exerceu com êxito suas forças benéficas em inúmeros casos que passaram sem publicidade, atribuídos aos remédios com que os Terapeutas curavam todos os males. Ainda quando os benéficos resultados fossem ocasionados por força magnética ou espiritual, convinha, por enquanto, não despertar o alarme que naturalmente ocorre com fatos que, para o comum das pessoas, são milagrosos.

Visitou as pequenas povoações daquela região, em todas as quais tinha amizades e familiares que o amavam ternamente. Simão, que possuía sua casa perto do Lago Tiberíades, hospedara-o muitas vezes e provou ao jovem Mestre que aquela lição que lhe dera anos atrás, sob as árvores da entrada ao Tabor, havia sido muito eficaz.

— Nunca mais eu proferi uma única mentira, Jhasua — esclareceu Simão, o futuro apóstolo Pedro.

— Boa memória tens, Simão. Eu já não me lembrava mais dessa passagem que tanta impressão te causou. — Ao dizer isto, Jhasua irradiou sobre aquele homem simples e bom tão grande ternura que, sentindo-a profundamente, disse Simão comovido:

— És, em verdade, um Profeta, Jhasua. Apenas estou próximo de ti, sinto que se avivam em mim os remorsos pelos meus descuidos nas coisas da alma e me invadem grandes desejos de abandonar tudo para acompanhar-te ao Santuário.

— Cada abelhinha na sua colmeia, Simão. Não é o Santuário que torna os homens justos; os justos é que fazem o Santuário.

"Se cumprires teus deveres para com Deus e os homens, tua própria casa pode ser um Santuário. Também, a tua barca, que é teu elemento de trabalho, pode ser um Santuário.

"Este mesmo lago do qual tiras o alimento para o teu sustento e o dos teus, é outro templo onde o Altíssimo faz sentir a Sua presença a cada instante.

"Levamos dentro de nós mesmos a grandeza e a bondade de Deus, e elas se exteriorizam na medida do nosso amor a Ele."

— Daqui a três dias, será o casamento do meu irmão Andrés, e ele quer que nesse dia venhas ter conosco. Virás, Jhasua?

— Virei, Simão, e com muito gosto.

— A noiva é uma linda jovem que conheces, embora eu não saiba se te recordarás dela, Jhasua.

— Vejamos. Dize-o, que eu tenho boa memória.

— Lembras-te daquela pobre família que vivia do trabalho do pai no moinho, um homem que foi preso por causa de um saquinho de farinha que levara para seus filhos?

— Lembro-me, sim. A esposa estava doente, e as crianças eram cinco.

"O menor era Santiaguinho, que corria sempre atrás de mim. Lembro-me de tudo, Simão."

— Pois bem, a menina maior é a que se casará com meu irmão Andrés. Nesse dia estarão todos eles aqui, e terão um dia de felicidade completa, se estiveres conosco.

— Virei, Simão, virei. É vontade do Pai Celestial que todos nos amemos uns aos outros, e que não menosprezemos jamais a felicidade grande ou pequena que possamos proporcionar a nossos semelhantes.

— A mãe sarou de seu mal e, por intercessão dos Terapeutas, foi reparado o dano causado ao pai, que agora tem um bom emprego no mesmo moinho — continuou dizendo Simão, que apreciava a satisfação com que Jhasua ouvia as notícias de suas antigas amizades.

Ao visitar a casa de Zebedeu e Salomé, encontrou o pequeno João com um pé deslocado por uma queda. O pequenino, que já tinha sete anos, pôs-se a chorar amargamente quando viu Jhasua aproximando-se dele.

— Não estavas aqui, Jhasua, por isto meu pé quebrou — disse entre lágrimas.

— Isto não é nada, Joãozinho, e é vergonhoso um homem chorar como tu. — Assim dizendo, Jhasua sentou-se no bordo do leito onde estava o menino com o pé vendado e colocado entre talas. Desatou as vendas e o pé apareceu inchado e vermelho, resultante da pressão exercida pelas ataduras.

Salomé estava ali e Zebedeu chegou depois.

Jhasua segurou o pé do enfermo durante alguns instantes com ambas as mãos.

— Se o Pai Celestial te curar, que farás em primeiro lugar? — perguntou ao garoto que sorria, porque a dor havia desaparecido.

— Correrei atrás de ti e não te deixarei nunca mais — respondeu o menino com grande veemência.

— Bem, já estás curado; mas não para correr atrás de mim, por enquanto, mas para ajudar tua mãe em tudo quanto ela necessitar de ti.

Joãozinho olhou para o pé, que ainda apresentava sinais das ataduras, mas já não doía. Olhou em seguida para Jhasua e para a mãe, como duvidando do que via.

— Vamos, desce da cama — disse Jhasua — e vai apanhar cerejas no horto, que já as vejo bem maduras.

Joãozinho pôs-se de pé e abraçou-se a Jhasua chorando.

— Estou curado, estou curado, e passei tantos dias padecendo porque não estavas aqui, Jhasua! Somente porque não estavas aqui!

Enternecida, a mãe sussurrou a oração de gratidão ao Senhor pela cura do filho, o pequeno, o mimoso, aquele que haveria de amar tão ternamente ao Homem-Luz que este chegaria a dizer que *"João era a estrela do seu repouso"*.

— Jhasua é um Profeta de Deus — disse Zebedeu a Salomé, sua mulher —, porque o alento divino o segue por toda parte. Os pescadores do lago julgam que é Eliseu, porque ele descobre tudo. Nada pode ser-lhe ocultado. Outros dizem que é Moisés, porque manda sobre as águas.

— Como é isso? — indagou Salomé. — Nada me havias dito!

— Porque os Terapeutas nos mandam silenciar. Há três dias fez subir a água até o *barco grande*, onde se achavam encalhadas duas barcas, e seus donos desesperados choravam porque essa era toda a sua fortuna e seu meio de ganhar o pão. As tormentas lhe obedecem e o vento de ontem que fazia soçobrar as barcas acalmou-se imediatamente, nem bem ele chegou à margem do lago.

"Está correndo a notícia de que o filho de Joseph é um Profeta."

Este breve diálogo aconteceu na casinha de Zebedeu, junto ao Lago Tiberíades, enquanto Jhasua, debaixo das cerejeiras do horto, recebia numa cesta de junco as frutas que o pequeno João deixava cair aos punhados do alto das árvores.

Foi nesta breve estada de Jhasua em sua cidade natal que despertou na Galiléia um pensamento adormecido desde os primeiros dias do seu nascimento, durante os quais houve ocorrências estranhas na casinha de Joseph. No entanto, já haviam passado dezoito anos, e as pessoas esquecem logo o que não afeta a ordem material de suas vidas.

Também ficaram adormecidas ou semi-esquecidas essas ocorrências no silêncio essênio, reservado e cauteloso naquela hora de insegurança em que todos viviam, de uma parte, sob o jugo estrangeiro, e da outra, sob o chicote de aço do clero de Jerusalém, que castigava com severíssimas penas todo aquele que, fora dos círculos do Templo, permitisse em si mesmo manifestações de poderes divinos.

As autoridades romanas haviam deixado aos Pontífices de Israel toda autoridade para julgar o povo. Apenas haviam retirado deles o poder de aplicar a pena de morte. Contudo, o confisco de bens, as prisões, as torturas e os açoites eram exercidos com uma facilidade e freqüência que mantinham espantados os hebreus das três regiões habitadas por eles: Judéia, Galiléia e Samaria.

Isso explicará ao leitor o silêncio que os Terapeutas mandavam guardar com referência aos poderes superiores que começavam a manifestar-se em Jhasua.

A cidade de Tiberias, construída sobre a margem ocidental do lago, e recentemente concluída em toda a magnificência de sua faustosa ornamentação, era o ponto mágico que tinha o poder de atrair, através da curiosidade, os simples galileus que não tinham visto jamais coisa semelhante.

Muito embora os anátemas do clero contra *"A obra pagã, inspiração de Satanás"*, conforme diziam, retraísse um tanto os mais tímidos, esse temor foi desaparecendo pouco a pouco, até o ponto de ser insignificante o número dos que não tinham chegado a conhecer a dourada cidade, orgulho de Herodes.

Em determinadas épocas do ano, principalmente na primavera e no verão, era ali o ponto de reunião dos cortesãos e cortesãs de Antipas ou Antípatro, como de um modo mais familiar era chamado o filho de Herodes o Grande, que aparecia como rei daquela província, não obstante sua autoridade estar limitada por duas outras mais fortes: a do governador romano, representante do César, e a do clero de Jerusalém, que, para os hebreus, representava a temida Lei de Moisés.

Nessas épocas, o Lago Tiberíades deixava de ser o tranqüilo cenário dos pescadores, para converter-se em espelho encantado, onde se refletiam as faustosas embarcações encortinadas da púrpura e turquesa dos cortesãos do rei.

As festas e orgias começadas nos palácios, nas termas ou sob as colunatas de mármore com teto de quartzo a brilharem sob o sol do verão, continuavam sobre o lago, que, iluminado por tochas, adquiria um aspecto fantástico e encantador.

Emissários reais acudiam solicitamente para limpar o lago das sujas barcaças dos pescadores quando ia realizar-se alguma festa sobre as águas.

Um dia, aconteceu que Jhasua com seu tio Jaime e Jhosuelin foram visitar as famílias amigas das margens do lago, nas quais havia alguns enfermos. Os Terapeutas que cuidavam dessa região estavam de viagem por outras cidades, e Jhasua julgou-se obrigado a remediar a necessidade de seus irmãos.

Logo em seguida, os pescadores o informaram que, em vista dos fortes ventos dos dias passados, não tinham podido sair para estender as redes e, nesse dia, que surgira formoso e sereno, já havia vindo a ordem de Tiberias para que nenhum pescador das redondezas da grande cidade saísse ao lago ou deixasse suas redes estendidas.

— Para nós ele é a vida, é o pão, é o lume do nosso lar – disseram, queixando-se amargamente. — Eles têm seus palácios, seus parques, suas praças e passeios. Nós só temos o lago que nos dá o sustento de cada dia, e até isto nos tiram os grandes magnatas, enfastiados de tudo.

O coração de Jhasua sentia esse clamor e rebelava-se ante a injustiça dos poderosos, que não podiam ser felizes a não ser causando dor aos humildes.

— A que horas – perguntou – são as festas da corte?

— Iniciam ao entardecer e prolongam-se durante toda noite. Já estão colocando os postes para as tochas.

— Vossas necessidades estão acima das festas dos cortesãos do rei – disse. – Deus manda mais que todos os reis da Terra, e Deus dá seus poderes divinos a todo aquele que sabe empregá-los no cumprimento de Sua Vontade.

"Tende fé em Deus, pois Ele é vosso Pai e olha mais para vossas necessidades que para o capricho voluptuoso das pessoas que vivem unicamente para seus prazeres."

A forma como Jhasua falou assustou a todos, pois pensavam que ele fosse entrevistar-se com os empregados reais que colocavam tochas e galhardetes desde a cidade até longa distância.

— Que vais fazer? – perguntou seu tio Jaime.

— Tu e Jhosuelin, vinde comigo. Todos vós entrai em vossas casas, e orai a Jehová para que faça justiça neste caso – disse ele resolutamente.

Possuído de uma força e energia visível para todos, subiu a uma barquinha amarrada na costa, sendo seguido pelo tio Jaime e por Jhosuelin.

Estenderam o rústico toldo de lona para resguardá-los do sol, e Jhasua sentou-se comodamente fechando os olhos.

Emanava dele uma vibração tão poderosa que o tio Jaime e Jhosuelin caíram sob a sua ação e ficaram profundamente adormecidos.

Quando despertaram, o céu estava cinzento e ameaçava chuva. Haviam passado somente duas horas.

— Vamos — disse Jhasua. — A Vontade de Deus pode mais que a dos homens.

— Parece que teremos chuva — disse o tio Jaime, compreendendo o que ocorria, ou seja, que seu grande sobrinho estava pondo em jogo os poderes superiores que desenvolvera em grau máximo, e que, quando é de justiça, se manifestam em favor daqueles que o necessitam e merecem.

Jhasua conservou-se silencioso e, quando chegaram à casa dos pescadores, encontraram todos contentes, preparando suas redes para saírem ao lago.

— Ides sair agora para estender as redes? — perguntou Jhosuelin.

— Claro está que vamos sair! Não vês que os homens da cidade retiram seus apetrechos de festa porque temem a chuva?

Efetivamente, estavam recolhendo os galhardetes e as tapeçarias. As balsas convertidas em plataforma com mesas e divãs, com dosséis de púrpura e grinaldas de flores, desapareceram rapidamente. O céu estava ameaçador, e a qualquer momento se esperava uma descarga torrencial, pois o ar se havia tornado rarefeito até ficar sufocante.

Uma flotilha de pescadores saiu a estender suas redes.

— Nós não tememos a chuva mas a fome — disseram, enquanto a cantar tomavam posse do lago, o querido lago que sempre lhes dera o sustento, e ao qual a audácia de um reizinho soberbo havia mudado o velho nome de Genezareth pelo de Tiberíades, para honrar a cidade de Tiberias, edificada em sua margem ocidental.

Algumas horas depois, a tormenta se desvaneceu como uma bruma cinzenta, e novamente a claridade formosa de um céu turquesa compartilhava a alegria dos humildes pescadores galileus, a dizerem em coro, ainda que muito baixinho:

— O filho de Joseph é um Profeta de Deus, a quem os elementos obedecem.

Poucos dias depois, Jhasua teve conhecimento de que na suntuosa cidade de Tiberias ocorria um fato que para ele era insuportável, e era o seguinte:

Os pobres, famintos e deserdados vivem, naturalmente, recolhendo o que os ricos e felizes da vida desperdiçam de suas farturas.

Sucedia que grupos desses desventurados acorriam à entrada das termas onde se levantavam tendas móveis com toda classe de frutas e delicados manjares, para excitar o apetite das pessoas de posição que se dirigiam aos banhos. Ali, os rostos esquálidos e famintos dos indigentes causavam, às vezes, a compaixão de algumas elegantes mulheres, que, em suas tendas, lhes davam alguns punhados de frutas.

Mas esse espetáculo triste, de rostos macilentos e vestes esfarrapadas, não era do agrado da corte de Antípatro, quando este comparecia com toda a faustosidade na luxuosa liteira levada por oito escravos etíopes e seguido por seus cortesãos para banhar-se nas termas.

O mordomo do palácio comparecia sempre uma hora antes da chegada do rei para espantar aquele enxame de garotos famintos, de velhos decrépitos, de paralíticos e de outros infelizes que se arrastavam sobre peles de ovelha, etc., etc.

Aquela visão não era digna dos olhos reais nem das sensíveis cortesãs, que poderiam sofrer crises de nervos ante um espetáculo semelhante.

Jhasua, que se interessava por todas as dores que açoitavam os humildes, convidou um dia seu tio Jaime e Jhosuelin, companheiros de todas suas andanças de misericórdia, e chegaram até a dourada cidade dos jardins encantados, onde havia tantas plantas finas e exóticas, como estátuas de mármore trazidas por Herodes, o Grande, do outro lado do mar, e provenientes das grandes ruínas de cidades da Grécia e da Itália. Com esses tesouros artísticos, Tibério César havia contribuído para pagar a adulação de Herodes, criando uma cidade que imortalizara o seu nome: Tiberias.

Jhasua não se escandalizou, como os puritanos fariseus, nem dos templos pagãos nem da beleza desnuda dos mármores que, em verdade, eram obras magníficas dos mais famosos escultores gregos daqueles tempos. Escandalizou-se de uma só coisa: da dor e da miséria que seres humanos sofriam em meio da fartura e da alegria insultante e desavergonhada dos privilegiados da fortuna.

Sentiu-se como se fosse o braço da Justiça Divina, e se colocou, como um passeante qualquer, na grande praça das Termas, que começava a encher-se de gente para ver a corte que devia comparecer nessa tarde.

Pouco depois, chegou o mordomo do palácio numa liteira e escoltado por guardas armados de chicotes.

Ele desceu e penetrou nos pórticos onde um exército de criados estendia tapetes e passadeiras da Pérsia na entrada principal, e colocou os músicos e dançarinos nos lugares que lhes eram habituais. Os guardas, de chicote na mão, dispunham-se a exercer suas funções contra os esquálidos corpos dos garotos famintos que aguardavam a queda de alguma fruta ou de uma guloseima em mau estado, ou examinavam as grandes cestas de lixo, onde os vendedores jogavam os desperdícios.

Tio Jaime e Jhosuelin tremiam, na expectativa do que Jhasua ia fazer.

Viam-no com o semblante avermelhado, e todo ele vibrando como uma corda de aço que ameaçava rebentar.

Um guarda passou próximo com seu chicote levantado em direção a um grupo de garotos e de duas mulheres indigentes com os filhos enfermos nos braços, que já se dispunham a fugir. O guarda ficou imediatamente paralisado e com todo o corpo trêmulo, como atacado repentinamente por um estranho mal. O tio Jaime, que adivinhava o pensamento de Jhasua, aproximou-se de uma das tendas e comprou uma cesta de pasteizinhos e outra de uvas, que repartiu tranqüilamente com o conturbado grupo, sobre o qual ia cair o chicote do guarda.

— Ide para longe daqui e esperai-me no caminho de Nazareth — disse Jhasua a meia voz.

Em seguida, aproximou-se do guarda, que lutava por conseguir endireitar-se, e lhe disse:

— Não useis vossa força contra seres indefesos que fazem o que faríeis se tivésseis fome.

— Sou mandado e cumpro o meu dever — respondeu quando pôde falar, pois até sua língua havia entorpecido.

— O primeiro dever do homem é amar aos outros seres humanos, e não olvideis jamais que, por cima dos reis da Terra, há um Deus justiceiro que defende os humildes.

— Quem és tu que me falas assim? — perguntou irritado o guarda.

— Sou um homem que ama a todos os seres humanos; e, neste momento, sou também a voz de Deus que te diz: Não te prestes nunca como instrumento da injustiça dos poderosos, e Ele te abençoará com bens e saúde.

O guarda ficou cheio de estupor, que ele mesmo não sabia como explicar. Aquele jovem causava-lhe terror. Aos outros guardas com chicotes ocorreu a mesma coisa que acabamos de relatar.

Jhasua havia posto em ação o que se chama na Ciência Oculta *poder da ubiqüidade*, que lhe permitiu apresentar-se, ao mesmo tempo, aos quatro guardas, no momento em que iam começar a chicotear os pobres e os moleques esfarrapados que se achavam na praça, e dizer-lhes as mesmas palavras que, entre si, comentaram pouco depois.

Correu entre eles a notícia de que era um mago de grande poder; e tão insistente foi o cochicho entre os guardas do palácio de Antípatro que o caso chegou aos ouvidos do rei, o qual, enfastiado, como sempre, de sua vida de orgias, andava à procura de novidades que pudessem diverti-lo.

Chamando os quatro guardas, um de cada vez, fez explicar o caso do formoso mago que, sendo tão jovem, sabia tanto.

Mandou que o procurassem por toda a cidade e o trouxessem à sua presença, para dar um espetáculo novo aos cortesãos com os prodígios que ele pudesse fazer.

Mas Jhasua já estava em sua casinha de Nazareth, perdida entre as montanhas, a trinta estádios (*) da faustosa cidade, e, logicamente, os guardas não o encontraram.

Mas Antípatro, embora volúvel, era tenaz quando se via frustrado em seus caprichos, e começou a cismar no assunto do mago.

"– Se fala de Deus – pensou – e do amor aos mendigos famintos, não é o mago da escola dos caldeus e dos persas, mas um profeta hebreu, como aqueles que abundaram nesta terra desde há séculos. Mariana, minha madrasta, contava divertidas histórias desses profetas."

Chamando seu mordomo, disse:

– Anuncia que, daqui a três dias, irei com toda a minha corte às Termas, onde farei um grande festival. Os mendigos acorrerão em abundância, e nosso mago irá também para defendê-los do chicote de meus guardas.

"Quero que o tragas à minha presença assim que o vejas. Não quero que lhe causes dano algum nem uses de violência para com ele."

Todavia, Jhasua não apareceu mais em Tiberias, nem os mendigos tampouco, porque o jovem Mestre, ajudado pelo tio e Jhosuelin, foi averiguando a causa de suas extremadas misérias quando os encontrara naquele dia em seu regresso para Nazareth. Foram colocados, mui discretamente, entre as famílias essênias, quase todas de artesãos e lavradores. Os que se achavam inutilizados para todo trabalho, por causa de doenças físicas, foram levados para os hospitais-refúgios que os Terapeutas possuíam e onde eram tratados. Lá muitos deles eram aliviados de seus males ou curados completamente.

Nosso Jhasua estava por demais preocupado com a enfermidade que observava no mais querido de seus irmãos: Jhosuelin.

Um dia, numa íntima conversa com sua mãe e o tio Jaime, insinuou a conveniência de levá-lo consigo ao Santuário do Tabor, com o fim de submetê-lo a tratamento pelos métodos de cura que ali eram usados.

– Jhosuelin não quer viver – disse tristemente Myriam.

– Por quê? Há, acaso, algum segredo odioso que o obrigue a renegar a vida? – perguntou Jhasua.

– Não sei, meu filho. Jhosuelin é muito reservado em suas coisas íntimas e nada diz, nem sequer a sua irmã Ana, à qual tanto quer.

(*) São 120 estádios em linha reta. Aproximadamente 22 km. Talvez o autor tenha querido mencionar 130 estádios (N.T.).

— Conta apenas 21 anos (*), e nosso pai lhe quer tanto ... — acrescentou Jhasua. Há necessidade de convencê-lo a viver, ainda que seja pela vida de nosso pai, que se verá seriamente ameaçada com tão grave desgosto.

— Fala-lhe tu; contigo provavelmente seja mais comunicativo — observou o tio Jaime.

— Onde está ele agora?

— Com teu pai, pagando os salários aos operários. Amanhã é sábado. Vai até lá e dize a teu pai que venha descansar; assim poderás ajudar Jhosuelin. Quando os operários se retirarem, ficarás sozinho com ele.

— Está bem, mãe. Eu vou. — E Jhasua cruzou rapidamente o horto e desapareceu atrás de umas pilhas de madeira que se levantavam como barricadas sob as coberturas de bambu e junco.

A Luz Eterna, maga dos Céus, que registra em sua imensa retina tudo quanto alenta nos mundos, descerra por momentos seus véus de mistério, e deixa ver o ocorrido por aqueles que, com justiça e amor, a imploram em busca da Verdade.

A maga divina registrou os passos, pensamentos e aspirações do Homem-Deus na Terra, e nós, humildes abelhinhas terrestres, podemos alimentar-nos desse mel suavíssimo e pleno da beleza e da vida íntima do Cristo em seu duplo aspecto divino e humano, tão profundamente sentido.

Tal como Myriam aconselhou a seu filho, ele o fez e sucedeu. Jhasua ficou com os operários na oficina e Joseph foi ocupar seu lugar habitual junto ao lar, onde sua meiga esposa preparava a ceia, e Jaime, seu irmão, adiantava no tear o tecido de um tapete destinado a Jhasua para sua alcova no Santuário do Tabor.

— Jhasua quer falar a Jhosuelin sobre sua cura — disse Myriam a seu esposo.

— Na verdade, seu mal me deixa inquieto — respondeu Joseph.

— Jhasua quer levá-lo ao Santuário para que os Anciãos o curem como deve ser, porque aqui, bem o vês, não é possível. Quando os operários se retirarem, ele falará.

— O que ele não conseguir — disse Joseph — certamente ninguém o conseguirá. Este filho é, com efeito, um escolhido de Jehová, e nada resiste a ele.

— Que o digam os pescadores do lago — observou Jaime intervindo na conversação. Ele mesmo havia feito o relato.

— E que o digam também os guardiães do rei — acrescentou rindo Joseph, ao recordar aquele fato que Jaime e Jhosuelin lhe haviam contado em segredo e com todos os detalhes.

— No entanto, às vezes espantam-me essas manifestações do poder Divino em meu filho — disse Myriam. — Eu queria um filho bom e grande servidor de Deus, mas não rodeado de tanta grandeza, porque quanto mais se apresentar demasiado visível para todos, menos será nosso, Joseph. Além disto, nestes tempos, mais do que nos anteriores, é perigoso destacar-se e chamar a atenção das pessoas.

— Há muita cautela e prudência em tudo, minha irmã, como vês — disse Jaime tranqüilizando Myriam, sempre alarmada pelo que pudesse acontecer com Jhasua.

"Além disso, Jerusalém está longe, e enquanto ele não mexer nos interesses dos magnatas do Templo, não há o que temer.

"Sabes, Myriam, hoje recebi uma epístola de Andrés de Nicópolis, o irmão de Nicodemos, na qual pede permissão para que seu filho Marcos inicie relações com Ana."

— Oh ... é uma grande notícia! E que diz Ana, pobrezinha, tão meiga e boa?

— Não o sabe ainda. Mas, onde se conheceram, pergunto eu?

(*) Há aqui um cochilo do Autor. Se Jhasua estava, nessa época, com 18 anos, logicamente a idade de Jhosuelin seria de 23 anos (N.T.).

— Eu o sei! Devíamos ter suspeitado. Isso ocorreu na casa de nossa prima Lia, em Jerusalém. Agora me lembro que, na nossa última estada lá para as festas da Páscoa, Marcos freqüentava muito a casa de Lia, e eu o vi várias vezes falando com Ana.

— Reparai, reparai como mantinham silêncio sobre o assunto! — disse Jaime.

— Mais um vínculo com a nobre e honrada família do nosso querido amigo; e isto é uma grande satisfação para mim — acrescentou Joseph, enquanto saboreava a fumegante caneca de leite com pãezinhos de mel que Myriam lhe havia servido.

Marcos, que estudava os filósofos gregos e esteve até recentemente, durante três anos, em Alexandria ao lado de Fílon, seria outra testemunha ocular de grande importância, que deveria narrar mais tarde a verdadeira vida do Cristo, se não houvessem desmembrado sua obra *"O Profeta Nazareno"*, para deixá-la reduzida a uma breve resenha de versículos que o mundo conhece como "Evangelho de Marcos".

Enquanto isto ocorria na grande cozinha de Myriam, Jhasua e Jhosuelin, num compartimento da oficina, dialogavam intimamente.

— Jhosuelin, bem sabes como sempre te estimei muito e te obedeci como a um irmão mais velho, até o ponto que bem posso dizer, foste, depois de minha mãe, quem mais suportou o peso de minhas impertinências infantis.

— Eu estou satisfeito com isso, Jhasua. Por que motivo estás recordando essas ocorrências passadas?

— É que tua enfermidade continua agravando-se e não queres que te curem. Eu quero levar-te comigo ao Tabor, para que os Anciãos se encarreguem de curar teu mal.

— Se Deus quisesse prolongar minha vida, somente o teu desejo seria suficiente para me curar. Não compreendeste isto, irmão?

— Compreendi que existe uma força oculta que neutraliza a ação magnética e espiritual sobre ti, e, por isto, quis ter esta conversação a sós contigo para tratarmos de afastar esses obstáculos — disse Jhasua, exercendo ao mesmo tempo pressão mental sobre o irmão, do qual queria uma confidência íntima.

Como resposta, Jhosuelin tirou de um bolsinho interior de sua túnica um pequeno livreto manuscrito e, folheando-o, disse:

— Se quiseres ouvir o que aqui tenho escrito, ficarás inteirado daquilo que, neste assunto, te convém saber.

— Lê, que escuto com muito prazer.

— Como bom Essênio, pratico todos os exercícios próprios para o meu desenvolvimento espiritual — acrescentou Jhosuelin — e aqui estão todas as inspirações e manifestações internas que tive. Ouve pois:

" 'Apressa-te a chegar, pois teus dias serão breves nesta Terra.

" 'Vieste tão-só para servir de escudo ao Ungido durante os anos em que ele não podia se defender das forças exteriores adversas.

" 'Ele entrou na gloriosa fase de Sua vida física, na qual não só é capaz de defesa própria, como também de defender e salvar os demais.

" 'Logo a voz divina te chamará ao teu posto no plano espiritual.

" 'Os Guardiães do Livro Eterno da Vida te esperam.

" '*Albazul*.' "

— Magnífico! — exclamou Jhasua. — Agora compreendo tudo. *Albazul* é o Hierarca da Legião dos Arcanjos que guarda os Arquivos da Luz Eterna. Eu ignorava que pertencias a essa Legião! Nunca mo disseste!

— Sou Essênio, e, sem necessidade, não devo falar de mim mesmo. Nossa Lei não o determina assim? Agora estou dizendo por que vejo a necessidade de que não gastes força espiritual em prolongar a minha vida sobre a Terra.

— Oh, meu grande irmão! ... — exclamou Jhasua enternecido até as lágrimas, abraçando Jhosuelin ternamente.

"Eu não quero ver-te morrer. Procura viver ainda por mim e também por nosso pai, que irá atrás de ti, se fores agora. Jhosuelin, procura viver ainda um pouco mais de tempo e dá a nossos pais o consolo de deixar-me curar-te.

"Não vês que estão desconsolados pela tua resistência à vida? Parece-lhes que estás cansado deles, porque não os amas."

— Também diz a nossa Lei — acrescentou Jhosuelin —, que, enquanto nos seja possível, devemos ser complacentes com nossos irmãos. Está bem, Jhasua, concordo em ir contigo ao Tabor.

— Agradecido, Jhosuelin, pelo menos nosso pai terá o consolo de ver que se fez tudo quanto foi possível pela tua saúde.

Duas semanas depois, chegavam de Jerusalém os amigos que deviam ir com o jovem Mestre para estudar o Arquivo de Ribla. Vieram os quatro: Nicolás, Gamaliel, Nicodemos e José de Arimathéia.

— Também ireis, José? — indagou Jhasua, quando esse seu amigo que vinha na frente entrou na casa.

— Que queres, meu filho? Meu coração não pôde resignar-se a deixar de acompanhar-te, e acabei cedendo a ele. E como Gamaliel não quis ser o único preguiçoso, aqui estamos, os quatro.

— Melhor assim, pois quatro olhos vêem melhor do que dois — disse Jhasua, satisfeito por ver que o entusiasmo dos amigos não tinha diminuído em nada.

Antes de partir, Jhasua, numa conversa particular com os pais, explicou o que ocorria com Jhosuelin, fazendo-lhes compreender que, no término da vida humana, através daquilo que chamamos *morte*, não só é necessário procurar a causa em alguma deficiência física, como também na Vontade Divina, que marcou a cada ser o tempo de sua existência no plano terrestre. Ainda há casos em que, por motivos poderosos, certas Inteligências, guias da evolução humana, podem prolongar um pouco ou bastante mais uma vida, como também abreviá-la. No caso de Jhosuelin, nada podia afirmar-se.

— Teu filho, pai, é um grande espírito, e veio alguns anos antes de mim para me proteger e me servir de escudo no plano terrestre, durante a época infantil que me incapacitava para a minha própria defesa. Essa época passou, e ele é tão consciente e tão senhor de si mesmo que essa é a causa por que não ama a vida.

"Não obstante, far-se-á tudo quanto seja possível pela sua saúde; e tu, pai, deverás ter a força necessária para aceitar a Vontade Divina tal como ela se manifestar."

— Está bem, filho, está bem. Que seja como o Senhor mandar. Mas eu ficaria tão sozinho sem ele! — E o idoso pai afogou um soluço sobre o peito de Jhasua, com quem se abraçou nesse instante.

— Se não pudermos evitar a partida de Jhosuelin, virei ficar contigo, meu pai, até que feches os olhos.

A pequena caravana partiu para o Monte Tabor, entre cujos labirintos de bosques se ocultava aquele Santuário de Sabedoria e Santidade, que derramava amor e luz em toda aquela região.

A distância era curta e, andando-se normalmente podia ser feita a pé em duas horas, se o caminho fosse reto; no entanto, como ia costeando serranias e colinas, eles chegaram depois do meio-dia.

Os Anciãos os esperavam; e, como os sete viajantes eram Essênios dos terceiro e quarto graus, tinham livre entrada em todas as dependências daquele original Santuário, lavrado pela Natureza onde a mão do homem havia feito bem pouco.

Os sete viajantes foram instalados na alcova de Jhasua, que era, como se recordará, um compartimento do recinto de estudo, dividido por cortinas de junco, as quais se deslocavam à vontade, tanto para diminuir como para aumentar o espaço.

O tio Jaime fez-lhes ver, à sua chegada, que se encarregaria de atender a que nada faltasse aos hóspedes e em ser o mensageiro para o mundo exterior. O velho porteiro Simão, pai de Pedro, estava muito esgotado pelos anos e podia prestar poucos serviços ao Santuário.

Jhosuelin submeteu-se docilmente ao tratamento que os Anciãos lhe impuseram, o qual foi tão eficaz que, vinte dias depois, regressava ao lar com novas energias e nova vida.

Era uma concessão da Eterna Lei ao justo Joseph que pedia a prorrogação da vida do filho.

Vendo-o tão lúcido e consciente, os Anciãos disseram a Jhosuelin:

– A Lei concede um ano mais no plano físico. Vive-o para o teu pai, porque em benefício dele te foi dado.

Vinte dias permaneceram também os quatro doutores de Israel, estudando o Arquivo do qual participará o leitor, se desejar conhecer a verdadeira história da nossa civilização.

O Papiro 79

O Arquivo de Ribla, com os 80 rolos que compunham as "*Escrituras do Patriarca Aldis*", entre as quais se achava transcrita a breve narrativa da Princesa Sophia, mãe de Évana, foi como uma formidável explosão de dinamite na base de uma fortaleza que guardara o fantasma dos séculos ignorados.

A razão, filha divina da Suprema Inteligência, que a outorgou como um dom à criatura humana, levantou-se com esplendores de deusa ante os absortos leitores daqueles papiros amarelentos, que uma urna funerária das margens do Nilo havia devolvido à Humanidade que a buscava nas trevas.

Aparecia ali, como um sol radiante, a Energia Divina transformando tudo no correr das imensas épocas, através da força onipotente de suas leis imutáveis, cuja perfeição é tal que jamais são modificadas ou interrompidas por nada nem por ninguém.

Desde a imensa nebulosa revoluteando-se no espaço infinito como um véu de ilusão para logo desagregar-se em borbulhas de gás, que serão os globos siderais, futuras habitações de humanidades, até o imperceptível começo de sua vida numa célula, que será primeiramente uma larva e depois um organismo, tudo isso desfilou como num gigantesco cenário ante os leitores estupefatos daquele modesto Arquivo sepultado nas grutas do Monte Tabor, onde ignorados homens de grandes ideais lutavam na sombra para dar luz à Humanidade.

Quão grande aparecia a Majestade Divina ante eles! E a que ficara reduzido aquele pobre Jehová, apregoado pelos textos hebraicos, o qual, fazendo uma figura de barro sopra nela e lhe dá vida; tira-lhe, em seguida, uma costela e surge uma mulher! Parecia-lhes ridículo que seres com inteligência e razão houvessem podido escrever semelhante coisa e entregá-la como dogma à Humanidade.

É tão pequena a criatura humana que dificilmente pode abarcar com sua mentalidade a idéia do *Eterno*, que não tem princípio nem terá fim!

Mesmo assim, é penoso e difícil compreender e assimilar a idéia da lenta evolução e transformação de todos os seres e de todas as coisas, através de uma série de processos de aperfeiçoamento, que ocupam não só séculos, como períodos de milhares de séculos.

O Pensamento Eterno condensou no espaço infinito uma nebulosa que era energia emanada de Si Mesmo. Era o bastante.

Essa nebulosa continuaria sua evolução durante longas idades, até chegar a formar um Sistema Planetário; e em cada planeta surgiria, a seu tempo, a vida inorgânica primeiro, e a orgânica depois, até chegar, através de milhares de séculos, à perfeição da espécie humana, admirável e magnífica semelhança ao Eterno Criador: a alma humana, animada dos poderes excelsos do seu Divino Autor, e capacitada para chegar até Ele após um longo processo de aperfeiçoamento, mediante o cultivo e uso das faculdades de que fora dotada.

Tudo isso foi compreendido pelos leitores das *"Escrituras do Patriarca Aldis"*, naqueles dias serenos e plácidos do outono galileu, sob um céu turquesa e na doce quietude das grutas do Tabor.

Para dar, como diríamos, um aspecto claramente compreensível a esse relato, vejamos, leitor amigo, os papiros 79 e 80, que esboçam, como um espelho mágico, a civilização de então, e relatam a morte de Abel, e, mais tarde, a de seus pais, Adamu e Évana.

O leitor dos papiros seria o Mestre Nasan, aquele que passara 14 anos em Alexandria, procurando, ao lado de Fílon, os vestígios da verdade perdida sob os escombros amontoados pelos séculos.

Os outros nove Essênios, que com ele estavam encarregados de instruir e guiar Jhasua na conquista da Sabedoria, também estavam ali presentes, além dos quatro doutores vindos de Jerusalém, do tio Jaime e Jhosuelin. Representavam, portanto, um conjunto respeitável de inteligência e vontades postas a serviço da Verdade.

O papiro 79 era como uma apoteose do Homem-Luz, Abel, que continuara a obra de Bohindra em favor da paz e da justiça.

O papiro 80 relatava a morte do justo, e, mais tarde, a de seus pais, Adamu e Évana.

O mestre Nasan iniciou a leitura do rolo 79, que narrava assim:

"Relata a glória de Abel, que foi como uma bênção sobre os povos, e sua trágica morte por causa de Kaíno, seu irmão adotivo.

"A Luz Divina estava com ele, porque sempre procurou o conselho dos Anciãos, e jamais impôs sua vontade com violência.

"Julgava-se um menino entre os homens de experiência e de saber, e escutava com amor a palavra de todos para agir do modo que convinha a todos.

"Jamais procurou ele o engrandecimento de si mesmo e parecia haver esquecido que era o Thidalá, dirigente de inumeráveis povos, que punham nele toda sua esperança.

"Ele mesmo limitou o poder ilimitado que os Príncipes da Aliança lhe deram, e quis, a seu lado, uma trilogia de mulheres que houvessem dado provas de prudência e de sabedoria nos países que estavam sob a sua tutela: Ada, a admirável companheira de Bohindra, que, por morte de seu pai, Jebuz de Galaad, e a pedido de seu povo, era Matriarca e Rainha do país de Galaad; Walkíria de Kifauser, neta do grande civilizador dos países do Norte, Lugal Marada, cuja morte e a de seus filhos, ocorridas ao expulsarem de seu país a invasão de raças bárbaras, colocou-a no alto posto que a morte deixara vazio. Os Países do Ponto Euxino e do Cáucaso ocidental gritavam bem alto o que ela representava para os seus povos; e Solânia de Van, que, nascida nas agrestes margens do Lago Van, era, na época, Matriarca do Norte Africano, desde Corta-Água até as Colunas de Hércules (desde Túnis até o Estreito de Gibraltar), depois de ter levado a Lei da Grande Aliança, desde o Baixo Nilo até mais além das Cataratas, no país de Artinon.

"Essas três ilustres mulheres mantinham suas lâmpadas acesas para iluminar o caminho de Abel no meio dos povos de três Continentes.

"Vinha depois o Conselho dos dez Anciãos Kobdas, conhecedores dos países da Aliança e de seus costumes e leis. Por último, a Junta de Representantes de cada um dos países da Grande Aliança, que passavam de duzentos.

"– Eu não faço mais – disse ele – que selar com o anel de Bohindra aquilo que todos vós quereis que seja feito. Somente me oporei quando quiserdes a injustiça e a guerra, que são os mais espantosos delitos repudiados pela Bondade Suprema.

"Passaram-se cem luas sobre os países da Aliança, e a barca dourada da Fraternidade deslizava suavemente pelas águas mansas de uma paz que nenhuma borrasca alterava.

"A serpente voraz do egoísmo parecia haver sido exterminada para sempre.

"Lua após lua chegavam os Koraforcas (*) trazendo ao Santuário de 'A Paz', as mensagens dos países aliados, comunicando à Grande Junta Central do Governo as inovações, as mudanças, os projetos e progressos realizados sempre dentro do marco augusto da Lei que todos haviam jurado.

"Às vezes a mensagem era portadora de tristezas e desolações ocasionadas pela fúria dos elementos.

"Blocos de gelo que haviam açoitado povoações da costa do mar; inundações que tinham prejudicado os campos de lavoura destruindo colheitas; epidemias no gado, erupção de vulções, terremotos, etc. ...

"Mas aí estava armazenado o *Tesouro Sagrado*, como determinava a Lei, enviado por todos os países, ano após ano, como previsão para esses casos funestos e inevitáveis sobre o planeta, contudo remediáveis oportunamente, quando o amor fraterno reina nos corações dos dirigentes de nações.

"Então era digno de se verem as caravanas de camelos, jumentos e mulas levando o socorro aos povos que haviam sido açoitados pelos elementos.

"Todavia, neste planeta de escassa evolução, não pode durar longo tempo um semelhante estado, que seria próprio para um mundo de maior adiantamento evolutivo.

"A serpente feroz do egoísmo despertou novamente e, eventualmente, onde menos se esperava.

"No papiro 62 destas Escrituras, ficou relatado que Kaíno foi reconhecido como neto de Etchebea pela linha paterna, motivo por que lhe correspondia uma participação no vasto território do país de Nairi, no alto do Eufrates. Em vista da longa escravidão de seu pai, cujo paradeiro se ignorou por muito tempo, foram colocadas

---

(*) Mensageiros (N.T.).

aquelas terras e o povo sob o domínio de Iber, o soberano do país de Ethea, o qual as regia com todo o interesse de um pai, cheio de desvelo pela felicidade de seus filhos. As tribos que povoavam aquela região não aceitavam a imposição de outro soberano. Kaíno, que sempre se viu dominado pela ambição, não se conformava em ser Chefe de terceira categoria no pequeno principado de Shivara, cuja capital *Nood* estava ainda sob a dependência de seu tio materno, antigo chefe e senhor.

"Quando ele soube de sua origem e que era um descendente direto do grande e querido Etchebea, seu coração se encheu de amargura ao saber-se repudiado pelos povos que ocupavam os domínios pertencentes a seu pai.

"O gênio conciliador de Bohindra havia podido manter em quietude relativa aquele espírito turbulento como uma tempestade, encarregando-lhe de missões de importância e muito arriscadas em países distantes, nos quais pudesse obter grandes méritos que o tornassem conhecido e amado pelos povos.

"Mas seu caráter duro e dominador dificultava seu próprio caminho, por mais que a ternura maternal de Évana, a suavidade persuasiva da Rainha Ada, e a sugestão que sobre ele exercia a Matriarca Walkíria fizessem sempre um grande contrapeso às violentas reações de seu temperamento.

"Seu tio materno, o idoso príncipe de Shivara, caiu prostrado na cama para não levantar-se mais, motivo que deu origem à perturbação da paz naquele país da Grande Aliança. O Conselho do Príncipe ancião julgava que Kaíno devia apresentar-se ao povo como sucessor, entretanto os chefes das tribos não o queriam para governante, mas solicitavam que o governo fosse dado ao neto do Príncipe, que tinha apenas 12 anos de idade, e seus pais já haviam falecido.

"O menino achava-se internado no Pavilhão do Rei, no Santuário de 'A Paz', educando-se, como o fazia toda a nobre juventude de seu tempo.

"Kaíno, fiando-se nas forças guerreiras do país, conquistou com promessas todo o corpo de arqueiros que defendia a ordem e guarnecia as fronteiras, e concluiu que com a força dominaria as tribos que o repudiavam.

"O Conselho de Governo de Shivara pediu auxílio à Grande Junta Central, cuja sede habitual era no Santuário de 'A Paz'. Imediatamente Abel e Ada compreenderam que a origem do distúrbio era Kaíno, cuja ambição já lhes havia causado, anteriormente, tantos sofrimentos. Antes que a desavença tomasse maiores proporções, Évana e a Rainha Ada, cuja suavíssima autoridade maternal o havia desarmado em outras alterações semelhantes, resolveram ir vê-lo.

"Uma caravana de dois elefantes e cinqüenta arqueiros a cavalo saiu de 'A Paz' em direção ao país de Shivara. Enquanto aquelas duas nobres mulheres, cada uma em sua pequena tenda sobre o lombo dos elefantes, meditavam quanto ao modo de vencer a rebeldia de Kaíno, outra mulher valorosa, Walkíria, que se encontrava também no Santuário de 'A Paz', cogitava, por sua vez, sobre a forma justa e aceitável para os povos interessados em satisfazer os anseios, até certo ponto justos, de Kaíno, sem contrariar a vontade daqueles.

"Preterido e humilhado sempre pelos acontecimentos que lhe surgiam ao encontro cortando seus caminhos, Kaíno havia chegado a um estado de exasperação tão violenta, que se tornara insuportável para todos.

"A Matriarca Walkíria sabia perfeitamente até que ponto o engrandecimento de Abel havia magoado a Kaíno, seu irmão adotivo. Obrigado este a ser sempre a seu lado uma figura de segunda ordem, havia-se ele empenhado em reconquistar, pelo menos, o que, segundo seu modo de ver, lhe correspondia por direito: a herança paterna que lhe adjudicava, no país de Nairi, os povos contíguos ao país de Ethea, governado por Iber, o meigo e paternal Iber, que era como um recipiente de mel para seus súditos.

"Todos aqueles povos se haviam colocado por vontade própria sob a sua tutela, pois se viram como um rebanho sem pastor quando morreu o nobre Príncipe Etchebea, sendo seus filhos levados como escravos aos países do gelo.

"Iber nada fez para tê-los sob o seu mando; antes, pelo contrário, os aconselhou a aceitarem aquele que, sendo herdeiro natural do velho Príncipe, tinha direitos sobre o país.

"– Deixar-lhe-emos nossas terras regadas durante tantos anos com o nosso suor – disseram alguns –, e iremos com nossos pertences e gado para o país de Ethea. Kaíno atraiçoou a Bohindra, à Grande Aliança e aos que o adotaram como pais ... que confiança poderemos ter nele?

"O conflito estava deflagrado, e assim era visto pela Matriarca Walkíria que, recolhida em sua alcova no Pavilhão da Rainha, meditava procurando uma solução.

"A fina intuição que sempre a acompanhara, parecia dizer-lhe que atrás daquela névoa viria algo terrível, que estremeceria seu coração de mulher.

"Reunida em confidências íntimas com Abel, Adamu e aquele que isto escreve, que éramos como sua família do Eufrates, seguia com o pensamento a Évana e Ada, que se dirigiam ao país de Shivara.

"– Nosso irmão Iber – disse Abel – mandou uma mensagem informando que quase todos os povos do país de Nairi se uniram solidariamente para resistir a Kaíno. Não o querem ali de forma alguma. Se ele persistir em se apresentar com um corpo de arqueiros, aquilo será uma matança horrível, porque todos os homens e até muitas mulheres estão armados de flechas, achas e catapultas para esperá-lo.

"– O que há de ser, será – disse Adamu. – Esperemos que a Rainha Ada e Évana consigam convencê-lo.

"Achavam-se nesta incerteza, quando chegou arquejante um mensageiro de Shivara trazendo a notícia de que Kaíno não se havia deixado convencer. Que havia posto na prisão os 50 arqueiros da escolta da Rainha, e ela, juntamente com Évana, eram guardadas como reféns no aposento do palácio, no qual foram hospedadas desde sua chegada.

"– Irei eu – disse Abel, apenas ouviu a infausta notícia.

"– Também eu e Aldis – acrescentou Adamu, que outrossim me julgava na obrigação de acompanhar a meu neto.

"– Convém que fiqueis – disse Abel – para que toda essa juventude e essa infância hospedada nos Pavilhões dos Reis não venha a alarmar-se, vendo que se ausentam todos os íntimos que cuidam deles.

" 'Irei eu, e creio que basta – acrescentou Abel.

"– Levai minha escolta de arqueiros – disse Walkíria –, que eu respondo pelo seu valor e pela sua capacidade. Mantenho-os exercitados desde os tempos terríveis de nossas grandes lutas no Norte. Ninguém vos será mais fiel que eles.

"– Está bem – disse Abel –, eu os aceito, Matriarca. Podeis avisar-lhes que sairei esta mesma tarde.

"Mas a Matriarca já havia forjado rapidamente o plano de ação, conforme era seu costume.

"Como era rigoroso inverno, aqueles cem homens, vestidos com casacões e gorros de pele de urso negro, que apenas deixavam seus olhos a descoberto, pareciam de uma estatura gigantesca, quando se apresentaram a Abel, já montados em seus cavalos de guerra.

"Unicamente sabiam desta expedição de Abel seu pai, a Matriarca Walkíria e eu. Despedimo-nos dele, quando, já vestido igualmente com um casacão e gorro de pele negra, entrou no recinto de oração. Também entramos Adamu e eu. A Matriarca dirigiu-se à sua alcova.

"Ninguém percebeu que dali saiu em seguida outro arqueiro vestido da mesma forma que os demais. Quando saímos com Abel ao parque lateral do Santuário onde escondiam as cavalgaduras, vimos que um dos arqueiros estava desmontado e que outro se aproximava de um cavalo, sobre o qual saltou com grande ligeireza e se misturou aos demais.

"Quão longe estávamos de pensar que aquele arqueiro retardado em montar fosse a Matriarca Walkíria em pessoa! Ela não havia comunicado seu intento a ninguém.

"Aquele imenso grupo de homens vestidos de peles negras pôs-se em movimento na metade da tarde com o sol parcialmente velado por ligeira névoa.

"– Pai – disse-me Adamu como num soluço –, que mau presságio tem meu coração nesta viagem de meu filho!

"– Em verdade – respondi – Kaíno com toda sua parentela não vale a ansiedade que está causando a todos nós.

" 'A angústia que ele está causando à Rainha e à Évana é mais que suficiente para ser encarcerado no Penhasco de Sindi, como eu desejei que tivesse sido feito quando de sua rebelião anterior, a qual quase custou a vida de Bohindra. Oh, a piedade! A piedade é boa para os indefesos e os débeis e não para um rinoceronte sempre disposto a cravar seus dentes.

"Do topo da mais alta torre do Santuário continuamos a ver aquela mancha negra correndo pela pradaria à luz pálida de um brumoso sol de inverno.

"– Estranho que a Matriarca Walkíria não esteja aqui conosco – disse eu, que julgava vir a encontrá-la na torre.

"– Deve estar desconsolada – respondeu Adamu –, pois ela não queria que Abel partisse, por julgar isto muito perigoso.

"– A ela não passou despercebido o ódio dissimulado de Kaíno para com meu filho. Foi um mal que apareceu na meninice, quando do nascimento de Abel, e esse mal cresceu juntamente com ele.

"– Abel quis evitar uma matança terrível, se daqui saíssem corpos de exército para resgatar a Rainha e Évana. Proceder dessa maneira seria guerra declarada.

" 'Ele crê que ainda será possível um entendimento com Kaíno.

"– Deus te ouça – respondi, e ambos nos dirigimos ao Pavilhão do Rei, onde se ouvia a algazarra das crianças que se achavam no recreio da tarde.

"No Pavilhão da Rainha ouviam-se os alegres cantos das donzelas sob a orientação de suas dirigentes, as Kobdas auxiliares da Rainha Ada na educação da juventude feminina até a idade em que tomariam esposo.

"Nada fazia suspeitar no Santuário que uma grande tempestade estava prestes a desencadear-se sobre ele.

"Quando já era noite, entrei em minha alcova particular e encontrei, sobre um pedaço de papiro, este breve escrito:

" 'Pangrave Aldis. Valor! A hora aproxima-se. Não permitais que decaia vosso ânimo, pois devereis ser a fortaleza de todos. *Sênio*'.

"Não necessitei de nada mais para compreender tudo.

"Aquele breve escrito havia sido deixado ali pelo sensitivo que o recebera no recinto de oração, no momento em que eu me despedia de Abel, e meu angustiado coração sentia ansiedades de morte.

"Que aconteceu lá em Shivara nos três dias que se seguiram ao da partida de Abel?
"Vamos vê-lo.
"Évana e a Rainha Ada haviam esgotado todos os recursos de sua ternura e bondade para convencer Kaíno de que não seria mais feliz assumindo o comando dos povos de Nairi contra a vontade dos mesmos.

"O sangue que haveria de ser derramado por sua causa cairia sobre ele, esmagando-o como a uma serpente venenosa.

"Sua ambição desmedida, que o levou a desertar do Santuário protetor aos 15 anos, lhe dava agora o amargo fruto que saboreava. Nenhum dos povos que por herança lhe pertenciam, acediavam em ser governados por ele.

"– Já que meu irmão Abel subiu tão alto – disse –, que me ajude também a subir, pois me vejo despossuído de tudo como um animal daninho do qual todos fogem.

"Nenhum soberbo compreende que leva em si mesmo todo seu mal, e se empenha em culpar os demais por todas as causas e por todas as culpas que residem exclusivamente nele.

"Convencido de que Abel podia forçar os povos de Nairi e de Shivara a aceitá-lo como soberano, mandou enclausurar com fortes ferrolhos o aposento onde estavam hospedadas a Rainha e Évana, e colocou guardas de toda sua confiança. Despachou um mensageiro ao Santuário de 'A Paz' para que fosse dada ciência de que ambas haviam sido tomadas como reféns a fim de obrigar o Alto Conselho da Aliança a pactuar com ele as condições do resgate.

"Quando Abel chegou, e antes de entrar em Nood, levantou uma bandeira branca para anunciar que estava em missão de paz e que ninguém se alarmasse por aquela centena de arqueiros que o escoltavam.

"A grande Fortaleza estava no final de uma avenida aberta no espesso bosque que rodeava o edifício, e que, protegido por feras acorrentadas, oferecia um pavoroso aspecto na noite iluminada pelas tochas a crepitarem.

"Já clareava o novo dia, quando Abel chegou à pequena praça da fortaleza.

"–Viajantes do Santuário de 'A Paz' – anunciou o megafone do arauto, e essa voz chegou até o aposento da Rainha e de Évana, que compreenderam o que sucedia, mas não pensaram que era o próprio Abel quem vinha.

"Kaíno saiu para recebê-los, escoltado por uma dezena de guerreiros armados de lanças. Abel fez sinal aos seus para que se mantivessem a distância, e aproximou-se sozinho do irmão.

"– Trago uma mensagem de paz – disse afavelmente, como se nada tivesse ocorrido, tocando-lhe o peito com a mão direita, conforme a saudação usual.

"– A paz não me interessa, mas somente a justiça – respondeu secamente Kaíno.

"– A justiça e a paz são irmãs e sempre estão juntas. Vim para falar contigo, Kaíno, e apenas me anima o desejo de chegar a um acordo.

"– Deixa que teus homens entrem na fortaleza – disse Kaíno, abrandando a voz.

"A um sinal de Abel, os cem arqueiros entraram na pracinha e desmontaram.

"– Esperai aqui, que irei falar com meu irmão.

"No pórtico exterior da fortaleza, Abel e Kaíno falaram.

"Um dos arqueiros de Abel falou ao ouvido daquele que estava a seu lado e, dissimuladamente, ocultando-se na sombra das grandes árvores que enredavam com seus ramos as colunas, aproximaram-se do edifício tanto quanto lhes foi possível.

"O leitor necessariamente terá compreendido que o primeiro arqueiro era a Matriarca Walkíria, e o outro que comandava a centúria era aquele capitão Crisanto, imediato do veleiro 'Cisne', que havia salvo a vida de Abel numa oportunidade já relatada em outra parte destas Escrituras (*).

"– Meu velho tio está à morte – disse Kaíno –, e, se quiseres, ele me nomeará herdeiro seu no país de Shivara.

"– Está bem, meu irmão, tratarei deste assunto com teu tio. Dou-te a minha palavra, e bem sabes que jamais te enganei.

"– Quero que obrigues Iber a abandonar os Nairitas, para que me aceitem como seu único soberano, posto que o sou por direito paterno.

"– Bem sabes, Kaíno, que Iber jamais te recusou isto. Quem resiste e recusa é o povo, e terias que conquistar seu amor com teus procedimentos e obras.

" 'Vamos supor que o povo de Nairi fique inteirado de que mantiveste a Rainha Ada e tua mãe como reféns para conseguir a satisfação de teus desejos. Julgas que semelhante ação pode conquistar o amor dos povos? Não vês, Kaíno, que a violência engendra ódios e que o ódio é uma força destruidora?

"– Não é hora de filosofia, mas de ação – respondeu Kaíno. – Vamos ver o meu tio.

"Quando Abel passou, Kaíno jogou tão habilmente atrás dele uma laçada de corda encerada que ele ficou atado pela cintura e com os braços presos.

"No entanto, os dois arqueiros que se achavam escondidos no pórtico fizeram a mesma coisa com Kaíno, que, sem saber como, se viu amarrado por duas cordas a se apertarem cada vez mais ao redor do seu corpo.

"– Miseráveis! – gritou, vendo os dois arqueiros que o tinham seguido.

"– Vós o fostes antes, e vossa traição foi respondida como era merecida – retrucou Walkíria com voz forte.

"– Essa voz, essa voz! – exclamou Kaíno tratando de olhar nos olhos daquele arqueiro, mas, como aparecia tão coberto de pele e, além disto, achando-se atrás dele, não logrou êxito.

"– Esta voz é a da justiça que vem pedir-vos conta do que fizestes.

"– A Matriarca Walkíria! – disseram ao mesmo tempo Abel e Kaíno, voltando o rosto para ela.

"– Sim, a Matriarca Walkíria – respondeu ela atirando para trás o capuz de pele que lhe ocultava o rosto. – Sois vós o descendente de Etchebea que reclama o posto de seu ilustre avô? Se ele pudesse levantar-se de sua tumba, seria para amaldiçoar-vos por essa infâmia sem nome: aprisionar a Rainha Ada, a companheira de Bohindra, que foi o pai de todos! ... Aprisionar a mãe que conservou vossa vida, para que hoje venhais a usá-la contra ela! ... Não mereceis ver a luz do sol nem pisar a terra santa que nos alimenta a todos!

"A vibração de sua voz e de suas palavras era tão intensa que refreou por um momento a cólera de Kaíno.

"– Vós, Matriarca – disse ele – nada tendes a ver com este assunto. É gratuita vossa intervenção.

"– Esquecestes o pacto que fizemos em Kifauser, através do qual eu ficava obrigada a ter-vos em conta em todas empresas importantes que quisesse realizar, e vós, a de não fazerdes nada sem consultar-me? Esquecestes? Eu, que sou mulher, cumpri com a minha palavra, mas não cumpristes com a vossa. Pouco falta para que renegueis o sangue nobre de Etchebea que corre em vossas veias.

(*) *"Origens da Civilização Adâmica"*, uma obra à parte (N.T.).

"– Matriarca – disse Abel –, poderíeis ter evitado este grave desgosto. Falemos tranqüilamente, e tudo chegará a bom termo.

"Walkíria sacou do peito um pequeno punhal e cortou a corda que enlaçava Abel.

"– Agradecido, Matriarca! ... Agora cortarei a de meu irmão.

"– Não, Grandeza! Perdoai-me. A ele deve-se tratar como se trata traidores. Fizestes-me compartilhar convosco da autoridade suprema. Deixai-me exercê-la neste instante. Vossa alma não pode comparar-se com a dos abutres.

"Deu três assobios em seu apito de prata, e os cem arqueiros entraram na fortaleza.

"– As chaves da prisão da Rainha e de vossa mãe! – exigiu de Kaíno com tal voz que causava terror.

"Kaíno estava vermelho de furor, mas os cem arqueiros o rodeavam com os punhais desembainhados, e ele estava imobilizado por duas fortes laçadas de corda.

"– Procurai no meu bolsinho – disse. – O capitão Crisanto aproximou-se e retirou as chaves.

"– Eu abrirei – disse Abel –, pois mais de uma vez estive nesta fortaleza.

"Dois arqueiros seguiram atrás de Abel, enquanto outros dois sustinham as cordas que imobilizavam Kaíno.

"– Sabíamos que virias – exclamaram ao mesmo tempo Ada e Évana, abraçando-se a Abel com indizível angústia.

"– É necessário libertar nossa escolta – disse Ada – para defender-nos de Kaíno, que mantém homens armados escondidos no bosque.

"Os velhos criados do Príncipe apareceram alarmados pelo ruído causado por todo esse movimento, e indicaram a Abel onde estavam presos os arqueiros. Haviam sido encerrados nos calabouços da fortaleza quando a Rainha e Évana o foram também em seus aposentos.

"– Calma! – disse Abel, vendo-os enfurecidos. – Preparai tudo para que possais levar imediatamente para o Santuário de 'A Paz' a Rainha e minha mãe.

"Voltemos para Kaíno.

"– Nascestes príncipe de Nairi e de Shivara, e vossas ações de aventureiro e foragido tumultuaram vosso caminho, que poderia ter sido de justiça e de glória – disse Walkíria, cuja exaltação nervosa ia levando-a a esse estado a que ela chegava nas situações culminantes. – Que mais pode ser feito convosco além do que já se fez? Sois, em verdade, um ser daninho que não pode gozar de liberdade entre pessoas de bem.

"A Rainha e Évana negavam-se a partir sem Abel, o qual voltou para onde havia deixado Kaíno.

"Ambas o seguiram sem que ele o percebesse, e grande foi sua surpresa ao encontrar a Matriarca Walkíria como um anjo de justiça, de pé diante de Kaíno imobilizado com cordas.

"– Vindes a tempo, Rainha Ada, para confirmar a sentença que já dei contra este vil traidor que pisoteou tudo quanto há de santo e nobre na vida. Irá para o Penhasco de Sindi, acorrentado a uma rocha por toda a sua vida.

"Évana começou a chorar amargamente, e a Rainha Ada, aproximando-se de Kaíno, disse com indizível doçura:

"– Meu fIlho, causa-me mais dor exercer justiça contra ti que aquela que me causaste com a tua má ação. Como foi possível esqueceres novamente nosso amor para contigo?

"Kaíno guardou silêncio.

"Entretanto, os homens de sua guarda haviam sido avisados do ocorrido e, como gatos monteses, trepando pelas árvores, chegaram aos telhados da fortaleza, pelos quais deslizaram como cobras em busca de presas.

Walkíria e Kaíno perceberam essas manobras e se aprontaram para a luta.

"Os homens de Kaíno caíam dos tetos como frutas maduras quando o vento sacode a árvore, e os arqueiros de Walkíria os capturavam vivos ou mortos, conforme o caso se apresentasse.

"Os assobios de Kaíno deram a entender a seus homens que se tratava de uma luta de morte, e estes se tornaram como feras raivosas.

"De nada valia a palavra de paz de Abel que pedia calma, enquanto afastava sua mãe e a Rainha para um canto, junto ao pórtico.

"– Levai-as para o interior da Fortaleza – disse Walkíria a Abel – que meus arqueiros são suficientes para restabelecer a ordem.

"Na realidade, o que mais desejava a Matriarca era afastar Abel dali, pois havia notado os olhares de Kaíno que assinalavam a pessoa de Abel para seus homens, dando a entender que sua intenção era apoderar-se dele.

"Ada e Évana, abraçadas a Abel, arrastaram-no também para dentro.

"Quase todos os homens de Kaíno estavam já manietados, quando, de repente, entrou sibilando uma flecha e feriu o centurião dos arqueiros no ombro esquerdo; logo outra e outra mais. Estavam sendo disparadas do espesso bosque que chegava até a pracinha dianteira.

"– Para dentro, príncipe Abel, para dentro – gritou Walkíria.

"– Ide também vós, Matriarca – disse Kaíno –, e eu manterei meus homens em calma. – Dizendo isto atirou-se com todo seu peso sobre ela para arrojá-la em terra.

"Então Walkíria, que parecia um deus guerreiro, colocou o pé sobre as costas de Kaíno caído de boca para baixo.

"– Morde a terra, réptil venenoso – disse –, e que a Justiça de Deus caia sobre ti!

"Nesse preciso instante, um dos homens de Kaíno, que espiava de cima do teto, lançou com força seu punhal sobre Abel, que se inclinara para socorrer sua mãe, presa de um desmaio. A arma aguda e de duplo fio penetrou como um punção nas costas de Abel, pelo lado esquerdo, atingindo-lhe o coração. Walkíria correu para ele e retirou o punhal a destilar sangue.

"– Não é nada, não é nada! – disse Abel – procurando manter-se em pé, sustentado por Walkíria e pela Rainha.

" 'O ódio é força destruidora. O amor é vida e paz!

" 'Pensa no amor, Kaíno, e que Deus te perdoe.

" 'Mãe! ... Minha Rainha ... Walkíria! ... Sede clementes com aqueles que ainda não sabem ser bons! ...

"Foram estas suas últimas palavras.

"Kaíno não havia voltado a si do golpe recebido e ainda jazia estendido entre os corpos de seus homens feridos e de outros amarrados com cordas.

"Abel foi levado para o leito da Rainha, e Évana para o seu. Quando a mãe voltou a si, o grande filho, o amado filho que havia sido sua glória e sua felicidade, já não vivia mais sobre a Terra.

"Abraçou-se ao cadáver ainda morno, e a cena que ali ocorreu não é para ser descrita, mas para ser sentida e vivida por aqueles que saibam avaliar o amor que aquela mãe nutria pelo seu filho.

"Kaíno foi mandado para o Penhasco de Sindi, condenado à cadeia perpétua, em virtude da intercessão da Rainha Ada, que recordava as últimas palavras de Abel:

'Sede clementes com aqueles que ainda não sabem ser bons'. Todos os príncipes e caudilhos da Aliança queriam para ele uma terrível morte: enforcado, esquartejado, queimado vivo ..., tudo isso parecia pouco para seu crime. As últimas palavras de Abel salvaram-lhe a vida.

"Era o Homem-Luz, o Homem-Amor, o Homem-Deus, e seu amor a todos os seres envolveu também a Kaíno, que, acorrentado a uma rocha no pavoroso Penhasco de Sindi, compreendeu, finalmente, que, tendo tudo, havia igualmente perdido tudo, e que, havendo nascido junto à Luz, ficara rodeado de trevas, por causa de sua soberba e desmedida ambição.

"Quão doloroso foi o regresso das três amorosas mulheres que assistiram ao derradeiro suspiro do Homem-Luz!

"Sobre o lombo de um elefante e sob estofos de púrpura, regressou o corpo de Abel ao Santuário de 'A Paz', acompanhado de sua mãe, da Rainha Ada e de Walkíria.

"Havia ele saído três dias antes, a toda velocidade de seu cavalo, para salvar sua mãe e a Rainha das fúrias de Kaíno, e voltava trazido por elas, que, embora permanecendo com vida, tinham a morte dentro da alma.

"– Meu menino ruivo – disse Évana beijando-lhe os cabelos. – Não verei mais teus olhos cor de folha seca.

"– Aqui estou, mãe! ... e estes mesmos olhos te observam do imenso infinito! – disse-lhe com imensa suavidade uma voz apenas perceptível.

"Évana levantou os olhos inundados de pranto e viu junto a si a visão resplandecente de Abel.

"Nesse mesmo dia, todos nós o vimos no recinto de oração, cujo ambiente, saturado de angústia, não permitia outra vibração que a daquele nome tão amado, que parecia achar-se gravado a fogo no coração de todos."

O Essênio leitor Nasan deixou cair o papiro sobre a estante e exclamou como num suspiro muito profundo:

– Deste modo retribui sempre a Humanidade aos grandes seres que lhe trazem a Luz e o Amor!

Jhasua, com aquela palidez mate característica do seu semblante, parecia absorto por um profundo pensamento que tornava incerto e vago o seu olhar.

Os quatro doutores de Israel pareciam voltar à realidade de sua vida suspensa durante algumas horas, a recordarem o passado remoto, aonde a leitura dos papiros do "Patriarca Aldis" os havia levado.

– Que opinais de tudo isto? – perguntou, finalmente, Jhasua a seus amigos.

– Que ultrapassa tudo quanto podíamos esperar – respondeu José de Arimathéia.

– A simplicidade da narração – acrescentou Nicolás de Damasco – dá um colorido inconfundível aos fatos vistos, apalpados e vividos. Só mesmo uma testemunha ocular pode relatar desse modo.

– Lemos somente o rolo 79 – observou Nicodemos. É apenas um pequeno fragmento das Escrituras que constam de oitenta rolos.

– E todos, desde o primeiro até o último, têm o mesmo estilo simples e claro, sem contradições nem subterfúgios – disse o Mestre Melkisedec, que os havia traduzido para o siro-caldaico, assim como outro Mestre os vertera para o grego, que era a sua língua nativa.

– Necessitamos tirar cópias – disse Gamaliel –, para que possamos estudar a fundo esses assuntos.

– Já estamos tirando, como podereis ver – retrucou o Servidor. – Pelo menos já temos duas: uma em siro-caldaico e outra em grego.

— Falta uma em latim — disse Nicolás — e essa, se me permitis, eu a tirarei.

— Já está começada — disse outro dos Mestres de Jhasua — e creio que estará terminada na próxima lua.

— Mas vós trabalhais como máquinas — observou o tio Jaime. — Dizei-me: quando dormis e quando comeis?

— Comer e dormir — respondeu o Servidor — é coisa muito rápida e nos toma pouco tempo. Nossa vida inteira é de trabalho pela Verdade Eterna, que tornará bons e justos todos os homens.

— Acreditais, pois, que o maior mal da Humanidade é a ignorância? — perguntou Nicodemos.

— Justamente. E a obra máxima dos homens de ideal é dar a Verdade às multidões como o pão de cada dia.

— A Humanidade mata os pregadores da Verdade — observou Gamaliel — e daí vem a dificuldade para a sua divulgação.

— Os mártires da Verdade voltam novamente à vida, tornam a morrer por ela, e continuam apregoando-a através dos séculos, que logo a sepultam sob os escombros de falsidade, as quais por si mesmas desmoronam — observou Tholemi, outro dos sábios Mestres de Jhasua.

— É necessário ter em conta — disse Nicolás de Damasco — que nem toda a Humanidade tem o mesmo desenvolvimento intelectual necessário para compreender a Verdade Divina.

— No que diz respeito à compreensão da Grandeza Divina, tendes razão — respondeu o Servidor —, mas todos podemos compreender um relato como as "Escrituras do Patriarca Aldis", que narram um pedaço da vida humana, clara e logicamente vivida há 8.300 anos antes da época atual. Que necessidade havia de desfigurar os fatos naturais e simples com o inverossímil e maravilhoso, menos compreendido ainda?

— Pensei muitas vezes que a coisa mais indispensável que há para predispor a Humanidade à compreensão da Verdade é familiarizá-la com a lei da evolução nos mundos e nos seres — disse Gamaliel.

"A escola de Sócrates e de Platão teve essa tendência, entretanto foi asfixiada ao nascer pelos materialistas epicuréus, que acharam mais cômodo desfrutar a alegria da vida cheia de realidades palpáveis e afagadoras, deixando o intangível e o invisível para os séculos futuros ou para a vida do além-túmulo."

Não obstante absorverem esses comentários a atenção geral, todos perceberam que Jhasua havia ficado como absorto em profunda meditação. José de Arimathéia tirou-o desse estado:

— Em que pensas, Jhasua, para assim te encerrares nesse silêncio? — perguntou.

— Pensava em Kaíno — respondeu. — Que estranha força indomável seria aquela que ainda o dominava em meio a um ambiente como o que existia entre os Kobdas? Por que foi insensível à influência divina do bem e do amor, que subjugava e atraía a todos? Por que suas tortuosas tendências não se equilibravam com o peso de tanto bem, que viu a seu redor desde a meninice? Ser mau entre os maus pode ser fácil; no entanto, ser mau entre os bons é já uma monstruosidade do Mal.

— Do próprio relato do Patriarca Aldis — disse Melkisedec —, depreende-se, em várias passagens, que os Kobdas se preocuparam muito com ele visto que, em revelações espirituais, conheceram seu passado desde épocas remotas e, em quase todas suas encarnações anteriores, havia agido mal contra os obreiros do bem e da justiça, impulsionado pela ambição.

– Além disto – acrescentou o Servidor –, sabemos que há seres que, desde os longínquos começos da vida física em espécies inferiores, e por acontecimentos espirituais ou por influências astrais, têm mais predisposição para o bem que para o mal. Em contrapartida, há outros que conservam por mais tempo as tendências próprias de seus distantes começos na matéria orgânica, o que lhes torna mais difícil sacudir o jugo de seus instintos ferozes e brutais.

"A isso deve-se acrescentar que, quando o ser chega à capacidade de compreensão e de raciocínio, está a lei do livre-arbítrio abrindo para a alma horizontes bastante amplos, os quais ela aceita ou rechaça livremente.

"Somos livres para aceitar o melhor ou o pior, mas estamos sujeitos às conseqüências que traz o bem ou o mal escolhido.

"A variedade dos seres é infinita, e assim como não existem duas fisionomias perfeitamente iguais, não há, tampouco, duas inteligências iguais em evolução.

"Kaíno compreendia unicamente a grandeza do poder do ouro e da força, e queria possuí-la a todo custo. Como não podia conquistá-la através de suas obras dignas do amor aos povos, buscava-a pela violência e pela força. Teve evolução intelectual; no entanto, não lhe interessou a evolução moral.

"E quantos Kaínos há no mundo, Jhasua, que, tendo a seu lado o bem, a justiça e o amor, se enredam nos caminhos do mal, levados por uma ambição material que, provavelmente, lhes atendem as aspirações, mas à custa de seu próprio espírito que fica imensamente atrasado em seu caminho para o Bem Supremo, que é Deus.

"Além disto, o bem traz consigo a Luz Divina, da mesma sorte que o mal traz as trevas para a alma que a ele se entregar.

"Daí vemos que nem todas as almas compreendem de igual maneira o Bem Supremo, o Ideal Eterno.

"Muitos de nós acreditam que esse Bem Supremo, do qual emana toda vida, existe com vida eterna; entretanto, são bem poucos os que se dedicam ao estudo dessa Causa Suprema. São poucos estes últimos porque só para chegarem a ver despertado em si o desejo de estudar e conhecer a causa suprema em todas suas faces e aspectos, em toda sua grandeza e poderes supremos, já é necessário ter uma evolução avançada; pelo menos que haja entrado de cheio no caminho de seu próprio aperfeiçoamento. Para se desejar conhecer a Deus é necessário começar a fazer morrer em si mesmo as ambições de grandeza material e os desejos grosseiros.

"Quando para a Humanidade bastar o alimento na mesa e sua túnica para cobrir-se, então serão muitos os buscadores de Deus e os que compreenderão suas leis divinas e eternas, que agora aparecem como formosas criações fantásticas para a grande maioria, em face de seu atraso moral e espiritual."

– Muito bem, Servidor – disseram várias vozes a um só tempo. – Vossa filosofia sobre Kaíno deve pôr em guarda todos aqueles que sentem já demasiado forte o impulso de dar um grande vôo para a Verdade Suprema – acrescentou Nicodemos.

– Mantermo-nos em guarda? Em que sentido? – perguntou Jhasua, que pareceu voltar à realidade nesse instante.

– Em saber escolher os seres que possam compartilhar conosco nesses vôos sublimes e atrevidos em direção à Divindade, na qual queremos penetrar desde nosso obscuro desterro – respondeu Nicodemos.

– Todas as mais antigas Escolas de Sabedoria Divina têm tido esta vigilante cautela. Graças a isto a Fraternidade Essênia tem os Sete Graus de educação e desenvolvimento espiritual, nos quais nos vamos purificando e dando provas de nosso adiantamento nos caminhos de Deus – respondeu o Servidor.

— Nos graus primeiro e segundo — acrescentou Nasan — já se pode vislumbrar em cada alma se ela poderá voar de frente para a Luz Eterna ou se deverá ficar por mais tempo sem poder desprender-se dos preconceitos de idéias concebidas em existências anteriores.

— É necessário considerar também outras forças que atam as almas ao pesado carro do atraso espiritual — observou José de Arimathéia —; e são as que emanam da lei das afinidades, contra as quais o próprio interessado deve lutar, e não seus mestres.

"Com isso quero dizer que, ao formar nossa aula para a divulgação destes conhecimentos, pouco fruto conseguiremos se aceitarmos entre os alunos seres que tenham afinidades com outras correntes adversas à nossa. Para uma melhor compreensão, darei um exemplo: o da fonte.

"Dois homens chegam à fonte para beber. A linfa cristalina e serena reflete suas imagens no límpido da superfície. Ajoelham-se sobre o musgo e inclinam a cabeça até tocar com os lábios a água e bebem. Chegam em seguida outros montados em animais e para não molestarem-se em apear, entram com eles, removendo o lodo do fundo, e a água se torna turva.

"— Que água mais desagradável a desta fonte! — exclamam eles.

"Assim ocorre também com a Divina Sabedoria, fonte de Luz e de Verdade eternas. Muitos se aproximam para beber, mas nem todos chegam a Ela com a túnica limpa, e muitos chegam montados nos animais das paixões, dos egoísmos humanos e dos preconceitos que trouxeram de outros ambientes e de outras ideologias.

"Os idólatras, por exemplo, que elegeram como deuses um bezerro de ouro, uma serpente ou ainda um bode com cornos de ouro e olhos de rubis, dificilmente aceitarão a idéia de um Deus invisível que vive como uma essência em tudo quanto tem vida. Por longas épocas continuarão eles em busca de deuses materiais visíveis e palpáveis.

"Tenho um amigo educado na escola grega, o qual mesmo tendo chegado a conhecer e a aceitar a nossa filosofia, não conseguiu esquecer as formosas fantasias nas quais nasceu e viveu.

"— Como é difícil para mim pensar — disse-me — que o astro da noite não é a lâmpada de Diana procurando Endimião perdido no bosque, mas um pequeno mundo de montanhas e lagos, onde ainda não vivem seres orgânicos!"

— É assim, amigos. É assim a luta formidável que se apresenta nos campos em que se debatem os homens! — disse Nicolás de Damasco. — Nosso inolvidável Hillel, levado por seu ardoroso entusiasmo em prol da suprema Verdade conquistada, tomou discípulos sem o rigoroso controle, tendo ficado sem força espiritual para se defender de seus adversários.

"Mal interpretadas suas doutrinas sobre a Causa Suprema, ele foi tomado como um hebreu paganizado que encontrava Deus no ar, na água e em tudo quanto existe. Mais ainda, foi julgado como um vulgar impostor."

— Quando uma Escola de Sabedoria Divina é homogênea e de uma perfeita harmonia de pensar e sentir, essa força invencível a defende do exterior e lhe proporciona uma barreira que ninguém pode romper. Por isto as antigas Escolas viveram longos séculos, até que a fraqueza humana ou a imprudência impensada originasse o desequilíbrio desse ambiente sutil e elevado, e, como um castelo de naipes, viesse a desmoronar-se com um simples sopro.

Estas palavras do Servidor puseram no ambiente um cunho de tristeza que se diluiu no suave silêncio essênio, onde cada qual pensou:

"Esta flor da Divina Sabedoria é de tão elevada natureza que os ventos da ambição ou do atraso impedem seu desabrochar neste plano físico."

– Que a Divina Sabedoria – disse o Servidor dando por terminada aquela reunião – não afaste sua luz de nós que, em verdade, queremos chegar até Ela.

– Assim seja! – disseram todos e saíram do Arquivo em direção às pequenas várzeas perfumadas de flores que rodeavam as grutas do Santuário.

Saturados, como estavam, das grandes verdades recentemente descobertas, voltaram às conversações, sem poderem afastar-se daquele pélago de luz que repentinamente os havia inundado.

– Meu afã é tanto – disse Nicodemos – que não suporto a espera de ter em mãos a cópia para continuar sabendo. Dizei-me, foi a morte de Abel que trouxe o desequilíbrio daquela magnífica organização de povos fundada por Bohindra?

– Não – respondeu o Mestre Tholemi, que com Melkisedec e Jhasua acompanhava os hóspedes. – O Patriarca Aldis diz nos papiros seguintes que os Príncipes da Aliança escolheram Adamu para substituí-lo e que este quis ser assessorado por seu pai, motivo por que o Patriarca Aldis começou a fazer parte do Conselho dos Cinco, que estava composto por ambos e pelas três Matriarcas designadas anteriormente por Abel. Foi também o Patriarca do Santuário de 'A Paz', donde lhe ficou esse nome de *Patriarca*, que era como um título de grande honraria pelo seu significado de eqüidade e justiça.

– Évana – acrescentou Jhasua – sobreviveu somente mais três anos à morte de Abel, pois o amor de Seth, seu segundo filho, não pôde preencher em seu coração o grande vazio deixado pelo primeiro. Adamu, entristecido por essa nova dor, deixou no seu lugar o filho Seth, que já estava atingindo os 18 anos e cuja clara inteligência e maduro raciocínio o assemelhava a um homem de 40.

– Era ele a reencarnação de Sênio, aquele grande Sênio que havia sido uma lâmpada viva entre os Kobdas. Seth desencarnou 12 anos depois da morte de Abel – acrescentou o mestre Tholemi.

– Que aconteceu a Adamu? – perguntou José de Arimathéia.

– Transferiu-se para Neghadá sobre o Nilo, onde vestiu a túnica azulada e foi um Kobda de grande prudência e sabedoria. Foi eleito Pharahome de Neghadá ao completar os 60 anos de idade.

"Seu filho Seth, ao atingir 20 anos, uniu-se em matrimônio com uma irmã da Matriarca Walkíria, e foi o fundador de uma nobre e sã dinastia na Escandinávia, juntamente com outro casal que saíra de Neghadá para aquelas regiões."

– Noruega e Suécia tinham em sua distante origem os nobres princípios da Civilização Kobda – observou Melkisedec –, não obstante estarem tão afastadas das regiões que foram o berço daquela grande corrente civilizadora.

– Não poderíamos desejar melhor relator que o Patriarca Aldis – disse Gamaliel –, que esteve no centro de toda essa atividade, e cuja longa existência, até os 103 anos, dá a impressão que ela lhe fora dada para que visse e depois o contasse à humanidade futura.

– Não obstante isso – observou Nicolás – a Humanidade tem vivido na ilusão até agora, porque esbanja as dádivas divinas e apaga a luz que lhe é obsequiada.

– É que há certa porção da Humanidade que tem medo dos conhecimentos superiores – observou ajuizadamente Jhasua –, e parece preferir a vida sem inquietações espirituais, coisa essa que lhe resulta mais cômoda.

– Acontece que a inquietação espiritual por saber a vontade de todas as coisas vem quando o espírito humano ultrapassou a linha divisória entre o *consciente des-*

perto e o consciente adormecido. Quando a consciência é despertada para a Eterna e Divina Realidade, já não há nada que a detenha em sua ascensão aos planos elevados, onde há Luz.

"Entretanto, quando o *consciente* ainda está adormecido, não pensa por si mesmo, pois está à vontade, aceitando o que os outros pensaram e sugeriram à Humanidade, quer por ignorância ou talvez porque a julgaram demasiado nova para compreender a verdade em toda sua amplidão soberana."

– Exato, Mestre Melkisedec! – disseram várias vozes ao mesmo tempo. – Falastes como o verdadeiro Mestre que sois – acrescentou Jhasua, cujo sentir e pensar vibrava em sintonia com seus sábios Mestres.

Poucos dias depois, os quatro doutores de Israel regressaram a Jerusalém levando o tesouro, de grande valor para eles, de uma cópia das "Escrituras do Patriarca Aldis", para a Escola Secreta que tinham na cidade dos Reis.

Em sua estada no Santuário do Tabor, haviam planejado também as bases para uma escola pública na cidade de Damasco, onde Nicolás, originário dali, punha à sua disposição a velha casa paterna para esse objetivo. Eles tomaram o caminho do sul, e Jhasua, ao despedir-se deles, internou-se no labirinto da montanha em direção à casinha de pedra.

Ouçamos agora uma conversação dele com Nebai, a formosa jovem, filha do escultor que devia empreender viagem a Ribla com sua família. O leitor recordará que o velho sacerdote de Homero, Menandro, queria consagrá-la sacerdotisa do templo de Homero, que acabava de ser construído.

– Esta fonte e esta pequena casa de pedra ficarão solitárias e tristes com a nossa ausência – disse a jovem a Jhasua nessa tarde, depois da instrução que ele lhe fizera, segundo o hábito, sobre os assuntos de Deus e das almas.

– Observa, Nebai: para aqueles que amam a Deus, todas as belezas d'Ele estão ao seu alcance.

"Esta fonte e esta casinha não estarão solitárias nem tristes, porque tua lembrança e teu pensamento as encherão de luz e de alegria.

"Além disto, pensei em fazer aqui o meu gabinete de estudo e de meditação."

– Verdade? Oh, que bonita idéia!

"Então, Jhasua, na mesma hora eu pensarei na casinha e na fonte, nas pombas, nas roseiras, nos jasmineiros nevados de flores, e assim meu desterro será menos triste."

– Como, Nebai? ... Chamas desterro a cidade de Ribla? Ah! Não sabes o que dizes, minha irmã? Quando estiveres lá, tudo que julgas tão belo, parecer-te-á pobre e mesquinho comparado com aquilo.

"Em vez desta fonte, terás o formoso Rio Orontes, com seus platanais e suas florestas, passando ao pé daquele venerável castelo que será a tua habitação. Em vez destas pombas, garças brancas e rosadas irão comer na tua mão naquele grande jardim solitário, onde o branco templo de Homero, delicado e pequeno como um tabernáculo de mármore, recordar-te-á aquele ser dos cantos imortais. Em vez destas serranias galiléias, terás o panorama imponente e grandioso das montanhas do Líbano, cujos cumes, sempre cobertos de neve, se confundem com as nuvens do céu. É isso um desterro, Nebai?"

– Tudo isso é formoso, em verdade – respondeu a adolescente –, mas não estarás lá, Jhasua, tu que chegaste a ocupar um lugar tão grande na minha vida! A quem perguntarei todas as coisas, e quem me dará as respostas que tu me dás?

— Eu já sabia que me dirias isso e, por esse motivo, disse eu ao iniciar esta conversação que, *"para aqueles que amam a Deus, todas as belezas d'Ele estão a seu alcance"*.

— Beleza de Deus é ter-te perto de mim, Jhasua, e ouvir a tua palavra. Isto não terei em Ribla. Estou tão acostumada a esta tua visita todas as tardes! ...

— Mas tampouco a terias quando eu voltasse a Nazareth, para junto de minha família – observou Jhasua. – Os servidores de Deus têm que ultrapassar todos estes inconvenientes criados pela matéria que revestem.

– De que maneira? – perguntou Nebai.

– Bem sabes que a Eterna Lei tem fios invisíveis que atam as almas umas às outras, do mesmo modo como prendes as flores para formar uma grinalda.

– E por que a Eterna Lei se empenha em atar as almas com fios invisíveis? – perguntou a jovem.

– Porque as almas que são afins, ou seja, que pensam e sentem da mesma maneira, formam, unidas, uma poderosa corrente que as Inteligências-Guias da evolução humana utilizam para impulsionar as massas de seres pouco evoluídos a darem um passo em seu caminho, ou a apartá-las do mal em que estão mergulhadas.

"Nos Santuários Essênios, onde passei quase a maior parte da minha vida, observam-se diariamente coisas que, para o comum das pessoas pareceriam maravilhosas. É graças à força dessa corrente que se chama afinidade, formada pela igualdade de pensar, de querer e de sentir entre as almas que se unem para um determinado fim.

"Por exemplo: do Santuário sai um ou saem vários irmãos em missão benéfica e justa num determinado lugar. Os que ficam, seguem os demais com seus pensamentos e seu amor. Nas horas de sono, evocam-nos e chamam-nos para alentá-los e ajudá-los no cumprimento daquilo que se propuseram. Nas anotações que os solitários levam, encontram-se relatadas muitas dessas belezas de Deus. No Monte Quarantana houve um Essênio que conheci e que já não vive na Terra. Chamavam-no *Hussin*, não obstante o seu nome de família fosse Públio Virgílio Maron, originário da Itália. Um seu tio materno era o Grande Servidor no Santuário do Moab, e, como esses grandes Mestres sabiam que se aproximava o tempo da chegada do Messias, queriam que o ambiente terrestre se tornasse bastante sutil para poder dar-lhe entrada. Hussin era um bom elemento para intermediário em virtude de sua grande faculdade sensitiva. Era Essênio do terceiro grau, jovem ainda, e os Mestres encontraram nele as condições necessárias, motivo por que foi enviado à Roma dos Césares.

"A Lei Eterna ainda não havia deixado ver o lugar preciso em que o Espírito-Luz tornaria a vida física. Sendo Roma a região que tinha o timão da civilização humana, os Mestres pensaram que toda a força do bem e do amor deviam impulsioná-lo naquela direção. Hussin deixou a solidão do Santuário e foi a Roma, levando em si toda a força de amor, de paz e de justiça que os Essênios de todos os Santuários emitiam por intermédio dele.

"Augusto César enamorou-se dos cantos divinos e proféticos de Virgílio, que foi o seu poeta favorito; e a chamada *longa paz romana* permitiu a aproximação do Homem-Luz ao plano terrestre.

– E onde está esse Homem-Luz? – perguntou Nebai, com acentuado interesse.

– Parece que os Mestres Essênios já o descobriram; mas eu não o sei ainda. Quando vier a sabê-lo, Nebai, eu te direi. Voltemos ao assunto que vínhamos tratando.

– Sim – disse Nebai –, o dos fios invisíveis.

– Bem. Eu te dizia que, da mesma forma como fazem os Mestres Essênios quando alguns irmãos saem em missão, assim nós também devemos fazer. Tens que ir para Ribla com tua família, e, se tu e eu quisermos, tua viagem e a estada lá pode ser de grande benefício para muitos. Tu e eu poderemos encontrar-nos durante o sono, ou enviar o pensamento que a lei da telepatia transportará de um ao outro como uma delicada mensagem de nossas almas unidas pelo laço invisível da afInidade.

–Espera um momento, Jhasua, explica-me bem isso, que não cheguei a compreender completamente.

– Escuta, Nebai. A alma humana, quando chegou ao estado de evolução que tens, pode desprender-se de sua matéria para ir até onde o fio invisível da afinidade a levar. Podes fazer formosos ensaios, que serão como exercícios espirituais para desenvolver a faculdade de transportar-te em espírito a um determinado lugar. Por exemplo: eu virei a esta fonte, que te é tão querida, todas as tardes, ao pôr-do-sol. Tu, que sabes disto, deves deitar-te em teu leito a essa hora e adormecer pensando que o fio invisível da Lei há de trazer-te em espírito até aqui. O grau de meu desenvolvimento espiritual permitir-me-á escutar tua mensagem, e talvez até ver-te algumas vezes, como se pode perceber uma visão mental ou uma visão materializada.

"Em outras épocas distantes tu fizeste tais exercícios, porque viveste durante anos numa grande Escola de Sabedoria Divina que se chamou *Fraternidade Kobda*. Foste mestra de outras almas mais novas que a tua e teu nome era Núbia de Manh.

– Oh, Jhasua! Como sabes disto? ...

– Através das histórias do passado que estudo no Santuário com meus Mestres.

"Nunca ouviste dizer que tivemos muitas vidas sobre este plano físico?"

– Não, jamais ouvi dizer tal coisa!

– É que tens ainda poucos anos, Nebai, e ainda não tiveste oportunidade de aprender isto.

"A Eterna Lei é assim: todo ser, na Criação Universal, nasce e morre inúmeras vezes. Nem tu nem eu temos tantos cabelos na cabeça quantas vidas físicas já tivemos neste e em outros mundos.

"Percorremos em longas idades toda a escala do progresso eterno, e ainda não sabemos quantos séculos tardaremos para chegar ao fim."

"A qual fim, Jhasua, a qual fim?

– À Suprema Inteligência, da qual saímos um dia como sai uma fagulha duma fogueira, e a Ela deveremos voltar convertidos em chamas vivas, diz a nossa ciência divina.

"Pois naquela vida em que foste uma mestra Kobda com o nome de Núbia de Manh, tinhas, entre outras faculdades, a de transportar-te em espírito a distâncias, levada pelo fio invisível da afinidade. Desde aquela tua vida anterior já se passaram longos séculos, durante os quais progrediste muito. As faculdades adquiridas numa vida podem ser despertadas em outra com o exercício e a vontade.

– E como pudeste saber, Jhasua, que essa *Núbia de Manh* e eu somos o mesmo espírito?

– Quando os Mestres Essênios trouxeram para cá teus pais e teus dois innãos maiores, fizeram-no, a princípio, levados pelo desejo de livrar tua mãe de uma horrível perseguição que sofria da parte de um poderoso magnata, e também para proporcionar honrosos meios de vida a teu pai e a teus innãos. No entanto, nem bem se instalaram nesta cabana, os Mestres receberam a tua visita espiritual. Eras uma alma sem matéria, vibrando como uma luz no espaço infInito e te deste a conhecer a eles como companheira de longas épocas e, em particular, nessa vida de *Núbia de*

Manh. Disseste-lhes que ias entrar novamente na vida física neste lar onde nasceste. Os Mestres Essênios já esperavam tua chegada. Compreendeste agora?

– Como não hei de compreendê-lo, se explicas isso com tanta clareza?

– Outros com menos evolução que tu não o compreenderiam e, se eu o explico a ti é porque sei que podes entender-me.

"Se compreendes e aceitas esta sublime face da Lei Eterna, ser-te-á fácil compreender igualmente que, em cada uma de tuas vidas passadas, realizaste provas e exercícios de todas as formas e aspectos imagináveis; porque é desse modo que a alma se forja e se aperfeiçoa. Sofreste horrores, cometeste desatinos, fizeste obras boas, subiste a posições elevadas, foste escrava, vendida e comprada como um animalzinho indefeso. Essa é a Lei Eterna da Evolução, Nebai, quer venhamos admiti-la ou negá-la; quer venhamos aceitá-la ou rechaçá-la.

"Eu, por exemplo, fui pastor, lavrador, cortador de pedra, marinheiro e também fui rei, filósofo e médico num país que hoje jaz no fundo dos mares, onde foi sepultado por um grande cataclisma há quatorze mil anos (*).

"E atualmente, como vês, sou filho de um artesão numa ignorada região do mundo, que na sua maioria ignora até o nome de Nazareth.

"Quando fui lavrador ou pastor, quando quebrava com meu braço as rochas às quais regava com meu próprio suor, quem poderia reconhecer ali o rei Anfião de Orozuma (**), que ocupou a atenção do mundo civilizado de então?"

– Se vivemos muitas vidas, cada uma das personalidades humanas teve um nome que permaneceu ignorado de muitos ou conhecido de todos. Através das faculdades espirituais cultivadas poderemos chegar a ler no mais remoto passado como no presente?

– Oh, Nebai! ... A grandeza de Deus tem magnificências de sabedoria e de poder, e tratar de conquistá-las com o nosso esforço é o dever das almas que chegaram a uma evolução mediana. Para não proceder dessa maneira, mais valeria continuar permanecendo submergido na obscuridade inconsciente das espécies inferiores, onde ainda não se despertou completamente a inteligência, que vive ali em embrião e que se chama *instinto*; razão pela qual não existe aí a responsabilidade nem o livre-arbítrio.

– Daqui a seis dias sairemos para Ribla, segundo ouvi meu pai dizer – mencionou Nebai –, e perdoa-me, Jhasua, ter interrompido tua explicação sobre as vidas sucessivas, que creio haver compreendido bem.

"Agora dize: concordas de boa vontade que eu aceda em ser consagrada sacerdotisa de Homero?"

– Sim, Nebai, porque isso é um simples acidente na tua vida que não te obriga a mudar a senda espiritual e te coloca numa posição muito vantajosa para fazer o bem em meio a uma porção da Humanidade que te rodeia.

"Homero foi um gênio inspirado pela beleza divina que ele recordava de vez em quando, como se então voltasse a viver no plano superior da Legião dos Amadores à qual pertence. Dessa elevada personalidade fizeram na Grécia, seu país natal, algo assim como um gênio benéfico e protetor, a quem invocam sobre as colheitas, os vinhedos, olivais, hortos e jardins, porque crêem que ele flutua como um zéfiro suave sobre tudo quanto existe de belo e bom.

(*) Na Lemúria, como pastor e marujo. Na Atlântida, como rei, filósofo e médico (N.T.).
(**) País da Atlântida, onde Anfião foi cognominado o "Rei Santo" (N.T.).

"Levantaram-se templos formados por colunas, por entre as quais todos podem entrar. Não há outro altar além de um pedestal de mármore com um grande piveteiro também de mármore, onde se coloca fogo para queimar perfumes e ervas aromáticas.

"Do teto acha-se dependurada uma lâmpada de azeite de oliva que não se apaga jamais. Teu cuidado será esse, Nebai: queimar perfumes da Arábia e alimentar a lâmpada que deve arder sempre. É um símbolo da gloriosa imortalidade de Homero e dos pensamentos de amor que da Terra sobem até ele em busca de proteção.

" '*Homero viverá eternamente*', diz a luz de sua lâmpada.

" '*Até ele vai sempre a oferenda de nosso amor*', dizem as essências a queimarem nas brasas ardentes.

"À donzela escolhida para sacerdotisa será concedida uma renda vitalícia, enquanto se mantiver em estado de donzela, ou seja, sem tomar esposo; entretanto, não está proibida de casar-se, se assim o desejar. Outra donzela há de substituí-la.

"Deve cantar diariamente, ao sair e ao pôr-do-sol, uma estrofe dos cantos de Homero. Cumpre-lhe ser a depositária e guardiã das oferendas ou promessas que os admiradores do gênio tutelar levarem a seu templo. Quando elas consistirem em frutas, olivas, azeite ou suco de videira, a sacerdotisa poderá distribuí-las entre as crianças indigentes que por tais dádivas ficarem sob a tutela do gênio benéfico.

"Esta é a tradição entre os descendentes do poeta imortal.

"Como vês, não há nada oneroso nem indigno em tudo isso; antes, pelo contrário, uma auréola de respeito te rodeará, Nebai. Ajudarás com isto tua própria família, que poderá com mais facilidade abrir um caminho honrado de trabalho, num ambiente de eqüidade e retidão.

"Já verás, Nebai, já verás que amplo campo se abre diante de ti para derramar o bem a mãos-cheias."

— Ajudar-me-ás, Jhasua, a cumprir com meu dever neste amplo campo no qual me vês? — perguntou Nebai, como se lhe causasse medo ver-se sozinha na nova vida que ia começar.

— Claro que sim! Como pudeste ter dúvida? Ajudar-te-ei a distância, e uma vez em cada ano irei acompanhado do ancião Menandro que, enquanto viver, não se descuidará de ti.

"Além disto, com uma mãe como a tua, jamais deves julgar-te só.

"Olha. Ela vem na nossa direção trazendo uma cestinha de frutas e guloseimas."

A suave e meiga mulher sentou-se com eles no bordo da fonte, dizendo:

— Formoso filho de Myriam: quanta falta sentiremos em Ribla dessas horas de amor e de paz que trazes a esta cabana!

— Acabo de ensinar a Nebai a forma de não sentir a minha falta — respondeu Jhasua sorrindo. — É uma excelente discípula essa vossa filha, e já estamos de acordo em tudo e para tudo. Ela vos explicará, e eu vos peço que a ajudeis com vossa terna vigilância, para que ela tenha firmeza em suas novas atividades. Já vos disse que minha mãe virá despedir-se conforme pedistes?

— Sim, nós a estamos esperando. Myriam é o único laço de família que me une a estas terras que deixarei sem pena, porque nelas padeci tanto! ...

— Ouves, Nebai? Tua mãe vai para Ribla feliz e contente. Eu também estou contente porque vais. Há algo em mim a dizer ou anunciar que vais abrir o caminho da Luz até Antioquia.

"O Orontes passa beijando vossos jardins e acaricia também os muros daquela grande capital que encerra, para mim, algo como uma promessa de grandes coisas.

Ainda não consigo definir o que se encerra neste meu sentir, mas julgo que muito em breve vos poderei dizer. Provavelmente na primeira visita que vos fizer na próxima primavera."

Poucos momentos depois, Jhasua voltava ao Santuário a passos lentos, enquanto deixava correr seu pensamento sobre um futuro que começava a ver levantar-se como dentre uma bruma de ouro pálido até aquela populosa cidade, formosa cortesã lúbrica que vivia num eterno festival, porém que uma voz íntima lhe dizia:

"É mais fácil acender o fogo do amor divino na cortesã que ri, porque ignora a dor alheia, do que na rígida Jerusalém, que conhece a dor dos humildes, e levanta sobre ela seu pedestal de ouro! ..."

O Diário

Quando Jhasua entrou em seus 19 anos, algo muito íntimo mudou nele.

Penso que para conhecer a fundo sua grande personalidade, é necessário estudá-la em conjunto com sua vida externa, e também com seu mundo interno. Para isto nos servirá de espelho, que o reflita mui claramente, um *diário* que, ao entrar em seus 19 anos, sentiu ele a necessidade de detalhar minuciosamente.

A separação de Nebai, a meiga e discreta confidente de seus primeiros anos de juventude, deixou-o como submergido numa grande solidão espiritual. Jhosuelin e o tio Jaime achavam-se em Nazareth ajudando a Joseph na direção de sua oficina de carpintaria, que aumentava cada vez mais e se complicava em razão do aumento de obras e de operários.

Seus Mestres Essênios procuravam também deixá-lo mais tempo sozinho, para que seu espírito pesasse bem as responsabilidades que tinha sobre si e, acima de tudo, para que, entregando-se mais completamente a seus próprios pensamentos, conseguisse orientar-se rumo a seu verdadeiro caminho.

– Jhasua – disseram um dia. – Ensinamo-te tudo quanto sabemos da ciência de Deus e das almas. Cremos ter chegado o momento de que, por ti mesmo, ponhas em prática tudo quanto aprendeste, e que sejas teu próprio juiz no que diz respeito às tuas faculdades superiores e a todos os atos da tua vida.

– Então me abandonais? – perguntou alarmado.

– Não, meu filho – respondeu Tholemi, que era o mais idoso de seus dez instrutores. – Estamos à tua disposição agora, amanhã e sempre. No entanto, assim como procede a mãe que não leva mais o filho nos braços, mas o deixa em terra e o impulsiona a andar quando é chegada a hora de que ele já saiba andar sozinho, assim fazem teus Mestres contigo, meu filho, já que chegaste antes que os outros, não só a andar em terra, mas a voar como essas águias que, em formosos dias de sol, voam muito alto até se perderem no imenso azul.

"Agora já és livre para estudar o que quiseres, para fazer concentrações, transportes, desdobramentos de teu Eu íntimo, irradiações de força magnética a distância ou em presença sobre os seres ou os elementos, segundo teu critério julgar razoável ou justo. No entanto, diante de alguma dúvida ou tropeço, bem sabes como procedemos todos nós: na concentração mental da noite, e todos em conjunto, fazemos uma hora de consulta e comentários. Faze de conta que és um dos nossos, o mais jovem em idade física, é verdade, porém o mais idoso como espírito."

— Quereis dizer com isto — falou Jhasua — que já me considerais um homem que deve governar-se sozinho nas coisas da alma?

— Sozinho, disseste? Não, meu filho — respondeu o Servidor. — Um Essênio jamais está só, visto que caminha guiado pela Lei. Em seu vivo resplendor estão todos nossos grandes Mestres: Isaías, Elias, Eliseu, Ezequiel, Jeremias, Miquéias, Daniel e outros tantos que conheces e leste, assim como eu também. Como nossa Lei nos ensina a forma de invocá-los e receber suas mensagens quando é necessário, o Essênio deve ter a convicção de que jamais está só.

Desta conversação com seus Mestres, surgiu em Jhasua a idéia de escrever um diário em sua caderneta de bolso. Para sentir-se menos só, escrevia ali, dia por dia, suas impressões, lutas, ansiedades e aspirações mais íntimas.

Seu diário começava assim:

"Senhor Deus dos grandes e dos pequenos! Os homens deixam-me só, porque julgam que já sou árvore forte que pode afrontar sem apoio nem sustento as sacudidelas do vendaval.

"Diante de Ti, Senhor, sou sempre o menino que começa a andar.

"Meu Pai, que estás nos Céus e em tudo quanto vibra em Tua Criação Universal... que estás dentro de mim mesmo! ... Não me deixes em solidão como as outras criaturas me deixaram, porque sabes o que elas esquecem: que meu coração de homem é de carne, e necessita do calor dos afetos da família, da ternura, da amizade e da doçura inefável dos amores puros e santos.

"Tu sabes como eu sou, meu Pai, como estou formado com Tua Essência, com Tuas fibras, com Teus átomos! ... Minha alma, borbulha de Tua Eterna Luz, está encerrada em matéria densa que caminha pela terra onde há sarçais que se prendem nas vestes, e lodo que mancha os pés! ...

"Meu Pai eterno! Meu Amor infinito! Minha Luz inextinguível! Minha Verdade Suprema! ... Enche meus vazios insondáveis, e que se derramem teus mananciais em mim de sorte que eu tenha tudo sem ter nada! Que tua plenitude soberana baste para todas minhas ansiedades!"

Em outro dia escreveu:

"Hoje comecei meus exercícios de telepatia com José de Arimathéia. Ao transmitir meu pensamento, pondo-me em contato com ele, senti uma vibração de dor, quase de angústia. Pareceu-me que ele devia ter um de seus familiares gravemente enfermo. Logo em seguida fiquei convencido de que realmente era assim.

"Concentrei-me profundamente e, depois de grande esforço, pude transportar-me espiritualmente até seu lado. Encontrei-o sozinho junto ao leito de sua única filhinha atacada de febre infecciosa. Quando eu irradiava força magnética sobre ela, José pensou em mim com tanta intensidade que minha alma se comoveu profundamente. Creio que a menina está salva da morte.

"Meu Pai, que estás nos Céus e dentro de mim! Dou-te graças porque não me deixaste só! Estavas em mim quando eu dizia à menina: 'Quero que fiques boa. Levanta-te.'

"Sentado no bordo da fonte onde tantas vezes falei e escutei a Nebai, transmiti-lhe meu pensamento para Ribla.

"Senti uma profunda vibração de tristeza e solidão.

"Junto ao canteiro das glicínias, eu a vi com sua mãe que tocava alaúde.

"Compreendi que ainda não me vê, mas sentiu a vibração de minha presença espiritual, porque vi correrem duas lágrimas por seu rosto, as quais ocultou entre as mãos e apoiou a cabeça no ombro de sua mãe.

"Dei-lhe tanto amor, consolo e esperança que se animou rapidamente e, procurando sua caderneta, escreveu estas palavras:

"– Hoje senti como se Jhasua me houvesse falado, dizendo que me acompanha a distância, e que me enviará uma carta pela próxima caravana.

" 'Ó Jhasua! ... Quão bom é teu pensamento que, dessa forma, afugenta a tristeza e o desalento de minha alma.'

"Logo poderei comprovar se isto é realidade. A caravana passa por Ribla amanhã, domingo. Na metade da semana, estará ela passando no caminho defronte ao Santuário. Virá uma carta de Nebai que me falará disso? Esperemos.

"Graças, meu Pai Eterno, pelo dom divino do pensamento dado às Tuas criaturas!

"São as asas para voar que lhes deste e que elas não querem ou não sabem usar!"

Dois dias depois, Jhasua escrevia em sua caderneta:

"Chegou a mim, como um grito de angústia, o pensamento de Nicolás de Damasco. Uma concentração mental profunda me deu a chave do assunto. Muito embora tenha querido transportar-me espiritualmente à sua residência em Jerusalém, vi-me impedido de entrar.

"Realizando-se em sua casa as assembléias da Escola Secreta, pressinto que isso foi descoberto através de um discípulo traidor, e os esbirros do Pontífice invadiram o recinto e aprisionaram alguns.

"Empenham-se em encontrar vestígios da aparição do Messias nesta Terra, e o Sinédrio que vive temeroso de que a Luz rompa as trevas que ocultam sua vida delituosa, lançam-se a sangue e fogo contra todos aqueles que possam servir de instrumento da verdade.

"Inquieta-me sobremaneira o impedimento de penetrar espiritualmente na residência de Nicolás. Uma forte intuição me diz que há ali seres contrários formando uma espessa barreira de ódios que não posso romper sem expor-me a um transtorno nervoso ou mental que a nada conduziria.

"Meu Pai, justo e bom! ... Fortalece teus escolhidos para que ampliem como o mar seu coração, e perdoem aos perjuros, aos traidores e aos ingratos, que, tendo recebido tudo de teus santos, os atraiçoam, esquecem e arrastam-se pelo pó para engrandecer-se e gozarem junto do pranto e da dor daqueles que lhes deram vida, luz, ternura e calor!"

No dia seguinte continuava deste modo:

"Meu bom e querido Nicodemos visitou-me em minha concentração espiritual desta noite.

"De sua mensagem espiritual extraio este resumo: 'Nossa Escola de Jerusalém foi descoberta, porque um jovem Levita caiu vítima da sugestão que sobre ele exerce o desejo de grandeza em certos seres.

" 'O Conselho de Vigilância do Sinédrio ofereceu grandes prebendas no Templo a todo Levita que dê aviso de locais de reuniões cabalísticas, onde se faça a revisão dos Livros de Moisés, ou da aparição do Messias Libertador de Israel.

" 'Nicolás, como dono da casa, foi chamado para responder ao alto Tribunal.

" 'Esperam que saia bem em suas respostas e que haverá benevolência com ele, porque seu tio Gamaliel e um amigo de José de Arimathéia fazem parte desse tribunal.'

"Que obscuro enigma é a alma do homem! ... penso enquanto vou anotando as mensagens mentais daqueles que me são queridos e me amam.

"Todo Israel, desde o trono pontifício até o mais infeliz lenhador, vibra numa aspiração conjunta pelo Messias-Libertador, promessa de séculos feita aos hebreus por seus guias e protetores.

"No entanto, os poderosos magnatas sentem um inquieto alarme quando, no meio do povo, se formam agrupações preparatórias para a chegada do Messias. Por quê? ... Que temem?

"Todo o bem que ele trouxer como Filho de Deus, como Enviado Divino, será comum para todos. Será como a chegada do filho do Rei, que o envia a seu povo para aliviar suas fadigas, seus cansaços e brindá-lo com o banquete eterno do amor. Caberá aqui o temor, o alarme ou a inquietação?

"Desfolhando estas reflexões como flores mentais, vou caminhando para trás no panorama de minhas recordações, como se retrocedesse um caminho que fiz em meus 12 anos. Vi a cidade de Jerusalém. Vi o Templo, desde os pórticos até o mais afastado de seus porões. Vi também até a portinha de escape, e o grande portão das carruagens e dos animais.

"O Templo de Jehová era um mercado e um degoladouro. O sangue dos animais degolados corria por um aqueduto de mármore lavrado no pavimento, desde o altar dos sacrifícios até o poço branco, de onde o extraíam com cântaros para preparar manjares que deleitavam os convivas nos banquetes dos magnatas.

"Nos pátios interiores, quadras, cavalariças e até entre as árvores, os traficantes e mercadores, com roupas ensangüentadas e mãos imundas, arrebatavam as carnes ainda quentes, a gordura, as vísceras fumegantes, e entregavam bolsas de prata e ouro aos agentes sacerdotais encarregados de tão lucrativo comércio.

"Não será esta abominação imunda, esta sacrílega profanação da Casa de Deus, o que engendra inquietação aos príncipes do clero, quando o pensamento do Messias cruza, como um meteoro, pelo horizonte nebuloso de seu raciocínio?

"Não virá o Messias com os poderes de Moisés e açoitará de múltiplas maneiras os dirigentes de Israel, como ao Faraó egípcio pela dureza de seu coração?

"Não acabará com a iníqua matança de animais como símbolo de uma fé sangrenta, nutrida e alimentada com o horrendo suplício de inocentes animais?

"Parece-me que todas estas perguntas golpeiam as mentes sacerdotais e pontificais, produzindo, conseqüentemente, a inquietação e o alarme quando se comenta que o Messias chegou para colocar tudo em seu devido lugar."

Mais adiante estava escrito na caderneta de Jhasua:

"Hoje chegaram ao Santuário os Terapeutas que peregrinavam pelo sul. Vêm do Santuário do Monte Quarantana, trazendo um carregamento de cartas que os amigos daquelas regiões me dedicam. Tão amorosas, tão ternas, tão cheias de nobreza, que deixei cair meu pranto sobre elas!

"Jacobo e Bartolomeu, os moços da cabana de Andrés, porteiros do Santuário, a mãe Bethsabé, enamorada de seus netinhos, para os quais me pede muitos beijos pelo ar; meus tios Elcana e Sara, de Bethlehem, onde nasci, meus primeiros amigos de recém-nascido, Alfeu, Josias e Eleázar, que relatam as mil encruzilhadas de suas vidas laboriosas e justas; a tia Lia, de Jerusalém, temerosa por suas filhas casadas com José de Arimathéia e Nicodemos, pertencentes à Escola Secreta de Cabala, recentemente descoberta pelo Sinédrio.

"Ó meu Pai, que estás nos Céus infinitos e que vês soçobrar teus filhos indefesos e débeis ante a prepotência dos poderosos!

"Necessitas, acaso, que eu te peça para ajudá-los? Tu sabes, vês e sentes tudo, porque todos somos como os fios dos cabelos de tua cabeleira de Luz que tudo penetra e tudo envolve!

"Todos eles vivem em teu amor, meu Pai eterno, e Tu vives neles porque são teus como eu o sou para toda a eternidade!"

E a lama pura e luminosa de Jhasua continuava esvaziando-se como um vaso de água clara sobre as páginas de sua caderneta de bolso.

A maior parte dos trabalhos que eram feitos nos Santuários Essênios consistia em aumentar as cópias de toda escritura antiga para que pudessem ser conhecidas por todos os filiados da Fraternidade Essênia.

Também eram feitos trabalhos manuais, como móveis e utensílios necessários; além do cultivo do horto que lhes proporcionava grande parte de sua alimentação.

Os Anciãos sabiam muito bem, por avisos espirituais, que a vida de Jhasua sobre a Terra seria breve, e era necessário aproveitar bem seu tempo em ampliar cada vez mais seus conhecimentos superiores, para que, quando chegasse a hora de apresentar-se à Humanidade como seu Instrutor, não lhe faltasse nada por saber. Dessa forma, sem dar-lhe explicações, destinaram seu trabalho de preferência para as cópias, pois que, ao fazê-las, ia bebendo, gota a gota, a Divina Sabedoria que subiu a tão extraordinárias alturas em épocas distantes, nas quais outras Escolas e Fraternidades haviam cooperado com o Espírito-Luz, na marca evolutiva da Humanidade.

Sem descuidar-se desta tarefa, o jovem Mestre sempre encontrou tempo para seus exercícios espirituais, nos quais demonstrou perseverança invencível. Fazia três concentrações mentais diárias: na saída do sol, no ocaso e na segunda hora da noite que, em nossos horários, equivale às dez da noite.

Eram esses os horários de seus encontros espirituais de amor, de terna amizade, de irmandade ideológica, que serviam de estímulo ao coração amoroso do Cristo encarnado.

Tendo vindo à Terra para amar até morrer, sentia, mais profundamente que qualquer outro, a necessidade de amar e de ser amado com essa nobre lealdade das almas justas, para as quais é delito grave a traição à amizade, ao amor e à união das almas destinadas a caminharem juntas na vida, através da eternidade.

Continuemos, leitor amigo, lendo no coração puro do Homem-Luz, refletido nas breves anotações de sua caderneta de bolso.

Sentado no bordo da fonte, na cabana de pedra, pouco antes buliçosa e alegre com os risos de Nebai, Jhasua escutava encantado o arrulo das pombas, seu bater de asas banhando-se na fonte, e o gorjeio dos melros azuis que se sentiam donos do horto solitário.

Seu olhar pousou em algo que a aragem da tarde agitava dentre um jasmineiro próximo, e viu pendente dele uma cestinha de junco da qual caía o avental azul de Nebai, esquecido, sem dúvida, por ela mesma em suas correrias pelo horto, quando brincava de esconder com sua gazela favorita.

A alma delicada e sensitiva de Jhasua, aos 19 anos de vida física, percebeu algo como um poema mudo naqueles objetos esquecidos ali por sua dona, que, já há duas semanas, se achava em Ribla.

Em sua imaginação ardente e genial, esboçou-se a imagem da adolescente com seu avental azul e sua cestinha no braço a recolher jasmins e rosas para o altar do lar, onde, segundo o uso essênio, se guardava o livro da Lei e os livros dos Profetas.

Seu espírito estava profundamente submerso em si mesmo com a facilidade maravilhosa que possuem os contemplativos por natureza e pelo hábito de fazê-lo.

Passada uma hora, voltou à realidade desse momento e esvaziou no *Diário* seu sentir mais íntimo e mais terno:

"Nebai – escreveu emocionado –, tua cestinha de recolher flores e teu avental azul foram os fios mágicos que, esta tarde, me levaram até junto de ti. Eu te vi, meiga jovem de minha adolescência, não mais correndo como então atrás de tua gazela, mas tal como estás agora, grave, meditativa e cantando os versos de Homero, acompanhada por teu aláude.

"Cantavas o salmo no qual o poeta se queixa de que nenhuma alma humana compreende o gemido de seu coração na solidão do desterro. Ó Nebai! ... compreendi que tua alma chorava nesse salmo como a do poeta imortal, de cujo coração estás bebendo as lágrimas com avidez sedenta.

"Ao aproximar-me de ti em espírito, ouvi dizer: 'Jhasua! ... Sinto-me num desterro porque compreendi que, para mim, a pátria és tu, o amigo verdadeiro és tu ... o ar benéfico e o astro protetor és tu! A beleza da fonte das pombas, dos jasmineiros em flor, de todo aquele horto que me parecia encantado, eras tu, Jhasua, que o enchias todo com esse algo do céu que tens, e que não se encontra em nenhuma parte, a não ser em ti!'

"Fiz um esforço mental e me senti ajudado por forças astrais e magnéticas, e minha visão ante Nebai adquiriu alguma densidade. Compreendi que chegou a ver-me por um momento, porque soltou o alaúde e abriu os braços como para abraçar-se a algo que via. A própria vibração forte de suas emoções diluiu a visão, e ela compreendeu que minha promessa começava a cumprir-se, porque a ouvi dizer:

" 'Obrigada, Jhasua, por tua primeira visita! Perdoa-me se havia chegado a duvidar de ti em razão da tristeza da longa espera! Julgava que a pobre Nebai ausente houvesse sido esquecida. Tu não esqueces, Jhasua, como os demais seres, porque és diferente dos demais.'

"Nebai tem somente 15 anos, demasiado pouco para pensar tão profundamente. Já é capaz de analisar a diferença que há entre uns seres e outros. Durante 15 anos não pôde conhecer outras amizades. Como sabe que sou diferente dos demais seres? Eis aí uma prova de que a alma vem de muito longe e percorreu milhares de jornadas na terna viagem. Ó Nebai! ... pequena Nebai, Núbia dos Kobdas, Esther dominadora de Assuero, Judith vencedora de Holofernes ... quem serás neste e nos séculos futuros? ...

"Deus te abençoe, mulher sublime, alma de luz e de fogo que nesta hora cruzaste em meu caminho como uma calhandra branca para cantar para mim a estrofe imortal do amor que vibra nos planos sutis e puros onde é eterno, inextinguível, sem sombras e semelhante a Deus, de quem emana!

"Obrigado, criatura de Deus, pela dádiva divina de teu amor, que me dás como se dá uma flor, uma vasilha de água, uma redoma de essências! ... Obrigado, Nebai!"

Uma noite, durante a concentração mental no meio dos Anciãos Mestres, e quando irradiava seu pensamento sobre todos aqueles que seu coração amava como um incêndio de luz desprendido da imensidão, sentiu Jhasua a tristeza íntima de sua mãe, que nesse momento pensava nele.

Prestou atenção, evocou-a, chamou-a com sua alma a vibrar de emoção e de amor, e percebeu que ela, crendo-o presente a seu lado, levantou-se imediatamente em seu leito, dizendo: "Jhasua!, meu filho! Como vens a esta hora?"

Tão intenso havia sido o chamado que a ansiosa mãe o confundiu como a voz física de seu filho ... o amado filho que sempre estava em sua mente como uma estrela silenciosa que a iluminava! ...

Quando ela se convenceu de que era um sonho de seu amor, segundo julgou, começou a chorar silenciosamente para não ser percebida pelos demais familiares, que dormiam em alcovas imediatas.

No entanto, cada soluço da mãe vibrava na alma do filho como a elegia triste de um alaúde a chorar nas trevas.

Jhasua concentrou-se ainda mais profundamente, enquanto orava ao Autor Supremo de toda a Luz.

"Meu Pai! ... Permite que eu veja!" – Transportou-se a seu lar e viu ...

Mas vamos continuar, leitor amigo, folheando sua caderneta onde ele escreveu sua observação nessa mesma noite, quando voltou à sua alcova solitária:

"Na concentração desta noite visitei minha mãe, cuja tristeza recolhi ao irradiar meu pensamento sobre todos aqueles que meu coração ama. Em razão disto, passou a hora da concentração sem dar-me tempo para irradiar o pensamento sobre todos os seres da Terra, conforme ordena a Lei!

"Meu Pai, que és o Amor Eterno, incomensurável! ... Perdoa minha debilidade e pequenez! Ainda sou egoísta, meu Pai, e meu coração de carne cheio de amor dos meus ... minha mãe fez-me esquecer as demais criaturas ... todas tuas ... nascidas de Ti mesmo, como o meu corpo nasceu de minha mãe!"

Tranqüilizada sua consciência por esta confidência à Divindade, Jhasua escreveu novamente:

"Há profunda tristeza em meu lar. Vi meu pai enfermo. Deve ter tido algum grave desgosto, e seu coração foi afetado profundamente. Jhosuelin não consegue, com todos seus esforços, vigorizar seu organismo que se entrega à Sua Lei, a qual determina pouca vida física nesta hora de seu caminho eterno.

"Ana, minha irmã, entristecida também porque Marcos, pertencente à Escola Secreta, foi detido, contribui ainda mais para formar o pesado ambiente de angústia que encontro em meu lar.

"Ao amanhecer, pôr-me-ei a caminho de Nazareth.

"Evitarei a viagem que os Terapeutas pensavam em fazer depois de amanhã. O que eles deviam fazer, farei eu.

"Graças, meu Pai, pelos dons divinos com os quais encheste a alma humana!

"Teus poderes, tuas magnificências, tua força de amor, tudo nos deste sem deixar-nos com falta de nada ... e a infeliz criatura humana, presa como um molusco ao pântano, esquece sua nobre condição de filha de Deus para continuar indefinidamente sua vida letárgica de verme! ..."

Tal como vimos escrito em seu *Diário*, assim o fez. Duas horas depois da saída do sol, Jhasua abraçava seus pais, que tiveram a mais formosa surpresa. Era a primeira vez que chegava sem aviso prévio.

– Orando ao Senhor por vós – disse – eu vos vi tristes por muitas razões, e vim para consolar-vos.

"Nenhuma das coisas que vos afligem são irremediáveis."

– Como sabes disto, meu filho? – perguntou seu pai.

– A oração, meu pai, é a comunicação íntima de nossa alma com Deus. Como Ele sabe, vê e sente tudo, a alma unida a Deus na oração pode saber, sentir e ver muito do que Ele vê, sabe e sente.

"Em minha oração de ontem à noite compreendi vossa tristeza e aqui estou. Saí ao amanhecer. Vim pelo caminho dos Terapeutas que, embora seja mais áspero, é mais curto que o das caravanas. Com 19 anos, bem posso saltar por entre os penhascos."

Para aqueles felizes pais nenhuma recompensa podia igualar ao amor de tal filho ... havia corrido riscos e saltado pedras entre arroios que cortavam o caminho, na semi-obscuridade do amanhecer, para chegar até onde se achava a tristeza, como um raio de sol a penetrar nas trevas de um calabouço.

Joseph esqueceu a afecção do coração. Myriam não chorou mais. Jhosuelin sentiu novas energias em seu organismo esgotado. Ana já via Marcos livre, e o tio Jaime, previdente em tudo, trouxe um grande fardo de farinha, mel e manteiga do mercado, porque adivinhou que, em tal dia, deveria haver grandes atividades na cozinha de Myriam.

Jhasua permaneceu durante uma lua no lar, enchendo-o todo de paz e amor.

Ao explicar detalhadamente como, durante a oração, havia percebido suas angústias, surgiu em todos eles o desejo de cultivar mais esmeradamente o treinamento na transmissão e percepção do pensamento, esse mensageiro divino dado por Deus a toda criatura humana.

No grande cenáculo que só era usado quando havia numerosos hóspedes, formaram um compartimento dividido por espessas cortinas de tecidos de Damasco; era o que de mais suntuoso podia permitir a si mesmo um artesão de posição média.

Aquele seria o recinto de oração, onde os familiares se reuniriam nas mesmas horas em que Jhasua fazia as concentrações diárias, com o fim de que suas almas se encontrassem unidas no seio de Deus, nos momentos de elevação espiritual.

– Se assim nos encontrarmos três vezes cada dia, a que fica reduzida a ausência? – observou Jhasua.

"Falar-me-eis no silêncio do Pensamento, e eu vos responderei.

"Procederam sempre de tal forma nossos Mestres, os Profetas, que, mercê do grau de sua união com a Divindade, se convertiam em mensageiros d'Ela para com os homens. Daí surgiu a equivocada idéia de que o Senhor tem filhos privilegiados, aos quais manifesta Sua Vontade com luzes especiais.

"Em realidade, ocorre isto: uns filhos pensam em unir-se ao Pai Celestial pela oração, e outros não pensam jamais nisto.

"Os que se aproximam d'Ele com o coração limpo de toda maldade são iluminados, e de sua perseverança nesta aproximação vêm, necessariamente, as elevadas percepções da alma que, submergida em Deus através da oração, adquire grande lucidez em tudo e para tudo."

Durante os últimos dias de sua visita ao lar, Jhasua realizou suas concentrações espirituais juntamente com seus familiares, aos quais recomendou se colocassem sempre no mesmo lugar, em torno da pequena mesa, sobre a qual ele colocou a Lei e os livros dos Profetas.

Idêntico trabalho realizou nas casas familiares de Simão e de Zebedeu, seus amigos do Lago, de onde um dia deviam sair dois de seus discípulos íntimos: Pedro e João. Disse-lhes:

– Assim como fiz convosco, fazei também com vossos amigos íntimos e, deste modo, ajudar-me-eis a estender sobre a Terra o véu brando do amor e da paz.

"Não dizeis que sou Profeta? Cooperai comigo em aproximar esta Humanidade de Deus. Tal é a missão dos Profetas."

Na madrugada do trigésimo dia, empreendeu o regresso ao Santuário, acompanhado, até a metade do caminho, pelo tio Jaime.

Escutemos sua conversação:

– Jhasua – disse seu tio. – Deves saber que teu pai quis que fosse eu o administrador de teus bens, e, como já estás nos 19 anos, creio que devo prestar-te contas disto.

– Bens? ... mas ... tenho eu bens, tio Jaime? – perguntou intrigado.

– Como? Não sabes? São as remessas enviadas por aqueles três homens justos e sábios vindos do Oriente, trazidos a este país pelo aviso dos astros. Essas remessas foram acumuladas desde teu nascimento.

"Gaspar, Melchor e Baltasar não falharam um único ano em enviar o ouro que prometeram para cooperar em tua educação e no bem-estar de tua família.

"Teu pai, dedicado em extremo, somente permitiu a si mesmo tomar uma pequena soma quando tinhas, creio, 17 meses. Deixou a oficina a meu cuidado para fugir contigo e Myriam para o Hermon, a fim de ocultar-te da perseguição de Rabsaces, o mago de Herodes."

– Se me houvesses falado disto antes de sair, tio Jaime, eu teria convencido meu pai de que esses bens são seus e que poderia dispor deles como lhe agradasse.

– Os filhos de Joseph – acrescentou Jaime – ignoram completamente essas remessas dos astrólogos orientais. Joseph não quer que o saibam, com exceção de Ana e Jhosuelin, que são alma e coração contigo.

– Bem, tio Jaime, já que meu pai te nomeou administrador desse ouro doado a mim, dir-te-ei minha vontade a esse respeito.

"Vi que a oficina necessita de reparos indispensáveis para preservar das chuvas e do sol as madeiras para as obras. As cobertas de bambu e de junco estão caindo. Também o muro que rodeia o horto está em ruínas. É pena deixar que se destrua tudo, enquanto o ouro continua guardado na bolsa!

"Para que serve o ouro, a não ser para se desfrutar um pouco mais de comodidade e de bem-estar?"

– E tu, Jhasua, nada queres para teu uso? Não necessitas nada? – perguntou Jaime.

– Que queres que eu necessite no Santuário? Meu vestuário é dado por meus pais; o alimento é dado pelo Pai Celestial. Que mais posso necessitar?

"Cuida para que nos abrigos que os Terapeutas mantêm para os refugiados, estes não sofram fome nem desnudez. O Pai Celestial não te perdoará, tio Jaime, se, guardando esse ouro, deixares sofrer fome a algumas de suas criaturas.

"Do mesmo modo, não permitas que meu pai sofra inquietações com relação ao pagamento de suas dívidas para com os fornecedores e os operários. A prolongação de sua vida depende de sua maior tranqüilidade.

"Tu e Jhosuelin bem poderíeis combinar entre si para aliviá-lo de todo peso."

– Oh, Jhasua! Não conheces teu pai! É tão escrupuloso em questão de dinheiro, que ele quer saber tudo.

– Pois bem! Que ele saiba que eu te autorizei a cobrir qualquer déficit que lhe possa trazer inquietações.

"Irás acompanhar-me, tio Jaime, a visitar, um dia, esses três homens de Deus que cuidam de mim desde que nasci – acrescentou Jhasua depois de alguns momentos de silêncio."

– Quando será essa viagem? Procura lembrar que há uma em projeto para quando tiveres 21 anos.

– Sim, a do Egito, para reunir-me com Fílon de Alexandria.

"Então poderei visitar Melchor na Arábia. Ele tem sua escola próxima ao Sinai.

"Visitaremos a Baltasar em Susan no próximo ano. É o mais idoso, e temo que a morte me ganhe a dianteira. Talvez, então, eu visite também a Gaspar.

"Aos três enviarei cartas neste sentido.

"Até agora foram os Anciãos do Tabor que enviavam notícias minhas, pelo fato de eu ser ainda muito jovem. No entanto, agora que já sou homem, devo fazê-lo eu mesmo."

Logo depois de Jhasua se encontrar no Santuário, manifestou aos Anciãos, na reunião da noite, seus desejos de visitar os sábios astrólogos do Oriente, que, desde seu nascimento, se haviam preocupado com o bem-estar material dele.

– Meu filho – disse o Servidor –, de acordo com um entendimento feito entre eles, teus pais e nós, deveríamos inteirar-te destes assuntos somente aos 20 anos, que ainda não tens. Mas, visto como o soubeste antes, falemos disto agora já que faltam apenas alguns meses para que entres na idade fixada.

"Não julgues que tenhas ficado mal perante eles por teu silêncio, pois eles mesmos assim o quiseram.

"Agora queres visitá-los em vista de tua delicadeza, ao saberes que foste favorecido por eles. Isto faz com que te sintas compelido em tal sentido, e era isto justamente que eles queriam evitar, a fim de que nada perturbasse a quietude de teu espírito durante o desenvolvimento da infância e o desenrolar da adolescência.

"Como superiores mestres de almas, os sábios orientais dão o valor que as inquietações prematuras produzem nos corpos em formação e crescimento, e tratam de evitar a repercussão no espírito.

"Para que teu espírito chegasse à plenitude a que está chamado a atingir, trataram eles de evitar angústias e terrores, comuns nos lares açoitados por todo gênero de contingências.

"Em nossas crônicas, que agora já podes conhecer, encontrarás, com detalhes, a correspondência que a Fraternidade Essênia manteve com os três sábios astrólogos que te visitaram no berço.

"As mensagens chegavam pelas caravanas ao Santuário do Monte Hermon, no Líbano, com a remessa anual de trinta moedas de ouro, dez de cada um de teus três protetores.

"Numa pobre casinha do subúrbio de Ribla, hospedagem habitual de nossos Terapeutas peregrinos, eram recebidas as mensagens e o donativo, que vinham até nós e, em seguida, eram passados a teus pais, sempre levado por nossos Terapeutas."

– Por que não me falastes dessa casinha-refúgio em Ribla, para que eu a tivesse visitado como se visita um templo? – perguntou Jhasua.

– Pelas mesmas razões anteriormente ditas, meu filho. O silêncio, quando se promete guardá-lo, é sagrado para todo Essênio. Esperávamos que entrasses na maturidade de tua juventude, à qual chegaste com toda a plenitude de teu espírito, conforme nos esforçamos por fazer-te atingir.

"Jhasua ... és o Enviado do Altíssimo para a salvação da Humanidade nesta época de sua evolução, e tudo quanto fizéssemos por tua personalidade espiritual nunca seria demasiado.

"Na primeira vez que fores a Ribla, poderás visitar o Refúgio.

"A doação de teus protetores está, como já sabes, nas mãos de teus pais. Entretanto, as mensagens de ordem espiritual e as cartas cruzadas entre os astrólogos orientais e nós, estão em nossas crônicas, e são cópias dos originais que se encontram no Grande Santuário do Moab, conforme determina nossa Lei.

"O irmão cronista fica autorizado a mostrar-te tudo quanto recebemos, em relação a ti, de teus sábios protetores e amigos."

– Obrigado, Servidor! – exclamou o jovem Mestre. – Vejo que sou devedor de todos e por tudo; e que não me é suficiente uma existência para pagar a todos.

– Não te preocupes com isto, pois já está tudo pago só com tua presença aqui junto de nós e pelo fato de havermos sido designados pela Eterna Lei para formar teu ninho espiritual nesta oportunidade de tua carreira messiânica.

Jhasua, numa explosão de amor das que só ele era capaz, ajoelhou-se sobre o pavimento em plena reunião, e, levantando ao Céu seus olhos e seus braços, exclamou:

— Meu Pai, que és Amor Eterno! ... Senhor e Criador de tudo quanto existe, sê tu quem pague por mim a todos quantos me fizeram bem na Terra.

O Servidor levantou-o de sua prostração e abraçou-o ternamente.

— Este abraço e este momento — disse — foi antecipado em nove luas que faltam para completar teus 20 anos. O Deus do Amor assim o quis.

Os outros Anciãos o abraçaram da mesma forma, dizendo todos frases cheias de ternura e esperança para que lhe servissem de alento e estímulo ao entrar na segunda etapa de sua missão como Instrutor e Enviado Divino.

Um deles, originário de Pasárgada (*), na Pérsia, que, por seu maior conhecimento daquela língua, era quem havia mantido a correspondência com o sábio astrólogo Baltasar, disse a Jhasua:

— Numa de suas cartas disse ele que, num momento de grandes dores ocorridas em sua vida, em virtude da ignorância humana, teve a debilidade de pedir a morte por falta de valor para continuar a vida na posição espiritual em que se encontrava; e que tu, Jhasua, o visitaste no sonho quando tinhas 13 anos de vida física. Ainda perdurava em ti a impressão sofrida em tua visita ao Templo de Jerusalém e, para consolar a Baltasar pelas misérias humanas que o atormentavam, mencionaste tua dor por uma idêntica causa e em tão curta idade.

"Ele nos pediu a comprovação de que o havias visitado durante teu sono. Através do Terapeuta, que te visitava a cada lua, ficamos a par de tuas impressões sobre o Templo de Jerusalém.

"Menciono isto para que saibas até que ponto estás ligado espiritualmente com Baltasar, esse teu nobre e sábio protetor.

"Tua visita a ele seria oportuna na Babilônia (**), onde passa os meses do verão."

O Servidor anunciou que era chegada a hora da concentração mental, e um silêncio profundo se fez imediatamente.

Velada a luz do recinto na suave penumbra violeta impregnada de essências, a se queimarem nos piveteiros, e ao som das melodias de um aláude vibrando delicadamente, as almas contemplativas dos solitários se desprenderam facilmente da Terra para buscar nos planos superiores a Luz, a Sabedoria e o Amor.

Pelo transe de um dos mestres, foi anunciado que algumas Inteligências encarnadas iam manifestar-se, enquanto seus corpos físicos descansavam no sono.

Este aviso indicava que deviam tomar as mais extremas medidas para a maior quietude e serenidade da mente, a fim de não causar dano algum aos adormecidos, cujos espíritos, momentaneamente desprendidos da matéria, chegariam até o recinto.

O fio mágico da telepatia, tão cultivada pelos mestres espirituais de todos os tempos, havia captado a vibração do pensamento de Jhasua para seus três protetores e amigos a tão grande distância. Depois de suave silêncio na penumbra, o transe se produziu no Mestre Asan, o persa, logo a seguir em Bad Aba, o cronista, e depois no mais jovem dos Terapeutas-Peregrinos, que se encontrava em repouso de suas continuadas viagens. Chamava-se Somed e era de origem árabe.

As Inteligências Superiores, guias da última encarnação Messiânica de Jhasua, haviam, sem dúvida, recolhido os fios invisíveis dos pensamentos, unindo-se como

---

(*) Chama-se Hurgab na atualidade (N.T.).
(**) Suas ruínas ainda existem a 160 km a S.O. de Bagdad (N.T.).

cabos de ouro na imensidão infinita, e a união das almas efetuava-se natural e suavemente, sob o olhar eterno da Suprema Inteligência, que deu à criatura humana os dons divinos do pensamento e do amor.

Os três sábios astrólogos que, há 19 anos, se haviam unido no plano físico sem se buscarem, para visitar o Verbo recém-encarnado, acabavam de unir-se também no espaço infinito para acudir ao chamado de sua amorosa gratidão, inquieta já por derramar-se em ternura naqueles que, a longa distância, tanto o haviam amado.

O mago divino do Amor é sempre invencível quando busca o amor.

Na penumbra violeta daquele santuário de rochas, ouviram-se estes três nomes, pronunciados pelos três médiuns em transe:

– Baltasar, Gaspar, Melchor.

– Teu amor, Jhasua, nos traz enlaçados com fios de seda – disse Baltasar, que falou em primeiro lugar. – Bendigo ao Altíssimo que me permitiu ver-te entrar na segunda etapa desta tua jornada para a elevação espiritual desta Humanidade. Não verei teu apostolado de Messias deste plano físico, mas do mundo espiritual, ao qual voltarás como triunfador para entrar na apoteose de uma glória conquistada com heróicos sacrifícios de muitos séculos.

"Teu amor, cheio de gratidão para com teus amigos do berço, projeta, já o vejo, uma visita pessoal e, muito embora ela ainda não tenha entrado em nosso programa, mas, se a Lei o permitir, bendita seja.

"No abraço supremo de dois sóis radiantes no infinito, chegaste à vida com a Luz de Deus, que Seu Amor Eterno derramou sobre ti para levar a lepra desta Humanidade."

– Gaspar de Shrinagar aproxima-se de ti em espírito, no segundo portal de tua vida física. Terminaste a educação espiritual ainda antes que teu Eu houvesse despertado na consciência de tua missão. A Luz que trazes acesa deslumbra a ti mesmo, e dir-se-ia que a encobres para não cegar a ninguém com seus vivos resplendores. No entanto, a hora chegará iniludivelmente em conseqüência da suprema clarividência de teu Eu Superior. Nessa ocasião, estaremos contigo, como o estivemos em teu berço, mas, provavelmente, do espaço infinito, aonde entrarás em gloriosa apoteose, enquanto *teus magos do Oriente* desintegrarão, em átomos imperceptíveis, a matéria que serviu para tua última jornada na Terra.

"A Eterna Lei que nos mandou cooperar com ela desde teu nascimento, ordena-nos também desfazer, como um véu sutil, tua envoltura de carne, e que seus átomos envolvam o Planeta que foi o altar santo de teus holocaustos de Redentor. Paz de Deus, Avatara Divino, em tua segunda etapa de vida terrestre."

Melchor, o humilde Melchor, o príncipe moreno que vivia lamentando aquele pecado de sua juventude, não ousou falar de pé, mas ajoelhado através do corpo do sensitivo no centro da reunião e dirigiu ao Verbo Encarnado estas breves palavras:

– A suprema felicidade de meu espírito me foi dada pela Eterna Lei ao permitir, Filho de Deus, beijar-te no berço, amparar-te em tua vida e acompanhar-te na saída triunfal do plano terrestre.

"Essa glória, essa felicidade suprema, é suficiente a meu espírito para sua eternidade de paz, de luz e de vida.

"Filho de Deus! ... abençoa teu servo, que não pede outra glória nem outra compensação que a de teu amor imortal!"

Jhasua não pôde conter-se mais e, chorando silenciosamente, aproximou-se do sensitivo que estendia seus braços para ele com viva ansiedade, e pondo-lhe as mãos sobre a cabeça, abençoou-o em nome de Deus.

A alma de Melchor que, através do transe, havia ocupado por breves momentos a matéria do sensitivo, desprendeu-se dentre os braços de Jhasua.

Os três sensitivos voltaram ao mesmo tempo a seu estado normal, e Jhasua encontrou-se de pé, sozinho, no centro da reunião. Com sua cabeça inclinada sobre o peito, parecia encurvado por um grande peso que fosse superior às suas forças.

Seus mestres compreenderam isto imediatamente.

O Servidor levantou-se e foi o primeiro a chegar até ele.

– A Luz vai sendo feita em teu caminho e te embarga por causa do assombro que quase chega ao espanto – disse ele a meia-voz.

Tomou-o pela mão direita e sentou-o a seu lado.

Ante as palavras do Servidor, todos ajudaram com sua força mental para que aquele estado vibratório, demasiado intenso, se tranqüilizasse pouco a pouco.

Aquela poderosa corrente adormeceu a Jhasua durante todo o tempo da concentração mental.

Quando despertou, estava tranqüilo e pôde desenvolver lucidamente o tema da dissertação espiritual costumeira, e que nessa noite correspondia, por turno, a ele. O assunto, convém esclarecer, que foi escolhido ex-professo, havia sido tirado por sorte de uma pequena cédula que dizia:

"A sarça ardente que Moisés viu."

Ao escutar seu comentário a respeito dessa passagem, todos compreenderam que Jhasua acabava de ver também em seu caminho, qual labareda viva, a primeira encruzilhada que decidiria sua senda final.

Muito embora no fundo de seu espírito houvesse grande serenidade, não pôde dormir nessa noite e, bem de madrugada, saiu de sua alcova para o pequeno vale sobre o qual se abriam as grutas.

Caminhando sem rumo fixo por entre o labirinto de montanhas e pequenos bosques, encontrou-se, sem pensar, na pobre cabana de Tobias, onde seus quatro moradores estavam já dedicados às suas fainas de cada dia.

Os dois moços, Aarão e Seth, curados completamente da paralisia em suas extremidades inferiores, ordenhavam ativamente as cabras, enquanto o pai, Tobias, ia fazendo-as sair dos estábulos e encaminhando-as aos lugares de pastoreio.

Beila, a boa mãe, rejuvenescida pela alegria de seus dois filhos fortes e sãos, adornada com seu avental branco, soberana na cozinha, tirava das brasas os pães dourados com que a família faria o desjejum.

Estes formosos quadros familiares levaram uma nova alegria de viver ao meditabundo Jhasua.

Tobias aproximou dele o mais novo cabritinho que levava nos braços. Aarão ofereceu-lhe uma caneca de leite espumoso e morno. Beila saiu da cozinha levando em seu avental pãezinhos quentes para o *menino santo*, como ela o chamava.

Aquele amor terno e simples, como uma écloga pastoril, encheu de emoção a alma sensível de Jhasua, que sorria para todos com olhares de indefinível sentimento de gratidão.

No meigo amor dos humildes dissolveu-se suavemente a penosa preocupação que os acontecimentos da noite anterior haviam produzido nele.

Naquela cozinha de pedra rústica, ao redor da lareira na qual ardiam grossos troncos de lenha, Jhasua sentiu-se novamente adolescente, quase menino, e compartilhou do desjejum familiar com grande alegria.

A família não cabia em si de felicidade com a inesperada surpresa, pois fazia já bastante tempo que Jhasua não os visitava.

Os amigos de Jerusalém, as cópias, o arquivo, a viagem a Nazareth, haviam ocupado todo seu tempo.

— Somente nos víamos de longe — disse Tobias — e isto era suficiente para nós.

"Antes de mudar-se para Ribla, o escultor nos disse que estáveis muito ocupado com pessoas vindas de Jerusalém" — acrescentou Seth.

— Sim, é verdade — respondeu Jhasua —, mas há outro motivo e me culpo grandemente dele. Como estava certo de que já estáveis tranqüilos e felizes, julguei, sem dúvida, que não necessitáveis de mim e, talvez, por isto, passei mais tempo sem vir.

— Quem não precisa da luz do sol, jovem de Deus? — perguntou rindo Beila, que se havia sentado junto a Jhasua para descascar castanhas recém-tiradas do fogo e colocar manteiga nas assadas.

— Nesse caso, mãe Beila, para mim, sois a luz do sol — disse Jhasua alegremente — e, provavelmente, graças ao interesse de que me ilumineis foi que vim aqui hoje.

— Como é isto? Que luz podemos ter para vos dar, nós humildes camponeses perdidos nestas montanhas? — perguntou Tobias.

— Sim, Tobias, isto mesmo! Não julgueis que o muito saber traga muita paz ao espírito. As profundezas da Ciência de Deus têm segredos que às vezes causam medo e espanto à alma, da mesma forma que nas profundezas do mar se encontram maravilhas que aterram.

"Ontem à noite eu estava sob uma impressão semelhante, e saí à montanha pedindo ao Pai Celestial a quietude interior que me faltava. Sem pensar cheguei aqui, e em vós encontrei a paz que havia perdido. Bem vedes, pois, que sou vosso devedor."

— No entanto, curastes nosso mal — disse Aarão — e também nosso rebanho e, desde então, faz dois anos, nosso olivar, o vinhedo e todo nosso horto parece como uma bênção do Deus.

— Até os castanheiros que estavam com pragas — acrescentou Beila — melhoraram, e reparai que boas castanhas nos têm dado.

— Na verdade — respondeu Jhasua — estão maravilhosas. Reparai quantas castanhas a mãe Beila descascou para mim!

— Todo bem veio convosco para esta casa, jovem santo — disse encantada a boa mulher — e ainda dizeis que ficais nosso devedor?!

— Eu sei o que digo, mãe Beila. Saí de minha alcova entristecido e agora me sinto feliz.

"Vosso amor me fez tanto bem quanto vossas castanhas com mel. Que Deus vos abençoe. Muito obrigado e, a propósito, sabeis que tenho uma idéia?

— Podereis dizer, pois mandais em minha casa.

— No Santuário ficamos sem porteiros, e bem sabeis que tal posto é de extrema confiança. O velho Simão foi levado para o Lago onde tem toda sua família. Quer morrer entre eles. Eu o visitei há três dias e ali ficaram dois de nossos Anciãos para lhe darem assistência.

"Julgo que o Servidor ficará contente se puderdes ocupar esse lugar. Não vos agradaria?"

— E como deixaremos isto? — perguntou Tobias.

— E por que haveis de deixar? O Santuário está tão próximo que, sem deixar isto, podeis servir-nos lá. Podereis atender de manhã e também algumas horas à tarde. Os moços e a mãe julgo que são suficientes para cuidar disto. Que dizeis?

— Que sim. Tudo que disserdes está bem — disse Beila. — Não faltava nada mais que nos opormos ao vosso desejo. Se os Anciãos também o quiserem, nada mais há que falar. Devemos ao Santuário tudo quanto temos.

— Está bem. Amanhã trarei a resolução definitiva. E será também o momento oportuno para que Aarão e Seth entrem na Fraternidade Essênia, já que seus pais o são desde há anos.

"A família porteira do Santuário deve estar unida espiritualmente com ele. Desta forma, meus amigos — disse Jhasua aos moços —, se quiserdes ser meus irmãos, sabei desde já que eu mesmo vos entregarei o manto branco do primeiro grau."

— Teremos muito que estudar? — perguntou Seth que era um pouco preguiçoso para as letras.

— Um pouquinho e, para que não te assustes, serei teu primeiro Mestre da Sagrada Escritura.

"Como vedes, algo bom saiu desta minha visita na madrugada. Nem tudo haveria de ser exclusivamente para comer castanhas com mel e pãezinhos dourados. Nem só de pão vive o homem."

Quando Jhasua se despediu, uma suave aura de alegria e de paz inundava a todos.

Também o jovem Mestre havia esquecido suas penosas preocupações. Tobias e seus filhos acompanharam-no até junto do Santuário, enquanto a boa mãe Beila repetia sentada no umbral de sua porta:

— É um Profeta de Deus! Onde ele entra, deixa tudo cheio de luz e de alegria! Que Jehová abençoe a feliz mãe que trouxe tal filho para a vida!

Talvez julgue o leitor que na vida de um Messias, Instrutor da Humanidade de um planeta, é demasiado insignificante o simples episódio que acabo de relatar. Realmente teria sido, se o mesmo não estivesse relacionado com acontecimentos que mais adiante foram pedras firmes nos alicerces do Cristianismo. A Eterna Lei vale-se de seres humildes e pequenos, ignorados da sociedade para levantar suas grandiosas obras de sabedoria e de amor.

A colocação da família de Tobias como porteiros do Santuário trouxe a aproximação de um menino órfão de mãe, com 10 anos de idade, filho de pai grego radicado em Sevthópolis, na Samaria, cujo nome era Felipe. Sua mãe era irmã de Beila, esposa de Tobias, a qual tomou o menino a seu cuidado, e os Mestres do Tabor cultivaram seu espírito. Como era muito turbulento e travesso, divertia grandemente a Jhasua que, provavelmente, não pensou jamais que aquele garotinho de 10 anos viria a ser anos depois um fervoroso pregador de sua doutrina, com o nome muito conhecido de *Diácono Felipe*, fundador da primeira Congregação Cristã da Samaria.

Voltemos novamente para a intimidade de Jhasua, santuário secreto e divino, no qual entramos em silêncio através de seu *Diário*, que é o espelho em que se deixava refletir.

Os nove meses que faltavam para chegar aos vinte anos passou dialogando consigo mesmo na profundeza de seu espírito que procurava sua lei com ânsia indescritível.

Durante esse tempo viveu tão intensamente sua vida interna que causa assombro ver o alto grau a que chegaram suas faculdades espirituais.

Os Anciãos afirmavam que, desde os tempos de Moisés, não se havia visto nada semelhante nem sequer nas Escolas mais consagradas às experiências supranormais.

Durante esse tempo ocorreu também um fato que vamos conhecer através de seu *Diário*.

"Em minhas três concentrações espirituais de hoje — escreveu em sua caderneta — senti, vi e ouvi algo muito singular. Do fundo de umas grutas bastante semelhantes a estas chamavam por meu nome, acrescentando os mesmos qualificativos messiânicos que alguns se alegram em dar-me.

"É um chamado espiritual sem vozes e sem sons que a alma só percebe nos silêncios profundos da meditação.

"Aqueles que chamam são encarnados e as grutas onde habitam estão na Samaria, entre as escarpadas montanhas que ficam à vista da cidade de Sevthópolis, ponto de reunião de todas as caravanas.

"Essas vozes clamorosas e dolentes pedem que eu lhes consiga o perdão da Fraternidade Essênia.

"– Somos Essênios – dizem-me – do terceiro e do quarto graus. A soberba apossou-se de nós, que quisemos erigir aqui um templo como o de Jerusalém, com seu deslumbrante pontificado. Como isto era sair da nossa lei, a proteção divina afastou-se de nós e, em vez de um templo nosso Santuário se converteu em covil de foragidos que nos acorrentaram, reduzindo-nos às mais tristes condições. Não restamos já, a não ser três dos vinte e cinco que éramos. Quase todos perecemos de fome e de frio. Outros conseguiram fugir.

" 'Messias, Salvador de Israel, tende piedade de nós!'

"Jamais ouvi dizer – continuava escrevendo Jhasua – que na Samaria houvesse um santuário Essênio entre as montanhas, como os demais.

"Ouvi falar e conheço o do Monte Hermon, onde estive oculto em minha meninice; o do Carmelo, onde curei minhas alucinações de menino; o do Monte Quarantana, onde recebi a visita dos Anciãos do Grande Santuário do Monte Moab, e este do Tabor, no qual recebi minha educação espiritual de jovem.

"Que santuário é esse donde pedem socorro? Os Anciãos nunca me disseram, para não descobrir, sem dúvida, o pecado de seus irmãos rebeldes à Lei.

"Não me agrada penetrar assim, como a traição, no segredo que eles provavelmente guardaram referente a isto, mas como hei de comprovar se isto é uma realidade, ou um laço enganoso estendido pelas inteligências malignas para desviar-me de meu caminho?

"Forçoso torna-se perguntar-lhes, confiando o que me ocorre.

"Meu espírito está condoído profundamente com estes chamados angustiosos.

"Em minha última concentração desta mesma noite a única coisa que pude fazer foi prometer-lhes mentalmente que tratarei de remediá-los."

E o *Diário* fechou-se por essa noite.

Na manhã seguinte, depois da concentração mental matutina, Jhasua pediu ao Servidor que escutasse uma sua confidência íntima.

O Ancião levou-o a sua alcova onde, animado da grande ternura que guardava em seu coração para com o jovem Mestre, convidou-o a falar.

Jhasua mencionou tudo quanto havia ocorrido em suas concentrações mentais no dia anterior. Ouçamo-lo:

– Em cumprimento de nossa Lei e do que me haveis ensinado, depois de unir-me com a Divindade, estendo meu pensamento de amor para todos os que sofrem, primeiro entre os conhecidos e os lugares próximos, e depois para todo o Planeta.

"Por circunstâncias especiais, ocupei-me com Felipe, o filho adotivo de Beila, e meu pensamento transportou-se a Sevthópolis, onde vive seu pai, que no conceito de Tobias, nosso atual porteiro, exerce um comércio bastante delituoso: a compra de escravos.

"Ocupava-me do pai do menino em minha oração, quando senti angustiosos chamados de uns Essênios acorrentados numas grutas próximas dessa cidade.

"Tais vozes me pedem que consiga para eles o perdão da Fraternidade Essênia, porque reconhecem haver pecado contra a lei.

"Tão insistentes chamados me causam uma angústia a tal ponto indescritível, que me levam até a pensar se não estarei sendo vítima de inteligências perversas que querem perturbar meus caminhos espirituais."

— Meu filho — respondeu o Ancião. — Pode haver uma realidade em tudo quanto dizes.

"Jamais mencionamos a ti esse nosso infeliz Santuário da Samaria que saiu de sua lei e pereceu. Mas, já que o Senhor permitiu que, através de revelação espiritual, tenhas vindo a saber, não devo ocultá-lo por mais tempo.

"Deve ter chegado a hora em que sejas, de verdade, a Luz de Deus sobre todas as trevas.

"Trevas do espírito são as que envolveram esses nossos irmãos, que, cansados da vida ignorada e sem aparato exterior, quiseram brilhar no mundo com os esplendores do Templo de Jerusalém.

"As doações que os irmãos faziam para a manutenção de nosso refúgio de enfermos e anciãos foram empregadas em adquirir madeiras do Líbano, mármores e prata para o Templo, que se propunham levantar em Sebaste, entre as formosas construções feitas por Herodes, o Grande, com os tesouros que foram o suor e o sangue do povo hebreu. O Sinédrio de Jerusalém, que está sempre alerta, chegou a saber disto e, por intermédio de seus hábeis aduladores para com o Rei, foram detidos os que dirigiam os trabalhos, os materiais confiscados por ordem do Rei, o Santuário invadido e roubado, até que bandos de malfeitores, dos que tanto abundam nas montanhas da Samaria, se apropriaram das inacessíveis grutas como antros de ocultamento para seus crimes.

"Julgávamos que não restava nenhum Essênio, e que todos haviam fugido. Aqueles que não estiveram de acordo com a idéia que os perdeu, foram quatro, e esses se retiraram para o Santuário do Carmelo, onde os conheceste e onde ainda permanecem.

"Nós os alertamos sobre a necessidade de não saírem de sua lei, que determinava para o momento presente uma obra puramente espiritual e de alívio aos que sofrem.

"Nossa missão era preparar os caminhos ao Enviado Divino em nosso retiro, pois, sendo ignorados pelo mundo, gozávamos da santa liberdade que nos era tão necessária. Nossos irmãos estão disseminados por toda a Palestina e Síria, e são poucos os lugares onde não há um essênio com uma luzinha inextinguível dando claridade sem que ninguém perceba."

— E agora, que faremos? — perguntou Jhasua. — Como comprovar que três seres estão acorrentados nas grutas e que pedem perdão e socorro?

— Há três dias chegou um dos nossos Terapeutas-Peregrinos que conhece muito bem as montanhas da Samaria, porque é natural de Sichen e esteve mais de uma vez naquele Santuário.

Chamado imediatamente pelo Servidor, o Terapeuta disse que em Sevthópolis havia grande alvoroço entre o povo, porque os malfeitores que habitavam nas montanhas haviam sido capturados e logo seriam executados.

— Se ainda existem Essênios nas grutas — acrescentou — devem ser os que ouvi dizer terem os bandidos seqüestrado para evitar que os denunciassem à justiça. Através de outros Essênios que fugiram antes e deram aviso, foi que a justiça começou a procurar os malfeitores e finalmente os encontrou.

— Então as grutas estarão abandonadas? — perguntou Jhasua.

— Provavelmente com os três acorrentados a elas, segundo o aviso espiritual — respondeu o Servidor.

— Se me permitis — disse Jhasua ao Servidor — eu desejaria ir até lá para salvar esses infelizes irmãos que tão terrivelmente pagam sua culpa.

— Teu desejo é digno de ti, meu filho — respondeu o Servidor —, no entanto devemos usar de muita cautela e prudência.

"Na concentração mental do meio-dia, consultaremos nossos demais irmãos sobre o caso. Aquilo que entre todos seja resolvido, será o que mais convém. Fica pois tranqüilo, meu filho, que hoje mesmo terás a resposta."

De tudo isto resultou que Jhasua com Melkisedec, com o Terapeuta samaritano como guia, com os dois irmãos Aarão e Seth e o menino Felipe, se puseram a caminho quando passou a caravana que vinha de Tolemaida.

Os dois irmãos e o menino iam com o objetivo de convencer o pai deste a abandonar seu indigno comércio e entregar-se a uma vida tranqüila e honrada. Beila padecia profundamente com o pensamento de que o marido de sua irmã e pai de Felipe viesse um dia a cair, como um vulgar malfeitor, em poder da justiça, causando a desonra de toda a família. O comércio de escravos levava às vezes a inauditos abusos.

Ao passar por Nazareth e Naim, onde a caravana se detém algumas horas, Jhasua aproveitou para tornar a ver seus amigos de infância, Matheus e Myrina, aquelas duas crianças que tanto o amaram quando ele era um garotinho de 10 anos e estava sendo curado no Santuário do Carmelo.

Em Nazareth foi também à casa paterna, onde encontrou os seus ao redor da mesa, junto à lareira, já disposta para a refeição do meio-dia.

Myriam, sua mãe, deixou apressadamente a caçarola de barro com o fumegante refogado de lentilhas quando viu, no caminho do horto, a figura branca de Jhasua como um recorte de marfim entre o verde escuro da folhagem.

— Outra surpresa, filho! ... que aconteceu? — perguntou abraçando-o ternamente.

— Algo muito bom, mãe. Cheguei com a caravana de passagem para Sevthópolis. Já te explicarei.

Mãe e filho entraram na casa onde todos os rostos pareciam iluminar-se com essa íntima alegria da alma que jamais é fictícia, porque se derrama como um manancial incontível.

— Jhasua em nosso almoço de hoje! ... — foi a exclamação de todos.

Sentando à mesa entre Joseph e Myriam, fez a bênção do costume, que seu pai concedeu como uma grande honra a seu filho, Profeta de Deus.

Mencionou para eles o que havia ocorrido e que ia com dois Essênios mais e os filhos de Tobias para restaurar o abandonado Santuário nas montanhas da Samaria.

A meiga mãe encheu-se de espanto, pois todos ali sabiam que as grutas haviam sido convertidas em guarida de malfeitores.

— Não temais nada, mãe! — disse Jhasua, tranqüilizando-a. Os bandidos foram todos presos, e ali só existem três Essênios morrendo de fome e miséria, acorrentados numa gruta. Foram eles que pediram socorro.

"Salvá-los e reconstruir um Santuário de adoração ao Senhor e de trabalhos mentais em benefício da Humanidade, é uma obra grandiosa ante Deus, e merece qualquer sacrifício."

A conversação continuou sobre estes temas e as perguntas de todos davam motivo ao jovem Mestre para que ele mesmo e sem pretendê-lo, fosse delineando cada vez mais e engrandecendo sua formosa silhueta moral e espiritual de apóstolo infatigável da fraternidade e do amor no meio da Humanidade.

Quando terminou a refeição, o tio Jaime teve uma confidência com Joseph.

— Acompanharei teu filho nesta curta viagem — disse — porque temo seus entusiasmos juvenis e quero cuidar dele de perto.

— Está bem, Jaime, está bem. Não poderias ter pensado de melhor forma. Agradecemos imensamente todas essas tuas gentilezas para com ele — respondeu Joseph.

— Além disto — acrescentou Jaime —, para qualquer eventualidade, se estiveres de acordo, darei a Jhasua um pouco de seu dinheiro. Ele talvez o necessite e mereceo. Aquele Santuário deverá ter sido despojado de tudo.

"Faz tantos anos que foi assaltado pelos bandidos!"

— Fala com Jhasua sobre este assunto, e ele resolverá — disse o ancião, no exato instante em que Jhasua dobrava cuidadosamente uma túnica e um manto novos que sua irmã lhe havia tecido. A mãe acomodou, numa cestinha fechada, uma porção de guloseimas e frutas. Singela cena familiar repetida centenas de vezes em todos os lares onde existem mães e irmãs conscientes de sua missão suavizadora de todas as asperezas na vida do homem!

Toda a família o acompanhou até o caminho do horto, de onde se via a caravana detida. Ao vê-los chegar, Felipe correu até Jhasua dizendo:

— Julguei que não voltarias mais. Cheguei a ter medo!

Acariciando-o, Jhasua explicou a seus familiares quem era este menino e por que o levavam.

— Isto interessa a ti — disse Jhasua, entregando-lhe a cestinha.

"Repartiremos tudo isto entre nós dois, Felipe, se te agradar."

O menino que já havia sentido o odor dos pastéis e dos pêssegos, apresentou uma fisionomia de glória que produziu um riso geral.

O tio Jaime incorporou-se à caravana, que partiu enquanto a família agitava as mãos e os lenços, despedindo-se de Jhasua e dos amigos que o acompanhavam.

Na Samaria

Era Sevthópolis uma cidade rodeada de montanhas, derivações da grande cadeia do Monte Ebat, de 8.077 pés de altura (*) , que flanqueava a margem ocidental do rio Jordão. Estava situada no lugar onde, na atualidade, se ergue a cidade de Gilboa.

A importância de Sevthópolis consistia em que ali se verificava a conjunção de todas as caravanas que atravessavam o país de norte a sul, desde a Fenícia e a Síria, pelo Norte, até Gaza e Beersheba, pelo Sul.

Suas ruas, praças e ruelas apareciam sempre povoadas de asnos, mulas e camelos, carregados de mercadorias que as inumeráveis tendas tragavam com inaudita voracidade. A compra e a venda ao ar livre era a nota decorativa habitual dessa cidade, onde eram observadas fisionomias e vestuários de todas as raças e de todos os costumes dos países povoadores da Ásia Central.

No meio daquela barafunda de homens e animais carregados, da gritaria desaforada em diversas línguas, de músicas enervantes e danças enlouquecidas, vemos a

---

(*) 2.461 m (N.T.).

branca figura de Jhasua, que já apeado de seu asno, o leva, ele mesmo, ao tanque de água e o faz beber, temeroso do esquecimento dos guardiães que cuidavam primeiramente de suas distrações e recreios. Muitas vezes já tinha soado a corneta do guia e os animais ainda não haviam terminado de beber.

Nada lhes interessava, por enquanto, na cidade-mercado, e o Terapeuta-guia, acompanhado por nossos viajantes, tomou em seguida o caminho das grutas, que ficava para o oriente, ou seja, em direção ao rio Jordão. Depois de andarem um pouco, encontraram um arroio que corria como uma serpente de prata por entre encostas e penhascos."

— Este é um braço do Jordão — disse a seus companheiros — e, seguindo o seu curso, em uma hora estaremos entre as grutas que buscamos.

"Nossos irmãos chamavam este arroio *Das Gaivotas*, por causa da abundância dessas aves que aninham e se multiplicam entre as concavidades dos penhascos."

O Terapeuta havia aconselhado a que não andassem todos juntos em grupo, para não chamar demasiado a atenção.

Verdade é que, com a chegada da caravana e do tráfego que isto ocasionava na cidade, ninguém reparava nos passos silenciosos daqueles que se afastavam do seu centro alvoroçado e confuso.

Jhasua tinha, de um e do outro lado, dois guardiães inseparáveis: o tio Jaime e o tagarela Felipe que não parava de falar a não ser quando engolia um pastel da cestinha de Myriam.

— Posso saber, tio Jaime — perguntou Jhasua — que contém esse volume que trazeis?

— A compra que fiz no mercado. Julgas que eu viria sem trazer comestíveis para esta noite e velas para alumiar-nos? Os filhos de Tobias trazem também uma parte da carga: algumas esteiras e mantas para cobrir-nos. Oh, meu filho! Enquanto pensas nas almas, eu devo pensar nos corpos que elas animam.

"A Eterna Lei manda-nos tomar uma matéria para a nossa evolução; manda-nos cuidar dela e mantê-la nas devidas condições para obter dela todo o necessário."

— Certo, tio Jaime!... e te assemelhas à Providência Divina que cuida até de sua mais insignificante criatura.

"Na verdade há grandeza nessa tua previsão cheia de solicitudes. É o modo mais humano de se manifestar o sentimento de fraternidade entre os homens. Oh, tio Jaime!... às vezes vejo-te como um manancial que sempre está disposto a regar a terra para fecundá-la."

— De que outra forma posso cooperar em tua obra apostólica, Jhasua, a não ser através desta abelhinha que procura afanosa o néctar em todas as flores para nos dar o precioso alimento do seu mel?

— Que vos parece se abrirmos na Samaria um Refúgio para desamparados, como o fizemos nas Ruínas de Dobrath, em Nazareth, e como existe em Tiro, em Sidon e em Bethlehem, nas grutas de Salomão? — perguntou Jhasua.

— Tenho uma família conhecida na Samaria — respondeu Jaime —, que poderá orientar-nos neste sentido. Os Terapeutas conhecem a Samaria como nós conhecemos a Galiléia, e talvez eles terão não somente um, mas muitos refúgios entre estas impenetráveis montanhas.

— Em verdade — disse Jhasua — como nossos Terapeutas são tão impenetráveis como as montanhas, jamais falam do que fazem por seus irmãos, a não ser que uma necessidade os obrigue. Comigo são expansivos e me fazem tantas concessões que logo saberemos alguma coisa, tio Jaime.

O travesso Felipe que, devido a este diálogo, foi obrigado a manter-se calado muito contra a sua vontade, puxou suavemente a túnica de Jhasua para chamar a sua atenção.

– Jhasua – disse baixinho –, não conversas comigo?
– Oh, meu pobre Felipe! Na verdade, eu havia esquecido a tua presença. Vamos, abre a cesta e dá-me uma fruta porque tenho sede. Oferece aqui ao tio Jaime e aos outros companheiros. Anda logo, e não guardes rancor.

Jhasua, alma tecida com ternuras infinitas, acariciou a ruiva cabeça do menino ligeiramente entristecido porque se via esquecido.

A alegria de Felipe estalou como uma explosão, e correu a obsequiar todos os viajantes com as guloseimas de sua cesta.

– Este menino é uma boa argila para modelar um missionário – disse Jhasua.
– É veemente e espontâneo. Pensa e age de imediato. Observastes isto, tio Jaime?
– O que observei é que o pobrezinho tem suas roupas bastante velhas, e seus calçados demasiado grandes machucam seus pés. Nos volumes que os filhos de Tobias trazem, está acondicionado um casaco e sandálias novas.
– Tio *Providência*, assim eu devia chamar-vos a partir de agora – disse Jhasua.
– Eu havia observado tanto a alma de Felipe, que não vi suas roupas e suas sandálias.
– Ah, Jhasua!... é o que eu acabei de dizer. Teu mundo é o alto, o que voa, e eu caminho ainda muito junto da terra.
– Um breve descanso – disse o Terapeuta-guia em voz alta –, porque teremos que subir por este desfiladeiro que vai direto à entrada das grutas.

Todos se sentaram sobre as rochas ou se recostaram na relva.

O caminho áspero e sinuoso havia-os cansado.

Era a primeira hora da tarde e um formoso sol outonal envolvia a agreste paisagem com essa bruma de ouro que coloca matizes delicados e indefinidos em todas as coisas.

Tinham ao sul as cristas eternamente nevadas do Monte Ebat, os mais elevados cumes daquela região, que pareciam desafiar as nuvens que se estendiam sobre elas como velas gigantescas de barcos invisíveis.

Ao oriente, a cadeia de montanhas que estreitam o Jordão e, ao ocidente, a planície de Esdrelon, com suas verdes campinas povoadas de rebanhos.

– Em toda parte a beleza de Deus e a harmonia eterna de Sua criação universal! – exclamou Jhasua, com sua alma absorta na Divindade ante a formosura e serenidade da paisagem.
– Nada rompe esta harmonia, a não ser o homem – observou Melkisedec – o qual, chegado ao altiplano da inteligência que pensa e raciocina, modifica seu rumo aos impulsos do egoísmo que jamais se farta de gritar: Eu, eu, e sempre eu!
– Sempre me persegue o pensamento dos meios que conviria usar para eliminar o egoísmo que germina entre a Humanidade – disse Jhasua, apaixonado sempre pelo tema que parecia absorvê-lo em toda a sua vida: a felicidade humana.
– A Humanidade não saiu ainda da infância – respondeu Melkisedec – e age como as crianças que, à vista de brinquedos ou de frutas, os quer todos para si, e estende com ansiedade as mãos para tomá-las. Pensaste alguma vez, Jhasua, por que nossa Escola Essênia não sai de suas grutas nas montanhas?
– Jamais pensei nisso, porque me encontro muito a gosto em seu meio e estou convencido de que é o seu lugar mais apropriado.
– Pensas assim porque não há egoísmos em ti. A Fraternidade Essênia aferra-se

às rochas e vive entre elas para manter pura e limpa a cadeia invisível de amor, no qual o Ungido Divino deve forjar sua personalidade espiritual.

"Se saísse para viver e desenvolver-se entre a sociedade dos homens, começaria a ser envolvida nas redes do egoísmo. Viriam as necessidades de boas e apresentáveis vivendas, de vestuário de uso corrente, de escolas, cenáculos e templos que atraíssem as pessoas geralmente incapazes de dar o valor que as coisas têm em si mesmas, e não pela aparência exterior.

"Tudo isto traria uma série e talvez muitas séries de cuidados e preocupações, que entorpeceriam o único cuidado que deve ter uma Escola de Sabedoria Divina: que todos e cada um de seus membros seja como um cabo de ouro estendido desde os Céus até a Terra, para inundá-la, tanto quanto possível, do Pensamento e do Amor Divino."

– Que realidade mais formosa acabais de esboçar-nos, mestre Melkisedec! – exclamou Jhasua. – Que o Altíssimo tenha por bem que a Fraternidade não saia jamais dentre as rochas!

– Talvez se veja obrigada a sair; sairá, e se perderá entre as multidões inconscientes, quando o Verbo Encarnado já haja deixado estabelecido, em bases firmes, sua nova doutrina.

A sensibilidade de Jhasua percebeu vibrações de Inteligências Superiores entre si e seu interlocutor e, despertada por alguns momentos sua própria clarividência, viu, em seu Mestre, o Kobda Dhabes, da época de Abel, cujo poder de visão futura havia chegado ao mais alto grau que na Terra é possível a alguém.

– Kobda Dhabes – disse Jhasua, num tom de voz apenas perceptível. – Acabo de descobrir-vos surgindo das montanhas de areia amontoadas pelos séculos! Bendita seja a Eterna Energia que fez eternas as almas!

– Como vês, Jhasua, no distante passado, Abel e Dhabes encontraram-se na mesma posição espiritual em que neste momento se encontram unidos Jhasua e Melkisedec – respondeu o Essênio.

"Tudo nos diz, Jhasua, que o presente é uma continuação do passado.

"Quando chegarmos ao máximo de nossa evolução, não viveremos absortos pelo presente como agora. Para a clarividência do espírito superior, não há passado nem presente nem futuro, mas tão-somente o *hoje*; mas um *hoje* tão grande e vivo como um resplendor da Suprema Inteligência, que vive sempre num *Presente* que não pode ser alterado."

A voz do Terapeuta-guia tirou-os da profundeza de seus pensamentos e, reunindo-se a todos os companheiros de viagem, começaram a subida por um caminho áspero e tortuoso que se dirigia às grutas.

Chegados por fim, perceberam um forte odor de matéria em decomposição que saía de um matagal que protegia a entrada. Manchas de sangue secas, e logo pedaços de membros humanos e de vísceras despedaçadas deu-lhes a entender que as feras haviam dilacerado um homem.

O Terapeuta-guia procurou a entrada, que já não tinha esse aspecto de beleza em meio da rusticidade com que os Essênios ornavam seus Santuários nas rochas. Aquilo aparentava uma guarida de feras, onde toda classe de desperdícios e de imundícies saía por todas as partes.

Onde estavam aqueles caminhos subterrâneos perfumados de incenso e iluminados debilmente com lamparinas de azeite?

Onde estavam os bancos de descanso com limpos estofados de palha, ou brancas peles de ovelha, na gruta de entrada para repouso dos viajantes? Os cântaros de água ressecados, e alguns quebrados e em fragmentos espalhados pelo solo, davam o aspecto de desolação que o leitor pode imaginar.

– Quando o amor morre, tudo morre! – exclamou Jhasua como num soluço, que estava comparando tão desolado quadro com as pitorescas e esmeradas delicadezas com que os Essênios ornamentavam suas moradas entre as rochas.

– Devemos ser capazes de fazer reviver o amor no meio deste horroroso abandono – mencionou seu Mestre Melkisedec.

– Não tenhas pena, Jhasua – disse seu tio Jaime –, que dentro de alguns poucos dias isto aparecerá transformado.

Felipe, que cheio de medo caminhava segurando o manto de Jhasua, quis consolá-lo também, e disse a seu ouvido, elevando-se na ponta dos pés:

– Ainda restam na cestinha dois pasteizinhos e quatro pêssegos que guardei para nós dois. Queres comê-los?

O jovem Mestre não pôde deixar de sorrir ante esta saída do menino.

– Começas, Felipe, a fazer ressuscitar o amor. Come-os tu em meu nome, criatura de Deus. Presenteio-te a minha parte.

As velas que o tio Jaime adquirira foram imediatamente utilizadas para iluminar aquele antro nauseabundo e tenebroso.

Um silêncio de morte envolvia tudo e chegaram a pensar que os cativos haviam morrido de fome ou assassinados pelos bandidos ao se verem perseguidos.

Haviam percorrido já vários corredores e grutas, quando o Terapeuta-guia gritou com toda a força:

– Em nome de Deus, quem vive aqui?

O eco de sua voz ressoou como um lamento nas grutas vazias.

Mas logo que o eco foi silenciado, ouviram-se vozes humanas que pareciam sair do fundo de um fosso.

– Estão no armazém. Vamos até lá – disse imediatamente.

Os dois filhos de Tobias, embora nascidos e criados nas montanhas, jamais haviam visto um antro tão espantoso e apertavam com força seus bastões de cereja e o cabo de seus facões de caça que seu pai os havia obrigado a trazer, temerosos de encontrar-se frente a frente com algum bandido ou alguma fera.

Três homens, já de idade madura e cobertos com sujos farrapos, foi o que encontraram. Estavam atados a umas fortes vigas de carvalho com uma corrente na cintura. Essas vigas costumavam ser colocadas pelos Essênios de trecho em trecho para evitar desmoronamentos nas grutas.

Jhasua dirigiu-se rapidamente a eles.

– Chamastes e eu vim – disse com voz trêmula, devido à emoção. Os três lhe estenderam os braços.

Sua branca túnica confundiu-se com os sujos farrapos daqueles infelizes irmãos, a quem seu desvario havia conduzido a tão lastimoso estado.

– Trazei o pacote de roupas – disse o tio Jaime a Aarão, que o levava às costas. Levai o outro volume para a cozinha para que possamos dar-lhes algum alimento.

"Ide todos para lá que há necessidade de vestir estes homens."

Ficaram somente o tio Jaime e o Terapeuta, que, providos das ferramentas necessárias, quebraram as correntes dos três cativos e os vestiram com túnicas limpas.

A grande cozinha-refeitório era, na verdade, um horror de desordem e imundícia. Caçarolas, tachos e caldeirões, tudo aparecia com resíduos de comidas estragadas. Sobre as mesas e também no pavimento, ossos de aves e de cabritos, pedaços de pão duro, cascas de frutas, enfim, tudo quanto pode apresentar a classe de habitantes que havia tido aquele desditoso santuário, anteriormente templo de meditação, de amor fraterno, de estudo, de beleza espiritual e física em todos os seus aspectos e formas.

— Impossível comer aqui — disseram espantados os filhos de Tobias, habituados à ordem e à limpeza com que sua mãe Beila mantinha a cabana de pedra.

Saíram para fora onde havia sido o formoso horto ainda com figueiras, videiras e castanheiros, mas já amarelentos por força dos frios ventos outonais.

Sob os parreirais em ruínas, encontraram a grande mesa de pedra que os Essênios costumavam ter para suas refeições ao ar livre na época do verão, e ali prepararam a frugal refeição.

— Vedes como tudo se acomoda com um pouco de boa vontade? — disse o tio Jaime, chegando com os três ex-prisioneiros que já não pareciam mais os mesmos, depois dos banhos no arroio "Das Gaivotas" que passava beijando, com suas águas serenas, as grutas e o horto dos Essênios.

Melkisedec e Jhasua haviam dedicado o tempo a inspecionar todo o Santuário, procurando o arquivo e o recinto de oração que não apareciam em parte alguma.

Todas as grutas demonstravam haver sido habitações, pois em todas elas eram vistos os estrados lavrados na rocha ou encravados no pavimento e nas paredes, quando eram feitos de madeira.

Quando se convenceram de que ali não estava o que buscavam, voltaram ao horto, onde já os esperavam para a refeição.

Interrogaram os ex-cativos sobre este particular e eles deram a chave daquele mistério.

O Servidor do Santuário, com os três Essênios que seguiram para o Monte Carmelo, por não estarem de acordo com a mudança que estava sendo efetuada em sua Escola de Sabedoria Divina, haviam obstruído a entrada para o recinto da oração e do Arquivo para evitar a profanação, porque atrás do Arquivo se encontrava a sala funerária com as múmias dos Essênios mortos.

Os três ex-reclusos haviam sido os Terapeutas que vigiavam os operários construtores do Santuário que começavam a edificar em Sebaste. Quando eles voltaram para as grutas, encontraram tudo despojado e foram acorrentados pelos dois bandidos que ainda não haviam sido capturados.

Depois da refeição dedicaram-se à limpeza das grutas e a procurar a entrada ao recinto de orações que não aparecia em parte alguma.

O Terapeuta-guia e os três ex-cativos, conhecedores a fundo daquele velho Santuário, se orientaram de imediato e encontraram, por fim, um amontoamento de pedras, terra e ervas secas que se encontravam num pequeno corredor.

Removido tudo aquilo, apareceu a portinha de pedra branca, na qual estava gravado, com letras grandes, unicamente esta palavra: "PAZ".

Era a entrada para a galeria onde se achava o Santuário propriamente dito, o arquivo e a sala funerária.

Entraram com a alma intimidada por um pavor religioso, como aquele que invade o ser quando se penetra num velho panteão sepulcral abandonado.

Ali não havia desordem alguma, mas um forte cheiro de umidade própria de lugares fechados por muito tempo.

Tristeza de abandono, de decepção, de desespero, formava como uma onda esmagadora da alma que se sentia abatida por indefinível angústia.

Ao percebê-la, os mais sensitivos pensaram:

"Foi o pensar e o sentir do Servidor e de seus três irmãos fiéis quando, ao despedir-se de seu amado Santuário de rochas, amontoaram pedras sobre sua porta para deixá-lo sepultado na montanha, onde ficavam também as múmias de seus irmãos mortos."

Os filhos de Tobias com Felipe encarregaram-se de estabelecer a ordem na grande cozinha, a fim de que pudesse servir-lhes de refúgio para aquela noite. Montes de feno seco foram trazidos do pequeno vale vizinho para os estrados de pedra que iriam servir-lhes de leitos.

Quando reinou novamente a limpeza naquela imensa gruta, onde comodamente poderiam alojar-se cem pessoas, começaram as surpresas agradáveis para os três moços.

Com velas acesas, examinaram todos os cantos, buracos e gretas das rochas, temerosos de alimárias e lagartos. Saíram farfalhando apenas alguns velhos morcegos que escaparam rapidamente ante a chama vermelha das tochas.

Em cavidades ocultas pelos musgos, encontraram cântaros com vinho e azeite, sacos com figos secos, nozes e castanhas.

– A ceia já está completa – gritou Felipe, saindo de uma negra passagem com uma pequena talha toda coberta de terra, de teias de aranhas e que estava cheia de mel.

– Por que foi que os bandidos não devoraram tudo isto? – perguntou Seth, enquanto se esforçava em destapar os cântaros e as talhas hermeticamente fechadas.

– Porque o Pai Celestial os guardou para nós – respondeu Felipe que havia aprendido os raciocínios que Jhasua fazia, e que eram apropriados para sua mentalidade infantil.

– E se tudo isto não for vinho, mel e castanhas?... – perguntou Aarão.

– Como não há de ser?... Não vês o escrito nos rótulos? – replicou o menino, temeroso de ver-se burlado em suas esperanças.

E voltou a ler nos cântaros, talhas e sacos: *Vinho, azeite, mel, castanhas, nozes, figos, ervilhas...*

– Vês?... está bem claro? – Correu em seguida para a porta da gruta para ver se os companheiros estavam vindo, pois seu maior desejo era que não chegassem até ter tudo aquilo bem arrumado sobre a mesa, em tijelas e em grandes taças.

Enquanto estas almas simples estavam ocupadas das pequenas coisas, Jhasua com os Essênios e o tio Jaime davam uma busca ansiosa no Santuário e no Arquivo. Os rolos de papiro não apareciam, pois certamente haviam sido levados pelo Servidor, juntamente com seus três fiéis irmãos, para o Santuário do Carmelo.

Encontraram as gravações em argila, pedra e madeira em armários abertos na própria rocha, como era o costume. Em grandes lâminas de pedra apareciam os nomes dos Essênios que fundaram o Santuário, com datas e detalhes.

No altar central, as Tábuas da Lei, cópia das de Moisés, e em pequenas placas de pedra branca os nomes dos grandes Profetas do passado, os nomes dos Mestres fundadores da Fraternidade Essênia entre as montanhas.

Elias, Eliseu, Isaías, Jeremias, Ezequiel, Esdras, Samuel, e continuava a lista gravada em pedra daqueles grandes clarividentes, visionários sublimes, que haviam aberto caminhos de bem, de amor e de justiça para as almas desorientadas nas trevas da inconsciência.

Contudo o maior assombro foi causado por um pequeno volume, como um fardo em uma esteira de junco, que se encontrava debaixo do altar que era todo de pedra branca e em cuja saliência ou plataforma dava espaço para uma cavidade na parte inferior.

Era o cadáver seco, como um feixe de raízes, de um velhinho que não devia ter mais que pele e ossos, a julgar pelo aspecto daquele cadáver mumificado.

O Terapeuta-guia, que havia estado muitas vezes no Santuário, recordava ter visto andando por ali, como uma sombra, o velhinho Ismael de 104 anos, conservado naquele lugar como uma relíquia do passado.

– Como foi deixado ali?

A única explicação lógica era que, quando o Servidor e seus três irmãos fiéis fecharam o Santuário, o velhinho manteve-se oculto voluntariamente para morrer ali.

Devido à sua idade, já não podia esperar mais muitos anos de vida e quis evitar-lhes o trabalho de ser levado nos braços até o Carmelo.

– Heróica fidelidade de uma alma a um ideal abraçado com fé e amor! – exclamou Jhasua, ajoelhando-se ante aquela múmia como ante um objeto sagrado.

Para dormir seu último sono, havia colocado sob sua cabeça um grosso volume de telas enceradas e os sete mantos brancos que havia recebido ao ingressar em cada um dos sete graus da vida espiritual pelos quais passavam todos os membros da *Fraternidade Silenciosa*, como inúmeros escritores daquela época a chamaram.

Do exame minucioso feito no volume encontrado sob a cabeça do velhido Ismael, trouxeram para a luz alguma coisa da causa da derrocada daquele Santuário.

Dois jovens Essênios do terceiro grau, chamados Teudas e Simão de Gitão, ambos possuidores da faculdade de efeitos físicos, encontravam-se desgostosos entre o silêncio e o ocultamento essênio. A vaidade por suas grandes faculdades tomou conta deles, e sentiram o desejo de ser admirados pelo mundo. Para isso, nada melhor que abrir um grande templo na Samaria, e constituir um poderoso clero que pudesse enfrentar o de Jerusalém, já demasiado orgulhoso e prepotente.

Nas anotações do velhinho Ismael, podiam ser examinadas as discussões que durante muito tempo alteraram a paz dos Essênios da Samaria. Simão de Gitão, chamado mais tarde, *Simão, o Mago*, pelas extraordinárias manifestações obtidas, teve revelação, por via espiritual, do lugar preciso onde se encontrava a gruta do "*Monte Garizim*", na qual Moisés havia mandado ocultar os vasos sagrados e todos os objetos destinados ao culto, como turíbulos, piveteiros, candelabros, bandejas das oferendas, etc., bem como todo o ouro e as pedras preciosas. Era um constante motivo de rivalidades, ciúmes e ambições a riqueza de tais donativos feitos por hebreus fanáticos que materializavam sua fé e seu amor a Deus nesses objetos de maior ou menor custo e valor. Para desalojar do povo esses males, o grande Moisés, cujo ideal era a adoração a Deus em *espírito e verdade*, mandou sepultar entre as grutas de uma montanha aqueles incalculáveis tesouros.

Uma vez encontrados e quando se achavam em seu poder, foi despertado, de imediato, na maioria dos Essênios daquele Santuário, em número de vinte e cinco, a idéia do grande templo, rival do de Jerusalém.

Algo de tudo isto havia transpirado para o exterior, daí o assalto dos bandidos ao Santuário, onde se supôs que os tesouros sagrados houvessem sido ocultados. Os bandidos foram justiçados, o tesouro repartido entre o Rei e o clero de Jerusalém, os Essênios dispersos ou mortos, e só o Servidor e mais três que não tiveram conivência no pecado de seus irmãos estavam a salvo no Santuário do Carmelo.

Tudo isto foi compreendido por Jhasua, Melkisedec e pelo Terapeuta-guia ao estudarem minuciosamente o volume do velhinho Ismael que aguardou a morte ao pé do altar de seu velho Santuário.

Na última página escrita, apareciam estas palavras reveladoras de uma firmeza de convicção que assombrava: "Moisés ocultou o tesouro porque causaria a perdição das almas. Aqueles que foram contra Moisés, ao desenterrá-lo para satisfazerem sua soberba, perderam-se também. Justiça de Deus."

Os Essênios que estiveram cativos inclinaram a cabeça como acabrunhados por seu infinito peso.

O tio Jaime com os filhos de Tobias e Felipe encontravam-se já desfrutando dos esplendores da grande cozinha brilhando de limpeza e com uma resplandecente lareira acesa, onde os caldeirões cheios de castanhas e ervilhas ferviam desesperadamente.

Os filhos de Tobias utilizaram os conhecimentos domésticos que haviam aprendido nos anos em que suas pernas se achavam paralíticas. Sua mãe sentava-os ante a mesa e eles a ajudavam a fazer o pão caseiro.

Quando Jhasua com os Essênios entraram na cozinha, viram-se agradavelmente surpreendidos com a mesa cheia de grandes pães que os dois irmãos assavam cuidadosamente.

— Aqui — disse Jhasua — estão lançados os alicerces para a reconstrução do Santuário: A lareira acesa, os caldeirões ao fogo e o pão quente sobre a mesa.

A verbosidade de Felipe encarregou-se de colocá-los ao corrente de tudo quanto haviam encontrado nos escuros esconderijos da imensa gruta.

Os estrados da cozinha, já bem acolchoados de suave feno seco, serviriam de leitos para essa noite e, apenas terminada a ceia, os três moços, abatidos pelo cansaço, se entregaram ao sono com a tranquila serenidade dos seres que não têm cansativas preocupações.

Os dois Essênios com Jhasua e o tio Jaime voltaram ao Santuário e ao Arquivo, onde supunham que uma grande tarefa os esperava.

E não se enganavam. Primeiramente, transladaram o seco e rígido cadáver do velhinho Ismael, tal como estava recostado numa pele de ovelha e envolto numa esteira de junco, para a sala sepulcral que se comunicava com o Santuário.

Acenderam novamente a lâmpada de azeite que, segundo o costume essênio, iluminava perenemente a sala mortuária, como um símbolo de amor dos encarnados para os que haviam partido para o espaço infinito.

Os grandes círios de cera que apareciam gastos até a metade, junto às estantes que sustinham os livros dos Profetas, foram novamente acesos e o cintilar de suas débeis luzes espargiu esse suave perfume de cera virgem queimando-se ao calor da chama.

A grande lâmpada de sete candelabros que pendia ante as Tábuas da Lei, genial concepção de Moisés inspirada do alto, foi igualmente cheia de azeite e novamente acesa.

Sua luz claríssima iluminou as reproduções gravadas a fogo, em pele curtida em branco, dos Livros de Moisés que apareciam no centro do grande altar de pedra branca.

No Arquivo encontraram uma enorme quantidade de placas de pedra, de madeira e de argila, gravadas em diferentes línguas.

Por cima de tudo, um pequeno papiro com estas poucas palavras:

"Jaime de Sichem (Servidor), João de Séghoris, Zebedeu de Sebaste e Abinabad de Joppe, declaram haver lutado com todas as suas forças para impedir o grande desastre e decidiram clausurar o Santuário quando estiveram convencidos de que nada podiam fazer para evitá-lo.

"Que a Sabedoria Divina reedifique o que a inconsciência humana destruiu."

Apareciam, em seguida, as assinaturas dos quatro que, então, se encontravam refugiados no Santuário do Monte Carmelo.

— "Que a Sabedoria Divina reedifique o que a inconsciência humana destruiu"

— repetiu Jhasua, relendo uma vez mais o papiro que parecia exalar eflúvios de profunda tristeza.

"E o reedificarás!... não o duvidamos, não é verdade, tio Jaime?"

— Assim o espero com o favor de Deus, Jhasua, meu filho. Quem dobrará tua vontade mais dura que o diamante?

— Façamos aqui a concentração da noite e, entre nós quatro, resolvamos o que se fará amanhã.

— Entre os quatro encarnados e eu cinco — disse o Terapeuta caído em transe. — Acabais de levar minha matéria morta para a sala sepulcral, e meu espírito, que aguardava com ânsias este dia, aproxima-se de vós como o mais antigo dos Essênios que ultimamente habitaram este Santuário.

"Mandai, amanhã, dar o aviso ao Monte Carmelo, onde os quatro fiéis esperam esta hora, pois eu lhes havia prometido.

"Os Essênios têm a alma inabalável como as rochas e nenhum se resigna em deixar morrer um templo do pensamento por causa da inconsciência e do egoísmo dos homens. Eles virão em seguida e, com os dois essênios que cada Santuário enviar, ficará formada novamente a cadeia fluídica e a abóbada psíquica necessária.

"Que o Senhor perdoe os que pecaram e dê Sua fortaleza aos restauradores do Santuário devastado."

Todos estiveram de acordo e, no dia seguinte, o Terapeuta iniciou a viagem ao Monte Carmelo, que não ficava a longa distância, cruzando-se em linha reta a planície de Esdrelon. Apenas um dia de viagem no andar de um asno que foi contratado em Sevthópolis.

Enquanto o Terapeuta viajava em direção ao Mediterrâneo, onde o Carmelo aparecia como uma enorme cabeça de gigante levantada sobre o mar, o tio Jaime com os filhos de Tobias e Felipe, voltaram à cidade de Sevthópolis em busca do pai do menino, e também para comprar tudo quanto fosse necessário para colocar as grutas em condições de serem habitadas pelos solitários, que logo voltariam a beijar aquelas amadas rochas, onde, duma forma tão intensa, haviam pensado, sentido e amado; e onde ainda devia vibrar o eco doloroso de seu adeus cheio de angústia, quando se viram forçados a abandoná-las.

Ficaram no Santuário apenas Jhasua com Melkisedec e os três Terapeutas libertados das correntes.

Todos compreendiam que era chegado o momento de uma confidência íntima para encurtar distâncias, ou para separar-se completamente.

Esta se produziu quando os cinco entraram no Santuário para a concentração do meio-dia.

A alma de Jhasua vibrava como uma harpa tocada pelas mãos de um mago das cordas!... Seu amor infinito derramava-se sobre aqueles três irmãos que, arrastados pela corrente da vaidade e da ambição devastadora do velho Santuário, estavam ali a dois passos dele, esperando ser novamente acolhidos ou rechaçados para sempre.

Antes de começar a concentração, e enquanto o Mestre Melkisedec acendia os círios e colocava resinas perfumadas nos piveteiros, um dos três ex-cativos, cujo nome era Judas de Saba, disse em voz baixa a Jhasua:

— Por piedade! Tu que és o Enviado de Jehová para salvar Israel, intercede por nós para que sejamos acolhidos novamente no Santuário.

A alma do jovem Mestre pareceu assomar a seus olhos claros e, envolvendo os três num seu indefinível olhar, disse em sua voz musical:

— Vim, porque queria salvar-vos, e ficai certos de que meu esforço não se perderá em vão. Quando o Altíssimo houve por bem reter-vos acorrentados ao Santuário, quem se atreverá a rechaçar-vos?

— Que Deus vos abençoe — disseram os três em voz baixa.

O Mestre Melkisedec, em virtude de sua hierarquia espiritual, era o superior entre eles e foi quem evocou a Divindade recitando o Salmo que eles chamavam de *Misericórdia* e que hoje denominamos *Miserere*.

Uma onda potente de amor inundou o recinto e saturou as almas até causar a terna emoção que produz o pranto.

Os três ex-cativos se submergiram num suave e profundo transe que em linguagem ocultista se chama *desdobramento*, e os três, tomando personalidades de uma existência anterior num passado distante, dialogaram, dando-se assim a conhecer.

Por intermédio das palavras mantidas entre eles, Melkisedec e Jhasua compreenderam que os Terapeutas Ner e Joab eram uma nova encarnação dos dois filhos adotivos do Profeta Samuel, que os recolheu moribundos, quando foram abandonados por sua mãe aos dois anos de idade: Joel e Abia.

O outro Terapeuta, ou seja, Judas de Saba, era a reencarnação de Jonathan, filho do rei Saul, conforme relata o Livro do Profeta Samuel.

Os três espíritos conservavam, através dos séculos, suas características bem definidas. Sem serem de maus sentimentos e amando o bem e a justiça, os três unidos haviam cometido erros naquele remoto passado, causando tristeza ao nobre coração de Samuel, Profeta de Deus. Juntos novamente, haviam-se inclinado para o lado dos causadores da ruína do Santuário Essênio. Cooperando com estes, parecia-lhes que praticavam um maior bem à edificação de um templo à altura do de Jerusalém que vivendo como obreiros do pensamento e do amor oculto entre as grutas.

Judas, Ner e Joab, samaritanos os três, ficaram desde então fortemente unidos a Jhasua e o primeiro dos três formou parte dos discípulos íntimos que depois da morte do Cristo o chamaram de *Judas, o Bom*, para distingui-lo de Judas de Iscariote e do apóstolo Judas, filho de Tadeu.

Quando despertaram do transe, os três choravam silenciosamente.

A decisão de recebê-los novamente na Fraternidade Essênia devia ser tomada quando o Servidor e seus três companheiros viessem do Carmelo; no entanto, Jhasua e Melkisedec já a haviam tomado, e não duvidavam de que seria definitiva.

Judas de Saba caiu novamente em transe e o Profeta Samuel fez derramar a terníssima suavidade de seu espírito naquele ambiente de piedade, de amor e de tristeza, próprio dos momentos em que não se sabe se, no final, será um abraço de acolhida ou um adeus para sempre.

— É a hora do amor, do perdão e da piedade infinita — disse através do sensitivo. — Por isto estás aqui, Ungido de Deus, porque toda a Humanidade pecou.

"Os justos conquistam por si sós a sua glória e a sua felicidade. São fortes como estas rochas que vos abrigam. São fortes como os cedros do Líbano.

"Voam alto como as águias, por cima dos montes, e nenhuma força os arroja por terra. Mas os pequenos e os débeis vão caindo a cada passo e necessitam ser levantados com o mesmo amor com que a mãe levanta o filhinho que cai a seu lado muitas vezes em cada dia.

"Vós que caístes no desvario das multidões ambiciosas de grandezas humanas, como já o fizestes há séculos no longo dia da eternidade das almas, levantai novamente o coração ante o Ungido do Senhor, que veio à Terra para levantar aqueles que caíram, reconstruir o que foi devastado, abrir novos sulcos nos campos estéreis, e transformá-los em trigais dourados e em formosos hortos cheios de flores e de frutos.

"Paz, consolo e esperança aos que caíram! Amor e Luz de Deus aos fortes que conquistaram a glória de perdoar e de amar!"

Melkisedec estava anotando todas as manifestações no grande livro que eles chamavam "Crônicas", que serviam de documento perene da íntima relação da Fraternidade com o mundo espiritual, sob cuja égide havia sido fundado à luz do gênio de Moisés, e continuava sua senda inconfundível através de quinze séculos.

Terminada a concentração com o cântico de ação de graças, os únicos cinco habitantes do Santuário se refugiaram, por essa noite, na grande cozinha, onde o fogo da lareira os esperava com os caldeirões fervendo e onde os estrados de pedra munidos de feno convidavam ao descanso.

Os três Terapeutas samaritanos se viam já bem mais animados, e a conversação recaiu sobre um tema iniciado por Jhasua:

"Se na Samaria havia refúgios para os desamparados e órfãos."

Judas de Saba, que era o mais idoso dos três, explicou que existia alguns antes da devastação do Santuário, que era quem os mantinha. Certamente encontrar-se-iam numa situação muito precária, e os refugiados já teriam sido dispersos a mendigar pelas ruas das povoações e das cidades.

— Se vos parece — acrescentou Judas —, apenas clareie o dia, nós três percorreremos as montanhas junto às margens do Jordão que estão cheias de grutas e onde antes tínhamos vários albergues, alguns de leprosos, outros de mulheres com filhos defeituosos e outros de anciãos. Retornaremos ao anoitecer, trazendo boas ou más notícias.

O rosto de Jhasua pareceu iluminar-se ante a proposta de Judas, no qual viu, já ressuscitado, o amor ao próximo e o desejo de compensar sua falta com obras de misericórdia e de piedade fraterna.

Os outros dois, menos expansivos e veementes que Judas, aceitaram com alegria a missão de que eram encarregados. Voltavam a ser os Terapeutas — peregrinos em busca da dor para poder aliviá-la.

Na madrugada seguinte, quando Jhasua despertou, viu Judas, Ner e Joab trabalhando ativamente em colocar lenha no fogo, outro fazendo o pão e o terceiro enchendo os cântaros com água.

— Adormecemos como obreiros do pensamento e despertamos como servidores da matéria — disse Jhasua rindo ao ver o afã dos três Terapeutas.

— Que mais haveremos de fazer se temos o jumentinho deste corpo que é necessário alimentar — mencionou Judas, dependurando no trípode sobre o fogo, o caldeirão de cozinhar castanhas.

Enquanto o pão era cozido sobre as brasas e as castanhas ferviam, os cinco entraram no Santuário para cantar o salmo do amanhecer e ler um capítulo do Profeta escolhido por turno.

Era Isaías, e correspondia ao capítulo 55 entre cujos 13 versículos apareciam estes, que eram como feitos para os três Terapeutas redimidos:

"Vinde às minhas águas todos os sedentos, disse Jehová. Inclinai vossos ouvidos e vinde a Mim. Ouvi, e vossa alma viverá e farei convosco um pacto eterno, como concedi misericórdia a David, depois de seu pecado.

"Buscai Jehová enquanto pode ser achado. Chamai-o enquanto está próximo.

"Deixe o ímpio seu caminho e o homem iníquo seus pensamentos, e volte-se a Jehová que terá misericórdia dele e será generoso em perdoar.

"Porque os meus pensamentos não são os vossos nem os vossos caminhos são os meus, disse Jehová."

O vibrar dulcíssimo do alaúde do mestre Melkisedec acompanhava em seus vôos o pensamento dos que oravam; e a profunda comiseração de Jhasua para com os três Terapeutas, formou uma abóbada psíquica de inefável ternura e divino amor.

Naquele pélago sutil onde tudo era claridade, a alma de Judas se uniu tanto com a de Jhasua que, mentalmente, fizeram o pacto definitivo:

"Seguir-te-ei a todas as terras onde ponhas a planta de teu pé – disse a alma veemente do Terapeuta.

"Levar-te-ei comigo sempre onde hajam desfalecidos para erguer" – disse a alma do Cristo encarnado, respondendo ao sentir profundo daquele que, anos depois, seria um daqueles íntimos amados de seu coração.

Judas, o Bom, quando iniciou suas atividades em cooperação com o Verbo Encarnado, consagrou-se preferencialmente em redimir delinqüentes e mulheres de vida desordenada, como se seu espírito consciente houvesse querido fazer com seus semelhantes o que o Cristo fez com ele.

Ao mesmo tempo que os três Terapeutas examinavam as grutas da margem ocidental do Jordão, em Sevthópolis, a cidade-mercado das caravanas, o tio Jaime com os filhos de Tobias e Felipe procuravam *Parmenas, o grego*, como o chamavam na buliçosa colméia de mercados e tendas.

Assinalaram qual era o seu lugar de venda, que se encontrava no final de um vetusto corredor com pretensões de colunatas.

A aparência era de ser aquilo um bazar com toda classe de objetos artísticos trazidos da Pérsia, como cofres, ânforas, tapetes, etc. No entanto, atrás das cortinas em exposição, realizavam-se negócios de uma ordem bem diferente.

Se bem que Parmenas houvesse demonstrado alegria ao abraçar seu filho e seus dois sobrinhos, ao tio Jaime não passou despercebida a inquietação que essa visita lhe produzia.

– Ide esperar-me na tenda do velho Isaac, onde se come os melhores guisados de cabrito – disse –; quero obsequiar todos com a melhor comida que se pode encontrar aqui.

Mas o tio Jaime e os filhos de Tobias compreenderam que o desejo de Parmenas era afastá-los dali.

– Não temos nenhuma pressa – responderam –, e teu filho não gostaria de afastar-se tão logo de ti. Iremos todos juntos.

Nesse momento chegaram dois homens que, pelas roupagens, via-se que eram de Sidon.

– Viemos pelo nosso negócio – disseram.

Parmenas desprendeu-se como pôde do pequeno Felipe e penetrou com os recém-chegados na parte de trás das cortinas.

Pouco depois se ouviram soluços de mulheres e um grito afogado. Jaime e os filhos de Tobias precipitaram-se para aquele lugar.

Passando um corredor, encontraram-se numa escura pocilga, onde três mocinhas choravam amargamente.

– Que é isto, Parmenas? Fizeste de tua tenda uma casa de crimes? – perguntou o tio Jaime.

– Salvai-nos! Levam-nos para Sidon para sermos vendidas a uma casa de vícios! – gritaram as três mulheres ao mesmo tempo.

— Mentira! — gritou Parmenas. — São fugidas do lar e estes homens as retornam à sua família.

Tio Jaime olhou para Aarão e este, que já estava instruído, saiu rapidamente simulando ir fazer uma denúncia.

— Voltaremos logo — disseram os homens, e fugiram pela pocilga que devia ter mais uma passagem em outra parte. Parmenas fez o mesmo, pois suspeitaram que a saída de Aarão significava um perigo. Simplesmente foi para desbaratar o turvo negócio com o temor da intervenção da justiça.

A lei romana só considerava escravos legalmente adquiridos os prisioneiros de guerra que eram repartidos como despojos de guerra entre os vencedores.

As jovenzinhas estavam com os pés e as mãos amarradas com fortes cordéis, tecidos com lã e seda. Quando foram desamarradas e levadas para fora da tenda, declararam haver sido tiradas de sua casa com falsidades. Parmenas, o grego, que percorria as aldeias montanhosas da Samaria, havia chegado a Amon, na encosta do Monte Ebat, onde elas viviam. Seu pai havia morrido na queda num precipício e eram nove os filhos, sendo que elas eram as três maiores. Ameaçadas pela miséria que se estendia sobre o lar, a mãe concordou em que fossem servir como criadas em Sevthópolis, para ajudar a família, mas nunca para serem vendidas como escravas destinadas ao harém de algum príncipe estrangeiro.

— Bem — disse o tio Jaime —, louvai a Deus por termos chegado a tempo. Ao meio-dia sairá a caravana do sul que passa por Amon. Contrataremos três asnos e vos devolveremos à vossa mãe.

— Que dor será para ela quando voltarmos sem esperanças de socorro para a família! Temos cinco irmãos pequenos — disse a que parecia ser a maior e que tinha apenas 17 anos.

— Não vos aflijais. Quando Jehová faz as coisas, faz bem feitas.

"Vinde conosco."

Aarão ficou com Felipe cuidando da tenda de Parmenas e o tio Jaime com Seth dirigiram-se à praça das caravanas, onde os alugadores de asnos ofereciam animais de todos os preços. Contrataram três com seus equipamentos de montaria e sacos de carga que foram enchidos com cereais, legumes e frutas secas.

— Levai estas moedas para vossa mãe — disse o tio Jaime, entregando-lhes uma pequena sacola com moedas de prata — e dai-me o vosso nome e o lugar da vossa casa para ter notícias vossa em todas as viagens da caravana.

As jovens não sabiam se deviam rir ou chorar. Tão inesperada havia sido a mudança de sua situação! Foram colocadas sob os cuidados do chefe da caravana, que conhecia o pai das meninas, pois, em algumas ocasiões utilizou seus serviços ao passar pela sua povoação natal.

— Não vos arrisqueis a sair novamente de vosso povoado — recomendou o tio Jaime —, e dizei a vossa mãe que um Terapeuta irá em seguida para minorar sua situação. Ao mais tardar, na próxima lua.

De volta à tenda de Parmenas, encontraram-no com Aarão e Felipe, muito embora um tanto carrancudo e retraído.

— Deus foi misericordioso contigo, Parmenas — disse o tio Jaime. — Em vez de estares no cárcere pelo teu delito, estás sob a tua tenda, tranquilamente. Deves, pois, recolher essa experiência e guardá-la para toda a tua vida.

"Dize, não podes conformar-te com os lucros que te dá esta tenda, para te envolveres em negócios de má índole?"

Parmenas manteve-se calado, mas transparecia nele uma tremenda luta interior. De repente, Felipe, que estava junto a ele desgostoso e triste, deu um grito de alegria e correu para a sombra formada por uma cortina de damasco.

– Jhasua... como vieste, Jhasua! – E abraçou-se ao cortinado, não encontrando coisa alguma ao alcance de seus braços.

Todos olharam para aquele lugar e não viram nada a não ser o menino que, abraçado ao cortinado, falava com Jhasua.

Parmenas interrogou com o olhar o tio Jaime como indagando se seu filho não havia ficado louco.

No entanto, Jaime compreendeu que, no Santuário, deveriam estar na concentração do meio-dia, e o Pensamento-Luz do Verbo Encarnado havia vindo até eles em cooperação à obra de redenção que realizavam. O menino que já havia dado indícios da faculdade clarividente que se desenvolveu amplamente mais tarde, o viu, e, não sendo ainda capaz de analisar se era visão espiritual ou realidade física, se entregou espontaneamente às manifestações de seu amor por Jhasua.

Quando a visão se dissolveu, Felipe sacudiu o cortinado, removeu todos os objetos que se achavam próximos crendo, na sua ingenuidade infantil, que Jhasua brincava *de esconder* com ele.

– Quem é Jhasua? – perguntou Parmenas, saindo de sua abstração.
– É um jovem Profeta de Deus a quem o teu filho muito quer e que também está interessado em tirar-te do caminho que levar-te-á, mais tarde ou mais cedo, a um desgraçado fim. Está a meio-dia de viagem daqui. Queres vir vê-lo, Parmenas? Ele te espera.
– Está bem, irei. Mas esperai pela primeira hora da noite na qual levanto a tenda, segundo as ordens. Amanhã, de madrugada, partiremos, se for de vosso agrado.
– De acordo – respondeu Jaime. – Porém, onde deixarás tudo isto?
– Tenho um sócio que ficaria com tudo dando minha parte em dinheiro. Na verdade, estou cansado desta forma de vida.
– A alegria de nossa mãe – disse Aarão –, quando vier a saber disto, te compensará, tio Parmenas, por tudo quanto possas perder.
– Não volteis sem ele, disse nossa mãe ao sair da cabana – acrescentou Seth, pressionando mais ainda o pobre grego, que já se dava por vencido.
– Sabes o quanto ela te quer, desde que, na qualidade de irmã mais idosa, te entregou sua irmã de 16 anos para esposa, a qual, durante os dez anos que viveu ao teu lado, foi muito feliz. – Ao dizer isto, Aarão dava o golpe de misericórdia em Parmenas, por cujo rosto correram duas grossas lágrimas.
– Que farei lá? Preciso trabalhar para viver. Bem vedes que tenho um filho, e é tão parecido com minha finada esposa que às vezes julgo ser ela mesma quem fala e olha para mim.
– Isto se ajeitará lá – interveio o tio Jaime. – Arruma tuas coisas aqui com honestidade e justiça e não te preocupes com o amanhã.

"Não te faltará trabalho honesto na Galiléia, onde somos todos como uma só família."

Quando chegou a noite, Sevthópolis não parecia a mesma cidade alvoroçada e turbulenta do dia anterior.

Um antigo casal, originário de Chipre, tinha a mais tranqüila hospedagem que a cidade das caravanas podia oferecer aos viajantes que desejassem paz e sossego, e ali passaram a noite.

Somente pouco depois do meio-dia chegaram ao Santuário, habitado apenas por Jhasua e Melkisedec, pois os três Terapeutas ainda não haviam regressado de sua busca pelas grutas situadas nas ribanceiras do Jordão.

Felipe, que ainda estava como atormentado pelo incidente da tenda, assim que viu Jhasua extravasou, como um borbotão de água longo tempo contido:

— Tu te escondeste, Jhasua, atrás do cortinado e não pude falar-te mais. Por que fizeste essa brincadeira de mau gosto comigo? Assim não se brinca de esconder. Quando se termina, vencedor e vencido dão-se as mãos, e tu escapaste e não te vi mais.

Jhasua e Melkisedec sorriram compreendendo o que se havia passado, pois ambos eram conscientes do desdobramento espiritual realizado para conseguir a redenção de Parmenas.

— Pai — disse Felipe —, este é Jhasua, que ontem ao meio-dia esteve na tua tenda.

— Mais adiante, meu amigo, entenderás o significado das palavras de teu filho — disse Jhasua, vendo o assombro de Parmenas.

— Deveis estar cansados, e a refeição já vos espera — acrescentou Melkisedec, levando-os à grande gruta-cozinha.

Ali encontraram o tio Jaime com os dois filhos de Tobias, que descarregavam os asnos dos grandes sacos de provisões que novamente haviam trazido.

— Finalmente, vamos comer sobre uma toalha branca — disse Seth, estendendo uma toalha nova sobre a grande mesa de carvalho.

— E com os vasilhames de cobre brilhando como o sol — disse Felipe olhando-se num deles como em um espelho.

— Celebraremos a chegada de teu pai, Felipe, que já ficará entre nós — disse Jhasua feliz e alegre como sempre ficava quando se conseguia a redenção de um semelhante.

Estavam nestes preparativos quando chegaram os três Terapeutas que haviam saído em missão de exploração.

— A festa será completa — disse o tio Jaime, vendo as grandes cestas de uvas frescas e douradas que os Terapeutas traziam das margens do Jordão.

Vinham ainda mais carregados com as notícias obtidas através de velhos conhecidos e amigos que, felizes de ver novamente os desaparecidos Terapeutas, os haviam coberto de atenções e de presentes.

Alguns refugiados viviam ainda nas grutas, outros haviam ido aos povoados vizinhos para mendigar pelas ruas, e a maioria morrera de fome e de frio.

Os paralíticos, que não podiam andar por si mesmos, e os leprosos, que estavam proibidos de apresentar-se nas ruas, haviam perecido quando seus companheiros de refúgio deixaram de socorrê-los por uma ou por outra causa.

Os Terapeutas voltaram com os corações ainda mais angustiados por causa das obras de misericórdia fundadas nas grutas há tantos anos e das quais nem sequer existia mais vestígio algum.

Na gruta das mulheres enfermas e com filhos aleijados, onde tinham posto teares e caldeiras para tingir os tecidos, não encontraram mais que duas meninas cegas de nascimento e que tinham de oito a dez anos.

Judas de Saba lembrava ter conduzido ele mesmo essa mulher com suas duas meninas gêmeas que, na ocasião, tinham poucos meses. Uma cabra doméstica que ele também levara criava as duas criaturas. A mãe morrera e fora sepultada pelas companheiras numa cavidade nas montanhas.

A cabra continuou amamentando as meninas e guiando-as pelas grutas para buscar água e frutas silvestres.

Judas, com imensa amargura e profundo remorso, disse a todos, e continuava repetindo na parte mais profunda de sua consciência:

— Este nobre animal cumpriu sua missão melhor que eu. De que adianta colocar pedra sobre pedra para levantar um templo a Jehová, se deixamos perecer de miséria e de fome as obras vivas de Deus, que são suas criaturas com alma imortal?

— É isto mesmo, Judas — respondeu Jhasua profundamente comovido. — Mas, que fizeste com essas meninas?

— Nós as trouxemos nos braços, e a fiel cabra-mãe nos seguiu até aqui. Estão na gruta de entrada.

Jhasua com Judas foram até lá. As duas meninas recostadas juntas sobre o estrado, com seus olhos fechados em eterno sono, permaneciam quietas como se estivessem adormecidas. A cabra de longo pêlo branco havia subido também no estrado e dormia ao pé das meninas.

Com os braços cruzados sobre o peito, Jhasua observou durante alguns momentos aquele quadro, símbolo do abandono dos homens e da fidelidade de um animal.

Aproximou-se em seguida, e, inclinando-se sobre o estrado, acariciou suavemente aquelas cabecinhas com cabelos negros e emaranhados.

Estavam semivestidas com os mantos dos Terapeutas.

— Quem és? — perguntaram ambas. — És tu, Judas?

— Sou Jhasua, um irmão que vos quer muito.

— Não conheço essa voz — disse uma delas. — Foste tu que nos mandaste buscar?

— Sim, eu, e, se quiserdes, Jehová me deu o poder de abrir vossos olhos.

Em voz baixa, disse a Judas que chamasse o Mestre Melkisedec.

— Jamais tivemos olhos — disse a outra menina —, todavia nossa mãe chorava muito por causa disto. Ela nos explicava todas as coisas que se pode ver tendo olhos. "Vemos com as mãos, com o olfato, com os pés e, principalmente, com a nossa segunda mãe, a boa cabrinha que nos alimenta e guia."

Jhasua observou minuciosamente os olhos das duas meninas, através de cuja pele, muito transparente e fina, se percebia o movimento das pupilas e até a cor escura delas.

Quando Melkisedec chegou, observaram em conjunto que aquelas criaturas haviam nascido com as pálpebras cerradas, mas, desde que fossem abertas, poderiam ver perfeitamente.

— Desejai — disse Jhasua — que Jehová abra vossos olhos.

Concentrou-se profundamente enquanto punha as mãos sobre os olhos das meninas.

— Estais me queimando! — gritaram ambas ao mesmo tempo.

Melkisedec fê-las calar e um profundo silêncio se estabeleceu na gruta.

As puras mãos de Jhasua tremiam em conseqüência da poderosa vibração que corria por elas como um fogo vivo, e dos olhos das meninas foi desprendendo-se, gota a gota, uma substância leitosa, como se fossem lágrimas brancas.

Depois essas gotas tornaram-se cristalinas e, finalmente, os olhos se abriram. Melkisedec e Jhasua, colocados ante elas, atenuavam a luz solar que podia causar-lhes, no primeiro momento, algum dano.

Quando terminou a vibração das mãos de Jhasua, este sentou-se no estrado porque havia perdido as forças.

Como se o nobre animal que estava a seu lado houvesse compreendido que aquelas mãos haviam curado suas meninas, começou a lambê-las suavemente.

— A natureza serve-se de ti, criatura de Deus, para restaurar o magnetismo gasto em suas outras criaturas.

"Quão formosa é a harmonia universal!"

Melkisedec limpou com um lenço branco molhado em água os olhos das meninas que continuavam abrindo até atingir seu estado normal.

– Quão formosa é nossa cabrinha e quão lindos são os seus olhos!

– Da mesma forma como os teus que também são lindos, disse uma delas à outra.

Esta exclamação das meninas fez com que todos compreendessem que já viam com bastante clareza.

Sucederam-se, umas após outras, as cenas de surpresa, assombro e medo daquelas duas meninas ao abrirem de repente os olhos para a vida que haviam percebido da triste escuridão de seus olhos cerrados.

Elas desconfiavam de tudo, e só seguiam sem temor ao fiel animal que lhes havia servido de mãe. Viram que a cabra entrou num arroio para beber e beberam também.

O fogo da lareira chamava grandemente sua atenção, principalmente porque dele saíam cozidos os alimentos e assado o pão. A capacidade de raciocínio surgiu em seguida, e um dia perguntaram a Felipe, com quem mantiveram uma amizade muito estreita, "se naquele fogo, que se via no alto, também eram cozidas castanhas e assados pães". Aquele fogo no alto era o sol, cujo vivo resplendor feria dolorosamente os seus olhos.

– Eis aqui os alicerces sobre os quais fundamentamos novamente o devastado Santuário – disse Jhasua, acariciando aquelas duas cabecinhas de escuros cabelos. – No entanto torna-se necessário trazer mães para estas meninas.

– Ou levá-las aonde possam encontrar o amor de uma mãe – observou o tio Jaime.

– Isso será mais fácil que encontrar, no momento, mães que queiram viver aqui depois do que ocorreu no Santuário. Todos têm pavor por causa dos bandidos que aqui habitaram vários anos – acrescentou Judas de Saba.

– Mais adiante poder-se-ia estabelecer aqui "*a cabana das avós*", como já existem no Carmelo e no Hermon – disse suavemente Jhasua, relembrando a alegria que desfrutou naquela temporada que passou, junto com sua mãe, no Monte Carmelo, entre os carinhos e mimos da avó Sabá e das outras anciãs que viviam em grutas ao pé da montanha na qual se achava o Santuário.

Em sua ardente imaginação desenhou-se nitidamente aquele asninho branco ajaezado de azul que a avó Sabá tinha escondido dentro de uma gruta para fazer-lhe uma surpresa e que ele, com inquieto ardil, havia descoberto antes do tempo.

– Quantos órfãos – disse – seriam felizes se houvesse aqui uma cabana das avós!

– Tudo virá com o tempo – respondeu Melkisedec. – Haverá anciãs, órfãs de carinho, viúvas sem filhos que aguardam, sem dúvida, um pequeno raio de luz para suas vidas sombrias. Todas elas formarão outra *cabana de avós*, como as do Monte Carmelo e a do Hermon.

A idéia havia surgido como uma mariposa branca entre as sombras, e estava, como num projeto, em todas as mentes. Alguma circunstância não procurada talvez produzisse a oportunidade que todos desejavam.

Na aldeia de Caná, vizinha de Nazareth, Jaime tinha uma parenta viúva que vivia em grande solidão e enviaram para ela as duas meninas quando, no dia seguinte, os filhos de Tobias, com Felipe e seu pai, empreenderam a viagem de regresso ao Tabor.

Melkisedec, Jhasua, Jaime e os Terapeutas permaneceram no velho Santuário da Samaria, aguardando os que deviam chegar do Carmelo para reorganizá-lo.

Os quatro Essênios esperados chegaram dois dias mais tarde com um asno carregado dos papiros e volumosos livros que haviam levado anteriormente para o Carmelo para serem salvos da destruição.

Os solitários samaritanos tinham conhecido Jhasua em seus primeiros anos e também mais tarde em sua adolescência, através das visitas isoladas que haviam feito a Nazareth.

Agora já o viam jovem, entrado nos 20 anos, com uma plenitude de vida espiritual e física que lhes causavam indizível felicidade.

— Reconstruir o nosso Santuário tendo-vos entre nós, é uma glória como nunca pude sonhar — disse o Ancião Servidor.

— Formais um formoso número! — disse Melkisedec. — Sois sete para reconstruir o vosso Santuário. As sete lâmpadas do candelabro de Moisés.

— E eu serei o vosso *círio da piedade* — acrescentou docemente Jhasua, dando às suas palavras o acento de uma promessa.

"Virei visitar-vos muitas vezes."

Depois desta introdução, o leitor compreenderá perfeitamente que as confidências foram longas nos três dias seguintes que Jhasua, Melkisedec e o Terapeuta que serviu de guia permaneceram ali. O tio Jaime, em conseqüência de sua promessa a Joseph, não quis separar-se de seu grande sobrinho até voltarem novamente ao lar.

— Este não é um Essênio das grutas — disse Jhasua quando apresentava seu tio aos recém-chegados.

"É um Essênio do armazém e da cozinha. É o *Essênio-Providência* que tudo vê e tudo remedeia."

— É o hortelão que cuida do horto — disse o Servidor, encantado com o tio Jaime, cuja solicitude para ajeitar tudo era a qualidade mais destacada daquela formosa vida de nobreza e eqüidade.

Os quatro Essênios salvos da grande hecatombe estavam como que asfixiados de pranto ao se verem novamente entre as grutas que haviam abandonado dez anos antes sem esperança de retornar a elas.

Voltavam como que trazidos pela mão do Ungido Divino que havia aplainado todas as dificuldades.

Quando os avisos espirituais do velhinho Ismael lhes falaram da restauração do velho Santuário, eles choraram em silêncio, porque essas promessas apagavam de suas almas uma dúvida tenaz.

— Eu já tenho em condições um porteiro excelente como não se pode pedir coisa melhor — disse o tio Jaime na ceia dessa noite. — Isto se o aceitares.

— Quando dizeis isto, vós que sois um Essênio do terceiro grau, é porque deve ser muito bom e desde já está aceito — respondeu o Servidor.

— Quem é, tio Jaime? Eu o conheço? — perguntou Jhasua.

— Através de referências, conheces parte da família de meu porteiro. A maior das três mocinhas salvas ultimamente na tenda de Parmenas, une-se em matrimônio nesta lua com meu excelente porteiro. Ele é pastor com um grande rebanho de ovelhas e cabras, e com uma mãe que é um tesouro de discrição e prudência. Tem sua cabana nas proximidades de Sebaste e faz muito tempo que os conheço. O marido era Essênio do primeiro grau e ela é do segundo, pois nasceu de pais Essênios. O moço, um forte e formoso mancebo de 20 anos, me confiou que desejava tomar uma esposa, no entanto não encontrava nenhuma a seu gosto. Eu prometi encontrar-lhe uma, e creio havê-la encontrado na maior das três donzelas que mencionei e, com a qual falei a respeito.

"Por intermédio do chefe da caravana em que elas foram, mandei uma carta para o moço propondo a transferência dele e da mãe para cá, coisa que eles necessitam fazer imediatamente, pois na próxima lua vence o prazo dado pelas autoridades de Sebaste para que todos os rebanhos sejam afastados quarenta estádios da cidade."

— Isto quer dizer que tendes a habilidade de, em alto grau, resolver várias situações ao mesmo tempo! — disse o Servidor entusiasmado.

— Não vos dizia que meu tio Jaime é o *Essênio-Providência*? — mencionou Jhasua.

— Deixa-me ver direitinho como é mesmo esse complicado assunto? — indagou Melkisedec que, embora conhecendo o caso das jovens salvas, não havia compreendido bem toda a explicação.

— Mas está bem claro — disse Jhasua. — O moço pastor quer uma esposa. O tio Jaime coloca-a diante dele. A família da noiva está ameaçada pela miséria em Amon, porque morreu o pai e existem crianças de poucos anos. O tio Jaime remedeia tudo casando a maior das moças com o pastor que tem um grande rebanho de cabras e ovelhas. Com isto, há alimento em abundância para toda a família.

"Por outro lado, o pastor, dentro de pouco tempo, deve retirar seus animais das proximidades de Sebaste. O tio Jaime oferece-lhe estes férteis montes e vales, que são pradarias, com um formoso "*Arroio das Gaivotas*", para bebedouro.

"Finalmente, o Santuário precisa de um porteiro de toda confiança com *uma avó Sabá* que é uma maravilha de discrição e prudência, e o tio Jaime a coloca à sua disposição.

"Poder-se-á tomar na Terra outra providência mais oportuna?"

— Na verdade, sois um prodígio em combinações formosas, nobres e úteis — disseram simultaneamente os Essênios.

O tio Jaime sorria com sua habitual bondade, enquanto continuava partindo nozes para todos, pois, ainda nessas pequenas coisas, encontrava um modo de ser útil aos demais.

Eis aqui uma formosa vida que ficou esquecida pelos biógrafos do Cristo, assim como tantas outras que, como esta, estiveram estreitamente ligadas à vida excelsa do Homem-Luz! Foi esta uma das causas inspiradoras deste livro, encarregado de descobrir, não só a grandeza divina da vida íntima do Verbo Encarnado, como também a atuação importantíssima, para a História e para a Ciência Espiritual, da pequena porção da Humanidade que o secundou na sua infatigável tarefa, em benefício da fraternidade e do amor entre os homens.

Jaime de Jericó era viúvo, e de seu matrimônio havia ficado um filhinho que cresceu em Caná da Galiléia, ao lado da avó materna. Na época que estamos narrando, o menino tinha somente 9 anos e, no seu regresso da Samaria, o tio Jaime teve notícia da grave enfermidade de sua sogra, que morreu pouco depois, deixando o netinho órfão pela segunda vez.

Myriam, cuja alma transbordava de piedade até a dor pelos demais, dirigiu-se a Caná nos últimos momentos da sogra de seu irmão, e levou o pequeno Jaime consigo para Nazareth, o qual passou a ser, imediatamente, outro filho do seu coração cheio de misericórdia.

A velha casinha solarenga, onde o tio Jaime se casou e onde nasceu seu único filhinho, passou a ser propriedade exclusiva sua, e nela foi instalado, pouco tempo depois, um Refúgio-Oficina para mulheres viúvas, donzelas e crianças sem família e sem meios de vida.

Na direção, na qualidade de irmã maior, foi posta a parenta de Jaime, à qual haviam enviado aquelas duas meninas curadas da cegueira e encontradas numa das grutas nas margens do Jordão.

Essa mulher chamava-se Maria Cléofas.

Era a irmã mais moça da sogra de Jaime, recentemente falecida.

Ela aparece aqui pela primeira vez, pois sua proteção às meninas Simi e Fatmé a vinculou estreitamente ao Grande Missionário do Amor Fraterno, ao qual seguiu incansavelmente nas correrias de sua vida pública, e o seguiu até o sepulcro. Maria Cléofas foi uma daquelas mulheres que, como Magdalena, se dirigiram à sepultura de Jhasua para embalsamar seu corpo na madrugada de domingo e encontraram o sepulcro vazio.

Fazemos esta referência, não por antecipação do acontecimento que em seu devido tempo relataremos com amplos detalhes, mas para pôr o novo personagem em contato espiritual com o leitor que, se é observador e analítico, apreciará estudar as características próprias de cada personagem, que é um dos mais puros deleites do leitor.

Maria Cléofas tinha sua casinha junto à de sua irmã, a sogra de Jaime, razão pela qual pôde fazer-se de ambas uma só casa com o tamanho necessário para refúgio e oficina de tecidos.

Essa foi outra combinação do talento do tio Jaime... do tio *Providência*, conforme Jhasua o chamava!

Com esta observação feita para seu conhecimento, leitor amigo, enquanto o tio Jaime parte nozes na grande cozinha do Santuário samaritano, ficam inteirados da forma e modo como, em silêncio e modestamente, aqueles verdadeiros filhos de Moisés realizavam suas obras de ajuda mútua com escassos bens de fortuna, mas com um grande coração cheio de amor e de piedade para com seus semelhantes desamparados.

Dessa forma, com pequenas obras silenciosas, ia ampliando, cada vez mais, o horizonte no qual devia brilhar, com luz meridiana, alguns anos mais tarde, a estrela magnífica do Cristo, determinando rumos de luz e de amor à Humanidade.

Em silêncio, foi restaurado o Santuário Essênio da Samaria; em silêncio, Parmenas, o grego, havia sido salvo da ruína moral; havia sido remediada a família desamparada das três mocinhas de Amon que iam ser vendidas como escravas; em silêncio, também foi aberto o Refúgio-Oficina de Caná onde Maria Cléofas, com Simi e Fatmé, foram as primeiras plantas desse horto espiritual de onde saíram as mulheres cristãs da primeira época, as que forneceram os meios materiais para que o grande Missionário do amor pudesse fundamentar sua obra.

Maria Cléofas era a mais moça de toda aquela família dispersa já pela Galiléia e pela Judéia, devido aos matrimônios que contraíam; mas, em momentos oportunos, uniram-se todos na velha casa solarenga, onde só havia ficado ela, também casada, e que tinha enviuvado pouco depois.

Jhasua aos 20 Anos

Jhasua voltou novamente ao Santuário do Tabor, onde reassumiu suas silenciosas tarefas de intensa ordem espiritual, interrompidas momentaneamente pelas atividades exteriores. Referimo-nos, em particular, aos ensaios de telepatia e ao seu Diário, visto como, na prática do bem, não cessava de estender suas admiráveis faculdades e seus poderes internos, em harmonia com as forças e leis naturais.

Ele havia ficado ausente do Santuário apenas trinta dias e, no seu regresso, encontrou várias cartas de diversas partes.

Nebai havia escrito de Ribla com notícias importantes.

Os filhos do sacerdote de Homero haviam-se casado com donzelas sírias.

Os dois irmãos de Nebai, que também estavam em vésperas de celebrar matrimônio, punham um movimento desusado no grande castelo, antes tão silencioso e sereno.

Nebai, com muita graça, dizia numa carta:

"Tive oportunidade de pôr em prática aqueles teus ensinamentos cheios de sabedoria, Jhasua: *extrair do fundo de todas as coisas aquilo que de mais formoso existe nelas.* No meu caso, a coisa mais formosa são as almas daquelas que vão ser minhas cunhadas e que logo virão morar no castelo, até agora quase vazio, e onde estão sendo preparados dois ninhos independentes para estes pássaros irrequietos.

"Os Terapeutas do Santuário do Hermon visitam-nos freqüentemente; com eles falo de ti, Jhasua, e eles me animam nesta minha vida tão diferente daquelas que levam as demais mulheres de minha idade e condição.

"Eles me dizem: 'Darás a elas o teu exemplo, e não devem ser elas que o hajam de dar a ti.'

"E será assim, Jhasua, porque meus irmãos, suas noivas e eu ingressamos no primeiro grau da Fraternidade Essênia, e, na sua próxima viagem, os Terapeutas nos trarão o livro da Lei com os Salmos e o manto branco correspondente ao grau que iniciamos.

"Espero também que as noras do Ancião Menandro iniciem este caminho.

"Quero saber se é ilusão ou realidade o que me ocorreu há quatro dias.

"Eu pensava na fonte das pombas da casinha de pedra, ao cair da tarde, conforme combinamos. Supus que não estivesses lá porque meu pensamento parecia perder-se no vazio sem que ninguém o acolhesse. Mas, depois de passado um bom tempo, senti a tua vibração, Jhasua, que, de outro lugar me dizia: 'Nebai, não me procures na fonte porque não estou no Tabor, mas nas montanhas da Samaria. Logo voltarei.'

"Será isto certo, Jhasua? Como foi que não me anunciaste essa decisão em tua última carta?"

Continuava assim a carta de Nebai, deixando nitidamente a descoberto as luzes e sombras daquela formosa alma, que procurava altitudes diáfanas com claridades de estrelas e ânsias de imensidão.

Ao regressar da Samaria, Jhasua e o mestre Melkisedec detiveram-se em Nazareth durante alguns dias, para ajudar, com forças espirituais e magnéticas, a Joseph e Jhosuelin. Ambos pareciam reviver unicamente com a presença de Jhasua.

A chegada do tio Jaime com seu filho pôs mais uma nota de íntima ternura naquela família, sobre a qual se derramava a piedade e a magnificência divina.

A fisionomia do ancião Joseph foi adquirindo aquela aprazível serenidade que parece ter reflexos da vida superior, à qual logo será chamado o espírito triunfante nas lutas da vida.

Joseph, o Justo, como muitos o chamavam, porque viam na sua vida um crisol de nobreza e retidão, estava vivendo seus últimos anos e, como se uma luz superior o iluminasse, ia organizando tudo, para que a família que o rodeava no ocaso de sua vida não se visse perturbada por aquela outra família da sua juventude.

– Todos são honrados e bons – disse mui ajuizadamente – mas, entre os bons, a ordem os ajuda a serem melhores e a compreenderem mais claramente os direitos dos demais.

Jhasua disse a seus pais:

– Vou ao Santuário somente por uma lua e, em seguida, estarei novamente convosco por todo este inverno.

"Juntos, teremos que resolver muitos assuntos."

Desnecessário torna-se dizer que a notícia causou indizível alegria a todos.

Ele empregaria sua estada no Santuário para descansar seu espírito e para tomar novas energias. Havia-se desgastado demais nas obras espirituais e materiais realizadas em favor de seus semelhantes.

Dominar as correntes adversas, que dificultam a vida do homem nos mundos de expiação, requer esforços mentais demasiado intensos. Sabem, e experimentam isto todas as almas que, de uma forma ou de outra, consagram suas vidas cooperando para a evolução espiritual e moral da Humanidade.

As cartas de Nebai e de Hallevi (aquele que mais tarde tomou o nome de Bernabé) davam-lhe notícias do norte, assim como as de José de Arimathéia o mantinham a par do que acontecia no sul.

Junto com as deste último, os Terapeutas trouxeram mensagens escritas ou verbais de seus amigos do Monte Quarantana e dos porteiros do Santuário, Bartolomeu e Jacobo, já pais de família e em cujas almas continuava vibrando, como uma harpa eterna, o amor de Jhasua.

Uma mensagem do menor Bartolomeu causou ao jovem Mestre terníssima emoção. Anunciava-lhe que o maior de seus filhos havia completado cinco anos, e pedia permissão a Jhasua para começar a deixá-lo montar naquele asno cinza que havia alegrado sua estada no Santuário sete anos atrás.

Seus amigos de Bethlehem, aqueles que o viram na mesma noite do seu nascimento, Elcana e Sara, Josias, Alfeu e Eleázar, escreviam, juntos, uma comovedora carta que era uma súplica brotada do fundo de seus corações:

– Vão chegar as neves – diziam – e, com elas, o dia glorioso que, há vinte anos, brilhou sobre Bethlehem como uma aurora resplandecente. Vinde com Myriam e Joseph passá-lo conosco, e fareis florescer uma nova juventude sobre estas vidas cansadas, que já se inclinam para a terra."

A suave ternura que saturava essa carta vibrou intensamente na alma do jovem Mestre, que, fechando os olhos, deixou que seu pensamento, tal como uma mariposa de luz, voasse para aqueles que dessa forma o chamavam.

Voltou a ver mentalmente Sara em seu incansável ir e vir das donas-de-casa, consagradas com amor a cuidar do bem-estar de toda a família. Viu Elcana, seu esposo, à frente de sua oficina de tecidos, sendo qual discreta providência para as famílias de seus operários. Viu também a Alfeu, Josias e Eleázar, com seus grandes rebanhos de ovelhas e cabras, abastecendo toda aquela região com os elementos indispensáveis para a vida, como são o alimento e o vestuário.

Em muitas daquelas casas bethlehemitas eram atados vínculos de amor com o jovem Messias, a quem não viam desde seus 12 anos, quando esteve no Templo de Jerusalém.

Até no oculto Refúgio essênio dos reservatórios de água de Salomão, habitado pela mártir Mariana, chorando eternamente por seus filhos assassinados por ordem de Herodes, o nome de Jhasua era qual uma luz acesa nas trevas, uma roseira num páramo deserto ou o caudal fresco de uma fonte nos areais calcinados pelo sol.

Tudo isto vibrou na alma de Jhasua como o som de um sino distante, e, não podendo resistir a esse imperioso chamado do amor, respondeu através do primeiro Terapeuta que saiu rumo ao sul, que passaria em Bethlehem no dia em que completaria seus 20 anos de vida terrestre.

Ele havia prometido a seus pais passar esse inverno com a família, e com eles iria a Jerusalém, onde a Escola de seus amigos reclamava ardentemente sua presença, depois de dura borrasca que suportara. Lá também estava Lia, a parente viúva que, ao casar suas três filhas, encheu sua solidão com as obras de misericórdia que derramou a mãos-cheias sobre os desamparados e os enfermos.

"– São as flores de meu horto" – disse ela quando, em determinados dias da semana, seu jardim ficava cheio de mães com crianças e de anciãos carregados não só de anos mas também de tristezas e miséria.

Lia, a viúva essênia, silenciosa e discreta, associava suas três filhas casadas, Susana, Ana e Verônica às suas obras. Elas compareciam em determinados dias para ler os livros dos Profetas aos protegidos de sua mãe, instruindo-os, dessa forma, em seus deveres para com Deus, com o próximo e consigo mesmos.

A obra silenciosa e oculta dos Essênios, que ficara esquecida pelos cronistas desse século de ouro, foi, em verdade, a rede prodigiosa na qual se envolveram, para toda a eternidade, as almas que em numerosa legião se uniram ao Homem-Luz, Ungido do Amor e da Fé, que marcou o caminho indelével da fraternidade entre os homens.

Todo esse imenso trabalho silencioso, como uma videira fantástica a estender seus ramos carregados de frutos por todas as partes, esperava Jhasua naquela Judéia, árida e triste para aqueles que desciam das férteis montanhas samaritanas e galiléias, mas onde o amor silencioso das famílias essênias punha a nota terna e cálida de piedosa fraternidade mais profundamente sentida.

Vemos, pois, que, das férteis montanhas do Líbano, na Síria, até os ardentes areais da Iduméia, no sul, florescia nas almas a esperança qual uma roseira mágica de sonho.

O Ungido de Jehová caminhava com seus próprios pés por aquelas terras, e as dores humanas desapareciam ao seu contato.

Os Terapeutas-Peregrinos, que saíam de seus Santuários carregados de amor na alma, iam levando de aldeia em aldeia o fio de ouro que atava os corações de uns com os outros em torno do Homem Ungido de Deus, cuja vida infantil e juvenil eles mencionavam em segredo e minuciosamente.

Bastou que Jhasua instalasse um pequeno recinto de oração na casa de seus pais, em Nazareth, para que se fizesse o mesmo nas casas de todas as famílias essênias que pudessem dispor de um lugarzinho discreto, com uma mesa suntuosa ou simples, onde os livros dos Salmos e dos Profetas estavam presentes com o seu pensamento escrito e vivido, como se fosse o próprio alento da Divindade.

Sobre essa mesa, gravado numa lâmina de madeira, de cobre ou de mármore aparecia, invariavelmente, o primeiro mandamento da Lei de Moisés: "Adorarás ao Senhor, teu Deus, com toda tua alma, e amarás a teu próximo como a ti mesmo."

Para os mais pobres, que não dispunham de outro espaço senão de uma cozinha com estrados para o descanso, a piedade essênia teve o recurso da oração na casa do vizinho, o qual mantinha aberto seu recinto sagrado para aqueles irmãos de ideal que não tinham posses. Tal foi a obra essênia de elevação das almas a um nível superior, pela qual eles se punham em sintonia com o Pensamento Eterno que o Cristo trazia à Terra.

Esta harmoniosa corrente de amor e de fé, espargida como um fogo purificador por toda a Palestina e países circunvizinhos, foi a onda mágica na qual Jhasua desenvolveu sua vida oculta, que ficou como sepultada no esquecimento na metade do século seguinte, à medida que iam desaparecendo do plano físico as testemunhas oculares, seus familiares e discípulos.

O recinto de oração em cada casa essênia deu origem à afirmação de alguns viajantes que escreveram sobre este particular, que toda a Palestina estava cheia de Sinagogas e que, nas grandes cidades, se contavam até quatrocentas ou mais.

O pensamento sutil do leitor que analisa e raciocina parece estar perguntando: Como, desta onda de paz e amor fraterno, desta intensidade de vida espiritual, pôde surgir, treze anos depois, o horrendo suplício com o qual se pôs fim à vida física do Cristo?

O pontificado e o clero de Jerusalém viram chegado o seu fim ante o Verbo de fogo do grande Mestre que retornava em favor dos direitos do homem e despejaram o ouro acumulado no comércio do templo nas bolsas vazias da população ignorante e faminta, enquanto aqueles diziam: "O vagabundo que prega o desprezo pelos bens da terra é o causador de nossos males, porque com ele chegou o reino de Deus por ele mesmo anunciado."

Acalmada assim brevemente, a inquietação do leitor, continuo a narração:

Dezesseis dias antes de seu vigésimo aniversário, Jhasua saiu de Nazareth com seus pais na caravana que vinha de Tolemaida em direção ao sul.

O caminho bifurcava-se ao chegar à planície de Esdrelon. Um deles percorria o centro da província da Samaria, passando por Sebaste e Sichen, enquanto o outro tocava em Sevthópolis e continuava pela margem do Jordão até Jericó, Jerusalém e Bethlehem.

Joseph, Myriam e Jhasua juntam-se aos viajantes que seguiram o caminho do Jordão, visto como, naquele trajeto, se encontravam muitos de seus familiares e amigos. Em Sevthópolis, que o leitor já conhece, achava-se o Santuário essênio recentemente restaurado, onde os porteiros da amizade do tio Jaime os brindaram com uma cômoda e tranqüila hospedagem.

Em Archelais, segundo ponto de parada da caravana, vivia a família de Débora, primeira esposa de Joseph, à qual Matias, o segundo filho daquele primeiro matrimônio, se havia unido.

O justo Joseph havia sido sempre o pano de lágrimas de seus sogros enquanto estes viveram, e continuava sendo-o para as duas viúvas, irmãs de sua primeira esposa, que viviam pobremente nessa localidade. A família havia sido avisada e certamente os esperaria.

Finalmente, em Jericó, terceiro ponto da parada, viviam os familiares de Myriam, dois irmãos de Joachim, seu pai, com os dois filhos e netos.

Tudo isto foi levado em conta pelos nossos viajantes, com o fim de estreitar vínculos com seres que, embora muito queridos, se mantinham um tanto distantes devido às escassas visitas que só eram feitas de tempo em tempo.

Para Jhasua existiam, além disto, outros poderosos motivos: as grutas-refúgios que, nas montanhas das margens do Jordão, haviam voltado a ser habitadas, conforme notícias que lhe mandara Judas de Saba, cujo ardoroso entusiasmo pelas obras de misericórdia o haviam convertido em providência vivente para os desamparados daquela região.

Nossos três personagens eram, dentre a caravana, *os viajantes ricos*, pois levavam três asnos com carregamento, quando todos os demais só tinham aqueles em que iam montados.

Só o chefe da caravana sabia que o carregamento dos três asnos contratados por Joseph não levavam ouro nem prata, mas pão, frutas secas e roupas para os refugiados nas grutas do Jordão.

O amor de Jhasua para com seus irmãos indigentes havia envolvido as almas de seus pais e familiares num fogo santo, até o ponto de não mais poderem subtrair-se dessa suave influência de piedade e comiseração.

Nos três pontos onde a caravana parou, Jhasua deixou o rastro luminoso da sua passagem.

Em Sevthópolis, ao redor das tendas móveis que são instaladas diariamente, observavam-se às vezes alguns infelizes aleijados, crianças retardadas ou com parte do corpo atacada de paralisia.

Descer de seu burrico e ir direto até eles, foi coisa tão rápida que seus pais nem sequer tiveram tempo de perguntar: *Aonde vais?*

O doloroso grupo olhou com assombro para aquele formoso mancebo de cabelos castanhos e olhos claros, que os observava com tanto amor.

– Estais enfermos – disse –, porque não vos lembrais de vosso Pai que está nos Céus, que tem o poder de curar-vos e quer fazê-lo. Por que não lho pedis?

– Ele está muito distante e não ouvirá nossos clamores – respondeu um jovenzinho que tinha todo um lado de seu corpo rígido e seco como um feixe de raízes.

– Enganai-vos, meu amigo. Ele está a vosso redor, mas não o sentis porque não o amais o bastante para vê-lo e senti-lo.

Uma poderosa vibração de amor começou a flutuar como brisa primaveril, e Jhasua, olhando para o assombrado grupo, começou a dizer com voz meiga e profunda:

– "Amarás ao Senhor, teu Deus, com todas tuas forças, com toda tua alma, e a teu próximo como a ti mesmo."

"Assim manda a Lei do Deus-Amor, que esqueceis."

Repartiu algumas moedas entre eles e disse:

"Voltai para vossas casas, e não esqueçais que Deus vos ama e vela por vós."

Enquanto aquelas pobres mentes estiveram absortas no olhar e na palavra de Jhasua, seus corpos receberam, como através de uma formidável onda, a energia e a força vital que ele lhes transmitia, e, pouco depois, quando o perderam de vista no meio da multidão, dos animais e das tendas, perceberam que seus males haviam desaparecido.

Alguns correram por um lado, os demais por outro, como enlouquecidos de alegria, procurando o mancebo da túnica branca, que não se via mais em parte alguma.

Por fim, chegaram à conclusão de que *devia ser o Arcanjo Rafael que curou Tobias*, porquanto havia desaparecido tão misteriosamente.

– Deve ser um mago vindo do norte – disseram os estrangeiros que nada sabiam do Arcanjo Rafael nem de Tobias.

– Mas, se estais curados, necessitais trabalhar – disseram outros oferecendo trabalho em seus comércios, cujas agitadas atividades necessitavam sempre de um número maior de operários.

Era inútil continuar a procurar Jhasua, que instalara rapidamente seus pais sob a tenda-hospedaria, e correra ao Santuário em busca do porteiro. Com essa família passaria ele a noite, até a primeira hora em que a caravana continuaria a viagem.

Com grande surpresa dos solitários, apresentou-se repentinamente no arquivo, onde todos eles se encontravam colocando novamente em ordem sua abundante documentação.

– Não vos havia dito anteriormente que eu seria o vosso *Círio da Piedade*? Pois aqui estou e somente por algumas horas.

"Onde estão os ex-cativos?" – perguntou, aludindo aos três Terapeutas libertados do aprisionamento.

– Na cozinha, preparando as maletas para ir às grutas – responderam.

– Pois nada mais oportuno – disse Jhasua. – Trouxemos um pequeno carregamento para os refugiados.

Indizível foi a alegria dos três Terapeutas em poderem abraçar novamente a Jhasua.

Quando se aproximava a hora de partir, eles acompanharam os três viajantes para se encarregarem das provisões doadas pela família de Joseph aos refugiados que se achavam nas grutas do Jordão.

Depois de obter informações e detalhes minuciosos sobre o estado e condições em que se encontravam os enfermos, Jhasua despediu-se deles para continuar a viagem junto com seus pais.

Desde que saíram de Sevthópolis, o caminho prosseguia em plena montanha, costeando serranias que, por estar adiantado o inverno, apareciam um tanto amarelentas e já desprovidas, completamente, de seu exuberante verdor.

Todo o trajeto desde Sevthópolis até Archelais ofereceu a Jhasua a oportunidade de derramar, como uma torrente caudalosa, o poder interno que seu Espírito-Luz havia conquistado em seus longos séculos de amor.

Ele continuava amando como se não pudesse mais deter-se na gloriosa ascensão para o alto, para onde parecia subir em vertiginosa carreira.

> "Amar por amar é água
> Que não conhecem os homens.
> Amar por amar é água
> Que somente bebem os deuses."

Havia cantado Bohindra, o gênio imortal da harmonia e do amor, e vimos seu verso de cristal viver em Jhasua com vida exuberante, que, na verdade, assombra todo aquele que o estuda em seu profundo sentir.

Montado em seu jumento, Jhasua não se descuidava de examinar, a cada instante, sua caderneta, que levava na mão esquerda.

– Repara neste caminho, Jhasua, que é muito escarpado e oferece obstáculos a cada instante – disse seu pai – e temo que examinar essa caderneta não ajuda o jumento a salvar-se dos perigos.

– Ele está bem amestrado, pai. Não temais por mim – respondeu.

– Poder-se-á saber, meu filho, que coisa absorve tanto a tua atenção nessa caderneta? – perguntou, por sua vez, Myriam, cuja intuição de mulher estava adivinhando o que se passava.

– Coisinhas minhas, mãe, que só interessam realmente a mim – respondeu sorrindo Jhasua, como o menino que oculta alguma travessura muito agradável em seu coração.

"Aqui estão os dois carvalhos centenários," murmurou ele a meia-voz. "É o marco da gruta dos leprosos."

Estavam ainda a cinqüenta braças dos carvalhos, quando viram sair, dentre eles, um vulto coberto com um saco feito de pele de cabra, que apenas deixava ver os olhos através de uma pequena abertura na parte superior.

Somente assim era permitido aos atacados do horrível mal aproximar-se das pessoas que passavam, em busca de um auxílio ou socorro para sua irremediável situação.

Jhasua falou algumas poucas palavras com o chefe da caravana, que sempre levava preparado um saco com os donativos de alguns dos viajantes para os infelizes enfermos.

– Eu lhe levarei isto – disse Jhasua pegando o saco e encaminhando-se para o vulto encapuzado que avançava. Os viajantes passaram ao largo, desejando colocar-se a uma maior distância entre o leproso e eles.

Myriam e Joseph detiveram um pouco suas cavalgaduras para dar tempo a Jhasua.

— Meu coração já imaginava isto — disse Myriam ao esposo.

"Na caderneta, Jhasua deve trazer anotados os lugares onde estão as grutas, e era isto que absorvia a sua atenção."

— Oh! Este santo filho que Jehová nos deu, Myriam, dá cada lição silenciosa que, se soubermos aprendê-la, seremos santos também.

O ancião, com os olhos umedecidos de pranto, continuou olhando para Jhasua, que se aproximava do leproso sem medo algum.

Viram que lhe retirou o saco de pele e o tomou pelas mãos.

Foi um momento de olhá-lo nos olhos com aquela irresistível vibração de amor a penetrar até a medula como um fogo vivificante, que atingia todas as fibras do ser.

Myriam e Joseph não lhe puderam ouvir as palavras, mas nós podemos ouvi-las, leitor amigo, vinte séculos depois de haverem sido pronunciadas.

Nos Arquivos Eternos da Luz, Maga dos Céus, ficaram escritas, como permanece gravado tudo quanto foi pensado, falado e sentido nos planos físicos:

— És jovem, e tens uma mãe que chora por ti. Há uma donzela que te ama e te espera... uns filhos que poderão vir para o teu lado. Sei tudo! Não me digas nada. Judas de Saba informou-me tudo quanto diz respeito a ti.

— Salva-me, Senhor, que já não resisto mais à dor no corpo e na alma — exclamou o infeliz leproso que tinha apenas 26 anos.

— O poder divino que Deus me deu, e que tua fé descobriu em mim, te salva. Vai, banha-te sete vezes no Jordão e volta para o lado de tua mãe. Sê bom filho, bom esposo e bom pai; e tal será a tua ação de graças ao Eterno Amor que te salvou. Dize a teus companheiros que façam o mesmo e, se acreditarem, como tu, no Poder Divino, serão também purificados.

O enfermo ia arrojar-se aos pés daquele formoso jovem, cujas palavras o hipnotizavam causando-lhe profunda emoção. Mas sentiu que todo o seu corpo tremia, e sentou sobre o feno seco que se achava à margem do caminho.

— Anda! Não temas nada — disse Jhasua montando novamente e voltando para junto de seus pais, que o aguardavam.

Os outros viajantes perdiam-se já numa das inumeráveis voltas do tortuoso caminho, costeando penhascos enormes, e certamente julgavam que o infeliz leproso deveria ser um familiar de Jhasua, em virtude da atenção que lhe havia dispensado.

A Humanidade ainda não havia compreendido o que é o amor, que não necessita dos vínculos do sangue nem das recompensas da gratidão para dar de si quanto tem de grande e de excelso, como uma vibração permanente do Atman Supremo, que é amor imortal acima de todas as coisas.

Em conseqüência desse atraso, nossos três viajantes ficaram a certa distância da caravana, fato este que lhes permitia conversar com inteira liberdade.

— Que obra grande fizeste hoje, meu filho! — disse Joseph olhando para Jhasua com essa admiração produzida pelos fatos extraordinários.

— Era uma verdadeira lástima, aquele homem, tão jovem e já inutilizado para a vida — acrescentou Myriam, esperando uma explicação de Jhasua, que continuava em silêncio. — Ele se curará, meu filho?

— Sim, mãe, porque crê no Divino Poder, e isto é como abrir todas as portas e janelas de uma casa para que entre, em torrente avassaladora, o ar puro que renova e transforma tudo.

— Haverá outros leprosos ali? — voltou Myriam a perguntar.

— Ficaram vinte dos trinta e dois que havia desde há muito tempo.

"Os outros morreram quando os Terapeutas do Santuário deixaram de socorrê-los. Eram já idosos, e seu mal estava muito adiantado. A miséria consumiu-os mais rapidamente."

— Não se poderia evitar, Jhasua, que este espantoso mal continue desenvolvendo-se tanto em nosso país?

— Quando os homens forem menos egoístas, desaparecerá a lepra e a maioria dos males que atingem a Humanidade. A extremada pobreza leva os infelizes da vida a ingerirem em seu corpo, como alimento, matérias em decomposição. Os tóxicos dessas matérias, já em estado de putrefação, entram no sangue e o carregam de germes que produzem todas as enfermidades. Os germes corrosivos vão passando de pais para filhos, e a cadeia de dores vai tornando-se cada vez maior.

"Quando os felizes de vida amarem os infelizes tanto como amam a si mesmos, acabar-se-ão quase todas as enfermidades, e os homens só morrerão devido ao esgotamento da velhice ou por acidentes inesperados.

"Pude curar leprosos, paralíticos e cegos de nascimento; no entanto, ainda não consegui curar nenhum egoísta. Que terrível mal é o egoísmo!"

Uma profunda decepção pareceu desenhar-se no expressivo semblante de Jhasua, cuja palidez assustou a sua mãe.

— Meu filho — disse ela —, estás tão pálido que me pareces enfermo.

— Jhasua fica assim quando salva os demais de seus males. Dir-se-ia que, por alguns momentos, absorve em seu corpo físico o mal de todos aqueles a quem ele cura — acrescentou o pai.

Jhasua olhou para ambos e sorriu em silêncio.

— Vejo que ides ficando muito observadores — disse finalmente.

— Quando curaste Jhosuelin e a mim, observei também essa palidez — disse Joseph. — Mas parece-me que, assim como o Senhor te dá energia para curar os demais, também repõe aquela que gastas neles.

— É exatamente assim como pensais, pai. Logo passará este estado de lassidão, porque os enfermos já se recuperaram.

— Mas todos ficarão curados? — perguntou alarmada Myriam, temerosa de que tantos corpos enfermos esgotassem a vida de seu filho. Jhasua compreendeu o motivo de seu alarme.

— Mãe! — disse com infinita ternura. — Não me causes a dor de perceber em tua alma uma só centelha de egoísmo. A vida de teu filho vale tanto quanto essas vinte vidas salvas.

"Também eles têm mães que os amam como tu a mim. Coloca-te no lugar de uma delas, e então pensarás de outra forma."

— Tens razão, meu filho! Perdoa o egoísmo de meu amor de mãe. És a minha luz e, sem ti, parece que ficarei às escuras.

— Terás que aprender a sentir-me ao teu lado, ainda que eu desapareça do plano físico...

— Deus-Pai não haverá de querer, não!... morrerei antes de ti!... — disse ela através de um soluço de angústia.

— Percebes, mãe, a dor dessas mulheres que vêem seus filhos morrerem vivos nas cavernas dos leprosos?

— Sim, meu filho! Já vejo e sinto. A partir de hoje, prometo averiguar onde há um leproso para que possas curá-lo. Fui a primeira pessoa que curaste do egoísmo.

"Já estou curada, Jhasua!... Ante Deus-Pai que nos ouve, entrego meu filho à dor da Humanidade!"

E a meiga mãe começou a chorar em grandes soluços.

– Que fizeste, Jhasua, meu filho, que fizeste? – indagou Joseph, tomando uma das mãos de Myriam e beijando-a ternamente.

– Nada, pai! É que, ao retirar ela mesma o espinho que estava cravado em sua alma, sentiu toda esta dor.

"Mas já estás curada para sempre, não é verdade, mãe?"

Isto disse Jhasua, já desmontado de seu asno e rodeando, com o braço, a cintura de sua mãe.

– Sim, meu filho, já estou curada.

A admirável mulher do amor e do silêncio secou suas lágrimas e sorriu para aquele Filho-Luz que estava ao alcance de seus braços.

O caminho aproximava-se cada vez mais do rio Jordão, cujas mansas águas pareciam correr como no fundo de um precipício encaixado entre duas cadeias de montanhas.

Os viajantes tinham, ao ocidente, a cadeia gigantesca do Monte Ebat de 8.077 pés de altura (*), cujos picos cobertos de neve, iluminados pelo sol da tarde, lhes dava o aspecto de montanhas de ouro recortadas sobre o azul-turquesa daquele céu diáfano e sereno.

– Como é bela a Samaria!... – exclamou Jhasua absorto na contemplação de tão esplêndida natureza. – Esta beleza me faz recordar os panoramas do Líbano, com a Cordilheira do Hermon, mais alto que estes Montes Ebat.

– Também os recordamos, meu filho – respondeu Joseph – pois os contemplamos através de nossas lágrimas de desterrados quando, contigo, pequenino de 17 meses, passamos ali cinco longos anos.

– Minha vida trouxe-vos muitos pesadelos – disse Jhasua – e talvez vos trará muitos outros mais.

– Não faças maus agouros, meu filho! – disse-lhe a mãe –, nem fales dos pesadelos que tua vida trouxe. Quais são os pais que não os têm por seus filhos?

– E ainda mais nestes tempos – acrescentou Joseph – em que o domínio romano mantém tão exasperados nossos compatriotas que, a cada passo, cometem sérias imprudências. Um dos irmãos de Débora está preso em Archelais, e não sei se poderei vê-lo.

– Como! Não me disseste nada?... Joseph, isto não está certo.

– Mulher!... Não o quis dizer para te evitar mais amargura. Até então não pensava em fazer esta viagem e julguei que tudo passaria sem que viesses a sabê-lo.

– E a esposa e os filhos? – voltou Myriam a perguntar.

– O filho mais velho que já tem 20 anos, como o nosso Jhasua, está à frente do moinho, ajudado pelo meu filho Matias, a quem pedi que se ocupasse desse assunto.

– Que crime lhe imputam para levá-lo ao cárcere? – perguntou Jhasua.

– Este meu cunhado – disse Joseph – esteve sempre em desacordo com os herodianos e seus maus costumes, como também jamais mediu suas palavras, quando, em público, exteriorizava suas rebeldias. Quando Herodes modificou o nome da antiga cidade de Yanath para *Archelais*, que era o nome de seu filho mais velho, meu cunhado

---

(*) 2.461 m (N.T.).

levantou junto ao povo um protesto porque aquele velho nome vinha desde o primeiro patriarca da tribo de Manasés que se estabelecera nessa região, e foi quem construiu o primeiro Santuário que o povo hebreu possuiu ao entrar nesta terra de promissão.

"Por causa deste protesto foi acusado de revoltoso e responsabilizado pelos levantes que ocorreram no povo. O infeliz teve a equivocada idéia de julgar que um protesto justo e razoável como era pudesse modificar o capricho da soberba de um rei que tinha a pretensão de que os nomes de seus filhos ficassem imortalizados até nos penhascos deste país usurpado dos reis de Judá.

"Há duas luas, quando os herodianos celebravam o aniversário da coroação de Herodes, o Grande, como rei da Palestina, encontraram apedrejada e quebrada a sua estátua, que estava na praça do mercado, e também arrancada a placa de bronze na qual estava escrito o novo nome da cidade.

"Os herodianos apontaram, em seguida, meu cunhado como incitador dessa desordem. Isto é tudo."

– Não fizestes nada para salvá-lo? – perguntou Jhasua interessando-se pelo assunto.

– Foi feita muita coisa, e agora saberemos se há esperança de libertá-lo – respondeu Joseph.

Em Jhasua já se havia despertado a ânsia suprema de justiça e liberdade para o infeliz cativo, que se achava num calabouço, quando tinha nove filhos para alimentar.

Seus pais compreenderam isto, e Joseph disse a Myriam em voz baixa:

– Aqui vai ocorrer alguma coisa. Já prevejo um desses prodígios que somente nosso Jhasua é capaz de fazer.

– Silêncio, para que não nos ouça! – disse Myriam. – Desagrada-lhe imensamente que façamos comentários sobre as maravilhas que produz.

Quando chegaram em Archelais, a primeira coisa que viram foi a grande praça do mercado e a estátua do rei Herodes sem cabeça e sem braços, provocando os risos e as zombarias de seus adversários.

Jhasua, absorto em profundo silêncio, parecia submerso na profundeza de seus pensamentos.

– Pai – disse de repente –, os que estão felizes e livres não necessitam de nós. Deixemos minha mãe na casa da família e vamos ver o tio Gabes em sua prisão.

– Está bem, meu filho, está bem.

A pobre esposa desconsolada abraçou-se a Myriam e chorou amargamente.

– Sei que teu filho Jhasua é um Profeta que faz maravilhas em nome de Jehová – disse entre soluços.

"Dize-lhe que salve meu esposo do presídio; e meus filhos e eu seremos fiéis servos até o fim de sua vida."

Jhasua ainda pôde ouvir estas palavras e, aproximando-se do terno grupo, disse:

– Não chores, boa mulher, que nosso Pai Celestial já teve piedade de ti. Hoje mesmo o tio Gabes comerá na tua mesa. Mas guarda silêncio, está bem? As obras de Deus devem ser guardadas no coração e não andar vagando pelas ruas e praças.

Logo depois de cumprimentar rapidamente seus familiares, Jhasua e seu pai, guiados por Matias, foram até a alcaidaria do presídio.

Conforme haviam combinado enquanto iam, Joseph oferecer-se-ia como fiador pela liberdade provisória do preso, com a promessa de pagar a reconstrução da estátua.

O alcaide era um pobre homem sem maior capacidade; no entanto, com uma grande dose de dureza e egoísmo em seu coração.

Desde que o viu, Jhasua o envolveu com o branco dos fulminantes raios magnéticos que emanava do seu espírito no auge da indignação.

— Senhor — disse, assim que seu pai terminou de falar. — Lembrai-vos que esse homem tem nove filhos para manter e que não existem provas de ter sido ele quem quebrou a estátua do rei.

— Não encontrando o culpado, ele deve pagar, pois em outras ocasiões amotinou o povo por insignificâncias que em nada prejudicavam — respondeu secamente o alcaide.

A pressão mental de Jhasua foi aumentando, e o alcaide começou a vacilar.

— Bem — disse —, que venha o escrivão e firmareis, os três, o compromisso de pagar as despesas de restauração da estátua. Ainda não sei como resolvereis isto, porque o escultor que a fez já morreu e não se encontra outro em todo o país que queira restaurá-la.

— Isto corre por nossa conta — disse Jhasua. — Há quem a reconstrua, se colocardes em liberdade, agora mesmo, o prisioneiro.

O escrivão fez a ata, que Joseph, Matias e Jhasua assinaram.

O preso lhes foi entregue e Jhasua disse, depois da emocionada cena do primeiro encontro, que o leitor bem pode imaginar:

— Bendigamos a Deus por este triunfo, e voltai todos para onde está a família, a fim de tirar-lhes esta inquietação.

— Isto será por pouco tempo. Do mais íntimo de minha alma agradeço imensamente por tudo quanto fizestes por mim — mencionou Gabes.

— Por pouco tempo, dizeis? — perguntou Jhasua. — Julgais então que vos deterão novamente?

— Com toda a certeza, enquanto não aparecer reconstruída a estátua. Esses herodianos são como cães raivosos. Não aparecendo o verdadeiro culpado, voltarão a prender-me.

— Não, tio Gabes!... não voltarão! Digo-vos em nome de Deus — afirmou Jhasua com tal entonação de voz, que os três homens se entreolharam estupefatos.

— Que Deus te ouça, sobrinho, que Deus te ouça!

— Agradecido! Voltarei à praça do mercado onde tenho uma providência urgente para tomar. — Sem esperar resposta, Jhasua deu meia-volta e acelerou o passo na direção que havia indicado.

— Teu filho tem amigos aqui? — perguntou Gabes a Joseph.

— Que eu saiba, não, mas ele cresceu e viveu até agora entre os Essênios, e é impenetrável quando se obstina no silêncio. É evidente que fará alguma coisa a teu favor. Suas palavras parecem indicar isto. Deixemo-lo agir. Este meu filho é tão extraordinário em tudo!

A alegria de Ana, esposa de Gabes e de todos os seus filhos e familiares, formou um quadro de comovedora ternura ao vê-lo já livre.

— "*Hoje mesmo o tio Gabes comerá na tua mesa*", disse-me, ao chegar esta manhã, o filho de Myriam.

"Oh, é um Profeta, ao qual o Senhor encheu de todos os seus dons e poderes supremos!..." — exclamou entre lágrimas e risos a pobre mulher, mãe de quatro criancinhas, porque os cinco maiores eram das primeiras núpcias de Gabes.

— Onde deixastes Jhasua? — perguntou Myriam aos três recém-chegados. — Porque vamos sentar-nos à mesa, e é triste comer sem ele, principalmente neste dia de tanta alegria.

— Já fiz esta observação, e ele disse que vinha em seguida.

Neste meio-tempo Jhasua chegou à praça e colocou-se discretamente à sombra de uma trepadeira que formava um rústico caramanchão, a vinte passos da estátua quebrada.

Embora fosse inverno, um sol ardente caía em cheio sobre os blocos de pedra que pavimentavam a imensa praça. Os vendedores encerrados em suas tendas aproveitavam para comer tranqüilamente nesse horário em que cessavam as vendas, conforme determinava a autoridade.

Jhasua sentou-se no único banco que havia na pracinha e sentiu que todo o seu corpo vibrava sobrecarregado de energia, em forma tal como jamais havia sentido.

Ouviu, no seu mundo interior, uma voz muito profunda que lhe disse: "Não temas nada. As forças vivas da natureza te obedecem. O sol está sobre ti como um fanal de energia poderosa. A liberdade de um homem que alimenta nove filhos está em jogo. Entrega-te como instrumento às forças vivas e adormece. A Energia Eterna fará o restante." E adormeceu profundamente.

Pouco depois, despertou com os gritos que davam os vendedores, já fora de suas tendas, oferecendo suas mercadorias. Olhou para a estátua quebrada e a viu em perfeito estado, como se nada houvesse ocorrido.

Pensou em aproximar-se para observá-la de perto, mas evitou fazê-lo para não chamar a atenção por enquanto. Ninguém na praça demonstrava haver observado o extraordinário acontecimento.

Jhasua elevou seu pensamento de ação de graças ao Supremo Poder, que, desta forma permitia que fosse posto em liberdade, de uma injusta prisão, um pai de família. Retornou apressadamente à casa de Gabes, onde sua demora começava a causar inquietação.

– Tio Gabes – disse ao entrar –, já não tens que temer nada do alcaide, porque a estátua quebrada já foi restaurada e está perfeita.

– Quem o fez? – perguntaram várias vozes ao mesmo tempo.

– Quem há de ser? Os Obreiros do Pai Celestial, o qual vos ama tanto que tudo concede, não obstante pouco façais por merecer e por lembrar-vos dele – respondeu Jhasua, sentando-se à mesa.

Myriam, Joseph e os donos da casa se entreolharam como interrogando. O indicador de Myriam, posto sobre seus lábios pediu silêncio, e calaram.

Quando terminou a refeição, todos quiseram ir à praça para ver e tocar a estátua já reparada, visto como iriam acompanhar os viajantes a se reunirem à caravana.

Gabes e Ana fizeram todos seus filhos beijarem a mão de Jhasua, que, de forma tão prodigiosa, havia anulado a condenação de seu pai.

Matias, que tinha quatro filhos, aproximou-os de Jhasua pedindo que os conservasse com saúde e com vida, pois eram fracos e doentios.

– Matias – disse ele –, cuida de ensinar teus filhos a amarem a Deus e ao próximo, e Ele cuidará de todos, conservando-os com saúde e com vida.

– Em meu regresso, na próxima lua, visitarei a tua casa – acrescentou Jhasua – porque vi que um de teus filhos virá comigo.

Quando montou em sua cavalgadura, logo depois de ajudar sua mãe a montar, todas as mãos se agitavam ao seu redor, e aproveitou para dizer:

– Já que me quereis tanto bem, silenciai sobre o ocorrido. Lembrai-vos sempre que o silêncio é irmão da paz.

– É um Profeta de Deus!... – ficaram todos dizendo em voz baixa.

– Myriam e Joseph mereciam esse filho que o Senhor lhes deu – disse Gabes.

– Todavia, a pobre mãe vive temendo por esse filho – acrescentou Ana –, pois, desde muito pequeno, se viu obrigado a fugir de perseguições de morte.

— Foi durante a época da matança dos meninos bethlehemitas — disse Matias — que meu pai teve que levá-lo para muito longe, porque era a ele que procuravam por ordem de Herodes, o velho, cuja estátua Jhasua acaba de restaurar com o poder de Deus.

Enquanto os familiares comentam a meia-voz os acontecimentos, nós, leitor amigo, faremos também uma verificação com a tocha da razão e o estilete da lógica.

O prodigioso acontecimento que encheu de assombro os familiares de Jhasua está dentro da lei da *integração e desintegração* dos corpos orgânicos, inorgânicos e matéria morta, coisa esta que é perfeitamente possível para as Inteligências desencarnadas que dominam os elementos da natureza, e que têm, no plano físico, um médium cujos poderes internos podem servir de agente direto para a realização do fenômeno.

Mais admirável ainda é desintegrar um corpo e reintegrá-lo em outro lugar diferente, o que também está perfeitamente dentro da lei. O que ocorreu com a estátua quebrada na praça de Archelais foi somente uma *reintegração parcial* pelo acúmulo de moléculas de uma matéria inorgânica e morta.

Os seres que foram testemunhas oculares desta ocorrência, não estavam, sem dúvida, em condições mentais de assimilar a explicação científica que Jhasua poderia dar-lhes, motivo pelo qual ele se limitou a responder às perguntas de "*quem o fez*" com a sua simplicidade habitual: "Os Obreiros do Pai Celestial". Com isto dizia a verdade, sem entrar nas profundezas de uma explicação que não conseguiriam compreender.

Quando nossos viajantes chegaram a Jericó, encontraram uma caravana que vinha desde Bozra, na Arábia, e atravessava a Peréia por Filadélfia e Hesbon.

Chamava a atenção das pessoas uma grande carruagem do tipo que só era usado pelas pessoas de alta posição para viajar, principalmente se eram mulheres.

Vinha nessa carruagem uma filha do Rei da Arábia com um seu filho atacado por uma febre infecciosa que o estava levando irremediavelmente para a morte. O pranto da jovem mãe partia a alma.

Um mago judeu lhe havia assegurado que, se o levasse ao templo de Jerusalém e ali oferecesse sacrifícios a Jehová, seu filho seria curado. A infeliz mãe havia empreendido a longa viagem desde seu palácio, encravado, como um cofre de pórfiro, nos Montes Bazan, em busca da vida daquele único filho que contava apenas dez anos de idade.

Ouvir o lastimoso pranto dessa mulher e aproximar-se do luxuoso carro foi todo um só momento para Jhasua.

— Por que choras, mulher, com tão profundo desconsolo? — perguntou.

— Meu filho está morrendo!... não o vês? Já nem me reconhece mais, e vejo que não conseguirei chegar ao templo de Jerusalém para que seja curado.

— Todo o Universo é o templo de nosso Deus-Criador, e toda dor chega até Ele, como chega teu pranto neste instante.

Enquanto falava assim, sentou-se no leito do menino, a cujo rosto lívido e suarento aproximou o seu, avermelhado como por uma chama viva que vibrava em todo o seu ser. Uniu seus lábios àqueles incolores, e, em grandes hálitos que ressoavam como um sopro de vento poderoso, injetou vitalidade nova naquele pobre organismo que já abandonava a vida.

O corpo do menino começou a tremer e, em seguida, a dar fortes sacudidelas, depois das quais o sangue afluiu novamente ao seu rosto, e ele abriu os olhos procurando pela mãe.

— Vês, mulher, como aqui também é o templo de Deus, que ouve todos os clamores de seus filhos sem pedir sacrifícios de animais, mas tão-só a oferenda do amor e da fé? – indagou Jhasua à jovem princesa árabe que não saía do seu assombro.

– Quem és tu que dás a vida àqueles que a morte chama? – perguntou espantada.

– Um homem que ama a Deus e ao próximo. Teu filho está curado.

A mãe abraçou-se ao filho, cujo rosto cobriu de beijos e de lágrimas.

Jhasua desceu da carruagem a fim de voltar para junto de seus pais, mas a mulher o chamou ansiosamente.

– Não vades assim – disse – sem antes mencionar o preço do vosso trabalho. Quanto vale a vida do meu filho?

– Só Deus sabe o preço de uma vida humana. A vida do teu filho é uma dádiva Sua. Se queres agradecer-Lhe como Ele deseja, continua um pouco mais a viagem até passar Jericó, e eu te mostrarei onde podes salvar vidas humanas como Deus salvou a de teu filho.

– Que Alá vos abençoe, pois sois um Arcanjo do Seu Céu! – respondeu a mulher baixando a cortina que fechava a carruagem.

Jhasua ainda conseguiu ouvir sua voz quando disse aos criados:

– Segui esse jovem e não vos detenhais até que ele vos mande.

– Esperai-me aqui – disse Jhasua –, pois vou entrar na cidade até que a caravana continue a viagem.

Os familiares de Myriam aguardavam na balaustrada que cercava a praça das caravanas.

Seus idosos tios Andrés e Benjamim, irmãos de Joseph, com seus filhos e netos formavam um grupo numeroso.

Embora se houvessem visto algumas vezes nas festas da Páscoa, no Templo de Jerusalém, a ausência continuada tornava mais emotiva a cena de um novo encontro entre seres do mesmo sangue e do mesmo pensar e sentir.

Eles não viam Jhasua desde os doze anos, e admiraram-se grandemente ante aquele formoso jovem de fina silhueta e alta estatura que ultrapassava a de seus pais.

Os dois velhos tios de Myriam se acharam com o direito de apoiar-se em seus braços, e assim encontramos nosso formoso e juvenil Jhasua no meio de ambos os anciãos, cujas cabeleiras e barbas brancas formavam um flagrante contraste com seus cabelos dourados.

Toda essa antiga família era essênia desde seus distantes antepassados. Andrés e Benjamim, irmãos de Joachim, pai de Myriam, eram como livros vivos nos quais estava escrita a extensa crônica das perseguições e sofrimentos da Fraternidade Essênia, desde séculos atrás.

Ambos tinham por Jhasua um amor delirante, pois haviam seguido seus passos desde épocas distantes; e os Terapeutas-Peregrinos mantinham-nos a par de sua vida de menino e de jovem.

Para eles, o grande Profeta, desde seus primeiros anos, estava bem definido. Mas, quando eles passaram para o terceiro grau, há quatro anos, no Santuário do Monte Quarantana, foram avisados de que o Messias estava no meio da Humanidade, encarnado no filho de Myriam, sua amada sobrinha.

Que significava, pois, para aqueles dois bons anciãos, verem-se apoiados nos braços de Jhasua, que caminhava entre eles falando das glórias de uma ancianidade coroada de justiça, de paz e de amor?

Tanto choravam como riam, parecendo-lhes um sonho aquele formoso quadro formado por eles e seu incomparável sobrinho-neto, com sua beleza física e moral extraordinária.

— És um Sol nascente entre dois ocasos nebulosos — disse graciosamente Benjamim, o mais idoso dos dois.

Neste meio-tempo, as primas de Myriam mostravam-se incansáveis em perguntar se eram verdadeiros os fatos que os Terapeutas haviam contado referentes a Jhasua.

A discreta Myriam, sempre evitando falar, só respondeu:

— Quando os Terapeutas falam é porque sabem perfeitamente o que dizem, e a verdade está sempre com eles. Meu Jhasua é grande perante Deus, bem o sei, mas, como sou débil e meu coração é de carne, padeço por ele. Sou a sua mãe e estou sempre temerosa de que sua grandeza lhe traga notoriedade. Enquanto o mantiver escondido das pessoas, eu o verei mais seguro. No dia em que sair para o mundo, que fará o mundo com ele?

"Quase todos os nossos grandes Profetas foram sacrificados. Ele também o será?"

— Por causa disto — disse uma das primas de Myriam — os Terapeutas nos aconselharam a não fazer comentário algum referente ao Messias encarnado em teu filho! Isto aqui fica muito próximo de Jerusalém — disseram —, e os sacerdotes do Templo estão vigilantes e alertas.

Jhasua não perdeu seu tempo para chegar aonde queria. Aproveitou as poucas horas de permanência na cidade das flores, oásis da árida Judéia, para averiguar quem nela padecia.

— Os enfermos incuráveis — comentaram alguns dos idosos tios — foram levados para as grutas do Monte das Oliveiras, e aqui só há um refúgio de anciãos inválidos que é mantido por todos os Essênios da cidade e que formam grande maioria.

— Parece que temos a bênção do Senhor — acrescentou o outro ancião —, porque na aldeia de Bethânia há um florescimento tão abundante nos hortos e chácaras que somente dali poderiam ser bem alimentadas as grutas e os refúgios destas montanhas.

— O amor a Deus e ao próximo — disse Jhasua — é a mais pura oração que pode elevar a alma até os Céus infinitos para atrair o bem sob todos os seus aspectos e formas.

— Assim diz a Lei de Moisés — acrescentou um dos velhos tios —, a qual resume todos os seus mandamentos num único: "Amar a Deus e ao próximo como a si mesmo."

— O que não é tão fácil como parece — acrescentou outro. — Não é verdade, Jhasua?

— Muita verdade, tio Andrés!

"A Humanidade em geral procede como o menino que, antes de repartir entre os seus amiguinhos uma cestinha de pêssegos, repara bem qual é o melhor para deixar para si mesmo. É por isto que a prescrição essênia diz: '*Dá ao que não tem daquilo que há na tua mesa.*' "

— Por causa disto — acrescentou o tio Benjamim — os Essênios de Jericó formaram uma pequena congregação que se chama "*Pão de Elias*", nome que não pode causar alarme algum entre as autoridades romanas nem aos sacerdotes de Jerusalém. Aludiam assim ao modo como a piedosa viúva de Sarepta socorria ao Profeta Elias, fugitivo e perseguido pelo rei Achab. Segundo a história, ela fazia dois pães grandes a cada dia, enchia também duas cestinhas de frutas e dois pedaços de manteiga, tal como se houvesse duas pessoas em casa. Uma porção era para Elias e a outra para si. Jamais fez diferença alguma entre o que dava e o que era seu e, se alguma vez houve alguma vantagem, foi em favor do seu protegido.

— Compreendo! ... — disse Jhasua — e, na vossa congregação de misericórdia, procedeis como a viúva de Shrepta e chamais a vossa discreta piedade de "Pão de Elias". Faz muito tempo que procedeis desta forma?

— Desde a perseguição aos meninos bethlehemitas — responderam.

"Foram tanto os refugiados em toda a extensão do Monte das Oliveiras, que foi necessário fazer uma distribuição maior de alimentos. As grutas assemelhavam-se a formigueiros de mães e filhos. Até nas grutas sepulcrais eles se escondiam, fugindo dos cutelos de Herodes."

"Eras tu, Jhasua, a vítima que o rei procurava."

– A ignorância dos homens dá lugar a toda espécie de fanatismo, e a ambição os leva a todas as crueldades e crimes – disse Jhasua.

"Imaginai o mundo sem ignorância e sem ambição. Seria um jardim de paz, cheio de flores, frutas e pássaros. Um sonho primaveril. Um reflexo dos céus de Deus, onde amam e cantam aqueles que saíram triunfantes da ignorância e da ambição ...

"Tendes aqui muitas Sinagogas?" – perguntou repentinamente.

– Temos uma, construída e mantida pelo templo de Jerusalém, que é menos concorrida. Há mais outras dez, particulares, mantidas pelos vizinhos abastados. A que tem maior número de freqüentadores é a de Gamaliel, o velho. Ele mesmo a dirige, e lá comparece, a cada dois sábados por mês, o mais são e puro doutorado de Jerusalém.

– Eu não sabia disso – disse Jhasua.

– São Essênios, meu filho, e falam muito pouco pelas ruas, mas é uma beleza ouvi-los falar entre as paredes da Sinagoga! Há dois doutores, jovens ainda, que comparecem faz pouco tempo e que são como uma luz nas trevas. A um deles chamam José e ao outro Nicodemos. São inseparáveis. Sabem que o Messias está entre nós, e suas palavras são como uma chama viva. Às vezes vêm também com eles outros, chamados Ruben, Nicolás e Gamaliel o jovem.

– Nós sempre comparecemos ali aos sábados – acrescentou o tio Andrés –, porque está sendo comentado o Gênese de Moisés, e esses doutores jovens começaram a derramar luz sobre todas as obscuridades com que os séculos ou a malícia humana desfiguraram os grandes livros que temos como única orientação.

Jhasua escutou em silêncio e compreendeu que seus amigos de Jerusalém não estavam perdendo tempo e que, lenta e discretamente, estavam desenfiando o magnífico colar de diamantes que haviam extraído do velho arquivo de Ribla.

Compreendeu também que aqueles dois anciãos eram, entre a multidão, os mais adiantados que já encontrara em seu caminho.

– Quereis associar-vos a uma pequena obra minha? – perguntou.

– Com toda a alma, meu filho – responderam ambos ao mesmo tempo.

Jhasua mencionou a chegada da princesa árabe, com seu filho moribundo, mas já curado. Ela se encontrava em sua carruagem, como sabe o leitor.

– Pensava em conduzi-la até as grutas dos refugiados, para que ela mesma lhes ofereça suas dádivas; mas, visto como estais tão bem organizados para a manutenção dos pobres enfermos, proponho-vos entrar em entendimentos com ela, a fim de instruí-la na verdadeira doutrina da Sabedoria Divina, e orientá-la para o bem e a justiça. Compreendi que é uma alma já preparada para a verdade e o bem.

– É uma honra, meu filho, colaborar contigo em tuas obras de apóstolo!

– Vamos vê-la – disse o tio Andrés.

Pouco antes da saída da caravana, encaminharam-se todos à praça, onde a grande carruagem da princesa árabe era a primeira coisa que se via entre o grande movimento de viajantes e vendedores ambulantes. Jhasua adiantou-se.

O rosto daquela mulher pareceu iluminar-se de felicidade ao ver novamente a Jhasua.

– Como os Arcanjos de Jehová aparecem e desaparecem – disse –, julguei que não vos veria mais. Este é o Profeta que te curou, meu filho – disse ao menino que, sentado ao leito, se divertia fazendo desenhos dos animais mais comuns de seu país.

– Como te chamas, para que eu possa sempre me recordar? – perguntou.

– Meu nome é Jhasua – respondeu em árabe. E o teu?

– Ibraim, para servir-te, Profeta – respondeu o menino. – Aniquilaste a febre que queria matar-me. És muito valente! Na minha terra dão um prêmio àquele que mata as panteras e as víboras que trazem a morte.

"Quero dar-te o meu melhor livro de desenhos; é este com capa de pele de cobra. Vês? No meu livro os animais falam e dizem coisas melhores do que às vezes os homens conseguem dizer."

Jhasua e a mãe sorriram pela forma de agir do menino, que não parava mais de falar.

Ao jovem Mestre bastou somente um instante para compreender a viva inteligência daquela criatura e de seus bons sentimentos.

Folheando o álbum de desenhos, viam-se tigres, panteras, lobos e serpentes amarrados ao tronco de uma árvore para que os cordeirinhos pudessem beber tranqüilos num remanso. Uns abutres descomunais, presos pelos pés para que não causassem dano algum às pombinhas que tomavam sol junto à fonte. Tudo o mais era do mesmo estilo.

– És amante da justiça – disse Jhasua. – Fazes o bem com as mãos somente para os bons. Que te parece: se perdoarmos ao tigre, ao lobo e à pantera e os soltarmos novamente recomendando que não façam aos outros animais o que não querem que seja feito a eles?

– Não, não, não, Profeta!... por favor!!... Em menos tempo que aquele que se consegue para abrir e fechar um olho eles comeriam todas as pombas e os cordeirinhos...

"Com os maus devemos ser maus. Meu avô encerra-os numa fortaleza, e dali não saem mais. São homens como os tigres, os lobos e as panteras. Sempre causam dano!"

Enquanto o menino falava, Jhasua desenhou numa página um sol nascente atrás dos picos de uma montanha. No vale, desenhou um remanso.

– Olha, Ibraim, desenha ao redor deste remanso lobos, cordeiros, tigres e gazelas, todos bebendo tranqüilamente.

– Impossível, Profeta... impossível! Julgas que o lobo não comerá o cordeiro, e o tigre as gazelas? A não ser que faças com eles como fizeste com a febre que me matava...

– Justamente, Ibraim!... queria ver-te raciocinar assim. Este sol que aparece sobre a montanha, é o amor coroando, como um diadema, a vida dos homens e triunfando sobre todas as suas maldades. Então não haverá mais lobos nem panteras nem víboras, mas todos serão cordeirinhos, gazelas e pombas. Desta forma não é muito mais bonito, Ibraim?... a Terra um dia será assim!

O menino olhou espantado e o tomou pelas mãos.

– Deliras, Profeta!... Minha febre má entrou no teu corpo e vais morrer!... Eu não quero que morras!... – E o menino abraçou-se a Jhasua com os olhos cheios de lágrimas. O jovem Mestre, profundamente enternecido, abraçou também o menino e colocou um longo beijo na sua testa. A mãe chorava em silêncio.

– Não temas, Ibraim, não tenho febre.

– Por que deliras então?...

– És pequeno ainda e não podes compreendê-lo; entretanto compreender-me-ás mais tarde. Meu delírio será realidade algum dia... muito distante talvez, mas chegará.

"Aqui chega a minha família," disse Jhasua interrompendo seu diálogo com o menino. "São meus tios Andrés e Benjamim, que vos guiarão para que possais proceder com os pobres e enfermos como Jehová procedeu convosco."

— Eu quero viver — disse a princesa, cujo nome era Zaida —, eu quero viver na tua terra, Profeta, e neste lugar onde recobrei a vida de meu filho. Acaso não posso fazê-lo? Vossa religião me rechaçaria?

— Não, de forma alguma. Procedei de acordo com vossa vontade, e meus tios servirão de guias até que vos orienteis neste país.

— Aquela mulher deve ser vossa mãe, se é que a tendes na Terra e não haveis descido dos Céus de Alá — disse Zaida observando Myriam que falava com suas primas.

— Sim, é a minha mãe — respondeu Jhasua.

A árabe não esperou mais e, descendo pela plataforma em declive que da carruagem ia até o chão, correu para Myriam a quem tomou pelas mãos e as beijou com delírio, enquanto dizia:

— Teu filho é um Profeta de Alá que curou meu filho consumido pela febre. És uma mãe feliz, porque trouxeste ao mundo um Profeta que vence a dor e a morte...

Nesse momento, Jhasua descia da carruagem com o menino pela mão. O aspecto débil e enfraquecido do menino denunciava muito alto que acabava de passar por uma grande enfermidade.

— Nosso Deus-Amor salvou-lhe a vida; a mãe quer morar em Jericó e também compensar, com donativos aos necessitados, o bem que recebeu.

Myriam e suas primas abriram o coração para a estrangeira que se mostrava tão agradecida para com os benefícios de Deus.

— Seremos vossas irmãs — disseram —, e deveis proceder como se estivésseis em vosso país.

— Meu filho e eu seguiremos viagem ao sul — disse Myriam — mas, se ficardes entre os meus familiares, tornaremos a ver-nos todas as vezes que passarmos por Jericó.

Joseph e os dois tios idosos conversavam à parte.

Temiam uma desavença com o rei da Arábia, pai de Zaida, e trataram de esclarecer este ponto.

A árabe, que falava por intermédio de seu intérprete, um de seus criados, disse que seu pai tinha muitas esposas, e que seus filhos e filhas eram contados às dezenas; que ele as deixava em liberdade para viver onde quisessem, conquanto fosse num país limítrofe com o qual mantivesse boas relações.

Eliminado este temor, os anciãos Andrés e Benjamim encarregaram-se de hospedar Zaida até que ela adquirisse sua própria residência.

— Há de ser — disse ela — no lugar onde meu filho foi curado...

— Junto à praça das caravanas, há um antigo casarão à venda com um formoso horto — disse um dos anciãos. — Estou encarregado da venda pelos donos que se estabeleceram em Tiro. Vosso marido estará de acordo com vossas resoluções? — perguntou o ancião.

— Não tenho marido — respondeu Zaida. — Ele se desentendeu com meu pai e fugiu para terras distantes a fim de conservar a vida. Faz seis anos que isso aconteceu e não o vi mais. Mas não julgueis que vivo sozinha. Se eu ficar aqui, minha mãe virá comigo, como também todos os meus criados.

— Bem, mulher, que nosso país te seja propício — acrescentou o ancião. — Faremos por ti tudo quanto pudermos.

Nesse meio tempo, o menino não pôde separar-se de Jhasua, com quem falava sempre na impossível união dos tigres de seus desenhos com as pombas e os cordeiros.

— Em meu regresso — disse o jovem Mestre — e nas muitas vezes em que ainda nos veremos, haveremos de chegar a um acordo sobre este ponto.

Chegou, finalmente, a hora da partida, e a caravana saiu de Jericó, deixando na alma da árabe e de seu filho, gravada para sempre, a imagem do jovem Profeta que, ao devolver a vida do menino, havia atado a ambos num laço de amor que não se romperia jamais. A este amor deveu-se, talvez, que o rei Hareth, guerreiro e conquistador, respeitasse o país amigo onde seu neto encontrara a vida e viesse, mais tarde, a proteger o Santuário-escola do Monte Horeb e do Sinai, onde viviam Melchor e seus numerosos discípulos.

O amor silencioso de Jhasua estendia seus véus mágicos de luz ali onde encontrava uma lampadazinha para acender entre as trevas frígidas da Humanidade.

O Filho de Deus, em seus 20 anos, entrava em Jerusalém sem que esta se percebesse de que aquele por quem havia suspirado tantos séculos estava dentro de seus muros e respirava seu ar carregado do aroma de mirra e dos odores das carnes de sacrifício queimadas no altar.

Foi um dia de glória para Lia, a parenta viúva, que já os aguardava em sua velha casa solitária. Jhasua deixou ali seus pais e quis visitar o templo, que, não sendo época de festas, devia achar-se cheio de silêncio e solidão. Queria vê-lo assim. Dessa forma queria encontrar-se, sozinho, sob aquele teto escurecido pela fumaça, entre aquelas colunatas, arcadas e pórticos, cheios de rumores, de ecos, onde uma aragem imperceptível agitava a chama dos círios e ondulava o grande véu que interceptava a entrada ao *Sanctum Sanctorum*.

Um ancião-sacerdote queimava essências no altar dos holocaustos, e ao longe soava um alaúde.

Era ao cair da tarde, e a velha cidade começava a adormecer na quietude profunda do anoitecer na Judéia e em pleno inverno. Subiu os degraus do recinto onde se deliberavam todos os assuntos religiosos e civis, e sentou-se num dos estrados.

Indefinível angústia apoderou-se dele... Não era ali o seu ambiente, sua abóbada psíquica, mil vezes mais formosa e radiante que aquele teto de ouro e jaspe, que parecia esmagar sua alma como uma montanha de granito.

Sua grande sensibilidade percebeu vibrações de terror, de espanto, de desesperada agonia. Um penoso hálito de morte soprava de todos os lados, como um sutil veneno que lhe penetrava até a medula.

– É este um recinto de matanças e de torturas! – exclamou desesperado... – Como hei de encontrar aqui a suavidade divina do Pai-Amor de meus sonhos?...

Viu um livro aberto sobre a estante, onde o sacerdote do turno devia ter lido na última reunião. Era o Deuteronômio, o livro dos segredos, atribuído a Moisés.

Estava aberto no capítulo XVII, em cujos versículos 3, 4 e 5 manda matar a pedradas todo hebreu, homem ou mulher que houvesse demonstrado veneração pelos astros que brilham no céu.

Sublinhando com seu punção aquelas palavras, fez uma nota à margem com esta pergunta:

"Qual é o Moisés iluminado de Jehová: o que escreveu em tábuas de pedra *'não matarás'*, ou aquele que manda matar?"

Um janelão se abriu com estrépito, e o vento, agitando o grande véu do templo, levou-o a roçar a chama dos círios que ardiam perenemente ante o tabernáculo com a Arca da Aliança.

Jhasua não chegou a ver esse princípio de incêndio porque saiu precipitadamente para a rua, como se horrendos fantasmas de morte e de sangue o perseguissem.

Dois anciãos que oravam na penumbra de um lugar afastado começaram a gritar.

"— O véu arde, o templo está queimando!... Um formoso mancebo de túnica branca estava aqui e deve ter saído pela janela que se abriu com grande ruído...

"— Pecados horrendos deve haver no templo, para que um anjo de Jehová tenha acendido este fogo demolidor."

Um exército de Levitas invadiu o recinto e desceram rapidamente o véu que, estendido no pavimento, permitiu que o fogo fosse extinto com facilidades sob sacos de areia molhada.

Ninguém conseguiu decifrar esse enigma. Para os sacerdotes de plantão, era evidente que *alguém* tinha estado no recinto das assembléias, visto como, no livro aberto na estante, haviam escrito a misteriosa e terrível pergunta que deixava a lei dada por Moisés em tão má situação. Os fariseus e pessoas devotadas fizeram um jejum de sete dias para aplacar a cólera de Jehová pelos pecados dos sacerdotes, causa, sem dúvida, daquele desventurado acidente.

Um descanso de dois dias em Jerusalém permitiu a Jhasua entrevistar-se com seus amigos Nicodemos, José, Nicolás e Gamaliel, que eram os dirigentes da Escola de Sabedoria Divina já conhecida pelo leitor.

Ruben, esposo de Verônica, a terceira filha de Lia, e Marcos, o discípulo de Fílon de Alexandria, haviam-se unido intimamente àqueles quatro desde que trouxeram as cópias do arquivo de Ribla. Eram só dez os filiados a esta agremiação de buscadores da Verdade Eterna.

Compreenderam que a passada borrasca teve por causa a indiscrição de alguns que, sem estarem completamente despertos para a responsabilidade que assumiam ao filiar-se, não puderam resistir na hora da prova.

Também os dirigentes culparam a si mesmos pela inexperiência na recepção de adeptos pois, nessa classe de estudos, nada significa o número, mas a capacidade intelectual e moral.

Os dez que ficaram depois da perseguição sofrida foram José de Arimathéia, Nicodemos e Andrés de Nicópolis, Ruben de En-Gedi, Nathaniel de Hebron, Nicolás de Damasco, Gamaliel (sobrinho), José Aar-Saba, Santiago Aberroes e Marcos de Bethel.

Todos eles de cidades vizinhas de Jerusalém, mas radicados na velha cidade dos Reis, tinham a crença de que dela devia surgir a Luz da Verdade Divina para todo o mundo. Eram, portanto, homens de estudo que estavam a par das doutrinas de Sócrates e de Platão sobre Deus e a alma humana, e que mantinham correspondência com a escola alexandrina de Fílon, e com as escolas de Tarsis, de onde surgiria o apóstolo Paulo, anos mais adiante.

A esta sua crença deve-se o fato de se empenharem em manter ali sua Escola de Sabedoria Divina, e arrostar tantos perigos que, necessariamente, devia ter aquela velhíssima capital, onde imperava o clero mais duro e intransigente que aqueles tempos já conheceram.

Chamaram às suas reuniões *"Kabal"*, palavra hebraica que significa *convocação*. Nosso Jhasua compareceu ao Kabal duas vezes, antes de seguir para Bethlehem, ponto final de sua viagem.

Um dos dez já designados mantinha ligações com os grupos de descontentes que, desde os tempos das antigas rebeliões, haviam ficado meio ocultos, por temor das sangrentas represálias do clero aliado com os Herodes. Era José Aar-Saba, homem de clara visão acesa do futuro dos povos e que odiava tudo o que pudesse encadear o pensamento humano e a liberdade de consciência. Em vista disso, chamavam-no *o justo*, e gozava de grande prestígio entre as massas mais desprestigiadas do povo.

Através de uma secreta intuição, Jhasua compreendeu, ao conhecê-lo pessoalmente, que seria o homem capacitado para levar o povo a conseguir o máximo de seus direitos e falou-lhe sobre este assunto.

– Bem acertado é o nome de *justo* que levas – respondeu o jovem Mestre –, pois vejo que tens a alma ferida pelas injustiças sociais. Sou demasiado jovem para ter a experiência que é necessária nesta classe de assuntos; no entanto, direi o que penso sobre este particular.

"Parece-me que é necessário começar preparando as massas para reclamar seus direitos com êxito, isto é, instruí-las na verdadeira doutrina do bem e da justiça.

"O homem, para ocupar seu lugar na ordem da vida universal, deve saber antes de tudo *quem é, de onde veio e para onde vai.* Deve saber sua origem e seu destino, coisas estas que o levarão a compreender claramente a lei da solidariedade, ou seja, a necessidade absoluta de união e harmonia entre todos, para conquistarem, juntos, essa estrela mágica que todos desejamos: a felicidade.

"Esta é a obra que a Fraternidade Essênia executa em silêncio por intermédio de seus Terapeutas-Peregrinos que vão de casa em casa curando os corpos enfermos e as almas doentias ou decaídas.

"Parece-me, José Aar-Saba, que te debates no meio de inumeráveis almas consumidas por esta doença ou abatidas pelo desalento. Bebes a água clara e comes o pão branco da Verdade Eterna, constituindo-te seu Mestre, e farás a maior obra que uma inteligência humana sobre a Terra pode executar: iluminar a passagem das multidões, para que encontrem seu verdadeiro caminho e marchem por ele.

"Queres que te dê a chave?"

– É o que eu quero, Mestre! – respondeu José com veemência.

– Tens ponto de reunião? – voltou o Mestre a perguntar.

– Como os bufos, nas antigas tumbas que ninguém visita, porém mais freqüentemente no sepulcro de David, a pouca distância da porta de Sião.

"Foi descoberta a entrada para as galerias subterrâneas, e é ali o refúgio dos perseguidos."

– Quero ir contigo hoje mesmo, pois amanhã continuarei a viagem até Bethlehem.

– E comigo – disse José de Arimathéia. – Bem sabes, Jhasua, de minhas promessas a teus pais. Não posso faltar a elas.

– E as minhas – acrescentou Nicodemos. – Sou também da comitiva.

– Bem, somos quatro – mencionou Jhasua –, e entre quatro veremos mais que entre dois.

Ao entardecer desse dia, quando a quietude já começava a tomar conta da velha cidade, os quatro amigos saíram em direção à tumba de David, que era um enorme acúmulo de blocos de pedra sem nenhuma arte, e já coberto de musgo e trepadeiras.

Quem o fez não deve ter tido outra idéia fixa senão a de construir um sepulcro imensamente grande e forte, capaz de conter toda uma dinastia de mortos da estirpe davídica. Havia na abóbada principal apenas oito ou dez sarcófagos, visíveis somente por uma abertura praticada na lousa que fechava a entrada a essa câmara. A sala dos embalsamamentos estava vazia, e as galerias contíguas também. Os candelabros e as lamparinas de azeite, prontas para acender, denotavam bem às claras que aquele enorme panteão dava entrada mais a vivos que a mortos.

Mas isso não causava estranheza a ninguém, pois havia viúvas piedosas que tinham por devoção o hábito de alumiar as tumbas dos personagens cuja recordação permanecia viva no povo.

Além disto, os tempos eram por demais agitados e difíceis para que as autoridades romanas ou judaicas viessem a se preocupar com um antigo panteão sepulcral, máxime quando Herodes, o ambicioso idumeu, proibiu com severas penas que se reconstruíssem as tumbas dos reis de Israel, tendo em conta, mais ainda, que ele mandara construir um soberbo panteão em estilo grego para sua própria sepultura e para onde seriam transladados os sarcófagos reais.

A poucos passos do imenso amontoado de rochas e trepadeiras, saiu ao seu encontro uma velhinha com uma pequena cesta de flores e sacolinhas brancas com incenso, mirra e aloés. Aproximou-se de José Aar-Saba, a quem conhecia e, procedendo como se quisesse vender algo, disse:

– Não pude avisar a todos, no entanto, há mais de um cento esperando.

José tomou algumas sacolinhas e ramalhetes em troca de algumas moedas, e logo depois de observar que ninguém andava por aquele árido e poeirento caminho, desapareceu, seguido por seus amigos, entre os pesados cortinados de trepadeiras que cobriam completamente a tumba.

A portinha da galeria subterrânea fechou-se atrás deles. Um homem jovem, de franca e nobre fisionomia, era quem atendia como porteiro, e Jhasua observou que aquele rosto não lhe era desconhecido, mas, de momento, não pôde lembrar onde o havia visto.

Tanto ele como seus três companheiros iam cobertos com os mantos cor de nogueira seca usados pelos Terapeutas-Peregrinos.

Na sala dos embalsamamentos encontraram uma multidão de homens anciãos e jovens, sentados nos estrados de pedra e até nos bordos do aqueduto seco que atravessava o recinto fúnebre.

Uma lâmpada de azeite e alguns círios de cera iluminavam fracamente aquela vasta sala de teto abobadado, porque as clarabóias abertas no alto das paredes estavam completamente cobertas de trepadeiras e de musgos.

A extrema sensibilidade de Jhasua percebeu imediatamente algo como um hálito de pavor, espanto e suprema angústia sob aquelas abóbadas sepulcrais, onde as sombras indecisas e animadas pelo rutilar da chama dos círios fazia aparecer uma sombra dupla em todos os corpos vivos e inertes.

Os grandes cântaros e ânforas que, em outros tempos, haviam contido vinho de palmeira e azeites aromáticos; os covilhetes onde se depositavam os utensílios para o banho dos cadáveres, até serem devidamente esterilizados para o embalsamamento; os cavaletes onde eram colocadas as tábuas cobertas de linho branco para as envolturas de estilo; enfim, todos os objetos que havia ali projetavam uma sombra trêmula sobre o pavimento branco, dando-lhe um aspecto de vida naquele antro de silêncio e de morte.

Jhasua, de pé no meio da sala, com seu escuro manto caído já de seus ombros, apenas sustentado em seu braço direito e deixando-o a descoberto a branca túnica dos Mestres Essênios, aparecia como o personagem central de um quadro de penumbras, unicamente com aquela claridade que atraía todos os olhares.

Sua alta e fina silhueta, sua extremada juventude, a perfeição de linhas daquela cabeça de arcanjo e a inteligência que fluía de seu olhar, causaram tal assombro naquela ansiosa multidão de perseguidos que se fez um profundo silêncio.

José Aar-Saba interrompeu-o com estas palavras:

– Cumpri minha promessa, meus amigos, como deve cumpri-la todo homem sincero que luta por um ideal de justiça e liberdade. Aqui tendes o homem do qual vos havia falado. Sei que vos assombra sua extrema juventude, sinônimo de inexperiência nas lutas da vida.

"Estamos reunidos na tumba de David, vencedor de Goliath quando apenas havia saído da adolescência e foi coroado rei enquanto apascentava os cordeirinhos de seu rebanho. Esta coincidência não provocada pode ser uma promessa para o nosso povo humilhado e perseguido pelos usurpadores e negociantes, vestidos de púrpuras sacerdotais ou reais.

"Vós decidireis."

O homem que abriu a porta da entrada destacou-se do meio daquela silenciosa multidão e, aproximando-se de Jhasua rodeado por seus três amigos, o observou por alguns momentos.

— Estes dois são doutores de Israel — disse aludindo a José de Arimathéia e a Nicodemos —, eu os ouvi falar no templo e nas Sinagogas mais notáveis da cidade.

"Jamais vi este jovem Mestre; no entanto, o olhar desses seus olhos não mente, porque tudo nele está dizendo a verdade."

— Viva o Profeta Samuel que deu um rei a Israel!
— Que viva e salve o seu povo!

Foi um grito unânime, cujo eco permaneceu em prolongado som através da sala e das galerias contíguas.

Enquanto isto ocorria, Jhasua observava em silêncio todas aquelas fisionomias, espelho, para ele, das almas que as animavam.

— Não tenhais ilusões a respeito de minha pessoa, meus amigos — disse, por fim.
— Vim até aqui porque sei que padeceis perseguições por causa de vossas aspirações de justiça, liberdade e paz, essa formosa trilogia, reflexo da Inteligência Suprema que governa os mundos.

"Mas não julgueis que me impulsione ambição alguma de ser dirigente de multidões que reclamam seus direitos ante os poderes civis, usurpados ou não. Sou simplesmente um homem que ama seus semelhantes, porque reconhece em todos eles irmãos nascidos de uma mesma origem e que caminham para um mesmo destino: Deus-Amor, justiça, paz e liberdade acima de todas as coisas.

"Os mesmos desejos de liberdade e de luz que vos impulsionaram a expor vossas vidas a cada instante, vivem e palpitam no meu ser com uma força que provavelmente não suspeitais e, não obstante isto, vivo em tranqüilidade e em paz, em busca do bem que aspiro, por outro caminho diverso do vosso.

"Vedes o vosso mal, a vossa desgraça, os vossos sofrimentos surgindo como animais daninhos de um soberano que usurpou o trono de Israel, e seu horrível latrocínio ficou como herança para os seus descendentes; vedes também o poderio romano, cujos desejos de conquista o trouxe para estas terras, como para a maioria dos países que formam a atual civilização. No entanto vosso verdadeiro mal não está em tudo isso, segundo o prisma pelo qual contemplo a situação dos povos, mas no atraso intelectual e moral em que esses mesmos povos vivem, preocupados somente em fazer crescer seus bens materiais, e, desse modo, dar ao seu corpo de carne uma vida mais cômoda e suave que se possa imaginar.

"São muito poucos os que chegam a pensar que o princípio inteligente que anima os corpos tem também seus direitos à verdade e à luz, e ninguém lhes dá isso, mas, muito ao contrário, veda-se-lhes a possibilidade de jamais conquistarem essas aspirações da alma.

"Não chegastes nunca a pensar que a ignorância é a mãe de toda escravidão?

Pensai agora e colocai todo o vosso esforço em lutar contra a ignorância na qual vive a maioria da Humanidade, e tereis colocado o homem no caminho de conseguir os direitos que reclama com justiça. Bem vedes que todas as rebeliões, clamores e tumultos não fizeram mais que aumentar o número de vossos companheiros sacrificados sob o machado dos poderosos, sem que houvésseis conseguido dar um único passo para a justiça e a liberdade.

"Nem sequer nas sinagogas ou no templo se coloca sobre a mesa o pão branco da Verdade Divina. Cada qual deve buscá-lo por si mesmo e colocá-lo em sua própria mesa, no santo calor do lar, da família, como o maná celestial caído no deserto e que cada qual recolhia para si.

"Quantos sois?"

– Cento e trinta e dois!... – ouviram-se várias vozes.

– Bem; são cento e trinta e dois lares hebreus ou não-hebreus que comerão o pão da Verdade e beberão a água do Conhecimento Divino que torna os homens fortes, justos e livres, com a santa liberdade do Deus Criador que fez todos os homens iguais, levando em si mesmos os poderes necessários para desempenhar sua incumbência na Terra.

"De que e por que vivem os tiranos, os déspotas e os opressores dos povos? Da ambição de uns poucos e da ignorância de todos.

"Se dermos ao homem da atualidade a lâmpada da Verdade Eterna, acesa pelo Criador para todas as almas, tornaremos impossíveis as tiranias, os despotismos, abortos nefandos das forças do mal predominante em face da ignorância das multidões."

– Mas dizei, Mestre!... Quem nos tirará da ignorância, se no templo e nas Sinagogas se esconde a verdade? – perguntou a voz do homem que abriu a porta para que entrassem.

– Eu sou um porta-voz da Verdade Eterna – respondeu Jhasua –, e, como eu, estão aqui estes amigos que também o são e, ao lado deles, muitos outros.

"Estais reunidos no panteão sepulcral do rei David para desafogar mutuamente vossas aspirações feitas em pedaços pela prepotência dos dominadores! Continuai reunidos para acender a lâmpada da Divina Sabedoria, e preparai-vos, desse modo, para as grandes conquistas da justiça e da liberdade."

Um aplauso unânime indicou a Jhasua que as almas haviam despertado de sua letargia.

– Quem sois?... quem sois? – gritaram em todos os tons.

– Chamo-me Jhasua, sou filho de um artesão. Estudei a Sabedoria Divina desde menino. Sou feliz pelas minhas conquistas no caminho da verdade, e por isso vos convido a percorrê-lo, na certeza de que vos levará para a paz, para a justiça e para a liberdade.

Como conseqüência de tudo isto, formaram ali mesmo uma aliança que se chamou "Justiça e Liberdade", sob a direção de um triunvirato formado por José Aar-Saba, José de Arimathéia e Al-Jacub de Filadélfia, o porteiro que abriu a galeria secreta do sepulcro de David.

Este manifestou desejo de falar em particular com Jhasua.

– Falastes como um iluminado – disse – e mencionastes que representamos cento e trinta e dois lares; mas o caso é que a maioria dos nossos não tem *um lar*.

– E quem vos impede de tê-lo? – perguntou Jhasua.

– A injustiça dos poderosos. Eu sou genro do rei da Arábia, casado com uma de suas numerosas filhas... tenho um filhinho que agora deve ter dez anos...

A voz do relator parecia tremer de emoção, e seus olhos umedeceram-se de pranto.

"Nada sei dele – continuou – porque a prepotência do meu sogro quis pôr cadeias até em minha liberdade de pensar. Embora tenha nascido filho de pais árabes, minhas idéias não têm raça nem nacionalidade, porque são filhas de mim mesmo e não podia aceitar imposições arbitrárias dentro do meu mundo interior.

"Para salvar a vida, vi-me obrigado a fugir para onde a família de minha esposa não soubesse jamais do meu paradeiro."

Ante esta confidência, refletiu-se na mente lúcida de Jhasua o menino Ibraim, filho da princesa árabe Zaida, que ele, em Jericó, curou na febre infecciosa que o consumia.

– Tua esposa chama-se Zaida e teu filho Ibraim? – perguntou.

– Justamente!... Como sabeis? Acaso os conheceis?

O jovem Mestre mencionou tudo que havia ocorrido em Jericó.

Aquele homem não pôde conter-se e abraçou Jhasua como se uma torrente de ternura, contida por longo tempo, se derramasse de uma só vez.

– Graças, Graças!... Profeta, que Deus te abençoe!

– Creio que posso ajudar a reconstruir o teu lar – disse Jhasua profundamente comovido.

"Vai a Jericó e procura a casa de meus tios Andrés e Benjamim, apelidados *do olivar*, em razão do cultivo de oliveiras a que se dedicam e do qual vivem. Tua esposa e teu filho ficaram aos seus cuidados, até que adquiram sua própria morada. Dize a meus tios *'que foi Jhasua, seu sobrinho, quem te mandou'*, que o encontraste em Jerusalém. Guarda silêncio, porém, sobre o que ocorreu aqui no túmulo de David.

Depois de Al-Jacub de Filadélfia, foram aproximando-se muitos outros dos que se achavam ali congregados, e Jhasua viu, com imensa dor, que a maioria deles, de um modo ou de outro, tinha sido vítima das arbitrariedades, violências e injustiças dos dirigentes do povo.

Alguns deles eram vítimas dos esbirros ou cortesãos de Herodes, o idumeu, ou de seus filhos, herdeiros de todos os vícios do pai. Os demais haviam sido ultrajados em seus direitos de homens pelo alto clero de Jerusalém, ou por homens poderosos dentre a numerosa seita de fariseus. Outros se viam perseguidos pelas forças dependentes do procurador romano, representante do César na Palestina. Alguns haviam cometido assassinatos não premeditados em defesa da própria vida, quando seus familiares e propriedades foram assaltados como por alcatéias de lobos famintos.

Um daqueles homens, chamado Judas de Iscariote, aproximou-se também. Era um dos mais jovens, e mencionou a Jhasua como suas duas únicas irmãs tinham sido sacrificadas à lascívia de um legionário. Seu pai morrera em virtude dos ferimentos recebidos em defesa das filhas. Sua mãe falecera poucos dias depois em conseqüência do horrível acontecimento. Estava sozinho no mundo.

Jhasua, ferido em sua sensibilidade e também em seus sentimentos mais íntimos de homem justo e nobre, deixou-se cair sem forças sobre um estrado e fechou os olhos como para isolar-se daquelas visões espantosas e, ao mesmo tempo, recobrar as energias perdidas naquele desfile de horrores sofridos por corações humanos, por criaturas de Deus, despedaçados e desfeitos por outros seres humanos... também criaturas de Deus!

Este Judas de Iscariote, cujo relato ultrapassou a quantidade de angústia que o coração de Jhasua podia suportar, foi, anos mais tarde, o apóstolo Judas, cujo defeito predominante, o ciúme, o levou a apontar aos esbirros do pontífice Caifás o refúgio do seu Mestre no horto de Gethsêmani. Talvez a ignóbil ação de Judas, chamado *o traidor*, tivesse sua origem no horrível drama de sua juventude, que o despojou de todos os afetos legítimos que um homem pode ter, como alimento e estímulo de sua vida interior. Seu caráter irritadiço tornou-o receoso e desconfiado. Enamorou-se apaixonadamente por Jhasua, e seu coração sofreu muito ao ver sua grande predileção por João, o discípulo adolescente...

Compreendo, leitor amigo, que antecipei acontecimentos em face do meu desejo de vos fazer compreender até que ponto as injustiças dos poderosos levam à derrocada as almas débeis, incapazes de suportar com dignidade e humilhação de seus direitos de homens.

Elas destroem os corpos e as vidas, deixando as almas atrofiadas, enlouquecidas, enfermas e predispostas para os mais dolorosos extravios morais.

Os amigos íntimos de Jhasua rodearam-no ao vê-lo assim pálido e esgotado. Foi só um momento. A reação veio de imediato naquela formosa natureza, dócil sempre ao grande espírito que o animava.

Levantou-se novamente, e com voz clara e suave, disse com grande firmeza:

– Amigos, dou a todos um grande abraço de irmão, porque sinto no meu coração todas as vossas dores. Mas não procureis na violência a satisfação de vossas aspirações, porque seria colocar-vos no mesmo nível daqueles contra cujas injustiças lutais.

"Fazei-vos superiores aos adversários pela grandeza moral, que se conquista aproximando o homem ao Deus-Amor que lhe deu vida e tudo quanto de belo e bom tem a vida.

"Voltarei a encontrar-vos neste mesmo lugar, e não me afastarei da vossa presença enquanto quiserdes permanecer ao meu lado."

A noite já havia avançado demasiadamente, e Jhasua retirou-se, seguido por seus amigos, enquanto aqueles cento e trinta e dois homens, depois de longos comentários, foram saindo em pequenos grupos de dois ou três para não chamar a atenção dos guardas da cidade.

Alguns não tinham outro teto nem outro lugar além daquele velho panteão sepulcral, cuja existência de séculos havia visto desfilar inúmeras gerações de perseguidos.

Entre estes estava o esposo de Zaida, a princesa árabe. Provavelmente, ela não poderia imaginar que o Profeta-médico, salvador do seu filho moribundo, devolver-lhe-ia também, vivo, o amor do homem ao qual havia unido a sua vida.

Para o imenso amor do Homem-Deus pela Humanidade não era prodígio, mas lei, devolver a vitalidade aos corpos, a energia e a esperança às almas!

Na manhã seguinte, continuaram a viagem os já escassos viajantes, pois a maioria da caravana ficava em Jerusalém.

Bethlehem estava a meia jornada escassa de Jerusalém, e o caminho corria paralelo ao aqueduto que desta cidade ia aos chamados *Reservatórios de Salomão*.

Cinzentos penhascos, de um e de outro lado do caminho, davam árido e entristecido aspecto àquelas paragens, principalmente quando o inverno põe nos campos suas geadas e suas neves.

O viajante não encontra beleza alguma para consolação do espírito contemplativo, o qual acaba por encerrar-se em si mesmo a fim de buscar, nas atividades do seu mundo interior, as belezas que não encontra no exterior.

Aqueles penhascos, cheios de grutas sepulcrais, cobertos de sarçais emaranhados e arbustos secos, era, em geral, a angústia do viajante que, até Beersheba, forçosamente devia percorrê-lo.

Somente para Jhasua, Ungido do Amor Eterno, aquele caminho oferecia grande interesse. A proximidade da Piscina de Siloé povoava aquelas grutas de enfermos de todas as classes, com o fim de se banharem naquelas águas que julgavam *milagrosas* quando o vento cálido do deserto as agitava e ondulava.

A tradição antiga a este respeito dizia que um anjo descia dos Céus para agitar as águas, as quais, numa hora precisa, tornavam-se curativas para todas as enfermidades. Tal era a crença vulgar daquele tempo.

O fato real era que aqueles remansos, que, séculos atrás, foram muito profundos, eram alimentados, em determinadas épocas, por uma infiltração subterrânea, que vinha dos grandes penhascos do Mar Morto, onde, em épocas mui remotas, existiam vulcões em erupção. Estes achavam-se extintos para o exterior; no entanto, nas profundezas das montanhas, continuavam suas vidas ígneas, que descarregavam seu enorme calor por aquela infiltração de água subterrânea que ia deter-se na Piscina de Siloé. Ao receberem o turbilhão de águas ferventes que, das entranhas da rocha ígnea, vinham com espantosa fúria, as águas da superfície agitavam-se naturalmente ante o olhar atônito das pessoas. É bem sabido que as águas termais são curativas para muitas enfermidades.

Tal era a razão por que os penhascos cinzentos e áridos desse caminho estivessem sempre povoados de enfermos de toda espécie.

Os Terapeutas-Peregrinos, sem pretenderem lutar contra o fanatismo das pessoas que viam "Um anjo de Deus na agitação das águas", ocupavam-se piedosamente em ajudar os enfermos a entrar nas águas medicinais quando se mostravam agitadas, que era quando sua temperatura atingia o ponto mais alto.

Os enfermos, que, além das moléstias, sofriam também abandono e miséria, saíam de ordinário ao encontro da caravana, em busca da piedade dos viajantes.

Jhasua viu aquela turba dolente que se arrastava entre os sarçais e os barrancos, e seu coração estremeceu de angústia até o ponto de manter paralisado o jumento que o levava, porque o segurou pelo brídão.

— Que ocorre, Jhasua, que te deténs? — perguntou seu pai. O Mestre olhou-o com os grandes olhos claros inundados de pranto, e voltou-os novamente para os enfermos que se aproximavam.

Joseph compreendeu e se deteve também. Os outros viajantes continuaram a caminhada.

Muitas mãos estendidas e trêmulas quase tocavam as cavalgaduras.

Enquanto Myriam e Joseph distribuíam algumas moedas, Jhasua os observava em silêncio. Seu pensamento envolvia-os completamente.

— Vindes à espera do anjo que agitará as águas? — perguntou.

— Sim, senhor viajante; no entanto, desta vez ele está demorando muito — responderam.

— O Senhor dos Céus e da Terra tem a saúde dos homens em suas mãos, e a dá àqueles que O amam, com ou sem o anjo que agita as águas... — disse o Mestre.

"Entrai na Piscina agora mesmo e dizei: 'Pai Nosso que estás nos Céus! Por teu amor quero ser curado do mal que me aflige!' Eu vos asseguro que estareis curados até a nona hora."

— E vós, quem sois?... — perguntaram.

— Julgai que sou o anjo do Senhor que aguardais e que se apresenta em carne e osso para vos dizer: O Senhor quer que sejais curados!

E continuou a viagem, deixando aqueles pobres infelizes com uma labareda de esperança na alma.

O leitor compreenderá perfeitamente que, na hora indicada por Jhasua, todos aqueles enfermos estavam livres de suas doenças.

Pouco depois, nossos viajantes entregavam as cavalgaduras à caravana e entravam em Bethlehem, onde eram esperados por Elcana, Sara e os três amigos Alfeu, Josias e Eleázar. Por cima desta firme amizade haviam já passado vinte anos desde a gloriosa noite em que o Verbo de Deus chegou à vida física.

Suas famílias, rejuvenescidas nos netos já adolescentes e jovens, pareciam um pequeno jardim de flores novas que rodeavam os velhos cedros, sob cuja sombra se amparavam.

O mais idoso de todos eles, Elcana, estava ainda forte e vigoroso, como se aqueles vinte anos não tivessem feito peso algum em seu organismo físico. Ele tinha em seu lar um casal de netos de 16 e 18 anos de idade: Sarai e Elcanin. Eram os diminutivos dos nomes dos avós.

Alfeu tinha consigo três netos varões, e também havia recolhido uma irmã viúva, Ruth, para que lhe administrasse a casa. O leitor deverá recordar que ele era viúvo.

Josias, viúvo também, tinha, ao seu lado, uma netinha de 12 anos, Elhisabet, e uma prima anciã que tinha dois filhos e uma filha.

Por fim, Eleázar, que descendia de numerosa família e, com vários filhos já casados e ausentes, mantinha a seu lado apenas o menor, Efraim, dois anos mais velho que Jhasua, e uma irmã viúva, com dois filhos de oito e dez anos.

Este era o grupo de familiares e amigos que aguardava os viajantes na velha cidade de David.

Quantas recordações teceram filigranas na mente dos que, vinte anos antes, estiveram intimamente unidos em torno do Menino-Luz que chegava!

Deixamos para a ardente imaginação do leitor a tarefa, certamente muito grata, de adivinhar as conversações e o longo e minucioso noticiário que se desenvolveu na grande cozinha-refeitório de Elcana, ao calor daquela lareira alimentada com grossos troncos, ali mesmo, onde, naquela gloriosa noite, haviam bebido juntos o vinho da aliança, enquanto o recém-nascido dormia no regaço materno seu primeiro sono de encarnado.

Jhasua visitava-os agora, em seus vinte anos, como uma visão de triunfo, de glória e de santa esperança.

Sua auréola de Profeta, de Mestre e de Taumaturgo quase os deslumbrava. Eles conheciam toda a sua vida. Haviam seguido a distância todos os seus passos, guiados sempre para a piedade e a justiça, beneficiando a todos. Era um justo que encerrava em si mesmo os mais formosos poderes divinos. Era um Profeta. Era um Mestre. Era a Misericórdia de Deus feita homem. Era o seu Amor Eterno feito coração de carne, que se identificava com todas as dores humanas.

Esse grande Ser havia nascido entre eles, e agora o tinham novamente ao completar seus 20 anos de vida terrestre.

Somente sentindo na própria alma as profundas convicções que eles sentiam podemos compreender as emoções profundas, o delirante entusiasmo e o amor que deviam sentir aquelas boas famílias bethlehemitas junto a Jhasua, ao voltar a vê-lo em seu meio aos 20 anos da sua vida.

Jhasua visitou as Sinagogas que eram quatro e nelas não encontrou o que sua alma buscava. A letra morta dos livros sagrados aparecia como o leito seco de um antigo rio. Faltava luz, fogo; faltava alma naqueles frios centros de cultura religiosa e civil.

Os oradores falavam com esse medo próprio de povo invadido por um poder estranho. Adaptavam suas dissertações aos textos que menos se prestavam para os grandes vôos da alma. Sempre a mesma coisa: Jehová colérico, fulminando suas imperfeitas criaturas e ameaçando-as com terríveis castigos por falta do cumprimento do dever!

— E o Amor de Deus que eu sinto em mim mesmo? Onde está? — perguntou Jhasua, dialogando consigo mesmo.

Desesperançado, desiludido, saiu ao campo para buscar, entre a aridez dos penhascos cobertos de folhagens secas, o amor inefável do Pai Universal!

Na mesma tarde do dia em que chegou a Bethlehem, quando voltava de sua visita às sinagogas, defrontou-se com uma agradável surpresa: a chegada de um Essênio do Monte Quarantana e que se achava de passagem para Sevthópolis, para incorporar-se ao pequeno grupo que havia ficado naquele Santuário recentemente restaurado.

A casa de Elcana era como o lugar próprio, onde os solitários encontravam sempre, junto com a afável hospedagem, as notícias mais recentes do Messias e de suas obras apostólicas.

A situação privilegiada da casa de Elcana, bem próxima da esplanada por onde entravam as caravanas, e cujo imenso horto de oliveiras e nogueiras chegava até o caminho, tornava-a o local mais apropriado para reuniões de pessoas que não desejavam chamar a atenção.

O Essênio recém-chegado era samaritano de origem, grande amigo do Servidor do Santuário devastado, e os solitários do Quarantana enviaram-no como contribuição viva para a sua restauração.

O encontro inesperado tornou ambos muito felizes. Já não se viam desde os 12 anos de Jhasua. Tantas coisas haviam ocorrido até então!

Uma longa confidência entre ambos fez Jhasua compreender até que ponto a Fraternidade Essênia secundava a Idéia Divina, tornada lei de amor para aquela época da Humanidade.

Esse Essênio, cujo nome era Isaac de Sichar, levava à Palestina a missão de transmitir aos Santuários e aos Essênios, disseminados em famílias, uma mensagem dos Setenta Anciãos do Moab.

Haviam-na recebido no Monte Nebo, na gruta sepulcral de Moisés, no último aniversário do dia em que o grande vidente recebera, por divina inspiração, os Dez Mandamentos da Lei Eterna para a Humanidade terrestre.

Levando em conta que Elcana, Sara e os três amigos Josias, Alfeu e Eleázar eram essênios do terceiro grau; que estavam presentes Myriam e Joseph, que também o eram, e com a presença material do Homem-Luz, nada mais justo do que iniciar em Bethlehem o cumprimento dessa missão.

O aviso passou discretamente pelos lares essênios da cidade, para que, ao anoitecer, os chefes de família comparecessem à casa de Elcana para ouvir a mensagem dos Setenta.

O grande cenáculo ficou cheio em duas fileiras, ao redor da grande mesa de carvalho, coberta com o grande tapete púrpura que só era usado nas grandes solenidades na casa de Elcana, considerado como um irmão maior entre os Essênios bethlehemitas.

O que Joseph era em Nazareth, Elcana o era em Bethlehem: o homem justo e prudente, cuja clara compreensão e dotes persuasivos sabiam encontrar uma solução pacífica e nobre para todas as situações difíceis, nas quais eram consultados por seus irmãos de ideais.

Reunidos, pois, no cenáculo, quarenta e dois Essênios, chefes de família, iniciou-se a assembléia com a leitura do capítulo V do Deuteronômio, no qual Moisés recorda ao povo hebreu a mensagem de Jehová: Os Dez Mandamentos eternos que formam a Lei.

Essa leitura foi feita por Jhasua, por indicação de Isaac, que, logo depois lhes dirigiu estas breves palavras:

— Reunimo-nos aqui para que escuteis uma mensagem dos Setenta Anciãos do Moab, a cujo retiro chegam os ecos das lutas e dores deste povo escolhido por Deus, para a grande manifestação do Seu amor neste momento da Humanidade.

"Ouvi, pois:

" 'A nossos irmãos da Terra da Promissão, paz e saúde.

" 'Nosso Deus, Pai Universal de tudo o que foi criado, nos fez chegar, através de um mensageiro celestial, Sua Vontade Divina neste momento solene e difícil que atravessamos.

" 'A Eterna Inteligência designou o nosso povo, habitante deste país, para ser, nesta hora, a casa nativa do seu Enviado Divino, do seu Verbo Eterno, Instrutor desta Humanidade! Designação honrosa sobremaneira, à qual devemos corresponder com vontade ampla, clara e precisa, sem erros de nenhuma espécie, se não quisermos atrair sobre nós conseqüências terríveis que nos trariam a dissociação com a Eterna Idéia, por muitos séculos.

" 'O grande templo espiritual, formado nesta hora com os pensamentos de amor de todos os que conhecem o grande segredo de Deus, está se deteriorando por falta da perfeita união entre todas as almas; e este gravíssimo mal deve ser imediatamente remediado antes que sobrevenha um desmoronamento parcial, que colocaria em perigo o equilíbrio da vida física e da obra espiritual do Grande Enviado que está entre nós.

" 'Os componentes deste grande templo espiritual são os membros de todas as Fraternidades Essênias, dos quais devem permanecer muito afastadas todas as tempestades promovidas pelo choque das paixões humanas, postas em atividade pelas ambições de poder, de ouro, de grandeza e de domínio.

" 'O trabalho honrado, o estudo, a oração e a misericórdia são as únicas atividades permitidas ao Essênio consciente do seu dever, nesta hora solene que a Humanidade atravessa.

" 'Cuidado, pois, que o espírito gerador de vossos pensamentos não dê entrada em si mesmo aos ódios que nascem naturalmente nas almas que participam das lutas para conquistar os poderes e grandezas humanas. Se assim não o fizerdes, ficai sabendo que estais prejudicando enormemente a realização da Idéia Divina no nosso meio, e que de toda demora, todo atraso e desequilíbrio que por essa causa possam advir, sereis os responsáveis, e cairão sobre vós todas as conseqüências por muitas gerações futuras.

" 'Lembrai que, ao ingressar na Fraternidade Essênia, deixastes de ser uma multidão confusa e desordenada, cega e inconsciente! Se vos foi dada uma lâmpada acesa, não podeis alegar que andais às escuras pelo vosso caminho. Lembrai-vos que a Humanidade se salvará somente através do amor, e não deveis dar lugar ao ódio em vossos corações contra uns ou outros daqueles que lutam pela conquista dos poderes e grandezas humanas. Eles são como cães que lutam pelo direito de poder roer um mesmo osso, e não sois vós que conseguireis fazê-los chegar a um acordo. Deus-Pai fará surgir no momento oportuno quem haja de dirigir a Humanidade cega para a sua verdadeira grandeza.

" 'Duas correntes contrárias avançam para disputar o domínio das almas: a material e a espiritual. A primeira diz: *o fim justifica os meios*, e não se detém nem sequer ante os mais espantosos crimes para conseguir o êxito.

" 'A segunda diz: *o bem através do próprio bem* e, dando-se com um amor que não espera recompensa, busca o triunfo através da paz e da justiça, porém jamais pela violência. A Fraternidade Essênia, como podeis compreender perfeitamente, está na corrente espiritual que busca o triunfo da Verdade e do Amor entre os homens, principalmente entre os que convivem conosco no País escolhido pela Eterna Lei para hospedar em seu seio o Verbo Encarnado.

" 'Irmãos Essênios da hora solene, que teve a oportunidade de ver o Cristo Divino formando parte desta Humanidade, despertai para vosso dever, e não derrubeis, com a vossa inconsciência, o templo espiritual, cuja edificação custou aos Profetas filhos de Moisés muitos séculos de vida oculta entre as rochas.

" 'Procurai ser maiores que aqueles que buscam sê-lo através do triunfo de suas ambições e de sua soberba, tenebroso caminho, no final do qual se encontra o abismo sem saída. Recolhidos no vosso mundo interior, consagrados ao trabalho honrado e santo que vos dá o pão para as obras de misericórdia, nas quais floresce o amor dos que sabem amar, a par da oração, que é o estudo das obras de Deus e unificação com Ele, descansai em Paz e não modifiqueis vossos pensamentos nem mancheis com lodo vossas túnicas nem com sangue vossas mãos. Somente assim o Senhor habitará em vossas moradas interiores, e Ele será o vosso guardião, a vossa abundância, saúde e bem para todos os dias da vossa vida assim como para aqueles que continuarão a vossa missão quando cessarem vossas existências.

" 'Que a Luz da Divina Sabedoria vos leve a compreender as palavras que vossos irmãos vos dirigem com amor.

" 'Os Setenta Anciãos do Moab.' "

Um grande silêncio encheu o cenáculo da casa de Elcana ao final da mensagem dos Setenta.

Cada um dos que a ouviram examinou sua própria consciência, e alguns se achavam culpados por haverem participado indiretamente das lutas para conquistar lugares estratégicos, onde outros podiam recolher ouro e prazeres; e, ainda, por terem admitido em si mesmos pensamentos de ódios contra aqueles que haviam levado o povo hebreu à triste situação em que se encontrava atualmente: domínio romano que exigia deles pesados tributos; domínio de pequenos reis estrangeiros, usurpadores do governo contra a vontade popular; domínio de um clero ambicioso e sensualista, que havia transformado as coisas de Deus e seu templo de oração num mercado.

Que grande purificação necessitavam ter os Essênios dessa época para se tornarem superiores às correntes de aversão e ódio contra esse estado de coisas. No entanto, esse ódio, justificado até certo ponto, entorpecia a cooperação espiritual na obra de redenção humana do Grande Missionário da Verdade e do Amor, e os Setenta reclamavam contra esse entorpecimento, que no presente poderia causar desequilíbrios e, no futuro, provocar grandes males.

Passado esse grande silêncio no qual as almas se achavam submergidas, como se houvessem sido chamadas ao Supremo Tribunal de Deus, Isaac de Sichar, o Essênio-mensageiro dos Setenta, convidou Jhasua para que expusesse seu pensamento diante dos irmãos com o fim de servir-lhes de orientação nessa hora de perturbações ideológicas e sociais. O jovem Mestre expressou-se assim:

— Creio que ainda não é chegada a hora para que eu me apresente aos meus irmãos como um Mestre, pois ainda estou aprendendo a conhecer a Deus e às almas, Suas criaturas. Falta-me ainda muito por saber! Foram fecundados estes 20 anos de vida, graças à abnegação e à sabedoria de meus Mestres Essênios e à solicitude infatigável de todos aqueles que me amaram; mas, já que tanto desejais, exporei meus pontos de vista nos atuais momentos:

"O homem, dedicado de preferência à vida do espírito do que à da matéria, deve observar todos os acontecimentos assim como um mestre de ensinamentos elevados olha para os meninos que iniciam o aprendizado. Ele os vê agirem mal ao cometerem pequenos ou grandes erros. Ele os vê baterem-se mutuamente ou manterem-se em lutas pela obtenção de um brinquedo, de uma guloseima ou de um passarinho que morrerá em suas mãos, ou de um objeto qualquer que os entusiasma por alguns instantes, e que eles logo desprezam, porque seu desejo se fixou em outro bem melhor. Entretanto, seu eu interior permanece sereno, inalterável, sem permitir que seja possuído pela ardorosa paixão, mãe de ódios infecundos e destruidores.

"Vejo perfeitamente que entre o nosso povo fermenta surdamente um ódio concentrado contra o domínio romano, contra reis ilegítimos, contra o sacerdócio sem outros ideais que o comércio vil das coisas sagradas. Tão grandes e dolorosos males são simples conseqüências da ignorância em que foi mantido este povo, como também o foi a maioria dos povos da atual civilização.

"Apenas um foi o ensinamento de Moisés e dos Profetas, e outro bem diferente foi dado como orientação aos povos.

"Moisés disse: 'Amarás ao Senhor, teu Deus, acima de todas as coisas, e ao próximo como a ti mesmo.' O povo vê que nos próprios átrios do templo se ama o ouro e o poder acima de todas as coisas; que se castiga com sofrimentos e torturas terríveis os que são acusados das mesmas faltas em que incorrem diariamente aqueles que se fazem juízes de seus irmãos indefesos; que os poderosos mandatários vivem numa eterna orgia, e o povo, que rega a terra com o suor do seu rosto, carece até do pão e do fogo sob o seu mísero teto.

"Moisés disse em sua inspirada lei: *'Não matarás, não furtarás, não cometerás adultério'*, e o povo vê que os poderosos mandatários assassinam a todos aqueles que lhes estorvam o caminho; furtam, por maus e enganosos meios, tudo aquilo que excita sua cobiça e avareza, e também destroem os lares arrebatando traiçoeiramente a esposa e companheira fiel.

"Quem pode deter a torrente que se derrama dos picos das altas montanhas? O povo tornou-se eco das falsas acusações dos ambiciosos e libertinos contra os Profetas, que lhe falavam em nome da Eterna Lei do amor e da justiça, e silenciou suas vozes, entregando-os à morte em meio a cruéis suplícios. Agora o povo paga as conseqüências de sua ignorância e de seus ódios inconscientes.

"Vejo a mais elevada sabedoria na mensagem dos Setenta que acabais de escutar. Não devemos sacrificar inutilmente a paz que goza todo homem de bem, todo Essênio consciente de seu dever, à idéia de que, misturando-se nas lutas sórdidas e apaixonadas da multidão desordenada, possa conseguir de imediato a transformação deste doloroso estado atual.

"Destruir a ignorância a respeito de Deus e de suas relações com as criaturas é a obra que a Fraternidade Essênia realiza em segredo, é nosso dever secundá-la em seu trabalho missionário, acendendo a lâmpada do divino conhecimento, ou seja, a ciência sublime e eterna de Deus em relação direta com a alma humana.

"Pais, mães, chefes de família, fazei de vossos lares santuários da verdade, do bem, do amor e da justiça, sem outros códigos nem instruções que *os dez mandamentos divinos* trazidos por Moisés para esta Terra, para serem o sinal indelével colocado à vossa porta, que ficará fechada para todos os males e dores que afligem a Humanidade.

"Tomai minhas palavras, pronunciadas com a alma saindo de meus lábios, não como de um Mestre que vos ensina, mas como de um jovem aprendiz que vislumbrou a eterna beleza da Idéia Divina nas penumbras aprazíveis dos santuários de rochas, sob os quais se hospedam os verdadeiros discípulos de Moisés."

– Falou como um Profeta!... Falou como um iluminado!... – ouviram-se várias vozes rompendo o silêncio.

– Falou tal qual ele é – disse solenemente Isaac de Sichar. – Como o Enviado Divino para este momento da Humanidade. Alma de Luz e de Amor!... Que Deus te abençoe como eu o faço, em nome dos Setenta Anciãos do Moab!

– Graças, mestre Isaac! – disse emocionado Jhasua, e foi ocupar seu lugar ao lado dos pais.

Viu que sua mãe chorava silenciosamente.

– Magoei-te com as minhas palavras, mãe? – perguntou ternamente.

– Não, meu filho! Não me podes causar mal algum – respondeu ela.

"Contudo, enquanto falavas, formou-se em minha mente algo como um arrebol de luz, onde te vi rodeado por todos os nossos antigos Profetas, que foram sacrificados como cordeiros pelos mesmos a quem ensinaram o bem, a justiça e o amor.

"Meu filho!... um dia eu te disse que, para matar meu egoísmo de mãe, te entregava à dor da Humanidade. Não sei por que, neste momento, senti muito profundamente a dor desse sacrifício!... tal como se o tivesse visto realizar-se de tão terrível maneira..."

– Se Deus Pai nos dá, a cada instante, todas a dádivas e belezas da sua criação universal, e nós, ao pensar em dar-lhe algo, nos atormentamos antecipadamente, ainda sem a certeza de que Ele aceite ou não nossa dádiva, por que criar dores imaginárias, quando a paz, a alegria e o amor florescem ao nosso redor?

– Tens razão, Jhasua... perdoa-me. Meu amor te engrandece tanto diante de mim mesma que chego a temer por ti.

Todos começaram a retirar-se quando já era bastante avançada a noite.

Bethlehem, quieta e silenciosa como de costume, dormia sob a neve iluminada pela lua, como há vinte anos antes, quando os clarividentes, observando a conjunção dos astros anunciadores, ouviram vozes não humanas, espargindo-se como pó de luz no éter e cantando num concerto imortal:
"GLÓRIA A DEUS NO MAIS ALTO DOS CÉUS, E PAZ, NA TERRA, AOS HOMENS DE BOA VONTADE."

As Escrituras do Rei Salomão

No dia seguinte ao que acabamos de relatar, Jhasua, seguido dos quatro amigos bethlehemitas, Elcana, Alfeu, Josias e Eleázar, que o acompanhavam com seu amor inquebrantável desde a noite do seu nascimento, dispôs-se a realizar duas visitas, para ele de suma importância.

Na mesma noite da leitura da mensagem dos Setenta, o jovem Mestre havia falado com Isaac de Sichar e seus quatro amigos sobre um fragmento de papiro encontrado no velho arquivo do sacerdote de Homero, em Ribla. Tinha em sua caderneta de bolso uma cópia desse fragmento, que dizia:

"Abiathar, sacerdote do povo de Israel nos tempos de Salomão, o rei, quando este abandonou os caminhos do Senhor para adorar deuses estrangeiros, em condescendência às suas numerosas mulheres idólatras, declara haver recolhido as escrituras de Salomão, rei de Israel, que tinham sido inspiradas por Jehová, autor de toda sabedoria, e depositado parte delas na gruta mais profunda dos *Reservatórios de Salomão*, e a outra parte na tumba de Raquel, atrás de um sarcófago de cedro com ornamentos de cobre."

O papiro estava fragmentado por ruptura ou queimadura, e era tudo quanto dizia a parte conservada.

Jhasua disse a seus amigos:

– No livro I dos Reis, Capítulo IV, diz-se que Salomão escreveu três mil parábolas sobre as árvores, desde o cedro do Líbano até o musgo que cresce nos muros. Que escreveu, além disso, sobre todas as espécies animais existentes na Terra, para ensinamento aos homens. Salomão foi sensitivo de grandes faculdades psíquicas, um verdadeiro iluminado, e, até hoje, não se pôde encontrar senão umas poucas de suas escrituras ditadas por Inteligências Superiores para o bem da Humanidade.

"Que vos parece, se nos encarregarmos de ir buscá-las nas grutas dos *Reservatórios de Salomão* e no *Sepulcro de Raquel*, onde este fragmento diz que Abiathar as ocultou?"

– Certamente já foram procuradas – observou Elcana –, mas estou de acordo em que se dê uma busca.

Como bons Essênios, cujo principal ideal é iluminar os homens com a verdade para ajudá-los a se aproximarem de Deus, tomaram como uma missão poder compartilhar com Jhasua dos trabalhos dessa busca, e, na manhã seguinte, quando a neve tapetava ainda de branco os caminhos, dirigiram-se para o antiqüíssimo monumento funerário de Raquel, situado entre o caminho que vinha de Jerusalém e o aqueduto que corria para os Reservatórios de Salomão. Estavam a pouca distância, e, após uma hora de viagem, saltando por entre pedras e neve, chegaram diante do velho panteão sepulcral da virtuosa mulher, amada pelo patriarca Jacob mais que a todas as coisas da Terra. Mas, quanto à grande lousa que cerrava a entrada principal, e que só era aberta quando lá precisava entrar um novo sarcófago, eles nem sequer podiam pensar em removê-la.

Todavia, os grandes monumentos funerários tinham sempre uma pequena entrada por onde saíam as águas usadas na limpeza dos cadáveres quando eram embalsamados.

Compreenderam, desde logo, que deviam procurá-la junto do aqueduto, que corria a alguns poucos passos.

Com efeito, encontraram-na coberta por uma grossa camada de terra e plantas que haviam crescido sobre ela.

Do mesmo modo como quase todos os monumentos funerários dos hebreus, este estava construído com a utilização de um enorme bloco da montanha, em forma tal que, para as pessoas que vinham no caminho de Jerusalém a Bethlehem, parecia uma edificação de blocos de pedra branca, ou seja, duas grandes colunas flanqueando a porta coroada por um fragmento e cúpula de costas para a rocha.

As trepadeiras e a neve tinham coberto tudo como um informe montão de verde e branco, que não deixava de ostentar uma rústica beleza.

No pavimento da sala principal, havia uma cova com altos bordos de pedra lavrada e polida. Por cima, uma tampa, também de pedra, na qual se lia em antiga escrita hebraica: "Raquel, filha de Laban e esposa de Jacob." Em diversas cavidades abertas horizontalmente na parede, ou na rocha do fundo, havia mais uns dez sarcófagos.

Dessa sala principal e para trás, existiam outros dois compartimentos que eram grutas naturais da montanha, não obstante estarem um pouco polidas e trabalhadas pela mão do homem.

Havia ali uma mesa, espécie de dólmen de pedra, ou seja, uma grande prancha de rocha cinzenta, colocada sobre dois pedaços da mesma rocha com algumas valetas, cântaros e bancos de pedra. Vários candelabros e círios enormes na sala principal, que se achavam espalhados em desordem pelas grutas, demonstravam que aquele recinto havia sido visitado por pessoas pouco respeitosas para com os mudos habitantes daquela fúnebre morada.

A primeira coisa que fizeram foi procurar o sarcófago de cedro com incrustações de cobre. Estava ali escondido no fundo de uma das cavidades, quase completamente coberto de pó e teias de aranha.

Tiraram-no, mas na cavidade atrás dele nada aparecia, a não ser porções de terra, musgos e pequenos insetos. Observaram que as juntas haviam sido abertas antes, e voltaram a abri-lo. Sob uma capa de pó fino, apareceram vários cofrezinhos lavrados em madeira de oliveira, alguns rolos envolvidos em pele de búfalo e atados com trançados de cânhamo e, ainda, alguns pedaços de bambu, com rolhas de madeira nas extremidades.

Profunda emoção apoderou-se dos investigadores.

Eles encontraram, em vez dos manuscritos procurados, objetos que se pareciam como valores escondidos em momentos de suprema angústia.

Examinando tudo cuidadosamente, julgaram estar no caminho certo ao pensar que todos aqueles valores haviam pertencido a um filho do rei Sedechias, o qual, antes de fugir de Jerusalém, a caminho do deserto, devia achar-se oculto no sepulcro de Raquel quando naquela cidade entrou Nabucodonosor, rei da Babilônia. Pensaram dessa forma em razão de algumas palavras soltas gravadas nas tabuinhas de madeira ou em pedaços de tela, como esta que parecia estar dirigida a alguém que, obedecendo a um encontro combinado, dizia: "Espera-me, que virei quando seja entrada a noite, e eu posso conduzir meu pai sem perigo." Outro escrito feito com piche ou betume sobre um pedaço de faixa de linho, dizia: "As catapultas de Nabuzaradan abriram brechas nos muros. A cidade não resiste mais. Estão aparelhadas oito mulas fortes para Sedechias e seus filhos, e um carro para a rainha e sua filha. Ebed-Melec com trinta homens tirou Jeremias, o Profeta, da masmorra de Melchias; com cinqüenta tira o teu rei de Jerusalém, que esta noite será do babilônio. Deixo-te o ouro que pude trazer."

Todos ficaram calados. Na mente de Jhasua e de seus amigos, esboçaram-se, como num pano branco, os martírios sofridos pelo Profeta Jeremias, em virtude do único crime de haver anunciado ao rei Sedechias que a corrupção do povo hebreu haveria de trazer-lhes gravíssimos males. O ouro derramava-se como uma torrente, da casa do rei para a de seus princípes e mulheres, enquanto o povo padecia fome e miséria.

"Observa, ó rei Sedechias, que o clamor do teu povo chega até Jehová, e que Ele escuta o pranto dos pequenos e das mães que os criam. Jehová dará a eles todo o bem que é de justiça, e tudo será tirado de ti, até a vida de teus filhos e a luz que os teus olhos vêem."

O meigo Profeta Jeremias, o das lamentações como cantos de calhandras que gemem no bosque em noites sombrias, fora encerrado numa escura masmorra cheia de lodo, com asquerosos animalejos, onde estaria a ponto de perecer de fome e de frio, se Ebed-Melec, o criado etíope do rei Sedechias, não o houvesse salvo.

– Humanidade!... Humanidade inconsciente e cega!... – exclamou Jhasua com a voz trêmula pela emoção.

"É crime diante de ti a verdade pronunciada pelos inspirados de Deus para conduzir-te ao caminho da felicidade! É crime acender uma lâmpada que ilumine o teu caminho pelo despenhadeiro, para que não caias nele! É crime arrancar água clara de uma rocha para que não pereças de sede no deserto por onde avanças!...

"É crime semear flores e frutas pelo caminho para que não te alimentes com os restos das feras, que enchem os teus dias de enfermidades e aceleram a tua morte!...

"Humanidade, Humanidade!... eu devia desprezar-te, e ainda te amo como te amaram os profetas, meus irmãos, cujas lágrimas bebeste, e com seu sangue manchaste as tuas vestes!..."

O jovem Mestre, sentado sobre um banco, mergulhou o rosto entre as mãos, e todos respeitaram sua emoção e seu silêncio.

Uma tênue luz penetrava pelas clarabóias encortinadas de trepadeiras, e parecia dar coloridos de íntima tragédia ao quadro, formado por aqueles quatro homens de idade madura ao redor de Jhasua que, como um lírio branco açoitado pelo furacão, dobrava-se ante a suprema angústia da miséria humana, que via com tanta clareza naquele instante.

Dir-se-ia que a alma misericordiosa do Profeta Jeremias havia conduzido aqueles seres ao sepulcro de Raquel para aliviar as dores do povo hebreu, que suportava cargas impossíveis de agüentar.

Josias, Alfeu e Elcana sentiram imediatamente o impulso de escrever, porque seus cérebros se inundaram de idéias estranhas a eles mesmos, e forte vibração agitava suas mãos direitas.

Josias escreveu:

"O manuscrito que procurais está juntamente com outros dentro de um cântaro de barro na gruta menor, atrás dos Reservatórios de Salomão.

"Por ordem do enviado de Deus, eu, seu servo, que habitei nessa gruta por muitos anos, ocultei-os lá."

Ebed-Melec

Alfeu escreveu:

"Abençoai a Ebed-Melec que, no dia de morte para Jerusalém, salvou do ultraje a mim e a minha filha Tinina, ocultando-nos neste sepulcro até que os exércitos do invasor abandonaram a Judéia.

"Meus ossos descansam no quarto sarcófago, contando da esquerda. Fui uma das esposas de Sedechias, rei da Judéia, e, como cooperei com ele em malbaratar os tesouros tirados do povo, era justiça de Jehová que sofresse o castigo merecido. Com o ouro e as pedras preciosas que aqui ficaram, remediai os pobres e os enfermos da Judéia, porque era e é deles. Rogai pelo meu descanso."

Aholibama.

Elcana escreveu estas linhas:

"A meus irmãos Essênios da época gloriosa do Verbo Encarnado, saúde e paz no Senhor. Eu, Jeremias, seu servo, estendi os laços desta rede na qual vos encontrais suavemente envolvidos, para que o Verbo de Deus seja o executor da sua justiça, que remediará a dor dos que sofrem na Terra e nos abismos da imensidão infinita.

"Os tesouros materiais remediam necessidades materiais; mas o amor misericordioso cura as dores da alma que pecou contra Deus e contra o próximo, e sobre a qual passam os séculos vendo-a padecer.

"Aquele que foi Sedechias, rei de Judá, e seus sete filhos degolados em Ribla, por ordem de Nabucodonosor, padece juntamente com eles na expiação das dores de todo um povo carregado de tributos para satisfação do rei e de seus príncipes e cortesãos.

"Se procederdes de acordo com o que vos disse Aholibama, e também segundo vossa consciência, aliviareis muitos sofrimentos de encarnados e de desencarnados.

"Vosso Irmão de muitos séculos, *Jeremias, Profeta de Deus.*"

Como o leitor pode ver, os três escritos tinham relação uns com os outros e haviam sido psicografados sem que os médiuns sensitivos soubessem o que o companheiro escrevia.

A concordância dos três significava uma prova de autenticidade e de que encerravam a verdade.

A alma do Profeta Jeremias, tocha viva de luz e amor, aconselhou e protegeu o rei Sedechias e suas famílias durante a vida, e continuou protegendo-as no plano espiritual. Quem pode medir a força das alianças eternas entre as almas que foram unidas por laços que Deus atou e que ninguém pode desatar?

Devemos supor, em boa lógica, que esses infortunados seres formavam parte da porção de humanidade colocada pela Eterna Lei aos cuidados de Jeremias, o Profeta e Essênio de vários séculos atrás.

Lidas e estudadas as mensagens espirituais recebidas, procederam à abertura dos cofrezinhos e dos envoltórios.

Nos primeiros havia ouro e prata em barras e algumas jóias de grande valor, como colares, braceletes e anéis. Os envoltórios continham vestimentas e mantas de grande preço, pois eram tecidos da Pérsia, malhas de fios de ouro, perfeitamente conservados. Por fim, nos pedaços de bambu com rolhas de madeira, encontraram uma variedade de pedras preciosas muito miúdas, mas nem por isso de menos valor.

Eram esmeraldas, safiras e diamantes, que se achavam em igual quantidade em cada tubo de bambu, ou seja, vinte dezenas. Dava a impressão de que se achavam destinados a alguma jóia especial, tal como uma coroa, diadema ou alguma coisa do mesmo estilo.

— Pensar que os homens se matam uns aos outros e cometem as maiores loucuras por coisas como estas! — disse Jhasua. — E até esquecem a Deus e à sua própria alma! Para nós não serviriam de nada, se não fosse para aliviar grandes dores!

— Que faremos com tudo isto? — perguntou Alfeu a seus companheiros.

— Deixá-lo onde está, por enquanto — respondeu Elcana — pois em parte alguma estará mais seguro, até que possamos dispor sobre o modo de fazê-lo chegar a quem pertence: ao povo faminto da Judéia, que foi quem o entregou às arcas reais.

— Na verdade — disse Josias — tudo isto representa longos dias de miséria e fome sofridas pelo povo, para aumentar os tesouros do rei. Detesto os reis! Todos eles são vampiros do sangue do povo!

— Calma, Josias!... — disse Jhasua, vendo a exaltação de seu amigo. — Metade da Humanidade é e será, ainda durante muito tempo, vampiro da outra metade, até que o amor anule todos os vampiros, e os transforme em favos de mel a se derramarem equitativamente sobre todos os seres.

Encerraram, pois, tudo tal como o haviam encontrado, e dirigiram-se para os reservatórios, não longe dali.

Era já meio-dia, e a necessidade obrigou-os a pensarem em alimentação.

Viram, a pouca distância, o cercado de um modesto horto, no fundo do qual se levantava uma coluna de fumaça, denunciadora de uma vivenda.

– É a cabana do tio Joel – disse Josias – e eu o conheço muito. Continuai andando que eu trarei algo para comer.

Voltou pouco depois com uma pequena sacola de castanhas e figos secos e um queijo de cabra.

– Salva a necessidade, salvos os homens – disse Elcana repartindo entre os cinco o conteúdo da sacola de Josias.

Enquanto andavam, a conversação recaiu naturalmente nos valores encontrados e na forma de empregá-los com justiça.

Reparti-los diretamente entre os pobres seria uma grande imprudência, porque logo seria divulgada a origem das magníficas doações, e o rei Herodes Antipas, ou o clero de Jerusalém, cairia em cima deles como abutres famintos sobre um cadáver abandonado. Depois de muito pensar e voltar a pensar no assunto, chegaram à conclusão de que o mais prudente e justo seria restaurar o antigo moinho do povo que, em razão da morte de seus donos, ficara paralisado, causando grandes prejuízos às famílias mais humildes, as quais deviam fazer grandes esforços para enviar seus cereais e azeitonas até Heródium para serem moídos ou prensados.

Dariam trabalho a inúmeras pessoas, pagando com justiça os operários e convertendo o velho moinho em providência vivente para todos daquela região.

Era conhecida a amizade que unia os quatro bethlehemitas como se fossem uma só família, e o povo não estranharia que, unindo esforços, os quatro comprassem o moinho juntamente com a área de terra em que estava construído, e que o pusessem quanto antes em funcionamento, já que era tão premente essa necessidade para a população daquela zona.

Quantos pobres, enfermos, anciãos e órfãos teriam a abundância em suas mesas mediante o uso justo dos valores subtraídos ao povo, para satisfazer as ambições de um rei com toda a sua corte!

Jhasua, para quem era assunto de meditação todo fato que abrangesse a miséria humana, disse:

– Quantos Sedechias há entre a Humanidade, que armazenam bens materiais, como um pobre amontoa ramos secos para acender seu mísero fogo, sem que, ao menos, venha à sua mente a idéia de que usurpam aos seus semelhantes os bens que Deus dá a todos por igual! Os lavradores semeiam o trigo e o centeio, o cultivam com o suor do seu rosto. Cuidam, como da menina de seus olhos, de seus olivares e vinhedos, e só a metade há de ser para eles, e a outra metade repartida entre o rei e a classe sacerdotal, que não têm outro trabalho senão apropriar-se do que não semearam!

Não pode ser descrita a alegria que envolveu os quatro amigos. O Deus-Amor dos antigos profetas punha em suas mãos um valioso tesouro com o qual poderiam fazer a felicidade de toda aquela região, e isso sucedia quando o Verbo Encarnado estava entre eles ao completar os 20 anos de idade.

Viam a si mesmos como Esdras, o profeta de Deus, quando Ciro, rei da Babilônia, lhe devolveu todos os tesouros que Nabucodonosor, seu antecessor, havia usurpado ao Templo de Salomão, na última invasão da Judéia para reedificar a cidade e os templos devastados.

Não era nem o templo nem a cidade que eles deviam reedificar, mas o antigo moinho, para poder dar pão em abundância a um povo empobrecido pelos impostos e tributos ao César, ao rei e ao clero, que devoravam tudo, deixando a fome e a miséria como vestígios dolorosos de sua existência rodeada de esplendor, de luxo e de vício.

As almas cheias de ilusão queriam correr, voar pelo caminho de luz e de amor fraterno que se abria ante elas, mas Elcana, que conhecia melhor o mundo e suas traiçoeiras encruzilhadas, disse:

— Não é conveniente deixar transparecer que um forte capital resguarda a nossa iniciativa, porque os fiscais do rei farejam onde se acha a presa, e logo a justiça cairia por cima de nós, desbaratando tudo. Devemos, pois, fazer certas combinações, através das quais apareça como sendo apenas por intermédio de nossas economias e sacrifícios que conseguimos realizar este negócio.

Entretidos nessas conversações, chegaram aos Reservatórios de Salomão na primeira hora da tarde.

O sol já havia derretido a neve dos caminhos, que se haviam tornado lamacentos.

A região que, em outros tempos distantes, fora um verdadeiro oásis, graças ao espesso bosque de palmeiras e sicômoros que o rei Salomão havia mandado plantar pelas centenas de operários que removiam as rochas e traziam terra fértil das margens do Jordão no lombo de jumentos e de mulas, era apenas uma pequena mata do que havia sido. Grande parte do arvoredo fora destruído por ordem do rei Sedechias, em seu afã de livrar a Judéia dos ídolos e pequenos templos edificados pelas mulheres idólatras de Salomão e de outros posteriores reis da Judéia. O formoso bosque que rodeava os Reservatórios transformou-se em lugar de orgias para os cortesãos dos reis da Judéia, que dançavam embriagados ante seus deuses, causando grande escândalo entre as famílias judias, fiéis conservadoras da Lei de Moisés.

As trepadeiras e os terebintos, com seu verdor perene e brilhante, pareciam esconder-se das geadas e das neves do inverno bethlehemita, pondo uma nota de alegria na aridez da paisagem.

Recordará o leitor, com toda a certeza, que nos dias aziagos em que viveu Bethlehem, quando Herodes ordenou a matança dos meninos menores de dois anos, aquele sítio fora um lugar de refúgio para as infelizes mães que não puderam fugir para mais longe. A mártir Mariana, descendente dos heróicos Macabeus e mãe dos dois últimos rebentos dessa linhagem, também se manteve oculta naquelas grutas, burlando a ordem de seu despótico e real marido Herodes, o idumeu, ao qual consentiu em unir-se para salvar a vida de seus dois filhinhos, engano vil de que se valeu o tirano para obrigá-la a um matrimônio que lhe dava, na aparência, certo direito ao trono de Israel. Casado com uma jovem viúva descendente dos Macabeus, e mãe dos dois últimos sucessores destes, constituiu-se em tutor e pai adotivo, até que, assegurado no trono, os assassinou covardemente para evitar que o povo proclamasse o mais velho deles rei de Israel.

No entanto, tudo isso pertencia ao passado e, embora tenha sido revivido na mente do jovem Mestre, causando-lhe a penosa emoção de recordações dolorosas e trágicas, naquele momento o grande silêncio da solidão envolvia as grutas, e nenhum rumor de vida se deixava sentir ao redor delas.

Mariana permaneceu ali até que a morte do tirano e a destituição de seu filho Arquelau lhe deu a segurança de estar completamente esquecida, e então se mudou para Hebron, onde tinha alguns familiares que a receberam como a uma ressuscitada, pois havia chegado até eles a ordem de morte dada contra ela, como a última injúria lançada pelo déspota sobre uma das mais nobres famílias da Judéia.

Os Reservatórios e as grutas estavam, pois, solitários. Jhasua e seus quatro companheiros iniciaram a busca que os havia levado até aquele lugar.

"Na gruta menor, atrás dos Reservatórios de Salomão, dentro de um cântaro de barro, está a escritura que buscais, juntamente com outras" tinha dito o manuscrito espiritual de Ebed-Melec, o etíope, e que foi recebido por Josias na tumba de Raquel."

Contudo, essa gruta pequena não aparecia em parte alguma. Examinaram e percorreram várias vezes os grandes barrancos que formavam, como um semicírculo ao redor dos Reservatórios, enormes blocos de pedra, cuja estrutura ciclópica guardava água suficiente para dez cidades como Jerusalém, os quais, depois de tantos séculos e de tantas devastações, continuavam ainda de pé, como único monumento a conservar o nome de Salomão.

As duas grandes grutas que apareciam no primeiro plano tinham vestígios de haverem sido ocupadas durante a noite, talvez por mendigos que, durante o dia, percorriam as ruas das aldeias vizinhas e, não tendo outro abrigo, se recolhiam ali. Pequenas fogueiras apagadas, embora recentes, montões de feno seco dispostos como para servir de leito, demonstravam isso claramente.

Já iam dar-se por vencidos, quando viram surgir a cabeça de um homem através da espessa folhagem formada por um enorme agrupamento de terebintos emaranhados com as trepadeiras. Aquela rústica fisionomia denotou um grande espanto e quando puderam ver-lhe o busto, perceberam que estava coberto com farrapos somente até a metade do corpo.

– Não me denuncieis, por piedade!... – foram suas primeiras palavras.

Jhasua junto com seus companheiros o rodearam.

– Não temas, bom homem – disse imediatamente o Mestre. – Não é a ti que procuramos, nem temos intenção alguma de prejudicar-te. Estamos aqui apenas para visitar estes Reservatórios em razão da sua antiguidade e porque sua história interessa a todo homem de estudo.

– Até poderás ser-nos útil, facilitando-nos dados sobre esta paragem, se faz muito tempo que habitas aqui – acrescentou Elcana, julgando que esse homem pudesse ter encontrado aquilo que eles buscavam.

– Eu vivo sepultado aqui há três anos – disse o desconhecido.

– Infeliz!... Como podes viver sozinho aqui e sem nenhum recurso? – perguntou Jhasua.

"Acredita, irmão, que nós podemos ajudar-te, pois bem se vê que tua situação é por demais aflitiva."

– Esta é a minha guarida, porque sou como uma fera encurralada. Ouvi vossas vozes e faz alguns instantes que vos observo daqui. Compreendi que sois pessoas boas e por isto apareci. Dizei em que vos posso servir.

– Procuramos a gruta menor que fica atrás dos Reservatórios, porque uma antiga escritura foi guardada ali – respondeu Josias, o mais impaciente por encontrar o manuscrito anunciado pela mensagem que recebera.

– Entrai em minha caverna, pois será aqui sem dúvida, embora, nestes três anos, nada tenha encontrado, a não ser os escaravelhos que me fazem companhia.

Ao dizer isto, levantou com grande esforço as espessas cortinas de trepadeiras que, enredadas nos terebintos, formavam um impenetrável emaranhado.

Apareceu o escuro vazio da entrada de uma gruta que, embora bastante irregular em sua forma, seria de vinte côvados quadrados.

Uma espessa capa de musgos cobria as rochas em todas as direções.

Não recebia luz de parte alguma, e aqueles musgos eram amarelentos, verde-claros, quase brancos, dando à gruta certa beleza delicada que não deixava de oferecer encantos.

Pequena fogueira ardia num canto, e nas chamas vivas estavam sendo assadas duas codornizes e era dourado um grande pão nas brasas.

— Pelo que se vê — disse Alfeu — não te deixas vencer pela fome.

— Ainda amo a vida. Completei 37 anos. Tenho mulher e três filhos pequenos. A morte chega sem que se a chame.

— É esta a única gruta encoberta que existe? — perguntou Elcana.

— Eu não encontrei outra mais escondida que esta — respondeu o desconhecido, dando voltas na varinha de ferro que sustentava as aves sobre o fogo.

— Servir-vos-ei de guia — disse imediatamente, envolvendo-se numa pele de ovelha que, durante a noite, lhe servia de leito. — Tendes velas ou mechas para iluminar?

— Sim, aqui estão — disseram várias vozes ao mesmo tempo.

O homem acendeu uma trança de fio encerado e disse:

— Procuremos, se quereis, entre as gretas destas rochas.

Todos juntos começaram a tarefa de arrancar as grandes cobertas de musgos que tapetavam completamente o interior da gruta, que se mostrava cheia de fendas e cavidades de diversos tamanhos, que bem podiam ocultar alguns homens estendidos ou sentados.

Retirados os musgos, maravilharam-se ao perceber que as rochas haviam sido lavradas até uma altura maior que a de um homem bastante alto e que, por cima dos bordos das pedras polidas, apareciam, como se fossem cornijas, grossas varas de sicômoro sustentadas por anéis de ferro, nas quais ainda apareciam restos de correntes e cordéis primorosamente tecidos com fibras de pele de búfalo. Os numerosos anéis de cobre que eram vistos neles, deixavam supor que devia ter existido um cortinado, em forma de toldo, que se estendia cobrindo o teto da gruta.

— A tradição diz — argüiu Elcana — que as mulheres cortesãs da rainha Athália tinham aqui seus encontros de amor, e que a própria Athália escondia aqui suas infâmias e prevaricações.

"Serão estes, provavelmente, os vestígios dos últimos reis de Israel, destronados e banidos para sempre pelo rei da Babilônia."

Encontraram inscrições em várias lousas que cobriam as paredes, mas em línguas desconhecidas. Não obstante, tomaram nota delas para que o Mestre Melkisedec, perito na matéria, pudesse decifrá-las.

Finalmente, na entrada de uma das aberturas, viram uma pequena gravação bastante malfeita, onde podia ser lido claramente. Era uma palavra composta: *"Ebed-Melec"*.

Um grito de admiração e de alegria ressoou na gruta.

Não era gravado, mas escrito com piche na rocha. Era o nome do criado etíope a quem o Profeta Jeremias mandara guardar as escrituras, e que, sem dúvida, quis deixar uma prova de ter estado ali.

— Se não foram levadas, deve estar aqui o que procuramos — disse Jhasua.

Todos acenderam mechas e se debruçaram na negra abertura. Sob um pequeno monte de terra e musgo, apareceu o cântaro de barro com sua tampa fechada com piche. Para abri-lo, tornou-se necessário quebrá-lo. Uma pequena sacola de tecido impermeabilizado com breu encerrava o manuscrito procurado.

Os quatro amigos e Jhasua se deixaram cair sobre o feno seco como estarrecidos pelo achado.

– Tinhas que ser tu, Jhasua, a lâmpada que descobriria este segredo – disse Elcana. – Bendito seja o Altíssimo!

– Verdadeiramente, Deus está conosco – acrescentaram os demais, imaginando mui acertadamente que a Eterna Lei estava colocando em suas mãos um novo filão da sabedoria antiga para servir de ensinamento à Humanidade futura.

Eram vários rolos escritos por Salomão, e seus títulos eram: "Os Céus de Jehová", "A sabedoria de Jehová escrita nas árvores e nas ervas", "O segredo das montanhas", "O poema de Sabá, rainha da Etiópia", "Lamentos do meu saltério".

– Por que motivo haviam sido escondidos com tanto cuidado estes rolos – perguntou Josias.

– Por serem seus pensamentos demasiado ocultos ou por serem demasiado íntimos para confessá-los à Humanidade – respondeu Jhasua imediatamente, mas logo acrescentou:

"Meus Mestres Essênios do Tabor conservam uma escritura de Zabud, filho de Nathan, primeiro oficial do reino de Salomão e seu amigo particular, na qual se condói profundamente daquilo que ele julga uma grave injustiça para com seu amado amigo rei. A debilidade, própria da velhice na qual se esgotam as energias, levou Salomão a fazer demasiadas concessões às mulheres que formavam a corte de cada uma de suas esposas, as quais, por vaidade ou antagonismos, foram aumentando o seu número, julgando, assim, que seriam consideradas maiores e mais honradas por seu real esposo. Eram apenas dez as esposas secundárias do rei, escolhidas entre as mais nobres famílias hebréias, e algumas por alianças com os príncipes dos países vizinhos. Cada uma dessas mulheres, na velhice de Salomão, formou a sua própria corte em palácio diferente, mas às custas do tesouro real, ao qual trouxe o desequilíbrio e as queixas do povo contra ele. O grande nome de Salomão caiu por terra, e alguns velhos amigos, fiéis até a morte, guardaram seus escritos porque seus inimigos queriam fazer uma grande fogueira para destruí-los. Talvez seja esta a causa de haverem esses rolos sido escondidos tão cuidadosamente pelo sacerdote Abiathar, que, havendo sido desterrado de Jerusalém pelo rei, não podia entrar na cidade, e então os escondera no sepulcro de Raquel, em terra pertencente a um grande amigo do sacerdote caído em desgraça: Abinabad, sogro de uma das filhas de Salomão: Thapath."

– Observo – disse Eleázar –, que Jhasua conserva no arquivo de sua excelente memória todas as escrituras antigas.

– Estou desde menino entre os Mestres Essênios, cuja vida está consagrada a procurar a verdade em todos os rincões da Terra. Eles nasceram de Moisés, o Homem-Luz de seu tempo e desde então vivem em luta contra a ignorância e a mentira.

– Jhasua segue o mesmo caminho – disse Alfeu – mas com o acréscimo de que ainda luta contra o egoísmo dos homens. Nós devemos segui-lo também.

– Não sei que tesouro seja mais precioso – observou Josias –, se o encontrado no sepulcro de Raquel ou este dos Reservatórios de Salomão.

– Cada um deles é da maior importância em seu gênero, meu amigo – respondeu Jhasua. – Aquele remediará as necessidades materiais dos que carecem de tudo; enquanto este iluminará as almas em seus grandes destinos futuros, depois de haver lançado clara luz em seu remoto passado.

"Estas escrituras, ditadas a Salomão por Inteligências Superiores e cujos assuntos se depreendem de alguns de seus títulos, abrangem os Céus e a Terra, em que o Altíssimo derramou as manifestações do seu soberano poder criador. São os segredos de Deus encerrados nos reinos vegetal, mineral e animal. São as leis que regem a marcha dos astros e as admiráveis combinações do seu movimento eterno, e me parece que serão como uma explosão de luz para esta Humanidade que caminha às cegas pelos caminhos da evolução."

— Teu vigésimo aniversário, Jhasua, marcará época na tua vida de encarnado entre os homens — disse Elcana, acariciando com seu olhar cheio de nobreza o jovem Mestre, que aparecia iluminado pela Sabedoria Divina.

O homem que lhes serviu de guia na gruta e para quem aquelas conversações não tinha interesse algum, havia voltado para junto da fogueira de onde tirou o grande pão já cozido e as aves assadas.

— Eis aqui — mencionou Jhasua — outra alma para redimir. Qual terá sido a sua tragédia?

— Compartilho convosco minha pobre refeição — disse pondo seus alimentos sobre uma rocha.

— Agradecido — disseram todos. — Vivemos em Bethlehem, e vamos logo em seguida.

— Se não nos tomas a mal — disse Jhasua —, queremos compensar o bom serviço que nos prestaste. Que podemos fazer por ti?

— Minha família vive em Emaús e eu me chamo Cléofas. Fui padeiro do rei Antipas, mas o mordomo quis pôr em meu lugar um irmão de sua mulher, e jogou um punhado de moscas dentro da massa que eu preparava para o pão do rei. Por causa disso, fui condenado à masmorra pelo resto da minha vida. Tive a sorte de escapar, e aqui estou como uma raposa no covil. Esta é toda a minha história.

O Mestre olhou para seus companheiros e, naquele olhar, todos leram o dever que lhes correspondia.

— Um de nós — disse Elcana —, repara bem! Um de nós virá amanhã a esta mesma hora trazer-te roupas adequadas para que saias daqui e possas reunir-te novamente com tua esposa e teus filhos.

— Em Emaús jamais poderá ser — respondeu o infeliz Cléofas —, porque não faltará ali quem queira denunciar-me.

— No entanto, poderia ser em Bethlehem — disse o Mestre —, onde estes amigos vão poder dar-te um meio de vida, trabalhando no moinho.

— O moinho?... Desde que morreu o velho Naboth, e seu filho foi para o presídio, já não se move mais.

— É verdade, mas mover-se-á novamente e dará pão a todo aquele que não o tem — respondeu Jhasua. — Quem poderá encontrar o ex-padeiro do rei num operário qualquer entre os sacos de farinha?

"Teus familiares conhecem este teu refúgio?

— Somente o sabe minha esposa, que chega até aqui a cada lua com um saco de farinha e algumas provisões para que eu não morra de fome.

— Tens amor ao teu redor, Cléofas, e já é muita coisa tê-lo no meio desta Humanidade, onde quase a metade dos homens são como lobos para a outra metade.

Ao dizer estas palavras, Jhasua colocou suas mãos sobre os ombros daquele homem e olhou-o fixamente nos olhos.

— Quero que a esperança floresça novamente no teu coração, amigo. Deus é justiça e amor e tem a sua hora marcada para dar forma e vida às suas criaturas. Tua hora chegou e recebê-la-ás com agradecimento e amor.

Os olhos de Cléofas inundaram-se de lágrimas e, afogando um soluço, deixou cair sua emaranhada cabeça sobre o peito de Jhasua. O Mestre rodeou-o com seus braços, transmitindo-lhe uma poderosa corrente de esperança e de amor.

A fisionomia de Cléofas apareceu como iluminada por um resplendor de sol.

Todos aqueles homens reunidos em volta dele pensaram: "O amor desinteressado e grande do Verbo de Deus é a única coisa que pode salvar os homens."

Na Cidade de Alexandria

Os amigos de Jerusalém, ou seja, José de Arimathéia, Nicodemos, Nicolás e Gamaliel pensavam que, aos seus 21 anos, Jhasua entraria na Judéia, de cujo porto, Gaza, ficava Alexandria somente a três dias de viagem, onde ele prometera a Fílon visitá-lo em sua Escola. Foram a Bethlehem para falar-lhe sobre este particular.

Seus amigos do Monte Quarantana pensavam também do mesmo modo, pois os Solitários desejavam que Johanan, aquele que mais adiante foi chamado *"o Batista"*, tivesse uma entrevista com Jhasua para efeito de umas comprovações de ordem espiritual.

A formosa rede dos pensamentos de amor em torno do jovem Mestre estendia-se prodigiosamente, facilitando, através da telepatia, suas atividades de mensageira invisível. Em face disto, um dia se encontraram reunidos na casa de Elcana, em Bethlehem, durante a estada de Jhasua com seus pais, os quatro amigos de Jerusalém já mencionados, além de Johanan de Jutta, acompanhado por Jacobo e Bartolomeu, porteiros do Santuário do Quarantana, que o leitor já conhece.

Andrés de Nicópolis, irmão de Nicodemos, era Hazzan de uma importante Sinagoga de Hebron, estabelecida no que, anos antes, havia sido a casa solarenga dos avós de Fílon, que o eram também de Johanan, pois suas mães eram irmãs.

Esta Sinagoga estava filiada, naturalmente, à Fraternidade Essênia e à Escola de Divina Sabedoria, que os amigos de Jhasua tinham estabelecido em Jerusalém.

Foi ela fundada e constituída com caráter de Sinagoga para que servisse de lugar para as reuniões públicas do povo que quisesse instruir-se nas Escrituras Sagradas. Não tinha o caráter de Escola de Ciências Ocultas como o tinha a de Jerusalém, e não havia sobre ela vigilância alguma nem suspeitas do clero central.

Além disto, a cidade de Hebron foi sempre qual ânfora de religiosidade, de misticismo, onde a maioria das pessoas, desprovidas de todo dogmatismo e incapazes de obscuras elucubrações teológicas, apreciava os livros sagrados no que eles têm de consoladores e de suave poesia da alma religiosa, que se compraz nas obras de um Deus piedoso e justo.

Andrés de Nicópolis quis aproveitar a visita de seu irmão Nicodemos a Bethlehem, nessa ocasião em que Jhasua estava ali com seus pais.

A casa de Elcana viu-se novamente honrada com numerosas visitas, que chegavam em busca do *Bem-Vindo* acolhido sob o seu teto.

Foram os primeiros vínculos que Johanan o Batista estreitou com pessoas do mundo exterior.

Johanan havia completado seus 21 anos na austera placidez do Santuário do Monte Quarantana, para onde tinha sido levado muito criança.

Jhasua estava, pois, com visitas.

Seus amigos de Jerusalém queriam acertar a viagem prometida a Alexandria.

Johanan de Jutta, que ia ser consagrado muito em breve Mestre de Sabedoria Divina, convidava a Jhasua para que, juntos, fossem receber sua consagração no Grande Santuário do Moab, visto como, por antigas alianças espirituais, se haviam unido para esta nova manifestação do Amor Eterno à Humanidade terrestre.

Andrés de Nicópolis, conhecedor do grande segredo de Deus encerrado na personalidade de Jhasua, queria que ele deixasse estabelecido – numa visita à Sinagoga de Hebron – as normas a seguir para chegar a uma cooperação direta com a obra espiritual que iam realizar.

Jhasua, com sua modéstia habitual e própria de todo ser verdadeiramente grande, disse com muita graça:

– Todos vós me quereis fazer Mestre antes do tempo. Procurai soltar do ninho um passarinho que ainda não tem asas fortes e bem cobertas de penas, e o vereis levando tombos e estatelar-se logo depois no solo. Por que correis tanto, se tudo chegará a seu devido tempo?

Com isto encontrou o meio de contentar a todos, já que seus desejos tendiam para a difusão da Verdade Eterna, ou seja, o conhecimento de Deus e das almas, Suas criaturas, como um meio de espargir sobre a Humanidade os reflexos da Sabedoria Divina, que o levaria à conquista de seus grandes ideais de paz e felicidade.

O programa a seguir era o seguinte: Ele iria imediatamente a Alexandria e, no seu regresso, passaria por Hebron e, depois, pelo Santuário de Moab, em companhia de seu amigo e parente Johanan de Jutta.

– Estais todos de acordo? – perguntou depois, com sua divina complacência, que foi sempre de suas mais formosas maneiras de conquistar o amor de todos quantos o conheceram.

– E eu? – perguntou a meiga Myriam, vendo que todos disputavam seu filho. Não tenho nenhum direito a ser também colocada de acordo?

– Sim, mãe, e até antes dos demais – respondeu Jhasua com imensa ternura. – Que desejas para estar de acordo?

– Que na viagem ao Egito te deixes guiar em tudo por José de Arimathéia, que permanecerá ao teu lado, como se ele fosse, simultaneamente, pai e mãe – respondeu ela.

– Perfeitamente de acordo, mãe! Ouvistes, José? Sereis meu pai e minha mãe, até que eu volte de Alexandria, e me proporcionareis todos os mimos que eles me dão desde que nasci.

– Com muita honra! – respondeu José cheio de satisfação. – Podeis ficar bem tranqüilos, que esta viagem é curta e não oferece perigo algum.

"Sairemos com a lua cheia e regressaremos na próxima lua nova. Com toda a certeza, esperar-nos-eis aqui."

Algumas horas depois, os viajantes da casa de Elcana, ou seja, os do Monte Quarantana e os do Hebron, empreendiam o regresso para suas moradas habituais, enquanto Jhasua, com os quatro amigos de Jerusalém, se incorporavam à caravana que fazia as viagens ao porto de Gaza, onde tomariam o primeiro barco que levasse viajantes a Alexandria.

Desde que Jhasua decidiu sua viagem a Bethlehem, ficou pensando que essa seria a ocasião oportuna para cumprir a solene promessa de que, aos 21 anos de idade, visitaria Fílon em Alexandria. Nicodemos, que mantinha freqüente correspondência com o filósofo alexandrino, havia também anunciado essa visita como bem provável.

A telepatia, sutil mensageira invisível, sussurrara certamente suas notícias ao sensitivo Fílon, que vivia com o pensamento fixo no Verbo Encarnado, no Divino Logos de seus sonhos radiantes e profundos, através dos quais entrevia, como um resplendor da Luz Eterna, o supremo segredo de Deus.

Fílon estivera esperando durante vinte anos essa visita, que tinha sido prometida pelo próprio Jhasua em momentos de clarividência, enquanto, em profunda meditação o evocara num inolvidável anoitecer às margens do Mediterrâneo, no porto de Tiro.

Vinte anos de fecundo labor do filósofo alexandrino e dos poucos mas fiéis adeptos de sua escola de Sabedoria Divina, haviam-lhe permitido acumular um valioso tesouro de ciência antiga, que abrangia imensas épocas pretéritas, das quais o mundo moderno apenas tinha vagas notícias.

Em constante comunicação com Melchor, o príncipe moreno da Arábia Pétrea, haviam realizado estupendas descobertas que abriam horizontes vastíssimos para a história da evolução humana através dos séculos.

Quando as hostes formidáveis de Escipião, o africano, passaram, como um vendaval de fogo, sobre a antiga Cartago, deixando-a em ruínas, Roma não se interessou pelos tesouros de sabedoria que se encerravam entre as paredes de sua grande biblioteca; e os caudilhos que tinham repartido entre si as imensas terras inexploradas da África do Norte, bem como as tribos numerosíssimas que as povoavam, se fizeram donos deles.

Muitos séculos antes, quando as invasões dos Hicsos assolaram as regiões do alto e baixo Nilo, muitos fugitivos se refugiaram nos países do ocidente africano, e, por entre essa continuada e móvel onda humana, se estabeleceram na antiga Cartago os remanescentes da sabedoria Kobda da Pré-História.

As escolas de Melchor e Fílon foram recolhendo, como preciosas flores dissecadas, esses velhíssimos manuscritos em papiro, conservados, provavelmente sem se conhecer a fundo o seu valor, pelos antigos reis africanos, que eram os únicos senhores de todo o Norte da África, antes que as potências européias estabelecessem ali suas colônias.

A Biblioteca de Alexandria, glória do grande rei Ptolomeu, que passou para a história como seu criador, foi enriquecida enormemente graças à incansável busca de escritos antigos realizada por Melchor de Horeb e Fílon de Alexandria, sem que o mundo se haja inteirado destes detalhes. Ambos eram Essênios de coração e falavam muito pouco de suas próprias obras. Tudo ficava submerso no místico perfume do seu silêncio meditativo e estudioso.

Acaso não era um dos grandes princípios essênios realizar obras e silenciar o nome de quem as tinha feito?

Mais tarde, o Cristo, Ungido do Amor, tornou seu este sublime princípio quando disse: "Que tua mão esquerda não saiba o que a direita faz", quintessência do esquecimento de si mesmo a que chegou o Homem-Luz na sua doutrina de amor fraterno e de renúncia pessoal.

Os tesouros da grande biblioteca de Cartago haviam, pois, passado para a de Alexandria, confiada à Escola de Fílon, que a transformou numa das primeiras do mundo. Dali foram levadas cópias de muitos manuscritos para a biblioteca de Tharsis, na margem oposta do Mediterrâneo, outro importante centro de cultura antiga, na época a que se refere a obra.

Remontando nosso pensamento à Pré-História, e desenrolando os rolos de papiro na cidade do Nilo, podemos ter uma idéia da íntima satisfação que experimentaria

Jhasua ao defrontar-se com as velhas crônicas de Corta-Água, o santuário fundado pela Matriarca Solânia. Secundada por seus irmãos Kobdas, pendurou ela seu ninho naquele formidável penhasco, que foi como um farol para aquela remota civilização, a estender suas redes de ouro por todo o norte africano, desde o Nilo até a Cordilheira Atlas da Mauritânia, restos ciclópicos da desaparecida Atlântida.

Mas não convém adiantar acontecimentos. O veleiro que conduzia nossos viajantes vinha de Tiro com poucos passageiros e um bom carregamento de tecidos finíssimos e objetos artísticos de bronze, nos quais os tírios eram especializados de uma maneira notável. Os cinco amigos ocupavam dois camarotes dos mais espaçosos do barco, e, como eram contíguos, passavam juntos os longos percursos daquela viagem em pleno inverno.

Traziam como presente para Fílon uma cópia completa das *"Escrituras do Patriarca Aldis"*.

– Logo pisaremos a terra que tanto conhecemos através destas escrituras – disse Jhasua a seus amigos. – Esse Santuário de Neghadá parece surgir, por momentos, dentre as águas serenas do Nilo, com as sombras silenciosas de seus Kobdas de túnica azul e gorro violeta...

– Jhasua!... o mar está tornando-te sentimental e melancólico – disse Nicodemos, que sentia em si mesmo a vibração suave e profunda do pensamento do jovem Mestre.

– Estas ondas, que a quilha de nosso barco vai cortando, viram tantos e tantos veleiros ancorarem defronte a Neghadá para desembarcar os escravos que os Solitários compravam por alto preço para lhes dar a liberdade... na Pré-História já existia o amor entre os homens.

"Dir-se-ia que os homens de vestimenta azul o mantinham cativo, pois somente eles sentiam amor para com seus semelhantes" – continuou Jhasua.

– O próprio Patriarca Aldis foi comprado pelos Kobdas de Neghadá, conforme ele mesmo relata – acrescentou José de Arimathéia. – Em sua última carta, nosso amigo Fílon assegura que nos reserva uma grande surpresa entre os poeirentos manuscritos provenientes da antiga Cartago.

– Tenho o pressentimento – disse Nicolás de Damasco – que estas Escrituras do Patriarca Aldis vão fazer sucesso nas margens do Nilo, e que a surpresa que Fílon nos reserva se refere a este mesmo assunto.

– Quanto a mim – disse Gamaliel – sinto-me oprimido sob o peso das responsabilidades que contraímos ao possuir estes grandes segredos do passado.

"Como impor esses conhecimentos aos nossos contemporâneos, que já se cristalizaram e se mumificaram no seu pensar referente a acontecimentos que a evidência e a lógica demonstram não estarem de acordo com a verdade?

"Se não podemos obrigá-los a aceitar a realidade dos fatos, de que nos serve a posse desses grandes segredos guardados pelos séculos passados? Eis aí a minha grande preocupação.

"Estamos, bem o sabeis, na posse da sabedoria antiga, onde encontramos os vestígios bem acentuados de sistemas e princípios que levantaram o nível espiritual de civilizações bastante remotas. Essas antiqüíssimas Escolas de altos conhecimentos, denominadas *"Profetas Brancos"*, *"Flâmines"*, *"Dacthylos"* e *"Kobdas"* falam-nos de um espaço infinito, ou seja, ilimitado, povoado de globos que são, ou se preparam para ser, moradas de outras tantas humanidades e espécies de entes orgânicos de escala superior ou inferior à humana.

"Em algumas dessas Escolas chegaram até a saber a forma de vida coletiva das humanidades que povoam determinados planetas de nosso sistema solar.

"Como fazer entrar nas mentalidades atuais a natureza do *Grande Atman, a Causa Única e Suprema*, que é a Vida Universal e a Idéia Eterna, se eles concebem Deus como um grande senhor, um poderoso rei arbitrário e colérico, como todo aquele que tem consciência de ser senhor único?

"Além disto, as mentalidades atuais, em sua grande maioria, nem sequer concebem a forma esférica desta Terra que habitamos, e estes poucos habitantes terrestres se julgam os únicos seres inteligentes do vasto Universo.

"É uma treva pesada demais, meus amigos, para que nossa lamparina possa penetrar nela..."

– Falaste muito e muito bem, Gamaliel! – disse o Mestre. – No entanto, esqueceste uma coisa.

– Qual, Jhasua? Queres ter a bondade de dizer-nos.

– Procedeste como um semeador que vai ao campo com um saco de sementes para semear, e, vendo que tudo está cheio de sarçais e de pedras, diz: Onde hei de jogar esta semente se os espinheiros e as pedras cobrem todo o solo? Ele padece e geme porque não encontra um palmo de terra apto para a semeadura. Que aconselharias ao semeador desta minha história?

– Simplesmente que retire as pedras e os sarçais do terreno e, depois de cavar na terra determinados sulcos, lance então a semente – respondeu Gamaliel.

– Justamente é o que devemos fazer, já que temos um grande saco de preciosa semente da Verdade Eterna: preparar o terreno para que a semente possa germinar. Aqui voltamos para as teorias de meus Mestres Essênios: Lutar contra a ignorância das massas que foram levadas para a obscuridade por inteligências interessadas em dominá-las com seus caprichos, a fim de embrutecê-las e explorá-las em benefício próprio, como se faz com uma manada de animais, que nada mais pedem senão comer e beber.

– Toda esta treva de ignorância em que se debate a Humanidade nesta civilização é em razão do fato de terem apagado a lâmpada radiante de Moisés – disse Nicodemos.

"No seu incomparável *'Gênese'* estava encerrada, como num vaso de alabastro, toda a Verdade Eterna de Deus. Desde a formação das nebulosas até o aparecimento da espécie humana neste Planeta. Tudo isto estava compreendido na obra de Moisés.

"Com a sua destruição, nossa Humanidade submergiu nas trevas."

– Estás no caminho certo – observou Nicolás – e, com essas palavras, abres o caminho já indicado por Jhasua. Aí estão as pedras e os sarçais que devemos retirar, para que a semente que Moisés semeou há quinze séculos possa novamente ser semeada com êxito no momento presente.

– E semeá-la como a semeiam os Essênios, escolhendo as almas dentre a multidão e não arremessando-a indistintamente sobre pedras impenetráveis ou sarçais rebeldes, até que, afastados completamente os obstáculos, possamos derramá-la a mãos-cheias e em campo descoberto – acrescentou José de Arimathéia.

– Muito bem, José, muito bem – exclamou Jhasua, com a alegria irradiando do seu semblante.

"Encerraste com fecho de ouro esta conversação noturna no camarote de um barco que nos conduz à cidade das Ciências Antigas, onde vamos recolher mais sementes para a nossa semeadura."

– Assestaste um golpe de morte em minhas dúvidas – disse satisfeito Gamaliel, que era quem mais duvidava da capacidade humana desta época para aceitar e compreender as grandes verdades a respeito da criação universal, de Deus e das almas.

– O pessimismo é um dos maiores obstáculos para a tarefa que nos impusemos – observou Nicodemos. – Devemos crer no triunfo, embora não o vejamos. Ele é como um tesouro que está oculto num deserto inexplorado.

"A conquista deste tesouro custará sacrifícios enormes, talvez até a vida. Haverá mártires e sangue, porque a ambição e o egoísmo cegam os homens dirigentes de nações; por isso julgam que, cortando cabeças, conseguirão matar as idéias que refletem a Suprema Verdade.

– A Humanidade em geral evita remover o passado como os animais evitam passar por um campo que foi devastado por um incêndio e que aparece coberto de cinzas. Ali não há nada para comer. Desta mesma maneira a Humanidade inconsciente não busca nada no passado e, por isto, não aprende as lições de sabedoria que o passado lhe dá; donde se conclui que toda evolução no sentido moral, espiritual e ainda material custou muitos enormes sacrifícios, muito sangue e muitas vidas para consegui-lo.

Jhasua, que pronunciava essas palavras, pensava, sem atrever-se a dizê-lo para não assustar seus amigos:

"Se a Eterna Lei nos pede o sacrifício de nossa vida para acender novamente na Terra a lâmpada de Moisés, que outra coisa haveremos de fazer senão dá-la? Não proceder desta forma seria cometer um erro."

O egoísmo do clero judeu e o do poder romano dominante no mundo de então, que haviam feito de todos os povos uma colônia romana, se levantavam como gigantescos fantasmas para esmagar, sob seu pé de ferro, todas as cabeças que se erguessem por entre a turba submissa para dizer:

"Sou uma inteligência que raciocina e pensa, e não um animal que come e dorme."

Um silêncio de meditação encheu o camarote do barco onde se iniciava esse grande movimento espiritual, ao qual, anos depois, o Apóstolo Nazareno, o Verbo de Deus Encarnado, haveria de dar formas definitivas.

O rumor das ondas a se chocarem contra o casco do barco, o estalido do vento agitando as velas estendidas, eram o concerto que acompanhava os pensamentos sublimes e heróicos daqueles cinco homens a sonharem despertos com o grande e formoso ideal da dignificação humana através da sabedoria e do amor.

O barco passava, nessa ocasião, pelo audaz braço de rochas conhecido como *Monte Cássio*, que sobressai ao mar, formando a magnífica baía de Cibrão, onde se refletem as palmeiras e as acácias que coroam aquele monte como um diadema de esmeraldas. O espetáculo era grandioso e fantástico à luz prateada da lua, e os cinco viajantes, envolvendo-se em seus pesados mantos de pele de camelo, subiram à coberta a fim de contemplá-lo.

As Escrituras do Patriarca Aldis vieram às suas mentes, como se nelas fossem tecidas filigranas de velhas recordações que os faziam viver aquela vida distante nas margens do Nilo, entre os Kobdas vestidos de azul.

O imenso delta do rio pareceu-lhes algo como uma gigantesca mão cujos dedos mergulhavam no mar, enquanto o braço se perdia no deserto e nas montanhas.

Ali havia sido elaborado, há oito mil e trezentos anos, esse grande passo da evolução humana que chamamos *Civilização Adâmica*, e que se estendeu por três continentes.

O Nilo, que se achava à vista com sua vida milenária, havia presenciado a passagem de milhares de gerações, centenas de reinados gloriosos ou nefastos e invasões devastadoras de diferentes raças a passarem como vendavais de fogo, deixando como recordações ruínas silenciosas, que a vegetação cobria piedosamente.

Aquele mundo calado de pensamentos e recordações mantinha nossos viajantes como encravados na coberta do barco, enquanto iam cruzando, a meia milha da costa, os grandes desaguadouros do Nilo, o gigantesco rio do país dos Faraós.

Somente depois de passado o meio-dia seguinte foi que eles se encontraram no grande porto de Alexandria, entre um verdadeiro bosque de mastros, através dos quais se viam gigantescos obeliscos, colunas, cúpulas que se interceptavam e se confundiam umas com as outras em confuso labirinto.

Pouco depois de haverem desembarcado e quando iam cruzar a balaustrada que cercava o cais, aproximou-se deles um homem pequenino e já de idade muito avançada, que perguntou:

— Senhores viajantes, dizei, vindes da Judéia?

— Justamente, viemos em busca do Museu e da Biblioteca — respondeu José de Arimathéia.

— Muito bem. O Mestre Fílon vos espera há três dias. Vinha ele mesmo aguardar a chegada de todos os barcos provenientes dos portos da Palestina. Agora enviou-me porque está com visitas vindas de Cirene. Se julgais poder confiar em mim, tende a bondade de me seguir.

— Claro está que vos seguiremos e com todo prazer — respondeu Nicolás.

Jhasua, mergulhado no mar infinito de seus pensamentos, caminhava em silêncio.

Pessoas de todas as raças convergiam à cidade que, não obstante haver diminuído muito do grandioso esplendor a que chegara na época dos Ptolomeus I e II, ainda continuava sendo a grande capital do Mediterrâneo Sul. Sua grande potencialidade comercial apenas era comparável à que teve Cartago, antes de ser devastada pelos romanos.

Astro de primeira grandeza nas ciências e nas artes, Alexandria era o ponto final da consagração de todo sábio ou artista.

Nomes ilustres em todos os ramos do saber humano e provenientes dos grandes centros de cultura, como Atenas, Roma, Pérgamo, Siracusa, Persépolis e Bombay, apareciam gravados no grande álbum de visitantes que a Biblioteca de Alexandria ostentava com orgulho e satisfação.

Homero, Virgílio e Ovídio, os três poetas imortais da antiguidade, haviam estampado na frente de seus nomes formosas estrofes de sua inspiração genial.

Também a ela chegava Jhasua, a Verdade Eterna feita homem, o Verbo de Deus convertido em pessoa humana pela Magia invisível do Amor Divino, e isto sem que a grande cidade se desse por inteirada. Como uma indolente princesa faraônica, continuava semi-adormecida entre o rumor das palmeiras e os cantos dos barqueiros remando sobre as ondas do Nilo.

— Jhasua, Jhasua!... jovem glorioso de meus sonhos de 20 anos!... — exclamou alguns momentos depois Fílon, o grande filósofo alexandrino, abraçando ternamente o jovem Mestre, que penetrava naquele templo de ciências humanas como um aprendiz qualquer... ele, que trazia em si mesmo a Suprema Verdade de Deus!

Fílon tinha então 45 anos, e sua obra magna já estava bastante adiantada: a revisão e comentários dos cinco livros de Moisés.

— Acendes novamente essa lâmpada apagada pelos homens — disse Jhasua, olhando atentamente para aquele imenso trabalho, suficiente, por si só, para colocar Fílon na primeira fila entre os cultivadores da Verdade Eterna.

— Se não tivesse havido a cooperação do príncipe Melchor de Horeb, não teria sido possível acender novamente a lâmpada de Moisés — respondeu Fílon a seus amigos recém-chegados.

"Em sua Escola do Sinai, encontrei o veio de ouro mais precioso para a reconstrução dos livros de Moisés, com fundamentos tão sólidos que não podem ser destruídos nas épocas que virão, por maiores que sejam o fanatismo e a ignorância."

– Nessa hora solene e propícia – disse Nicodemos – unamos nossas pequenas descobertas em favor da Verdade Divina, enterrada por muitos séculos sob montanhas de areia, e procuremos romper a densa treva que envolve a Humanidade.

– Também trouxemos para Alexandria a bagagem da verdade descoberta em terras da Palestina e da Síria – acrescentou José de Arimathéia.

"Eis aqui o nosso tesouro," disse pondo sobre a grande mesa, ante a qual estavam sentados, uma grossa pasta que se assemelhava a uma sacola de mão, usada então pelos médicos e homens de estudo.

Cada qual trazia a sua, e, colocadas todas sobre a mesa, formaram um respeitável conjunto de rolos de papiro, telas enceradas e plaquetas de argila e madeira.

– Santo céu! – exclamou Fílon com a alegria estampada no semblante. – Há aqui material para encher mais uma sala desta biblioteca.

– E para que tua pena escreva muitas mensagens divinas à Humanidade, que ignora de onde vem e para onde vai – acrescentou Nicolás de Damasco, colocando em ordem, por sua numeração, os rolos e calhamaços que haviam trazido.

Logo depois de um breve descanso na dependência particular de Fílon, começaram a contemplar o célebre Museu, onde apareciam pinturas, esculturas, baixos-relevos e gravações provenientes de todos os países do mundo.

Ptolomeu I, que, de general macedônio dos exércitos de Alexandre Magno, passou a Faraó do Egito, cuidou com esmero de helenizar, digamo-lo assim, a cultura dos países do Nilo, com o fim de lhe permitir a ilusão de haver transladado para ali as magnificências artísticas da Ática, em todo seu esplendor.

Ptolomeu II e seus sucessores, até Cleópatra, seu último descendente, participaram desta mesma tendência, embora mais influenciados pelos usos e costumes próprios do país das múmias e das pirâmides.

Era a nona hora daquela esplêndida tarde de inverno, sexto dia da semana, ou seja, o correspondente à nossa sexta-feira.

– Começaremos pela sala de pintura – havia dito Fílon, encaminhando-os por uma imensa galeria, em cuja entrada estava escrito, em grandes letras gravadas em negro sobre o mármore branco: *Cartago*. Este nome aparecia nos idiomas egípcio, árabe, latino e sírio.

"Aqui tendes parte das grandes belezas artísticas da infeliz Cartago," – disse o Mestre Fílon.

– Eu já estive aqui com meu pai há alguns anos – observou Gamaliel –, mas observo agora que isto se apresenta de maneira diferente.

– Com efeito, foi necessária a mudança, por haver o príncipe Melchor de Horeb, que conheceis, adquirido importantes obras que se achavam em poder de alguns reis indígenas da África Ocidental. Um irmão de Aníbal, segundo dizem algumas escrituras, quando compreendeu que os exércitos defensores de Cartago iam ser derrotados pelas legiões romanas, conseguiu salvar do incêndio, a que os vencedores entregaram a grande cidade, muitas destas obras que aqui vedes. Estes tesouros de arte foram passando pelas mãos dos descendentes do grande general cartaginês, estabelecidos entre os Montes de Oran, de Jelfa, e que as bravias tribos dos Tuaregues os transformaram em seus próprios reis. Seus domínios chegam até o rio Níger.

Estas explicações que Fílon dava à medida que iam avançando pela ampla galeria não estavam sendo ouvidas por Jhasua, absorto completamente por uma grande pintura em tecido que recebia em cheio o sol da tarde através dos anteparos de quartzo, que davam transparência de ouro pálido ao suntuoso recinto.

Jhasua não podia explicar a si mesmo como a espantosa tragédia da pintura adquiria tal força de realidade e vida, a ponto de seu coração estremecer dolorosamente.

Era como uma interminável avenida de enormes cruzes de madeira, em cada uma das quais pendia uma vítima a retorcer-se em dores supremas e vertendo sangue pela boca, pelos pés e pelas mãos.

Esta trágica avenida de justiçados desaparecida em distantes névoas, dando a compreender habilmente, através do pincel do pintor, que aquele caminho era muito longo e que as cruzes e as vítimas continuavam ainda por uma longa distância até se perderem de vista.

Aquelas cabeleiras desordenadas pelo vento, as artérias e veias sobressaindo à flor da pele, por causa dos esforços desesperados, aqueles semblantes contraídos pela dor ou pela cólera, aqueles nervos crispados, era algo que descontrolava a alma, por mais bem temperada que fosse.

– Mestre Fílon – disse finalmente Jhasua –, que significa este conjunto de horrores que ostenta toda a beleza da realidade levada à perfeição?

– Oh, meu filho!... – respondeu o filósofo. – Essa pintura é a vingança dos reis Tuaregues, descendentes de Aníbal, o heróico defensor de Cartago; e, para que melhor a compreendas, traduzirei esta legenda que está à margem da pintura.

"Um bisneto do grande Aníbal foi testemunha ocular da crucificação de seis mil escravos que se uniram ao heróico Espártaco, pedindo ao governo romano sua liberdade, que lhes foi negada. Depois de dois anos de luta, refugiados no Vesúvio, foram capturados e crucificados ao longo da Via Ápia, a estrada real que une todo o Sul da Itália com Roma.

Jhasua parecia já não mais escutar. Com os olhos dilatados e úmidos de pranto contido, olhava fixamente para aquela pintura a desmentir o mediano bom conceito que, até então, tivera da Roma conquistadora e poderosa.

Ele sabia que ela fora cheia de ambições, poder e glória, mas não a imaginava cruel e sangüinária até aquele extremo que a pintura demonstrava.

– Enfurecido assim o poder e a força contra infelizes escravos que pediam a liberdade, a dádiva de Deus para todos os seres da criação! – exclamou por fim Jhasua com a voz trêmula de indignação.

"Quão grande e bom é o nosso Pai Universal, que não extermina como animalejos daninhos essas criaturas humanas que, desse modo, renegam sua origem divina e seu destino imortal!"

– Bem se percebe, meu filho – disse Fílon – que contas apenas 20 anos e que viveste, até hoje, em tua plácida Galiléia e entre o meigo amor dos Santuários Essênios.

"Examina esta outra pintura, irmã-gêmea da anterior.

"Representa ela a matança com que Roma acabou de aniquilar Cartago, depois de um século de sangrentas lutas: o incêndio da cidade que ficou reduzida a cinzas; depois, os arados reduzindo as ruínas a pó, onde cresceram os espinhos e os sarçais. É isto que diz a inscrição que está à margem.

"É do mesmo autor: *Aníbal Tugurt*, o último rei de sua família exilada e dispersa entre as montanhas do Sahara."

– Montões informes de cadáveres destroçados!... – continuou dizendo Jhasua, enquanto seus amigos o escutavam em silêncio. – Bandos de corvos a descer para devorá-los!... Chamas vermelhas e negra fumaça a subir como um clamor mudo até as nuvens!... *Corta-Água* da Matriarca Solânia, que, há oito mil e trezentos anos, pendurou seu ninho de amor entre tuas palmeiras e acácias!...

"Como os homens egoístas e perversos puderam destruir aquela imensa semeadura de amor, de paz, de civilização espalhada no mundo pelos Kobdas de vestimenta azul?"

– Oh, Jhasua!... Tua alma de jovem, incapaz de qualquer maldade, lastima ver, através das pinturas feitas em tecido há meio século, os vestígios de dor e de sangue que deixaram o orgulho e a ambição quando estes se apoderaram dos homens – disse Fílon, tratando de amenizar no jovem Mestre a dolorosa impressão.

– É o desengano e a desilusão o que magoa Jhasua – disse José de Arimathéia. – A história do povo judeu que todos conhecemos é uma continuada matança, do mesmo modo como a de nossos vizinhos, assírios, guerreiros e conquistadores. Mas os romanos, que nos chamam de bárbaros porque somos da raça semita, cometem iguais atrocidades, dizendo ainda que fazem uma cruzada civilizadora do mundo, quando em verdade destroem toda esperança e ilusão!

– Onde se escondeu a paz, a sabedoria e o amor que a Lei determina? Não podeis dizer-me? – perguntou Jhasua a seus amigos, todos eles com o dobro de sua idade.

– Está no coração dos poucos que chegaram ao caminho da Luz – respondeu Fílon. – Por condescendência dessa intensa claridade, compreendemos que a única grandeza que satisfaz o espírito humano é a que emana do bem, da justiça e da dignificação dos seres através da compreensão e do amor.

"É certo que a nenhum de nós, ainda que fôssemos donos de tesouros imensos, passaria pela mente a idéia de armar legiões para conquistar, a sangue e fogo, os países vizinhos."

– Claro que não!... – interrompeu Jhasua. – Pensaríamos em tornar felizes a todos os homens, cada qual na região em que Deus o fez nascer!

Seu pensamento foi a Bethlehem, ao tesouro encontrado no monumento funerário de Raquel, mediante o qual, toda aquela região teria pão, lenha, abrigo e abundância para os anciãos, as crianças, os enfermos e os mendigos.

– Na verdade, a Humanidade ainda não sabe ser feliz, embora tendo em suas mãos os meios para sê-lo! – exclamou, deixando-se cair num grande divã que estava no centro da galeria.

– E ainda por muito tempo não conseguirá aprender – observou Nicodemos.

– A evolução é muito lenta porque continuamente encarnam espíritos que abandonaram a vida no meio desses horrores – acrescentou Nicolás de Damasco. – A maioria desses seres volta com a idéia fixa de obter uma desforra. Desta maneira vão sucedendo-se as lutas e as devastações de uns povos sobre outros.

– Na verdade – disse Gamaliel –, neste último século, foram as legiões romanas que assolaram mais da metade do mundo civilizado que conhecemos, como, há três séculos, o tinham sido as legiões macedônicas conduzidas por Alexandre Magno e, antes deste, Nabucodonosor, o tigre assírio que levou a morte por toda parte onde pôs a sua garra.

– Os Kobdas da Pré-História – disse Jhasua – levaram a paz, a felicidade e o amor a três Continentes, e não tiveram legiões armadas nem deixaram montões de cadáveres para servirem de alimentação aos corvos. Por que puderam eles civilizar sem destruir, e as civilizações posteriores não puderam fazê-lo?

— Jhasua, meu filho — disse Fílon, sentando-se ao seu lado. — O amor é força construtiva e o ódio é força destruidora. Os Kobdas formavam uma legião de sábios enamorados do bem e da justiça. Eles foram os instrumentos da Lei Eterna para reconstruir este mundo, arrasado e destruído pelo egoísmo, que engendra o ódio. Eles pertenciam a uma legião de espíritos emigrados de Vênus, Júpiter e Arcturo (*), mundos onde já é melhor compreendida a Eterna Lei da Solidariedade e do Amor.

"É por isso que nossas Escolas de Divina Sabedoria têm a grande missão de ensinar o bem e a justiça aos homens, que, quando chegarem a aprender a lição, renegarão todas as guerras, as lutas fratricidas, os ódios e as destruições, e dirão, como se diz nos mundos adiantados: "O QUE É MEU É PARA TODOS. O QUE É TEU É PARA TODOS. NEM TEU NEM MEU. TUDO É DE DEUS, QUE O DÁ PARA TODOS."

Essa é a lei.

— Afinal, por que os homens já não compreenderam isto? — voltou a perguntar Jhasua. — Os Flâmines-Lêmures ensinaram a justiça naquele continente desaparecido. Os Profetas Brancos ensinaram-na também na Atlântida, que dorme sob as ondas do mar; os Dacthylos na Ática pré-histórica; os Kobdas na África e na Ásia Central. De que serviram, então, seus grandes esforços e sacrifícios?

— Serviram de muito, Jhasua! Examinemos somente a pequena Palestina: um lencinho entre todos os países do mundo. O que há de justo e de bem nela foi criado pelos Essênios da época atual, silenciosos em seus santuários de rochas. Cada família essênia educada por eles é uma lamparina no meio das trevas. Em cada região do mundo houve e há pequenas legiões de Sabedoria a distribuírem luz à multidão turbulenta, que se debate nas trevas numa luta continuada para poderem arrebatar, uns dos outros, os bens que cobiçam.

"Nós, que vemos o conjunto deste altiplano dos conhecimentos superiores a que chegamos, sabemos que estão errados no seu caminho todos aqueles que, a sangue e fogo, querem impor aos seus semelhantes jugos que eles rechaçam, porque truncam as suas esperanças e destroem as suas conveniências.

"Cada qual interpreta e mede a Justiça com a medida de seus próprios interesses individuais. Cada qual admite como justo aquilo que o favorece, e como injusto aquilo que prejudica seus interesses individuais ou coletivos.

"Somente os espíritos de uma grande evolução esquecem suas conveniências e seus interesses, para pensarem na conveniência, no bem e na felicidade de seus semelhantes.

"Por exemplo, Jhasua, no caso de Espártaco, nobre, heróico e iniciador da primeira revolução de escravos na triunfante e poderosa Roma. Ele e todos aqueles escravos que o seguiram achavam justo pedir ao governo romano sua liberdade de homens, porque estavam fartos de se verem comprados e vendidos como animais de rebanho. As mães viam que seus filhos eram arrebatados para serem vendidos em hasta pública a quem melhor preço desse por eles. Sendo-lhes negado esse direito, todos os escravos de Roma se levantaram como um só homem em torno de Espártaco, seu guia-condutor.

"O governo romano, que se tinha na conta de ser o mais elevado e justiceiro da civilização, não via justiça nem direito algum nos escravos para que fizessem tão

---

(*) Arcturo, estrela de primeira grandeza da constelação do Boieiro (N.T.).

insolente e audaz exigência. As famílias patrícias de tradicional ascendência diziam: 'Herdei meus escravos de meus pais, do mesmo modo como herdei minhas propriedades, minhas jóias, meus móveis, minhas fazendas e plantações. Não tirei nada de ninguém. Dou-lhes a comida necessária e apenas mando açoitá-los quando cometem faltas que me prejudicam. Que razão têm eles para se rebelarem contra o amo?'

"Estás vendo, Jhasua, como é o critério humano, pendendo sempre para a conveniência de cada um?

"Crê realmente estar agindo com justiça aquele que pede aos gritos a sua liberdade. Da mesma maneira crê estar agindo com justiça aquele que a nega, porque tem a força e o poder em sua mão. Nós, que vemos de uma pequena altura moral essas lutas tremendas de interesses criados, choramos em silêncio ao ver a cegueira dos poderosos que se julgam grandes quando passam por cima de cabeças inclinadas e vencidas, e também a rebeldia estéril daqueles que, no final de tudo, caem esmagados sob o carro do triunfador.

"Aí tendes o exemplo dessa magnífica pintura que motivou esta conversação e que encerra a realidade dessa ocorrência há cinqüenta anos, quando nenhum de nós ainda havia nascido.

"O governo romano condenou os seis mil escravos em fuga, que foram capturados, a morrerem crucificados ao longo da Via Ápia, onde foram deixados até que os corvos começaram a despedaçar os cadáveres. Depois os untaram com piche e puseram fogo, para que o mau cheiro não contaminasse o ar das populosas cidades vizinhas. E o mundo ainda admira o poder e a glória de Roma, senhora do Orbe!..."

Um penoso silêncio seguiu-se a esta conversação.

— Jhasua — disse José de Arimathéia ao perceber em si mesmo os dolorosos pensamentos do jovem Mestre —, é esta a tua primeira saída do ninho paterno e recebeste um golpe demasiado rude. Eu havia observado em ti uma grande esperança na Roma dos Césares, em virtude da suavidade com que Augusto acedeu a Públio Virgílio Maron em tudo quanto ele solicitou em favor de determinadas exigências feitas pelos povos da Palestina e da Síria.

"No entanto, em Roma nem sempre esteve Augusto César, que foi homem de sentimentos humanitários e que, em dados momentos, se deixava vencer pela piedade. Todos nós que nascemos sob o seu reinado gozamos de um período de paz, até que o orgulho de Herodes iniciou a cadeia de crimes para eliminar aqueles que o estorvavam. Vejamos agora o que nos dá Tibério César."

— Foi no tempo das conquistas para ampliar seus domínios que Roma cometeu as espantosas atrocidades a que estas pinturas se referem — acrescentou Nicodemos.

— Naturalmente — observou Nicolás — porque as nações invadidas defendiam suas liberdades e independências até morrer por elas.

— No entanto, Roma sofrerá, um dia, mais cedo ou mais tarde, o mesmo que ela fez com Cartago, que lhe resistiu por mais de um século, porque há uma justiça inexorável que não se engana nem vacila como a justiça humana: A Lei Eterna, que diz:

"Todo mal cai sobre quem o faz."

"A história dos séculos que se passaram demonstra e comprova isso."

— É certo, Gamaliel — respondeu Fílon — porque o nosso princípio de que o ódio é força destruidora cumpre-se com assombrosa precisão.

"O mundo cego e inconsciente denominou *Grande* um guerreiro conquistador que avassalou o globo com a força de suas legiões armadas, e semeou a dor e a morte. Desta forma, temos Alexandre Magno, a cuja honra Ptolomeu I dedicou esta cidade. Ela está edificada sobre as ruínas da cidade sagrada dos Kobdas: Neghadá.

"É Grande porque fundou cidades nos países conquistados," dizem os macedônios que o admiram até o ponto de julgá-lo um deus. Mas... e as cidades que destruiu ao invadi-las?... e as vidas humanas que aniquilou?... e as dores que causou para satisfazer sua desmedida e louca ambição?...

"Não foi cruel por natureza, é verdade. Agora o veremos estendido, rígido, em seu sarcófago de cristal e de prata, que está no recinto central deste Museu. Jovem e formoso, o conquistador parece dormir na eterna quietude da morte."

– Estás penalizado, Jhasua? – perguntou o filósofo, vendo-o com o olhar fixo na pintura dos escravos crucificados.

– Jamais vi tão ao vivo o horror da morte nesta forma! – exclamou o jovem Mestre sem poder afastar seus olhos daqueles patíbulos de infâmia.

"As feras – acrescentou – quando a fome as acossa, matam a vítima de uma dentada e a devoram. Só o homem, a criatura inteligente da Criação Universal, permite a si mesmo o horror de ir matando lentamente e entre torturas horríveis seus semelhantes, não para saciar a fome, mas para satisfazer seu rancor e sua cólera, porque aqueles seres queriam escapar de suas garras! Pode ser concebida maldade mais cruel e terrível que esta?

"Roma foi perversa!... Roma foi execrável, quando se enfureceu assim com os débeis e indefesos!," exclamou Jhasua possuído de indignação.

Quem houvera pensado em tal momento que, treze anos depois, ele mesmo sofreria igual gênero de morte como os escravos crucificados ao longo da Via Ápia, e que sua sentença seria firmada pelo representante de Roma em Jerusalém, Pôncio Pilatos!

Jhasua permaneceu uma semana em Alexandria, e não passou um só desses dias sem visitar o museu para contemplar a pintura dos escravos crucificados, que o atraía irresistivelmente.

– Na verdade – disse Nicodemos – estas pinturas são a vingança de Cartago contra a Roma destruidora e cruel. Tal como ocorreu a Jhasua, ocorrerá a todo viajante que sonhe desperto e julgue que, de Roma, surgirá a felicidade e a paz do mundo.

Parecia incrível que pinturas mudas falassem tão alto e tão eloqüentemente. A arte é verdade e vida! Que grande artista foi esse Aníbal Tugurt, último descendente do heróico defensor de Cartago!

No Vale das Pirâmides

Vejamos agora Jhasua mergulhado com seus amigos nos rolos de papiro que haviam trazido da Palestina, e aqueles que Fílon guardava como surpresa para presentear-lhes.

Dois dias depois de se acharem em Alexandria, chegou Melchor de Horeb que já havia sido avisado de antemão e que não queria nem podia perder a oportunidade de ouvir o jovem Mestre, a quem vira apenas duas vezes durante sua infância.

– Oh, meu príncipe africano! – disse Jhasua estreitando-o contra o peito. – Minha memória guardava fiel recordação de ti e, em meus sonhos, te vi mais de uma vez andando pelas montanhas e desertos sobre um formoso camelo de pêlo claro, quase branco.

— É meu companheiro do deserto — respondeu Melchor — e foi nele que vim para te ver, Filho de Deus, e ouvir de tua boca ensinamentos de sabedoria. Decorreram cinco dias, desde que saímos, parando apenas o tempo necessário para descanso de meus companheiros e dos animais.

"Teria chegado ontem, mas no deserto de Extham desencadeou-se um furioso vendaval e tivemos que refugiar-nos numa gruta... aquela gruta, amigo Fílon, a uma milha de Heroópolis, onde tu e eu julgamos ter nascido de novo."

— Ah, sim!... essas recordações não se esquecem jamais — respondeu o aludido.

— Se aquele enorme penhasco nos tivesse esmagado, teriam morrido conosco nossas descobertas e nossas esperanças.

— Podemos saber que descobrimentos eram esses? — perguntou Jhasua. — Porque nós também temos alguns e creio que todos os que estão convosco formam um mesmo grupo para tomar conhecimento do assunto em vista.

— Sim, meu filho — respondeu Fílon. — Faz alguns anos que estou preparando os dados necessários, com suas respectivas comprovações, para escrever a história de Moisés com os comentários que ela sugere. Faltava-me algo referente ao tempo daquele obscuro silêncio que ele passou nas terras de Madian, sobre o qual foram tecidas lendas impossíveis de serem aceitas com relação a um ente da altura espiritual do grande Legislador hebreu.

"Esses dados comprobatórios estavam sendo trazidos em nossa maleta de viagem, quando, uma noite, se desprendeu de nossa gruta um enorme pedaço de rocha que passou como um fantasma de pedra quase roçando os nossos corpos estendidos sobre leitos de palha. Nem sequer remotamente aguardávamos um visitante tão perigoso.

"Agora vos revelarei a surpresa de que falava em minhas cartas a Nicodemos.

"Com este bom amigo Melchor, realizamos expedições bastante audazes desde Cirene até mais além do desolado lugar onde antes esteve a populosa e florescente Cartago. Estas duas pinturas que tanto impressionaram a Jhasua, foram a chave que nos abriu o misterioso mundo do deserto africano.

"Fazia só um ano e sete meses que eu era diretor desta Biblioteca e do Museu, quando se apresentou aqui um viajante vindo de Cirene num dos barcos que fazem a viagem desde a Sicília. Vinha com um adolescente de 14 anos. Pediram permissão para ver a galeria de Cartago, e o guardião que estava de plantão acompanhou-os até lá.

"Viu que tiravam cópias das inscrições, e, ao chegar à pintura na qual aparece o incêndio e a destruição completa de Cartago, o viajante prostrou-se por terra, beijou depois a pintura, secou as lágrimas que lhe corriam pelo rosto e falou longamente com o adolescente que o acompanhava.

"Como todas estas manifestações chamassem muito a atenção do guardião, este veio contar-me o que ocorrera, e tive a curiosidade de procurar saber que espécie de ligações tinham aqueles personagens com as pinturas da galeria de Cartago.

"Muito embora tivesse compreendido, a princípio, que eles se esquivavam das respostas pela natural desconfiança que se tem de um desconhecido, tive a sorte de inspirar-lhes confiança depois de alguns momentos de conversação. Quando souberam que eu era africano, como eles, e de raça judia, abriram-se completamente.

"— A raça e a desgraça nos unem — disse o homem mais idoso. — Eu teria nascido em Cartago se não houvesse sido destruída pelos bárbaros do outro lado do Mar Grande. Sou de Cirene e descendente direto na quarta geração de Juba, irmão do grande Aníbal, defensor heróico da maravilhosa Cartago. Todos os anos venho visitar esta galeria onde está guardado o que resta da cidade destruída.

"— E esse jovem é vosso filho? — perguntei.

"— Sim, o menor de todos, o único que ainda tenho ao meu lado. Os outros, seguindo a tradição, internaram-se no deserto — respondeu aquele homem.

"— Eu ignorava em absoluto tudo isto — disse. — Por que fugir para o deserto, onde a vida deve ser terrível?

"— Os poucos homens hábeis que restaram, juraram em torno de Aníbal que haveriam de unir-se como uma só nação com a grande raça Tuaregue, a mais adiantada e forte da África do Norte. Dali fazem uma guerra de morte contra Roma.

"— Diz a tradição que Aníbal morreu numa região do Indostão — observei.

"— É completamente falso — respondeu-me. — Foi um de seus capitães, que se lhe assemelhava em estatura, que vestiu suas roupas e fugiu para Esion-Geber, deixando ali propositadamente a notícia de que Aníbal se dirigia para a Índia, pelo Golfo Pérsico.

" 'Muitos guerreiros que serviram sob as ordens de Aníbal eram tuaregues de raça, e foram eles que salvaram sua vida por ódio a Roma. Entre eles ficou toda a família de Aníbal e os cartagineses que restaram com vida. Meus avós viveram e morreram ali. Por mandato do rei tuaregue Jampsal III, estou em Cirene como correspondente do exterior.' "

— Esse homem — acrescentou Fílon — gentilmente se dispôs a orientar a Melchor e a mim em nossa pesquisa de dados que pudesse servir como fios condutores para as origens da atual civilização.

Nossos viajantes olharam-se uns aos outros.

— Esses dados e muitas outras minúcias nós os trazemos em nossas pastas — disse Jhasua. — E, além de tudo, relatados por uma testemunha ocular.

— Oh! Magnífico! Teremos, assim, a comprovação de que os manuscritos conservados pelos tuaregues e encontrados em criptas funerárias nos subsolos de Cartago são verdadeiros. Esta coincidência é maravilhosa.

A grande mesa do cenáculo de Fílon viu-se coberta de papiros, calhamaços de telas, peles curtidas em branco, tabuletas de madeira e de argila, lâminas de cobre e até pedaços de cortiça de árvores, nas quais apareciam inúmeras gravações.

— Creio que, com tudo isto — disse Fílon —, poderemos esclarecer as obras de Moisés e estabelecer continuidade entre os Kobdas, criadores da civilização Adâmica, com os Essênios, precursores do Cristo.

— Irmão Fílon — disse repentinamente Melchor. — Levai em conta que não vim só.

— Já sei. Vossos criados terão tudo em minha casa. Já ficou tudo determinado.

— Não se trata de meus criados, mas de Buya-Ben e Faqui, ambos de Cirene.

— Como?... Vieram contigo?

— Vieram comigo somente para ver Jhasua — respondeu Melchor solenemente.

— Mas, julgaste isso oportuno? — voltou Fílon a perguntar.

— Creio que eles merecem isto tanto quanto eu. Eu não podia negar-me.

"A África tem o mesmo direito que a Ásia para buscar a Verdade e a Luz. Eles foram encontrar-me em Heroópolis depois de se informarem na praça das caravanas que eu não havia chegado.

"Os homens de sua raça pensam reconstruir Cartago, fato este que comprova um aviso espiritual que obtivemos em Horeb:

" 'Um povo novo surgirá do sangue de Aníbal e de seus mártires cartagineses e desse povo levantar-se-ão vozes vigorosas para acender nas pessoas a nova Luz do Enviado Divino.'

"Creio, pois, que estes seres, pai e filho, são trazidos a nós providencialmente."
Percebendo Fílon o assentimento de todos, fê-los entrar.

Alguns momentos depois, ambos os visitantes inclinavam-se profundamente ante a reunião e assim ficaram até que Melchor, mais a par de seus costumes, aproximou-se deles e retirou o véu azul que envolvia suas cabeças e caía sobre seus rostos.

Vestiam longas túnicas e mantos azuis de riquíssimos tecidos.

Quando tiraram as mãos dentre as amplas pregas do manto, viram que seus dedos estavam cheios de anéis, com pedras de grande valor, e, pendentes de largos cinturões de prata, longos punhais damasquinos com cabos de ébano e arabescos de ouro. Sobre o peito ostentavam um pequeno escudo de prata, que representava uma serpente enroscada e, no centro do círculo, uma cabeça de leão, erguida e dominante. Aquele homem aparentava 45 anos, e seu filho 19. Este fixou seus olhos negros e cheios de inteligência em Jhasua, o único jovem que se achava na reunião.

Chegou-se a ele decididamente sem esperar apresentação e, dobrando um joelho em terra, tomou-o pela mão e disse em perfeito idioma sírio:

– Que o sol desta terra te seja benigno, príncipe da casa de David.

– Obrigado, amigo – disse Jhasua levantando-o. – Eu não sou um príncipe, mas um buscador da verdade e da justiça.

– Também nós buscamos a justiça – disse o pai dele, que parecia ouvir atentamente as palavras do filho. Este sentou-se ao lado de Jhasua e não se preocupou em dissimular o afeto e a admiração que espontaneamente lhe dedicava.

Ambos formavam um formoso contraste: um, com sua fisionomia de um branco mate, olhos claros e cabelos bronzeados; o outro, com seus longos cabelos crespos de ébano, seus olhos negríssimos e sua fisionomia tostada pelo sol ardente do deserto. Um, gracioso como uma vara de nardos; o outro, alto e forte como um obelisco de pedra.

– Quão formoso é poder amar-te, lírio de Jericó! – disse o jovem de Cirene a Jhasua, com espontaneidade encantadora. – Quanto te amará a África, mancebo dos cabelos de ouro!

– Guarda tuas palavras dentro do peito, meu filho – disse-lhe o pai –, pois podes causar desgosto ao filho de David.

– Não, absolutamente, de forma alguma. Não vos preocupeis – disse Jhasua –, pois agrada-me a franqueza espontânea de vosso filho.

– Deixai-os – observou Melchor bondosamente. – Eles são jovens e se entenderão às mil maravilhas.

Com efeito: Jhasua e Faqui chegaram logo a um completo entendimento.

– Sabes que tua vestimenta azul desperta em mim formosas recordações do passado? – disse Jhasua a seu interlocutor, tocando, como que distraidamente, numa ponta do amplo manto.

– És tão jovem e tens um passado para recordar? – interrogou por sua vez o africano.

– É que, numa época remota, existiu em Cartago um ramo da grande Escola Kobda originária do Nilo. Os adeptos dessa Escola vestiam-se todos como tu. Esta coincidência desperta em mim grande interesse. Isto é tudo.

– Que relação tens com aquela Escola que acabaste de falar? Pergunto apenas para ver se achamos alguma coincidência nos dados que ambos temos – respondeu Faqui.

– Direi primeiro os meus – disse Jhasua, para apagar completamente qualquer leve desconfiança em seu novo amigo. – Numa época bastante remota, há cerca de oito mil e trezentos anos, existiu no penhasco de Corta-Água, que assim se chamava a região onde mais tarde foi Cartago, um Templo de Sabedoria, dirigido por uma admirável mulher cujo nome era *Solânia*. Nos vinte e cinco anos que ali viveu, estendeu uma elevada civilização que chegou até os Montes Atlas, para o Oeste, e até o rio Níger, para o Sul. Tua vestimenta avivou em mim estas recordações. A única coisa que não compreendo de teu vestuário é esse escudo com uma serpente e um leão.

— Tudo quanto me dizes está de acordo com as remota origens de nossa raça — disse o jovem de Cirene. — Quanto a este escudo, esclarecerei: para nós a serpente simboliza a sabedoria e o leão o valor e a força. Além do mais, isso tem outro significado, pois este escudo é a única coisa recente que há nesta vestimenta, usada apenas pelos de dinastia real. Este escudo significa Cleópatra e Aníbal, unidos para lutar contra o inimigo comum: a Roma selvagem e bárbara que, por onde passa, vai incendiando cidades e golpeando seus habitantes, anciãos, mulheres e crianças.

"Cleópatra e Aníbal são os dois símbolos da raça tuaregue, descendente de uma *Filha do Sol*, que vestia um manto azul e apareceu no alto do grande penhasco onde foi edificada Cartago. Quem a trouxe? Quem era ela?"

— Solânia!... A Matriarca Kobda de minha velha história! — exclamou Jhasua, entusiasmado em ter encontrado pontos de contato entre a verdade que ele possuía e os relatos do jovem africano.

— E por que dizes *"minha velha história"*? Acaso és da raça tuaregue? — perguntou Faqui.

— Não, meu amigo. Se digo *"minha velha história"* é porque formo parte de uma Fraternidade consagrada à verdade e à justiça. Procuramos afanosamente tudo aquilo que possa dar luz à Humanidade, cuja maldade tem por causa a ignorância. Quando esta souber suas origens e seu destino, já não haverá mais Roma bárbara e cruel, não existirão inimigos, mas todas as raças do mundo se reconhecerão como irmãs...

— Impossível!... impossível, príncipe, filho de David!... Os tuaregues não esquecem!... Cleópatra e Aníbal não esquecem!... Asseguro-te isto!...

— Pode ser que, dentro de pouco tempo, penses diferente, Faqui, meu amigo! Tua alma reflete-se em teus olhos, e creio que irás compreender-me bem.

— Tens mel na boca, filho de David!... E tuas palavras entram em mim como água fresca quando me acossa a sede — exclamou, com devoção religiosa, o jovem africano.

— Voltemos ao nosso relato — disse Jhasua. — Eu te dizia que essa *Filha do Sol*, origem de tua raça, não pode ser outra senão a Matriarca Solânia da minha história. Sabes por que a chamaram *Filha do Sol*?

— De acordo com os antigos escritos que temos — disse Faqui — não se sabe a origem dela, que era em tudo diferente dos nativos destes países.

"Era branca como o leite, com olhos azuis e cabelos como de raios do sol. Vestia túnica e manto azul. Ensinava a cantar ao sol quando este aparecia pelas manhãs e quando se ia pelas tardes. Temos formosas canções que ela legou a seus filhos como herança."

— Por que vossa raça se chama *tuaregue*? — perguntou Jhasua.

— Porque, numa época distante, desceu do penhasco sagrado um homem vestido de azul, cujo nome era *Tuaregh* e disse: "Vinde ver o que encontrei na escavação feita nesta ladeira do penhasco." Apareceu, numa cavidade da rocha, uma caixa de mármore, e dentro, a múmia de uma mulher vestida de azul. Tinha nas mãos rolos de papiro em tubos de cobre: era a Lei e os cantos ao sol.

"Estávamos ante o cadáver mumificado da *Filha do Sol*. Ela quis ser encontrada por *Tuaregh*, o homem mais justo e nobre da tribo, e todos o proclamaram rei. Por isto nos chamamos *tuaregues*."

— Isto é admirável! Tua história e a minha são a mesma. Vós sois os continuadores de Solânia, não resta a menor dúvida. Mas já comprovaremos isto com os dados históricos que temos.

Ambos foram reunir-se aos demais, que já estavam examinando as antigas escrituras.

No rolo 73 das *"Escrituras do Patriarca Aldis"*, Jhasua encontrou a passagem referente à Matriarca Solânia, primeira pessoa que subiu ao penhasco de Corta-Água com cinco mulheres e quatro homens de vestimenta azul, que se ofereceram para acompanhá-la na arriscada missão.

Jhasua leu em voz alta uma passagem que relatava o momento solene e trágico no qual um grupo de *Doloras*, pois assim aquelas tribos denominavam suas sacerdotisas, estava prestes a imolar a donzela escolhida, e os mensageiros da Matriarca Solânia o impediram.

— Essa passagem — disse Buya-Ben — é como uma lei para a metade da nossa raça, que, em razão de divergências como esta e outras, que não menciono, está dividida em várias ramificações.

"Por isto levamos este escudo que simboliza Cleópatra e Aníbal, com o qual nos distinguimos como continuadores da *Filha do Sol*.

— De modo que — perguntou Fílon — rechaçais os sacrifícios humanos?

— Absolutamente; nossa lei só nos permite matar em defesa da vida ou da honra — respondeu Buya-Ben, tirando, de uma pequena sacola de seda azul, um tubo de prata. — Aqui está — disse — o que nos restou da Filha do Sol, isto é, uma cópia, porque o original encontrado em seu sarcófago está sempre nele; e este permanece cuidadosamente guardado em seu templo funerário de rocha, à margem do rio Igharghar, chegando a Tinghert.

— É exatamente como ele diz — acrescentou Melchor que, até então, havia permanecido silencioso. — O Mestre Fílon pode testemunhá-lo, pois ambos visitamos esse santuário lavrado na montanha como os santuários Essênios.

— Chegastes a ver a múmia da Matriarca Solânia? — interrogou Jhasua com ansiedade, olhando para um e outro dos que faziam tal afirmativa. — Oito mil e trezentos anos já passaram sobre esse corpo humano feito pedra!

— Vimos — disse Fílon — uma abóbada sepulcral dentro de uma imensa gruta, toda recoberta por dentro de pórfiro e jaspe, com ornamentações de prata.

"Sobre um dólmen de mármore branco, está o sarcófago também de mármore com tampa de cristal, através do qual se vê a múmia, tão branca como o mármore que a guarda.

"Por concessão especial obtida através do bom amigo Buya-Ben, graças à sua hierarquia na dinastia, o sarcófago foi aberto, e pudemos tocar na múmia que, ao tato dá a impressão de ser de pedra. Na cabeleira parece haver sido aplicado um banho de ouro pálido, e as vestimentas de seda azul foram habilmente colocadas sobre o corpo petrificado. Ela jaz como uma estátua, vestida com uma fazenda riquíssima bordada com pérolas de grande valor. Ali só chegam os descendentes diretos de Aníbal ou Cleópatra, e também os guerreiros que se distinguiram por feitos notáveis. Nós aproveitamos o plantão do Scheiff Buya-Ben e pudemos entrar, acompanhados por ele e por seu filho.

"Em abóbadas que se comunicam com essa, podem ser vistos sarcófagos de todos os nobres da raça, desde Aníbal até a atualidade. Naquelas formosíssimas grutas funerárias, pode ser lido, em gravações nas paredes, toda a história da raça tuaregue."

— Da qual temos relatadas as origens nestas "Escrituras do Patriarca Aldis", que conheceu a vossa Filha do Sol, o qual também se vestia de azul e obedecia à mesma lei – disse Jhasua.

– Por favor, dai-me uma cópia – suplicou Buya-Ben tomando o rolo e observando-o cuidadosamente.

– Vós a tereis – disseram os da Judéia, todos ao mesmo tempo.

– Cooperastes com as nossas melhores comprovações – acrescentou José de Arimathéia – e é justo que recebais a nossa compensação.

– Jhasua ama a Filha do Sol – disse Faqui com entusiasmo. – Ela é a branca Matriarca Solânia, que quer dizer *Mãe Solânia*. É formoso denominá-la Mãe!

– Esse tratamento dava-se na antiga Fraternidade Kobda às mulheres fundadoras de Escolas-Refúgios e que demonstravam grande capacidade para dirigir multidões – disse Jhasua. – Nestas "Escrituras do Patriarca Aldis", vereis a admirável atuação da vossa Filha do Sol. Ela levou a civilização até a distante Etiópia, mais além das cataratas do Nilo, por se haver o grande caudilho da região enamorado dela e, para agradá-la anulou nesse país tudo quanto contrariava a sábia lei dos Kobdas.

– Pelo que vejo, vossa história é muito mais ampla em dados que a que possuímos sobre as origens da nossa raça – observou Buya-Ben.

– Isto significa – disse Jhasua – que possuía o corpo mumificado da Filha do Sol, e nós temos sua alma nas obras que fez. É uma forma de sermos irmãos. Não vos parece?

– Justamente – disseram todos.

– Assim o compreendemos faz algum tempo – acrescentou Melchor. – A verdadeira civilização é a que une todos os países e todas as raças do mundo, se reconhecermos a origem comum de todos e o seu idêntico destino.

– As "Escrituras do Patriarca Aldis", que aqui vedes – disse Jhasua –, fazem-nos compreender a grandiosa obra da Fraternidade Kobda, ao realizar uma grande Aliança de todas as nações existentes há oito mil e trezentos anos, época essa que determina as origens da civilização Adâmica. Vossa Filha do Sol, que havia nascido por entre as pradarias do Lago Van, na região Sudeste do Ponto Euxino, amou tanto a África, que a tornou sua pátria, e nela deixou suas obras e a matéria que a ajudou a realizá-las.

– Nossas escrituras – observou Buya-Ben – dizem que a origem da nossa raça é atlante, e parece demonstrá-lo o aspecto físico, diferente, em geral, das outras raças do continente.

– O tempo que temos é curto – disse Fílon – e creio que devemos aproveitá-lo bem. O que realmente nos colocará de acordo é a leitura das passagens a que estamos fazendo referência.

Sendo Jhasua quem havia tirado a cópia do arquivo de Ribla e quem estava mais a par daqueles relatos, foi ele o designado para ler.

Faqui, seu novo amigo africano, sentado ao seu lado, ia recolhendo os rolos que ele deixava e colocando-os novamente em ordem.

As formosas passagens, em que se via a alma da Matriarca Solânia flutuando como um sol do amanhecer sobre a penhascosa região da África do Norte, entusiasmaram a todos os ouvintes, mas sobretudo aos que a consideravam como o gênio tutelar de sua raça e de seu país.

Um hálito suave de confraternidade e amor emanava daquela leitura, em cujas passagens apareciam, como surgindo da mesma raiz, todos os povos que logo se dividiram com ódios profundos e guerras destruidoras e cruéis.

A grande inconsciência humana saltava à vista depois dessa leitura que, tal como uma lâmpada radiante, iluminava claramente os caminhos traçados pelo amor fraterno, ideal dos antigos Kobdas, e os caminhos do ódio e da ambição, que, nos últimos séculos, levaram a Humanidade para uma voragem de sangue e de morte.

– As raças do Norte, de onde surgiu a Filha do Sol, foram o vendaval destruidor de sua própria obra no continente africano... Roma destruiu Cartago, tal como, antes, os Hicsos destruíram Neghadá – exclamou Jhasua com amargura.

Buya-Ben e Faqui permaneceram silenciosos, porque uma profunda emoção enchia seus peitos de soluços contidos.

– Os mesmos fatos repetir-se-ão muitas vezes – disse Nicodemos – até que a Humanidade chegue a compreender que é uma só família e que somente o amor poderá fazê-la feliz.

– Para isto deve dirigir-se o esforço de todos os que chegarem a compreender essa grande verdade fundamental – acrescentou Fílon.

– Empresa difícil – expressou Buya-Ben. – Nosso *Amenokal* (Rei sobre muitos príncipes com estados próprios) não quer aliança alguma com os do outro lado do mar. Eles nos causaram tantos males!

– Se outro grande gênio tutelar como a vossa Filha do Sol se apresentar para realizar esta aliança, esquecendo velhos agravos, rechaçá-lo-íeis? – perguntou Melchor, olhando para os dois tuaregues.

Instintivamente e sem saber por quê, ambos olharam para Jhasua, que, nesse momento, parecia não estar na reunião, mas muito distante com o seu pensamento.

O príncipe moreno adivinhou esse olhar e moveu a cabeça afirmativamente, como dizendo: *É ele.*

– Ele vem de bem distante!... – disse Melchor a meia-voz. – Conheceu e amou a Filha do Sol. Talvez esteja vindo até vós como um seu mensageiro.

Os dois tuaregues devoravam Jhasua com seus olhares fixos, como se quisessem penetrar no mistério que o envolvia.

A alma genial de Solânia, a Matriarca Kobda da Pré-História, dialogava com Jhasua no mais profundo do seu *eu íntimo*.

Como um sussurro de flores a cair sobre uma fonte, o jovem Mestre ouvia a voz interior:

"Homem-Luz!... Homem-Amor!... conquista-os para a tua obra. Ambos são nossos. O jovem é o Marvan, da nossa velha história. Seu pai é Édipo, a quem um dia chamaste *"pérola perdida no restolho"*.

Jhasua despertou do sono espiritual e voltou a cabeça para o pai e o filho que o contemplavam com seus olhos assombrados, úmidos de pranto.

– Se és mensageiro da Filha do Sol, dize-nos claramente, e Amenokal e todos os seus príncipes serão teus súditos enquanto viveres, e muito além da morte!... – exclamou emocionado Buya-Ben, sentando-se no divã, onde se achava semi-estendido.

Jhasua compreendeu que aqueles dois homens eram médiuns sensitivos, e que ambos haviam percebido a vibração de Solânia quando lhe falava mentalmente, ainda que permanecessem inconscientes de tal ocorrência.

Todos os presentes tinham compreendido o fenômeno psíquico ocorrido ali sem ruído nem som de palavra alguma, e tão-somente no profundo cenário dos pensamentos.

Jhasua, dominado ainda pela poderosa corrente espiritual que passara por ele, estendeu-lhes as mãos brancas e lânguidas como lírios cortados na tarde, enquanto dizia:

– Um forte laço de simpatia nos une, e espero que não se rompa jamais. Sou mensageiro da *Filha do Sol* e, em seu nome, vos digo: não deixeis entrar jamais o ódio em vossos corações. O manto azul de Solânia é símbolo de amor e de paz. É o céu azul estendido sobre todas as raças e todos os povos da Terra.

"Em seu nome vos digo que, todo aquele que pisar vosso solo africano com fins de conquista e destruição, será varrido com ignomínia da face da Terra, e seu nome será maldito por muito tempo.

"Seres benéficos, irmãos da Filha do Sol, virão um dia até vós, como mensageiros de paz e de sabedoria, para iluminar vossos caminhos no deserto. Juntamente com ela, um dia vos amei entre as selvas e montanhas da Atlântida, adormecida sob as ondas do mar, de onde surgirão continentes novos, para formarem, junto com o vosso, o paraíso do futuro, semeado de rosas vermelhas como corações humanos, e de lírios brancos como estrelas de luz.

"Édipo!... Marvan!... viajantes eternos, que vindes de um passado de luz e de amor!... não mancheis com o ódio vossas glórias de ontem, porque haveríeis de entristecer o coração da Filha do Sol e ferir também o meu."

A exaltação de Jhasua foi subindo de tom e chegou a uma intensidade que devia causar-lhe algum dano, por causa da forte vibração que emanava de todo o seu ser.

José de Arimathéia tocou-lhe no ombro e disse a meia-voz:

– Jhasua!... precisas dominar-te. É prudente que o faças.

O jovem Mestre deu um grande suspiro e, soltando as mãos de Buya-Ben e Faqui, em cujos rostos corriam lágrimas serenas e silenciosas, disse:

– Agradecido! Perdoai-me! Todos vós, que sabeis o segredo de Deus e das almas, compreendereis também o que ocorreu.

– És um Arcanjo de *Amanai* (o Deus Único dos tuaregues) – disse solenemente Faqui... –, eu havia sonhado em Cirene que haveria de ver, com estes olhos, um Arcanjo de Amanai.

– Seremos traidores do nosso Amenokal se ocultarmos o que aqui vimos e ouvimos! – disse Buya-Ben. – É bom que ele saiba que seu Hach-ben Faqui e seu Scheiff Buya-Ben possuem amigos que honram a nossa nobre raça. Um dia ele nos deu permissão para que o príncipe Melchor de Horeb e o Mestre Fílon visitassem Tinghert, a montanha santa, e, portanto, não deve ignorar que, através deles, ouvimos a voz e olhamos o rosto de um mensageiro da Filha do Sol, de um Arcanjo de Amanai.

"Eu sei que ele abrirá as portas das muralhas de rocha que nos separam do resto do mundo para que todos vós possais penetrar nas terras sagradas do Tawareks como em vossa própria terra.

"Dai-me, vos rogo, uma cópia das Escrituras que relatam as glórias da Filha do Sol que apareceu em Corta-Água. Encerradas num estojo de prata, eu mesmo as levarei para o nosso soberano, que, conhecendo-as, viverá dias de luz e de glória. Eu pedia a Amanai um sinal de seu amor antes de morrer, e vós acabastes de dá-lo!"

– É muito idoso o vosso rei? – perguntou Jhasua enternecido.

– É ancião e padeceu muito. É neto do único filho do grande Aníbal que sobreviveu à catástrofe de Cartago, e está casado com a princesa Selene, filha de Cleópatra, a rainha egípcia, última descendente dos gloriosos Ptolomeus que engrandeceram esta cidade dedicada a Alexandre, com todas as ciências e todas as artes. Como podeis ver, nossos soberanos estão unidos como a serpente e o leão do nosso escudo. Três raças estão refundidas nos tuaregues da África do Norte: os últimos atlantes, os descendentes de Aníbal e os de Cleópatra, através de sua filha Selene que, em virtude de ser muito menina por ocasião da trágica morte de sua mãe, não chegou a sentar-se no trono, salva milagrosamente da loba romana, faminta de ouro e de vidas, foi amparada pelo nosso Amenokal, antecessor deste, que a casou com seu filho, unindo, assim, a serpente faraônica com o leão de Cartago.

– Vive ainda a princesa Selene? – perguntou novamente Jhasua.

– Vive, e, embora não sendo octogenária como o nosso Amenokal, tem já idade avançada. Ficou órfã de poucos anos, com a morte da mãe, e sua vida foi salva pelas damas da extinta rainha, algumas das quais eram de Cirene.

"Meu pai era, então, correspondente de Athakor, como eu o sou agora, e, por seu intermédio, a menina entrou em nossa cidade de penhascosos cumes, de onde não saiu jamais."

– É ritual do vosso povo esse retiro absoluto? – perguntou Nicolás de Damasco.

– De modo algum, mas ela guarda eterno luto pela deslealdade e traição com que Octávio César levou sua mãe à morte. Veste-se sempre de branco em sinal de luto e canta as canções da Filha do Sol acompanhada de sua harpa. Tem uma filha e dois filhos. Todos os três casados com os primeiros nobres da nossa raça.

"Amenokal deu-lhe o supremo poder da vida, de maneira que, não obstante o alto Tribunal condene um réu à última pena, só ela tem o poder de indultá-lo.

"– Ajo de acordo com a lei da 'Filha do Sol' – diz ela quando observam que, invariavelmente, indulta todos os réus condenados à morte."

– Sublime mulher, digna da Matriarca Solânia! – exclamou entusiasmado o jovem Mestre. – Se não existir oposição de vossa parte, enviar-lhe-ei uma cópia dos relatos referentes a Solânia, o que acabará de confirmar sua forma nobre e justa de agir.

– Formosa idéia! – disseram todos ao mesmo tempo.

– Eu sugeriria – disse o jovem Faqui – que coloqueis, de vosso próprio punho e letra, uma dedicatória da qual conste que sois mensageiro da Filha do Sol, que lhe envia, por vosso intermédio, o obséquio de sua vida gravada num rolo de papiro.

– Ela quer saber tudo o que se passa no mundo exterior – acrescentou Buya-Ben. – Faz grandes festas quando mando notícias boas; reparte donativos entre os enfermos e anciãos. Quando as notícias são más, ordena orações públicas a Amanai para que tenha piedade dos povos oprimidos e maltratados.

– É quase uma essênia – disse Gamaliel. – Quem poderá adivinhar o que sairá, no futuro, desses excelentes princípios?

– E o mundo em geral tem a idéia de que, fora da costa mediterrânea, toda a África é selvagem – observou Nicodemos.

– O mundo nada mais sabe senão aquilo que as legiões romanas têm querido que saibam – acrescentou Melchor, cujas investigações o haviam levado a estreitar amizade com as raças mais adiantadas da África Ocidental e do Norte do Mar Vermelho.

– Pelo que se vê, ficaram muitos vestígios da antiga civilização Kobda do Nilo – observou Jhasua. – Devemos reavivar esses vestígios, príncipe Melchor, para o bem da Humanidade.

"Não poderíamos unir-nos com a Rainha Selene, tão piedosa e nobre, para estabelecer uma Escola de Conhecimentos Superiores?"

– O príncipe Melchor e eu nos encarregaremos disto, Jhasua – disse Fílon.

– E eu, se não o levardes a mal – disse Buya-Ben.

– Contai também comigo como auxiliar," acrescentou o jovem Faqui.

"Serei o correspondente do filho de David nas montanhas e nas areias de Athakor.

– Graças, Faqui, meu amigo, graças! Eu sabia apenas que os africanos eram morenos, e julgava que tão-só Melchor era um justo. Agora sei que existem almas nobres e brancas sob uma pele tostada pelo sol do Sahara.

"Oh, que conquista, bom Deus!... que conquista!"

– Mas a rainha Selene não é morena – disse Buya-Ben. – É um lótus que floresceu no oásis do deserto, e seu coração é um vaso de mel.

– Uma intensa felicidade me envolve, Faqui – disse Jhasua a seu novo amigo. "Em minhas correspondências contigo chamar-te-ei *Simão*, que quer dizer *alicerce*, porque nossa amizade tem origem em algo grande que há de surgir no futuro."

– Está bem, Jhasua. Meu nome se engrandece, pois. Serei o Hach-ben Faqui Simão, para servir ao mensageiro da Filha do Sol.

O imenso edifício da Biblioteca e Museu, como quase todos os grandes edifícios de Alexandria, tinha espaçosos terraços em diversas direções.

Deles se dominava, através do panorama, o amarelento deserto, que chegava até a cidade propriamente dita, pelo Oeste e pelo Sul, enquanto, pelo Norte, o Mediterrâneo de esverdeada água, acariciava com suas ondas mansas ou bravias a inquieta cidade dos Ptolomeus.

Ao longe, como um recorte escuro sobre o límpido azul, viam-se as grandes Pirâmides, monumentos funerários dos primeiros Faraós do Egito. A idéia da imensa sucessão de séculos que aqueles monumentos despertam embargava a alma de Jhasua, levando-a para um mundo de recordações, de ocorrências, que outros seres, ou talvez os mesmos, haviam vivido em épocas já perdidas nas movediças areias do tempo.

– Meditas muito, príncipe de David! – disse Faqui na serena tarde do segundo dia em que se conheceram, enquanto, todos juntos, descansavam rapidamente depois de intenso trabalho sobre papiros e calhamaços.

Grandes palmeiras sombreavam aqueles terraços, dos quais podia ser visto o verde vale sobre o qual dormita o Nilo em seu sono de séculos. Além dele, uma escura cadeia de montanhas corta o horizonte pelo Oriente.

– É que revivem em mim os séculos que passaram – respondeu Jhasua, fazendo um esforço para falar.

– Está me parecendo que tua cabeça de ouro antigo é um cofre de histórias passadas – disse o jovem africano, olhando com insistência para aqueles olhos cheios de sonho que olhavam atentamente para tudo aquilo que o rodeava.

– Quisera abrir-me completamente contigo, Faqui, porque uma intensa voz parece dizer que me compreenderás – disse por fim Jhasua, acariciando um amarelento ramo de palmeira que caía na balaustrada do terraço.

– Que te impede de fazê-lo? Não confias em mim? – interrogou o jovem africano, aproximando-se dele como para tornar mais íntima a confidência.

"Tens, acaso, um amor oculto que te atormenta o coração?"

– O amor para mim não é tortura, mas felicidade suprema – respondeu o Mestre – mas minha confidência não é de amor, Faqui. É uma confidência de sabedoria e de verdade.

"Dizes haver observado que medito muito e, com efeito, é assim. Minha mente é algo assim como uma grande madeixa de fios que jamais termina. Habitualmente, vivo mergulhado num mundo onde tu e eu vivemos. Que idéia tens das Inteligências que viveram nesta Terra muitos séculos antes desta época? Da Filha do Sol, por exemplo."

– A Matriarca Solânia da tua história – disse Faqui, e seu semblante adquiriu um suave aspecto de interna devoção. – Vês este dourado resplendor do sol agonizante? Pois acredita que tenho a impressão de que é ela que me beija no sol da tarde. Eu a julgo viva, eternamente viva, apesar de meus olhos de carne não poderem vê-la.

— Teu amor a ela fará com que um dia possas vê-la; mas, antes, quero abrir-me contigo para que compreendas bem *por que* minha cabeça é *um cofre de velhas recordações*.

E o jovem Nazareno foi fazendo-as reviver ante seu assombrado ouvinte:
— Alexandria está edificada sobre as ruínas da cidade sagrada dos Kobdas pré-históricos. Aqui mesmo esteve o grande Santuário de Neghadá, que estava unido por uma ponte de pedra sobre o primeiro canal do delta com o santuário em que viviam as mulheres Kobdas. Ali viveu a Matriarca Solânia, e dali ela saiu um dia para ir ao penhasco de Corta-Água, a fim de civilizar essa região da África em que nasceste. Deverás ter pensado alguma vez, Faqui, que todas as almas são eternas, tanto as boas como as más!
— Sim!... claro que sim! Nossas escrituras dizem isto claramente. Temos as velhíssimas crônicas das ocorrências pré-históricas, salvas dos cataclismas atlantes. Através delas sabemos que nossa raça vem da Atlântida, e que, ao partir-se esta como uma romã espremida pela mão Onipotente de Amanai, algumas de suas montanhas se levantaram mais ainda, arrastando consigo para a flor da água o que aqui fora leito profundo de seus mares azuis... nosso imenso Sahara, por exemplo, onde alguns lagos atuais são de águas salobres, têm enormes peixes que não possuem o sabor dos peixes de água doce, mas de pescado do mar. Na região da Mauritânia, salvaram-se dez centenas de homens, mulheres e crianças de nosso país, chamado país de *"Dyaus"*, ou *Vale Profundo*. No correr dos tempos, nossa raça tornou-se numerosa, e separamo-nos dos mauritânios, atlantes como nós, para vir habitar esta parte da costa mediterrânea, desde a falda oriental da grande Cordilheira Atlas, até o Golfo Grande que flanqueia, com suas ondas bravias, o penhasco de Corta-Água.

"Os fenícios, nossos aliados, trouxeram-nos, em seus barcos, sua grandeza marítima; e, sem misturar-nos com eles, mas apenas unindo esforços e aspirações, formamos a grande capital do Mar Grande, Cartago, que os bárbaros romanos converteram em cinzas, depois de matar mais de cem mil de seus pacíficos habitantes, que não puderam escapar para o deserto.

"Agora vou dizer-te, ó filho de David, como nós acreditamos que as almas são eternas!

"Afora o fato que, na grande biblioteca de Cartago, os estudiosos do nosso povo beberam até a saciedade a doutrina dos grandes filósofos gregos e egípcios, temos em nossas crônicas atlantes a sabedoria dos *Arcanjos de Amanai*, que iluminaram a Atlântida com ciência tão elevada como não se conhecera ainda em outros continentes.

"Nossas escrituras dizem que, por duas vezes, Amanai tomou carne de homem e apareceu naquelas terras para levantá-las acima de todo mal, para separar as almas boas das más, e entregar estas últimas às torturas de *Iblis*, que é um calabouço de reformação, enquanto as boas são levadas para imensos templos de luz e de paz, onde aprendem todas as ciências e todas as artes, para ensiná-las aos habitantes da Terra em novas vidas, que lá voltarão a ter.

"Assim ensinou Amanai nas duas vezes que esteve na Atlântida com carne do homem."

Jhasua, mergulhado num mar de pensamentos, ia recordando as velhas tradições orais e crônicas escritas em papiros, que os Dacthylos haviam entregue aos Kobdas do Nilo, oito mil e trezentos anos antes, e que o Patriarca Aldis havia recopilado com minuciosa fidelidade em seus oitenta rolos encontrados ultimamente no arquivo de Ribla.

Imediatamente saiu de seu abstraimento para perguntar a seu interlocutor:

— Sabes, Faqui, se vossas crônicas dizem alguma coisa a respeito das duas personalidades que Amanai teve no continente Atlante?

— Dizem pouco, mas nesse pouco se percebem grandes coisas, e terás que sabê-las.

"Num formoso país que se chamava Otlana, e cuja capital era Orozuma, o Supremo Amanai formou uma pessoa para si mesmo, e essse homem foi o nosso Deus-Sol, que rege os destinos da Terra. Como homem, foi um rei que estabeleceu a paz e a justiça sobre seus povos e países vizinhos. Chamava-se *Anpheão, o justo* (*).

"Seu próprio país não o compreendeu, e, por não querer guerrear nem matar, mudou-se para o país de Dyaus, que era o da minha raça, e ali ensinou sua sabedoria aos homens, até que morreu em seu desterro voluntário.

"Muitos séculos depois, Amanai tomou carne novamente para outra vida na Terra e, nessa nova personalidade, foi um Profeta, um filósofo que curava as almas e os corpos, e conhecia todos os pensamentos dos homens. Foi num país chamado *Mananciais de Zeus*, em cuja capital *Manethel*, fez todas as maravilhas que se podem imaginar. Depois de todo o bem que realizou, os homens lhe deram de beber elixir de favas amargas e dessa forma causaram-lhe a morte. A Atlântida matou duas vezes a personificação humana de Amanai, e, por isto, foi tragada pelas ondas salobres do mar, onde dormirá, através dos séculos, seu sono pesado e negro de assassino do Deus-Sol.

"Esse filósofo e médico chamou-se Ante-Luz (**), que significa 'Frente à Luz'.

"Compreendeste, filho de David, as tradições da minha raça?"

— Eu as compreendi muito bem, Faqui, e vejo nelas um claro reflexo de tudo quanto dizem as Escrituras que conhecemos sobre este particular. Vejo também quanta sabedoria encerram as palavras do príncipe Melchor, ao dizer que vós, pai e filho, fostes trazidos providencialmente até nós. Acendereis novamente, ao redor do penhasco de Corta-Água, a lâmpada de ouro da Matriarca Solânia, vossa Filha do Sol.

Tinha chegado até aqui este interessante diálogo, quando se aproximou José de Arimathéia, para avisá-los de que os camelos estavam preparados e que iam sair em seguida em direção ao Vale das Pirâmides.

Haviam-se-lhes adiantado os criados do príncipe Melchor, acompanhado de um arquiteto do Museu, que era quem havia descoberto aspectos novos e entradas aos milenários monumentos funerários dos primeiros Faraós de Mênfis. Era um arquiteto funerário dos mais conhecidos do seu tempo e grande amigo de Fílon.

Tendo em conta o culto reverente dos egípcios a seus mortos, cuja vida se perpetuava mais além da morte mediante a perfeita conservação da matéria, compreende-se bem a afanosa tarefa com a mumificação dos cadáveres, e o progresso que teve a arquitetura funerária, que chegou a ser a profissão mais cobiçada e lucrativa de todas.

Para Jhasua e seus amigos de Jerusalém, esta excursão ao vale das Pirâmides era uma grande novidade. Todavia, para o jovem Mestre, tinha aspectos muito mais profundos que o simples conhecimento dos maiores monumentos fúnebres do mundo.

Seus Mestres Essênios do Tabor haviam falado muito de que, talvez, fosse possível unir as vagas recordações da Pré-História com os primeiros esboços da História, no que dizia respeito às origens da Civilização Adâmica.

Sonhava ele ver levantarem-se as silhuetas azuis dos Kobdas do Nilo a cada passo que dava sob as palmeiras centenárias, ou entre as dunas amarelentas das areias

---

(*) Anfião (N.T.).
(**) Antúlio (N.T.).

movediças, que os ventos ondulavam suavemente. Não encontraria, porventura, essa coordenação perdida através dos séculos daquele Pharahome *Adamena, o Adamu* das Escrituras do Patriarca Aldis, e o *Menés, fundador* (*), segundo a história, do primeiro reino do Egito?

Os Kobdas de Abel haviam sido os fundamentos e a coroação da civilização dos três continentes; e a Humanidade, ingrata sempre para com seus mestres e guias espirituais, somente conservava a recordação viva de seus grandes guerreiros conquistadores, que encheram de sangue e luto suas cidades e campinas. Tudo que haviam deixado para a posteridade, em relação à eterna memória, e que tinha sido executado à custa da dor de seus súditos-escravos, estava representado nesses enormes monumentos funerários que eles iam visitar.

Para Jhasua, levantava-se a grandeza espiritual do passado, como um dourado resplendor do sol que ainda iluminava os caminhos sombrios da Humanidade. Era um crepúsculo de ocaso, que ele queria transformar em claridades de um novo amanhecer, mediante a ligação perfeita entre o luminoso passado que chamamos Origens da Civilização Adâmica, e os Grandes Instrutores que a Humanidade havia tido posteriormente.

Da confrontação do passado com o presente, poderia, talvez, surgir, com as firmes delineações da convicção razoável e lógica, a imagem perfeita da Verdade Divina, invariável, imutável e eterna, não obstante os erros humanos e a natural desfiguração causada pelos séculos.

Todo este acúmulo de pensamentos embargava a mente de Jhasua, enquanto montado no camelo cor de marfim de Melchor, no meio de todos os seus companheiros de excursão, costeava o lago Mariótis, estendido, como um espelho de prata, ao sul de Alexandria. Uma hora mais ao andar de suas cavalgaduras, e estariam no vale das Pirâmides.

— Já cumpriste tua promessa, Jhasua — disse Fílon, quando, fazendo ajoelhar o seu camelo, ajudava o Mestre a descer do dele, junto à base da grande Pirâmide.

— Que promessa é essa que falais? — perguntou Jhasua.

— Aquela do triste anoitecer em Tiro, quando corri muitas milhas procurando-te e não te encontrava.

— Ah, sim!... quando eu me internava serra adentro na Cordilheira do Líbano. Como vedes, mestre Fílon, tudo chega para aquele que sabe esperar!

— Já esperei vinte anos! — respondeu o filósofo alexandrino — e estou contente por isto.

Todos estavam já desmontados e continuaram andando até os grandes monumentos.

A púrpura do sol poente parecia derramar sobre a paisagem um sutil pó escarlate e dourado. Começava o quarto mês do ano, segundo o calendário hebreu, mas o inverno ali é ordinariamente como o outono de outras regiões. Era, pois, uma fresca e serena tarde às margens do Nilo, que aparecia sulcado de pequenos barcos a vela, semelhantes a gaivotas, a brincarem sobre as ondas do majestoso rio.

Os criados de Melchor acenderam uma pequena fogueira, e com incrível rapidez, armaram uma tenda. O príncipe Melchor, viajante infatigável, estava sempre provido de sua grande tenda de lona raiada de branco e vermelho, que se armava mediante um mastro central de fortes pedaços de bambu, embutidos uns dentro dos outros, e uma porção de estacas de carvalho com aros de ferro, as quais, colocadas

---

(*) Menés foi o fundador de Mênfis, antiga capital do Egito (N.T.).

em círculo ao redor do mastro, sustentavam os bordos do imenso disco de lona, que formava todo o singelo mecanismo da tenda. Os tapetes e as peles das montarias cobriam as areias do pavimento, e a casa ambulante do deserto ficava firmemente instalada.

Jhasua jamais havia feito uma viagem semelhante e, desde o princípio, tudo constituía novidade.

Seus novos amigos africanos, Buya-Ben e Faqui, muito práticos nesta classe de trabalhos, desenrolaram também um fardo azul que era outra tenda igual à de Melchor apenas na forma da construção, porém menor em tamanho.

– Pelo que se vê – disse Jhasua com muita graça – vamos ficar aqui para viver. Estais fazendo duas casas amplas! – Enquanto dizia isto, observava como o criado mais jovem de Melchor preparava as cordas com que se prendia a tenda às estacas, e quis ajudá-lo em seu trabalho.

– E quem sabe se não serão três? Pois meus criados têm também a sua tenda para quatro pessoas – respondeu Melchor alegrando-se ante o assombro de Jhasua e de seus amigos de Jerusalém, não habituados a essa classe de fáceis construções.

Efetivamente, alguns momentos depois, a tenda verde dos criados levantava-se atrás das outras, dando um alegre aspecto de acampamento de vistosas cores a contrastar com o descolorido cinza-amarelado das dunas ondulantes da imensa planície arenosa.

O arquiteto do Museu, acompanhado por Melchor e Fílon, examinava o lugar imediatamente situado entre as grandes Pirâmides e a Esfinge, que tem a figura de um enorme leão deitado, e entre cujas patas dianteiras está a porta de entrada.

Fala-se apenas da Esfinge e das grandes Pirâmides; no entanto, todo aquele vale é uma cidade de tumbas, pois era o cemitério do antigo Egito. Os conhecedores do lugar removiam as areias de lugares determinados, e aparecia uma enorme lousa, que fechava a entrada ao *hipogeu*.

O trabalho do explorador estava em encontrar a hábil combinação que facilitava a entrada às galerias subterrâneas. Buya-Ben e Faqui, filhos do deserto, encontraram logo o segredo, que era o mesmo com que, em seu país natal, preservavam os hipogeus na areia. Pouco depois, foi levantada uma lápide perdida entre a areia.

– Não entre ninguém – disse Melchor – até que haja entrado primeiro uma boa porção de ar puro.

– Eu guiarei todos – disse Buya-Ben –, pois estou habituado a isto.

Penetraram todos, armados de mechas enceradas que davam uma luz amarelenta aos escuros corredores e passagens.

– Por que tanto mistério para guardar os mortos? – perguntou Jhasua.

– Os antigos egípcios tinham o costume de enterrar seus mortos com as melhores jóias e ornatos que haviam tido na vida, e daí o temor de que fossem roubados pelos beduínos nômades do deserto – respondeu Fílon.

As paredes de pedra lisa ostentavam, de trecho em trecho, inscrições hieroglíficas, das quais os viajantes de Jerusalém iam tomando nota.

Ao redor dos ângulos ou nos começos das empinadas escadarias, havia um braço de cobre encravado na muralha, no qual se achava um pedaço de círio de cera, com o fim de iluminar aqueles antros, e destinado a ser aceso por quem entrasse.

No final, a galeria estava interrompida por uma parede igual às que já haviam percorrido.

– É que agora chegamos à câmara sepulcral – disse o arquiteto.

– Enquanto tirais cópias das inscrições, nós procuraremos o segredo – disse Faqui a Jhasua, que, conforme era seu hábito, ia mergulhando no mar profundo de seus pensamentos.

Pensava em Adamu, o último Pharahome Kobda, ou seja, o último que governou Neghadá com a lei dos Kobdas. Nada havia sido encontrado dele nem do Patriarca Aldis, que também foi para Neghadá para morrer ao lado de seu filho. Não lhe interessava muito encontrar suas múmias, mas os escritos que os Kobdas costumavam sepultar junto com seus mortos queridos.

No fundo de seu próprio Eu, dialogava consigo mesmo, e as perguntas sucediam-se umas às outras em seu mundo interior.

As "Escrituras do Patriarda Aldis" narravam os fatos sucedidos até o desaparecimento de Abel. Depois, um silêncio de morte.

Que havia sido de Adamu, o Pharahome de Neghadá?

Que ocorreu aos Kobdas que o acompanharam e o ajudaram a levar avante a obra de Abel e de Bohindra?

Que sucedeu ao célebre Santuário de Matriarcas Kobdas, de onde haviam saído, como pombas mensageiras de paz e sabedoria, mulheres heróicas, como Solânia, para a África Ocidental, Núbia e Malvina, para o Monte Sagron, e Walkíria de Kifauser, para as margens do Mar Káspio, ao pé da Cordilheira do Cáucaso?

Que aconteceu à grandiosa obra de cultura e civilização que os Kobdas e os Dacthylos, unidos, iniciaram em Hélade, da Ática pré-histórica e nos países do Danúbio?

"Sabedoria infinita e eterna! – clamou Jhasua na solidão do seu pensamento. – Será possível que Tu deixaste perder-se no abismo da barbárie, da ignorância e da inconsciência dos homens aquilo que custou mais de quinze séculos de esforços continuados a teus mensageiros, os homens de vestimenta azul?"

Nas profundezas de seu Eu íntimo, julgou perceber uma voz sem ruído que disse, fazendo quase paralisar as batidas do seu coração:

"Espera e confia. Jamais estarás chamando em vão a Divindade, quando a chamas com amor e com justiça. Aguarda e confia."

Jhasua, fortemente impressionado, apoiou-se na fria parede da galeria, onde seus acompanhantes copiavam hieróglifos que, no momento, não sabiam decifrar.

– Jhasua!... Jhasua!... – gritou Faqui com voz de triunfo. – Encontramos o segredo, e a porta do hipogeu já está aberta.

Em quatro passos, o jovem se havia colocado ao lado do seu amigo.

– Que tens, Jhasua, está pálido como um morto? – perguntou alarmado.

– Nada, Faqui, não estou mal, não te alarmes. Às vezes sou débil ante o peso imenso de meus pensamentos.

– Então será melhor que saias ao ar livre, pois há tempo de sobra para examinar as velhas sepulturas do Nilo. Vamos!

Jhasua deixou-se levar para o exterior, com a promessa de seus companheiros da Judéia de que o seguiriam muito em breve.

Quase anoitecia. Uma pálida lua nova, como um recorte de prata polida, aparecia no escuro fundo azul de uma calma imperturbável.

Jhasua respirou profundamente e, sob aquele céu de turquesa, límpido e sereno, voltou a recordar as frases com que uma misteriosa voz íntima se fez sentir em seu mundo interior: *"Espera e confia."*

Essas palavras irradiaram tanto amor e ternura que uma onda de pranto suavíssimo subiu à sua garganta e aos seus olhos. Faqui fez-lhe beber licor de romãs, reconfortante do sistema nervoso e, como se estivesse tratando de um menino ainda pequeno, fê-lo recostar na tenda, enquanto dizia:

– És um lírio de Jericó, e as brisas ásperas do deserto te causam dano... Jhasua! Por que te encontrei, se deverei novamente separar-me de ti?

Esta queixa da alma apaixonada de Faqui fez reagir a alma generosa de Jhasua.

— Não digas isto, meu amigo, porque tu e eu poderemos ver-nos com freqüência. Todos os anos virei ao porto de Gaza, e tu, que vives em Cirene, em três dias poderás estar ao meu lado. Não te agrada esta idéia?

— Muito... muito, Jhasua, se é que Amanai nos permitirá realizá-la!

Jhasua pensou nas frases íntimas que havia escutado e repetiu-as em resposta a seu novo amigo:

— Espera e confia! Jamais estarás chamando em vão a Divindade, quando a chamas com amor e com justiça. Aguarda e confia.

— Deus fala pela tua boca, filho de David! Bendita é a tua boca que traz luz e esperança às almas.

Os companheiros voltaram para a tenda e se estenderam sobre as peles que cobriam o piso.

— Como são fofos os leitos feitos sobre a areia!... — exclamou Gamaliel, ajeitando-se muito a gosto sobre uma pele de leão.

— Também o deserto tem suas branduras para aqueles que o amam — respondeu Buya-Ben.

Melchor, junto à fogueira, falava com seus criados que já haviam aquecido o vinho e assado os peixes.

Numas cestas de folhas de palmeira, que mais se assemelhavam a travessas ou a pratos do que a cestas, os criados levaram para a tenda uma dúzia de lindos peixes dourados ao fogo, pães, queijos de cabra e tâmaras, tão abundantes quanto especiais no país.

Melchor era o de mais idade entre todos os presentes, pois havia completado os 60 anos; no entanto, cedeu a Jhasua a honra de pronunciar a oração habitual e presidir a refeição.

— Por que eu? — perguntou ele.

— Porque és o mais idoso como espírito — respondeu Fílon.

— E porque és mensageiro da Filha do Sol — acrescentou Faqui, ocupando um lugar ao lado do seu amigo.

A conversação muito animada tornou tão amena aquela simples e rústica mesa que Jhasua ficou encantado.

— Sob uma tenda e sentados na areia, vós do deserto comeis tão tranqüilamente como nós sobre a relva e à sombra dos carvalhos. Em cada região encontramos as manifestações do Amor do Pai — disse Jhasua agradavelmente impressionado com os costumes usados no deserto.

— Terminada a refeição, voltaremos ao nosso trabalho. Será melhor executá-lo durante a noite para não sermos molestados pelos curiosos barqueiros do rio — disse Fílon.

— Como eles não sabem avaliar o preço do que buscamos, depois tecerão relatos nos quais nos farão aparecer como buscadores de tesouros escondidos — acrescentou Melchor.

— Para Jhasua faz mal o ar pesado das tumbas — disse Faqui. — Se quiserdes, ficarei aqui com ele.

— Não, não — disse rapidamente Jhasua. — É preciso que eu vá. Quero ver e saber tudo, meu amigo.

— Está bem. Vou contigo; no entanto, levarei a redoma de elixir de romãs para o caso de ser-te necessário.

A noção de suas responsabilidades sobre Jhasua despertou-se viva em José de Arimathéia, que se aproximou para indagar o motivo das preocupações de Faqui.

Jhasua explicou o que havia ocorrido, e todos, novamente tranqüilos, voltaram ao hipogeu que, com o ar renovado, oferecia menos fadiga aos exploradores.

Buya-Ben acendeu as velas de todos e, guiando-os, como da vez anterior, entraram com a facilidade do andar comum pelo caminho conhecido.

Ao terminarem as passagens e corredores, acharam-se ante aquela parede que lhes tinha impedido a passagem, mas que já apresentava uma negra boca com a forma de um triângulo agudo. O bloco de pedra retirado dali havia-se dividido em dois.

Entraram na grande câmara sepulcral, construída com colunas de pedra, formando como que uma grande estrela de cinco pontas, se fossem traçadas linhas de uma a outra coluna.

A coluna que formava o centro era dez vezes mais grossa do que as outras e tinha cavidades como piveteiros para queimar perfumes e ânforas para colocar flores.

Era como o altar das oferendas aos mortos queridos.

Todas as colunas apareciam como bordadas de hieróglifos.

Nas paredes laterais observavam-se algumas aberturas vazias e outras fechadas com lápides de basalto, cujas inscrições de cobre indicavam o nome do morto e a data de tal ocorrência.

Melchor, Fílon e Buya-Ben liam, com alguma facilidade, as escritas hieroglíficas do antigo Egito, e foram traduzindo as inscrições das lousas que fechavam as tumbas.

À primeira vista, compreendia-se que o hipogeu não havia pertencido a personagens de alta hierarquia, pois tudo era modesto e simples.

Buya-Ben, que, sentado na base da grande coluna central, traduzia as gravações das passagens e corredores, chamou a atenção de seus companheiros para participar-lhes suas descobertas. Todos se voltaram para ele.

— Segundo a nossa maneira de contar os séculos que passaram, estamos a oitenta e três centúrias das origens da Civilização Adâmica, não é assim?

— Justamente, julgamos que é assim — responderam várias vozes.

— Pois bem, ireis assombrar-vos com esta inscrição que acabo de traduzir:

"Este hipogeu foi mandado construir por *Mizrain de Tanis*, no ano 89 da primeira centúria, depois da destruição de Neghadá."

— Sabeis quem foi Mizrain de Tanis? — perguntou Buya-Ben.

— Nossas escrituras nada mencionam dele — respondeu Jhasua.

— Mizrain de Tanis — disse Melchor — aparece nas mais antigas tradições egípcias, como se houvesse sido um gênio tutelar dos vales do Nilo e criador da raça egípcia.

— Algo assim como a Matriarca Solânia em Corta-Água — observou Jhasua.

— Bem sabemos — continuou Melchor — que esses seres superiores são transformados, com o correr dos tempos, em divindades benéficas, por causa, sem dúvida, de suas extraordinárias obras que ultrapassam o nível comum a que chega a maioria da Humanidade.

— A seu encontro vem a investigação da verdade, para descobrir que esses chamados *gênios tutelares* ou *semideuses*, foram, na verdade, homens ou mulheres geniais, instrutores e guias de determinadas porções da Humanidade — disse Fílon dando maior clareza ao assunto.

— A Verdade Eterna paira sobre nós como a aurora — disse Nicodemos. — Por que viemos abrir este hipogeu e não outro? Dir-se-ia que algo nos trouxe nesta direção, se, como dizeis, este vale é uma cidade de tumbas.

— Explicar-vos-ei o que ocorreu — manifestou o arquiteto do Museu.

"Quando o Mestre Fílon me chamou para colaborar com ele no engrandecimento da Biblioteca e do Museu de Alexandria, iniciei, com grande amor, o trabalho que foi confiado aos meus esforços.

"O príncipe Melchor prestou-me seu apoio material e pessoal. Sua elevada linhagem, como filho de um dos mais respeitados sacerdotes de Mênphis e sua mãe, princesa-herdeira de um reino na Arábia Pétrea, foi o mais valioso elemento para realizar o meu trabalho. Observei este vale durante cinco anos, e as areias do deserto, tristes e mudas, foram minhas confidentes.

"Nem bem baixava uma inundação do Nilo, montava em meu camelo, trazia minha tenda e passava aqui uns quantos dias, acompanhado somente por meu criado. Observei que, em determinados lugares, formavam-se depressões na areia e nelas se juntava a água estancada. Às vezes ficavam alguns peixinhos nesses minúsculos lagos, até que o ardor do sol evaporava a água.

"Cavei com o meu enxadão, e, a pouca profundidade, senti o choque com uma pedra. Era a lousa que cobria a entrada de uma tumba.

"Como esta, tenho algumas outras, já assinaladas com um bambu enterrado a três metros do próprio bordo das lousas que as assinalam, sem, contudo, indicar o lugar exato onde se encontram. Como podeis ver, o deserto não é tão áspero como parece, e entrega seus segredos àqueles que o amam.

"Quando regressarmos à cidade, levar-vos-ei à sala das múmias, e mostrarei tudo quanto o deserto deu ao Museu, mediante o procedimento que acabo de explicar.

"Hoje tocou a vez do hipogeu de Mizrain, patriarca da raça egípcia, conforme acaba de declarar o príncipe Melchor."

— Traduzistes outras incrições? — perguntou Jhasua a Buya-Ben.

— Sim, são como sentenças de sabedoria. Escutai:

"A morte não é aniquilamento, mas liberdade."

"Só morre de verdade aquele que nada pensou nem nada fez pelos seus semelhantes, pois o esquecimento o cobre de sombras."

"A matéria que nos ajudou a realizar nobres idéias é digna de respeito e de terna memória."

"As tumbas são guardiãs fiéis da história vivida pelos homens."

"A cripta do Grande Santuário ficou sob as ruínas. Que Deus Onipotente bendiga este templo sob as areias, e que não seja descoberto pela cobiça dos homens."

"Mizrain"

— Esta é a tradução das gravações da galeria de entrada — disse Buya-Ben. Logo traduzirei as inscrições restantes.

— Encontramos, ao que parece, um fio de ouro da verdade que andávamos procurando — observou Nicolás de Damasco. — Que sentenças mais parecidas com as de nossos Essênios!

— Os Essênios de hoje são os Kobdas de ontem — disse Jhasua.

— Assim é em verdade — disse Fílon. — A Verdade Eterna mantém sempre de prontidão suas legiões de justiça, sabedoria e amor. Os de hoje encontram os vestígios dos que viveram ontem.

"Vejamos o que nos diz a sepultura deste gênio tutelar do Nilo."

— Dirá como a Filha do Sol — observou Faqui —: "Que o amor salva de todos os abismos! Que aprendamos a amar, e seremos salvos."

— Muito bem, Faqui! — exclamou Jhasua. — És, em verdade, meu irmão.

Durante este breve diálogo, o arquiteto, armado com sua tocha e uma lente poderosa, examinava as tampas das cavidades abertas horizontalmente nas paredes da enorme sala mortuária.

— Não posso compreender estas datas que aparecem aqui — disse, por sua vez, Buya-Ben. — Vinde até aqui, e veremos se, mediante vossos conhecimentos pré-históricos, podemos obter a solução. Não é verdade, príncipe Melchor, que os egípcios contam os séculos desde Menés, o primeiro rei que a história lembra?

— Justamente. Estamos na centúria 52 desde Menés, ou seja, 5.200 anos — respondeu o príncipe.

— Assim também o julguei sempre. No entanto, estas datas demonstram que não contaram o tempo da mesma maneira.

"Como exemplo, olhai esta lápide de basalto com letras de cobre: Ptames de Zoan desceu ao templo do silêncio no décimo ano da terceira centúria do Homem-Luz, trinta e sete anos da destruição do grande Templo de Sabedoria.

"Que Homem-Luz foi esse que demarcou novo rumo aos séculos?"

— Eu vô-lo direi — disse Jhasua.

"Segundo as Escrituras do Patriarca Aldis, entre os Kobdas pré-históricos denominaram *Homem-Luz* ao filho de Adamu e Évana, que foi, segundo eles, uma personificação humana do Avatara Divino ou Verbo de Deus. O Templo de Sabedoria certamente será o de Neghadá, a cidade sagrada dos Kobdas do Nilo."

— Disso se depreende — observou Nicodemos — que o Mizrain, construtor desse hipogeu, foi um Kobda pré-histórico. Isto vai se tornando interessante.

— É verdade — responderam vários.

— Estamos nos assombrando dos muitos séculos de existência que têm as pirâmides; e este sepulcro, sob as areias do deserto, é muito mais antigo do que elas — disse Gamaliel.

— Poderíamos saber a data exata em que ocorreu a primeira invasão dos bárbaros no Vale do Nilo? — perguntou Nicodemos.

— Não temos uma data exata; contudo, esta inscrição nos determina uma época: 337 anos depois da destruição de Neghadá. Isto ocorreu antes de Menés, primeiro rei do Egito reconquistado.

— Este sarcófago está pronto para ser aberto — mencionou o arquiteto de um ângulo da sala.

Todos se dirigiram para lá. Retiraram a lápide de basalto que fechava a abertura ou nicho, e o sarcófago, inteiramente coberto de pó, ficou à vista.

Era uma singela caixa de oliveira, em cuja tampa, na parte superior, estava gravada uma lira e, sob ela, um punção.

— Era um Kobda pré-histórico! — disse Jhasua. — Era um poeta músico! — acrescentou. — A lira e o punção dizem isto. O Patriarca Aldis traz em seus escritos os sinais usados pelos antigos Kobdas para expressar os conceitos com a maior simplicidade possível. A lira significava melodia e canto; e o punção, escritura e gravação. Abramos.

Apareceu a múmia envolta em delgadas faixas engomadas. Sobre o peito trazia uma lira, e aos pés um tubo de prata. A múmia havia sido coberta com um manto azulado, que, ao penetrar o ar, desmanchou-se em pequeníssimos pedaços os quais acabaram desagregando-se em pó.

No tubo de prata encontraram trinta papiros enrolados uns dentro dos outros.

— Aqui há trabalho para todos nós, principalmente para Buya-Ben e Melchor — disse Fílon.

— Faremos isto tranqüilamente após o nosso regresso à cidade — respondeu Melchor, pegando o tubo.

O arquiteto já estava abrindo outro nicho, em cuja lápide exterior não aparecia nome nem data, mas tão-somente uma grossa coroa de cobre em estilo simples e da medida de uma cabeça humana. Estava embutida no próprio basalto.

— Aqui deve repousar alguém que foi poderoso na vida, pois a coroa demonstra isto, de acordo com o antigo livro dos sinais — disse Jhasua.

Retirada a lápide, apareceu um sarcófago pequeno de mármore branco com tampa de quartzo. Lia-se na frente: *Merik de Urcaldia*. Quarenta e duas luas depois do Homem-Luz.

— Isto, sim, será uma luz nestas trevas! — observou Jhasua. — Algo assim como a múmia da vossa *Filha do Sol*.

— Se encontrarmos algo escrito — disse Fílon.

Sacudida a capa de pó que formava como uma envoltura exterior, apareceu uma preciosa estátua de cerâmica colorida ao natural, representando uma mulher adormecida.

Todos compreenderam que aquilo era apenas uma caixa que encerrava os restos humanos. Precisaram ter muito cuidado para conseguir abri-la sem quebrar, e, quando o conseguiram, encontraram nela a múmia de uma menina, a quem a morte havia surpreendido quando apenas tinha atingido a adolescência.

Num pequeno cofre de prata polida encontraram um minúsculo livrinho de ouro que, como uma mascote, pendia de uma corrente. Na tampa via-se uma estrela diminuta formada por uma safira cuja claridade azulada se tornava mais viva ao resplendor das tochas.

A estrela de cinco pontas, símbolo Kobda da Luz Divina, ostentava esta gravação em hieróglifo: *"Que ela me guie."* Havia um tubo de prata com um pequeno papiro, que decifrariam quando, terminada a tarefa, voltassem à cidade.

Recolheram todos estes objetos e fecharam novamente o sarcófago.

Deste mesmo modo, foram eles abrindo todos os nichos que estavam fechados.

Finalmente, encontraram o que mais desejavam, o daquele que fez construir o hipogeu: *Mizrain de Tanis*, cuja múmia, fechada numa caixa de cobre forrada de madeira de carvalho, aparecia em perfeitas condições.

Sobre o peito estava uma pequena caixa de cobre e alguns tubos do mesmo metal junto à cabeça e aos pés.

O arquiteto, com a lente, continuava examinando até a mais imperceptível fenda daquelas paredes de pedra cinzenta. Finalmente, concluiu que o grande pilar central, cuja dimensão podia ser medida com os braços abertos de dez homens de mãos dadas, tinha uma cavidade interna, pois soava oco às suaves batidas do martelo.

Todos se interessaram pela novidade, supondo que aquilo que tão bem estava guardado ali deveria ter grande valor. Um forte anel de cobre aparecia numa pequena cavidade da pedra, e, forçando-o, conseguiram abrir uma pequena porta ovalada que permitia a entrada de uma pessoa. O arquiteto entrou imediatamente com a lente e uma vela. Os demais iluminavam do lado de fora.

— É um verdadeiro altar — disse o observador, e sua voz ressoava de um modo estranho. — Há aqui toda uma família de múmias, presas à parede por fortes aros de cobre.

"Estão na posição vertical, erguidas, desafiando os séculos. Uma, duas, três, quatro, cinco, seis, sete.

"Isto é colossal! Assomai de um em um e observai."

Procederam desta forma, e cada qual observou algum detalhe.

Quando todos haviam olhado de fora, Jhasua disse ao arquiteto:

— Julgo que tu, Mestre, e eu podemos estar juntos aí dentro!

— Entrai, entrai — disseram todos. Melchor deu-lhe sua lente, e Jhasua penetrou no pequeno santuário, que era como uma sala circular, com cavidades verticais, contendo, em cada uma delas, uma múmia.

— Este pequeno templo — disse Jhasua em voz alta — foi construído já com a idéia de colocar estas múmias, pois são apenas sete nichos, e todos estão cheios. Estas múmias estão petrificadas! São pedra! — disse, tocando-as suavemente.

Observou que diante delas estava um ornato circular de fino mármore branco sustentado por suportes de cobre. Diante de cada múmia aparecia uma gravação hieroglífica.

— Aqui há trabalho para Buya-Ben ou para o príncipe Melchor — disse Jhasua.

O arquiteto saiu e entrou o príncipe Melchor e, atrás dele, Buya-Ben. Jhasua, sentado no umbral da pequena porta, já tinha preparado o punção de carvão e o livreto de tela engomada para copiar a tradução.

A primeira inscrição traduzida dizia: *"Matriarca Elhisa, 26 anos do Homem-Luz."* A múmia que estava ao seu lado dizia: *"Pharahome Adonaei, 26 anos do Homem-Luz. Três centúrias antes da destruição da Cidade Santa."*

Deste modo foram traduzindo as inscrições das sete múmias encerradas na grande coluna central.

Quando Buya-Ben leu, em voz alta, a inscrição da terceira múmia, *"Bohindra de Otlana, dois anos do nascimento do Homem-Luz"*, Jhasua manteve-se em suspenso como se tivesse visto levantar-se diante de si um mundo novo, ou cair do espaço infinito uma estrela.

— Bohindra de Otlana! — repetiu como um eco da voz do africano. — Mas será possível?

— Tão grande foi este personagem que, deste jeito, vos enche de emoção?

— Foi como a vossa *Filha do Sol* para três continentes — respondeu Jhasua — e era atlante como a vossa raça tuaregue. Meus amigos de Jerusalém também sabem disto.

— É verdade — afirmou José de Arimathéia. — É o personagem central da história da Civilização Adâmica, que o Patriarca Aldis nos deixou.

— Muito bem — acrescentou Buya-Ben —, ides assombrar-vos mais ainda com o que vem a seguir: *"Patriarca Aldis de Avedana — trinta e oito anos depois do Homem-Luz. Três centúrias antes da destruição da Cidade Santa."*

Jhasua apertou as fontes que lhe davam a impressão de que iam explodir.

— Jhasua, filho de David! — disse Faqui que se achava atrás dele. — Parece que ides morrer! — A cabeça do jovem Mestre, sentado no umbral da portinha de entrada, apoiou-se nos joelhos do jovem africano, porque, em verdade, se sentia desfalecer.

É indescritível a emoção que lhe produziu o fato de ver diante de si, ao alcance de suas mãos, a matéria mumificada daquele homem que havia escrito 80 rolos de papiro, narrando para a Humanidade os começos desta Civilização. Não era, pois, uma ficção nem um paradoxo nem um simulacro. Não era um personagem suposto, um pseudônimo como alguns julgavam. Não podia afastar seus olhos da múmia coberta, como todas, até o pescoço por um molde de gesso que somente deixava a cabeça a descoberto. Bohindra e Aldis, ambos de origem atlante, apresentavam o mesmo tipo. Soberbas cabeças redondas de fronte alta e abobadada, com um nariz um tanto aquilíneo, e o queixo largo e firme denotando um grande caráter.

— Continuemos — disse Fílon — ou, se Jhasua não se sente bem, deixemos isto para amanhã.

— Estou bem — disse ele —, continuemos, pois faltam apenas três.

— *"Pharahome Adamena de Ethea"* — continuou Buya-Ben, lendo a inscrição da quinta múmia.

Jhasua voltou a cabeça, procurando os olhos de seus amigos de Jerusalém, com os quais havia lido as velhas Escrituras do Patriarca Aldis.

— Será aquele? — perguntou.

— Provavelmente — ouçamos o que se segue.

Buya-Ben continuou lendo: — "Quarenta e nove anos depois do Homem-Luz. Três centúrias antes da destruição da Cidade Santa (*)."

— Não há dúvida. É ele.

— O Adamu do Patriarca Aldis! — exclamou Jhasua olhando para a estátua de carne feita pedra, que parecia de argila amarelenta. Era mais baixa que as outras duas e menos forte em sua conformação. O nariz reto, a fronte, a boca e o queixo muito semelhantes ao do Patriarca Aldis.

— Adamu!... Adamu!... — disse Jhasua comovido. — Estamos contemplando tua matéria morta, reduzida a um pedaço de pedra. Onde estará teu espírito vivo, resplandecente de gênio e de amor com mais de 83 séculos de evolução? Que não daria eu para encontrar-te, para realizarmos juntos uma aliança!

José de Arimathéia escrevia silencioso em seu livreto de tecido engomado.

— Aqui tens a resposta Jhasua — disse entregando ao jovem Mestre o livreto aberto na página que acabara de escrever:

"Arcanjo de Jehová, Ungido do Amor!... Não estou longe de ti.

"Aquilo que o Eterno uniu, ninguém pode separar. A uma hora do bosque de Dafne, sobre o Rio Orontes, ao sul de Antioquia, está o meu oásis que chamam *Horto das Palmeiras*. Ali vive seus agitados anos o Scheiff Ilderin a quem o invasor romano respeitou. Nasci no País de Amon, na Arábia Central. Sou o Adamu que desejas encontrar e que te espera."

"Scheiff Ilderin"

— Magnífico! — exclamou Nicolás de Damasco. — Conheço todas essas paragens, que visitei mais de uma vez.

"Estive uma vez no *Horto das Palmeiras*, aonde cheguei com o meu criado para pedir socorro, porque meu camelo morreu de repente. Nessa ocasião, não estava lá o Scheiff que tem fama de generoso e de hospitaleiro, porque passava temporadas em seus domínios de Bene Kaden.

"É um grande homem, e tão amado por todos os povos de sua raça que, graças a isto, foi até hoje respeitado pelos romanos. Convido-vos a irmos todos visitá-lo."

— Combinado e comprometidos — responderam todos em coro.

Passaram, em seguida, a decifrar o nome e a data das duas últimas múmias, e Buya-Ben leu:

"*Sênio de Maracanda*. Doze anos do nascimento do Homem-Luz. Três centúrias antes da destruição da Cidade Santa."

(*) A Associação Internacional de Estudantes da Bíblia, estabelecida em Londres, faz referência a uma placa de pedra, chamada "Tábua Ábidos", que o faraó Setil encontrou numa escavação que mandou fazer no vale do Nilo e que foi reencontrada em 1817, na cidade de Ábido (Egito). Nessa placa — diz a mencionada Associação — aparece "Adam-Mena" como um faraó muito anterior, e faz referências a Abel, a quem chamavam "o submisso", e a Kanighi (em hebraico Kaíno e em português Caim). Desta placa há uma cópia no Museu Inglês de Londres (N.T.).

Faltava a sétima e última múmia, na qual se lia:

"*Beni-Abad, o Justo* – 20 anos do nascimento do Homem-Luz; três centúrias antes da destruição da Cidade Santa."

– Como vemos, aqui está desmentido o velho ditado: "*Mudo como uma múmia*" – exclamou Nicodemos.

– Esta é a superioridade que têm os povos que acreditam na sobrevivência da alma humana – disse Fílon – e fazem de tal convicção um ideal que determina rumos na vida e muito além da vida.

– É realmente assim – acrescentou Melchor. – Eles não pensavam tão-só no presente, mas também num futuro distante. A matéria morta, rodeada de inscrições e gravações, tem eloqüência muda. É uma história vivida e sentida, que conta às gerações de um distante porvir o que determinada pessoa fez em benefício da grande família humana, da qual formou parte numa época já perdida entre as montanhas de séculos.

– Agora raciocinemos – disse José de Arimathéia. – Se este hipogeu foi construído por Mizrain de Tanis, é muito provável que nos rolos guardados no seu sarcófago encontremos a chave do motivo pelo qual se encontram aqui estas sete múmias, cujas datas indicam que essas mortes ocorreram três séculos antes da destruição de Neghadá.

– É verdade – afirmou Buya-Ben –, pois todas as outras da sala são de séculos posteriores.

– Aqui há uma – disse, um ângulo afastado, o arquiteto –, a última que veio para este panteão funerário. A gravação marca 387 anos depois da invasão que destruiu Neghadá. Depois não há nada mais. – Um silêncio absoluto.

– Isto quer dizer – observou Jhasua – que as pessoas que guardaram e fecharam esse sarcófago foram as últimas que penetraram aqui. Desde então ficou esquecido.

– *Timna de Eridu* – disse Buya-Ben lendo a inscrição.

– Eridu era uma grande cidade dos vales do Eufrates – disse Gamaliel. – Muito anterior à fundação da primeira Babilônia. Era da próspera época de Gaanha e Tirbik, as duas cidades pré-históricas, sobre cujas ruínas se edificaram Nínive e Babilônia. Como podeis ver, trata-se de uma respeitável antiguidade.

Aberto este último sarcófago, encontrou-se, sobre a múmia, uma estrela de cinco pontas e um livro da Lei dos antigos Kobdas.

– Era uma Matriarca do santuário das mulheres Kobdas de Neghadá – disse Jhasua. – Esta estrela era usada pelas Matriarcas Kobdas como símbolo de sua autoridade.

O livro da Lei era feito de pequenas lâminas de Marfim, todas unidas por um anel de ouro. A gravação era a fogo e de um trabalho tão esmerado que o transformava numa verdadeira jóia para o Museu de Alexandria.

Voltaram para a tenda enriquecidos com todos os escritos e pequenos objetos encontrados nos sarcófagos, os quais seriam conduzidos para o Museu, tão logo dispusessem de uma sala para as múmias do hipogeu do Patriarca Mizrain.

– Isto, sim, é um acontecimento para os povos do Nilo – disse Melchor. – Até hoje, não se havia encontrado a não ser um vago vestígio do fundador da raça egípcia, e eis que nos estava reservado dizer: "*Mizrain de Tanis* não é um mito. Aqui está a prova de que foi um ser humano que agiu como um justo no meio da Humanidade."

As emoções haviam sido tão fortes que Jhasua não pôde conseguir o descanso através do sono, não obstante Melchor e Faqui terem insistido em que ele bebesse de seus xaropes calmantes de alterações nervosas.

Uma balbúrdia de pensamentos se agitava no seu mundo interior, onde reconstruía o passado que conhecia através das Escrituras do Patriarca Aldis, e relacionava-o com o presente, formando, assim, um admirável conjunto enlaçado e harmônico, sobre o qual brilhava, como um sol no zênite, o poder e a sabedoria da Lei Eterna, como que se elevando das mãos das Inteligências Encarnadas, quando estas se enquadram no seu verdadeiro caminho.

– Quão grande e formosa é a majestade da Lei Divina! – exclamou, a meia-voz, debaixo da tenda levantada no deserto a um arremesso de pedra das margens do Nilo.

Finalmente, adormeceu quase ao amanhecer, e, na manhã seguinte, disse a seus companheiros:

– Sonhei com o Scheiff Ilderin que dormia sob uma tenda no Jardim das Palmeiras à margem de um lago azul, além, junto ao bosque de Dapné. Adamu, Adamu! Breve irei encontrar-te, porque o que Deus uniu não pode ser separado jamais!

– És admirável, príncipe de David! – disse Faqui, olhando-o como se olha para algo que está muito acima de nós.

"És admirável!... Não vives na Terra nem na vida presente. Toda a tua pessoa está na imensidão do Infinito, mergulhada no poderoso Amanai.

"Não é difícil compreender que és um Arcanjo de seus Céus, mensageiro de nossa Filha do Sol."

O Pranto de um Escravo

Para Jhasua, psicólogo profundo que explorava com mais vivos anseios no mundo das almas do que nos planos físicos, não havia passado despercebido o que palpitava e vivia intensamente nas almas que se iam colocando em contato com a sua, à medida que ele avançava com sua existência física de então.

Sua grande sensibilidade percebia, em dados momentos, as vibrações de dor ou de alegria, de amor ou de ódio dos seres que o rodeavam, quer viessem da parte dos de elevada posição como dos mais humildes e pequenos.

Ele julgava conhecer com bastante clareza o mundo interior de Buya-Ben e, mais ainda, o de Faqui. Sabia o que eles eram capazes de dar para a causa da Verdade e da Justiça, que era a razão suprema da dignificação humana, à qual a Fraternidade Essênia, mãe espiritual dos grandes idealistas, estava inteiramente consagrada.

Conhecia, outrossim, profundamente o príncipe Melchor, seu grande amigo desde o berço, juntamente com Gaspar e Baltasar, como líricos sonhadores do Ideal Supremo, em tudo quanto Este tem de belo, de grande e de incompreensível para a grande maioria dos homens. Sabia que eles eram Mestres de Sabedoria Divina, principalmente os dois mais idosos: o indostânico e o persa, Baltasar e Gaspar, fundadores de antigas Escolas de Conhecimento Superior em seus respectivos países, nos quais, por intermédio de seus discípulos mantinham acesa e viva a tocha divina de sua fé inabalável. Ele os qualificava da seguinte maneira:

"Gaspar e Baltasar, em seus 80 anos, são já como aqueles Livros Vivos de que nos falam as Escrituras do Patriarca Aldis, aos quais a Fraternidade Kobda pedia, como último tributo à Humanidade, que ditassem a um notário, nomeado especialmente para o caso, a história de suas vidas para exemplo dos que seguiam suas pegadas e as dolorosas experiências de suas vidas de buscadores da Verdade e da Justiça. Melchor, o mais jovem e mais veemente dos três, briga e luta ainda para alcançar o cume, onde, graças à sua dedicação e longos anos, chegaram e aguardam seus dois companheiros de ideal. Ele é tocha ardente que corre afanosa, ainda, por continuar ateando o fogo santo nas almas, enquanto seus dois companheiros são lâmpadas em repouso, que somente lançam luz do pico do monte santo. Compreendo todos os três muito bem!

"Conheço a fundo em seus esforços e anseios meus quatro amigos que vieram comigo de Jerusalém.

"José de Arimathéia e Nicodemos são como a vanguarda, e são ainda a suave vibração da amorosa ternura que me envolve como o amor de uma mãe. Fílon é o filósofo que investiga e se enamora do bem que chega a descobrir. Capaz de afeto sincero, procura ser compreendido e ama com lealdade a alma que o compreende."

– Que significa – pergunto a mim mesmo neste solilóquio à luz das estrelas, no meio do deserto e às margens do Nilo – a atração que sinto para com o mais jovem dos servos do príncipe Melchor, o silencioso Shipro?

"O amor começa a ser despertado nele junto com uma muda tristeza, que, a cada instante, me chega como uma laceração produzida por um espinho dirigido ao meu coração.

"Vejo-o escolher as melhores tâmaras e os bolos mais dourados do seu fornilho para oferecê-los a mim e sem dizer uma única palavra.

"O Pai Celestial abrir-me-á o caminho para chegar até a sua pobre alminha que sofre sem que eu saiba por quê!

"Senhor!... se cada alma que Te procura e Te ama tem a seu cargo outras almas para conduzi-las a ti... dá-me, Te rogo, todas quantas me pertençam e que nem uma só delas seja abandonada por negligência minha!..."

Esta oração muda brotava da alma de Jhasua, totalmente envolto em seu manto de pele de camelo, enquanto distraía sua insônia daquela noite sentado fora da tenda, sob a cobertura de esteiras de junco, que haviam armado para cobrir os camelos que, deitados na branda areia, dormiam ou ruminavam sua última ração da noite.

Pouco depois, viu Shipro sair da tenda dos criados. Procurando seu camelo, sentou-se junto a ele e sepultou sua cabeça por entre o escuro pêlo do longo pescoço do animal e abraçou-se a ele como teria feito com uma terna mãe cuja ternura lhe era necessária.

Com toda a certeza, não havia percebido a presença de Jhasua, que, envolto em seu escuro manto, sob a sombra da cobertura, e entre uma dúzia de grandes animais deitados na areia, se tornava, na verdade, dificilmente perceptível.

No entanto, Jhasua, habituado à escuridão, via-o perfeitamente e, no seu terno coração, foi levantando-se uma imensa onda de piedade e de amor por aquela infeliz criatura, que se sentia bastante só no mundo, a ponto de buscar o amor de um animal, o único a quem podia confiar seu pesar.

O manso animal parecia escutá-lo sem sequer se mover.

"– Silêncio no homem e silêncio no animal! – pensou Jhasua. – Que triste condição humana, a do separatismo cruel, da diferença de posição na vida!

" 'Quando a Humanidade sairá de seu espantoso estado de atraso e incompreensão?

" 'Eis aqui um homem, apenas um adolescente, que se sente mais compreendido por um animal que pelos homens que o rodeiam!

" 'Pelo Deus-Amor e pela justiça que adoro, destruirei, com gosto, esta aberração tão criminosa!" E levantou-se para aproximar-se de Shipro.

Este, todo assustado, ia fugir.

– Não fujas, Shipro, que eu também estou sem sono como tu e, para não molestar aqueles que dormem, faz duas horas que estou aqui. Conversemos como dois amigos e tornaremos menos pesada a insônia.

Sem mais cerimônias, sentou-se junto a Shipro e apoiou suas costas no branco ventre do animal semi-adormecido.

– Senta-te como estavas, peço. Somos, com Faqui, os mais jovens dos viajantes, e é justo que sejamos amigos e confidentes – disse no tom mais natural e simples que pôde. – Não estás de acordo comigo?

– Como podes ter-me como amigo, se és um príncipe da Judéia, e eu um servo com menos valor que este animal no qual me apóio?

– Estás cometendo um erro, meu amigo, eu não sou nenhum príncipe, a não ser nos lábios apaixonados de Faqui, cujo amor por mim faz com que me veja muito mais além das estrelas.

– Eu o ouvi chamar-te *príncipe, filho de David...* – disse timidamente o jovem criado.

– É costume dar esse qualificativo a um distante descendente de um rei, que antes foi pastor e que, apesar dos muitos erros cometidos, fez algo de bom entre os homens. Sou simplesmente o filho de Joseph de Nazareth, honrado artesão da madeira na distante Galiléia. Estou dedicado ao estudo, seguindo a minha vocação. Eis aí tudo. Por que, pois, não posso ser teu amigo? Que abismo é este que julgas separar-nos?

– Minha triste condição de servo – respondeu o jovem.

– Dize-me uma coisa, Shipro.... não posso eu também nascer servo pela Vontade Divina que determina a vida dos homens?

O jovem olhou-o com assombro e baixou os olhos sem responder.

"Se assim houvesse sido – continuou Jhasua a meia-voz – haveria de agradar-me que tu, príncipe ou senhor, houvesses descido até a minha pobreza e me houvesses amado. Compreendes? Assim é a lei do Deus de Moisés, embora eu saiba que não é essa a lei dos homens egoístas e perversos.

"Com isto, deixaremos de lado todo separatismo para sermos dois bons amigos, que se encontram num mesmo caminho e fazem, juntos, a mesma viagem.

"Dá-me a tua mão, Shipro, pois quero que sejas meu amigo."

O jovem criado estendeu timidamente a mão calosa e morena e inclinou-se sobre a branca e suave mão do Mestre, a qual beijou com profundo respeito.

A emoção lhe deu um nó na garganta, provocando um soluço, e esta cena dissolveu-se no mais profundo silêncio.

Com o fim de distraí-lo, Jhasua iniciou outra conversação.

– Faz muito tempo que estás a serviço do príncipe Melchor?

– Cinco anos.

– Quando, desse modo, procuras o amor do teu camelo, é porque te sentes só no mundo, não é verdade? Quero que saibas que eu não quero mais essa solidão em ti desde o momento em que apertaste a minha mão de amigo.

– Está bem, senhor... obedecer-te-ei como ao meu próprio amo... já não estarei mais só, se assim o desejas.

– Pouco a pouco, acabaremos por entender-nos – disse Jhasua. – Dize-me uma coisa, Shipro. Em cinco anos junto do príncipe Melchor, não fizeste nada para te aproximares do seu coração?

— Oh, não, senhor!... Ele está tão alto, e eu tão baixo! Além disto, um de meus três companheiros da criadagem é meu tio, irmão de minha pobre mãe, serva também, e ele jamais permitiria, nem sequer através da sombra de um pensamento, que eu pudesse aproximar-me do amo.

"Ele é bom e jamais nos maltrata; paga-nos pontualmente os salários combinados e somente nos pede obediência e discrição, motivo pelo qual devemos ser mudos para com aqueles que não são seus amigos. Ele tem poucos amigos verdadeiros. Muitas pessoas perversas e invejosas ficariam alegres em reduzi-lo à miséria e ainda matá-lo. Meu tio é criado de confiança para o príncipe, ao qual estima como à menina de seus olhos! Mas meu tio é mudo como um sepulcro, e assim deve ser."

— Não me interessa o assunto por este lado, Shipro, mas pelo que diz respeito a ti. Se tens um amo bondoso e considerado, por que padeces?

— Já que te agrada saber, vou dizê-lo, príncipe de David — começou Shipro a falar, abrindo-se lentamente à confiança pedida. — Nasci há 19 anos, atrás dessas montanhas que se vêem ao ocidente, e que formam um formoso vale com os lagos Natron ao centro e um oásis que é uma delícia. Entretanto, esses senhores romanos, que levam a desgraça a todas as terras em que pisam, apunhalaram os principais chefes da nossa tribo, que se negavam a alistar-se em suas legiões. Pela força eles levaram os homens capazes de guerrear. Os enfermos, os velhos, as mulheres e as crianças foram vendidas como escravos no mercado de Alexandria. Levaram meu pai para a guerra, enquanto meu tio, gravemente ferido no ombro, minha mãe e eu, que só tinha meses, fomos alojados nas estrebarias do mercado, à espera de alguém que quisesse comprar-nos. Por sorte nossa, aconteceu vir a Alexandria um príncipe da Judéia que tinha navios de sua propriedade para comerciar entre os principais portos da Palestina e Alexandria.

"Ele procurava com grande interesse e cuidado uma ama de leite egípcia para uma menina que era sua filha e, ao mesmo tempo, fechava contratos com os maiores comerciantes de Alexandria. No mercado, encontrou minha mãe à venda; ela me amamentava chorando por haver sido brutalmente separada de meu pai, e isto quando eu acabava de nascer, sendo ainda seu primeiro filho.

"Comprou-nos a ambos, e como o meu tio, jovem de 20 anos, suplicou piedade para a sua situação de ferido, nosso amo também o comprou e fomos, os três, levados para Jerusalém, onde ele residia com sua família, num formoso palácio situado próximo ao palácio real do Monte Sião, no bairro da Cidadela, junto à porta de Jaffa.

"A ama Noemi era tão formosa como boa. Dizia como tu, príncipe de David, que os amos e seus servos deviam formar uma só família.

"Cresci junto com a pequenina, que era como um jasmim, e eu era quatro meses mais idoso que ela.

"Tinha o primogênito de seis anos de idade, e quando lhe puseram mestres de ensino e eu tive a idade conveniente, recebi lições ao lado do pequeno príncipe Judá que, graças à sua inteligência e beleza física, era o orgulho e a esperança de seu pai."

— Tudo isto — disse Jhasua — significa que tiveste uma infância feliz e que tens um bom grau de cultura intelectual.

— Isto é verdade: escrevo e falo regularmente, além de minha língua nativa, o árabe, o hebraico e o siro-caldaico, e, em razão disto, meu amo atual me faz prestar-lhe alguns serviços nesse sentido.

— Excelente moço... por que, pois, não és feliz? — voltou Jhasua a perguntar.

— Oh, príncipe de David!... Fiz com que visses a decoração exterior de um sepulcro de mármore, contudo, não o viste ainda por dentro, onde vive o espanto e o horror.

— Queres dizer que tens uma tragédia no mais íntimo do teu ser?... e isto aos 19 anos?... vamos, conta-me tudo, que, embora levando um ano e alguns meses de idade sobre ti, tenho boas amizades e, talvez, possa remediar-te em algo. Talvez, se o príncipe Melchor ainda não o tenha feito...

— Apesar de toda a sua bondade e de tudo o que é oriundo da sua elevada posição — observou Shipro —, ele se defende de inimigos poderosos, e os tem em grande número, e, até hoje, pôde preservar da cobiça romana sua pessoa e seus vultuosos bens, os quais emprega em obras de misericórdia.

— Como! O príncipe Melchor perseguido pelos romanos! E por quê?

— Já compreenderás tudo. Antes de eu nascer, ele esteve a ponto de ser assassinado junto com dois amigos seus, por ordem desse perverso rei Herodes, que já apodreceu na sepultura, castigado em sua carne maldita por causa de seus grandes crimes.

Jhasua recordou, ao ouvir essas palavras, a perseguição que o usurpador idumeu realizara contra os três sábios do Oriente, a degolação dos meninos bethlehemitas, sua própria fuga para as grutas do Hermon, e comprovou que seu novo amiguinho estava bastante inteirado dos graves acontecimentos passados.

— É verdade, Shipro; no entanto, tudo isto pertence ao passado, e não posso compreender por que os romanos querem perseguir o príncipe Melchor.

— Pelo mesmo motivo que os levou a perseguirem até a morte o meu primeiro amo, o príncipe Ithamar, filho de Abdi-Hur, chefe da nobreza saducéia de Jerusalém: sua enorme fortuna que o tornava dono de quase a metade norte da Cidade dos Reis e dos mais férteis hortos que chegavam até Mizpa e Anathot.

— Então, meu amigo... acabo de sair de um ninho de plumas e sedas, cercado por todas as suavidades do amor mais sublime que foi possível derramar em torno de um ser humano!... oh, minha doce e querida Galiléia, meu lar artesão... minha mãe, rolinha de amoroso canto, meu honrado pai... meus Mestres Essênios, meigos e suaves como o pão e o mel...

"Em que terra pisei até hoje?... que ar suave e benéfico tem soprado ao meu redor que todos estes furacões de fogo e de sangue têm passado sem me ferir?

"Acredita, Shipro, que os estudos absorveram tanto a minha vida que estou menos inteirado do que tu de muitas tragédias humanas. Continua tua narração, contando-me tua vida, pois podes ensinar-me, com isto, muitas coisas ignoradas por mim."

— Obedeço-te, amiguinho, e, ao fazê-lo, sinto grande alívio em minhas aflições. Quando Arquelau, o filho do sanguinário Herodes, foi deposto de seu trono por herança de seu pai, veio para a Judéia um personagem romano ao qual denominavam Procurador, que possuía todos os poderes do César para fazer e desfazer junto aos seus subordinados.

"Valério Graco foi um tirano ambicioso que não pensou em nada mais que em enriquecer-se e aos seus íntimos à custa dos ricos príncipes judeus.

"Meu amo Ithamar era chefe da nobreza saducéia que havia escolhido como Pontífice um nobre, o príncipe Anás, filho de Seth, que habitava no palácio real do Monte Sião e era quem mantinha mais ou menos em tranqüilidade o revoltado povo judeu. A primeira coisa que fez o novo Procurador foi retirar a investidura de Sumo Sacerdote a Anás e deu-a, sem lei alguma, ao sacerdote Ismael, que pertencia à seita dos fariseus, porque este se prestaria aos excessos e usurpações que já tinha planejado, talvez desde há muito tempo.

"A rica nobreza saducéia, que era a melhor da Judéia, ficou exposta às investidas da Loba insaciável. Dessa maneira, meu amo caiu na desgraça que se desencadeou sobre a sua casa. Eles procuravam, sem dúvida, uma oportunidade, e esta não tardou em se apresentar numa viagem que meu amo fez a Corinto, com três de seus navios, levando pessoas e mercadorias para estabelecer, em forma definitiva, o comércio direto com a Grécia e as grandes povoações mineiras do arquipélago.

"Valério Graco que, de sua residência na Cesaréia, vigiava os passos de meu amo, armou com piratas da pior espécie duas velhas galeras que abordaram e roubaram as naves de meu senhor antes de chegarem a Creta. Como ele sempre teve travessias normais e sem incidentes, não estava preparado para uma luta com bandoleiros do mar e acabou perecendo, bem como parte da tripulação e das pessoas que transportava.

"Dentre seus fiéis capitães, salvou-se somente um, bem como dois de seus melhores oficiais. Com o falecimento do amo, o que poderia fazer a sua viúva com duas crianças, uma de 11 anos e a pequenina de 5? Através dos documentos encontrados no cadáver de um dos chefes piratas mortos, soubemos que esse espantoso crime foi inspirado pelo Procurador Valério Graco, que, com tal golpe traiçoeiro, se fez dono de uma fortuna mais que regular. No entanto, meu amo era imensamente rico e, se não fosse pela perda de sua preciosa vida, aquilo não houvera tido maiores conseqüências. Seu administrador, um servo fiel, mais do que todos os seus fiéis servos, colocou-se à frente de seus negócios desde Alexandria até a distante Antioquia, e a família do príncipe Ithamar encerrou-se em seu palácio de Jerusalém, em um estado de luto e de tristeza permanente.

"Como podes compreender, oh príncipe de David, aqui começaram os meus padecimentos.

"O pequeno príncipe Judá dedicou-se aos estudos superiores no Grande Colégio dos nobres, aonde eu já não podia segui-lo; entretanto, vendo o meu desejo de aprender, no final de cada dia me dava algumas das lições que recebia de seus sábios mestres, cujos nomes conservo como um sinal de honra: Hillel, Shamai, Gamaliel, o velho, e Simeão.

"O dragão romano, devorador de fortunas e de vidas, continuou de um modo ou de outro com os despojos e as lutas aos mais ricos e elevados príncipes e nobres saduceus, que conservavam as terras herdadas de seus distantes antepassados, as quais tinham sido adjudicadas aos chefes de tribos e representantes diretos dos primeiros povoadores israelitas da *Terra da Promissão*.

"Muitos deles eram até donos legítimos das muralhas e torreões que guarnecem Jerusalém, porque haviam sido reconstruídas à sua custa, depois da última destruição efetuada pelos exércitos assírios. Meu amo era dono da muralha e das torres desde a porta de Damasco até a tumba de Jeremias, por herança de seu antepassado daquela época.

"Passaram-se poucos anos de tranqüilidade e veio a grande tormenta, quando o Procurador tinha já bem tecida toda a rede. Através do cobrador de impostos que, juntamente com o Sumo Sacerdote, ocupava o antigo palácio de Herodes no Monte Sião, estava o Procurador a par das grandes fortunas dos nobres saduceus e, com um golpe certeiro, preparou o seu plano. Um dia, meu amo Judá e eu repassávamos as lições no pavilhão de verão do quarto pavimento, quando começaram a cruzar sobre as nossas cabeças pedras arrojadas, quem sabe de onde? Um grande jarro de mármore caiu de seu pedestal. Pouco depois, foi ferida uma garça que dormitava no bordo da fonte.

"Começamos a correr de um lado para o outro do grande terraço procurando a origem daquele ataque que continuava. Ao olhar por cima da balaustrada do lado norte do edifício, vimos que o Procurador Graco passava em seu luxuoso carro, no meio de uma escolta de cinqüenta legionários.

"Uma das pedras arremessadas do lado sul foi cair sobre o ombro de Graco, produzindo-lhe um leve ferimento.

"Foi o bastante. Os soldados entraram brutalmente no palácio, cercando a todos, como se fossem assaltantes de estradas, alegando que dali se havia pretendido assassinar o representante do César.

"Levaram preso o meu jovem amo que tinha apenas 17 anos, minha ama Noemi, filha do príncipe Azbuc de Beth-Hur, dono legítimo da muralha e das torres defronte ao sepulcro de David até o Reservatório Sagrado e a Casa dos Valentes, bem como a pequenina ama, minha irmã de leite, que tinha apenas 12 anos, a formosa Thirsa, pura e bela como uma flor.

"Sem ter direito a defesa alguma e nem sequer de ser ouvido, o pequeno príncipe foi condenado a seis anos de serviço forçado nas galeras que faziam guerra aos piratas, que era a mesma coisa como se tivesse sido condenado à morte. Encerraram minha ama com sua filhinha na Torre Antônia, fortaleza e horrível presídio anexo ao Templo, que estava sob o controle único e direto do Procurador romano. Todos os serviçais da casa fugiram pelo portão dos animais e dos carros e se esconderam onde puderam. Só ficamos minha mãe e eu, com meu tio que, na qualidade de guardião das cavalariças, havia ido em busca de feno fresco para os animais. Examinaram toda a casa, levaram as jóias mais preciosas, cofres e armas riquíssimas trazidas pelo amo de terras distantes e, ao sair, fecharam a grande porta de entrada com ferrolho exterior, e puseram o selo do César com esta legenda: 'Confiscada pelo governo romano.'

"Minha mãe e eu, escondidos no subsolo dos depósitos entre cântaros de azeite e barris de vinho, não fomos encontrados, e eles deixaram aberta uma portinha oculta por fardos de palha e lenha que ficava junto às cavalariças.

"Assim escondidos, ficamos mais de um ano esperando que o doloroso assunto tivesse uma solução. Somente por urgente necessidade saíamos à noite para ir ao mercado comprar o que não havia em casa, como carne fresca e hortaliças.

"Meu tio, disfarçado em pastor ou lenhador, vagava como um espectro pelos mercados, praças e tendas, escutando para ver se obtinha alguma palavra que lhe fornecesse indícios sobre o destino dado aos nossos amos.

"Apenas ouviu aquilo que, a meia-voz, corria pelos mercados, ruas e praças, como um segredo aterrador: 'O palácio do príncipe Ithamar, chefe da nobreza saducéia, foi confiscado pelo odiado tirano, e sua família desapareceu.'

"– Eram os nossos amos, eram os nossos pais, eram a providência que mantinha as nossas vidas!... que será de nós agora? – exclamavam seus servos e operários.

"As mulheres iam gemer e chorar no lugar do Templo onde estava situado o dossel da família e beijavam as almofadas que os pés deles haviam pisado e os tamboretes das duas crianças.

"Nada!... a terra parecia havê-los tragado.

"Um dia, reuniram-se em número de três centenas os cultivadores das oliveiras e dos hortos do amo, de onde haviam sido arrebatadas as colheitas sem que se desse parte alguma aos operários nem pagasse seus salários. Foram recebidos com açoites pelos encarregados da administração, e aqueles que resistiram e gritaram reclamando seus direitos foram postos no calabouço da Torre, e não se soube mais nada deles.

"Vendendo secretamente o que excedia ao nosso consumo em azeite, vinho, queijo, mel e cereais, conseguimos sobreviver mais outro ano como corujões ou lagartixas na parte mais oculta do grande palácio, à espera dos amos. Um dia, meu tio ouviu uma conversa no mercado na qual se dizia que o príncipe Judá havia sido morto num encontro com os piratas, e que sua mãe e irmã haviam falecido de febre maligna, no fundo de um calabouço na Torre Antônia.

"Então minha mãe resolveu que meu tio e eu voltássemos para Alexandria, onde tínhamos parentes que nos ajudariam a encontrar meios de vida, e ela ficou sozinha lá para cuidar do palácio de seus amos, onde queria morrer, se não a tirassem de lá pela força.

"A história está terminada, oh príncipe David!

"Tua sabedoria dirá se o infeliz Shipro tem ou não motivo justo para chorar sempre abraçado ao pescoço do meu camelo!"

Contendo um soluço, Jhasua abraçou ao jovem servo, cuja alma nobre e pura lembrava a milenária história do dócil José, maltratado e vendido por seus próprios irmãos!

– Shipro, meu amigo – disse –, meu coração adivinhava o que tu és e por isto te procurou na solidão da noite e na inquietude da insônia.

Duas lágrimas do jovem servo rolaram-lhe dos olhos até as mãos de Jhasua, cruzadas sobre os joelhos daquele, e seu contato foi como uma grande chicotada de aço para o sensível coração do Cristo.

– Não chores mais, Shipro – disse com a voz trêmula pela emoção – que, em nome do nosso Deus-Amor, afirmo-te que Ele me dará o poder de salvar o que ainda pode ser salvo no espantoso desmoronamento produzido pela maldade dos homens.

"Daqui a seis dias regressarei à Judéia, onde tenho à minha disposição todo o poder e a força divina convertida em almas e corpos humanos a serviço do bem, da justiça e do amor.

"Desenha, numa tabuinha, um roteiro para encontrar em Jerusalém tua mãe, e a data exata em que ocorreram esses acontecimentos. Peço-te tão-só duas luas de prazo para solucionar este assunto."

– Oh, príncipe bom como o amo que perdi!... – exclamou o jovem servo caindo de joelhos ante Jhasua e abraçando-lhe as pernas, sobre as quais deixou cair sua cabeça, chorando amargamente.

"Agora não choro sobre o pescoço do meu camelo, mas no coração do homem mais santo que encontrei em meu caminho!, murmurou entre as sacudidelas de seu intenso pranto.

Jhasua, procedendo com ternura de mãe, passou e repassou sua mão sobre a negra cabeleira de Shipro, que lhe chegava até os ombros.

– Logo amanhecerá, meu amigo, e não ficará bem que nossos companheiros venham a descobrir que passamos a noite em claro. Meus amigos de Jerusalém cuidam muito de minha saúde, pois estão especialmente encarregados pelos meus pais que, apenas nestas condições, permitiram de boa vontade esta viagem.

"Vamos para nossas tendas e não te aflijas mais, Shipro, porque a partir desta noite cuidarei de ti."

O jovem servo beijou-lhe a mão, e Jhasua viu-o desaparecer sob a lona verde da sua tenda.

Cruzou as mãos sobre o peito e, mergulhando seu olhar no sereno azul bordado de estrelas, exclamou com toda a ardente emoção que costumava pôr em suas preces mais íntimas e profundas:

"Graças Te dou, meu Pai, porque me permitiste dar de beber a um sedento!

"Permite, Senhor, que Tuas águas de vida eterna corram como incontível caudal sobre todos os que sofrem a injustiça da Humanidade!"

Jhasua entrou silenciosamente na tenda, onde encontrou José de Arimathéia sentado em seu leito.

— Jhasua, meu filho — disse aquele a meia-voz. — Esqueceste que sou responsável pela tua saúde e vida perante teus pais?

— Eu não tinha sono, José, e saí para contemplar esta formosa noite no deserto — respondeu. — Estou mais forte do que nunca. Não te preocupes.

Seu leito ficava junto ao de José, e ambos se entregaram ao descanso.

Na manhã seguinte, quando o sol estendia a púrpura dourada de seus véus, os criados entraram na tenda do fornilho de barro para assar os bolos para o desjejum.

O vinho quente, as castanhas recém-cozidas, o queijo e o mel estavam já esperando sobre a branca toalha estendida no centro da tenda sobre grandes esteiras de fibra de palmeiras.

Durante o desjejum, falou-se nas traduções de que cada qual tinha ficado encarregado quando, nessa mesma tarde, regressassem à cidade.

— Príncipe Melchor — disse de repente Jhasua —, ficarei imensamente agradecido se me concederes uma hora de conversação, depois deste excelente desjejum.

— E eu quero também outra hora para mim — disse alegremente Faqui a Jhasua.

— Está bem, amigo. Já está concedida.

— O mesmo digo eu — acrescentou Melchor, dirigindo-se a Jhasua.

— Iremos confidenciar, neste meio-tempo, com as múmias do hipogeu de Mizrain. Não é verdade, Mestre Fílon? — perguntou Nicodemos.

— Ah, sim! — disseram todos. — Estaremos lá, logo depois do meio-dia. Depois, faremos nossa última refeição no deserto e, na segunda hora da tarde, retornaremos à cidade a fim de reassumir nossos trabalhos.

— Faqui — disse o jovem Mestre —, poderás ouvir minha confidência com o príncipe Melchor, porque é como mais um outro papiro nos intermináveis rolos da barbárie do poder romano, erigido em lei sobre nossos países oprimidos e humilhados.

— Com muito gosto, oh, filho de David! e talvez isto fortaleça as resoluções que, de acordo com meu pai, tomei esta noite.

— Como! Também tu padecias de insônia, e tua mente tecia redes de ouro e de luz?

— Exatamente como dizes — respondeu o jovem africano.

"Meu pai e eu passamos grande parte da noite atrás desta tenda, junto à pilha de ramos amontoados para queimar."

Jhasua começou a rir, lembrando que ele se julgava sozinho na insônia geradora de obras; e outros, a poucos passos dele, meditavam e criavam também.

Melchor, com a aprazível serenidade de seus sessenta anos bem levados e sabiamente vividos, olhava com paternal complacência para aqueles dois formosos jovens, cada qual no tipo de sua raça, e disse para consigo mesmo: "Nessa idade, tudo para mim era ilusão, promessa e esperança... agora, no outono da vida, quando todas as coisas murcham, só me é permitido recolher o que semeei e ajudar a nova semeadura que eles iniciam."

— Jhasua, meu filho — disse acomodando-se nas mantas e tapetes de sua montaria. — Inicia quando quiseres, que este velho amigo está a escutar-te.

Fazendo um lugar também para Faqui, entre ele e Jhasua, a confidência começou assim:

— Bom Mestre Melchor — disse Jhasua —, tenho que obter de ti um grande favor.

"Vens seguindo-me desde o berço, juntamente com os grandes amigos Gaspar e Baltasar, até o ponto de haverdes arriscado vossas preciosas vidas por mim.

"Tudo isto porque uma voz interior que não silencia nunca vos disse que em mim estaria feita carne a promessa do Senhor para Israel. Se estais ou não com a verdade, só o tempo dirá. Entretanto, eu não sou mais que um jovem buscador da verdade, que aspira encher sua vida com obras de bem, de justiça e de amor para com os seus semelhantes."

Em seguida, contou seu encontro casual com o jovem servo Shipro, ao qual pedira que desafogasse o coração nele, visto como tão claramente o via padecer.

– Essa é uma história dolorosa de há sete anos, mas não é a única, pois há centenas delas em todo o Oriente avassalado pelo poderio romano – respondeu Melchor.

"A celebrada *Paz de Augusto* morreu com ele, que foi, na verdade, o melhor dos imperadores romanos havidos até hoje, pois proibiu com severas penas que fossem violentados em seus direitos os habitantes dos países subjugados."

– Então, príncipe, já conhecias a história que Shipro me narrou? – perguntou Jhasua.

– Eu a conheci pouco depois de suceder e, pelo fato de os agentes do Procurador terem suspeitado de que eu removia aqueles escombros, atraí seus receios e desconfianças, até o ponto deles terem recomendado minha captura, se eu chegasse a pôr os pés na cidade de David. Em virtude disto, meus esforços foram pouco eficientes e muito indiretos.

– Nossos Terapeutas Essênios – disse Jhasua – são os únicos que podem abrir os ferrolhos de todos esses mistérios sem despertar suspeitas de espécie alguma. Somam às centenas as vítimas arrancadas por eles das garras famintas dos poderes, sejam romanos ou de qualquer outra raça ou classe aliada a eles.

"Deixar-me-ás tentar a sorte com o teu servo Shipro?"

– Sim, meu filho, e de todo o coração. Para isto será necessário que leves Shipro e seu tio Eliacin contigo pelo tempo que for necessário, a fim de esclarecer o mistério e salvar o que ainda pode ser salvo.

"Eles estão de posse de todo o segredo."

– Oh, bom príncipe Melchor! Concedes-me muito mais do que eu pensava pedir-te, não obstante eu lamentar profundamente que ficarás sem os teus dois melhores servos.

– Não te preocupes com isto, visto como em Heroópolis e em Clysma tenho muitos servos fiéis, sem contar com os de minha Arábia Pétrea, que somam algumas centenas.

"Se eu houvesse querido, poderia ter levantado toda a África Oriental e do Norte, desde Suez até os Montes Atlas, e desde a Arábia Pétrea até Borza e os Montes Bazan, sobre o deserto da Síria; mas a luz que me guiou até o teu berço, há vinte anos, me fez compreender que meu caminho não é de sangue e de espada, mas de paz, de luz e de amor.

"Essa luz, jovem de Deus, ligou as minhas mãos para sempre e confundiu minha vida com a tua como numa única aspiração ao Infinito, para o qual me sinto impulsionado por uma força que não me é possível conter.

"Com a imensa Arábia asiática, com toda a África do Norte e do Sul, da Etiópia dos gigantes negros, aliada da Judéia desde os distantes tempos de Salomão e da Rainha Sabá, que coisa houvera feito Roma com suas douradas Legiões, que não chegam nem à terça parte desses milhões de aguerridos montanheses, filhos das rochas e dos desertos, que jamais sentem o medo e a fadiga?"

Faqui ouvia em silêncio, mas seu ardente sangue africano fervia-lhe nas veias e fazia faiscar seus olhos como uma chama de fogo.

Jhasua escutava também em silêncio e, em sua alma de escolhido, parecia levantar-se, não sabia de que ignotas profundidades, uma voz sem ruído que repetia: *"Meu reino não é deste mundo."*

— Aquela luz — continuou dizendo Melchor — vinha em intervalos, acompanhada de uma voz profunda que me dizia: "Embainha tua espada para sempre e dependura a lança na parede de tua alcova, porque tua missão não é de guerra, mas de paz, de sabedoria e de amor."

"Eu obedeci àquela luz e àquela voz, e aqui me tens, Jhasua, suportando, como qualquer outro, as injustiças humanas, remediando silenciosamente os males que os homens do poder e da força vão causando, abrindo chagas profundas onde apenas tocam com um único dedo de suas mãos que esguicham sangue!

"Conta, pois, com tudo quanto sou e quanto tenho, para ajudar-te a aliviar, em silêncio, o encargo dos oprimidos, dos despojados, e evitar, enquanto seja possível, que aumente de dia para dia o número das vítimas."

Jhasua deu um grande suspiro como se de sua alma tivesse sido descarregado o peso de uma montanha.

— Obrigado, príncipe Melchor — disse depois de breve silêncio.

"Faz uns cinco anos que compartilho com os Terapeutas Essênios em seus trabalhos silenciosos no alívio dos oprimidos pela força dos poderes arbitrários e delinqüentes, sejam romanos ou não os agressores. Nosso Deus-Amor veio sempre em nossa ajuda para remediar as dores das classes humildes, mais esgotadas pelo infortúnio.

"Aceito, pois, os teus generosos oferecimentos que terei muito em conta quando me vir novamente no meu país ante o espectro da dor e da miséria."

— Oh, filho de David! — disse Faqui rompendo seu silêncio. — Eu também alegro-me em dizer-te que sou todo teu e da tua causa, e que, atrás de meu pai e de mim, todo o Deserto está contigo. As areias do Sahara são muitas e podem sepultar cidades quando o simum as arrasta...

— Obrigado, muito obrigado mesmo, meus grandes amigos, pela vossa adesão à causa da justiça, que é a da Humanidade.

"Que a Luz que, há vinte anos, iluminou o príncipe Melchor, continue iluminando-nos a todos a fim de que não venhamos a errar o nosso caminho."

Desta forma terminou a confidência que parecia tão breve e simples, e, não obstante, significava uma aliança entre dois continentes: Ásia Central e África para a causa da justiça e da verdade.

Alexandria, a grande cidade marítima das palmeiras e dos obeliscos, recebeu novamente os ignorados hóspedes buscadores da verdade, que se consideravam felizes com seu montão de inscrições, hieróglifos e papiros amarelentos.

Seis dias correram rapidamente no grande arquivo da Biblioteca, onde todos se entregaram à tarefa das traduções e das cópias, a fim de que os da Palestina pudessem levar cópias já traduzidas e exatas de tudo quanto haviam encontrado no hipogeu de Mizrain, visto que os originais deviam ficar, naturalmente, no Museu da formosa cidade de Alexandria.

Quando faltavam poucas horas para zarpar o barco que os levaria de regresso ao porto de Gaza, Melchor chamou Jhasua e lhe entregou várias cartas de recomendação para pessoas residentes em diversas cidades da Palestina e da Síria: para o príncipe Sallum, da antiga família Lohes, com domínio sobre a cidade de Jerusalém; para

Azbuc, príncipe de Beth-Hur, para Jesuá, príncipe de Mizpa, todos eles com domínio na muralha e nas torres de Jerusalém, e, por fim, para o príncipe Ezer, cujos domínios em Bet-Fur chegavam até parte da muralha e da cidade de Bethlehem.

— Agora terminaram os príncipes — disse Melchor de forma muito graciosa — pois não somente entre eles tenho bons amigos.

"Aqui estão mais duas cartas: uma para um forte comerciante judeu, residente em Antioquia, Simônides, e aqui vão as indicações. A outra é para o Scheiff Ilderin, residente a uma hora do bosque de Dafne, no *Oásis das Palmeiras*, mais comumente conhecido como *Horto das Palmeiras*."

— Oh, príncipe Melchor!... Este é o que escreveu através de José de Arimathéia, na primeira noite de nossa visita ao hipogeu, não recordas?

— Sim, sim, meu filho, é ele mesmo.

— Era tão teu amigo e nada me disseste?

— Porque tudo tem sua hora, jovem de Deus. Lê no barco todas estas cartas e ficarás tão senhor como eu de minhas relações com todos eles e do motivo dessas relações.

Em seguida, o príncipe Melchor retirou um pequeno anel de seu dedo mindinho, um simples aro de ouro com dez diamantes incrustados nele. Colocou-o no anular de Jhasua dizendo: "Este anel tem todo um valor inestimável. Pertenceu à minha mãe, última descendente direta da princesa Zurima da Arábia, que morreu afogada entre os Kobdas do Eufrates, ao tentar salvar a vida de Abel, o Homem-Deus encarnado naquela época.

— Zurima de Arab!... — exclamou Jhasua com uma estranha emoção interior que o fez empalidecer.

— Sim — respondeu Melchor. — Há uma velha tradição na família, que todos os descendentes do fundador da raça, Beni-Abad, deviam levar este anel e deixá-lo como herança ao mais velho dos filhos.

"Como eu não tenho filhos nem penso em tê-los, presenteio-o a ti, Jhasua, esperando que me permitas alimentar a ilusão de que és o meu grande filho espiritual."

Jhasua, com emoção profunda, abriu os braços, e o ancião e o jovem se confundiram num longo e estreito abraço.

O jovem Shipro e seu tio haviam recebido com júbilo a notícia de que acompanhariam Jhasua até a Judéia, com o fim de facilitar a busca da infortunada família de seus primeiros amos, aos quais estava ligada a sorte de todos os que haviam sido servos seus em todas suas propriedades e domínios.

Muitos deles haviam sido torturados pelos soldados de Graco, com o fim de arrancar deles os segredos de toda a imensa rede comercial que o amo tinha em diversas paragens. Uns após outros haviam fugido para refugiar-se nas montanhas e nas grutas, nos sepulcros abandonados, ou entre as ruínas de antigas cidades destruídas pelas repetidas invasões dos exércitos assírios, caldeus e egípcios em distantes épocas.

A formosa quanto infeliz *Terra da Promissão* estava povoada de ruínas, dolorosos vestígios de cruéis devastações passadas, que formavam contraste com a profusão de edificações faustosas, com todo o luxo a que se entregou Herodes chamado o Grande, justamente para conquistar essa denominação com o esbanjamento do ouro arrancado dos povos sob a forma de impostos e encargos de toda espécie.

Quando todos os viajantes se aproximaram do cais, Faqui se achegou a Jhasua e disse alegremente:

— Também parto contigo, príncipe, filho de David.

— Como? Mas é verdade? — e Jhasua procurou com o olhar Buya-Ben, pai de Faqui.

— É verdade!... Este meu filho, o mais veemente e audaz, talvez porque é o mais moço, tem grandes sonhos, que começam a voar desde que eclodiram do seu crânio.

"Deixemo-lo estender as asas e vejamos com que força pode contar. No entanto, não o perderei de vista."

— Oh, muito bem! De minha parte estou muito satisfeito com a sua companhia.

— Jhasua... querido Jhasua — disse Fílon ao abraçá-lo. — Não esqueças jamais que tens aqui um velho amigo capaz de dar a sua vida por ti.

— E tu, Mestre, não esqueças tampouco que os Santuários Essênios esperam cópias dos livros que estão sendo escritos.

O príncipe Melchor deu a seu criado Eliacin uma sacolinha de dinheiro para o que pudessem necessitar com Shipro, e lhes disse: "Até que volteis para junto de mim, se for de vossa vontade, tende em conta que o vosso amo é Jhasua, o filho de Joseph de Nazareth."

Ambos beijaram sua mão e foram os últimos a embarcar.

Três lenços brancos foram acenando durante longo tempo na parte mais alta do cais, enquanto no barco se agitavam muitas mãos dando adeus que pareciam não terminar mais.

Quando o barco saiu da enseada do rio e deu volta na primeira curva para dirigir sua proa mar adentro, o príncipe Melchor, Fílon e Buya-Ben se entreolharam através do pranto que anuviava os seus olhos, e um disse aos demais:

— Somente com a grandeza do amor que irradia de si a personalidade de Jhasua fica confirmada a evidência *de quem ele é e de onde veio*.

"E pensar que, no seu país, foi reconhecido exclusivamente pelos Essênios!"

Em profundo silêncio, percorreram o trajeto que os separava da morada de Fílon, anexa à Biblioteca e ao Museu de Alexandria.

De Volta à Palestina

— Quão feliz fui em Alexandria e que conquistas realizei! — disse Jhasua a seus quatro amigos de Jerusalém. — Ficastes satisfeitos com esta viagem?

— E o perguntas, Jhasua?...

— Acaso poderíamos sonhar com as descobertas efetuadas? — perguntou Nicodemos, o mais ardoroso como pesquisador.

— Por minha parte — disse José de Arimathéia — esperava algumas surpresas prometidas pelo Mestre Fílon, mas jamais cheguei a sonhar que teríamos ante a nossa vista toda a velha história de um distante passado perdido entre as areias do deserto.

— Este velho Egito — disse, por sua vez, Gamaliel — é como um grande gigante sepultado sob a areia que, de tempos em tempos, levanta a cabeça para assustar os homens doutos do momento presente, dizendo-lhes:

"Nem tudo o que sonhais está de acordo com a verdade."

— Já estou vendo — disse Nicolás com muita graça — o aspecto severo que apresentarão os rostos dos velhos Mestres do Grande Colégio de Jerusalém, Shamai, Simeão, Hillel, Gamaliel teu tio e outros...

— Por nosso pai Abraham!... — exclamou José aterrado. — Estais loucos para terdes a idéia de apresentar-lhes o nosso segredo? Não vedes que todos eles passam dos oitenta anos, e julgais que podem aceitar verdades como estas?

— Em verdade — disse Nicodemos —, seria como pretender pôr o turbante em seus pés em vez de cingi-lo na cabeça, como o levam.

— Justo, homem, justo! Nada temos a fazer com os octogenários. Nosso campo de ação é a juventude que se ergue ansiosa pela verdade e pela luz, sem idéias preconcebidas, e com a razão e a lógica que adeja procurando outros horizontes para espraiar-se.

Os quatro amigos de Jerusalém entretinham seu lazer de viajantes nestas conversações, enquanto Jhasua e Faqui passeavam sobre a coberta, contemplando o espetáculo maravilhoso do delta do Nilo com suas ilhas encantadas, como receptáculos maravilhosos de esmeraldas e de nácar.

Casinhas brancas, pequeníssimas a distância, pareciam garças adormecidas no verde-escuro da folhagem e no verdoengo prateado das águas do grande rio.

Novamente a imaginação ardente de Jhasua dava vôos gigantescos até oitenta séculos atrás, e julgava ver aqueles que então eram senhores do Nilo, os Kobdas de túnica azul, os quais, grandes e benéficos como esse rio, foram a bênção de Deus para aquelas vastas e formosas regiões.

A sensibilidade do jovem africano percebeu, sem dúvida, o pensamento de seu grande amigo e começou a recitar, a meia-voz, este verso de um bardo alexandrino:

"Dá-me, Nilo, os teus segredos, Nilo Grande, Nilo bom.
Os segredos que se submergiram em tuas ondas de cristal.
Quantas princesas formosas esvaziaram em ti o seu pranto?
E quantos escravos tristes buscaram em ti a sua paz?"
....

— Oh, meu bom Faqui! — exclamou Jhasua aproximando-se mais dele e colocando a mão em seu ombro. Será que recebeste de Amanai o dom de penetrar em meus pensamentos?

— Não o sei, filho de David, não o sei; a única coisa que posso dizer-te é que ao teu lado crescem em mim asas que me elevam a grande altura, de onde vejo todas as coisas diferentemente do modo como as via antes.

— Eu pensava, olhando o delta do Nilo, que há muitos séculos existiram mulheres vestidas de azul, como a vossa Filha do Sol, as quais, em pequenas embarcações, recolhiam as escravas que, devido aos maus tratamentos, fugiam de suas amas, e as conduziam ao seu Santuário e a seus refúgios, com o fim de proporcionar-lhes o amor e a paz que lhes eram negados.

"Recordava que os Kobdas de toga azul entravam e saíam por estes estuários do Nilo para recolher todos os desventurados e perseguidos, escravos ou príncipes, e também para levar a luz, a paz e a concórdia a todos os países da Terra, até onde alcançava o seu esforço e o seu interesse pelo bem da Humanidade.

"Lembrava também que, depois, estas mesmas águas se avermelharam de sangue, quando as bárbaras invasões de raças indômitas e guerreiras transformaram toda esta beleza em campos de destruição e morte.

"Triste condição humana, Faqui, que leva o homem pelos caminhos da ambição e do crime, quando estão em sua mão a paz e a felicidade, com a qual ele vive sonhando!..."

Enquanto mantinham este diálogo, os dois servos Eliacin e Shipro, conservando-se a uma prudente distância, não perdiam Jhasua de vista, como se houvessem recebido o encargo de manter sobre ele uma amorosa vigilância.

Jhasua e Faqui aproximaram-se deles, procurando diminuir a distância.

– Chegou finalmente a hora, Shipro – disse o Mestre – de lutares para reconstruir aquilo que a maldade dos homens destruiu.

– Oh, pobre de mim... que poderei eu fazer, príncipe de David?

– É que vens para isto, meu amigo, e somos muitos para ajudar-te a triunfar. Não julgues que a força para vencer está apenas nas espadas e nas lanças. Os filhos de Deus conhecem outros caminhos silenciosos e ocultos para salvar as vítimas da injustiça dos poderosos.

"Meus companheiros e eu pertencemos a uma Fraternidade que, no princípio, se chamou *Irmãos do Silêncio*, e que hoje é conhecida como *Fraternidade Essênia*. Em seu seio são realizadas obras de verdadeira salvação, e isto secretamente, sem ruído e sem alardes de espécia alguma.

"Nunca ouviste falar nos Terapeutas-Peregrinos que andam pelas cidades e montanhas da Palestina e da Síria, curando os enfermos e socorrendo os inválidos?"

– Oh, sim!... Lembro bem que uns lenhadores do meu primeiro amo, cujas famílias estavam todas atacadas de erisipela maligna, foram curados em três dias por esses Médicos Peregrinos – respondeu imediatamente Shipro.

– É essa a espécie de aliados com que contamos. Deles ninguém desconfia, e ante eles são abertos, sem temor, até os mais duros ferrolhos das torres e calabouços. Além do mais, o príncipe Melchor entregou-me várias cartas de recomendação para diversos amigos seus que, sem dúvida, estarão a par do assunto que nos ocupa.

"A propósito, vamos descer ao nosso camarote, porque o sol já está declinando e o frio se faz sentir. Nossos companheiros de viagem já desceram e, muito provavelmente, já estão sendo aquecidos pelos braseiros."

E os quatro desceram imediatamente.

Jhasua tirou de sua sacola de viagem o pacote de cartas que Melchor lhe havia entregue, cuidadosamente envolto num pano de linho e sob dupla coberta de pele de antílope curtida em branco.

– O príncipe recomendou que eu as lesse no barco, e vamos fazer isto agora – disse Jhasua sentando-se sobre o leito.

José de Arimathéia aproximou-se do grupo.

– Creio que também nós podemos formar parte do grupo juvenil – disse afavelmente. – Suponho que não serão assuntos do coração...

– Vinde todos, se quiserdes, visto como, sendo coisa minha e em favor dos oprimidos, é, conseqüentemente, também vossa – respondeu Jhasua. – Além disto, não desconheceis os motivos pelos quais trazemos conosco a Eliacin e Shipro.

– Sim, sim – disseram várias vozes ao mesmo tempo. – A Lei diz: *"Ama a teu próximo como a ti mesmo"* e, em igualdade de circunstâncias, a todos nós agradaria que se fizesse outro tanto conosco – acrescentou Nicodemos.

– De que se trata, pois, como preliminar do trabalho a realizar?

– Antes, se me permitirdes – disse o prudente servo Eliacin –, fecharei a porta deste compartimento e correrei os ferrolhos e as cortinas, visto como não estamos sós neste barco.

– Tendes razão, Eliacin. Bem se vê que tendes muita experiência.

Quando todos se instalaram ao redor de Jhasua, este prosseguiu:

— Aqui temos as recomendações de nosso querido príncipe para seus amigos em nosso país.

"Interessa-me, mais que outra qualquer, esta dirigida ao Scheiff Ilderin do Horto das Palmeiras. Recordas este nome, José?"

— Claro que sim. Foi quem me deu aquele misterioso bilhete escrito no hipogeu de Mizrain.

— A atual personalidade de Adamu, que deu nome à nossa civilização — mencionou Gamaliel. — Justamente essa deve ser a mais interessante. Queres ter a bondade de lê-la, Jhasua?

Jhasua abriu o papiro e leu:

"Alexandria, a vinte dias de Nizan (*), do ano 3250 de Mizrain.

"Ao Scheiff Ilderin de Bozra, com quem esteja a paz de Deus.

"Há vinte anos salvaste a vida de três estrangeiros que saíam dos Montes do Moab, onde se haviam refugiado, fugindo da cólera de Herodes, o Idumeu.

"Recordarás, bom Scheiff, os relatos que te fizeram daquela luz misteriosa que os guiou até Bethlehem, onde havia nascido aquele que o mundo dos idealistas e dos buscadores da justiça e da verdade esperava.

"O portador da presente é aquele menino do qual te falaram os três estrangeiros perseguidos, e que Israel espera, conforme foi anunciado pelos seus Profetas. Se Deus te entrega assim o seu segredo, é porque o mereces e porque sabes o que te corresponde fazer.

"O jovem Profeta, Jhasua de Nazareth, filho de Joseph e Myriam, da estirpe de David, dirá o que possa necessitar de ti em auxílio das obras que deva realizar.

"Teu bom senso e nobre coração não necessitam de outras explicações; bem o sei, porque te conheço.

"Para servir-te sempre

"Melchor de Heroópolis, príncipe de Horeb."

— Soberbo!

— Colossal!

— Magnífico!

— Estupendo!...

Tais foram as exclamações que se ouviram ao término da leitura da carta.

— Isto quer dizer — acrescentou José de Arimathéia — que vamos entrando na etapa das atividades missionárias, com as quais ainda não havíamos pensado em encontrar-nos.

— É que já era tempo de sair do ostracismo e da obscuridade — disse solenemente Nicolás de Damasco.

— Em verdade — acrescentou Nicodemos — o povo de Israel, e com ele todo o Oriente próximo, grita em todos os tons por um salvador das injustiças que sofre. A hora dos Profetas é esta, e perante Deus seremos passíveis de culpa se a deixarmos passar sem mover-nos.

— E pensar que um estrangeiro veio para dar a primeira clarinada! — acrescentou Gamaliel, desgostoso de sua própria incapacidade.

Todos olharam para Jhasua que, em silêncio, olhava para a carta aberta que mantinha em suas mãos.

(*) Primeiro mês do ano hebraico. Correspondia a março/abril (N.T.).

Faqui, com os negros olhos iluminados por estranha luz, devorava com o olhar a seu silencioso amigo, que não dava sinais de ouvir o que estava sendo dito ao seu redor.

— Jhasua — disse finalmente José de Arimathéia. — Trata-se de ti. Não respondes nada?"

Jhasua deu um grande suspiro e, levantando os olhos cheios de suave tristeza, respondeu assim:

— Vós sabeis, sem dúvida, todo o alcance daquilo que estais dizendo. Melchor também o saberá. Mas, aqui dentro do meu Eu, o Pai Celestial ainda não falou. Digo-vos toda a verdade.

— Logo falará, Jhasua!... — exclamaram várias vozes ao mesmo tempo.

— A hora de Deus não soou ainda, pelo que se vê — acrescentou José de Arimathéia.

— Às vezes costuma ocorrer com os grandes enviados que um acontecimento inesperado descerre ante eles o véu do enigma e do mistério que os envolve, e então se encontram, de repente, com o caminho aberto e a jornada iniciada.

Estas últimas palavras foram ditas por Nicodemos, que percebera a dor que esta conversação estava causando a Jhasua, e quis desviá-la um pouco.

"Por que não continuamos a ler as demais cartas de recomendação do bom Príncipe Melchor?

Jhasua tomou outro dos papiros e o abriu. Dizia assim:

"Ao príncipe Sallum de Lohes,

"A paz de Deus esteja convosco e com todos os vossos.

"Em vinte anos de amizade, oh, príncipe de Israel, creio que chegamos a conhecer-nos e a amar um ao outro. Quando vos conheci, estáveis em vossa hora de prova, perseguido pela ambição e pela cobiça de Herodes, e essa dor nos uniu mais estreitamente.

"Certamente não vos tereis esquecido daquela noite que, juntos, passamos no *Kahn*, nos arrabaldes de Bethlehem, esperando encontrar o lugar onde se achava o extraordinário menino que procurávamos.

"Nosso maravilhoso relato que tanto vos interessou, nestes vinte anos tem sido confirmado cada vez mais, como tive a oportunidade de vos dizer nas poucas vezes que, depois, conseguimos nos ver.

"O portador desta carta é o menino, cuja aparição em Israel foi anunciada pelos astros. Esteve aqui em Alexandria em missão de estudo e retorna ao seu país carregado com as verdades históricas que buscava. Conforme foi anunciado pelos vossos profetas, aproxima-se a grande hora da sua vida, segundo o meu parecer. Assim como, há vinte anos, vos anunciei o seu nascimento, agora anuncio com respeito o início de suas obras de justiça, salvação e amor.

"Sei que vos dou grande prazer em proporcionar esta aproximação. Fazei por ele muito mais do que faríeis por mim. Ele mesmo o dirá se, algum dia, necessitar do vosso auxílio.

"Sou sempre vosso aliado e amigo para o serviço de Deus.

"Melchor de Heroópolis, príncipe de Horeb."

— Tudo está caminhando, Jhasua, não há nada a fazer! — exclamou Nicolás de Damasco.

— Caminha demasiadamente depressa no sentir do bom príncipe Melchor, que continua vendo a luz que o guiou até Bethlehem — respondeu Jhasua.

"Se há de ser como diz, devemos admitir que ele é um assombroso vidente premonitório. Mas peço-vos para não comentardes as cartas e que cada qual forme seu próprio juízo em silêncio."

– Está bem, Jhasua. Continua lendo.

Este abriu outro papiro e continuou:

"Ao príncipe Ezer de Bet-Fur.

"A paz de Deus, para sempre, para vós e para todos os vossos.

"Bem sabeis que não tivemos êxito em nossa busca da desventurada família de vosso parente e meu particular amigo, o príncipe Ithamar, filho de Abdi-Hur, de Jerusalém. Na lua passada recebi, de Antioquia, uma mensagem, através da qual podemos pensar que estão vivos, e que o jovem príncipe Judá, no vigor de seus 24 anos de idade, se oculta sob um nome suposto, com o qual realizou uma brilhante carreira em Roma.

"Também vos dei conhecimento, já há vinte anos, de que venho seguindo uma luz superior que fala ao meu espírito de salvação, justiça e paz para todos os oprimidos do mundo e, mui especialmente, para o nosso açoitado Oriente.

"Aquele menino que levou Gaspar, Baltasar e eu ao vosso país, onde estivemos a ponto de perder a vida, é já um jovem com 21 anos incompletos, e é portador desta carta que ele, em pessoa, entregará em vossas mãos. Deus realiza por seu intermédio obras que, entre os homens, são consideradas milagrosas. No entanto, para aqueles que estudam a Sabedoria Divina são elas simplesmente a demonstração de que o Supremo Senhor lhe confiou suas forças e seus poderes infinitos.

"Para mim, ele é o anunciado por vossos Profetas e aquele que Israel aguarda. Vós julgareis.

"Está ligado, por seu incomparável amor, a todos os que sofrem, e também com o caso do príncipe Ithamar, motivo por que julgo que agora se obterá um êxito mais lisonjeiro.

"Ele vos dirá quanto seja necessário pela unificação de esforços para toda obra digna dos filhos de Deus.

"Continuo sempre vosso fiel amigo e aliado para tudo o que significa justiça e salvação.

"Melchor de Heroópolis, príncipe de Horeb."

– Com vossa permissão – disse timidamente Eliacin – eu conheço o bom príncipe Ezer, primo de meu amo Ithamar, e, através de um viajante que chegou com a caravana de Beersheba em Heroópolis, soube que a perseguição do Procurador romano continuava contra os mais ricos príncipes judeus. Entre eles está o príncipe de Bet-Fur, a quem vai dirigida essa carta, pela simples razão de ter feito indagações para encontrar a família de meu amo e que lhe fossem devolvidos seus bens e direitos.

"Sua família estava oculta no *Bosque dos Rebanhos*, a sudeste de Bethlehem, onde os pastores mais ricos construíram fortes cabanas de pedra para defender os rebanhos das feras."

– Justamente – disse Jhasua com bem acentuada indignação – ali, onde se resguardam os rebanhos da voracidade das feras, deve refugiar-se uma família perseguida pelos homens... feras humanas, cujas garras alcançam muito mais longe que as do tigre e da pantera...

– Quanto tempo faz que obtiveste essa notícia? – perguntou Faqui.

– Vai para dois anos – respondeu Eliacin. – Tudo poderá ser provado, pois eu sei onde fica, em Jerusalém, o palácio do príncipe Ezer de Bet-Fur.

– Minha mãe deve saber tudo – observou Shipro –, porquanto, ela procura ouvir todas as conversas na praça do mercado.

— Sim, tens razão, Shipro. A primeira coisa a fazer será procurar tua mãe — acrescentou Jhasua.

— Continuemos com as cartas, se te agradar — disse José de Arimathéia —, pois presumo que nosso amigo Melchor nos abre um amplo campo para realizar muitas obras.

Jhasua abriu outra das missivas e leu:

"A Jesuá, filho de Abinoan, príncipe de Mizpa e de Jerusalém.

"A paz de Deus seja contigo e com todos os teus.

"Meu bom príncipe amigo.

"Em tua última carta que me chegou a Heroópolis, quando saí em viagem pelo Sahara Central, e que levei três luas para inteirar-me de seu conteúdo, relatavas-me as lutas surdas e ardentes entre os rígidos fariseus de Ismael e os nobres príncipes saduceus de Anás, filho de Seth.

"Habitando o Pontífice Ismael no palácio do Monte Sião, juntamente com as águias romanas, bem se pode compreender as perseguições sistemáticas contra a nobreza saducéia, que deveria defender-se de duas forças poderosas: o alto clero que corresponde a Ismael com os fariseus, almas de espiões e a cobiça dos potentados romanos, que vêm às nossas terras do Oriente com a única intenção de levantar fortunas fabulosas mediante o latrocínio e o despojo.

"Bem sabes que sou amigo e aliado de todo aquele que aspira pela justiça e a concórdia, pela liberdade e a paz, para o Oriente oprimido pelos invasores do Ocidente.

"Através do jovem portador desta carta, poderás ver esclarecidas tuas preocupações relativas àquele menino misterioso ao encontro de quem, há vinte anos, foram três viajantes do distante Oriente. *Apareceu e desapareceu*, como me disseste uma vez. Se nele realmente está encarnado aquele que Israel espera, por que se oculta deixando-nos na ansiedade e nas trevas?'

"A esta tua pergunta, espero agora que venhas a encontrar a resposta, se falares na intimidade e confiantemente com o jovem portador desta carta.

"É discípulo da alta Escola dos Essênios do Moab, do Hermon e do Tabor. Com isto fica dito tudo quando se relaciona com os conhecimentos sobre os desígnios de Deus e de Seus misteriosos caminhos.

"Ele tem em suas mãos obras de misericórdia e de salvação, as quais poderás ajudar com tua alta posição em Jerusalém. Faze por ele mais do que farias por este fiel amigo, que o será sempre para o bem e para a justiça.

"Melchor de Heroópolis, príncipe de Horeb."

— Falta a última — disse Jhasua — e esta é para o comerciante de Antioquia.

— Ouçamos — disseram várias vozes ao mesmo tempo.

"Ao bom amigo Simônidas da Judéia,

"Paz de Deus, prosperidade e abundância.

"Com a chegada de vosso último barco a este porto de Rafia, pedíeis minhas instruções se devíeis ou não enviar-me os juros de meus dinheiros que estão em vosso poder.

"Quando vos confiei o depósito desse capital, há quatro anos, vos disse que o fazia com olhares para um futuro talvez distante, e porque me considerava ligado a uma obra de libertação e justiça para com os oprimidos de nossos povos do Oriente.

"Estou persuadido de que essa obra está próxima, e, como não posso precisar o modo e a forma em que ela será levada a cabo, peço para que retenhais em vosso poder o capital e os juros para quando chegar o momento oportuno.

"O portador desta carta, educado na Escola dos antigos Profetas de Israel, poderá orientar o vosso espírito e ao mesmo tempo aliviar o vosso corpo, atrofiado pelas torturas a que vos submeteram os déspotas, erigidos em senhores, naquela época triste para estes países que clamam por sua liberdade.

"Por motivos que ele mesmo vos dirá, ele está empenhado na mesma obra em que vos ocupais, referente à infortunada família do príncipe Ithamar, vosso antigo patrão, a cuja fidelidade sacrificastes até o vosso próprio corpo, hoje inválido.

"Confiai nele mais do que confiaríeis em mim, não obstante a sua juventude. Tem vinte anos de idade, e faz vinte anos que o conheço. Conseqüente amigo, vosso sempre
"Melchor de Heroópolis, príncipe de Horeb."

— Eis aqui cinco cartas que, se caíssem nas mãos dos agentes de Roma, seriam o melhor passaporte para a Torre Antônia ou para pendurar-nos num madeiro no Monte das Caveiras — disse rindo Gamaliel.

— Não deves levá-las na tua sacola, Jhasua. — Eu as levarei aqui, sob a minha túnica, atadas ao meu corpo — disse José de Arimathéia.

— Não, não — observou Nicolás —, devemos arcar todos com a responsabilidade delas, e cada um de nós deverá levar uma. Vamos reparti-las, pois.

— A que Jhasua haveria de levar, ou seja, a quinta, levarei eu, com muito gosto — disse Faqui, com sua veemência habitual.

— Melhor de tudo será — acrescentou o silencioso servo Eliacin — que eu as leve todas juntas. Vós todos, pelo que vejo, estais realizando obras de grande mérito. Eu não sou capaz de nada e não tenho filhos, motivo pelo qual minha vida é a menos importante de todas. Deixai, pois, que eu as leve sobre o meu corpo.

Jhasua, que até então havia ficado em silêncio, disse repentinamente:

— Todas as vidas valem mais que qualquer tesouro deste mundo e tudo pode ser ajeitado com justiça e sabedoria. Deixai-me fazer.

Em seguida, tomou o saco onde estavam todos os tubos com os papiros e colocou entre aqueles rolos as cartas de Melchor. Pôs tudo novamente dentro de seus respectivos tubos, que foram escondidos entre roupas sem importância. Guardou tudo no saco de pele de foca, ajustou bem o ferrolho, chaveou-o e atirou a chave ao mar.

— Que fizeste, Jhasua? — perguntou alarmado José de Arimathéia.

— Tornei o mar responsável e dono deste saco até que cheguemos a Gaza.

"Todos nós sabemos o que o saco encerra. Se, ao desembarcar, houver algum perigo ou formos examinados, nada será encontrado com ninguém. Chegados ao nosso destino, rasgaremos o saco, que, de qualquer forma, vale menos que uma vida humana."

— Jhasua faz tudo bem — disse Faqui entusiasmado. — Se fosses o César romano, quão feliz seria este mundo! Oh, Filho de David! Às vezes penso que Amanai se esquece da Humanidade desta Terra.

— Ou que a Humanidade se esqueceu d'Ele, Faqui, terias dito melhor! — observou o jovem Mestre.

— Em todas essas cartas, Melchor deixa transparecer a convicção que ele tem de que tu, Jhasua, vieste à vida física para fazer algo muito grande em favor dos povos oprimidos. Neste pobre saco que acabas de fechar estão as chaves, pode ser dito assim, de todas as portas que se abrirão para dar-te passagem e facilitar tuas atividades. Que será, Jhasua, que será isso tão grandioso que deves fazer?

Jhasua sorriu afavelmente ante a veemência de Faqui, e os quatro doutores de Israel também sorriram aguardando a resposta do jovem Mestre, ante a interpelação tão incisiva do jovem africano.

— Eu julgo que, em verdade, chegou a hora desta Humanidade voltar para Deus, do qual se afastou em sua grande maioria, e apenas pequenas agrupações, em nosso oprimido Oriente, clamam à Divina Misericórdia, esperando tudo dela.

"Estou, de qualquer modo, disposto a fazer, da minha parte, tudo quanto esteja ao alcance de minhas forças para que Deus volte a reinar em todas as almas.

"Creio que todos vós estais animados por estes mesmos sentimentos! Não é esta a verdade?"

— Sim, sim, claro que é — responderam várias vozes ao mesmo tempo.

— Então, não deveis dizer e continuar repetindo constantemente que *"eu tenho que realizar uma grande obra"*. Temos que executá-la, nós todos, que compreendemos ter chegado a hora de efetuá-la. Estamos de acordo?

— Muito bem, Jhasua, muito bem! Acabas de dizer uma grande frase — disse José de Arimathéia. — Tu em nosso meio!... Nós ao redor de ti!

— E muitos outros que seguirão!... — disse Gamaliel. — Em Jerusalém estão ardendo muitas lamparinas ocultas sob o celamim.

— E sob os platanares do Rio Orontes e nas faldas do Líbano até Damasco, estuda-se como nunca os Profetas para arrancar deles o segredo da hora precisa que determina a salvação — disse, por sua vez, Nicolás com veemência.

— Em verdade — acrescentou Nicodemos — a febre pela libertação está chegando a um ponto já quase incontível. Agora, entre os anciãos do povo de Jerusalém, está sendo recordado com insistência que, há vinte anos, três magos do Oriente chegaram dizendo que havia nascido o Cristo anunciado pelos Profetas, que os astros tinham marcado a hora e o lugar do seu nascimento, que Herodes desencadeara sua fúria e enchera Bethlehem de sangue para exterminar o recém-nascido rei de Israel. Que ocorreu com ele? Por que se oculta de seu povo que o espera? É isto o que todos perguntam.

— Tudo chega ao seu tempo — disse José novamente. — Eu vejo além, muito profundamente no meu mundo interior, que nos aproximamos em grandes passadas do fim deste caminho. Os próprios acontecimentos vão empurrando-nos para ele. Devemos confessar que a clarividência do príncipe Melchor nos fez subir de um salto para um cume, do qual vemos um horizonte muito mais amplo que aquele que víamos anteriormente. O instrumento de Deus é Jhasua, não se pode negar!... No entanto, como ele mesmo disse, todos nós e muitos outros, que esperamos o toque de clarim de alerta, devemos apertar bem o cinturão e empunhar o báculo das grandes caminhadas, porque a hora se aproxima.

Três dias depois, nossos viajantes desembarcavam em Gaza, onde ninguém os esperava porque não haviam dado aviso algum de sua chegada.

Todos juntos imediatamente seguiram viagem para Bethlehem, pois ali os aguardava a família de Jhasua na velha casa de Elcana, que o leitor já conhece.

As ternas queixas de Myriam pela demora diluíram-se prontamente na doce alegria de ter novamente o filho bem-amado ao alcance de seus braços.

Haviam chegado perto do meio-dia, motivo pelo qual o hospitaleiro Elcana quis celebrar o regresso com uma refeição em conjunto.

— Elcana — disse José de Arimathéia —, apressas-te em obsequiar-nos com uma bem servida mesa, crendo, sem dúvida, que é para festejar umas "Boas-Vindas" e, ao mesmo tempo, uma despedida por longo tempo; contudo, esclareço que permaneceremos em tua casa pelo menos mais três dias.

— Tanto melhor — exclamou o dono da casa —, assim escutaremos as impressões que trazeis do distante Egito.

Jhasua conversava particularmente com seus pais, que, sem dúvida alguma, se referiam a acontecimentos familiares em sua casa de Nazareth, na pitoresca Galiléia dos hortos sombrios e dos vales risonhos, cheios de gaivotas, de passarinhos e de flores.

— Temos que partir imediatamente — disse Myriam —, porque teu tio Jaime, teu irmão Jhosuelin e a laboriosa Ana nos esperam impacientemente.

Nisto ouviu-se a voz de José de Arimathéia, a dizer:

— Concedei-nos dois dias de reunião aqui para concretizarmos o programa que temos de seguir. Trazemos em mãos trabalhos sumamente importantes, que nesta noite, na hora da quietude, vos comunicaremos.

— Eu gostaria que déssemos conhecimento disto, se assim vos agradar, aos nossos amigos daqui. Bem sabeis que Josias, Alfeu e Eleázar são, como nós, uma mesma família há mais de vinte anos — observou Elcana.

— Perfeitamente de acordo — responderam várias vozes — pois eles terão grande parte nas tarefas que vamos realizar.

— São tão fiéis para Jhasua! — acrescentou Joseph, seu pai, que sentia grande afeto pelos amigos bethlehemitas.

— Jhasua, meu filho — perguntou repentinamente Myriam —, vieram contigo aqueles dois homens que estão sob o telheiro com tantos sacos e mantas?

Jhasua olhou para onde sua mãe indicava.

— Ah, sim!... Eliacin e Shipro!...

E saiu rapidamente na direção deles.

— Por que permanecestes aqui? Nós não somos famílias de príncipes para que guardeis esta etiqueta. Vinde comigo e vos apresentarei a meus pais.

Jhasua segurou o saco, cuja chave havia arremessado ao mar, e, seguido pelos dois servos penetrou no grande pórtico da casa, onde todos estavam reunidos.

— Vês este saco, Elcana? — perguntou Nicodemos. — Se soubesses quantos tesouros de verdades ocultas estão aqui guardados!...

"E quão pródigas foram conosco as areias do deserto!..."

— Estes dois amigos, mãe — disse Jhasua, apresentando os dois servos —, ficam recomendados ao teu cuidado e ternura. Dizendo apenas que eles vêm enviados pelo nosso grande amigo, o príncipe Melchor, estarei dizendo tudo.

— Tu o viste, meu filho? Viste-o? — perguntou Myriam, como falando de um ser cuja recordação conservava com imenso amor.

— Estive com ele durante todo o tempo em que me mantive ausente daqui — respondeu o filho.

— E eu que não o vejo desde que estivemos no Monte Hermon, quando tinhas somente seis anos! Quanta gratidão devemos a ele!

— Aqui tens este presente que vem de sua mão — disse Jhasua, tirando de seu dedo o anel que Melchor lhe dera ao despedir-se e colocando-o no dedo anular da mãe.

— Sempre o mesmo, que, por onde quer que passe, vai derramando dádivas — disse Myriam. — Que o Senhor o cumule de paz e de abundância.

Como o frio fazia sentir-se muito intenso, todos foram refugiar-se na imensa cozinha, onde a lareira ardia alegremente e o fornilho familiar exalava um agradável odor do pão quando está dourado e pronto para ser levado à mesa.

Sara, a laboriosa dona da casa, ajudada por Myriam fizeram as honras daquela velha mesa de carvalho, em cima da qual, vinte anos antes, haviam celebrado, com um vinho de júbilo e glória, o nascimento de Jhasua, entre o esplendor da glória de Deus, que se fazia sentir em vozes celestiais a cantar:

"Glória a Deus no mais alto dos Céus, e paz, na Terra, aos homens de boa vontade."

Eliacin e Shipro, os dois humildes servos, estavam mudos em virtude da emoção, por se verem tratados como membros da família pelos pais de Jhasua e pelos donos da casa, para os quais – e eles o percebiam bem claramente – seu amo atual, o príncipe Melchor, guardava tanto respeito e deferência.

– Quando Jhasua apresentou a seus pais o novo amigo que havia conquistado no Egito, o Hach-ben Faqui, que tão ardentemente o amava, a meiga e suave Myriam, acolhendo-o afavelmente, disse:

– É tão parecido com o príncipe Melchor! Quase tanto como um filho a seu pai. Porventura, pertencem à mesma família?

– No amor somos pai e filho, mas não pelo sangue; tal como Jhasua e eu que sentimos um pelo outro o amor de irmãos, unicamente porque nossos corações palpitam no mesmo tom. Tu, sim, mãe feliz, não podes negar que o és deste grande filho de David.

"A teu pai, Jhasua, em minha terra toma-lo-iam por um desses gênios benéficos que fazem descer a chuva refrescante quando nos abrasa a estiagem do deserto.

"Tal como julguei que seriam os teus pais, assim os encontrei: família de patriarcas, que são doçura de paz e sabedoria de bom conselho."

– Agrada-me muito o teu amigo africano, e mais ainda porque sei que foi o príncipe Melchor quem o aproximou de ti, Jhasua – disse, por sua vez, Myriam, com sua meiguice habitual.

Com estas e outras naturais explicações próprias das circunstâncias, e que o leitor compreenderá muito bem, transcorreu a refeição e a sobremesa, terminadas as quais, os dois servos, que nada tinham a fazer ali, seguiram viagem para Jerusalém, em busca da mãe de Shipro e irmã de Eliacin, com o fim de fazerem as averiguações necessárias ao assunto que os havia trazido desde Alexandria.

Os demais partiram para Jerusalém três dias depois, ficando combinado de se encontrarem na residência particular de Nicodemos, por ser esta a mais afastada dos lugares freqüentados pelos agentes e achegados ao governo romano. Habitada por uma anciã viúva com suas duas filhas já maiores, que somente se ocupavam com obras de misericórdia, ninguém podia suspeitar que os que ali chegassem viriam animados por outros fins que os da caridade. Além disso, ficava próxima à porta chamada *"Do Pescado"*, a primeira a ser aberta de madrugada e a última a se fechar à noite, a qual coincidia, por sua vez, com a relativa proximidade do abandonado palácio da família desaparecida e despojada, habitado unicamente pela serva fiel, mãe de Shipro; por isso vinha ela a ser um ponto estratégico até para os Terapeutas-Peregrinos que costumavam hospedar-se ali.

Ana, a esposa de Nicodemos, com seus filhos, passava a maior parte do ano no formoso horto que a família possuía em Nicópolis, com o fim de cuidar daquela grande propriedade, cujos olivais e vinhedos eram alguns de seus meios de vida.

Em muitas oportunidades análogas, haviam utilizado o antigo casarão da mãe de Nicodemos para tratar de assuntos delicados que exigiam silêncio e discrição.

– Daqui a três dias estarei em Jerusalém – havia dito Jhasua ao despedir-se dos dois servos. – Fazei as averiguações que necessitamos, e, à noite, na primeira hora, ide a estes lugares que vos indico, e, sem chamar a atenção, entrai pelo portal do estábulo, onde sempre está o guardião, que já terá sido avisado.

"Ânimo e boa sorte, pois queremos iniciar imediatamente a nossa tarefa de salvação e de justiça para com os que sofrem!"

Estas palavras, pronunciadas com esse interno fogo de amor ao próximo que o jovem Mestre acendia em todos aqueles que chegavam até ele, encheram de esperança e de energia os dois criados que, ao embarcarem em Alexandria, quase julgavam que a viagem resultaria em mais um desengano.

— Que homem será este, quase um adolescente — disse Eliacin a seu sobrinho —, que exerce tal domínio e tamanha força que qualquer um se sente subjugado por ele.

— É verdade — respondeu o jovem. — Sem saber como nem por quê, estou convencido de que, nesta oportunidade, tudo será esclarecido, porque ele assim o quer!

Enquanto eles se encaminham para a cidade sagrada de Israel, observemos, leitor amigo, o que ocorre em torno de Jhasua na velha casa de Elcana, o tecelão.

Este mandou buscar seus grandes amigos Alfeu, Josias e Eleázar, com os quais devia compartilhar da reunião dessa noite.

Se os achados realizados no Egito, no hipogeu de Mizrain sepultado nas areias junto às grandes pirâmides, eram interessantes e bastante dignos de atenção, mais ainda o eram as cartas de recomendação do príncipe Melchor que, claramente, davam a entender que os tempos se apressavam e que deviam pôr-se em atividade aqueles que se consideravam comprometidos na grande obra da salvação de Israel e, conseqüentemente, de todos os oprimidos.

Joseph com Myriam e Sara assistiram também à reunião no grande cenáculo, depois de haverem tido a precaução de fechar as portas e corredores e correr as pesadas cortinas de damasco que impediam transpassar para a rua o vislumbre de luzes e murmúrios de vozes.

— Muito embora Herodes, o usurpador, já tenha apodrecido na tumba e seu herdeiro Arquelau esteja desterrado, tomando ar fresco na Gália — disse Elcana —, ainda restam na Judéia alguns bons sabujos, que andam em busca do que se pensa e se fala nas velhas casas dos filhos de Israel, fiéis à Lei.

"Digo isto para que não estranheis todas estas precauções que estou tomando."

— Estamos bem resguardados — disse Josias —, pois trouxemos nossos criados de confiança que, com os teus, vigiam em torno da casa.

— Qualquer um diria que estamos tramando uma conspiração — disse rindo Gamaliel. — As fogueiras estão lançando tantas chamas para que venhais a temer um incêndio?

— Há alguma coisa de novidade — respondeu Elcana. — No sábado passado fomos a Jerusalém para levar nossas dádivas ao Templo e percebemos grande inquietação no povo, porque foi redobrada a guarda do palácio do Monte Sião e da Torre Antônia. Nos arredores desses edifícios não se vê outra coisa que elmos, lanças e uma soldadesca despótica e altaneira a transtornar o juízo dos nossos já cansados irmãos, que se vêem vigiados até quando entram ou saem do templo.

"A galeria coberta com que Herodes ligou a Torre Antônia ao santo lugar de oração está a todo momento cheia de soldados, e dos terraços altos da Torre vigiam, sem cessar, os recintos exteriores."

— E a que se deve esta mudança de decoração? — perguntou José de Arimathéia.

— Nada sabemos ao certo; no entanto, há rumores de um levante por parte dos nobres, não contra o César, que às vezes ignora o que aqui se passa, mas contra o governador Graco que, como cometeu tantas atrocidades na Judéia, estabeleceu sua residência na Cesaréia, segundo dizem, para estar mais perto do mar, onde tem ancorado um barco para o caso de poder escapar livremente, se por acaso se vir em apertos.

"Para poder despojar impunemente os mais ricos príncipes judeus, inventou planos de atentado contra a sua pessoa. Agora que tantos crimes mortificam sua consciência, teme, com muita razão, uma vingança de suas vítimas. Isto é tudo o que sabemos – argüiu Eleázar. – Nosso grande amigo o príncipe Ezer de Bet-Fur, que sempre comprou nossos produtos e os embarca em Áscalon em combinação com os barcos do falecido príncipe Ithamar, esteve a ponto de cair também nas redes diabólicas do governador Graco. Ele foi avisado a tempo, mas já sabe que está na lista."

– Dia após dia, a situação neste país vai se tornando cada vez mais intolerável – acrescentou Alfeu. – Aqueles que vivem semidesconhecidos na obscuridade não apresentam alvo cobiçável para esses piratas de toga; no entanto, como vivemos, de certo modo, à sombra dos grandes capitais, que movimentam o comércio no país, de maneira indireta arcamos com todos os prejuízos.

– Tudo está neste pé, qualquer que seja o ponto de vista com o qual se o examine – afirmou por sua vez Josias. – Sem precisar ir muito longe, podereis examinar este caso: em face da perseguição desatada contra a família e bens do príncipe Ithamar de Jerusalém, sua companhia de navegação teve que se retirar de Tiro e trasladar sua sede para Antioquia, a fim de se amparar sob a imediata autoridade do Cônsul, que parece não ser pessoa tão má. Isto, como é natural, torna menos freqüente a chegada de seus barcos em Áscalon, e agora vem apenas um a cada dois meses, quando, anteriormente, tínhamos dois por mês.

– Sem contar – continuou Eleázar – que os barcos tiveram de aumentar sua tripulação e serem armados como se fossem barcos de guerra, a fim de estarem prontos para o que der e vier.

"Dizem, em voz baixa, que Graco tem acordos com os mesmos piratas que, contra eles, o César manda as suas galeras. Os piratas assaltam os navios mercantes que ele indica. Foi desse modo que o príncipe Ithamar foi assassinado."

– Nesta última lua que passastes no Egito – acrescentou Elcana – foi removido todo este ninho de víboras num tumulto do povaréu que ocorreu logo no início da chegada dos reforços para a guarnição.

– Como vedes – disse José de Arimathéia que, como todos os recém-chegados, ouvia em silêncio –, tudo isso parece indicar que devemos unir-nos em silêncio e preparar-nos para acontecimentos que não tardarão muito em chegar.

– Na verdade – disse Joseph intervindo na conversação –, parece que há uma barafunda em todo o país. Meu filho Jhosuelin me escreveu, por intermédio da última caravana, que na Galiléia começam a desaparecer moços jovens e que se ignora seus paradeiros. Há quem suspeite que passam para o país dos auranitas, nos Montes Bazan, através do Jordão, e se organizam com o fim de libertar este país dos opressores.

Sara e Myriam fizeram uma exclamação de horror e de espanto ante a visão de lutas de morte, que pareciam ameaçá-los.

– Diante de tudo isso, que dizem os nossos anciãos? – perguntou Nicolás de Damasco.

– Que hão de dizer!... Que faz falta um homem que os una a todos como se fossem um só. É por isso que agora revive, como uma chama quase extinta, a lembrança daqueles três estrangeiros que, há vinte anos, chegaram ao país, assegurando que havia nascido o Messias anunciado pelos Profetas – respondeu Josias com energia.

"Se o nosso povo estivesse unido, não seria um governador como o Graco quem haveria de se constituir em senhor e dono das vidas e das propriedades."

– Naturalmente – respondeu Nicodemos. – Nosso mal está aí: a nobreza com todos os saduceus por um lado; os fariseus com alguns doutores e parte do clero apoiando o Pontífice Ismael; os samaritanos, enganados e desprezados pelos judeus, aproximam-se adulando o amo que se mantém tão próximo na Cesaréia; os galileus, amigos de todos os estrangeiros que buscam férteis vales e fecundas montanhas, não têm nenhuma preocupação em libertar-se de senhores que parecem estar irritados somente contra a Judéia e suas principais famílias.

– Na Judéia está o ouro; em Jerusalém residem os grandes magnatas – disse Nicodemos. – As águias não vão atacar os pardais que catam grãos nos quintais, mas as garças e os faisões que dormem junto às fontes de mármore.

– Se me permitirdes – disse Faqui –, sou um estrangeiro no vosso meio e, além disto, o de menos idade; mas minha vinda ao vosso país foi em razão da inspiração que me infundiu o príncipe Melchor, e creio que não está fora de lugar uma palavra minha. Ainda estão fumegantes as ruínas da nossa Cartago; o sangue de nossos irmãos degolados pelos romanos não secou ainda nas areias do deserto. Nossa numerosa raça tuaregue, escondida nas montanhas negras do Sahara Central, está organizada para ocupar o seu posto se o Oriente oprimido se levantar para sacudir o jugo que suporta há mais de um século.

"Estou autorizado pelo meu pai, o Scheiff Buya-Ben, que é um dos dez altos chefes que comandam tropas de cavalaria, para propor-vos aliança, com o fim de, todos juntos, protegermos o ingresso no mundo do Messias Salvador de Israel, acontecimento este que não pode nem deve ser retardado por muito tempo, se não quisermos dar ao inimigo todas as vantagens, o que significaria a nossa derrota.

"Com o que vos acabo de dizer, irmãos da Judéia, se quiserdes impor o reinado do filho de David, anunciado pelos Profetas, e cujo nascimento foi determinado pelos astros há vinte anos, contai com os cinqüenta mil ginetes que a raça tuaregue põe à vossa disposição."

Os olhos de todos se fixaram no jovem africano, cuja voz vibrava com tonalidades de clarim em dia de batalha e cujo altivo porte e esbelta figura o faziam assemelhar-se a uma formosa estátua de bronze vestida de túnica azul. Olharam, em seguida, para Jhasua como julgando-o conhecedor dos projetos bélicos deste seu novo amigo.

O jovem Mestre, sentado entre seus pais, saiu, finalmente, do silêncio, e sua voz suave e meiga ressoou como uma melodia no grande cenáculo cheio de assombro e de interrogações.

– Confesso que ignorava completamente estes projetos que o meu amigo acaba de expor, como ele mesmo pode confirmar. Julguei que sua viagem obedecia somente à terna amizade que foi despertada entre nós e ao desejo de conhecer o nosso país.

"Compreendo que não podemos permanecer indiferentes à dor de nossos irmãos e que estamos obrigados a envidar os maiores esforços da nossa parte para aliviar o jugo que pesa sobre todos. Nós, que estamos filiados à Fraternidade Essênia, creio que não estamos livres para agir sem nos colocar antes de acordo com os que têm sido até agora os nossos condutores e guias.

"Com toda a franqueza vos digo que meus pontos de vista em relação à deliberação são de índole muito diferente, pois estou convencido de que, enquanto o homem não se libertar a si mesmo de sua pesada cadeia de ambições, egoísmos e maldades, que o oprimem e destroem, pouco adiantará que o libertemos dos tiranos exteriores por quem ele mesmo se deixa subjugar por causa de sua própria inferioridade. Como e por que veio o domínio estrangeiro? Porque as ambições de grandeza e de poder dividiram em facções as classes dirigentes, e porque, no afã de escalar posições onde brilha o ouro, foram abertas as portas aos intrusos usurpadores, que exploram justamente as discórdias internas dos povos!

"Eu havia pensado em ampliar a obra silenciosa, porém eficaz, dos Essênios, por intermédio de auxiliares voluntários que pudessem compartilhar da obra dos Terapeutas.

"Pensais talvez em exércitos armados para impor a justiça pela força. Eu penso em exércitos também, mas sem lanças nem espadas, e tão-somente armados com a verdade, com a lealdade de uns para com os outros, com a instrução necessária para que o povo aprenda a pensar e a raciocinar, desterrando a ignorância e o fanatismo utilizados pelos audazes aventureiros para dominá-lo, enganando-o.

"Desta maneira interpretei as orientações que as cartas do príncipe Melchor punham ante os meus olhos. Todos esses recursos materiais que essas cartas permitem entrever podem ser utilizados para essa vasta rede de elevação moral, instrução e ensinamento ao povo como um meio de prepará-lo para governar a si mesmo.

"Herodes foi um senhor arbitrário e despótico até o máximo grau, que se aproveitou das discórdias internas para subir. A Divina Lei tirou-o da vida física, e um novo governante veio sobre Israel, em condições semelhantes ao anterior.

"O governador Graco encontrou dividida a nação hebréia por ódios profundos. Por que a Judéia odeia a Samaria? Por que despreza a Galiléia? Não são todos descendentes daquelas doze tribos cujos troncos são os doze filhos de Jacob, filho de Isaac, filho de Abraham, favorecidos com as promessas divinas?

"Enquanto existirem todas essas ignorâncias, rivalidades, ódios e misérias, nosso povo arrastar-se-á miseravelmente subjugado, hoje por um, e amanhã por outro amo, até que aprenda a colocar seus pensamentos, suas obras e toda a sua vida de acordo com a Lei Divina, que é o único Senhor justo que todo povo deve ter.

"Por que o ódio dos fariseus contra os saduceus e contra seus príncipes, dentro da própria Jerusalém? Simplesmente pela inveja que corrói suas almas, e também pela ambição que os persegue a todo momento. Favorecidos com a proteção de Graco, os fariseus empreenderam uma guerra de morte contra a nobreza saducéia em sua maior parte, e fizeram com que fosse nomeado um pontífice fora de toda lei, mas que correspondesse a seus interesses. Que adiantaria expulsar os estrangeiros do país, se a causa de todo o mal está no próprio coração do povo?

"Este é o meu pensamento que, afinal de contas, pode estar equivocado. Sois livres para pensar e agir segundo os vossos próprios modos de ver.

"Para mim, não é um levantamento armado o que remediaria tantos males; mas uma campanha silenciosa, porém decidida e firme de unificação e de concórdia, de instrução e de persuasão, a fim de elevar o nível moral do povo até colocá-lo em condições de governar sabiamente a si mesmo."

– Muito bem, Jhasua, muito bem! – disseram várias vozes.

– Falaste como um verdadeiro Mestre – acrescentou José de Arimathéia.

– No entanto, essa campanha deveria ser iniciada de cima, ou seja, do próprio templo, desde o Sinédrio, pois então talvez fosse possível obter o resultado que almejamos – disse Nicolás.

– Todavia, como não podemos obrigar os grandes a tomar este caminho, segui-lo-emos nós, ampliando a obra da Fraternidade Essênia, e atingiremos a meta final, ainda que um pouco mais tarde – observou Gamaliel.

Depois de uma longa troca de idéias, decidiram o seguinte: cada qual, no lugar onde habitava ou onde possuía maiores amizades, convidaria os homens mais capacitados para que nas Sinagogas começassem a propiciar a unificação de todos os filhos de Abraham, afastando receios e ódios injustificados e contrários ao espírito da Lei. Aproveitariam passagens dos livros de Moisés e dos Profetas, bem estudados de antemão, e, sobre eles, desenvolveriam sua tese salvadora: a unificação de todos os israelitas num só pensar e sentir, como único meio de preparar o caminho para a obtenção da paz e da liberdade.

Os quatro amigos de Jerusalém estavam ligados ao Grande Colégio, que, depois da morte do ancião Reitor vitalício Hillel, havia sofrido algumas transformações introduzidas por Simeão, seu filho, e por Shamai, ajudados por alguns doutores e sacerdotes Essênios.

José de Arimathéia observou que o príncipe Jesuá, filho de Abinoan, com domínios em Jerusalém e em Mizpa, a quem fora dirigida uma das cartas do príncipe Melchor, era tesoureiro do Grande Colégio e, por seu intermédio, poderiam chegar até a grande escola de onde saíam os homens doutos do país.

A carta de Melchor deixava entrever uma amizade mais íntima e familiar com ele, e talvez fosse o melhor caminho para entrarem acertadamente no campo que desejavam cultivar.

Decidiram que Jhasua, com os quatro de Jerusalém e Faqui, visitariam o príncipe Jesuá, levando a carta de Melchor e introduzindo a conversação no tema desejado, para o que a própria carta apresentava todas as facilidades.

Repartiram entre si as zonas do país, onde cada qual tinha parentes e amigos para iniciar a grande cruzada da unificação de todo Israel, a qual denominariam *Santa Aliança*, e tomariam as iniciais de ambas as palavras como senha para poderem reconhecer aqueles que pertencessem a ela.

Joseph, Myriam e Sara que apenas haviam estado presentes como ouvintes nessa reunião, tranqüilizaram-se bastante vendo que a campanha deixava de ser bélica para converter-se num laço de amor e de fraternidade.

— Deste modo — disse afavelmente Myriam — até eu posso ajudá-los quando regressarmos ao nosso ninho em Nazareth.

— E eu aqui em Bethlehem e em Hebron, onde tenho muitos parentes — acrescentou Sara, participando do entusiasmo geral.

— Eu em Heródium — disse Josias —, onde tenho alguns bons amigos.

— Eu em Beth-Hur — acrescentou Alfeu alegremente.

— Eu, em Jericó, posso realizar uma regular colheita — disse Eleázar, que era originário dali.

E Rama, Bethel, Gazara, Emaús, Anathot e outras cidades importantes vizinhas de Jerusalém foram sendo somadas aos sonhos dourados daquele punhado de idealistas que, em sua aspiração de melhoramento da liberdade e da paz, viam nesses momentos um meio fácil de falar e que de suas palavras brotariam os resultados como esplêndida compensação por seus esforços e aspirações.

— Seja qual for o caminho que tomardes em favor de nossos países oprimidos e humilhados — acrescentou, por sua vez, Faqui —, lutarei sempre pela causa de Jhasua para triunfar ou morrer com ele.

— Tu, que és o mais jovem de todos, falas em morrer quando apenas começaste a viver? — perguntou Nicodemos, que havia adquirido grande simpatia pelo jovem africano.

— Parece-me que este jovem tem uma visão de longo alcance, e sua previsão o leva a pensar que na obra a ser iniciada poderão ocorrer muitos perigos — observou Joseph que, em silêncio, analisava as pessoas e seus pensamentos, apresentados claramente nas conversações que acabavam de escutar.

— Exatamente como dizes, meu pai — afirmou Jhasua.

"Amanhã trataremos da raça tuaregue à qual ele pertence, e de todas as descobertas que o deserto nos permitiu efetuar.

"Será bom que todos aqueles que formarem a Santa Aliança conheçam a verdade, que nos servirá de base para os ensinamentos que deveremos ministrar."

Jhasua em Jerusalém

Três dias depois, o jovem Mestre com Faqui e seus quatro amigos se detinham na solitária colina onde se achava o túmulo de David.

Deixaram ali os jumentos com os quais haviam feito a viagem e que um criado de Elcana levaria de volta a Bethlehem.

— Aqui está sepultado o grande rei, teu antecessor — disse Faqui a Jhasua —, e aqui virei muitas vezes para pedir inspiração a esse gênio tutelar da tua raça.

Depois de uma breve troca de idéias sobre o encontro que tinham pendente com os criados de Melchor, Eliacin e Shipro, na casa paterna de Nicodemos, eles se separaram. Os quatro doutores de Israel se encaminharam para entrar pela porta do Sião, enquanto Jhasua com seus pais e Faqui seguiram para a porta do Camarão, que, hoje em dia, se conhece como *Porta Mora*, por se achar muito próxima da casa da viúva Lia, sua parente próxima.

O encontro com os criados era na primeira hora da noite.

Os viajantes haviam chegado na metade da tarde, motivo que levou Jhasua a se dispor a ir ao templo, porquanto há muito tempo não o via. Faqui decidiu ir com ele, e ambos se dirigiram ao pitoresco monte sobre o qual estava assentado o edifício como uma magnífica coroa sobre a cabeça de pedra de um gigante imóvel.

O jovem africano achou formoso o panorama da grande cidade de David e de Salomão, edificada tão habilmente, tendo sido utilizados os altiplanos do irregular terreno, que, de imediato, baixava em deliciosos declives, como também subia em colinas coroadas de esplêndidos palácios que o gênio construtor de Herodes havia embelecido grandemente.

A brancura marmórea do Hípico, do Phaselus e de outros palácios, quais cofres gigantescos dos mais ricos mármores, destacava-se nas faldas das colinas, resplandecentes com o sol da tarde, recortadas sobre o azul sereníssimo do céu, com a elegância de suas linhas do mais puro estilo romano.

As quarenta torres da muralha, as torres ameadas da Cidadela anexa à porta de Jaffa, as mil pequenas torres do palácio real do Monte Sião, as cúpulas de ouro e azul do Templo sobre o Monte Moriá, sob aquele sol de ouro pálido de um entardecer na Judéia, constituíam um espetáculo soberbo para o jovem africano, que vinha de um país empobrecido em seus monumentos desde a destruição de Cartago, cuja magnificência ficara reduzida a modestas aldeias que iam surgindo lentamente como que temerosas de provocar novamente as iras do invasor.

Quando subiam a resplandecente escadaria do Templo, viram deter-se uma grande liteira defronte à Torre Antônia e que os soldados se agruparam junto a ela para verificar a identidade da personalidade que era trazida.

Era o Comandante da guarnição da Torre que foi numa padiola, e cujos dolorosos gemidos crispavam os nervos de todas as pessoas que se achavam próximas.

– Ele teve o que merecia – disse Faqui a meia-voz.

– Não, meu amigo – disse o Mestre. – Talvez nisto esteja encerrado um caminho de Deus. Vem comigo.

Com dez passos rápidos, Jhasua aproximou-se dos que desciam a padiola, cujos rostos denotavam aflição e espanto.

– Sou médico – disse com voz imperativa –, deixai-me examiná-lo.

– Entrai no pórtico da Torre – disse um dos soldados.

Jhasua continuou andando, no entanto, já havia tomado uma das mãos do ferido, cuja cabeça ensangüentada não permitia que se percebessem as suas feições. Atrás dele entraram outras duas padiolas com mais dois feridos.

Vinham do circo de Jericó, onde haviam realizado corridas de carros, nas quais o militar, que era um campeão formidável, não tinha conseguido laurear-se como das outras vezes, em face do acidente ocorrido. Seus cavalos, em disparada, haviam capotado o seu carro, e ele, bem como seus dois auxiliares, haviam sido arrastados e machucados, donde o estado lamentável em que se encontravam.

Quando entraram no pórtico da Torre, o ferido não se queixava mais.

– Já está morto – disse um dos condutores da padiola.

– Ainda não, meu amigo – respondeu Jhasua. – O Comandante dorme.

Se não fosse pelo medo que dominava a todos, teriam julgado absurda a afirmação de Jhasua. Os outros dois feridos também estavam silenciosos em seus dolentes queixumes.

– Os três morreram – afirmou outro dos padioleiros. – A coisa não era para menos.

– Não estão mortos – afirmou Jhasua novamente. – Trazei-me água, por favor, e xarope de cerejas, se o tendes.

Imediatamente trouxeram três bacias cheias de água e uma jarra do xarope pedido.

Jhasua, auxiliado por Faqui e por alguns criados, primeiramente foi retirando as roupas e lavando as feridas do Comandante e, logo a seguir, passou aos outros dois.

Com seus dedos molhados no elixir, fez cair gotas nos lábios ressequidos. Logo a seguir, bebeu em grandes goles e, com sua própria boca, foi vertendo o líquido na boca dos feridos.

Depois de ele ter repetido muitas vezes essa operação, o Comandante abriu os olhos.

– És um judeu e me curas – disse!

– Sou Galileu – respondeu Jhasua – e bem sabes que os galileus não odeiam os estrangeiros. Mantém a paz em tua alma e serás curado.

– Que Deus pague a tua boa ação – voltou a dizer o militar romano com voz débil, mas clara e compreensível.

A reação dos outros feridos foi mais lenta. Ambos abriram os olhos, contudo não podiam falar, a não ser com sons guturais ininteligíveis.

Os que estavam presentes não saíam de seu estupor e começaram a rodear a Jhasua com respeito cheio de temor, quase de medo.

– Deve ser um mago – disse um.

– Ou um desses profetas que os hebreus veneram quase como deuses – acrescentou outro em voz baixa.

– Levai-me para meus alojamentos – disse debilmente o Comandante – e também a meus dois ajudantes. Por me servirem, quase perderam a vida.

– Se me permites – disse o Mestre – ficarei ao teu lado alguns momentos mais.

— Estava querendo pedir-te que me fizesses companhia esta noite. Tenho confiança em ti e quero tomar algumas resoluções para o caso de vir a morrer.

— Ainda não podes falar em morrer — respondeu o Mestre —, porque Deus quer que vivas.

"Podeis ir descansar — disse aos soldados e condutores das padiolas. — Meu amigo e eu cuidaremos dos enfermos.

"Basta que um permaneça junto à porta para o caso de virmos a necessitar de algo."

Faqui julgava estar vivendo de encantamentos mágicos.

Nunca havia visto nada semelhante. Tranqüilamente, Jhasua passava e voltava a passar seus dedos molhados pela garganta dos feridos que haviam perdido o uso da palavra.

O Comandante, que já não sentia mais dor alguma, não o perdia de vista. Dir-se-ia que um poderoso ímã atava seus olhares ao rosto de Jhasua.

— Fala — disse Jhasua imperativamente a um dos feridos. — Quero que me digas o teu nome.

— Gensius — disse ele claramente.

— Bem, Gensius. Deus Todo-Poderoso devolve a tua voz e o uso da palavra, para que faças com ela muito bem aos teus semelhantes.

— Graças, Profeta! — disse com a voz cheia de emoção.

— Agora é a tua vez — disse ao outro ferido, que moveu a cabeça negativamente, como querendo dizer que não podia. Ao mesmo tempo abriu a boca, e Jhasua viu que sua língua era como um coágulo de sangue.

Ao cair, sem dúvida havia mordido a própria língua, produzindo-lhe horrível dilaceração.

Apanhando água na concha de sua mão, Jhasua foi fazendo com que ele a bebesse durante alguns instantes.

Logo uniu seus lábios aos do ferido e emitiu grandes hálitos, fortes e profundos, como se neles exalasse a sua própria vida.

Jhasua sentou-se num pequeno tamborete no meio das três camas e, apoiando seu rosto em ambas as mãos, guardou um longo silêncio.

Os três feridos caíram num profundo sono que deve ter durado mais ou menos uma hora.

Quando despertaram, os três se sentaram em seus leitos e cada um deles disse ao outro:

— Estou curado, não tenho mais dor alguma.

— Nem eu tampouco — disse o outro.

Jhasua olhava-os sorridente.

— Não tiveste tempo, jovem, de aprender tanta ciência. Quem és? — perguntou o militar levantando-se até pôr-se de pé.

— Já te disse que sou um galileu. Chamo-me Jhasua, filho de Joseph, um artesão de Nazareth.

— Quanto devo pelo que fizeste hoje comigo e com estes?

— Nada, porque foi o meu Deus-Amor quem vos curou, e Ele somente pede, como compensação pelas Suas dádivas, que sejais bons e misericordiosos como Ele o foi convosco.

— Mas não necessitas de coisa alguma para a tua pessoa, para a tua vida? — voltou o Comandante a perguntar.

— Para mim nada necessito; no entanto, posso necessitar da vossa ajuda para aliviar o sofrimento de outros que sofrem, como aliviei os vossos.

— Conta sempre conosco e para tudo o que necessitares.
— Obrigado, amigos. Muito agradecido. Peço também o favor de não divulgar isto que vos aconteceu. Um médico vos curou, e isto é o bastante.
— Vosso amigo é admirável! — disse o militar dirigindo-se a Faqui que estava mais absorto e assombrado que eles.
— Em verdade, é admirável! Cheguei ontem de Alexandria. Sou um estrangeiro neste país, aonde vim para presenciar maravilhas que jamais sonhei fossem realizadas.
— Nunca pensastes que há um Deus Supremo, Senhor de todas as coisas? — perguntou Jhasua.
— Quero conhecer a lei do teu Deus, Jhasua — disse novamente o romano.
— É muito pequena e muito simples:
"Faze com o teu próximo como queres que seja feito contigo."
"Ama a todos os teus semelhantes; não odeies jamais a ninguém."
— Isto é tudo?
— Tudo, absolutamente.
"Agora o meu amigo e eu temos que ir porque somos esperados em outro lugar.
"Legionário de Roma!... — exclamou o Mestre. — Que o meu Deus te dê a sua paz. Espera-me, que virei visitar-te amanhã."
— Não sei se és homem ou deus!... mas juro por todos os deuses do Olimpo que não esquecerei jamais o que hoje fizeste por nós.
Jhasua e Faqui saíram.
— Pensava que visitaríamos o templo — disse Jhasua ao seu amigo. — Mas por hoje já não dispomos mais de tempo.
— No entanto, fizeste uma obra que vale muito mais que a nossa visita ao templo — respondeu Faqui. — Além das três vidas salvas, creio que a gratidão desses homens servirá de muito para abrir-te caminhos neste confuso labirinto de ódios e de perseguições.
— Assim também o julgo — respondeu Jhasua. — Agora vamos para casa, Faqui, porque meus pais nos esperam e não é justo que, para consolar alguns, aflijamos a outros.
— Tens razão, Jhasua!... É como dizem, e como eu digo desde que te conheci: fazes todo o bem e sempre como impulsionado por uma elevada sabedoria. Vamos para junto de teus pais.
Lia e Myriam já os esperavam com a branca toalha posta na mesa, o leite quente, as castanhas cozidas e o pão que acabava de ser retirado do fogo.
A singela refeição do anoitecer transcorreu no meio da mais completa alegria.
Quão doce e suave é toda alimentação quando a alma está serena e a consciência acusadora não levanta borrascas e tempestades!
Jhasua contou a seus pais, com minuciosos detalhes, a viagem a Alexandria, as noites passadas sob as tendas no deserto no vale das Pirâmides, bem como todas as emocionantes cenas ocorridas no hipogeu de Mizrain, as múmias de uma antiguidade milenária, os papiros guardados entre os sarcófagos...
Joseph, Myriam e Lia ouviam em silêncio.
— Meu filho — disse repentinamente Joseph. — Agora compreendo tua missão no meio do povo de Israel.
"Tinham razão os três sábios do distante Oriente quando, visitando-te no berço, disseram a uma só voz: 'Este menino traz consigo todos os poderes divinos para ser o salvador do mundo.'"
— Contaste-nos o que ocorreu no Egito, porém não o que se passou esta tarde na Torre Antônia — disse Lia sorrindo.
— Mas, como? Já o sabeis?

– Oh, meu filho! Em Jerusalém sabe-se de tudo tão logo sucede. Bem sabes que os dois filhos do tio Simeão são Levitas, e estão a serviço no Templo; e eu mandei esta tarde meu criado levar-lhes coisas de que necessitavam, conforme costumo fazer já muito antes do falecimento do velho tio. No Templo sabe-se o que se passa nos pórticos da Torre, como ali também se sabe o que ocorre nos átrios exteriores.

"Contudo, não te assustes, porque apenas se diz que dois médicos recém-chegados a Jerusalém haviam curado os dois feridos. Somente meus primos e meus criados sabem que tu, meu filho, foste a causa desse acontecimento."

Jhasua, um pouco contrariado, manteve-se em silêncio.

– Creio que não existe mal algum em que se saiba isso – disse Faqui.

– É que Jhasua não quer nenhuma notoriedade para sua pessoa – observou Myriam.

– É prudência – acrescentou Joseph – e eu penso como ele.

– Há tanta má intenção na época atual no nosso país, que podem surgir receios e desconfianças em virtude de ocorrências tão extraordinárias.

– Não temais. Nossos Levitas Essênios são muito discretos, e meu criado, que nasceu na minha casa, é como um filho que não falará, se puder temer algum mal para a família.

– Demos graças ao Supremo Senhor de todo bem – disse Jhasua –, porque a cura do Comandante e de seus ajudantes pode abrir caminhos para fazermos algum bem aos que estão sepultados vivos na Torre Antônia.

"Pensai todos desta mesma forma e neste sentido, já que surpreendestes o segredo."

Alguns momentos depois, Jhasua e Faqui se encaminharam para a antiga casa da mãe de Nicodemos, onde se encontrariam com os quatro doutores de Israel e os dois criados do príncipe Melchor.

Estes já estavam aguardando acompanhados por uma mulher morena que, apesar de não ter mais de uns 50 anos, estava envelhecida, com os cabelos brancos e o corpo visivelmente esgotado.

– É minha mãe – disse Shipro, assim que viu Jhasua.

A mulher beijou o manto de Jhasua e começou a chorar em grandes soluços.

Jhasua fê-la sentar novamente, ao mesmo tempo que lhe disse:

–Não chores, boa mulher, que os justos como tu devem estar sempre cheios de paz e alegria.

"Chegou a hora de triunfar sobre a maldade dos homens. Dá-me as notícias que possuis referentes à família do pranteado príncipe Ithamar."

– São muito poucas, senhor – respondeu a mulher –; no entanto, uma delas é muito boa: o amo Judá está vivo e veio à casa de seu pai em busca de notícias.

"Levaram-no aos 17 anos e voltou feito um homem aos 24, formoso e forte, tal como era o príncipe, seu pai, que parece haver ressuscitado nele. É todo o seu retrato. Conseguiu a liberdade e está rico com a proteção de grandes senhores de Roma. Ele vos contará tudo melhor que eu. Mas nem ele nem eu pudemos averiguar nada da ama Noemi e de sua pobrezinha filha, que, se vive, deve ter agora a idade de meu filho Shipro menos quatro meses."

– E o príncipe Judá, onde está? – perguntou Jhasua.

– Ele somente vem a sua casa quando a noite já está bem entrada, e não veio senão três vezes em vinte dias desde que chegou a Jerusalém. Disse-me que não quer ser visto na cidade, por temor de causar obstáculos com a sua presença na busca da família, pois seus inimigos o julgam morto, e é exatamente nisto que está a sua segurança.

"Ele se acha hospedado no Khan (*) de Bethânia, onde o conhecem pelo nome de *Árrius*.

"Disseram que, quando ocorreu a desgraça – continuou dizendo Amhra, assim se chamava a mãe de Shipro –, que a ama e sua filha foram levadas para a Torre Antônia. Como até há um ano atrás o governador Graco, autor deste crime, estava aqui, e dependia dele a guarda da Torre, ninguém podia aproximar-se de suas imediações.

"Ouvi no mercado que a nova guarnição, chegada há pouco tempo, é menos severa e até compartilha dos jogos e diversões com o público. Desde que o governador está na Cesaréia, já não encerram tantos na Torre nem se cometem tantos crimes.

"Julgo que a ama e sua filha foram levadas para esse presídio, onde Graco mandava encerrar todos que o estorvavam; contudo, não creio que estejam vivas depois de sete anos de martírio.

"Ouvi um ex-detento contar no mercado a espécie de vida que se concede aos presos dali. Como poderá a ama ter conseguido resistir a uma vida semelhante?"

– Esclareceste muita coisa, mulher – disse Jhasua. – Volta tranqüila para a casa de teus amos, que tua abnegação e honradez merecem a justiça de Deus, a única que salva das injustiças humanas.

Quando a mulher saiu, entrou Nicodemos com a notícia de que a reunião não era conveniente, porque no Sinédrio se averiguava quem poderiam ser os médicos estrangeiros que haviam curado o Comandante e seus ajudantes, cujo estado gravíssimo não podia ser curado a não ser por arte de magia ou por um profeta de grande poder.

– Bem – disse Jhasua –, Faqui e eu trocaremos de trajes e ninguém nos reconhecerá.

"Agora vamos ao Khan de Bethânia para nos encontrar com o filho do príncipe Ithamar, que se hospeda ali."

– Aquele jovem desaparecido há sete anos? – perguntou Nicodemos.

– Justamente. A mulher que cruzou contigo é a mãe de Shipro, que o viu na antiga casa de seu pai, aonde veio três vezes. Queres vir conosco?

– Poderemos regressar esta noite antes que se fechem as portas? – interrogou Nicodemos. – O Khan está muito além das antigas tumbas.

– Trataremos de regressar antes, mas, se houver qualquer contratempo, o guarda do plantão da noite é um antigo conhecido meu – disse Eliacin – e, por alguns poucos sestércios, ele nos abrirá com prazer a portinha.

– Bem, vamos então.

– Toma o meu manto azul – disse Faqui a Jhasua – e cobre a túnica branca que poderia ser comparada com aquela que o *mago* vestia, quando, nesta tarde, curou o Comandante.

– Tens razão, meu amigo. Agora és tu que fazes o bem.

Os cinco homens empreenderam a caminhada.

Eliacin, o criado, falou ao guarda explicando que iam ao Khan de Bethânia procurar um viajante da família que se hospedara ali. Os vinte sestércios que lhe entregou em troca de que lhes abrisse a portinha se voltassem atrasados, tiveram aquiescência mais forte que todas as explicações eventualmente necessárias.

Aqueles montes cobertos de árvores desfolhadas pelo cruel inverno, perfurados por grutas que eram tumbas, com vales negros de sombra e de encostas acinzentadas cortadas a pico; aqueles enormes barrancos e, à esquerda, as negras profundidades do

---

(*) Campo cercado e em parte coberto, onde podiam hospedar-se gratuitamente todos que chegavam a uma cidade de Israel (N.T.).

Monte das Oliveiras; e tudo visto somente através da claridade opaca das estrelas, formava um panorama impressionante para quem não estivesse acostumado a essas excursões.

Faqui, cuja estatura e força atlética lhe dava segurança permanente, deu um braço a Jhasua e outro a Nicodemos. Os dois criados os guiavam, visto como Eliacin conhecia muito bem o caminho.

De longe viram a alegre fogueira que ardia no Khan.

Se em algum lugar os homens se fraternizavam de coração era nessas estranhas hospedagens usadas no Oriente, onde todos se sentiam num mesmo nível.

Ali pernoitavam os homens e as montarias, motivo pelo qual se viam, à luz vermelha da fogueira, os camelos que dormitavam ruminando sua ração, bem como cavalos, mulas, jumentos e utensílios de toda espécie entre os fardos de equipagem.

O guardião era pago pelos viajantes com o que cada qual contribuía conforme podia.

— Procuramos Árrius, que se hospeda aqui — disse Eliacin quando se defrontaram com o guardião na casinha junto à porta.

— Oh! sim, sim. O bom estrangeiro e seu criado, que ocupam a melhor habitação do Khan — respondeu o guardião, deixando-os passar. — É a primeira habitação à direita.

Nossos amigos dirigiram-se para ali.

A luz tênue de uma lâmpada de azeite dava de cheio sobre o formoso rosto do príncipe Judá, convertido em Árrius, o estrangeiro, por obra e graça de um governador romano, representante do César, que, não obstante ignorasse este fato em particular, sabia muito bem que as grandes fortunas feitas pelos seus prefeitos ou governadores eram fruto de despojos e latrocínios nos países subjugados.

— Amo, aminho bom! — exclamaram ao mesmo tempo os dois criados, tomando uma dobra de seu manto e beijando-a.

— Somos Eliacin e Shipro!... Não nos reconheceis? Minha mãe disse que estáveis aqui — acrescentou o moço.

O jovem príncipe continuou olhando-os e seus olhos foram cristalizando-se de pranto.

— Sou um proscrito — disse — não temeis chegar até mim?

— Não, amo, não. Se deveis morrer, morreremos junto convosco!

"Estes senhores querem falar-te, amo, porque eles buscam também a ama Noemi e sua filha." Ao dizer isto, Eliacin colocou-se a um lado e a luz da lâmpada caiu em cheio sobre o rosto de Jhasua, que estava na frente de todos.

— Esses olhos!... — exclamou o príncipe. — Nunca pude esquecer esses olhos!... Quem és?

Ao perguntar isto, levantou-se, aproximando-se de Jhasua.

— Príncipe Judá, filho de Ithamar, a quem o Senhor tenha em sua paz — disse o jovem Mestre. — Um antigo amigo de teu pai, o príncipe Melchor de Horeb, procura-te há tempo, do mesmo modo que à tua família. Chegamos há dois dias de Alexandria e tivemos a boa sorte de encontrar-te logo.

Ele fê-los sentar nos leitos, pois não havia outros assentos.

— Talvez não te recordes; no entanto, não esqueci os teus olhos, jovem do poço de Nazareth — disse Judá com sua bem timbrada voz carregada de emoção.

— Na verdade — continuou Jhasua — sou de Nazareth e não me lembro em que ocasião poderias ter-me visto.

— Faz sete anos que uns soldados conduziam uma caravana de presos destinados às galeras ancoradas em Tolemaida, e eu ia entre eles. Como era o menor de todos, já davam a ordem de continuar a marcha e eu ainda não havia bebido. Correste para aproximar teu cântaro à minha boca abrasada pela sede. Não te recordas?

— Verdadeiramente não. Tantas caravanas de presos vi passar pelo poço de Nazareth, situado junto ao caminho das caravanas, que o teu caso ficou perdido no meio de um montão de outros.

— Entretanto, não esqueci os teus olhos, nazareno, e bendigo ao Deus de meus pais que te está colocando novamente diante de mim.

— E, desta vez — disse Jhasua —, não será tão-somente para dar-te de beber, mas para recobrares a paz e a felicidade que, em justiça, te pertencem.

— E por que te preocupas tanto assim com a minha desgraça? — voltou Judá a perguntar.

— A Lei diz: "Amarás a Deus acima de todas as coisas e *ao próximo como a ti mesmo*" — respondeu Jhasua.

"Através de Shipro, teu servo, fiquei sabendo de tua desgraça, e eles me guiaram até aqui. Eu não tenho exército para fazer frente à força que Graco utilizou para cair sobre a tua família, como uma porção de feras famintas; no entanto, tenho a justiça do nosso Deus em minhas mãos, como a tem qualquer filho Seu que age de acordo com a Lei; e agiremos de acordo com ela.

"Se tua mãe e tua irmã vivem, voltarão para o teu lado, oh, filho de Ithamar, por cuja memória eu te prometo em nome de Deus!"

— E tu, quem és, Nazareno, dize-me, quem és? A esperança floresce ao som de tuas palavras, e até poder-se-ia dizer que meus olhos vêem a sombra querida de meu pai morto e que estou sentindo em meu pescoço os braços de minha mãe e de minha irmã, que me estreitam para não mais serem separadas. És um Profeta, um mago ou um gênio benéfico daqueles que saem dos bosques sagrados para consolar os homens?

— Tu o disseste, Judá, sou um nazareno cujo coração sente profundamente a dor humana e procura aliviá-la por todos os meios ao seu alcance. Elias, Eliseu e Daniel não usaram dos poderes divinos para aliviar os justos que sofriam? Acaso o poder de Deus se consumiu como a palha no fogo?

Faqui, em silêncio, pensava: "Se este infortunado jovem soubesse o que o príncipe Melchor disse de Jhasua, que ele é o Messias esperado por Israel..."

— No Horto das Palmeiras, sob uma tenda no oásis, ouvi uma história maravilhosa dos lábios de um caudilho árabe. Há mais de vinte anos, vieram à Judéia uns sábios do distante Oriente, que foram guiados por uma luz misteriosa até Bethlehem, onde eles afirmavam haver nascido o Messias anunciado pelos Profetas.

"Eu era muito pequeno, e minha mãe me fazia orar para que, se fossem verdadeiros esses rumores, o Messias salvasse o seu povo do opróbrio, e devolvesse a todos nós a paz e a justiça que nos legaram nossos ascendentes. Nazareno!... não escutaste esta formosa história?"

— Sim, e mais ainda. Sou amigo desses sábios e há três dias estive em Alexandria com o príncipe Melchor de Horeb, um deles, o mais jovem dos três que vieram há vinte anos.

— Oh, bom Nazareno!... — exclamou Judá com veemência — explica-me tudo o que sabes, porque uma sibila me disse em Roma que: "*quando o grande homem esperado no Oriente passasse junto de mim, todas as minhas desgraças seriam remediadas.*"

"Buscando-o, vim ao meu país natal. Sabes onde ele está?... dize-o a mim, pelo Deus de nossos pais."

— Próxima está a tua hora, Judá, e o nosso Deus-Amor me envia a ti como um mensageiro Seu para encher de esperança e de fé o teu coração. Tem calma e serenidade, porque se o Cristo, Filho de Deus, está na Terra, ele passará próximo de ti, pois tua fé e teu amor assim o merecem.

"Temos meios para investigar nos calabouços da Torre Antônia – disse em seguida, mudando o rumo da conversação. – Um acontecimento inesperado nos ligou ao atual Comandante que administra o presídio e mantém a ordem na cidade.

"Se, amanhã, quiseres permanecer todo o dia na casa de teus pais, talvez possamos trazer-te boas notícias."

– Antes julgo que devemos saber se este moço pode entrar e sair livremente da cidade ou se existe vigilância sobre ele – disse Nicodemos, que até então havia permanecido em silêncio.

– Penso – disse Judá – que, julgando-me morto, não pensarão que eu possa ressuscitar para reclamar justiça contra Graco pelo crime cometido. Meu único temor consiste em que os amigos de meu pai ou seus servidores possam reconhecer-me; tenho tanta semelhança com ele que, divulgada a notícia, temo que seja reiniciada a perseguição.

– Não seria mais prudente levá-lo agora conosco para aguardar escondido até amanhã na sua casa? – insistiu Faqui.

Como todos estivessem de acordo neste sentido, o jovem príncipe chamou o seu criado árabe e avisou-o que iria entrar na cidade. Recomendou também cuidado com o seu cavalo, e que, se *os amigos da montanha* o procurassem, para fazê-los esperar até o seu regresso na noite seguinte.

Sem saber por que essa frase *"os amigos da montanha"* levou o pensamento de Jhasua e de Faqui ao que Joseph havia dito na reunião de Bethlehem: que estavam desaparecendo moços que cruzavam o rio Jordão e se perdiam nos montes vizinhos do deserto.

No entanto, mantiveram silêncio e empreenderam imediatamente o regresso. A porta já havia sido fechada, mas o guardião, pago de antemão, nem sequer observou que vinha mais um com aqueles que haviam saído.

Jhasua com Nicodemos e Faqui retornaram à casa de Lia, e os dois servos seguiram Judá até o solitário palácio de seus pais, onde penetraram pela porta anexa ao palheiro dos estábulos.

Contudo, nem bem entrou na casa de seus ancestrais, a qual se achava na mais completa escuridão, o príncipe Judá, como possuído por um temerário valor, fez saltar o bolorento ferrolho exterior da grande porta principal, saiu à rua escura e gelada e arrancou o cartaz que dizia: "*Confiscada pelo governo romano.*"

– Que fazeis, meu amo? – perguntaram ao mesmo tempo os dois criados.

Sem responder-lhes, Judá arremessou a tabuleta infamatória aos estábulos vazios que ocupavam o pavimento inferior e voltou a fechar por dentro com a pequena prancha de bronze com a qual sempre se havia fechado aquela magnífica porta, cujos altos relevos e incrustações de bronze faziam lembrar o artífice que seu pai trouxera de Tiro, para que a fizesse igual à que o rei Salomão havia posto no palácio de sua primeira esposa, a filha do Faraó.

Tanto como o Rei-Poeta havia amado a princesa egípcia, seu pai amara a sua mãe, a meiga Noemi dos sonhos de sua juventude, para quem fizera construir aquele palácio na rua do Comércio, de cujos terraços podia contemplar todo o formoso panorama da cidade e seus pitorescos contornos.

Quão instáveis e efêmeras haviam sido as ilusões e esperanças que revoluteavam como mariposas de luz sob as abóbadas trabalhadas daqueles esplêndidos salões!

Em suas primeiras visitas à casa, Judá não quis passar, de forma alguma, do aposento da fiel criada, junto à cozinha da criadagem. Ao ouvir o ruído de passos e de portas que se abriam, a boa mulher apareceu assustada, com uma lamparina na mão.

Seu júbilo não teve limites quando reconheceu "o seu menino" como ela o chamava e que percorria todas as dependências principais, fazendo acender nelas algumas lâmpadas.

— Amo!... já estás livre e aguardas a chegada da boa senhora e de minha menina querida!...

"Agora queres ver tudo! Está como no dia em que vos arrancaram daqui, porque Amhra não deixou com vida as aranhas nem as poeiras que pudessem destruir este paraíso encantado."

Quando Judá entrou na alcova de sua mãe, encortinada de azul celeste e ouro... viu o divã de repouso no centro, onde ainda descansava o livro dos Salmos e o saltério no qual ela os cantava, seu coração sofreu um doloroso sobressalto e, caindo de joelhos, enterrou a cabeça nos almofadões em que ela se havia apoiado, e uma tempestade de soluços ressoaram surdamente no palácio solitário.

A criada chorava junto a ele, e Eliacin e Shipro faziam inauditos esforços para conter o pranto.

Imediatamente Judá sentiu que alguém punha suavemente a mão sobre sua cabeça. Levantou os olhos, e viu, na penumbra, o rosto ideal com aqueles olhos que nunca pôde esquecer.

— Nazareno! És tu! — exclamou com tal acento de assombro e amor que os criados levantaram também os olhos procurando o personagem aludido.

No entanto, nada viram, a não ser o seu amo, que, desfalecido, deixou-se cair sobre o divã da mãe, mergulhado em profunda letargia.

Shipro, cujo amor por Jhasua lhe fazia compreender que havia *grandes coisas*, conforme ele dizia, naquele formoso e jovem Mestre, tão amado pelo príncipe Melchor, teve a intuição de que Jhasua, Profeta de Jehová, havia aparecido como uma visão a seu amo Judá, para consolá-lo em seu sombrio desespero. E assim realmente tinha ocorrido.

— Não apareceu a mim no deserto quando eu, sozinho no mundo, chorava abraçado ao meu camelo? — perguntou a si mesmo.

Duvidando se havia sido apenas uma visão ou presença pessoal, Shipro tomou a lamparina de sua genitora, que estava mais morta que viva, sentada no pavimento da alcova, e começou a percorrer todas as salas, corredores e escadas, julgando perceber, por momentos, a túnica branca daquele jovem Mestre que, com tanto amor, se aproximara dele... um mísero criado que não valia mais que um pequeno grão de areia no deserto. Cansado de procurar voltou, e o príncipe Judá ainda continuava dormindo.

Os criados puseram fogo nos braseiros para amenizar o gelado ambiente daquela alcova, cobriram com mantas o amo e ficaram a seu lado aguardando o despertar.

Na manhã seguinte, quando Myriam servia o desjejum a seu filho, lhe disse:

— Ontem à noite, até que vos vi chegar, estive preocupada contigo. Não te exponhas a nenhum perigo, meu filho, lembra-te que tens pais.

— Mas, mãe!... — respondeu rindo. — Com este atleta a meu lado, com o guardião Nicodemos e dois servos fiéis, ainda temes por teu filho?

Pouco depois, Jhasua dirigiu-se ao Templo, acompanhado de Faqui.

O jovem africano prestava muita atenção às explicações que Jhasua lhe dava de tudo quanto via referente aos rituais da prática.

A riqueza daquela ornamentação, o artesanato das paredes e do teto, o ouro e a prata dos candelabros, turíbulos e pedestais, eram, na verdade, deslumbrantes. O pensamento remontou há dez séculos atrás, e ele via Salomão consagrando aquele templo a Jehová e abençoando o povo fiel e amante, que se havia desprendido de suas jóias de ouro e pedras preciosas para entregá-lo e adorná-lo em honra ao Senhor.

– O que tem mais valor, Faqui – perguntou o jovem Mestre ao seu amigo absorto em tanta riqueza –, o que tem mais valor, a alma humana, eterna, imperecedoura como Deus, ou este amontoamento de frio mármore, de ouro, de prata e de púrpura, que fala muito alto da magnificência de Salomão?

– Oh... a alma humana, que ama e cria estas e muitas outras belezas!

– Portanto, a alma de um homem justo é um templo muito mais digno de Deus que toda esta riqueza que aqui vemos. Maior obra que a de Salomão fazemos nós quando consolamos uma alma humana que sofre, quando elevamos seu nível moral, quando afastamos os obstáculos que impedem seu caminho para a luz, quando despertamos nela o desejo de verdade, de conhecimento e de sabedoria.

"Se, ao menos sob estas abóbadas de ouro e prata, ressoasse a voz serena da verdade, da justiça e do amor fraterno, que tornará feliz a Humanidade, então poderia a alma abençoá-las e amá-las!... No entanto, quando elas encobrem egoísmos, ambições, comércio, lucro, engano e mentira, misturados em horrível profanação com as orações simples de um povo inconsciente que tudo ignora e procura a Deus aqui com lastimosas súplicas, então sua alma se indigna em rebelião interna e silenciosa, a qual, pouco a pouco, se exterioriza em manifestações que a força e o poder asfixiam com sangue!

"Compreendes, Faqui?... Deus quer somente o amor de uns para com os outros. Quer também a verdade, a justiça e a paz.

"Sem este monumento de mármore e de ouro, o homem poderia ser feliz adorando a Deus em seu próprio coração e no grandioso esplendor da Criação Universal; contudo, ele não pode ser feliz sem amor, sem liberdade, sem justiça e sem paz..."

– Oh!... isto sim, é a suprema verdade – respondeu Faqui com sentir idêntico ao do amigo.

Em seguida, dirigiram-se à galeria coberta que unia o templo com a Torre Antônia, pela qual passeava um soldado em sua resplandecente armadura a brilhar tanto como o ouro e a prata que deslumbrava no templo.

– Poderemos ver o Comandante? – perguntou Jhasua ao guarda.

– Podeis passar por aqui para o pórtico da Torre – respondeu-lhes –; ali dirão se ele quer atender-vos.

Ao anunciar sua visita, Jhasua unicamente disse ao guarda da fortaleza:

– Dirás a teu superior que Jhasua, o nazareno, vem visitá-lo.

Saiu ele mesmo para recebê-lo.

– Bendigo a teu Deus porque vieste – disse tomando-o por ambas as mãos.

– E eu O bendigo porque te vejo feliz – respondeu Jhasua.

– Interessa-te tanto a felicidade dos demais? – tornou o militar a perguntar.

– É a única coisa que me interessa, meu amigo, porque quando tornamos felizes os homens assemelhamo-nos a Deus. Acredita, sinto-me imensamente feliz quando posso remediar a dor de meus semelhantes.

– Teu amigo é estrangeiro, não é verdade? – perguntou aludindo a Faqui.

– Sou de Cirene, ou seja, egípcio da costa do mar. Chegamos há três dias, e acabo de conhecer o famoso templo de Jerusalém. Na realidade, é muito formoso.

— Para quem não saiu do país, é uma maravilha; entretanto, nem bem se viaja algumas milhas por mar ou por terra, vêem-se construções que são verdadeiros cofres de arte e riqueza. Em Antioquia há palácios que ofuscam, em muito, o brilho do Templo de Salomão.

"Fala-me, Nazareno!... — continuou o Comandante. — Que queres que eu faça por ti? Ontem me via à beira da sepultura, e hoje me vejo são e forte, graças a ti. E me obrigaste a silenciar!"

— Naturalmente! — respondeu o Mestre. — Que necessidade tenho de chamar a atenção com ocorrências que não podem ser compreendidas pelas multidões?

"Não me interessa ser tido no conceito de mago, coisa que despertaria o receio e a desconfiança aí dentro!... — E ao dizer assim, Jhasua assinalava para o templo.

"Desta forma, já sabes, Comandante: se realmente me queres bem, não faças comentários sobre tua cura."

— Está bem, Profeta, está bem. Será feito como desejas.

— Eu te disse há um momento que apenas sou feliz quando faço o bem a meus semelhantes — continuou Jhasua. — Necessito de tua ajuda para remediar uma dor muito grande.

— Se estiver ao meu alcance fazê-lo, conta como se já estivesse feito.

— Peço que me digas se nos calabouços desta Torre estão enterradas vivas duas mulheres, mãe e filha, desde há sete anos.

— Digo-te a verdade. Ainda não o sei. Faz somente vinte e oito dias que fui transferido de Antioquia e estou examinando os registros dos presidiários. Até agora não encontrei nenhuma mulher. Ainda faltam todos os calabouços subterrâneos, e não é de supor que tenham encerrado mulheres lá.

"Sabes por quais delitos foram trazidas para cá?"

— Pelo delito de possuírem uma vultosa fortuna, que, em grande parte, passou para as arcas do Governador Graco — respondeu Jhasua, com grande firmeza.

— Nazareno!... que graves palavras acabas de pronunciar! — E o militar levantou-se para observar se nos corredores vizinhos havia alguém que tivesse podido escutar.

Encontrou o soldado que estava de sentinela à entrada e que tinha sido um de seus ajudantes na corrida que quase custara a vida dos três homens.

— Gensius, vem cá — disse. — Reconheces este homem?

— Sim, é o Profeta que nos curou — e, aproximando-se de Jhasua, beijou-lhe a mão.

— Ouviste a afirmação que ele fez referente ao Governador?

— Sim, Comandante, eu a ouvi, mas, como não sou um bastardo, ele pode estar certo de que não a repetirei. Além do mais, em Antioquia ouvi contar um dos casos em que se acusa o Governador de ter mantido um trato com os piratas referente ao assassinato de um príncipe judeu para apoderar-se da sua fortuna. Um dos piratas presos denunciou isto aos gritos quando estava sendo levado para a forca.

"Portanto, pode muito bem ser que essas duas mulheres procuradas pelo Profeta sejam da família do príncipe assassinado."

— Justamente — continuou Jhasua — são a viúva e a filha do príncipe Ithamar, filho de Abdi-Hur.

"Se foram despojados de tudo quanto tinham, é duplo crime sepultá-las vivas num calabouço, onde estão há sete anos."

— Eu sei que chegaram muitas queixas ao Cônsul de Antioquia; no entanto, ainda é mantido o ministro favorito do César, casado com uma irmã de Graco — continuou esclarecendo o militar.

"Vim para cá sob a dependência direta do Prefeito da Síria, grande amigo do Cônsul, e tenho jurisdição sobre a cidade de Jerusalém, sobre esta Torre e também sobre a Cidadela da Porta de Jaffa."

E logo acrescentou:

"Gensius, chama o guardião dos calabouços," e estendeu em seguida um reposteiro corrediço, que deixava ocultos Jhasua e Faqui.

— Aqui podeis ouvir, mas não falar — disse-lhes.

Poucos instantes depois, sentiram os passos de duas pessoas que entravam.

— Guardião — disse o Comandante —, na semana passada me pediste uma licença para atender a um teu negócio em Sidon, e não a dei porque na época não me era possível. Eu te dou agora essa licença pelo tempo que necessitares.

— Obrigado, Comandante.

— Gensius substituir-te-á durante a tua ausência. Ainda não examinei todos os registros. Nos calabouços subterrâneos existem presos apontados como perigosos?

— Sim, Comandante, no calabouço nº 5. É o único para o qual recebi ordens especiais de não entrar nem para fazer jamais a limpeza, porque estão lá três presos que possuem um grave segredo de Estado, motivo pelo qual são mantidos ali para toda a vida. Aquele que recebe a comida e a água para os três tem a língua cortada e não pode falar.

"Os demais são delinqüentes comuns, tais como: assassinos, assaltantes de estradas, etc..."

— Está bem, ensina a Gensius a forma de fazer o serviço e dá-lhe o croqui das passagens e corredores, bem como as chaves dos calabouços.

"Na tesouraria pagar-te-ão o mês que corre e mais cem sestércios, como gratificação pelos teus bons serviços. Agora vai, boa sorte e que te divirtas bastante."

— Obrigado, Comandante, que os deuses te sejam propícios.

Saíram ambos, e o reposteiro foi descerrado novamente.

Jhasua, extremamente pálido, parecia absorto em profunda meditação.

— Ouviste, Nazareno? — perguntou o Comandante.

— Ouvi, sim, ouvi. Dize-me, Comandante, ainda que sejas romano: o que são os teus compatriotas no meio do mundo? Homens ou feras?

O militar compreendeu que Jhasua padecia intensamente e, abrandando a voz, disse:

— Nazareno!... Compreendo que és um homem que está muito acima dos demais. Não podes compreender os homens, sejam romanos ou não, porque todos são iguais quando têm o poder e a força. Hoje é Roma, antes foi Alexandre, Nabucodonosor, Assuero, os Faraós!...

"Não és deste mundo, Nazareno, e não sei se és um deus desterrado ou um anjo desses que os árabes encontram às vezes entre as palmeiras de seus oásis no meio dos desertos.

"Seja o que for, eu devo minha vida a ti, e farei tudo o que possa para agradecer-te. Dentro de alguns momentos, desceremos aos calabouços, se desejas ver, com teus próprios olhos, os condenados.

"Creio que teu amigo é de confiança," acrescentou, olhando para Faqui.

— Sim, Comandante. Disto não tenho a menor dúvida.

"Iremos aonde queiras, contanto que se possa aliviar os horrores que se escondem dentro dessas paredes."

Gensius voltou com um grosso chaveiro e com uma prancheta onde estava gravado o croqui dos calabouços.

— O guardião já partiu, e a primeira porta para descer às galerias é esta — disse, apontando para uma pequena abertura retangular que apenas era percebida na parede do corredor vizinho ao compartimento em que se encontravam.

— Abre, e desçamos — ordenou o Comandante.

Um nauseabundo cheiro de umidade saía daquela negra boca que pressagiava horrores entre trevas densíssimas.

Gensius acendeu uma lanterna que estava à entrada, e eles começaram a andar por um corredor estreito. Logo encontraram a primeira escada, um ângulo, outra escada, mais corredores e passagens. Viraram à direita, logo à esquerda, vendo, ao passar, pequenas portas de ferro com grandes ferrolhos, onde um grunhido, um grito, uma maldição, os avisava que ali havia um ser humano carregado de ódio, de angústia, de desespero. No entanto, não aparecia mulher alguma.

— Falta só este — disse, por fim, Gensius, iluminando com a lanterna o número cinco, assinalado no croqui. É o último calabouço deste corredor.

Abriu e entraram.

Atirado sobre um montão de palha, um vulto se levantou. Entre os emaranhados cabelos cinzentos e a barba em iguais condições, brilhavam dois olhos profundos e duas pálpebras avermelhadas e sanguinolentas.

Coberto de farrapos sujos, em vez de cobertores, o infeliz tremia de frio. As unhas das mãos e dos pés, como garras de águia, faziam compreender o tempo que aquele homem estava encerrado ali.

— Também em teu benefício chegou a hora da liberdade, se queres ser um homem de bem — disse o Comandante. — Há quanto tempo estás aqui?

O preso contou com os dedos até sete. Deu um grunhido, acompanhado de uma horrível careta e apontou para um postigo com uma grade de ferro que se via num dos lados do calabouço.

— Este deve ser o mudo — disse Faqui.

O preso abriu a boca como uma caverna vazia, negra e repugnante que deixava ver as aberturas da laringe. Haviam amputado-lhe a língua.

Jhasua apertou o peito com ambas as mãos para sufocar um gemido de espanto, de angústia e de horror!

— Assim é a Humanidade!... — disse em voz muito baixa, que mais se assemelhava a um gemido.

O infeliz mudo continuava apontando para o negro postigo gradeado. Procuraram a porta do calabouço apontado e viram que havia sido fechada com pedra e cal.

O homem mudo tomou a lamparina do guarda e, com passos trêmulos, aproximou-se do postigo e iluminou-o. Ouviu-se uma voz débil dizendo:

— Uma luz!... Graças, meu Deus, pela bênção de uma luz!...

Era uma voz de mulher, e todos os corações estremeceram de angústia.

"Quem quer que sejas — continuou a voz —, traze-me água, pois minha filha está ardendo em febre e já gastamos toda aquela que trouxeram ao amanhecer.

— Mulher!... — disse Jhasua com a voz saturada de piedade. — Hoje terás a tua liberdade e também os braços de teu filho que te espera são e salvo.

Ouviu-se um grito sufocado e o ruído surdo de um corpo que caía por terra.

O Comandante, Gensius e Faqui, com extraordinário vigor, armados de picaretas, retiraram uma a uma as pedras que fechavam a portinha do calabouço, produzindo tamanha nuvem de pó que quase sufocava os presentes.

Apenas o buraco deu passagem ao corpo de um homem, eles foram penetrando um a um. O quadro era aterrador: dois corpos caídos no solo, entre palhas úmidas e sujos farrapos, davam sinais de vida pelos estremecimentos que, de tanto em tanto, os agitavam. Tão esquálida uma quanto a outra, só se conhecia qual era a mãe pelo emaranhado cabelo branco que lhe cobria parte do rosto e dos ombros desnudos.

Jhasua e Faqui estenderam seus mantos sobre elas, enquanto o jovem Mestre se ajoelhava para ouvir a respiração e as pulsações do coração. O Comandante já havia mandado buscar água, pão e leite, que lhes foram dados a beber, quase de gota em gota.

– Vai até as tendas do mercado – disse a Gensius – e traze roupas para duas mulheres e uma liteira dupla com mantas.

Nesse meio-tempo Jhasua já não estava mais na Terra. Seu espírito, todo Luz e Amor, todo piedade e misericórdia, estava injetando sua própria vida naqueles corpos quase moribundos.

Faqui não sabia que coisa admirar mais, se o doloroso estado daquelas infelizes criaturas ou o amor de seu jovem amigo que se entregava completamente à dor de seus semelhantes.

A mãe, de natureza mais vigorosa, reagiu primeiro; mas Jhasua, colocando o dedo indicador em seus lábios, determinou silêncio, apontando para a jovem que estava mergulhada como em pesada letargia. Poucos instantes depois, ela entreabriu os olhos e procurou a mãe, que a abraçou, começando ambas a chorar em grandes soluços.

– Sete anos!... sete anos sem saber por quê – disse a mãe, ao mesmo tempo que Gensius descia as escadas com as roupas encomendadas pelo Comandante.

– Traze as padiolas, e que a liteira aguarde na porta do muladar – recomendou o Comandante.

Faqui saiu com o guardião, pois compreendeu que o Comandante queria dar a tudo aquilo o aspecto de um enterro, ou melhor, que retiravam da fortaleza dois cadáveres para a fossa comum chamada *muladar*.

Quando as duas mulheres puderam levantar-se e manter-se de pé, Jhasua entregou-lhes as roupas e retirou-se para o calabouço imediato, onde o mudo, sentado em seu montão de palha, roía um pedaço de pão velho e uma lasca de pescado seco.

– Sabes quem são estas mulheres? – perguntou.

O mudo moveu negativamente a cabeça e, desta forma, por hábeis perguntas, Jhasua compreendeu que era apenas ele quem possuía o grave segredo de Estado, que seus dois outros companheiros se achavam mortos, e que Graco o tinha utilizado como instrumento para reter ali as duas mulheres, sem que a fortaleza se inteirasse de sua presença. Era o mudo quem recebia o pão e a água das duas prisioneiras.

Enquanto aguardavam as padiolas, a mãe informou a Jhasua e ao Comandante que o próprio Graco as tinha encaminhado ao calabouço, fazendo logo emparedar a porta por dois gigantescos escravos gauleses de sua confiança.

– Tendes para onde conduzi-las sem chamar demasiado a atenção? – perguntou o militar.

– Para a sua própria casa, onde as espera o filho desta mulher – respondeu Jhasua.

– Está bem. Levai-as e, se, durante o percurso, forem molestadas por se encontrarem em liberdade, dizei que venham entender-se comigo.

"Amanhã mesmo, enviarei uma correspondência ao Cônsul Magêncio, em Antioquia, que hoje desfruta de todos os favores do César."

– Que Deus te cumule de Suas dádivas, Comandante – disse Jhasua estreitando-lhe a mão. – O que fazes por elas, fazes por mim e eu permaneço teu devedor.

– E a vida que me deste?... – perguntou o militar. – Profeta Nazareno!... não esqueças jamais que tens em mim um verdadeiro amigo para toda a vida.

Jhasua e Faqui com os dois soldados, que, junto com o Comandante haviam sido curados, conduziram a liteira coberta até a porta por onde saíam os cadáveres dos presos falecidos ou executados pela justiça. Era um acontecimento tão freqüente na fortaleza que não chamou a atenção de ninguém. No fundo dos calabouços, os condenados à última pena eram executados sem ruído! Que significaria mais dois caídos sob o machado do verdugo?...

Quando saíram da fortaleza, os soldados retiraram a coberta negra da liteira que indicava a presença de cadáveres, e, logo depois de caminhar por uma ruela solitária, os soldados retornaram sem serem vistos pelos transeuntes.

– Profeta – disse um deles – somos vossos para tudo o que necessitardes, e, muito embora estejamos a serviço do César, não somos romanos e conhecemos bem as injustiças de Roma.

"Chamais aqueles dois homens que vedes à saída desta rua. São dois compatriotas nossos, de Pérgamo, e já estão pagos para carregar a liteira." E ambos entraram novamente na fortaleza pela porta chamada dos *justiçados*, cujo tétrico aspecto crispava os nervos.

Quantos seres humanos haviam saído por essa porta com a cabeça separada do tronco! – pensou Jhasua, quando viu os dois soldados desaparecerem atrás da porta, que voltou a fechar-se até que outras vítimas a obrigassem novamente a ser aberta.

Faqui correu para chamar os dois homens que os aguardavam, e Jhasua levantou a cortina da liteira para ver as enfermas.

As duas choravam silenciosamente.

– Quem és para te compadeceres desta forma da nossa desgraça? – perguntou Noemi, cujo aspecto físico havia melhorado notavelmente.

– Um homem que quer cumprir com a lei que manda *amar ao próximo como a si mesmo*.

– Abençoaremos o teu nome por todo o resto de nossas vidas – acrescentou a mulher.

– Mas, como vamos abençoar o seu nome se ele o oculta!? – perguntou timidamente a jovem, cuja palidez extremada a tornava quase transparente.

Jhasua adivinhou o desejo de ambas e disse:

– Sou Jhasua de Nazareth, filho de Joseph e de Myriam, família de artesãos galileus, educados no amor a Deus e ao próximo...

– Jhasua!... que nosso Deus te dê a paz e a felicidade e também para todos os teus! – disseram ambas com a alma cheia de emoção.

Faqui chegou com os dois fortes e gigantescos homens que ganhavam o seu pão conduzindo liteiras.

Atrás do palácio da família havia uma esplanada solitária e sombreada por um pequeno bosque de sicômoros onde se achava a porta das carruagens. Desceram ali as duas mulheres, e os condutores levaram consigo a liteira, tendo recebido antes uma sacolinha de moedas com que Faqui os obsequiara.

Muito embora com passos ainda vacilantes e apoiadas em seus salvadores, como elas diziam, puderam chegar até a porta traseira do palácio, por onde, em outras épocas, entravam e saíam os carros e os animais carregados com os produtos de seus campos de lavoura.

Jhasua fez ressoar duas fortes aldrabas, cujo eco sonoro se foi repetindo pelas galerias solitárias da enorme mansão.

Pouco depois sentiram o correr dos ferrolhos, e Eliacin, com olhos assustados, olhava sem acreditar no que via quando entreabriu a porta.

— Abre logo — disse Jhasua, empurrando ele mesmo a pesada porta e fazendo passar as duas mulheres.

— Ninguém percebeu a nossa chegada — disse Faqui, fechando novamente a porta, depois de haver olhado em todas direções.

— O príncipe Judá está aí? — perguntou novamente Jhasua.

— Está na alcova da ama e dorme desde ontem à noite.

— Ama Noemi! Ama Thirza! — disse o fiel criado, tocando suavemente nos mantos escuros que as envolviam, ocultando em parte aqueles amados rostos tão belos em outra época e agora tão extenuados e tristes...

Nenhuma das duas pôde pronunciar palavra alguma, porque a emoção apertava suas gargantas e enchia seus olhos de pranto.

Quando chegaram ao grande pórtico da escada principal, ambas se deixaram cair sobre o pavimento tapetado de azul, como o haviam deixado naquele triste inverno de sua desgraça, e começaram a chorar em grandes soluços.

Shipro e sua mãe apareceram no corrimão da escada, e o moço desceu correndo, porque adivinhou o que se passava no grande pórtico. A pobre criada, com mais idade, desceu lentamente, chorando e clamando como se tivesse enlouquecido.

Quando a tempestade de emoções se acalmou um pouco, ajudaram as enfermas a subirem até a alcova de Noemi, onde Judá continuava adormecido.

A mãe ia lançar-se sobre o seu filho para cobri-lo de beijos e lágrimas; entretanto, Jhasua a deteve suavemente:

— O sono de teu filho obedece a um mandato mental, porque era necessário para que não enlouquecesse de dor. Eu o despertarei.

Jhasua aproximou-se do adormecido e, colocando uma mão em sua testa e a outra sobre o peito, chamou-o pelo nome:

— Judá, meu amigo, desperta para abraçar tua mãe e tua irmã, que estão ao teu lado.

O príncipe levantou-se pesadamente e viu Jhasua junto ao divã.

— Nazareno!... Meu anjo tutelar!... Agora não és ilusão, mas realidade! — exclamou com veemência.

E tomou-o pelas mãos.

Jhasua afastou-se um pouco para que o jovem visse aquelas duas mulheres tão amadas e pelas quais tanto havia chorado.

— Filho de minha alma!...

— Mãe inesquecível!...

"Irmãzinha querida!..."

— Judá querido!...

Todas estas frases se misturaram com os soluços, com os abraços, com os beijos enlouquecidos, com os olhares, que, através do cristal das lágrimas, interrogavam, procuravam e suplicavam!

Os criados, de joelhos ante o dolorido grupo, choravam também, abençoando a Deus. Jhasua e Faqui afastaram-se para um dos lados da alcova sem poder articular palavra, pois sentiam em seu próprio coração as fortes vibrações daquela cena final da espantosa tragédia que havia durado sete anos.

— Vês, Faqui? — disse Jhasua, quando a emoção o permitiu falar. — Esta é a única felicidade que desfruto sobre esta Terra: reunir num abraço aqueles que se amam e que a injustiça humana havia separado; ver felizes os meus semelhantes... Oh, quão formoso é, meu amigo, semear de flores o caminho de nossos irmãos e acender uma luz em suas trevas geladas!...

— Por que, quem quer que sejas, pensas e sentes assim, Jhasua, filho de David?

"A cada dia que passa te compreendo melhor, e se aprofunda em mim a convicção de que realmente és aquele que Israel espera..."

— Nazareno de olhos meigos, cheios de piedade!... Somente tu poderias vencer o ódio e a maldade dos homens, para devolver a paz a esta infortunada família — disse Judá, desprendendo-se dos braços de sua mãe e da irmã, às quais recostou no divã.

Sentados a seus pés, os criados beijavam-lhes as mãos e os vestidos, chorando silenciosamente.

— Judá, meu amigo — disse Jhasua, quando o teve a seu lado. — O que fiz por vós, poderia fazê-lo qualquer discípulo de Moisés que quisesse agir de acordo com a lei: *Ama a teu próximo como a ti mesmo*.

— Tuas palavras são a verdade, contudo nenhum discípulo de Moisés faz o que fazes... Nazareno!... dize-me, em nome de Deus, quem és que, deste modo, espantas a dor e aniquilas o ódio? Dize para mim!... quem és?

Jhasua suportou com serenidade o olhar de fogo do príncipe Judá; no entanto, permaneceu em silêncio...

Faqui, com sua habitual veemência, interveio, porque aquela cena era por demais irresistível...

— É o Messias que Israel espera!... não compreendeste ainda?

— Eu o havia pressentido!... — disse Judá com voz profunda, cheia de amorosa devoção. Dobrando um joelho por terra, exclamou com sua voz sonora de clarim de bronze anunciando uma vitória:

— Deus te salve, Rei de Israel!...

A mãe, a irmã e os criados ajoelharam-se também ante aquela branca figura que irradiava mais do que nunca o amor e a piedade de que seu coração estava cheio. Jhasua, que os observava de forma mansa e serena, respondeu a Judá:

— Se sou aquele que dizes, *meu reino não é deste mundo*!

— Filho de David!... Salvador de Israel!... Ungido de Deus anunciado pelos Profetas — disseram ao mesmo tempo a mãe, a irmã e os criados.

Esquecendo todas as dores sofridas, Noemi deixou cair seu pesado manto e pôde ser vista a neve de sua cabeleira. Tomou o saltério no qual tanto havia cantado, e o entusiasmo, acrescido de seu amor, lhe deram forças para cantar o hino dos louvores ao Deus de Abraham, de Isaac e de Jacob, que, num único instante, lhe dera tudo quanto havia desejado durante toda a sua existência: a presença real do divino Ungido e a paz em seu querido lar.

— Se sou ou não o que dizeis, Deus o sabe! — disse Jhasua, colocando um fim naquela cena que o atormentava. — Bendigamos a Deus pela felicidade que vos concede, e peçamos-Lhe os meios de realizar obras dignas d'Ele, que é Amor, Justiça e Sabedoria.

Ouvindo bênçãos e frases de amor e de gratidão, o jovem Mestre despediu-se da família, recomendando que não se deixassem ver pelas pessoas durante uma breve temporada, para dar tempo ao Comandante que conseguisse, com o Cônsul residente em Antioquia, a liberdade e a reivindicação daquelas mulheres, ex-presidiárias sem delito algum.

— Nazareno, filho de David, voltarei a ver-te? — perguntou Judá ao despedir-se dele sob o pequeno bosque de sicômoros, por onde haviam entrado.

— Ainda permanecerei em Jerusalém mais uma semana — respondeu o Mestre. — Depois farei uma breve viagem ao Moab e logo regressarei à Galiléia.

– Eu irei contigo – disse Faqui imediatamente.

– Eu também te acompanharei – acrescentou Judá com veemência.

– Agora deves dedicar-te à tua mãe e à tua irmã, que necessitam mais do que nunca do teu amor e dos teus cuidados.

"E tu, Faqui, meu amigo, se queres agradar-me, ficarás aqui com o príncipe Judá para ocupar o meu lugar ao seu lado. Quero que sejais como dois irmãos.

"Aonde vou, vós não podereis seguir-me: ao Grande Santuário Essênio do Moab, onde os Mestres me esperam. *Devo entrar só,* para receber o último grau que corresponde ao término de meus estudos. Compreendeis?"

– Oh, sim! Tens razão – disseram Judá e Faqui, que se sentiram suficientemente consolados, sabendo que continuariam unidos no pensamento e no amor com o Ungido de Deus, què haviam descoberto numa encruzilhada do caminho, como o viajante que descobre uma luz, uma fonte de águas cristalinas, quando a sede e as trevas o havia enlouquecido de terror!

A Caminho do Cume

– Johanan, o filho de tua prima Elhisabet, espera-me no Santuário do Quarantana para subirmos juntos ao Monte Moab – disse Jhasua a Myriam. – É o encerramento dos estudos aos quais consagrei a minha vida até hoje. Queres esperar-me aqui em Jerusalém ou em Nazareth?

– Será o que o teu pai resolver – foi a resposta da mãe.

Joseph foi da opinião que deviam esperá-lo em Jerusalém, onde também lhe cumpria ultimar uns contratos sobre trabalhos a realizar para um parente de José de Arimathéia, arquiteto de fama, que edificava suntuosos edifícios na populosa Cesaréia.

– Alegra-te, Jhasua, meu filho – disse o velho artesão. – Com este contrato, para todo o madeiramento que necessita esse palácio, poderemos dar trabalho a mais cinqüenta operários.

– Com os sessenta que já tens, forma cento e dez o número dos lares onde ficará assegurado o pão e o calor durante muito tempo. Que Deus te abençoe, meu pai! – respondeu Jhasua.

Antes de partir para se unir a seu parente Johanan, Jhasua visitou os personagens para os quais Melchor lhe dera cartas de recomendação. Todos eles o receberam com grande entusiasmo, pois compreenderam que o clarividente da luz misteriosa que o guiara até Bethlehem estava certo em sua afirmativa a respeito da personalidade de Jhasua.

Em toda casa onde entrou como portador de uma epístola, seu incomparável amor para com o próximo encontrou meios de sanar uma dificuldade, consolar um sofrimento, curar uma enfermidade...

Não por serem famílias elevadas a posições invejáveis, acariciadas pela fortuna, deixavam de ser alheias à dor que visita, indistintamente, as choças e os palácios.

No momento em que o jovem Mestre ia chegar a um daqueles resplandecentes palácios, num delicioso declive do Monte Sião, o príncipe Jesuá, filho de Abinoan, grande amigo de Melchor, lutava desesperadamente com o mais velho de seus filhos que, não obstante a dor causada ao pai pela recente morte da mãe, queria acrescentar outra tão grande, afastando-se da casa paterna para alistar-se numas legiões que estavam sendo formadas secretamente do outro lado do Jordão, nos países vizinhos ao deserto, com fins de libertação do país.

– Esta carta de meu grande amigo Melchor não poderia ter vindo mais oportunamente – disse Jesuá a Jhasua que, concentrado em si mesmo, irradiava paz e amor sobre o pai e o filho, cuja superexcitação lhe causava mal-estar.

– Deus nos manda aqui o seu Ungido, meu filho, para colocar-nos de acordo – disse o pai, dando um suspiro de alívio.

– Eu tinha uma noiva pura e bela como um anjo, e esses bandoleiros romanos ma arrebataram. Eu a perdi de vista e não sei onde está – disse com infinita amargura o jovem, que contava apenas uns 19 anos.

– É a filha do príncipe Sallum de Lohes, que empreendeu uma viagem sem dar-nos aviso, e sua família desapareceu pouco depois – acrescentou o pai. – É isso que está desesperando ao meu filho.

– E, se eu te der notícias de tua amada desaparecida, não concordarás em permanecer ao lado de teu pai, conforme ele deseja? – perguntou o Mestre ao jovem desesperado.

– Certamente que sim – respondeu. – Porém, como podes saber onde se encontram?

– Filho – objetou seu pai –, não compreendes que a Luz Divina está com ele? Não ouviste o que diz a carta do príncipe Melchor?

O moço olhou para Jhasua com olhar assombrado, embora cheio de dúvidas.

– A família de Sallum de Lohes está escondida no *Bosque dos Rebanhos*, a milha e meia a sudoeste de Bethlehem – disse Jhasua com tranqüila firmeza.

– Louvado seja o Deus de nossos pais! – exclamou Jesuá cruzando as mãos sobre o peito –, porque já amanheceu no nosso horizonte o dia de glória para Israel! "És o Ungido de Deus que nosso povo espera! – e aquele homem beijou, enternecido, a orla do manto de Jhasua."

– Deus te abençoe, Profeta! – exclamou o moço cheio de júbilo. – E, se existe verdade em tua palavra, por nosso santo templo, juro-te que não abandonarei a meu pai e que farei quanto me disseres daqui por diante. Chamo-me Ezequiel e serei teu servo por toda a vida.

– Eu só busco amigos – disse o Mestre, estendendo as mãos, que o jovem estreitou efusivamente, antes de partir para encontrar-se com a mulher a quem amava.

Quando se achavam a sós, o Mestre falou nestes termos:

– Não vás julgar, Jesuá, que através da luz *extraterrestre* eu tenha visto o lugar onde se encontra a prometida do teu filho. Eu trazia também para o príncipe Sallum uma carta do nosso amigo Melchor e, ao fazer as averiguações de seu paradeiro – visto como não está em sua residência, que permanece guardada por um velho criado –, soube que ele se encontra com sua família oculto no Bosque dos Rebanhos, como indiquei a teu filho.

– Vejo, Jhasua, que tratas de obscurecer a Luz Divina que resplandece em ti... Por que não declarar abertamente quem és, para que o povo te siga atropeladamente, já que te espera para ser salvo por ti?

– Príncipe Jesuá – disse o Mestre resolutamente –, perdoa minha rude franqueza; mas, se conhecesses os caminhos de Deus e o coração dos homens, não me falarias nesses termos.

– Queres dizer-me com isto?...

— Quero dizer-te que todos os povos da Terra são obras de Deus, criações Suas, criaturas Suas, e que o Seu Enviado trará mensagem de amor e paz para todas as almas encarnadas neste Planeta. Não somente para Israel.

— No entanto, foram os Profetas de Israel que o anunciaram... — observou Jesuá.

— Porque nos desígnios divinos estava marcado este país para o seu nascimento, porquanto Israel teve anteriormente a Moisés, transmissor da Lei Divina, e porque a adoração de um só Deus imutável, indivisível e eterno oferece uma base firme para alicerçar sobre ela a doutrina salvadora da Humanidade.

"A Fraternidade Essênia, à qual pertenço através da família em que nasci e por convicção própria, não concebe um Messias-guerreiro que queira conquistar pelas armas o posto de Salvador de Israel. Os Essênios esperaram sempre um Messias-Instrutor, cheio da Luz Divina e de conhecimentos superiores para demarcar aos homens o roteiro que o conduza a Deus, fim supremo de toda criatura.

"Julgas, porventura, que o povo de Israel, nas atuais condições em que se encontra, cheio de rebeldias e de ódios contra o invasor, aceitará o Messianismo num homem que lhe diga: 'Cuida mais de libertar-te de tuas próprias paixões, que são a causa de todo o teu mal, que do domínio estrangeiro, para o qual abriram a porta os teus ódios, rivalidades e antagonismos injustificados entre irmãos de raça, de religião e de costumes?' "

O príncipe Jesuá guardou silêncio.

— Nada respondes?... — insinuou novamente o jovem Mestre.

— Na verdade, vejo que estou colocado num plano por demais inferior, comparado com a altura da qual contemplas os caminhos de Deus e o coração dos homens.

"Jhasua!... se não és o Ungido do Senhor, pelo menos O compreendes e O sentes, tal como Ele deve ser. Os homens do momento presente são muito pequenos e egoístas para aceitar essa irmandade universal que acabas de esboçar como ideal supremo do Messias anunciado pelos Profetas.

"O povo de Israel aguarda um Josué, que o leve ao triunfo sobre todos os povos da Terra; um Judas Macabeu, um David, um Salomão, um Alexandre Magno, glória da Macedônia!"

— Todos esses nomes não recordam outra coisa que uma semeadura estéril de ódios, vinganças, despojos, crimes e angústia infinita sobre os homens!

"Israel recolhe hoje o fruto envenenado daquela semeadura fatal!"

Ao pronunciar estas palavras, Jhasua deixou escapar um profundo suspiro, que era quase um lamento.

— Causa-me dor, príncipe Jesuá, dizer-te que todos esses nomes que pronunciaste lembram seres que se extraviaram em seu caminho, e seus passos não estiveram de acordo com a Lei Divina...

— Não me negarás que são gloriosos e grandes entre os nascidos de mulher... — argüiu Jesuá, quase escandalizado das palavras do Mestre.

— Falas com ardente entusiasmo do Messias Ungido de Deus, e discordas do ponto de vista que será o seu ideal... — respondeu Jhasua, com evidente amargura. — Ante a Lei Divina que diz: *"Não matarás"*, é execrável aquele que, valendo-se da astúcia e da força, manda devastar cidades pelo incêndio e pela pilhagem, matar seres indefesos, anciãos, mulheres e crianças, levados pela errônea idéia de que *são inimigos de Deus*.

"De onde o homem terá tirado a mesquinha idéia de que o Eterno Pensamento, o Infinito Amor, o Poder Supremo tenha inimigos? Tem inimigos o mar? Têm inimigos o sol, a luz, o ar, a vida? Têm inimigos as estrelas que tremeluzem de ouro no imenso azul? Deus, que é infinitamente superior a tudo isso, porque é o seu Soberano Criador, poderá ter inimigos?

"O Homem, criação de Deus, cego pela sua ambição e orgulho, levanta-se contra outras criações de Deus, dizendo nesciamente: 'Eu sou o senhor porque tenho a força; faço e desfaço conforme me agrada.'

"Desta forma agiu Josué que devastou Jericó, triste primícia na série de cidades que caíram sob o casco de seus corcéis de guerra. Desta maneira batizou ele com sangue a terra abençoada que os anjos do Senhor prometeram a Abraham para sua numerosa descendência... e acabava de ver nas mãos de Moisés as Tábuas de pedra da Lei que dizia: *'Não matarás, não furtarás, amarás a teu próximo como a ti mesmo.'*

"Deste modo agiram também David e Salomão, que mandaram matar fria e calculadamente todos aqueles que lhes estorvavam os caminhos, como, a golpe de machado, se derruba uma árvore ou uma mata de espinhos que obstrói nosso andar pela senda escolhida... Não falo de Alexandre o macedônio nem de outros iguais a ele, porque eles não beberam na fonte da Lei Divina, como Josué, David e Salomão, mencionados por ti.

"Acreditas realmente que o Ungido de Deus virá à Terra para seguir esses mesmos caminhos? Estou para dizer-te que somente pensar isto já representa um verdadeiro sacrilégio!

"Não diz a profecia que: *'Ele não quebrará a cana que está descascada, nem apagará a mecha que ainda fumega'*?

"Não dizem os Livros Sagrados que ele será *como o lenço de lã, como o lírio do vale, como o cordeirinho que se deixa levar ao matadouro sem resistência*?

"O homem desleal e inconseqüente para com Deus o é também para com seus semelhantes.

"Oferece holocaustos a Deus, e pisoteia a sua Lei, não obstante o quanto ela contém de sabedoria, de santidade e de grandeza.

"Se Moisés voltasse a se levantar de sua tumba milenária no Monte Nebo, estraçalharia novamente contra as rochas as Tábuas da Lei, e diria ao povo de Israel, seu depositário: *'Dessa forma cumpristes o mandato divino'*?

" 'Fizeste uma arca de ouro maciço guardada por querubins de ouro e encerrastes nela as Tábuas da Lei de Deus, contudo, a arrancastes de vossos corações, onde cresceram o ódio, o orgulho e a ambição.

" 'Porém, não obstante, o Enviado Divino virá a Israel, porque há muitos justos que O esperam com o coração purificado e com a alma ardente de fé e de amor, como uma velha lâmpada, cuja luz não pôde ainda ser apagada pelo vento de todas as dores humanas!...'

"Sê tu, príncipe Jesuá, uma destas lâmpadas vivas, já que estás tão bem disposto para isso..."

Sem poder conter-se, o príncipe abraçou-se a Jhasua com intensa emoção.

– Bendito sejas, Ungido de Deus, porque me fizeste ver a luz através de tuas palavras que destilam o mel da Sabedoria Divina! – exclamou quando pôde falar.

E Jesuá, filho de Abinoan, havendo perdido a companheira da sua juventude, entregou o que da sua vultosa fortuna correspondia a seus filhos e, pouco tempo depois, partiu para o Horeb, com o fim de reunir-se ao seu grande amigo, o príncipe Melchor, em cuja escola de pesquisas científicas e cultivo espiritual passou o resto da sua vida.

Como um ato de adesão à Fraternidade Essênia que lhe havia servido de mãe espiritual e Escola de Divina Sabedoria, Jhasua viu-se no dever de tratar de entrevistar-se com os Sacerdotes Essênios que prestavam serviço no Templo, para inteirá-los da sua partida para o Grande Santuário do Moab, pois talvez desejassem enviar alguma mensagem pelo seu intermédio ou fazer uma consulta aos Setenta. Esse procedimento era muito usual e correto entre os Essênios, dados os escassos meios de comunicação segura que os solitários possuíam e que estavam circunscritos a eles mesmos.

Myriam, a incomparável mãe, conhecia este hábito dos Essênios, e havia anunciado a Esdras, o sacerdote, sobre a viagem de Jhasua, que pretendia ir completamente só ao Monte Quarantana, e, por isso, teria de atravessar as escabrosas montanhas que tornavam ainda mais perigosa para o viajante a região desértica que rodeava o Mar Morto.

Eram seis os sacerdotes de filiação Essênia que prestavam serviço no Templo; e Esdras e Eleázar eram, além do mais, membros do Sinédrio desde os tempos de Anás, filho de Seth, o pontífice anterior. Eram os representantes da Fraternidade Essênia em Jerusalém, não obstante isso representar um segredo conhecido apenas pelos solitários que viviam retirados em seus santuários das montanhas. Jhasua também sabia disto e ia despedir-se deles, completamente alheio ao amoroso recurso materno que havia encontrado um meio de impedir que seu filho atravessasse o deserto sozinho.

Os discretos Essênios, Anciãos já de 69 anos, secundaram habilmente o desejo de Myriam, sempre cheia de temores por seu filho, e sem que ele percebesse a intervenção dela.

— Oportunidade como esta não poderia jamais voltar a se apresentar a nós — disse Esdras alegremente, quando Jhasua lhes falou de sua viagem.

— Oportunidade para quê? ... — perguntou Jhasua.

— Para subir aos Montes Moab, filho. Não vês que estamos beirando os setenta anos, e ainda não pudemos chegar ao Santuário do Moab?

"Por obrigação determinada pela Lei, deveríamos ter ido há seis anos, mas fomos dispensados pelo Alto Conselho em virtude do que estava ocorrendo em Jerusalém e que exigia a nossa presença aqui. No entanto, atualmente, temos quem nos substitua com vantagem, durante os dias que durar a nossa ausência. Não te incomodas, Jhasua, de carregar estes dois velhos que se apoiarão em ti durante toda a viagem? ..."

Ao mesmo tempo, Esdras e Eleázar estudavam a impressão que esta pergunta causaria em Jhasua.

— Providencial coincidência! — exclamou o jovem Mestre emocionado.

"Por força da enfermidade do Hazzan da Sinagoga de Bethlehem, fostes vós, irmão Esdras, segundo me disseram, quem anotou o meu nome no registro dos filhos de Abraham chegados à vida, e hoje levar-vos-ei como companheiros de viagem para anotar o meu nome no grande livro dos servidores de Deus e da Humanidade."

— No grande livro dos Mestres, digo eu — acrescentou Eleázar.

— Ainda não sabemos se a prova final me há de ser favorável — disse Jhasua.

— Não julgas justo, meu filho, que Eleázar e eu, que tivemos tanta participação na data feliz do teu nascimento, a tenhamos também nesta hora gloriosa da tua consagração como Mestre, como Missionário e como Apóstolo?

— Justo! ... Justíssimo! ... — exclamou Jhasua. — E sou agradecido ao Pai Celestial por me haver feito encontrar tais companheiros para esta viagem, talvez a mais importante da minha vida.

– Quando partiremos? – perguntou Eleázar.
– Se vos agradar, amanhã, ao nascer do sol – respondeu Jhasua.
– Combinado. Iremos buscar-te em casa de Lia.

Na manhã seguinte, quando o sol acendia seus fanais de escarlate e ouro, saíam pela Porta do Pescado três viajantes, que desceram junto às cachoeiras da Torrente do Cédron, e tomaram um tortuoso caminho que lhes demarcava um pequeno arroio, cujas águas corriam a esvaziar-se nas sombrias profundezas do Mar Morto.

Era como uma débil recordação do que havia sido anteriormente a caudalosa Torrente do Cédron, na época quase completamente esgotada.

A majestosa silhueta do Monte Olivete ou das Oliveiras, dourado pelo sol nascente, apresentava em alguns lugares o branco véu envolvente das últimas nevadas do inverno.

Depois, o profundo vale, o Campo do Oleiro e o Acéldama, em seguida aos quais se via o trágico Monte do Mau Conselho, cujas vertentes e colinas apareciam perfuradas por negras bocas, grutas sombrias e sinistras, último refúgio da numerosa família de leprosos, expulsos cruelmente da cidade dourada de David e Salomão.

Fazia apenas uma hora que o sol tinha feito brilhar seus raios no horizonte, quando os nossos viajantes chegaram ao antigo poço de águas doces, En-Rogel (*), único atrativo que restava aos infelizes enfermos, e que aparecia no centro daquela espécie de anfiteatro formado pelas colinas rochosas, como para encerrar, entre elas, os míseros despojos humanos que ainda palpitavam com um resto de vida.

Era justamente a hora em que os leprosos começavam a sair de suas cavernas para tomar sol e buscar água no poço.

– Tende piedade de nós! ... – ouviu-se uma voz de mulher que clamava ao ver passar aqueles viajantes.

Totalmente envolta em mantas, a infeliz aproximou-se do caminho levando um menino pela mão e outro nos braços. Tanto ela como seus dois filhos eram leprosos. Seus farrapos demonstravam bem o cruel abandono em que se encontravam. O menino maior, semi-envolto numa pele de cordeiro, tremia de frio. Jhasua saltou da sua cavalgadura e, procurando entre os bolsões e sacos que levava sobre o jumento, tirou uma manta que entregou à mulher, junto com um pouco de pão e frutas secas, que retirou de sua maleta de viagem. Os dois Essênios observavam-no em silêncio.

– A ele a lepra não pode causar dano algum – disse Esdras ao seu companheiro. "Ele é o bem em toda a sua perfeição. É a vida na plena força do seu poder soberano. Ele vence a morte!"

Ambos ouviram este emocionado diálogo com a mulher leprosa:

– Não tens família nem amigos?

– Ninguém no mundo se preocupa comigo e com meus filhos, bom Rabi (**), que o Deus de nossos pais te dê a paz e a felicidade.

– E Ele a dará também a ti e aos companheiros – disse Jhasua, vendo que outras cabeças apareciam nas cavernas, e alguns homens e mulheres saíam para fora quando começaram a ouvir vozes humanas a interromperem tão cedo o sepulcral silêncio daquele campo de morte.

Jhasua debruçou-se logo sobre o profundo poço e viu sua própria imagem refletida naquelas águas.

(*) "Fonte do Pisoeiro." Hoje "Bir Ayub", o poço de Jó (N.T.).
(**) "Meu Mestre". Título honorífico dado aos doutores judeus nessa época (N.T.).

"– Meu Pai! ... – pensou. – Deus do Amor e da Piedade! Se é verdade que me dás uma parte de teus poderes divinos, quero que esta água cristalina, tesouro benéfico de Teu Amor Imortal, seja impregnada de energia e vitalidade para estas vossas infelizes criaturas, que vivem morrendo esquecidas e abandonadas por todos!"

Inclinando ainda mais a cabeça sobre o poço, exalou profundos hálitos, pelos quais parecia arremessar toda a energia do seu ser.

Tomou, a seguir, o balde provido de longa corda com o qual se retirava a água e arremessou-o com força no poço, retirando-o em seguida cheio de água. Encheu dela suas mãos unidas em forma de taça e estendeu-as à mulher.

– Bebe – disse; e ela obedeceu imediatamente. Renovou a água por três vezes para dar de beber também às crianças, que beberam.

"Tens fé no poder de Deus, Senhor da vida dos homens?," perguntou.

– Oh, sim, Rabi! ... – respondeu a mulher. – Somente de Deus espero a saúde e a vida!

– Não esperas em vão. O amor de Deus te curou! – disse Jhasua. – Que sejam curados, do mesmo modo, todos aqueles que crerem n'Ele e O adorarem com sinceridade no coração.

A mulher deixou-se cair em terra como desfalecida e os dois meninos, invadidos pelo torpor, adormeceram junto dela.

Jhasua cobriu os três com a manta e, montando novamente, seguiu caminho ao lado dos Anciãos, que não pronunciaram sequer uma única palavra.

Os demais leprosos haviam julgado que se tratasse tão-só de um socorro material por parte de algum familiar daquela mulher tão esquecida de todos, e não deram maior importância ao acontecimento.

Apenas uma mulher, já entrada em anos e que era piedosa de coração, saiu de sua caverna e foi ao poço, junto ao qual estava a jovem mãe com seus dois filhinhos.

– Esse homem é um Profeta de Deus – disse essa mulher. – Eu vi brilhar uma luz na sua cabeça, parecida com o sol da manhã.

Inclinou-se sobre a mulher e os meninos cobertos com a manta do viajante. Seu sono era tão profundo que não foi possível despertá-los.

Então tirou água do poço para encher o seu cântaro e bebeu no oco de suas mãos. Invadiu-a também o mesmo torpor e ficou igualmente adormecida.

Um dos leprosos que viu isto, começou a gritar:

– Levantai todos e vamos atrás do viajante que envenenou a água do poço para matar a todos nós.

Vários deles, enfurecidos, começaram a encher sacos de calhaus para apedrejar o viajante que tanto dano lhes havia causado.

Diante da infernal gritaria que se levantou, foram despertadas as duas mulheres e os dois meninos ...

– Que fazeis, malvados? – gritou a mulher idosa. – Não compreendestes que ele é um Profeta de Deus?

"Não vedes o rosto desta mulher que ficou limpo e sem nenhuma chaga? Não vedes as mãozinhas de seus filhos como rosas recém-abertas ao amanhecer?"

Ao verem a realidade dessas afirmações e que também a mulher de mais idade demonstrava ter sido curada, rasgaram ainda mais os seus farrapos, e começaram a golpear o peito com as pedras que haviam reunido para apedrejar o viajante.

– Somos uns insensatos. Poderíamos também ter sido curados e não compreendemos nada deste mistério de Deus! – gritaram desesperados.

— Somente porque o Mal se aninha em vossos corações pensais sempre nele, sem deixar um lugar vazio para que penetre o Bem — disse-lhes a mulher que havia visto uma grande luz sobre a cabeça de Jhasua.

— Bebei da água do poço como nós bebemos. Queira Deus perdoar vossas maldades e que sejais curados — continuou ela a dizer a todos que chegavam ao poço atraídos pela novidade.

Uma tempestade de prantos, gritos e clamores pedindo perdão a Deus pelos maus pensamentos a respeito do Profeta, encheu os ares com estranhos sons.

— Profeta, Profeta de Deus! Tende piedade de nós! ... Não te irrites contra nós! ... Perdoa a nossa iniqüidade! ... Não nos deixes mergulhados nesta horrível miséria! — e os clamores continuavam aumentando de maneira ensurdecedora.

Os viajantes já estavam distantes e era materialmente impossível que essas vozes chegassem até eles. Entretanto, a sensibilidade de Jhasua captou a vibração dolorosa daqueles pensamentos profundos expressados em gritos, e disse imediatamente:

— Se não vos molestar, peço que desmonteis para fazermos um breve descanso.

— Como for do teu agrado — responderam, e desceram para repousar durante alguns momentos à sombra de um pequeno bosque de carvalhos junto ao caminho.

Jhasua estendeu-se sobre uma manta e, pouco depois, estava adormecido.

Os dois Anciãos compreenderam que se tratava de um fenômeno psíquico, uma irradiação de forças espirituais do Homem-Amor, que havia descido ao plano físico para salvar a Humanidade.

Concentraram, então, seus pensamentos em profunda oração, ajudando a obra que adivinhavam.

Nesse meio-tempo, na colina dos leprosos, continuavam os lamentos, e o desespero ia sendo transformado em fúria incontível contra as duas mulheres curadas, por não haverem chamado a todos para que recebessem idêntico benefício.

De repente, aquela mulher que tinha faculdade clarividente, começou a gritar:

— Calma, calma, que o Profeta voltou! Observai-o ali, apoiado no tronco de carvalho, junto ao poço! Olhai!

Para muitos daqueles infelizes foi visível, em maior ou menor grau, a figura astral diáfana e transparente do jovem Mestre, que, estendendo suas mãos sobre todos, parecia dizer: "Paz sobre todos vós!"

A esperança e a fé foram transmitidas a todos os que o viam, e a evidência da cura das duas primeiras mulheres e dos meninos avivou aquela fé, que acabou formando uma grande força colaboradora com o pensamento e a vontade do Cristo adormecido.

As duas mulheres curadas multiplicavam-se para dar de beber a todos e, pouco a pouco, todos foram sendo invadidos pelo torpor, presságio da cura.

Poucos dias depois, os átrios do templo se viram invadidos por homens, mulheres e crianças que, em cumprimento da Lei, pediam para serem examinados pelos sacerdotes de plantão, a fim de serem declarados limpos da espantosa enfermidade, da qual, por fim, se viam livres.

Quando foram interrogados, apenas puderam dizer:

— Um jovem Profeta, com dois Anciãos, passou pelo poço de En-Rogel. O jovem abençoou as águas; todos bebemos e ficamos curados.

Ofereciam o holocausto ordenado, segundo suas possibilidades, e cada qual continuou sua vida, abençoando ao jovem Profeta que semeava o bem a mãos-cheias, sem olhar para trás em busca de recompensa.

Na mente dos Anciãos de Israel, reviveu a distante recordação dos três estrangeiros que chegaram há vinte e um anos anunciando que havia nascido em Bethlehem o Salvador do mundo, ao qual vinham apresentar suas homenagens.

– Jehová mantém Sua promessa – disseram – e não esqueceu este povo.

"O Messias anda por esta Terra e se mantém oculto em razão de nossas iniqüidades; no entanto, logo se apresentará como uma luz no horizonte; como uma voz sonora que há de chamar a todos para os seus postos a fim de deitar abaixo as tiranias e estabelecer seu reino de paz e de glória perdurável."

Por mais que os viajantes se apressassem, não puderam evitar que as freqüentes voltas do caminho devorassem o tempo.

Logo que entraram em pleno deserto montanhoso e árido, Jhasua compreendeu perfeitamente a aspereza da penitência que os Essênios impunham a si mesmos para atravessá-lo e chegar ao Monte Quarantana, onde o menor de todos os Santuários era uma espécie de acesso ao grande Santuário do Monte Moab.

No entardecer do primeiro dia de viagem, ao darem a volta num ângulo do caminho, depararam-se com um desmoronamento na montanha que interrompia o arroio que lhes servia de guia. Devia ser recente, porquanto os Terapeutas ainda não haviam tido tempo de colocar uma tabuleta indicatória, já que eram quase só eles que transitavam por aqueles caminhos.

Para quem não tivesse a devida prática, era muito fácil desorientar-se no deserto, principalmente nesse da Judéia, que era um labirinto de montes e de rochas como que plantadas estrategicamente no vasto areal, formando desfiladeiros perigosos e encruzilhadas sem conta.

– Creio que pouco poderemos andar antes que chegue a noite – mencionou Jhasua a seus companheiros. O mais prudente será procurar uma gruta e refugiarmo-nos nela. Ficai descansando aqui, enquanto examino este labirinto em busca de um refúgio. Ainda cai neve durante a noite, e não podemos ficar ao relento.

– Está bem, jovem – responderam os dois Anciãos. – Cuidado para não te extraviares! Se demorares, chamaremos com os apitos.

Jhasua desapareceu atrás de uma encruzilhada, em que uns poucos carvalhos diminutos, emaranhados com sarçais, pareciam oferecer uma boa guarida contra as feras que abundavam na região.

Para defender-se delas, os Terapeutas-Peregrinos usavam uma espécie de lança fabricada com pedaços de bambu, embutidos uns nos outros, facilmente desmontáveis, e com uma ponta de ferro numa das extremidades. Jhasua levava a sua e apoiava-se nela para andar.

Pouco depois, encontrou um jumento morto, já despedaçado e em parte devorado pelas feras.

– Foi morto há pouco tempo – pensou. – Próximo daqui deve andar algum viajante que o montava.

Continuou examinando as rochas em busca de uma gruta que não tardou muito em encontrar.

Quando chegou à entrada da gruta, observou o seu interior e ouviu uma respiração agitada e um doloroso gemido.

– Quem vive aqui? – perguntou.

– Um infeliz viajante sentindo que vai morrer – respondeu a voz.

– Posso socorrer-te – replicou o Mestre. – Que desejas?

– Estou ferido e morto de sede. A vinte passos atrás desta gruta passa o arroio interrompido pelo desmoronamento que me alcançou e quebrou as pernas da minha montaria, motivo pelo que me vi obrigado a sacrificá-lo.

— Que desgraça em pleno deserto! Contudo, tem coragem e bom ânimo, que já te socorreremos. Somos três e temos boas cavalgaduras. Só pedimos permissão para compartilhar desta gruta para passar a noite — respondeu Jhasua, retirando uma caneca de barro do escasso equipamento do ferido para dar-lhe de beber.

Encontrou o arroio que, forçosamente, havia desviado o seu curso, e, depois de haver servido água ao ferido, voltou para buscar seus companheiros, aos quais mencionou o acontecido. Levando os jumentos pelo bridão, chegaram, pouco depois, à gruta, onde o ferido continuava se queixando.

Jhasua com Esdras procederam à sua imediata cura, enquanto Eleázar trazia ramos secos e acendia uma fogueira naquela gelada gruta, onde o frio se fazia sentir ainda mais intenso.

O ferido estava com uma horrível dilaceração nas costas, onde o sangue coagulado e seco de dois dias e sem tratamento lhe produzia grandes dores. Suas costas pareciam uma chaga viva quando a ferida foi lavada. Jhasua fez mechas e vendas do pano de seu turbante, e, pondo toda a força de sua vontade e de seu amor em aliviar o semelhante, fez com que bebesse vinho com mel, e, mentalmente, determinou que dormisse.

"— Quero que no teu sono sejas curado" — disse com seu pensamento posto em ação qual poderosa corrente que estremecia todos os membros do homem adormecido.

— Quanto tempo dormirá? — perguntou Esdras, compreendendo imediatamente que aquele sono era provocado por uma ordem mental.

— Até o amanhecer — respondeu Jhasua agasalhando solicitamente o ferido. — Enquanto preparais a nossa ceia, trarei palha e feno para os leitos.

Afanosamente, ia e vinha trazendo grandes braçadas de palha até formar três bons montões na parte mais interna da gruta.

Deu de beber aos animais, deixou-os atados nos melhores pastos à beira do arroio, sob umas amoreiras silvestres, e foi logo sentar-se ao lado dos Anciãos, que o esperavam com a frugal refeição sobre uma branca toalha estendida sobre o pavimento.

— Graças ao Eterno Amor, teu dia hoje foi bastante laborioso, Jhasua! — disse Esdras iniciando a conversação.

— Como deverão ser todos os dias do bom servidor de Deus e da Humanidade — respondeu Jhasua.

— Em verdade, é muito triste o dia em que não podemos realizar uma obra de utilidade para nossos irmãos.

— Que julgas terá acontecido no monte dos leprosos? — voltou Esdras a perguntar a Jhasua.

— Aqueles que tiveram fé no Poder Divino que quis agir neles foram curados. Estou certo disto.

— E os demais? ... — interrogou Eleázar.

— Sofrerão sua própria pena, porque o Deus-Amor se dá a todo aquele que quiser recebê-Lo. Desta forma eu compreendo a Deus.

— O assombro será grande nos sagrados átrios, quando lá se apresentarem tantos leprosos curados, pedindo para serem devidamente reconhecidos, conforme determina a Lei, e poderem incorporar-se às suas famílias e amigos — observou Esdras.

— Será um grande tumulto — acrescentou Eleázar —, porque percebi que o Monte do Mau Conselho é uma verdadeira cidade de leprosos, sendo também elevado o número deles. Desde os tempos de Elias e de Eliseu não se tem mencionado semelhantes prodígios.

— Moisés realizou obras que superam as de Elias e Eliseu — disse Esdras.

— Moisés! ... Moisés! Quão grande era Ele e quão mal compreendido foi! — exclamou Jhasua.

— As almas encarnadas nesta Terra, meu filho, não podem compreender almas como a de Moisés. Nem sempre as grandes almas podem colocar-se em sintonia com as das pequenas e mesquinhas multidões.

"A idéia do Bem pelo próprio Bem é quase completamente alheia à Humanidade deste planeta.

"Amar por amar, sem esperar nada dos seres amados, é como uma flor exótica que vive isolada no pico de um monte, aonde a maioria dos humanos não consegue chegar.

"Moisés amou tanto a seu povo escravo no Egito que não omitiu esforço algum para salvá-lo. No entanto, seu povo amou-o egoisticamente sem compreendê-lo. Amou-o apenas pelo bem que dele recebia e esperava receber."

— É fácil para mim admitir — observou Jhasua — que o povo de Israel não tenha chegado a compreender Moisés; mas o que não posso conceber são as mudanças que fizeram em seus livros. Por que e para que fizeram isto?

— Tenho pensado muito neste assunto — disse Eleázar — e ouvi outros irmãos nossos se estenderem sobre este tema, principalmente aqueles que visitaram o arquivo do Moab e a tumba do grande Legislador, no Monte Nebo.

"Dizem eles que os escritos autênticos de Moisés são bem poucos e muito breves. Encaminhamo-nos ao Grande Santuário onde eles estão guardados num cofre de mármore. Não sei se nos será permitido vê-los; todavia, não duvido da verdade das palavras de quem a ouvi.

"Moisés escreveu o relato de sua grandiosa visão sobre a criação de nosso Sistema Planetário em geral, começando pela formação da nebulosa que lhe deu origem; logo a seguir, descreveu a evolução lenta deste globo em que habitamos, até chegar à sua capacidade de albergar seres com vida orgânica, e, finalmente, à da espécie humana.

"A isto é que se chamou *Gênese*. São autênticos escritos de seu próprio punho, no mais antigo aramaico, os hinos e as orações a Jehová, como também a chamada *Bênção de Moisés* e, sobretudo, a *Lei* com os dez mandamentos claros, explícitos, que não deixam lugar a tergiversações nem a dúvidas.

"Tal é o texto autêntico de Moisés, segundo os Anciãos do Moab, guardiães milenários de seus escritos e de sua sagrada sepultura. A Fraternidade Essênia tomou como base, para seus estatutos e regulamentos, os poucos escritos verdadeiros de Moisés, principalmente a Lei, com seu mais sublime mandato: 'Amarás a teu próximo como a ti mesmo' ...

"Os demais livros, que começam sempre com esta mesma frase: 'E Jehová disse a Moisés' ... indicam claramente não terem sido escritos por ele, que, em tal caso, diria: 'Jehová me disse' ... Além do mais, dos escritos originais, alguns estão em hieróglifos egípcios, outros em língua caldaica, uns poucos em hebraico antigo, e com traços diferentes de letra, demonstrando, assim, terem sido interpolados pelos escribas do povo de Israel e por ordem de seus dirigentes, depois da morte de Moisés."

— A boa lógica — acrescentou Jhasua —, único meio de orientar-nos em tão densas trevas, exige que aceitemos tudo quanto dizeis como a pura verdade. De outro modo, não se pode conceber que Moisés, tendo recebido a Lei Divina por vias espirituais tão elevadas, entre as quais este preceito: "*Não matarás*", escrevesse, logo a seguir, ordenando castigos com sentenças de morte individuais ou coletivas e incluindo até anciãos, mulheres e crianças, por pecados ocultos ou públicos, graves ou não, conforme o ponto de vista com que são examinados, e, menos ainda, para obter usurpações de territórios, cidades e bens de fortuna pertencentes a outros povos. Onde fica o *"Não matarás"* da Lei? E, principalmente, onde fica o *"Ama a teu próximo como a ti mesmo"*, resumo e síntese de toda a Lei?

"Por isto digo que Moisés, além de não ter sido compreendido pelo seu povo, ainda foi horrivelmente caluniado e desprestigiado como legislador, instrutor e dirigente de povos."

— Eu penso — observou Eleázar — que, quando ocorreu a sua morte, o povo de Israel, tão rebelde e desordeiro, e já sem o freio que, para ele, significava a poderosa influência que Moisés exercia, deve ter-se entregue a toda sorte de excessos e delitos.

"Os Anciãos que rodeavam a Josué, filho de Num, jovem ainda e sem experiência, devem ter-se visto obrigados a impor severas penas para conter esse desregramento do vício e da maldade em todas suas formas mais repugnantes e ferozes. Para dar-lhes força de lei, antepuseram a todos os escritos chamados *mosaicos* esta frase invariável: 'E Deus disse a Moisés: Dirás ao povo de Israel isto e aquilo, etc., etc.' "

A noite já havia chegado àquele sinistro acampamento de rochas, no qual não se via outra luz além do tênue resplendor, que, pela boca da caverna, saía para o exterior. Alguns uivos de lobos fizeram-se ouvir ao longe, e Jhasua correu para trazer os três jumentos para o interior da caverna, cuja entrada cobriram com ramos de árvores e palha seca.

Preparou fachos com palha e ramos secos atados ao extremo de uma vara, para acendê-los no caso de que as feras chegassem até o recinto da caverna. Tal procedimento havia ele aprendido com os Terapeutas-Peregrinos, mas não foi necessário empregá-lo, porque as feras permaneceram onde se encontrava o asno morto que haviam visto junto ao caminho.

— Como são frágeis os seres revestidos de matéria! ... — exclamou, pouco depois, Esdras, sentado sempre junto ao fogo, em cujas ardentes cinzas assava castanhas.

"Basta o uivo de uma fera, para fazer-nos abandonar toda uma elevada dissertação sobre a autenticidade das obras de Moisés."

Os três riram com bastante prazer, e Jhasua disse:

— A vida de nossos jumentos vale muito mais que a satisfação que sentíamos na conversação iniciada.

— Principalmente, se levarmos em conta que somente poderemos chegar ao nosso destino por intermédio deles — observou Eleázar.

— E, com a neve que começa a cair, estes horríveis caminhos devem tornar-se intransitáveis — acrescentou Jhasua.

— Amanhã, antes do anoitecer, estaremos resguardados de todas essas contingências no Santuário do Monte Quarantana — acrescentou Eleázar.

— Que Deus vos ouça, bom irmão, porque vos asseguro que uma hospedagem como esta não é muito de meu agrado — disse Esdras, demonstrando estar mais debilitado pelos anos e pelos trabalhos mentais.

— Isto nos serve para apreciar, em todo o seu valor, bem próximo do heroísmo, a tarefa de nossos Terapeutas-Peregrinos, que não são muito doutos nem sobem muito alto na contemplação e estudo dos mistérios de Deus, mas cuja obra de amor fraterno os assemelha, na Terra, aos *Círios da Piedade*, dos quais falam os videntes do mundo espiritual.

Pouco depois, recitavam juntos o salmo da ação de graças, e cada qual se recolheu ao seu leito à espera do novo dia para continuar a viagem.

Ao amanhecer, o ferido encontrou curada a dilaceração em suas costas e já não sentia dor alguma. Explicou que ia com destino à Fortaleza de Massada, mais além de En-Gedi, onde deveria ocupar o posto de padeiro.

Havia saído da Torre Antônia pela benevolência do novo Comandante que, desde que fora curado milagrosamente de suas feridas no dia das corridas em Jericó, se havia tornado tão compassivo que as prisões estavam ficando vazias.

– É uma boa maneira de agradecer a Deus o benefício recebido – disse Esdras.
– Desta forma deves imitar sua conduta, e, já que atuarás num presídio, trata de suavizar a vida dos infelizes reclusos.

– Fui remetido para o calabouço em razão de uma desavença com os esbirros do Governador Graco. Estive a serviço do príncipe Sallum de Lohes antes que fosse iniciada a injusta perseguição que se fez contra ele. No momento em que o assaltaram numa escura ruela, onde dois criados o esperavam com o cavalo, eu caí como um ciclone sobre os assaltantes, que, na escuridão da noite, julgaram que éramos muitos, tal o ruído e a gritaria que eu armei, dando a impressão de que guiava e animava aqueles que me seguiam. Conseguido o objetivo, que era dar tempo a que o príncipe escapasse, não foi possível livrar-me dos esbirros, que, depois de me maltratarem, me arrastaram para a Torre Antônia, onde estive até agora.

"– És um homem agradecido ao teu amo – disse-me o Comandante – e poucos em teu lugar teriam feito o mesmo. No entanto, como não é prudente, por enquanto, que te vejam aqui, dar-te-ei um destino que, se não é muito lisonjeiro, pelo menos assegurar-te-á a vida e o meio de sustentar tua família."

– E destinou-me a Massada, quando soube que meu ofício era padeiro. Não me restava outra alternativa que aceitar. Contudo, minha felicidade seria completa se viesse a encontrar o meu antigo amo e voltasse para o seu lado. Não me foi possível localizar seu paradeiro desde aquela noite fatal.

– Se me prometeres ser discreto, direi onde ele se encontra – disse Jhasua olhando fixamente para o homem.

– Se fui encerrado no calabouço para poder salvar o meu amo – tornou a confirmar o homem – podereis compreender facilmente que não hei de prejudicá-lo, ainda que, por enquanto, não possa segui-lo.

– Ele está escondido com sua família no Bosque dos Rebanhos, a Sudeste de Bethlehem, onde eu o visitei.

– Então sois seu parente ou amigo?
– Amigo somente – respondeu Jhasua.

"O Comandante da Torre Antônia já se encarregou da reivindicação de seus direitos para que possa voltar para casa.

"Encarregarei um de nossos Terapeutas – continuou dizendo Jhasua – para que te dê aviso logo que o teu amo tiver voltado a residir na sua casa."

Quando chegou o momento de continuar a viagem, Jhasua ofereceu o seu jumento ao ex-ferido, mas este recusou dizendo que era originário das montanhas de Beashura e que se arranjaria muito bem em caminhar entre elas até En-Gedi, onde pernoitaria na já conhecida Granja de Andrés; aí deveria separar-se de seus companheiros de viagem.

A alegria dos bons montanheses do Quarantana ao verem Jhasua, jovem de 21 anos, não é possível ser descrita, mas pode ser sentida nas profundas vibrações do amor daqueles simples e bons corações.

A anciã Bethsabé, forte ainda apesar da idade, sentiu-se capaz de oferecer uma grande festa ao *Santo Menino*, como continuava a chamar Jhasua.

— Mãe Bethsabé — disse este jovialmente —, não vês como já me cresce a barba? Já deixei de ser menino, não obstante ainda me sentir assim. Tornavam-me bastante feliz os mimos de todos!

Os filhos de Jacobo e Bartolomeu afeiçoaram-se a Jhasua, que brincou amorosamente com eles! O maiorzinho dos meninos exclamou com muita agudeza de espírito:

— Foi uma grande sorte teres vindo, Jhasua, para podermos descansar de repetir, dia após dia: "Olhai, bom Deus, pela saúde e pela vida de Jhasua, nosso Salvador."

— Dizeis isto diariamente? Pois podereis ver que o bom Deus vos escutou, posto que estou aqui em perfeito estado de saúde. Dizei-me: Que classe de salvação é essa que esperais de mim?

— Olha, Jhasua! ... isto deve saber a avó Bethsabé, que é quem nos ensinou a rezar assim.

— Tonto, mais tonto que um filhote de perdiz! — disse uma esperta e viva menina, filha de Bartolomeu. — Jhasua nos salvará de todos os males e de cair no precipício. Já esqueceste quando ficaste pendurado num ramo sobre o abismo, e teu pai gritou: "Salvai-o, Jhasua, por Deus! Salvai-o!" E ele te salvou ... já esqueceste?

Jhasua riu alegremente ao ouvir essa conversação, e a menina, aquela a quem chamavam Sabita, diminutivo familiar do nome da avó, aproximou-se confiadamente dele, vendo que suas palavras lhe haviam agradado.

— A Luz de Deus está em ti, Sabita, e serás a estrela benéfica deste lar — disse Jhasua acariciando-a. Quantos anos tens?

— Vou completar oito, e já quase sei de memória as orações da avó, e passo, sem emaranhar, os fios no tear.

— E sabes melhor reclamar quando separo para mim as melhores castanhas ... — murmurou um dos rapazinhos.

— Ah, comilões! ... Então temos destas coisas! — disse Jhasua, como se voltasse a ser um menino entre as crianças.

— É que não se pode perder a este de vista! ... — disse Sabita com gravidade. — Ele come o que existe de melhor, e deixa o pior para o pai, para a avó e para os tios.

— Cada pardal defende a sua parte! ... — argüiu o pequeno glutão defendendo-se.

Rindo, Jhasua disse-lhe:

— Estás enganado, meu amiguinho. O pardal procura o que é seu; no entanto, antes leva para o ninho o que encontra de melhor.

"Suponha que um dia adoeças ou machuques um pé e não possas andar. Agradar-te-ia que teus irmãos ou primos comessem as melhores frutas e te deixassem as piores?

— Oh, não, isto não! — respondeu o menino.

— Então deveis todos acostumar-vos com este pensamento: "Farei com os demais do mesmo modo como quero que eles façam comigo." Compreendeis? Esta é a salvação que podereis esperar de Jhasua.

A avó Bethsabé, escondida atrás de uma cortina de juncos, observava esta simples cena entre o Homem-Luz e seus netinhos e, não obstante sua rusticidade, a boa mulher encontrava nela o amor inefável de Jhasua manifestado em todos os momentos da sua vida.

No dia seguinte, Jhasua passou ao Santuário juntamente com seus companheiros de viagem. Encontrou apenas três dos solitários que moravam ali na última vez em que lá esteve, quando tinha 12 anos de idade. Haviam passado então nove anos. Dois deles se haviam incorporado ao Santuário do Monte Ebat, recentemente restaurado, como o leitor deve lembrar. Outro havia ido para o Tabor, para formar parte da alta Escola de Conhecimentos Superiores, na qual Jhasua completou sua instrução e o desenvolvimento de suas faculdades espirituais. O quarto, Abiathar, um dos três que levaram a notícia de seu nascimento ao Grande Santuário do Moab, havia sido designado pela Fraternidade Essênia para completar o Conselho dos Setenta, onde a morte havia deixado muitos lugares vazios.

Junto dos três anciãos, já seus conhecidos, encontrou outros três, ainda jovens, e Johanan, seu parente, que era o mais moço de todos, com apenas 22 anos de idade. Os outros três eram Levitas que, profundamente enojados com o que ocorria no Templo de Jerusalém, renunciaram aos direitos e privilégios outorgados pela Lei e preferiram a vida pura e independente das grutas essênias, a viver presenciando, sem poder remediar, as abominações do templo.

Poderiam ter-se dedicado, como outros o fizeram, às especulações filosóficas e aos altos estudos que, sob a direção de Simeão, o novo Reitor e de outros Doutores, eram feitos no Grande Colégio de Jerusalém. Contudo, julgaram-se débeis demais para viver sem contaminar-se dentro daquele abismo de ódios e de ambições, de lutas fratricidas e desordens de toda espécie.

Ali, no Santuário do Quarantana, preparavam-se para formar parte dos Terapeutas-Peregrinos, que eram os dois primeiros graus a que estavam sujeitos os Essênios, antes de entrar na vida solitária para o desenvolvimento das faculdades superiores do espírito.

Além disto, circunstâncias dolorosas ocorridas em seus respectivos lares haviam contribuído fortemente para esta resolução.

Os três Levitas buscaram, pois, na solidão das grutas, a facilidade de poder viver de acordo com suas consciências e, ao mesmo tempo, de curar as profundas feridas que o contato com a Humanidade lhes havia causado.

Seus nomes eram Felipe, Bartolomeu e Zebeu. Este último foi enviado ao Santuário do Hermon para trabalhos especiais. Os três fizeram parte, mais tarde, do grupo dos doze apóstolos. Nascidos na Galiléia, haviam passado em Jerusalém a maior parte de suas vidas. O mais velho dos três era Felipe, com 39 anos, recentemente enviuvado, e com duas filhas, quase meninas, que se encontravam sob os cuidados da avó materna. Além da dor pela morte de sua companheira, tinha o caso de sua mãe, que contraíra segundas núpcias com um idólatra, guarda da escolta de Valério Graco, homem perverso que secundava todas as arbitrariedades e violências de seu senhor, bastando para isto que sua cumplicidade fosse muito bem paga.

Tais eram os solitários que Jhasua encontrou no Santuário do Monte Quarantana. Entre os três Anciãos achava-se Sadoc, que era o servidor, um dos três que, vinte e um anos antes, foram levar ao Santuário-Mãe a notícia do nascimento de Jhasua.

O leitor facilmente adivinhará a emotiva e terníssima cena que aconteceu à chegada de Jhasua, a quem os Anciãos consideravam como um glorioso filho que devia ser luz, consolo e esperança para todos.

A poderosa vibração de amor do Mestre foi imediatamente percebida pelos Essênios jovens, que apenas o conheciam e lhe dedicaram um afeto decidido e entusiasta, e que, desde aquele momento, quiseram segui-lo como discípulos.

Numa confidência íntima com eles, o jovem Mestre se revelou sem pretendê-lo, graças à grande penetração espiritual que possuía, a qual, unida à sua delicada sensibilidade, lhe permitia ler no fundo de seus corações.

Que explosões de claridade espiritual se derramaram sobre as almas daqueles três derrotados da vida, que apenas a haviam iniciado, quando a voz dulcíssima do Mestre foi desfolhando sobre suas feridas as flores frescas de seu coração, cheio de esperança, de amor e de fé!

— Viestes para as grutas dos Essênios em busca da quietude e da paz que a sociedade dos homens vos negou – disse. – Entretanto, não deveis albergar em vossos corações a covardia de uma renúncia à vida só porque ela vos brindou com sofrimentos.

"Vir para cá por um ideal de superação de todas as misérias humanas e em busca do alto conhecimento dos mistérios divinos é uma grande coisa, principalmente é tudo de grande e de belo que pode aspirar a alma humana encarnada.

"Mas este grande conhecimento somente chega à alma do homem depois de ele beber todo o fel das ingratidões humanas, do abandono, do esquecimento, do desamor daqueles a quem se haja entregue integralmente em sacrifício, sem se deter em pensar que aquelas criaturas amadas não poderiam jamais dar-lhe o que não possuíam: a essência pura de um amor sem interesse, sem egoísmos, capaz de perpetuar-se através de todos os contratempos e de todas as contingências.

"Às vezes somos brindados com a taça transbordante de seus amores efêmeros, pensando que recolherão de nós a satisfação de suas ambições e desejos, e esses amores duram apenas o tempo em que vive a ilusão. Desvanecida esta, os afetos morrem como morre o peixe fora da água, como a erva arrancada da terra, como a luz de uma lamparina quando se esgota o azeite.

"A alma que sonhou com amores mais fortes que a morte e eternos como ela mesma começa a saborear a amargura da agonia que a levará ao aniquilamento da sua esperança e da sua fé na vida, nos seres e até em si mesma."

Enquanto dizia isto, Jhasua viu que duas grossas lágrimas sulcavam o nobre rosto de Zebeu, em cuja aura mental a clarividência do Mestre percebeu a imagem de uma jovem que se afastava extraviando-se nos caminhos da vida, porque o prometido esposo havia perdido, por diversas contingências humanas, os bens materiais que possuía.

E o mestre continuou:

— Isso não era amor, Zebeu, mas tão-somente ilusão do próprio bem que ela perseguia em ti, como o menino que persegue uma dourada mariposa no horto de sua casa; e, quando a tem, ao perceber que aquele pozinho de ouro se desvanece em suas mãos, deixa-a de lado e continua perseguindo outra, e outra mais, ao longo do caminho ...

— A luz de Deus está em ti, Jhasua, visto como adivinhaste o meu sofrimento – murmurou com a voz embargada pela emoção.

— E o meu – acrescentou Bartolomeu, que possuía também uma profunda ferida em face da indiferença e do desprezo de familiares aos quais consagrara toda a sua vida sem recolher deles uma única florzinha humilde de ternura e gratidão.

— Também sofro o abandono de uma mãe que preferiu o amor de um homem perverso cheio de ouro ao carinho do filho que se espelhava em seus olhos ... – disse por sua vez Felipe, rememorando com profunda amargura o abandono em que o deixara aquela que lhe dera o ser.

— Conhecestes bem a dura prova do desamor dos amados – disse o jovem Mestre –, e eu vos digo que estais em condições de aspirar ao supremo conhecimento de Deus, cujo amor infinito encherá plenamente vossa taça, vazia das ilusões e esperanças terrestres.

"Creio que, algum dia, direi aos três: 'Vinde comigo beber das fontes divinas, porque as águas deste mundo já não podem aplacar a vossa sede' ... E, então, me seguireis? ...

— Oh, sim, Jhasua ... até a morte! — responderam os três ao mesmo tempo.

Ato contínuo, explicou-lhes que a Santa Aliança começava a se formar para iluminar o povo com um ensinamento que o preparasse para ser livre e poder governar a si mesmo.

Jhasua quis também conversar em particular com Johanan, seu primo e companheiro de promoção ao último grau, que os faria Mestres da Divina Sabedoria na Fraternidade Essênia.

Faltavam só dois dias para empreenderem a viagem ao grande Santuário do Moab através de montanhas escarpadas e cheias de precipícios.

Nenhum dos dois havia estado antes naquele luminoso foco dos mais elevados conhecimentos sobre os altos mistérios da Divindade e da grandeza a que pode chegar a alma humana, depois de longos séculos de purificação.

— Johanan — disse Jhasua, num suave entardecer de opalinos crepúsculos — acredita-me: não me entusiasma absolutamente nada a aprovação final do Alto Conselho dos Setenta.

"O único sentimento que me acompanha é o temor de encontrar-me com o desconhecido, com o imprevisto, com o inesperado. Não te ocorre o mesmo?"

— Não, Jhasua, porque já faz quatro anos que encontrei o meu caminho, tal como hei de segui-lo durante toda a minha vida. Por bondade divina, sei o que sou e a missão que devo cumprir. Em troca, tu ... — e Johanan deteve-se temeroso de esboçar pensamentos demasiado saudazes e graves.

— Em troca, eu ... o quê? *Não encontraste o teu caminho*, queres dizer, não é verdade? — perguntou Jhasua.

— Não é esta a verdadeira expressão — respondeu Johanan —, visto que percorres a longos passos o teu grande caminho. O que há, segundo entendi, é que ainda não estás convencido da tua missão nesta hora da evolução humana terrestre. Ou, em outras palavras mais profundamente espirituais: ainda não encontraste a ti mesmo, tal como és na época atual e em relação a esta Humanidade. Daí, segundo o meu entender, este vago temor em encontrar-te no Moab com o *desconhecido* e com o *inesperado*, segundo tuas próprias palavras. Acertei?

— Completamente! Acredita-me que, às vezes, penso que este temor pode ser um princípio de sugestão, por força das freqüentes insinuações que me fazem em relação a um messianismo que absolutamente não sinto em mim de modo algum.

— Falemos claramente e com toda a sinceridade — disse Johanan. — Que valor atribuis às profecias desde os tempos de Abraham? Que representam essas profecias, segundo a tua compreensão? São a expressão fiel da verdade ou não?

— Todas as profecias, em geral, são, em meu conceito, clarividências de espíritos avançados, designados pela Eterna Lei para ir marcando rumos às porções da Humanidade onde atuam, no sentido de alentá-las em suas épocas de decadência, com o fim de manter acesa a lâmpada do Divino Conhecimento e aberta a ponte de cristal que une o homem ao seu Criador. Creio, pois, na verdade das profecias feitas por espíritos que, na vida terrestre, deram provas de união com Deus, a cujas leis e vontade demonstraram completa submissão. Conforme forem os atos dos homens durante sua vida, assim também serão eles merecedores ou não de que aceitemos ou rechacemos suas palavras, doutrinas e ensinamentos.

— De acordo — disse Johanan. — Nossos grandes profetas anunciaram a vinda à Terra de um Messias, de um Instrutor, de um Salvador que se interponha entre a Justiça Divina e a Humanidade terrestre, cuja decadência moral, espiritual e material corre o risco de cair sob a sanção da Eterna Lei de destruição e aniquilamento.

"O tempo da aparição desse Ser Superior chegou há 21 anos, quando ocorreu a conjunção de Júpiter, Saturno e Marte. Neste ponto, estão de acordo todos os sábios, astrólogos e clarividentes de diversos países e Escolas.

"A Fraternidade Essênia, como Escola dos Profetas Hebreus, nossa *Escola-Mãe*, está convencida de que na tua pessoa humana se acha encarnada a Inteligência Superior, ou seja, a mais nítida vibração da Eterna Idéia, do Eterno Pensamento, ou ainda, a Verdade Suprema; ou, em outras palavras: que está em ti a Luz Divina, motivo pelo qual és o Messias esperado e anunciado pelos Profetas e clarividentes de outras sagradas Escolas de Conhecimentos Superiores, difundidas pelo Mundo. Que dizes de tudo isto?"

— Digo, Johanan, que agora é Deus quem deve falar no íntimo de mim mesmo, porque ainda não reconheço essa personalidade superior em mim.

"É certo que amo o Bem, a Verdade e a Justiça. Também é certo que amo os meus semelhantes a ponto de sentir o impulso de sacrificar-me por eles. No entanto, tudo isso foi sentido também por outros, e tu mesmo o sentes, Johanan, porque é a herança lógica de todo aquele que ama a Deus e às suas criaturas. Mas dize-me: Será isto suficiente para chamar um homem de Messias, Instrutor e Salvador da Humanidade de um planeta?"

— Se, no nascimento e na pessoa humana desse homem, se reunirem as condições, circunstâncias e acontecimentos enunciados pelas profecias dos clarividentes, e esperados pelas hipóteses e deduções lógicas dos sábios, claro está que é suficiente, Jhasua.

"E, se no decurso da vida desse homem, se sucederem, dia após dia, as manifestações de ordem espiritual e material que determinam a existência nele de poderes internos próprios de altíssima hierarquia espiritual, a evidência se torna tão clara que somente um cego mental o poderia negar. Não julgas assim também, Jhasua?"

— Alguns dos nossos Profetas tiveram igualmente grandes poderes internos e realizaram com eles coisas que foram o assombro de sua época. Ali estão para provar isto Elias, Eliseu, Ezequiel e Daniel. A clarividência de José, filho de Jacob, seu domínio sobre o eu inferior, sua grandeza de alma para perdoar aos irmãos e devolver-lhes em bem quanto de mal lhe haviam feito; sua clara lucidez para dirigir a evolução espiritual, social e econômica do antigo Egito dos Faraós; tudo isso indica a extraordinária evolução desse espírito; e, não obstante, ninguém pensou então num Messias Salvador da Humanidade.

— Todas essas faculdades e poderes que possuíram em alto grau os seres que acabas de mencionar devem estar reunidos na augusta personalidade divina do Verbo de Deus — respondeu Johanan com grande firmeza. — Sua capacidade de amor, de benevolência, de tolerância, deve ser tal que se irradia para o exterior como força extraordinária, como um arrasto de almas irresistível e invencível.

"Tudo isto é lógica ... pura lógica, Jhasua ... nada de sonho, nada de ilusão!"

Fez-se entre ambos profundo silêncio, como se uma força superior os houvesse mandado calar.

Poucos momentos depois, Jhasua rompeu esse silêncio para dizer com infinita doçura:

— Johanan! ... Se me amas, como eu te amo, roguemos juntos ao Pai Celestial, Criador deste e de todos os mundos, para que, ao chegar ao Santuário do Moab e, antes de ser consagrado Mestre de Almas, seja produzida a completa iluminação do meu espírito.

— Pelo fato de eu te haver amado, Jhasua, desde muito antes de nascer nesta vida, o Altíssimo me permitiu reconhecer-te nesta existência, antes que tu mesmo te reconheças. Oremos, pois, ao Senhor, e estou certo de que encontrarás em ti mesmo o Verbo de Deus que todos andamos buscando ...

O grande silêncio da união das almas com a Divindade fez-se completo, profundo e extático.

O crepúsculo vespertino havia-se evaporado nas primeiras sombras do anoitecer, e, sob aquele claro céu de turquesa, onde aparecia tímida a primeira estrela, aqueles dois espíritos, anciãos na evolução, procuraram a imensidão infinita, esqueceram a Terra que seus pés pisavam, olvidaram as criaturas, abandonaram a si mesmos, e mergulharam nos domínios da Verdade Suprema.

Quem pode saber o que as grandes almas percebem, quando se entregam, em completo abandono, ao abraço do Infinito? ...

O badalar sonoro dos sinos na calma do anoitecer trouxe ambos novamente à realidade penosa da vida. No Santuário de rochas estava posta a branca toalha sobre a mesa, e o sino chamava para a refeição da noite.

Jhasua e Johanan, sem dizerem palavra, voltaram atrás em seus passos e encaminharam-se novamente para as grutas envoltas nas sombras da noite, onde apenas se percebia o tênue resplendor dos círios do refeitório.

No Santuário do Moab

Recordará o leitor a ponte de balsas que os solitários haviam construído para estendê-la, em dados momentos, sobre o Mar Morto, que, na altura de Kir, e em virtude da atrevida península deste mesmo nome, torna-se tão estreito como um braço de rio de escasso caudal de águas. A ponte havia sido substituída por uma barca com capacidade para vinte passageiros. Dessa maneira evitavam o longo e perigoso caminho através das Salinas e da mais escarpada e escabrosa região do deserto da Judéia, para chegarem ao Monte Moab.

Dois dias depois da conversação mantida com Johanan, Jhasua e ele embarcavam, acompanhados por Esdras e Eleázar e mais o Servidor Sadoc, que, em cumprimento de uma ordem superior, devia ser quem apresentasse os dois jovens para serem consagrados Mestres da Divina Sabedoria. Uma espécie de santo orgulho enchia de alegria o velho Servidor do Santuário do Quarantana, o qual, quando os remos impulsionaram a pequena embarcação até o Moab, repetiu com os olhos úmidos de emoção:

— Eu vim há vinte e um anos para anunciar a tua chegada à vida física, Jhasua, e hoje venho trazer-te para que os Setenta te consagrem Mestre dos mais altos conhecimentos divinos!

"Esta é uma imensa glória que eu não mereço e com a qual jamais pude sonhar!"

— Também Eleázar e eu – disse Esdras – tivemos a nossa parte na chegada de Jhasua à Terra, pois fui eu quem anotou o seu nome no grande registro de Israel, tomo 724, existente na primeira Sinagoga de Bethlehem, e Eleázar com Simeão, já falecido, serviam no altar, quando Myriam e Joseph entraram no Templo para o cerimonial da purificação e apresentação do menino ao Altíssimo Deus de nossos pais Abraham, Isaac e Jacob.

"Poderão ocorrer mais formosas e sugestivas coincidências?"

– E não esqueçam – disse por sua vez Johanan – que, estando ainda no seio materno, reconheci Jhasua, motivo pelo qual inspirei em minha mãe o sublime louvor a Myriam que nossas crônicas conservaram.

– Tudo isso significa – disse Jhasua – que tenho inúmeras dívidas para com todos vós e que não sei quando estarei em condições de pagá-las. É muito original tudo quanto me sucede: por onde quer que eu vá, sempre encontro credores com os quais tenho dívidas de gratidão. Quando será que eu tenha que cobrar algo de vós?

– Já estás cobrando, meu filho, desde que nasceste. E cobras na única moeda que tem valor diante de ti: o Amor!

– Isto é certo, Servidor – respondeu Jhasua – é certo! Se eu tivesse que devolver ao Pai Celestial em amor quanto amor recebi, precisaria uma vida de séculos para saldar a minha dívida.

Em sua mente, cheia de radiantes claridades, desfilaram como uma procissão de estrelas todas as almas que na Terra o amavam.

Essa suave recordação enterneceu-o quase até o pranto e, a meia-voz, murmurou:

– Não há felicidade que possa comparar-se ao amor puro e santo das almas que sabem amar! ...

E, deste modo, em elevadas conversações, próprias das almas que vivem apenas para as coisas sublimes e belas, fizeram a breve travessia que ocupou tão-só a metade do dia e, nessa mesma tarde, antes do pôr-do-sol, nossos cinco viajantes entravam no Grande Santuário do Moab, que o leitor já conhece desde o início desta narração, e no qual sua chegada causou indescritível alegria.

Nessa mesma noite, realizou-se a primeira assembléia para a consagração de Jhasua e de Johanan como Mestres da Divina Sabedoria. Os Setenta Anciãos estavam subdivididos em sete Conselhos, cada um dos quais tinha a seu cargo o exame do pretendente em uma destas sete questões que abrangiam toda a Ciência de Deus, dos mundos e das almas; e cada Conselho constava de dez membros.

Primeira questão: "*Deus*". Segunda questão: "*Os Mundos*". Terceira questão: "*As Almas*". Quarta questão: "*A Lei da Evolução*". Quinta questão: "*A Lei do Amor*". Sexta questão: "*A Lei da Justiça*". Sétima questão: "*Os Messias ou Inteligências Condutoras de Humanidades*".

Ambos os jovens, sentados perante venerável tribunal formado em semicírculo, davam a exata impressão de dois meninos ante um conselho de sábios que buscavam a complacência espiritual, intelectual e moral de contemplar de perto a elevada evolução daquelas duas almas, já bastante anciãs nos caminhos da Vida Eterna.

Jhasua, pertencente por sua origem espiritual à Legião dos *Amadores*, e Johanan, por idêntica razão, à dos espíritos de *Justiça*, estavam sendo observados atentamente pelos Anciãos a comprovarem amplamente estas circunstâncias na forma em que ambos desenvolveriam suas dissertações sobre as mencionadas questões.

Quando Jhasua fez sua exposição como devia ser entendida a *Lei do Amor*, base inabalável da solidariedade e da harmonia universal, foi tal o calor, a vibração e o entusiasmo que sua palavra irradiou que o Conselho dos Setenta, além dos demais Essênios que assistiam na qualidade de espectadores, romperam numa salva de aplausos, derrubando o costume de não exteriorizar de maneira tão expressiva sua aprovação.

Alguns dos Anciãos mais sensitivos choraram de felicidade, e asseguravam jamais ter escutado algo semelhante de tantos e tantos estudantes da Divina Sabedoria a quem lhes havia tocado examinar ao término de seus estudos.

O velho Servidor do Quarantana e Esdras, que atuavam próximo a Jhasua desde o seu nascimento, sem poderem conter-se, levantaram-se de suas banquetas e abraçaram, cheios de emoção, ao jovem Mestre, o qual não podia desmentir o qualificativo que lhe haviam dado desde sua chegada ao plano físico: "O Altíssimo enviou para nós, como Messias, um serafim do sétimo Céu dos Amadores."

Jhasua!... O Serafim do sétimo Céu, descido no meio desta Humanidade terrestre, composta, em sua maior parte, de seres egoístas, maus, cheios de vícios e depravações que nem com um milagre – se milagre fosse possível – poderiam colocar-se em sintonia com essa Harpa Viva, cuja vibração de amor e harmonia envolvia toda a Terra!

Johanan, por sua vez, ao chegar à sua exposição sobre a *Lei da Justiça*, manifestou-se, em verdade, como o Arcanjo de fogo que era, vindo junto com Jhasua para consumir um pouco a escória dos caminhos que o Verbo de Deus ia percorrer.

Os Anciãos foram unânimes em confessar uns aos outros que, em toda a sua longa vida, não haviam atuado em outro exame tão brilhante, tão embebido da Suprema Verdade, tão em consonância com a Eterna Idéia e com o Eterno Pensamento!

Algum leitor, ansioso por conhecimentos superiores, poderá encontrar um espaço vazio nesta narração, por não ser dado conhecimento das dissertações filosóficas e morais desses dois distintíssimos alunos; porém, seria tal a sua extensão e profundidade, que as sete questões, por si sós, poderiam formar um livro à parte, que não poderia servir, tampouco, para toda classe de leitores, mas apenas para alguns pouquíssimos, que se dedicam à parte esotérica do sublime ideal, cujos vastos alcances culminaram no Cristo Divino (*).

"– Agora vos falo assim – disse ele mais tarde a seus amigos – porque não podeis ainda compreender-me; mas, quando estiverdes comigo no meu Reino, percebereis claramente todas as coisas."

Estas suas prudentes e sábias palavras devem ser tidas muito em conta por nós, que relatamos sua vida, procurando fazer com que o Divino Salvador seja conhecido e compreendido pela Humanidade terrestre, sua herança por toda a eternidade.

Depois das sete assembléias, nas quais ambos os alunos deram amplas provas de haverem superado a Alta Ciência a que as Escolas de Conhecimentos Superiores estavam dedicadas, procedeu-se à consagração dos *Mestres de Almas*, com um cerimonial cheio de símbolos extremamente emocionantes.

Todos estavam vestidos com singelas túnicas de um violeta quase negro, sustentadas na cintura por um cordel de cânhamo, símbolo de penitência e humildade, e cantaram, ao compasso de saltérios, o salmo 57, no qual a alma se abandona plenamente na imensidão do Amor Misericordioso, na expectativa da luz, da força, da esperança e do consolo que só de Deus podem vir.

Terminado o salmo, guardaram silêncio durante uma hora, todos mergulhados em profunda concentração espiritual, a fim de obter, cada qual, a mais perfeita união com a Divindade.

Além de tudo, essa concentração era uma ajuda espiritual que os Anciãos ofereciam aos que iam ser consagrados Mestres de Almas, condutores de grandes ou

---

(*) A dissertação de Jhasua sobre esses temas consta na obra "Cumes e Planícies", continuação de "Harpas Eternas", no Capítulo "Os Pergaminhos de João" (N.T.).

de pequenas porções de humanidades, a fim de que fossem iluminados sobre as grandes responsabilidades que aceitavam nesses momentos solenes.

Jhasua teve, então, a mais tremenda visão que lhe deu a conhecer claramente o seu caminho no seio da Humanidade.

Lentamente foi ele caindo naquele estado de êxtase em que o Eterno Amor submerge as almas que se lhe entregam plenamente em total abandono e completo esquecimento de si mesmas, para não buscarem nem quererem nada mais que a Divina Vontade.

A Eterna Luz, que recolhe e grava nos diáfanos planos de cristal de seus sagrados domínios tudo quanto em pensamentos e sentimentos irradiam as inteligências humanas, permite-nos observar o processo íntimo que ocorreu nas profundezas da consciência do Verbo de Deus.

Viu ele a si mesmo de pé, na borda de um abismo incomensurável, e tão escuro que somente com grandes esforços pôde ver o que ali acontecia. Como repugnantes larvas, quais miúdos vermes e imundos animalejos revoltos num charco nauseabundo formado de lodo, sangue e carnes putrefatas, avistou ele a Humanidade terrestre em ânsias de morte e entre os estertores de uma agonia lenta e cruel, onde os padecimentos chegavam ao paroxismo, e o egoísmo e a ambição a levavam à loucura fatal do crime.

Uma décima parte da Humanidade era constituída de verdugos vestidos de púrpura, ouro e pedras preciosas, que, dentro do imundo charco, se divertiam em esmagar, como a formigas, as nove partes restantes, submetendo-as às torturas da fome, da fadiga, das epidemias, da desnudez, do frio, do fogo, da forca, das mutilações, da escravidão e da miséria, em suas mais variadas formas.

Nas negras rochas que flanqueavam aquele abismo, viu, em reduzidos grupos, algumas débeis luzes, como de círios a arderem e suas pequeninas chamas exangues a elevarem-se para o alto como trêmulas línguas de luz.

Mas eram tão poucas que não conseguiam iluminar aquela espantosa treva.

Viu, ainda, na imensidão do infinito, rodarem mundos apagados fora de suas órbitas, precipitando-se para aqueles vazios do espaço que a Ciência Oculta chamou de *Cemitérios de Mundos Mortos*, e pressentiu que, no seu vertiginoso rodar, esses mundos arrastariam o Planeta Terra, cujas correntes do Bem e do Mal estavam em completo desequilíbrio, pois o Mal era imensamente maior que o Bem e, do mesmo como ocorre a um corpo orgânico, sua decomposição era tal que a destruição final se tornava iminente de um momento para o outro. Compreendeu, inclusive, que a visão apresentava um futuro mais ou menos próximo.

"– Os mundos e as almas se assemelham" – pensou o extático vidente –, "a lei da evolução que as rege é uma só."

Ato contínuo, viu levantar-se do próprio fundo daquele negro abismo uma branca claridade, como uma lua de prata a elevar-se cada vez mais. Aquele disco luminoso engrandeceu-se repentinamente, dissipando as trevas, e, no centro dele, delineou-se um negro madeiro com um travessão em sua parte superior. Era uma cruz na forma usada para justiçar os escravos que fugiam de seus amos, e também os bandoleiros assaltantes das caravanas, bem como os piratas do mar.

Nesse madeiro aparecia um homem ensangüentado e moribundo, cujos olhos cheios de pranto se fixavam com piedade na multidão inconsciente e bárbara, a uivar como uma alcatéia de lobos famintos.

Espantado, Jhasua reconheceu a si mesmo naquele homem que agonizava no madeiro da infâmia.

Angústias de morte faziam desfalecer sua matéria, que apareceu semi-estendida sobre a banqueta de junco, na penumbra do santuário essênio.

Uma divina claridade apareceu sobre ele, e a voz dulcíssima de um de seus guias disse:

"— Esse é o altar do teu sublime holocausto em favor da Humanidade que perece. Ainda és livre para aceitá-lo ou deixá-lo. Nenhuma lei te obriga. Teu livre-arbítrio é senhor de ti mesmo. O amor é quem decidirá. Escolhe."

Logo a seguir, viu a si mesmo subindo em alturas luminosas, inacessíveis ou incompreensíveis para a mente encadeada na matéria; e que arrastava atrás de si a maior parte daquela informe confusão de larvas e vermes, que eram seres humanos submergidos no asqueroso charco do mais profundo abismo.

"— Escolhe! — insistiu a voz. — É o momento decisivo de tua glorificação final. É o triunfo do Amor sobre o Egoísmo; da Verdade sobre a Mentira; do Bem sobre o Mal."

— Eu mesmo escolho o que quero para mim! ... Eu sou esse homem que morre de maneira ignominiosa para salvar da infâmia toda a Humanidade! ... — manifestou Jhasua com um tão formidável grito que foi ouvido por todos os que se achavam presentes, e ele teria rodado qual massa inerte sobre as esteiras do pavimento, se os Anciãos que o rodeavam não se houvessem precipitado para ampará-lo em seus braços.

No dia seguinte, quando o sol estava no zênite, todos os residentes do Grande Santuário do Moab vestiram túnicas de linho e coroas de mirto e de oliveira.

O grande Servidor, depois de queimar incenso no braseiro do altar, onde estavam as Tábuas da Lei e os Livros de Moisés e dos Profetas, submeteu Jhasua ao seguinte interrogatório que fazia parte de sua iniciação:

— Jhasua de Nazareth, filho de Myriam e de Joseph, da descendência real de David, queres ser consagrado Mestre de Almas no seio da Humanidade?

— Quero! — foi a resposta do interrogado.

— Aceitas os Dez Mandamentos da Lei inspirada por Deus a Moisés, e a reconheces como a única eficiente para conduzir a Humanidade ao amor fraternal que a salvará?

— Aceito essa Lei em todas as suas partes e reconheço a sua origem divina e sua capacidade para salvar os homens.

— Aceitas voluntariamente todos os sacrifícios que tua missão divina de Mestre te imporá daqui para diante?

— Aceito, incluindo até o da própria vida.

Então todos os Anciãos levantaram sua mão direita sobre a cabeça inclinada de Jhasua e pronunciaram em voz alta as solenes palavras da *Bênção de Moisés*, através da qual pediam para ele o seu domínio sobre todas as forças fluídicas e elementos da Natureza, obra magnífica de Deus.

A retumbante exclamação:

"DEUS TE SALVE, UNGIDO, SACERDOTE ETERNO, SALVADOR DOS HOMENS" ressoou, como um concerto de vozes varonis, sob a austera abóbada de rochas do Santuário do Moab. Todos os Essênios, com os rostos veneráveis banhados de lágrimas, abraçaram a Jhasua, um por um.

Quando chegou sua vez, Johanan disse:

— O Pai Celestial finalmente falou a ti!

— Sim, Johanan, mas falou tão forte que meu coração ainda estremece ao eco da Sua Voz. Já não poderei nunca mais rir, porque compreendi toda a dor e toda a miséria da Humanidade.

– Ajuda-me, Jhasua, por favor, porque amanhã será a minha consagração – disse Johanan.

– Conta comigo, Johanan, visto que somos irmãos gêmeos, que percorrem idênticos caminhos – respondeu Jhasua.

Com semelhante cerimonial Johanan foi consagrado Mestre de Almas, no dia seguinte e à mesma hora.

Ato contínuo, eles foram levados à gruta mortuária de Moisés, na parte mais elevada do Monte Nebo, onde o grande Legislador entregara ao Infinito o seu espírito glorificado, depois de haver cumprido amplamente sua missão nessa época.

Sendo esse cenário já conhecido pelo leitor, isentamo-nos de descrevê-lo novamente.

Jhasua com Johanan e os dois Anciãos Essênios, vindos de Jerusalém, pediram que lhes fosse permitido examinar os livros de Moisés, tidos como autênticos e escritos por seu próprio punho e letra. O Alto Conselho acedeu a esse pedido por dois fortes motivos:

O primeiro, por ser Jhasua quem o fazia, e o segundo, porque naquele ano ainda não haviam sido abertos e examinados, conforme era costume fazê-lo todos os anos, no dia do aniversário em que Moisés descera do Monte Sinai com as Tábuas da Lei.

Eram cinco pequenos rolos de papiro escritos com admirável clareza, com tinta de múrice (*), cor púrpura-escuro, quase violeta:

"*O Gênese ou visão de Moisés*", com a descrição da formação do nosso Sistema Planetário e evolução primitiva do Planeta Terra.

"*O Êxodo*", ou seja, um relato breve, com o nome dos hebreus que entraram no Egito com Jacob quando foi chamado por seu filho José, e mais os nomes dos chefes de família de cada uma das Doze Tribos, descendentes dos doze filhos de Jacob e o número total deles.

No final lia-se esta determinação ao povo: "Serão nomeados sete Escribas que levem registros dos filhos de Israel que saírem do Egito, dos que morrerem durante a viagem e dos que chegarem à *Terra Prometida*."

O Levítico, ou Livro Sacerdotal, no qual Moisés declara ter escolhido para os cânticos sagrados, orações e oferendas a Jehová, pessoas da tribo de Levi em razão de haver o Patriarca Jacob, seu pai, lhe dado uma bênção especial por ser, entre todos os seus filhos, o mais inclinado à oração e ao trato íntimo com Deus, a quem clamava e rogava várias vezes por dia.

"– Tu e tua semente – dissera a ele – ensinarão o povo a orar diante de Jehová." Os primeiros sacerdotes escolhidos entre os Levitas foram Aarão, irmão adotivo de Moisés, e seus quatro filhos, em virtude da justiça e da retidão de caráter que sempre resplandeceram neles.

Descreve a cerimônia da consagração de acordo com as indicações que lhe foram dadas do mundo espiritual, à qual ele chamava "*Vontade de Jehová*".

Logo a seguir, descreve brevemente as jornadas feitas pelo povo desde que saiu da Terra de Gosen, no Egito, até que chegou aos vales do Jordão, mencionando o itinerário pelos países e cidades onde fizeram paradas para descanso.

Vinha, a seguir, o papiro no qual Moisés havia anotado os nomes dos chefes de família em cada tribo, e o número de pessoas de que cada família e cada tribo estava composta.

(*) Gênero de moluscos gastrópodes, dos quais os antigos extraíam um corante púrpura (N.T)

Tal como um *Livro-Registro*, no qual se podia muito bem obter a soma exata de todos os componentes da nação hebraica. A este escrito-registro ele chamou "Livro dos Números". Era o povo de Israel tal como se encontrava nos últimos anos de Moisés.

E, por fim, *A Lei*, ou seja, os Dez Mandamentos que conhecemos, com algumas breves explicações esclarecedoras, tendentes à boa e perfeita interpretação que devia ser dada à Lei, como, por exemplo: o caso em que alguém matasse um outro sem essa intenção e sem vontade, somente em razão de um acidente imprevisto, fato esse que não implicava delito nem merecia castigo, mas, muito pelo contrário, apenas piedade pela desgraça que tinha ocorrido a ambos, pois um ficava privado da vida, enquanto o outro caía no ódio dos familiares do morto, motivo que levou Moisés a designar três Cidades-Refúgio para esses assassinos involuntários, onde ninguém poderia causar-lhes dano algum.

Cada versículo ou mandato da Lei tinha em anexo um pequeno comentário esclarecedor para ajudar na sua correta interpretação.

Nos cinco breves rolos de papiro originais autênticos de Moisés, Jhasua pôde comprovar que, no correr dos tempos, haviam sido feitos grandes acréscimos, com o fim, sem dúvida, de proporcionar maiores e mais minuciosos esclarecimentos; no entanto, em muitos casos, modificavam o sentido e o espírito dessa Lei, que, em nenhum caso, ordenava os castigos que deveriam ser dados aos infratores, deixando isto a juízo do tribunal dos Setenta Anciãos escolhidos por Moisés para solucionar todas as questões civis e morais.

Deste modo compreende-se perfeitamente que, de acordo com o pensar e o sentir desse Conselho, que, pela morte de seus membros ia sendo renovado, foram os castigos aos infratores que, com o tempo, tomaram força de lei. Tem-se visto que os costumes aceitos pela maioria num tribunal, com o tempo, chegam a ser leis inapeláveis. Foi isto que ocorreu com a famosa Lei de Moisés, tão breve, tão simples e que, no segundo século depois de sua morte, já estava convertida num volumoso calhamaço de penas e castigos tremendos para os infratores. Com o passar dos tempos, esse avantajado volume foi sendo ampliado cada vez mais, como o demonstra um livro-crônica escrito pelos Anciãos do Moab, no qual vem relatado, com datas, detalhes e nomes dos Conselheiros, que eles julgaram de justiça decretar tais ou quais castigos para as transgressões que lhes eram denunciadas.

Desta forma, Jhasua comprovou que, na metade do segundo século da morte de Moisés, apareceu pela primeira vez o apedrejamento ou morte a pedradas de um blasfemo, cujo nome, família e tribo a que pertenceu estavam anotados cuidadosamente e com as assinaturas das testemunhas que haviam presenciado o fato.

Na mesma página aparece o apedrejamento de uma mulher, esposa do Conselheiro número 23, por haver sido considerada culpada de infidelidade conjugal. Junto a esta sentença, vinha uma votação de todo o Conselho dos Setenta, para impor, daí para diante e como castigo, essa pena a toda mulher culpada de adultério.

A opinião havia sido dividida, pois uns diziam: "A Lei proíbe o adultério, não apenas para a mulher, mas também para o homem, pois não especifica sexos."

"Por que, pois, há de se dar morte à mulher infiel a seu marido, e não ao marido infiel à sua legítima esposa?" A crônica essênia relata que dos Setenta Conselheiros, somente 12 tiveram o critério de que a pena devia ser igual tanto para o homem como para a mulher. Os outros 58 obtiveram, por maioria, o triunfo de sua idéia de que a mulher infiel devia sofrer a morte por apedrejamento, e que o homem, em caso igual, fosse admoestado e obrigado a pagar um tributo mais ou menos grande, conforme fossem os seus bens de fortuna.

Jhasua pôde comprovar caso por caso, como, por exemplo, que, no correr dos séculos, foram nascendo as mais graves transgressões à Lei de Moisés por parte dos dirigentes do povo, cujos delitos eles queriam reprimir com outros maiores, mas aparentemente justificados pela aprovação da maioria do Conselho dos Setenta Anciãos, juízes únicos de Israel.

– Fica, pois, comprovado – disse ele a Johanan e a seus dois companheiros de viagem – que uma é a Lei recebida dos planos espirituais por Moisés, e outra a regulamentação ou os estatutos criados pelos dirigentes de Israel, desde Josué até os nossos dias.

"Tomemos nota disso, Johanan, para nossos ensinamentos futuros, se haveremos de ser verdadeiros Mestres da Divina Sabedoria."

– Isto custará as vossas vidas! ... – disseram com profundo pesar os Anciãos do Moab.

– Já o sabemos – responderam ambos os jovens ao mesmo tempo.

Quatro dias depois, regressaram eles ao Santuário do Monte Quarantana, onde, logo depois de uma terna despedida de todos os seus moradores, Jhasua tomou o caminho de Jerusalém, acompanhado por Esdras e Eleázar, que o deixaram junto a seus pais, na casa de Lia, onde estes o aguardavam.

JESUS - O PROFETA DO ORIENTE

Michael Amaladoss

Jesus é oriental. Mas devido a circunstâncias históricas ele volta agora ao Oriente Médio como europeu. Michael Amaladoss empenha-se neste livro para redescobrir Jesus, o Profeta do Oriente. Ele se pergunta: "Se o cristianismo tivesse se difundido pelo Oriente e não pela Europa, que denominações e símbolos os orientais teriam usado para compreender Jesus? O autor seleciona nove imagens de Jesus – o *Sábio*, o *Caminho*, o *Guru*, o *Avatar*, o *Satyagrahi*, o *Servidor*, o *Compassivo*, o *Dançarino* e o *Peregrino* – e mostra o significado dessas imagens na tradição religiosa e cultural oriental.

Jesus – O Profeta do Oriente não é um livro para se ler superficialmente. Ele deve levar à reflexão sobre as imagens no contexto da vida de Cristo. Pressupõe uma certa familiaridade com a história de Jesus nos Evangelhos, mas todas as pessoas inspiradas por Jesus podem refletir produtivamente sobre essas imagens. E essa reflexão levará à comunhão.

EDITORA PENSAMENTO

O SERMÃO DA MONTANHA SEGUNDO O VEDANTA

Swami Prabhavananda

Não deveria ser novidade, no seio de uma comunidade cristã, um livro sobre o *Sermão da Montanha,* que é o próprio cerne do ensinamento cristão. Mas, se esse livro tiver sido escrito por um *swami* hindu, adepto do Vedanta e do evangelho de Sri Ramakrishna, não só interpretando mas enaltecendo as palavras do Mestre, então, o mínimo que se pode dizer é que se trata de um livro incomum.

Nesta interpretação, contudo, o autor não mostra o texto do Evangelho apenas como um ideal distante, dificilmente atingível — que é a forma como o vê a maioria dos ocidentais — mas como um programa prático de vida e de conduta cotidiana. Tão clara é a interpretação que Prabhavananda faz desse grande texto que muitos cristãos haverão de descobrir através dela uma abordagem mais simples ao ensino do Mestre e mais objetiva do que qualquer outro comentário que porventura tenham lido.

Swami Prabhavananda — fundador da Comunidade Vedanta do Sul da Califórnia — também é conhecido como autor de livros sobre religião e filosofia, além de tradutor de clássicos da literatura hindu. Os quase 50 anos que viveu no Ocidente deram-lhe uma visão abalizada e única sobre as aspirações e as necessidades dos ocidentais, o que o qualifica singularmente para fazer esta apresentação dos ensinamentos de Jesus à luz do Vedanta.

EDITORA PENSAMENTO

ANJOS
MENSAGEIROS DA LUZ

Guia para o crescimento espiritual

Terry Lynn Taylor

Os anjos, mensageiros da Divina Providência, estão sempre dispostos a ajudá-lo na criação do céu em sua vida; eles são o elo perdido da corrente de auto-ajuda e do processo de autodesenvolvimento e autoconfiança da humanidade.

Anjos, Mensageiros da Luz é um livro cujo propósito é expandir a sua consciência com relação aos anjos; é sobre conhecer e notar o comportamento dos anjos para que você possa incorporar a ajuda angélica na sua vida cotidiana.

Leia este livro como um guia para a descoberta do reino dos Anjos. Descubra maneiras de criar a consciência angélica e de atrair os anjos para a sua vida. Se o fizer, eles irão partilhar com você segredos que lhe ensinarão como driblar os inconvenientes causados pela tensão da vida moderna, pelo envelhecimento e pela gravidade.

EDITORA PENSAMENTO

Impresso por :

gráfica e editora

Tel.:11 2769-9056